Effi Biedrzynski
Goethes Weimar

SALVE

Goethes Weimar

Das Lexikon der Personen
und Schauplätze
von Effi Biedrzynski

Artemis & Winkler

Die Neuauflage des Lexikons **Goethes Weimar** erscheint anläßlich des 100. Geburtstages von Effi Biedrzynski am 5. April 2010. Sie wurde durch Julian Becker und Dr. Kristina Krüger / Artemis & Winkler um die – auch von der Autorin – in Vorauflagen vermissten Personen-, Sach- und Ortsregister ergänzt. Über die Registeraufnahme hinaus wurden nur einzelne Druckfehler und kleine Anmerkungen der Autorin aus ihrem letzten Handexemplar berücksichtigt.

Das Erscheinen der um drei Register ergänzten Neuauflage erfolgt mit Unterstützung aus dem Nachlass der Autorin und durch ihre zur Förderung der Herausgabe des Goetheschen Werks errichtete Richard und Effi Biedrzynski-Stiftung in Trägerschaft der Klassik Stiftung Weimar.

Mögen künftige Nutzer dadurch einen Mehrwert bei der Arbeit mit diesem Opus magnum und den Ergebnissen einer lebenslangen Beschäftigung mit Goethes Leben und Werk ziehen.

Nikolaus Turner
Testamentsvollstrecker

Bibliographische Information der Deutschen Nationalbibliothek
Die Deutsche Nationalbibliothek verzeichnet diese Publikation
in der Deutschen Nationalbibliographie;
detaillierte bibliographische Daten sind im Internet
über http://dnb.d-nb.de abrufbar.

Neuausgabe des 1992 im Artemis & Winkler Verlag
erschienenen gleichnamigen Titels mit Orts-, Personen- und Sachregister.

Autorenfoto Umschlagklappe: © privat
Umschlagmotiv: unbekannt, Johann Wolfgang von Goethe, Öl auf Leinwand, vor 1914.
© Klassik Stiftung Weimar (vorne); unbekannt, Das alte Hoftheater zur Zeit Goethes,
kolorierter Holzstich, um 1890. © akg-images (hinten)
Umschlaggestaltung: init, Büro für Gestaltung, Bielefeld
Printed in Germany
ISBN 978-3-538-07300-5
www.artemisundwinkler.de

Vorwort

Nichts ist an diesem Ort spektakulär. Die Diskrepanz zwischen der Enge des Rahmens und der Weite des Geistes, der sich hier manifestierte, verblüfft. Alle Veduten, Stiche und farbig getuschte Ansichten, zeigen: das Tal ist eine flache Mulde, die Höhen sind mäßig, der Fluß schmal. Und Weimar selbst, mit der 1774 niedergebrannten Wilhelmsburg ein, wie Herder mürrisch anmerkte, Mittelding zwischen Hofstadt und Dorf: schlicht das Schloß, einfach Bürgerhaus und Kirchenbau, auch nirgends eine bedeutende Galerie, keine Pinakothek, kein Grünes Gewölbe, weder Bilder noch Skulptur oder aufgehäufte Massen zaubrisch verarbeiteter Edelsteine, die die Augen starren machen.

Dennoch aber nach Goethes Auskunft ein Ort wie einst Bethlehem in Judäa, klein und groß zugleich, oder wie Hufeland, der kluge Arzt, meinte «ein Ort der hellen geistigen Elemente». Die Stifterin ist Anna Amalia. Unter ihrer und ihres Sohnes energischer und ausdauernder Einwirkung verwandelte sich langsam, langsam die kleine Residenz in den Sammelplatz großer Geister, wurde zum Sitz kräftig ausstrahlender geistiger Zentren oder, wie Goethe untertreibend sagte, zum Sitz von «Schneckenhäusern», die die Namen Wieland und Herder, Schiller und Goethe trugen. Und um diese Vier, angezogen und festgehalten, das Gewimmel mittlerer und kleiner Figuren: Toren und Weise kamen, schrieb Goethe, geistreiche Leute und Dummköpfe, und alle, erklärte er weiter, kamen mit ihren Gedanken und Erfahrungen, mit ihrem Leben und Sein. Mitarbeitend, in vielerlei Funktionen, mitgenießend waren sie der Genialen erstes Publikum: aufmerkend, fordernd, inspirierend. Im lebhaften Für und Wider der Meinungen und Parteiungen spiegelten sie die oft heftigen Auseinandersetzungen der Großen, spiegelten deren wechselnde Sympathien und Abneigungen, waren, positiv und negativ, das Ensemble, das wir uns gewöhnt haben, «Klassisches Weimar» zu nennen.

Um nicht den *einzelnen*, charakteristischen Zug, auf den es meist ankommt, um nicht das bezeichnende, das die Person oft enthüllende Detail zu übersehen, werden diese Männer, diese Frauen hier, in diesem Buch als *Einzelne* betrachtet, wird das Ensemble in Stichwörter-Reihen aufgelöst, sind diese

Kavaliere und Damen, sind diese Beamten, sind diese Leute vom Theater, sind die Maler, Bildhauer oder Architekten, sind Gärtner, Diener, Schreiber, Sekretäre, sind Ärzte, Gelehrte und Schriftsteller distanziert, doch scharf, beschrieben. Nach Möglichkeit beschrieben in ihrer unverwechselbaren Individualität, zugleich aber auch (obwohl angesiedelt in einer Zone der Machtleere, in der keinerlei Entscheidungen großer Politik fielen) als Menschen beschrieben, deutlich geprägt vom Zugriff «der oft hart auftretenden Geschichte», bedrängt, gebeutelt, geschlagen von Katastrophen aller Art; geprägt aber auch, geformt, modelliert im sanfteren Wechsel der Moden, im Wandel von Stil und Geschmack. – Stichwort um Stichwort vermerkt (auch da, wo es sich nicht um eine Person, sondern um einen Sachbezug handelt) exakt Daten und Fakten, versucht aber auch (soweit es die Quellen erlauben) die Lebensarbeit, die Lebensleistung des Einzelnen zu verzeichnen und vorsichtig, halb verwischte, halb verdeckte Spuren nachziehend, auf die «innere Kurve» jedes Daseins, auf Glück, Hoffnung, Sehnsucht, doch auch auf Scheitern, auf Einsamkeit und melancholische Verdüsterungen hinzuweisen.

Obwohl eigentlich Legitimation dieses Bandes, da Legitimation des Gedenkens und Beschreibens überhaupt, verzichtet dieses Lexikon auf jede Interpretation der Werke, in denen sich Weimars Ruhm konstituiert. Es vergißt aber nicht den steten Hinweis auf die großen Leistungen der großen Weimaraner, so daß es vielleicht doch erlaubt ist, im Gedanken an die Weite und Wirkung dieser Werke, ein Hebbel-Wort, das an sich Goethes Biographie meint, auch auf «Goethes Weimar», wo so viel aufeinander traf, sich kreuzte und befruchtete, anzuwenden:

«Anfangs ist es ein Punkt, der leise zum Kreise sich öffnet,
Aber, wachsend, umfaßt dieser am Ende die Welt.»

«Weimar war gerade nur dadurch interessant, daß nirgends ein Zentrum war. Es lebten bedeutende Menschen hier, die sich nicht miteinander vertrugen; das war das Belebendste aller Verhältnisse, regte an und erhielt jedem seine Freiheit.» (F. von Müller, 1830)

«Weimar hat den Ruhm einer wissenschaftlichen und kunstreichen Bildung über Deutschland, ja über Europa verbreitet; dadurch ward herkömmlich, sich in zweifelhaften literarischen und artistischen Fällen hier guten Rats zu erholen.» (Goethe, 1815)

1
2
14
10
23
12
21
24
19
16
4
5
9

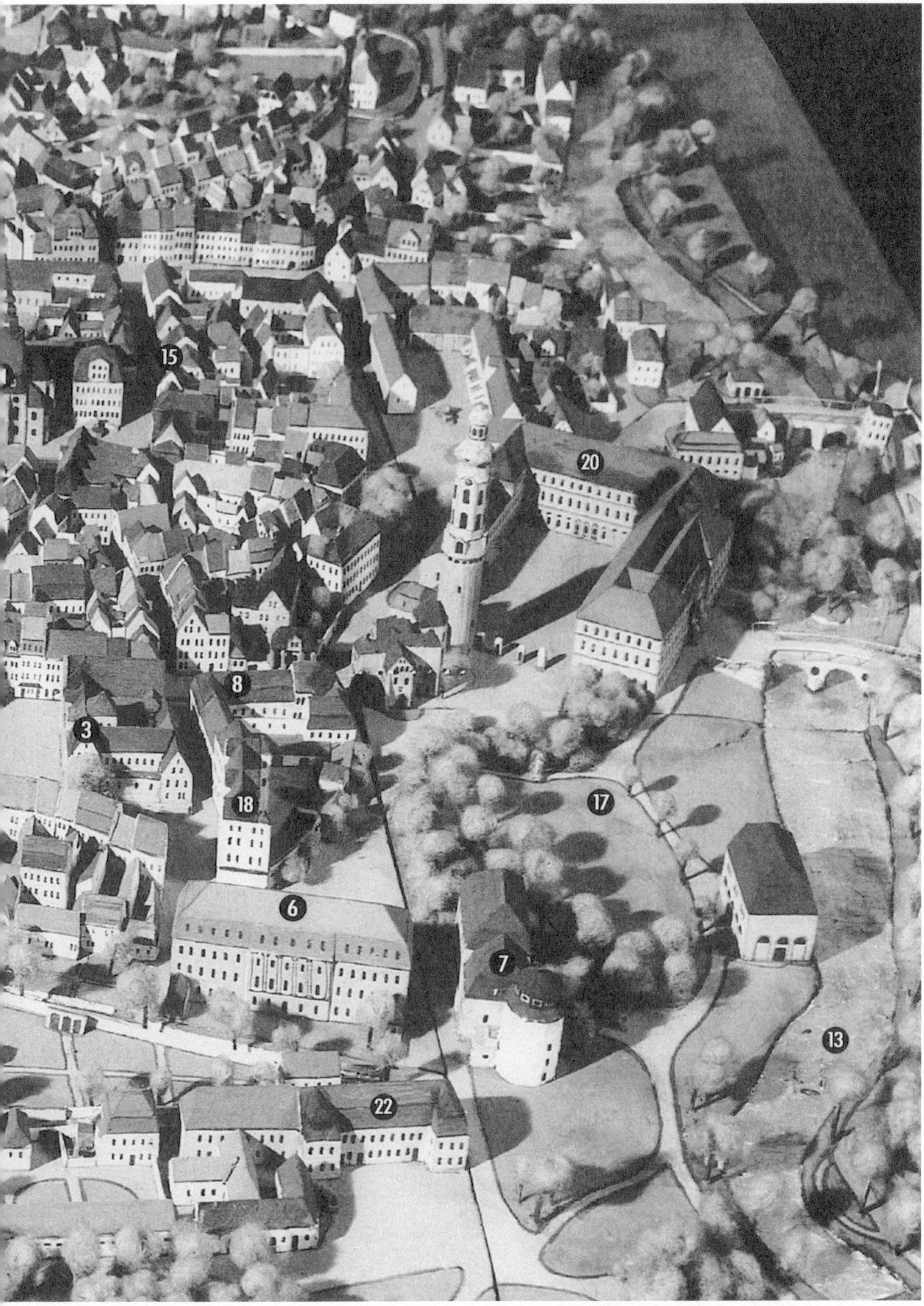

Modell der Stadt Weimar, von Süden her gesehen, 1827/28 angefertigt von W. Bergfeld.

Legenden zum Modell der Stadt Weimar
auf den Seiten 8/9:

1 Bertuchsche Häuser
2 Bürgerschule
3 Cranach-Haus
4 Eckermanns Haus
5 Frauenplan
6 Fürstenhaus
7 Fürstliche Bibliothek
8 Gelbes Schloß
9 Goethes Haus am Frauenplan
10 Herders Haus
11 Herderkirche, Stadtkirche zu St. Peter und Paul
12 Hoftheater
13 Ilm
14 Jakobskirche
15 Kirms-Krackow-Haus
16 Meyers Haus
17 Park an der Ilm
18 Rotes Schloß
19 Schillers Haus
20 Schloß zu Weimar
21 Schopenhauer-Wohnung
22 Steinsches Haus
23 Wielands Haus
24 Wittumspalais

A

Abeken Bernhard Rudolf
(Osnabrück 1780–1866 Osnabrück).
Philologe, Literarhistoriker, Schulmann in Osnabrück. – 1800 Studium in Jena, 1808–1810 Hauslehrer der Kinder Schillers; Kontakt zu Goethe, dem er sich im Januar 1810 mit einer einfühlsamen Rezension der «Wahlverwandtschaften» empfohlen hatte. – Die Verbindung vertiefte sich und riß auch nicht ab, als Abeken 1810 Jena verließ. – Liebenswert und wichtig im Hinblick auf die Erforschung der Goetheschen Biographie sind die Erinnerungen, die Abeken, ein kluger und aufmerksamer Beobachter, in späteren Jahren veröffentlichte: «Ein Stück aus Goethes Leben» (1848), «Goethe in den Jahren 1771–1775» (1861) und «Goethe in meinem Leben» (aus dem Nachlaß herausgegeben durch A. Heuermann, 1904).

Abel, Johann Gotthelf Lebrecht → Goethes Ärzte.

Ackermann Sophie,
geborene Tschorn (Celle 1760–5. Juli 1815 Weimar).
Schauspielerin, Sängerin, kam mit Bellomos Truppe 1783 nach Weimar. Hier, in Oper und Schauspiel, erste Liebhaberin. Von der Kritik 1785 bewundert als Ophelia in Shakespeares «Hamlet»; von Wieland 1786 mit einem Poem als «seine» Alceste gefeiert. – Goethes Vorschlag, der sie 1791 gern, ohne ihren Mann, den Komiker Gottfried Ackermann, in die neugebildete Hof-Schauspielergesellschaft übernommen hätte, lehnte sie ab. 1803 gastierte sie noch einmal in Weimar, doch ohne rechten Erfolg, wurde aber zehn Jahre später, nachdem sie von ihrem Mann (der trank) «ins tiefste Unglück gestürzt» worden war, auf des Herzogs Wunsch wieder in das Ensemble aufgenommen, nun in der Rolle der edlen Mütter.

Ahlefeld Charlotte Elisabeth Luise Wilhelmine von,
geborene von Seebach (Stedten bei Weimar 1781[?]–1849 Teplitz).
Unter den Pseudonymen Natalia oder Ernestine bei Gedichten und Elise Selbig für Prosa produzierte sie, ermutigt durch den Erfolg ihres frühen Romans «Liebe und Trennung», unverdrossen und unbeschwert durch künstlerische

Skrupel, das, was das Publikum der Leihbüchereien verschlang. – 1798 heiratete sie Rudolf von Ahlefeld, Besitzer des Ritterguts Sehestedt, unweit von Kiel an der Eider gelegen, für dessen Dorfkirche sie noch 1829 das (nach Hermann Uhde) «größte und schönste Altarbild» Louise → Seidlers stiftete, obwohl sie sich schon 1807 von Ahlefeld getrennt hatte und 1821 auf Umwegen nach Weimar zurückgekehrt war. – Hier lebte sie, persönlich anspruchslos, ohne Bedienung, eingemietet in der Mansarde des noblen Hauses der Gräfin → Bernstorff, war gesellig, war fleißig, verdiente mit der Feder, was sie brauchte, und darüber hinaus noch, «eine Verkörperung fröhlicher Wohltätigkeit», durch ein Jahrzehnt, den Unterhalt und die Studiengelder für die drei verwaisten Kinder einer Freundin. – Weimar, wo sie unter den Augen von Herzogin Louise (wie sie im Januar 1814 Varnhagen erzählte) erzogen worden war, wo sie Goethe, Schiller, Herder genau gekannt hatte, dieses Weimar war ihre Welt. Dem Erbprinzen, so leicht eingeschüchtert, so oft beklommen, ward in ihrer Mansardenstube wohl; Frau von Stein zog sie in ihren engsten Kreis, und Goethe, von dem sie (auch zu Varnhagen) sagte, «niemand habe in den trübseligsten Augenblicken sie so übermächtig beruhigt und durch oft wenig gesprochene Worte getröstet wie Goethe, den sie hoch über Schiller stellte», Goethe schrieb ihr, wohl ihre Souveränität im Leichten und Schweren bedenkend, an Fasnacht 1830 einen Vers aus dem «Cölner Mummenschanz» ins Stammbuch: «Löblich ist ein tolles Streben, / Wenn es kurz ist und mit Sinn; / Heiterkeit zum Erdeleben / Sei dem flüchtigen Rausch Gewinn.»

Albrecht Johann *Karl*

(vor 1736–1800 Weimar [?]).

Mathematiker und Naturforscher, ein stiller, in sich gekehrter Gelehrter, als Stiefsohn von Abt Jerusalem (Gründer des Carolinums und Lenker der Erziehung Anna Amalias) anscheinend von Braunschweig nach Weimar empfohlen. Hier zunächst Archivar, im Oktober 1765 aber, mit dem Titel eines Legationsrates, erst unter der Leitung von Graf → Görtz in Weimar, nach 1774 mit Carl Ludwig von → Knebel in Tiefurt, zum Unterricht der Prinzen Carl August und Constantin herangezogen, die er vor allem in Mathematik und den naturwissenschaftlichen Fächern, doch auch in Literatur und Geschichte unterwies. Trotz seinem Ernst, seiner Sprödigkeit muß er den Prinzen interessant und angenehm gewesen sein. Noch um 1780 ließ sich Carl August, nun schon ein halbes Jahrzehnt der Schulbank entwachsen und ein regierender Herr, an jedem Sonntagvormittag in Tiefurt von ihm ein Privatissimum in Physik lesen. – Sonst mied Albrecht den Hof und die größere Geselligkeit, ging aber, zum Erstaunen der Umgebung, bereitwillig auf Prinz Constantins Wunsch ein, ihn auf der Reise, mit der die prinzliche Ausbildung ihren Abschluß finden sollte, zu begleiten. Eine Pflicht und eine Ehre, die Knebel, dem Gouverneur des Prinzen, zugestanden hätte. – Als Constantin zwei Jahre später heimkehrte, zeigte sich, daß Albrecht, den der Prinz bereits in Paris, ohne daß sich der Hofrat ernstlich zur Wehr gesetzt hätte, abhängte, vor der Aufgabe, Constantin klug und umsichtig in Welt und Leben einzuführen, kläglich versagt hatte.

Mit weit überzogenem Budget und zwei Damen, die eine aus Frankreich, die andere eine Engländerin, die in Weimar Alimente einzufordern und in der Nähe ihres fürstlichen Galans zu bleiben gedachten, stellte sich die Reise als Desaster dar, war zum Skandal geworden. Albrecht traf Zorn und Ungnade des Hofes. – Selbst Goethe, dem der Unglücksrabe Bericht erstatten wollte, schrieb ihm am 30. Juli 1783, diese Reise habe ihm soviel «Kränckung, Verdruß und Mühe verursacht» (er hatte für den freundlichen, doch entschiedenen Rücktransport der Damen zu sorgen), daß er fest entschlossen sei, «über die Sache nichts mehr zu hören, noch zu reden». – Albrecht lebte als Privatmann noch Jahre in Weimar; wird zuletzt 1795 erwähnt, scheint aber nicht hier gestorben zu sein.

«Allgemeine Geographische Ephemeriden» → Bertuch, Friedrich Justin.
«Allgemeine Literatur-Zeitung» → Bertuch, Friedrich Justin.
«Allgemeines Staats- und Verfassungsarchiv» → Bertuch, Friedrich Justin.
«Allgemeines Teutsches Garten-Magazin» → Bertuch, Friedrich Justin.
Ambrosch, Karoline → Becker, Johann Heinrich Christian Ludwig.
Anna Amalia → Sachsen-Weimar-Eisenach, Anna Amalia Herzogin von, → Seiten 335–338.

Arens Johann August

(Hamburg [?] 2. Oktober 1757–1806 Pisa).

Nach gründlicher und mit Bravour abgeschlossener Ausbildung in Göttingen und Kopenhagen und längeren Studienreisen durch Frankreich, England und Italien Niederlassung in Hamburg als Baumeister. Ein tüchtiger, doch wenig inspirierter Architekt, dessen Bauten in Hamburg (Kirchen, Kapellen, Wohnhäuser) ebenso wie sein Anteil am Wiederaufbau des → Schlosses zu Weimar zwar ihrem Zweck entsprechen, doch formal einen nüchternen Klassizismus präsentieren, dem Züge einer schwerfälligen Trockenheit anhaften.
Literatur: G. Wietek: Der Hamburger Architekt J. A. Arens als Baumeister Goethes. In: Bewahren und Gestalten, Festschrift für G. Grundmann. Hamburg 1962, S. 165–176.

Arnim Bettina von,

eigentlich Anna Elisabeth, geborene Brentano (Frankfurt am Main 4. April 1785–20. Januar 1859 Berlin).

Tochter des Frankfurter Handelsherrn Peter Anton Brentano und Goethes Jugendfreundin Maximiliane von La Roche, seit 1811 verheiratet mit Achim von Arnim. – 1807 kam Bettina ein erstes Mal nach Weimar. Goethe, den sie, von dem Kreis um Clemens Brentano mit Nachdruck auf den Dichter hingewiesen, schwärmerisch verehrte, nahm sie zunächst ebenso freundlich wie ihre Briefe auf, in denen sie ihm Erinnerungen an seine Kindheit und Jugend niedergeschrieben hatte, wie sie ihr die alte Frau Rat erzählte. – Bald wurde dem Dichter, den zunächst das «geistreich-barocke Wesen» der jungen Frau interessiert hatte, Bettina lästig, besonders da sie es an Takt Christiane gegenüber fehlen ließ. 1811 kam es bei einem Besuch des Arnimschen Ehepaars in einer Ausstellung der Weimarer Kunstfreunde zu einer peinlichen Szene zwischen den Frauen. Obwohl Bettina nach Christianes Tod beharrlich wieder anzuknüpfen versuchte, blieb Goethe reserviert. – 1835 veröffentlichte Bettina den Briefroman «Goethes Briefwechsel mit einem Kinde», ein wunderliches Gemisch aus Wunschtraum und erinnerter Wirklichkeit.

Achim und Bettina von Arnim.

Arnim Ludwig *Achim* von

(Berlin 26. Januar 1781–21. Januar 1831 Wiepersdorf).

Gutsherr auf Wiepersdorf, gehörte durch Geburt zum Adel des alten Preußen, durch Neigung, Freundschaft und eigene schriftstellerische Leistung zur deutschen Romantik. – Goethe traf Arnim in Göttingen 1801, später besuchte dieser den Dichter des öftern zwischen 1805 und 1820 in Weimar. – «Des Knaben Wunderhorn», die Volksliedersammlung, die Arnim mit Clemens Brentano 1806 herausgegeben hatte, wurde von Goethe freundlich rezensiert; von Arnims erzählerischem Werk und seiner Lyrik distanzierte sich aber Goethe mehr und mehr.

B

Bardua Caroline

(Ballenstedt/Harz 11. November 1781–2. Juni 1864 Ballenstedt/Harz).

Sie war nur knapp zwei Jahre in Weimar, vom September 1805 bis zum Mai 1807. – Goethe, dem sie empfohlen war und der glaubte, ihr «mannichfaltiges Talent» bescheinigen zu können, schickte sie zu Heinrich → Meyer. Bei ihm, der trotz Goethes Hochschätzung nicht viel Besseres zustande brachte als sie selbst, arbeitete sie ebenso fleißig, ebenso eifrig darauf los, wie sie zuvor im heimischen Ballenstedt gearbeitet hatte und wie sie sich dann, um 1810 in Dresden, unter Gerhard von Kügelgens Leitung in den Künsten der Ölmalerei übte. An Fleiß und Eifer fehlte es ihr auch späterhin nicht. 1819 nach Berlin übergesiedelt, wo sie bis 1852 blieb, war sie unermüdlich beschäftigt (neben einigen Kompositionen mythologischen oder auch religiösen Inhalts), alle Welt, darunter auch die Familie Wilhelms von Preußen, zu porträtieren. Sie war tüchtig, und sie hatte Erfolg, weil ihr gelang, auch wenn sie nicht das innerste Wesen der dargestellten Person erfaßte, diese wenigstens geschickt in Äußerlichkeiten zu charakterisieren, so daß ein befriedigender Anschein von «Ähnlichkeit» entstand. – Auch Goethe hat sie porträtiert: einmal, süßlich aufgeschönt, im Dezember 1806 und ein zweites Mal, antikisch stilisiert, im März 1807. Schülerarbeiten, mittelmäßig bis ärgerlich, dennoch von Goethe wohlwollend hingenommen. Er sah Caroline gern. An seinem Tisch am Frauenplan war sie ein wohlgelaunter Gast und in Johanna Schopenhauers Runde zur Erheiterung aller ein putziger Kobold, gut zu necken und zu sekkieren. – Reiner Genuß aber war es, wenn sie ihre Stimme erhob, eine klare, kräftige, geschulte Stimme, und dem Dichter seine Lieder sang, während er, wie Carolines Schwester erzählt, «bewegt und sinnend auf- und niederging».

Literatur: Wilhelmine Bardua: Jugendleben der Malerin Caroline Bardua. Nach einem Manuskript hrsg. von W. Schwarz. Breslau 1874.

Becker Christiane Amalie Louise,

geborene Neumann (Crossen/Oder 15. Dezember 1778–22. September 1797 Weimar).

Sie war ein Komödiantenkind, von frühester Jugend an auf den Brettern zu Hause. Nach Weimar kam sie 1784 mit Bellomos Truppe, und sie wurde im

Mai 1791, auf Wunsch des Herzogs, in das Ensemble des neugegründeten Hoftheaters übernommen, obwohl ihr Vater, ein tüchtiger Schauspieler, gerade gestorben und die Mutter nur in Nebenrollen zu verwenden war. – Für Weimar, das sie ihr kurzes Leben hindurch von Aufführung zu Aufführung entzückte und hinriß, war sie nur «Neumanns Christel». In immer gleicher Frische und Anmut spielte sie die Ophelia, die Emilia Galotti oder die Amalie der «Räuber» oder Louise in «Kabale und Liebe». Ebenso vollendet gerieten ihr die munteren Charaktere wie Minna von Barnhelm, ihr gerieten die Knabenrollen, und ihre melodisch-volle, weithin tragende Stimme half ihr beim Sprechen der Pro- und Epiloge, die Goethe für sie schrieb. – Gotter aus Gotha verglich das junge Geschöpf mit der berühmten Charlotte Ackermann; Wieland sagte, daß Deutschland nur *eine* Schauspielerin haben werde, wenn Christiane auch nur einige Jahre so fortschritte, und der große Iffland, der während seines Gastspiels im Frühjahr 1796 oft mit Christiane auf der Weimarer Bühne stand, erklärte: «Sie kann alles!» – Der Vater war Christianes erster Lehrer gewesen. Ihm folgte, der jungen Künstlerin 1787 von der Herzoginmutter zugewiesen, die nobel-strenge Corona Schröter. 1791 aber übernahm Goethe die weitere Ausbildung. Sehr selten, sagte er vierzig Jahre später, im Januar 1829, nachdenklich zu Eckermann, gehe jungen Mädchen der künstlerische Sinn auf, und selten nur werde der künstlerische Ernst in ihnen wirksam. Er habe in den langen Jahren seiner Theaterpraxis nur eine einzige gefunden, der das Höhere lebendig ward und an deren Entwicklung er Freude hatte. – Es war Christiane. Vielleicht war sie, wie Heinz Kindermann meint, in diesem Weimarer Ensemble mittelmäßigen Zuschnitts sogar die einzige, die hohe Intelligenz, verbunden mit Feinnervigkeit und dem Willen zur liebenden Hingabe, befähigte, Goethes energisches Streben nach Gesetz und Stil zu erfassen. Ein angeborenes, kräftig entwickeltes mimisches Temperament befähigte sie darüber hinaus, ohne matt oder starr zu werden, «das schöne Ganze», die angestrebte Harmonie nicht nur zu verstehen, sondern im Spiel sichtbar zu machen. – Wenige Wochen nach Christianes frühem Tod schrieb Goethe an Böttiger, daß sie ihm in mehr als einem Sinne lieb gewesen sei. «Wenn sich manchmal in mir die abgestorbne Lust für's Theater zu arbeiten wieder regte, so hatte ich sie gewiß vor Augen, und meine Mädchen und Frauen bildeten sich nach ihr und ihren Eigenschaften. Es kann größere Talente geben, aber für mich kein anmutigeres.»

1793 war Christiane Heinrich → Beckers Frau geworden. Wir wissen kaum etwas von dieser Ehe. Doch wenige Wochen nach Christianes frühem Tod schrieb Minister Voigt an Goethe, daß «ihr Mann sehr trostlos» sei, und in Caroline Jagemanns Erinnerungen findet sich die Notiz, daß «diese angenehmen Menschen, trotz ihrer beschränkten Verhältnisse an Fröhlichkeit und guter Laune unerschöpflich wären . . .» Bereits im Juni 1794 hatte Christiane eine erste Tochter zur Welt gebracht; 1796 folgte eine zweite Geburt, ohne daß die aufreibende Bühnenarbeit ernstlich unterbrochen worden wäre. Das Resultat: im November des Jahres «ein hitziges Brustfieber», von dem sich Christiane, die wahrscheinlich die Keime einer Tuberkulose in sich trug,

nicht zu erholen vermochte. Sie begleitete trotz Fieber und Schwäche das Ensemble zu den Sommerspielen in Lauchstädt, von dem sie nach heftigem Blutsturz Mitte August todkrank nach Weimar zurückkehrte. Der Herzog hatte ihr seinen bequemsten Reisewagen geschickt und die besten Ärzte an das Krankenbett befohlen. Aber alles kam zu spät. Sie starb, noch nicht zwanzig, am 22. September 1797. Ihre kleine Tochter hatte man vier Wochen zuvor begraben.
Goethe, seit Ende Juli fern von Weimar, überraschte die Todesnachricht «in den formlosen Gebirgen», auf der Wanderung zum St. Gotthard. «Liebende haben Thränen», hatte er in dem Brief an Böttiger weiter geschrieben, «und Dichter Rhythmen zur Ehre der Todten.» «Ich wünschte», fährt er fort, «daß mir etwas zu ihrem Andenken gelänge.» – Er hatte Christiane in vielen ihrer großen und bedeutenden Rollen gesehen. Jetzt aber beschäftigten seine Phantasie zwei Randfiguren, denen sie für kurze Augenblicke Leben einhauchte. Da war einmal Arthur, der kleine unglückselige Prinz aus Shakespeares «Leben und Tod des Königs Johann», von Goethe 1791 inszeniert. Er sieht sich selbst in der Rolle des Hubert, dem der Auftrag wurde, Arthur zu blenden. Und er sieht sich auf den Prinzen, dessen gespieltes Entsetzen ihm, dem Regisseur, nicht genügt, wild, mit geschwungenem Blendeisen zustürzen, sieht Christiane zitternd zurückweichen und ohnmächtig zu Boden sinken; sieht sich erschrocken niederknien und das Kind in seine Arme bergen . . . Aller Schrecken, alle Zärtlichkeit dieser «ungespielten» Szene gehen in die Rhythmen ein, die der Dichter zur Ehre der Toten zu bilden versprach. Darum, sie «nicht ungerühmt zu den Schatten hinabgehn zu lassen», bat ihn die blasse Freundin, nun für ihn im Gedicht Euphrosyne, denn als Euphrosyne (eine zweite, nicht sehr bedeutende Figur) war sie ihm gerade noch von der Bühne herab entgegengetreten. – Am 12. Mai vermerkt das Tagebuch lakonisch: «Nachmittags Probe vom Petermännchen» und am folgenden Tag: «Abends Vorstellung des Petermännchen.» Er selbst hatte kurz vor seinem Aufbruch in die Schweiz Weigls Wiener Märchenoper in Szene gesetzt. Für Christiane noch einmal, worauf Kindermann hinweist, die Gelegenheit, in diesem harmlosen «Petermännchen» als Euphrosyne den Liebreiz ihrer Erscheinung mit Goethes Stilwillen zu durchdringen.

Unterdessen hatte man in Weimar, wie Kirms Goethe am 2. Oktober mitteilte, die junge Schauspielerin am 25. September abends, in der Stille, wie es Brauch war, auf dem Jakobsfriedhof begraben. Am nächsten Nachmittag hielt, auch das schrieb der Kammerrat, «Diaconus Zünkel eine recht hübsche Rede, der Cantor aber und die Choristen sangen gratis einige Chöre. – Die Schauspieler hatten sich vorher am Theater gesammelt und gingen in Trupps, ohne Prozession, zum Kirchhof: auch ich ging mit ihnen.» Eine Trauerfeier im Theater folgte. Die Einnahmen wurden zur Errichtung eines Denkmals, → Euphrosynes Denkmal, bestimmt. – Und Goethe, zurück aus der Schweiz, schreibt bekümmert, daß er auf dem Theater eine große Lücke fand. «Christiane Neumann fehlte, und doch wars der Platz noch, wo sie mir so viel Interesse eingeflößt hatte. Ich war durch sie an die Bretter gewöhnt, und so wendete

ich nun dem Ganzen zu, was ich ihr sonst ausschließlich gewidmet hatte.» – Ein paar Zeilen zuvor hatte er gesagt, daß er für sie die Elegie «Euphrosyne» geschrieben habe, denn, so sagt das Gedicht: «Nur die Muse gewährt einiges Leben dem Tod.»
Literatur: → Genast, Eduard.

Becker Johann Heinrich Christian Ludwig, eigentlich von Blumenthal (aus Kurland 1764–21. Mai 1822 Weimar).
Schauspieler, Sänger; 1791 bis Ostern 1809 und noch einmal 1818–1820 in Weimar. – Zunächst in Liebhaberrollen, dann zunehmend im Charakterfach beschäftigt. Spielte Jago im «Othello», Domingo im «Don Carlos», den Weltgeistlichen in der «Natürlichen Tochter», auch Omar in Voltaires «Mahomet», wobei Herzog Carl August nach der Aufführung vom 30. Januar 1800 «seine gar zu gecksige Stimme» und das falsche Deklamieren monierte. Dagegen brillierte Becker in komischen Rollen; war als Pantalone in Schillers «Turandot», mit Trippelgang und Zitterbart, ein «Virtuos der Maske», amüsierte das Publikum als Goldonis Truffaldino, zeigte sich aber unfähig, als Dorfrichter Adam die Verse Kleists zu sprechen. Ihm hauptsächlich sei, berichtet Anton Genast, das totale Mißlingen der Uraufführung des «Zerbrochenen Kruges» am 2. März 1808 zuzuschreiben. Trotz allen Rügen Goethes bei den Proben sei Becker nicht aus dem breitspurigen Redegang, aus dem Zerren und Dehnen der Verse herauszubringen gewesen. Nicht nur das Parkett, selbst Beckers Mitspieler hätten die Geduld verloren! Ein Unvermögen des Mimen, der aber auch bei besserer Qualifikation das verständnislose Goethesche Zerhacken des Einakters in drei Teile nicht hätte wettmachen können.
Zwei Jahre nach seinem Eintritt in Weimar hatte sich Becker mit Christiane Neumann, dieser hochbegabten, blutjungen Schauspielerin, verbunden, die ihm aber, völlig überanstrengt, da sie bei zartester Konstitution und intensivster Bühnenarbeit rasch hintereinander zwei Kinder gebar, bereits 1797 durch den Tod entrissen wurde. 1803 nahm er Amalie Malcolmi zur Frau, wurde aber von ihr zwei Jahre später geschieden; 1807 verheiratete er sich mit Karoline Ambrosch, einer Berlinerin. Auch sie eine Aktrice, Tochter eines Sängers, seit 1805 in Weimar, hier junge Liebhaberin in Schauspiel und Oper. – Wie Genast, wie Schall war auch Becker seit 1796 als «Wöchner» an der Regie beteiligt, was einen engeren Arbeitszusammenhang mit Goethe bedeutete, dessen Hausgast er auch des öftern war. Zugleich gehörte er aber, mehr oder weniger verdeckt, zu Caroline → Jagemanns Parteigängern, so daß Goethe, enttäuscht und verärgert, während der Theaterkrise vom Dezember 1808 ablehnte, weiter mit Becker zusammenzuarbeiten, dem auch sofort nach Beilegung des Konflikts die Regiearbeit abgenommen wurde. – Ostern 1809 verließ Becker Weimar.

Bellomo Joseph(o)

(1754–1833 Graz/Steiermark).

Ein Schauspieler und Theaterprinzipal, «ehedem aber», wie Wieland am 5. Januar 1784 Merck schreibt, «einer der Sekretarien an der Italienischen Canzley zu Wien», und hinzufügt, daß Bellomo, «wiewohl ganz und gar kein Acteur!» ein feiner und sehr schöner Mensch sei. – 1778 tritt er in Graz als Mitdirektor der Italienischen Oper auf, wechselte 1779 nach Dresden über und gründete hier die «Teutsche Schauspieler-Gesellschaft des Directeurs J. Bellomo». Mit dieser Truppe gastierte er, eingeladen von Herzog Carl August, im Dezember 1783 in Weimar, was zur vertraglichen Bindung, doch nicht zum ersehnten Status einer designierten Hoftheatertruppe führte. Die Compagnie unterstand, bei einem monatlichen Zuschuß von 320 Talern, dem Hofmarschallamt, dessen Zustimmung in Repertoire- und Personalfragen einzuholen war. Franz → Kirms war wichtigstes Bindeglied zwischen Hof, Behörde und Bühne. – Gespielt wurde im «Komödienhaus», das schon den Aufführungen des → Liebhabertheaters diente; Heizung, Beleuchtung, Theaterwache wurden Bellomo gestellt; Dekorationen und Kostüme konnten übernommen werden, die Sänger und Instrumentalisten der Fürstlichen Hofkapelle standen zur Verfügung. – Die Vorstellungen waren öffentlich; die Galerie zahlte zwei Groschen, im Parterre kostete der teuerste Platz zwölf Groschen, der Hof und das Hofgefolge hatten freien Zutritt. Spieltage waren allwöchentlich Dienstag, Donnerstag, Samstag. In der Residenz währte die Spielzeit vom 1. November bis zum 1. März. Gastspiele im benachbarten Eisenach, Rudolstadt, Gotha oder auch im entfernteren Leipzig und Halle beschäftigten die Compagnie mit wechselndem Erfolg und wechselnden Einnahmen während der Weimarer Theaterferien. Finanziell unabdingbar aber und als Training des Ensembles sehr erwünscht war die Bespielung der «Abstecherbühnen»: In den Sommermonaten Bad Lauchstädt, in den Herbstwochen Erfurt. In Lauchstädt war Bellomo seit 1781 im Besitz des begehrten Theater-Privilegs; 1785 hatte er zusätzlich das äußerst dürftige Theater durch ein eigenes Haus ersetzt, das, obwohl auch nur eine «Schafsbude», ein «Quasistall», 1791 das Herzogliche Hoftheater samt dem Privileg für 1200 Taler übernahm. – Am 1. Januar 1784 hatte Bellomo mit Gotters Trauerspiel «Mariane» begonnen; am 5. April 1791 verabschiedete er sich mit Kotzebues «Kind der Liebe» von Weimar. Woche um Woche erwartete das Publikum eine neue Komödie, alle vierzehn Tage eine neu einstudierte Oper. In acht Jahren hatte Bellomo mit seiner kleinen Truppe von etwa zwanzig Mitgliedern an 643 Spieltagen 282 Werke aufgeführt, von denen Goethe 84 übernahm. – Die Opera buffa und das Singspiel, in ihrer Frische und leichten Behaglichkeit aller Welt so genehm, dominierten; doch immerhin sah das Publikum auch Opern von Mozart, Benda und Gluck. Ebenso wurde das Schauspiel vom gängigen Rühr- und Sittenstück, von Früchten der Ritter- und Schauerromantik beherrscht, aber auch Shakespeares, auch Lessings Namen tauchen auf; Schillers «Kabale und Liebe», «Die Räuber», «Fiesko» werden gespielt, ebenso (wenn auch selten) Goethes «Clavigo», «Die Geschwister» und

«Egmont». – Das Niveau aber der Aufführungen enttäuschte jede Erwartung. Bereits im Dezember 1784 schrieb Goethe dem Herzog, daß die Comödie in einem Torpore (das heißt schläfrig) dahinschleiche; später sprach er nur von dem «Bellomoischen Schlendrian», und Knebel gesteht im Januar 1790 seiner Schwester, daß er das Theater satt habe . . . Auch negligierten sich, fügt er hinzu, diesen Winter die Schauspieler mehr noch als sonsten! – Obwohl Bellomos Vertrag Ende 1790 um drei Jahre verlängert worden war, löste ihn kurz darauf der Herzog auf. Ihm war klar geworden, daß von diesem Prinzipal und dieser Compagnie Qualität nicht zu erwarten war. – Bellomo kehrte nach Graz zurück, wo es ihm anscheinend gelang, mit einem neuen Ensemble, das dem Publikumsgeschmack entsprach, zu reüssieren.

Bellomo Madame,

geborene Nicolini (?), Frau des Schauspieldirektors Bellomo.

Wieland schreibt in seinem Brief an Merck, daß Madame Bellomo anscheinend zu Wien deutsch gelernt habe, aber sehr artig singe. Noch aus keiner singenden Kehle habe ihm die deutsche Sprache so gut gefallen wie aus der ihrigen. «Sie verliert das Wiehernde und Polternde und wird eine Art Mittelding von Italienisch und Tudesk, das mir wenigstens 1000 mal besser behagt, als wenn eine geborene Tedesca sänge.» – Für Goethe dagegen ist sie, «die mit einer leidlichen Stimme und einem unscheinbaren Äußeren mehrere Jahre die ersten Liebhaberinnen vortrug» (woran er die Theaterkommission am 9. Dezember 1808 erinnert), nur Beweis einstiger Genügsamkeit.

Belvedere

Etwa eine Wegstunde südlich von Weimar, mit der Stadt durch eine 1756 auf Wunsch von Ernst August Constantin als Fahrstraße ausgebaute, schnurgerade, von Kastanien und Linden überschattete Allee verbunden, der Sommersitz des Weimarer Fürstenhauses. 1756–1776 wohnte hier Anna Amalia, dann übernahmen bis in die neunziger Jahre Carl August und Herzogin Louise

Schloß Belvedere, kolorierte Radierung von Th. Goetz.

Schloß Belvedere, Orangerie, Aquarell von C. W. Holdermann.

das Schloß, noch 1806 war es Sitz des Erbprinzenpaars. – Zunächst nur ein einfaches Jagdhaus, 1724–1726 auf der Hainleite, einem weitläufigen Forstrevier, zu Ernst Augusts Gebrauch errichtet; vier Jahre später aber schon, angeregt durch des Herzogs Reisen nach Dresden, Paris und Wien, durch Johann Adolf → Richter und Gottfried Heinrich → Krohne in ein Barockschloß des zierlichen Pavillontyps umgewandelt. Der ummauerte Rokokogarten war radial in fünf mit Menagerien und Volieren besetzten «Kabinetten» dem Corps de logis zugeordnet. Den inneren und äußeren Schloßhof umringten Kavaliershäuser, Uhrenpavillons, Stallungen und Wirtschaftsgebäude; 1739–1750 wurde die Anlage durch eine Orangerie ergänzt.
Nach dem Tod des Gründers, 1748, waren beinahe sofort Menagerie und Vogelhäuser verschwunden, und mit Carl Augusts Einzug schwand auch, dem Stilgefühl von Sturm und Drang unerträglich, der Rokokogarten mit Mauern, halbzerfallener Parkplastik und mancherlei architektonischem Schnickschnack. «Die Ruinen ruiniert», vermerkt übermütig am 27. Mai 1777 Goethes Tagebuch. Es entstand langsam in Etappen, gestützt auf tüchtige Gärtner wie Johann → Reichert und die → Sckells (1842–1850 auch beraten durch Fürst Pückler), ein ausgedehnter Landschaftsgarten (darin ausgespart mit Labyrinth und Heckentheater, wohl zum Vergnügen Anna Pawlownas, ein Russischer Garten), der sich unter Carl Augusts lebhaftem botanischem Interesse und der wissenschaftlichen Leitung von August Wilhelm Dennstedt zu

einem botanischen Garten entwickelte, der Fachleuten, nach Seltenheit und Kostbarkeit der hier gepflegten Kulturen, als «der reichste des Festlandes» galt. Der Katalog, «Hortus Belvedereanus», 1820/21 von Dennstedt herausgegeben, verzeichnet 6300 Arten und 1300 Varietäten. Für Goethe, der die botanischen Interessen des Herzogs teilte, bedeutete die hier geleistete Arbeit Hilfe bei Anlage und Pflege der eigenen Gärten und dankbar begrüßte Förderung seiner morphologischen Studien.

1797 hatte Carl August Belvedere Jean Joseph Mounier, 1803–1806 dem Schweizer Oberst Baron von Groß zur Verfügung gestellt. Der eine gründete ein Erziehungsinstitut (meist von englischem Adel frequentiert), der andere eine Militärakademie. – Die Freunde des Fürstenhauses, Wieland ebenso wie Goethe, doch auch Herder, Knebel oder Schiller, waren hier so selbstverständlich zu Gast wie in den Stadthäusern der herzoglichen Familie.

Literatur: Werner Deetjen: Schloß Belvedere. Leipzig 1926. – Otto Sckell: 200 Jahre Belvedere. Ein Rückblick auf seine Entwicklung unter besonderer Berücksichtigung der Gartenkunst. Weimar 1928.

Berendis Hieronymus Dietrich

(Seehausen/Altmark 1719–26. Oktober 1782 Weimar).

Ein Freund Winckelmanns, ihm aus Jugendtagen vertraut, Altmärker wie er, Sohn des Bürgermeisters von Seehausen, wo Winckelmann 1743–1748 kümmerlichste Schulmeistersjahre hinbrachte. – Berendis selbst war Jurist, in Halle ausgebildet; Auditeur, das heißt Militärrichter, bei einem preußischen Husarenregiment, das er 1746 verließ, um seine Studien in Berlin fortzusetzen; 1750 dann, von Winckelmann empfohlen, Hofmeister des jüngsten Bünau-Sohnes und nach Beendigung der Erziehungsgeschäfte durch Graf → Bünau, seit 1751 Premierminister in Weimar, Übernahme in den dortigen Staatsdienst. – Zunächst 1756 Assessor im Kriegskollegium, 1761 Wechsel zur Kammer, 1765 zum Hofrat ernannt, im gleichen Jahr zusätzlich Direktor der jenaischen Landschaftskasse. Neben diesen Ämtern bis zu seiner Pensionierung 1775 Schatullier von Anna Amalia, der er bei seinem Tod 27 Winckelmann-Briefe hinterließ, die dieser «dem Landsmann, Schulfreund und Hausgenossen durch Jahre in freiester Vertraulichkeit» geschrieben hatte. – Goethe, seit 1799 im Auftrag der Herzogin mit diesen Briefen beschäftigt, war fasziniert. Stand ihm bis dahin, wie Ernst Beutler sagt, Winckelmann als Forscher und Gelehrter vor Augen, so gewann und bestrickte ihn jetzt der große Mann durch sein Wesen, wie es ihm reich und farbig in der Intimität der Briefe entgegentrat. Er ließ sie abschreiben, redigierte sie und nahm sie in den Oktavband auf, der 1805 mit dem Titel «Winckelmann und sein Jahrhundert» erschien. – In dem Vorwort umreißt Goethe mit ein paar knappen Sätzen das Dasein von Berendis, dem er, obwohl er nicht davon spricht, in dem kleinen Weimar oft begegnet sein muß.

Berends, Karl August Wilhelm → Goethes Ärzte.

Berg, Amalia → Ludecus, Johanne Caroline Amalie, geborene Kotzebue.

Bernstorff Charitas Emilie Gräfin von,

geborene von Buchwaldt (auf Borstel/Holstein 1733–1820 Weimar).

Für Weimars geselliges Leben war es ein Gewinn, daß Charitas von Bernstorff im Januar 1779, verlockt durch Schilderungen ihrer Nichte Sophie, die im Jahr zuvor in Weimar Karl von → Schardts Frau geworden war, weder Hamburg noch Celle, sondern die kleine thüringische Residenz als ständigen Wohnsitz wählte. – Sie kam aus reicher holsteinischer Familie, war Witwe Graf Bernstorffs, dieses klugen und ungewöhnlich erfolgreichen dänischen Außenministers, hatte ihm, «dem Mecklenburger Aristokraten aus Hannover», in Kopenhagen ein großes Haus geführt, fühlte sich wie er Herrnhut verbunden und verehrte Klopstock als ihren geistigen Führer. Ihn hatte Bernstorff, immer auf Förderung deutscher Dichtung und Wissenschaft bedacht, 1751 nach Kopenhagen geholt und ihm mit Titel und Gehalt eines Legationsrates die ersehnte Unabhängigkeit verschafft. Ein Pastell, die Gräfin darstellend, umschreibt, bei aller Rokoko-Zierlichkeit und Rokoko-Eleganz, im Ernst der großen Augen, im verhaltenen Lächeln, das Gefaßte, das Gesammelte dieser großen Dame. – In Weimar, wohin sie zu ihrer Unterstützung als Sekretär, als ihren Hausminister Johann Joachim Christoph → Bode, den weithin bekannten Übersetzer und Freimaurer, mitgebracht hatte, fand und erwarb sie, dicht am Frauenplan und dem Garten bis hin zur Esplanade, einen stattlichen Dreiflügelbau. Ein Ambiente mit dem noblen Interieur, der geschulten Dienerschaft (zu der neben Koch und Confiseur auch einige Musiker zählten), nahezu ein Pendant zum → Wittumspalais der Herzoginmutter. – Ein Pendant oder richtiger eine liebenswürdige Filiale auch in der großzügig gehandhabten Gastlichkeit. Jedermann, wenn durch Geburt, Geist, Talent oder Schönheit ausgezeichnet, hatte Zutritt. Unter ihnen besonders herzlich begrüßt die Gelehrten, die Schönen Geister Weimars wie Goethe, Herder oder Wieland. – Mit Anna Amalia, ihr in Alter, Geschmack und Interessen am nächsten, hatte Gräfin Bernstorff gleich in ihrem ersten Sommer «bürgerlich-glückliche Tage» auf Ettersburg verbracht und dabei bewiesen, daß sie wie ihre Gastgeberin in alle schönen Künste, in Musik, Literatur und Theaterspiel, verliebt war und bereit, ihnen in ihrem Haus den gebührenden Platz einzuräumen. Wie einst in Kopenhagen, wie in Hamburg, wohin sich Bernstorff 1770 nach seiner schmählichen Entlassung durch den geisteskranken König zurückgezogen hatte, wechselten auch in Weimar, unter Charitas Bernstorffs sachtem Regiment, die Bälle, Soupers oder Diners mit Lesezirkel und Hauskonzert, wechselte der große Empfang mit der kleinen, wohltuenden Runde unter Freunden.

Bertuch Friederike Elisabeth Caroline,

geborene Slevoigt (Bürgel [?] 1751–17. Dezember 1810 Weimar).

Ähnlich wie Wielands Frau Dorothea, die *da* ist, ohne daß die Zeitgenossen von ihr oder über sie reden, gehörte auch Caroline Bertuch, unberedet, unbesprochen, von Anbeginn an zum «Ensemble» des Klassischen Weimar. Wie Bertuch selbst war sie durch die Jahrzehnte in allen Zirkeln, allen Kreisen zu

Haus, und mit und neben ihm entfaltete sie in dem Ambiente ihres schönen Hauses die großzügigste Gastlichkeit. Dennoch ist ihr Dasein nur in Splittern, in Andeutungen greifbar. Selten findet sich ein Adjektiv, das sie näher bezeichnet, selten gerät die Erwähnung ihrer Person zur Darstellung ihrer Existenz. Kein Bild, kaum ein Brief hat sich erhalten. Nur Goethe nennt sie im 20. Buch von «Dichtung und Wahrheit» «anmutig», während er sich an das «Durchblättern der reichlichen Portefeuilles» erinnert, die einst Georg Melchior → Kraus von seinen Fahrten aus Weimars Umgebung, auch von der Fahrt nach Waldeck, zum Forsthaus des Wildmeisters Slevoigt, mit den «anmutigen Wegen» und den «anmutigen Töchtern», mitgebracht hatte. Und Goethe, nun einer der Sturm-und-Drang-Gesellen des jungen weimarischen Herzogs, ist es wiederum, der im Jahr darauf, im Dezember 1775, Carl August berichtet, daß es Bertuch sei, seit Jahren mit Caroline Slevoigt fest versprochen, der «mit seinem Mägdlein, Rasen und Moos Bänke und Hüttgen und Pläzzgen, mitten im Fichtenthal», angelegt habe. – Weiter erfahren wir, nun aus einem Brief Carolines (dem einzigen, der sich erhalten hat), von Bertuchs Brautgeschenken, die sich «täglich häufen». «Mit dem besten Knicks» dankt sie ihm 1773 für das überschickte schöne Band, das ihr «in der Tat Beweiß ist, das auch Herren einen guten Geschmack in Frauenzimmer Putz haben können» und nicht «wenigker dankt sie vor die Noten, Filettmanschetten und Mappen». – Dann mußten die Brautleute 1776 plötzlich «mit der Hochzeit eilen und sie in aller Stille vollziehen», wie Bertuch an Gleim schreibt, da Carolines Mutter, schwer erkrankt, sofort der ärztlichen Hilfe bedurfte, die nur in Weimar, wohin sie nun «die liebe Kranke mitnahmen», zu finden war. Die Pflege fiel der jungen Ehefrau zu, erschwert noch, da auch Bertuch in denselben Wochen hart darniederlag. Doch er gesundete in ihrer Obhut. – Im Jahr darauf wird Caroline ein Sohn geboren, zwei Jahre später Charlotte, die Tochter. Zwischen all diesen Sorgen, Pflichten und Freuden aber setzte Caroline um 1778 ihre «Blumenfabrik», heute wohl Atelier oder Studio, von Bertuch jedoch stets «die Entreprise meiner Frau» genannt, sachte in Gang. Fünf Jahre später erbittet Bertuch für die Fabrik, nun bereits ein prosperierendes Unternehmen, bei der Fürstlichen Kammer ein Privileg mit zehn Jahren Laufzeit, da «die Entreprise seiner Frau, nach und nach», wie er philanthropisch, das Gemeinwohl bedenkend, argumentiert, «dem größten Teile unserer leider unbeschäftigten Mädchen der mittleren Klasse sehr heilsam sein werde». Weimar ist interessiert, elektrisiert, skandalisiert. Man bezweifelt, ob aus diesen «Staats-Jungfrauen», wie ein Besucher der Blumenfabrik Carolines Näherinnen nennt, «würklich guthe Weiber und Mütter würden»! Wieland jedoch, seiner Herzogin ein Bouquet aus Carolines Werkstatt übersendend, reimt freundlich: «Die Blumen blühen nur figürlich! / Sie wurden unter Bertuchs Dach / Von jungen züchtigen Brigitten / (Gleich rein an Fingern und an Sitten) / An einem langen Arbeitstisch / Aus Leinewand und altem Plüsch / Und dünnen Taffett ausgeschnitten.» – Bertuch selbst, Familie und Haus gegen alle Öffentlichkeit abschirmend, wie es Sitte und Geschmack forderten, hat kaum über Caroline, noch über seine Beziehung zu ihr gesprochen. Nur einem Freund gestand er, «er könne Gott nicht genug danken, daß er ihn *die* habe finden lassen, die sein Leben ihm erst zum Leben gemacht, ihn in Noth und Leid getröstet und seinen leicht beweglichen Geist in gemäßigten Schranken gehalten habe». – Und als Caroline ihm starb, mitten in den schweren Kriegsnöten, die auch ihn und seine Unternehmungen gefährlich bedrängten, schrieb er, daß ihm sei, als wäre ihm nun alle Lebenskraft entgangen . . .

Bertuch Friedrich Justin

(Weimar 30. September 1747–3. April 1822 Weimar).

Er begann als Dichter und wurde zum Schriftsteller, zum Journalisten; er war Schatullier seines Fürsten, verwaltete sorgsam dessen magere Kasse und wurde zum Unternehmer, zum weitblickenden Handelsherrn; er erledigte Wielands Geschäftskorrespondenz, den «Teutschen Merkur» betreffend, und wurde zum Herausgeber, zum Verleger. – In einer Zeitgenossenschaft der Fleißigen, wie Hans Mayer das 18. Jahrhundert nennt, war er einer der Fleißigsten: ein «glänzender industriöser Kopf», hochbegabt für alles Organisatorische. Was er angriff, gelang: was er plante, hatte Folge. Er nutzte jede Chance und näherte sich Stufe um Stufe beharrlich seinem Ziel. – Aus einer Familie von Schulmännern, Medizinern und Theologen herkommend, absolvierte er, obwohl arm und mit fünfzehn Vollwaise, in Weimar das Gymnasium und in Jena, Theologie und Jura studierend, die Universität. 1769–1773 wird er Hofmeister der Söhne des Freiherrn Bachoff von Echt auf Dobitschen. Freudig, doch auch mit Energie und Ausdauer entdeckt und ergreift er die Gelegenheit, von seinem Brotherrn in spanische Sprache und Literatur eingeführt zu werden. Mit ihm, der auf Botschafterjahre am Madrider Hof zurücksah, liest er, einem intensiven Studium gleich, «Don Quijote», des großen Cervantes' großen Roman, den er wenig später (trotz vielen Mängeln eine Aufsehen erregende Leistung) ins Deutsche überträgt. Schon hier und weiter dann in Weimar, wohin er 1773 zurückkehrte, veröffentlicht er Bände mit Gedichten anakreontischer Machart. Er veröffentlicht auch die üblichen Romanzen und ein paar schwächliche Dramen (darunter 1773 das Trauerspiel «Elfride») und übersetzt vielerlei aus dem Französischen, Englischen und Italienischen, doch literarischen und (mit einem Honorar von 2000 Talern) auch finanziellen Erfolg bringt ihm erst der eingedeutschte «Don Quijote», den er 1775–1777 in sechs Bänden vorlegt. Drei Jahre später läßt er, seinen Ruf, Kenner spanischer Literatur zu sein, festigend, in drei Bänden ein «Magazin der spanischen und portugiesischen Literatur» folgen. – Zugleich spannte Wieland, der das Organisationstalent und die kaufmännischen Fähigkeiten Bertuchs erkannte, ihn nicht nur als Autor, sondern als einen Mitarbeiter ein, dem er unbesorgt die Förderung aller kommerziellen Belange des «Teutschen Merkurs» überließ, wie auch der junge Herzog dem «Rechtskandidaten» Bertuch, den er am ersten Tag seiner Regierung (4. September 1775) zum Geheimsekretär ernannte, die Verwaltung der fürstlichen Privatschatulle auflud. Ein schwieriges, Takt, Geduld und Umsicht erforderndes Amt, das aber Bertuch, neben mancherlei massivem Ärger, die erste materielle Sicherung seiner Existenz eintrug: 300 Taler im Jahr, dazu freie Wohnung im Fürstenhaus und, von ihm selbst als «Schelle und Franze» ironisiert, 1776 den Titel eines Herzoglichen Rats, was ihm erlaubte, noch im gleichen Jahr Caroline Slevoigt zu heiraten. Die Ernennung zum Legationsrat folgte 1785. – Ohne Hofmann zu sein, doch zur engsten Umgebung des Herzogs zählend, sah sich Bertuch in alle fürstlichen Unternehmungen, ob Scherz, ob Ernst, einbezogen. Er agierte, und das in komischen Rollen recht begabt, ebenso geschickt auf den Brettern der → Liebhaberbühne, wie er Protokoll und Korrespondenz Carl Augusts klug zu erledigen wußte. Er streifte mit dessen jugendlicher Kumpanei durchs Land, war in den Jahren des Weimarer Sturm und Drangs (wahrscheinlich oft unwilliger!) Zeuge des Schabernacks und der Torheiten, doch es gelang ihm auch, 1776 die reichen Nutzen stiftende Einrichtung der «Fürstlichen freyen Zeichenschule», mit Georg Melchior → Kraus als Leiter, durchzusetzen. Willkommen war ihm auch, da er ein guter Botaniker und passionierter Gärtner war, von der Herzoglichen Kammer im März 1787 mit der komplizierten Koordinierung der Arbeiten im entstehenden Park an der Ilm und mit der vielleicht noch schwierigeren Abwicklung aller Zahlungen betraut zu werden. Pflichten, von denen er sich erst mit dem Abschied aus dem Staatsdienst löste, den er, seit langem verärgert, am 9. Juli 1796 erbat und den man ihm, verärgert wie er, bereits am nächsten Tag gewährte. (Unmittelbarer Anlaß war Bertuchs Weigerung, sich von August von Kalb zu distanzieren, obwohl dieser seit 1794 beim Reichshofrat in Wien gegen Herzog Carl August prozessierte.) Einem Freund erklärte Bertuch, seine Entlassung habe einem chirurgischen Eingriff geglichen. Der Schnitt, mit entschlossener Hand geführt, habe nicht einmal geblutet, und er hoffe, fuhr er fort, die Wunde werde heilen. Er sei glücklich, nun ein freier Mann zu sein und nur noch sich, seinen Geschäften und seinen Freunden zu leben.

Diese Geschäfte, von ihm 1791 im Landes-Industrie-Comptoir vereinigt, besaßen um diese Zeit bereits beträchtlichen Umfang. Vermehrt wurden sie noch durch ins Große geplante Unternehmungen, mit denen Bertuch, als eifriger Schüler von Adam Smith, den engen Grenzen Weimars, den veralteten Wirtschaftsstrukturen des Kleinstaats zu entkommen suchte. August von → Kalb, eine zwielichtige Figur, lenkte Bertuchs Interesse auf Vorhaben wie die Gründung einer Staatsbank in Mannheim oder die Pachtung und den Kauf französischer Salzbergwerke oder die Sanierung der Salinen von Kissingen und Bad Boeklet oder auf Bohrungen nach Eisenerz, Braun- und Steinkohle im Fränkischen. Windige Projekte fast allesamt, mit denen sich aber Bertuch durch ein Jahrzehnt ernsthaft herumschlug und, zum Erstaunen seiner Umgebung, selbst schwere Verluste gelassen hinnahm. – Sein Industrie-Comptoir dagegen, das er doch auch, gemäß moderner Wirtschaftstheorie, durch Steigerung von Leistung und Absatz, hochgemut (seine Freimaurer-Ideale bedenkend) zum Wohl der Allgemeinheit gegründet hatte, ließ Bertuch, als sich zeigte, daß das Ziel zu hoch gesteckt war, nüchtern auf den soliden Kern schrumpfen. Der Verlag (mit Filialen in Halle und Rudolstadt), aus dem er 1804 das Geographische Institut, mit der Produktion ausgezeichneter

Kartenwerke, löste, blieb; es blieben die Druckereien, die Abteilungen der Kunstanstalt, und es blieb von dem überbordenden Warenangebot seiner «Muster- und Handelsmesse», das gewinnbringend zu nutzen sich Weimar als zu arm erwies, ein Kommissionsgeschäft, das neben der breit gefächerten Produktion des Verlages die zierlichen Erzeugnisse der Blumenfabrik und die vielgestaltige Keramik aus Klauers Werkstatt betreute. – Daß er für 200 Taler im Jahr den Fürstlichen Baumgarten, weit draußen zwischen St. Jakob und den Schwanseewiesen gelegen, 1777 in Erbpacht nahm, war der Anfang. Er hatte sofort ein Stück dieses ausgedehnten Areals in 75 Parzellen aufgeteilt und diese, Schrebergärten gleich, für etwa zwei Taler je Parzelle weiterverpachtet. Eine Idee, die Schiller halb spöttisch, halb bewundernd ebenso «artig wie ökonomisch» nannte. – 1778 kam ein benachbartes Grundstück mit Schleifmühle und Sommerhaus dazu: die Mühle, brauchbar zur Herstellung von Papier und Farben, das Sommerhaus als Wohnsitz der Familie geeignet. Selbst die Werkstatt, in der Caroline mit etwa zehn jungen Frauen den Versuch wagte, modische Blumen aus Seide, Spitze und Samt zu bosseln, fand hier noch Platz. Im Garten am Schweinemarkt aber, den Bertuch 1779 kaufte, baute er, ermutigt durch gute Honorare aus der schriftstellerischen Arbeit (2500 Taler jährlich), 1780–1782 das Haus, das nicht nur Carolines «Blumenfabrik» mit nun etwa fünfzig Näherinnen (darunter Christiane Vulpius) aufnahm, sondern auch seinen Bedürfnissen privat und als Geschäftsmann entsprach. Es war ein Haus, großzügig, zum Garten weit geöffnet, ein Haus, welches Schiller, bei aller Lust zur Spitzzüngigkeit, «das ohnstreitig schönste in ganz Weimar» nannte. – Zudem war es so konzipiert, daß sich, als Bertuch zwanzig Jahre später eine Erweiterung im großen Stil beschloß, Alt und Neu überzeugend zur noblen Einheit fügte. Im höfischen Weimar die Residenz eines Bürgers, der das klassizistische Vokabular virtuos beherrschte. Alfred Jericke, Kenner des klassizistischen Weimar, beschreibt die Annehmlichkeit der bequemen Treppen und Flure, beschreibt die Höfe mit Stallungen, Remisen und Gewächshäusern; er beschreibt das praktische Nebeneinander

Das Bertuch-Haus und die 1825 eröffnete Bürgerschule, Blick von Norden.

der Lager, Magazine, Werkstätten und Schreibstuben, beschreibt aber auch das festliche Vestibül, das mit Säule und antikem Götterbild, in Klauers sorgfältigem Nachguß, den Zweckbau adelt und erhöht. Für den Fiskus wurde der Wert des Gebäudes mit 27 225 Talern angegeben; es war mit einer Hypothek von 3500 Talern belastet. – Das Giebelfeld des Mittelbaus ziert ein Relief mit Bienenkorb und Füllhorn. Das Emblem des Fleißes gesellt sich dem Glückssymbol, eine Bildersprache, die Bertuchs Richtschnur für Arbeit und Leben genau beschreibt.

Vielleicht war es das Vorbild des Oheims Schrön, seit 1755 Herausgeber der «Weimarischen Anzeigen», in dessen Haus der junge Bertuch 1762, durch den Tod von Stiefvater und Mutter zum zweiten Mal verwaist, Aufnahme fand, daß er sich, enttäuscht vom eigenen dichterischen Unvermögen, von der Poesie abwandte und sich zunehmend als Journalist, als Redakteur, schließlich als Herausgeber von Zeitung und Zeitschrift verstand. – Wieland bestärkte diese Tendenz. Erleichtert, bei der Herausgabe des «Teutschen Merkurs» diesen verständigen Helfer gefunden zu haben, machte er Bertuch 1782 zum Teilhaber, ihm ein Drittel des Reingewinns zusichernd, was ihn aber, besonders da Bertuch nun auch redaktionell in die Führung der Zeitschrift eingriff, bald reute, so daß Bertuch, ernsthaftem Hader ausweichend, 1786 den Vertrag löste und erst 1803, nun nichts als ein Freundschaftsdienst, den heruntergewirtschafteten und veralteten Merkur übernahm und bis 1810 im eigenen Verlag mitschleppte. – Unterdessen hatte er mit großer Umsicht und vom Erfolg bestätigt sein eigenes Presse-Imperium aufgebaut. 1785 gründete er, angeregt von Wieland, mit den Herausgebern Christian Gottfried Schütz und Gottlieb Hufeland, beide Gelehrte von Ruf, die «Allgemeine Literatur-Zeitung». Ein gelehrtes Rezensionsorgan und sehr bald, wie Hans Tümmler sagt, «so etwas wie eine geistige Macht in Deutschland». Das Blatt erschien sechsmal in der Woche, hatte (das Doppelte ähnlicher Organe!) eine Auflage von über 2000 Stück; vier bis acht Seiten betrug der Umfang. Erscheinungsort war, in enger Bindung an die Universität, bis 1803 Jena. Er wurde dann, ausgelöst durch akademische Querelen und, wie Goethe in den «Annalen» 1803 mitteilt, «in Gefolg großer dem Redacteur verwilligter Begünstigungen» (10 000 Taler von preußischer Seite), durch Schütz nach Halle verlegt. Eine selbst für das Bestehen der Universität Jena gefährliche Operation, gegen die aber Bertuch nichts unternahm, was für Jahre zum Bruch mit Goethe führte, der nun seinerseits unter größten Anstrengungen die ALZ, mit Heinrich Carl Abraham Eichstädt, Altphilologe und bis dahin zweiter Redakteur der Zeitschrift, als «Jenaische Allgemeine Literaturzeitung» fortsetzte. – Diesem gelehrten Unternehmen läßt Bertuch, in Zusammenarbeit mit Georg Melchior → Kraus, der den Bildteil betreut, 1786 eine erste deutsche Damenzeitschrift, das «Journal des Luxus und der Moden», folgen. Orientiert an dem Pariser «Cabinet des Modes», erschien das Journal, unter mehrmals leicht variiertem Titel, einmal monatlich bis 1827. Die Bebilderung, reizvoll mit kolorierten Kupfern, und ein Textteil, der, anziehend und informativ zugleich, neben Modefragen, neben der Empfehlung hübscher Nichtigkeiten

Journal
des Luxus
und
der Moden.

Herausgegeben
von
F. J. Bertuch und G. M. Kraus.

Zweyter Band.
Jahrgang 1787.

Mit ausgemahlten und schwarzen Kupfertafeln.

Weimar, 1787.
In der Expedition dieses Journals, und
Gotha, in der Ettingerischen Buchhandlung.

Illustration aus dem «Journal des Luxus und der Moden».

für Toilettentisch, Haus und Garten, auch die Bezirke des Theaters, der Kunst, der Literatur leichthin streifte, brachten dem Journal den Erfolg. Durch Jahre konnten die Herausgeber einen Reingewinn von 1700 Talern buchen. – Der Taschenkalender «Pandora» von 1798 dagegen, kostbar mit zwölf kolorierten Kupfern ausgestattet, als «Jou-Jou den Damen bestimmt», ließ Bertuch bereits 1801 eingehen. Der Kalender hatte sein Publikum nicht gefunden. – Doch das Magazin «London und Paris», 1798–1815, mit Böttiger als Redakteur, war laut Ankündigung den gebildeten Kreisen des In- und Auslandes zugedacht, denen es «scherzend und zum Vergnügen» berichten wollte, «was heute in Paris, was gestern in London zu sehen war»! Politik sollte ausgespart bleiben, was sich aber nicht durchhalten ließ und die Herausgeber, mit wechselnden Titeln und Verlagsorten, zu einem Katz-und-Maus-Spiel mit der scharf zupackenden Napoleonischen Zensur zwang. – Die Auflage aber stieg, der Erfolg übertraf noch den des Modejournals.

Die Poesie hatte Bertuch wohl aufgegeben, nicht aber das Schreiben. Lebhaften Geistes, viel wissend, viel übersehend, wurde er nicht müde, sich in seinen Gazetten zu Wort zu melden. Gewandt formulierend, überredend, fordernd, auch dirigierend, griff er in die Diskussion komplizierter Fragen, kaum lösbarer Probleme ein. Wieder und wieder beschrieb er, was ihm schwerstes Hindernis allen Fortschritts in Deutschland dünkte: die quälende Kleinstaaterei. Er wies auf Zollschranken, Privilegien und Monopole hin. Er erörterte die Pressezensur und die böse Gepflogenheit des räuberischen Nachdrucks. – In der Hoffnung, nun, «nach der glücklichen Wiederbefreyung Teutschlands», Schutz wenigstens vor diesen Übeln «bey dem Congreß in Wien» zu finden, beauftragten in Leipzig die versammelten Deputierten des deutschen Buchhandels im Sommer 1814 die beiden großen Verleger, Cotta aus Stuttgart und Justin Bertuch aus Weimar (der, erkrankt, den Sohn schickte), ihre Sache zu vertreten. – Beide trafen im September 1814 in Wien ein. Doch obwohl Bertuch und Cotta sich fast ein Jahr in zähen Verhandlungen abmühten, mußten sie schließlich, «massacrirt durch vergebliches Warten und mißlungene Besuche, massacrirt durch langes Horchen, Suppliciren», bitter enttäuscht hinnehmen, daß Metternich triumphierte. Nichts hatten sie erreicht. Die Verfügung, registriert in der am 8. Juni 1815 unterzeichneten Bundesakte, versprach lediglich, daß «die Bundesversammlung sich bei ihrer ersten Zusammenkunft mit der Abfassung gleichförmiger Verfügungen über Preßfreiheit und die Sicherheit der Rechte der Schriftsteller und Verleger gegen den Nachdruck beschäftigen werde». Das war ein matter Trost. – Die Niederlage Napoleons, die Befreiung Deutschlands von französischer Herrschaft hatte Hoffnungen, hatte in Deutschland die feste Zuversicht ausgelöst, nun als geeinte Nation auch die bürgerliche Freiheit zu gewinnen. – Bertuch, der schon 1793 im «Journal des Luxus und der Moden» seinen Lesern auseinandergesetzt hatte, daß eine blühende Ökonomie die politische Einheit eines Territoriums voraussetze, und der jetzt erklärte, er wolle alles tun, die «schwere und harte Zangengeburth der Teutschen Constitution zu erleichtern», fiel nahezu von selbst die journalistische Führung der nationalen und liberalen Bewegung zu. Goethe hatte ihm «hohes Fingerspitzengefühl und ein großes Maß an taktischen Fähigkeiten» zugesprochen, doch auch Bertuch scheiterte. Auch er geriet mit seinen Planungen zwischen die Fronten. Frankreich war besiegt, aber die deutschen Fürsten, allen voran und mit unerbittlicher Konsequenz Metternich, wollten nichts als die Restauration der alten Zustände. Die

Inthronisation des Absolutismus war das Ziel. Nur Carl August, unterstützt von reformfreudigen Ministern, hatte im Schlußsatz der Verfassung, die er als einziger Fürst am 5. Mai 1816 seinem Land gab, ausdrücklich «das Recht auf Freyheit der Presse anerkannt und gesetzlich begründet». – Im Schutze dieses Gesetzes wagte Bertuch mit Heinrich Luden, dem Jenaer Historiker, als Initiator und Redakteur, die Gründung folgender Blätter: «Nemesis, Zeitschrift für Politik und Geschichte», 1814–1818. «Allgemeines Staats- und Verfassungsarchiv», ebenfalls von Luden redigiert, Februar 1816 bis Juli 1817.

«Oppositions-Blatt oder Weimarische Zeitung», Bertuchs letztes Unternehmen «in der guten Sache der Preßfreiheit», das ihm noch einmal, bedroht von Berlin, Wien und Petersburg, «eine Menge neuer Arbeit und Schreiberei gemacht und ihn tüchtig in Atem hielt», war am 12. November 1817 ein erstes Mal erschienen. 1818 wurde Bertuch ein Zensor am Redaktionstisch aufgezwungen; am 26. November 1820 fiel das Blatt den berüchtigten Karlsbader Beschlüssen zum Opfer, die auch Carl Augusts Schutz außer Kraft setzten. (In diesen Zusammenhang gehören auch, obwohl nicht in Bertuchs Verlag erschienen, Ludwig Wielands politische Blätter: «Der Volksfreund» und «Der Patriot». «Der Volksfreund» nur Januar 1818; «Der Patriot» Februar bis September 1818 erschienen.)

Ohne den Krieg, hatte Bertuch 1807 Kanzler von Müller erklärt, habe der Verlag zur Michaelis-Messe unbedingt mit Einnahmen von 170 000–180 000 Talern rechnen dürfen, und aus anderer Quelle hören wir, daß Bertuch in halbwegs normalen Zeiten jährlich 27 000 Taler für Gehaltszahlungen aufbringen mußte, was darauf deutet, daß neben dem Zeitungsgeschäft auch die Buchproduktion des Verlags beträchtlich gewesen sein muß. Einer der erhaltenen Messekataloge zeigt 750 Titel an; etwa 2000 Titel, schätzt man, hat Bertuch insgesamt ediert. Darunter waren, durch geschickt eingesetzte Werbung gestützt, große buchhändlerische Erfolge. Er plante, auch fremde Ideen ohne allzuviel Gewissensbisse nutzend, mit Instinkt und ungewöhnlicher Umsicht. Wie bei der journalistischen Arbeit waren seine Interessen breit gefächert; Politik und Wirtschaft, Kunst, Literatur und Wissenschaft. Erzieherische und soziale Fragen beschäftigen ihn ebenso wie etwa der Reisebericht oder der Gartenbau. Doch welchem Thema die einzelne Edition auch galt, stets war er bemüht, darin ganz Kind seines von Wissen und Wissenschaft, von Forschung und Gelehrsamkeit enthusiasmierten Jahrhunderts, bei aller Belehrung (auf die es auch ihm ankam) nicht das «Unterhaltliche», bei allem idealischen Schwung nicht den wirtschaftlichen Nutzen zu vergessen. Diese Ausrichtung aufs Praktisch-Nüchterne trennte ihn, obwohl er tagaus, tagein mit ihnen umging, grundsätzlich von Weimars Großen. Schiller wetzte seine scharfe Zunge und bediente sich zugleich skrupellos-amüsiert des Geldbeutels dieser «merkantilistischen Seele»; Herder grollte ob der Leichtfertigkeit des Mode-Journals und nahm den daraus resultierenden Reichtum übel; Wieland schwankte, seinem Temperament gemäß, zwischen launischer Liebe und launischem Zorn. Goethe jedoch, der aus Erfahrung wußte, wieviel Nüchternheit jede auf das praktische Leben bezogene Tätigkeit fordert, war geneigt, Bertuch (auch wenn er ihn gelegentlich «einen entsetzlich behaglichen Laps» nannte) den Mangel an Enthusiasmus, seine Lust an der «Vermarktung» geistiger Güter nachzusehen. Er ahnte, wie weitgesponnene Gedankenketten in den «Wanderjahren», in «Faust II» zeigen, das Heraufdämmern einer neuen Welt. Einer Welt, ins Sachlich-Merkantile verschoben durch «das ihm so schwer durchschaubare Maschinenwesen», und ihm schwante, wie er im Juni 1825 an Zelter schrieb, daß das eine Welt «für die fähigen Köpfe, für leicht fassende praktische Menschen» sein werde, die «mit einer gewissen Gewandtheit ausgestattet, ihre Superiorität über die Menge fühlen, wenn sie gleich selbst nicht zum Höchsten begabt sind». Bertuch, der so viel vermochte, der zudem auf alle Emotionen so kühl-distanziert, so degagiert-freundlich, der sogar lässig-hilfsbereit reagierte, empfand Goethe wohl als eine neue Variante des Menschseins, als einen Typus, der sich eben erst bildete. – Seit «Weimars lustiger Zeit», engagiert in fürstlichem Dienst, kannten Goethe und Bertuch einander. Der Auftakt war jugendliche Kameraderie, nicht zu eng und nicht zu nah, doch um 1780 (vielleicht ausgelöst durch August von Kalbs Dienstenthebung, der Bertuchs Freund war und blieb) plötzlich Abstand und höfliche Kälte. 1786 dann gemeinsame Arbeit an Goethes «Schriften», die Göschen, dessen stiller Teilhaber Bertuch war, 1787–1790 in Leipzig herausgab. Zum gleichen Zeitpunkt edierte Bertuch selbst, mit Kupfern von Kraus, Goethes «Beschreibung des römischen Carnevals», wobei der Dichter am 14. Dezember 1789 in einem Brief an Herzogin Anna Amalia den «Kleinmuth der Entrepreneurs, Bertuch und Kraus», beklagt, der ihnen zu einer kleinen Ausgabe geraten, die nun ganz vergriffen sei, ohne daß man doch wagen könne, eine zweite zu machen. Dennoch ließ Goethe 1791/92 die «Beyträge zur Optik. 2 Stücke» in Bertuchs Industrie-Comptoir erscheinen. Enttäuschend war auch der Mißerfolg der «Schriften», die nahezu unverkäuflich in Göschens Verlagsmagazin lagerten.

Bertuchs Reihen dagegen florierten. Hier aus der Fülle einer großen Produktion nur ein paar Beispiele. Da erscheint, verlockend angekündigt und gut dosiert, in zwölf Bänden zwischen 1790 und 1800, «Die Blaue Bibliothek aller Nationen», eine Sammlung «aller guten Feenmärchen, aller alten Volks- und Ritterromane, aller Possen, Schnurren und Phantasien». Die neunzehn Bände der «Allgemeinen Geographischen Ephemeriden», 1798–1824 ediert, dokumentieren dagegen, unterstützt von Karten und Kupfern, «wissenschaftlich und allgemeinverständlich zugleich», die immer weiter fortschreitende Erschließung des Globus, die mit den fünfzig Bänden der «Neuen Bibliothek der wichtigsten Reisebeschreibungen» (1815–1829) Farbe und Anschauung gewinnt. Ähnliches wollen auch die «Curiositäten», 1811–1823 von Christian August Vulpius herausgegeben. Das «Allgemeine Teutsche Garten-Magazin» behandelt, den Blick nun wieder ins Enge und Heimische gezogen, in acht Bänden (1804–1811) «alle Zweige des gesamten Teutschen Gartenwesens», die Landschafts-Gartenkunst wie die Gewächshaus-Gärtnerei, die Obstkultur und den Gemüseanbau, die Sämereien, den

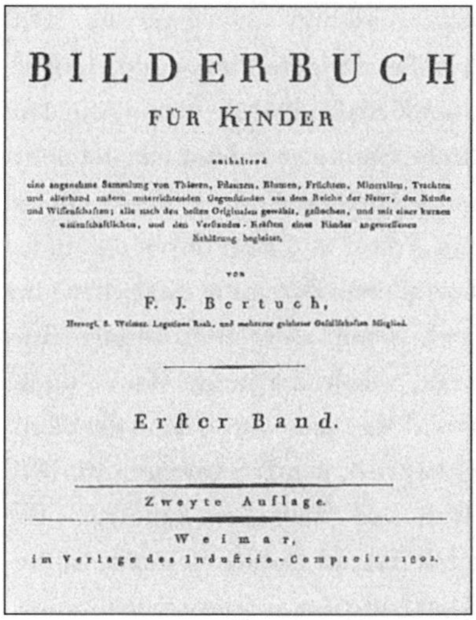
BILDERBUCH

FÜR KINDER

enthaltend

eine angenehme Sammlung von Thieren, Pflanzen, Blumen, Früchten, Mineralien, Trachten und allerhand andern unterrichtenden Gegenständen aus dem Reiche der Natur, der Künste und Wissenschaften; alle nach den besten Originalen gewählt, gestochen, und mit einer kurzen wissenschaftlichen, und den Verstandes-Kräften eines Kindes angemessenen Erklärung begleitet,

von

F. J. Bertuch,

Herzogl. S. Weimar. Legations Rath, und mehrerer gelehrter Gesellschaften Mitglied.

Erster Band.

Zweyte Auflage.

Weimar,
im Verlage des Industrie-Comptoirs 1802.

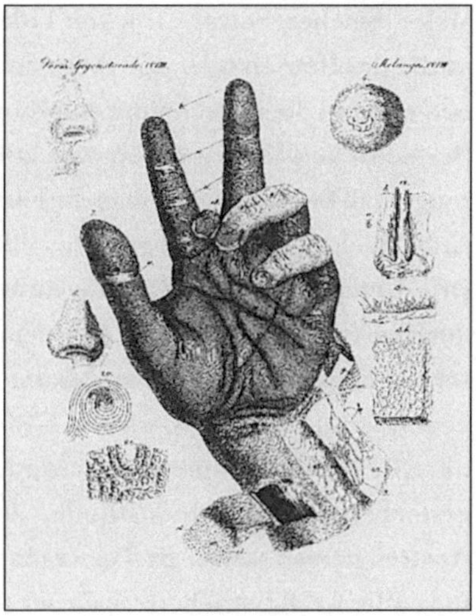

Titelblatt und Illustration aus dem «Bilderbuch für Kinder».

Pflanzenhandel, die neuesten Geräte und Gartenwerkzeuge. Auch diese Reihe hat ihre Kupfer. – Ein wahrer Augenschmaus aber ist «Das Bilderbuch für Kinder». Ein Unterrichtswerk, 1790–1830 in zwölf Bänden erschienen, welches in monatlichen Folgen das Wissen der Epoche vor dem Kind ausbreitet, in gründlichen Kommentaren erläutert und durch 1185 Tafeln mit rund 6000 Stichen illustriert. «Schön und richtig gezeichnet, subtil gestochen und heiter koloriert», präsentieren sich die Blumen, Früchte, Tiere, Mineralien auf den Seiten dieser kindlichen Enzyklopädie; zierlich auch die Gegenstände aus dem Reich der Künste, der Wissenschaften, exakt die neuesten Erfindungen, die neuesten Entdeckungen. «Welche Wunderwelt war das für die damaligen Kinder. Und von welch zarter Schönheit sind diese Bilder», schreibt B. Hürlimann, und sie weist darauf hin, daß in diesem Bilderbuch «das Beste gerade gut genug für das Kind erschien». – 1808 zählte die Auflage 8000 Exemplare. Das Einzelheft, rot gebunden, mit fünf Tafeln, koloriert, war für einen halben Taler und vier Groschen zu haben, unkoloriert für die Hälfte. Das Gesamtwerk kostete 123 Taler und 98 Groschen, die Buchbinderkosten kamen dazu.

Als Bertuch um 1800 den großen Erweiterungsbau «Am Baumgarten» plante, hatte er zuvor die Konzession zur Inbetriebnahme einer Druckerei einzuholen. In der Eingabe betont er, daß er bis dato gezwungen sei, die Arbeit an neun auswärtige Druckereien zu vergeben, wodurch doch «eine ziemliche Summe Geldes aus dem Lande fließe, mit dem er hier manchen nützlichen Arbeiter ernähren könne». Er habe vor, erklärte er weiter, den Ausbau seines Anwesens am Baumgarten mit der Errichtung «einer Buchdruckerey von einigen Pressen zu koppeln, die durch eine Kupfer-Druckerey von wenigstens sechs Pressen zu komplettieren wäre». Die Konzession wurde gewährt. Das Landes-Industrie-Comptoir, das neben einer nicht unbeträchtlichen Autorenschar, von der Hofdame, die sich gern im Modejournal oder auch im Garten-Magazin gedruckt sah, über die Dichter, Journalisten bis hin zu den Wissenschaftlern der gelehrten Reihen, etwa 280 Facharbeiter beschäftigte, darunter Zeichner,

Maler, Stecher, Setzer, Drucker, Lithographen, dehnte sich weiter aus. 1808 zählte der Betrieb über 450 Angestellte, wobei Sonderaufträge und Heimarbeit nicht in die Berechnung einbezogen sind. Siglinde Hohenstein, die dem Bertuchschen Unternehmen eine gründliche Studie gewidmet hat, ist überzeugt, daß Bertuch, wenn man die Familien der Arbeitnehmer bedenkt, für ein gutes Sechstel der Weimarer Bevölkerung Arbeit und Brot durch das Industrie-Comptoir schuf. – Eine Leistung, die äußerste Disziplin, ein Leben lang durchgehalten, erforderte. Aus dem Kind, einem munteren, kleinen Burschen, angeblich von Anna Amalia gemalt, wurde der junge Mann, wach, angespannt, distanziert, wie ihn 1789 Oswald May sah, wurde dann der Skeptiker, 1796 von Gutbier gemalt, wurde schließlich, von Schwerdgeburth 1817 gestochen, der alte Industrielle, der Welt und Menschen kannte. – Die Anstrengungen waren groß gewesen. Schon das auf Dobitschen mit Aufbietung aller Kraft betriebene Spanischstudium hatte ihm schwere Sehstörungen eingebracht, die sich in schlimmen Migränen fortsetzten, denen sich mit den steigenden Jahren Podagra und Gicht gesellten. – Carolines Tod 1810 traf ihn an den Wurzeln, und der unerwartet frühe Tod des Sohnes, der 1815 einer Typhusepidemie erlag, nahm seinem Leben fast den Sinn. Er aber schrieb im Januar 1821 Böttiger, dem alten Mitarbeiter: «Freund Heyn komme früher oder später – er findet mich bereit zu folgen, ohne Murren, ohne Reue. Aber auf meinem Schilde und mit den Waffen in der Hand will ich sterben wie ein braver Krieger. Darum arbeite ich auch noch täglich 8–10 Stunden an meinem Schreibe Tische und leite und redigire noch 8 Journale und periodische Werke. Sie sehen daraus, daß ich meinem Geburtshelfer Amte treu bleibe.» – Er starb am 6. April 1822. Kanzler von → Müller hielt ihm die Grabrede, an der Goethe mitgearbeitet hatte. Er sprach von des Verstorbenen rastloser Tätigkeit, von seinem festen, kräftigen Willen; er erinnerte daran, daß Bertuch Jugend- und Altersgenosse der großen Männer war, die an Weimars Namen den höchsten Ruhm deutscher Literatur knüpften, und rühmt den Toten als den, der fördernd und würdigend am Streben dieser Großen teilnahm und jeden neuen Lebenskeim im Gebiete des Wissens aufs zweckmäßigste auszubilden verstand.

Literatur: Albrecht von Heinemann: Ein Kaufmann der Goethezeit. Friedrich Johann Justin Bertuchs Leben und Werk. Weimar 1955. – Siglinde Hohenstein: Friedrich Justin Bertuch (1747–1822) – bewundert, beneidet, umstritten. Gutenberg-Museum Mainz (Ausstellungskatalog). Mainz 1985.

«Das Bilderbuch für Kinder» → Bertuch, Friedrich Justin.

«Die Blaue Bibliothek aller Nationen» → Bertuch, Friedrich Justin.

Bode Johann Joachim Christoph

(Braunschweig 12. Januar 1730–13. Dezember 1793 Weimar).

Hinter Bode lagen, als er sich 1778 entschloß, Gräfin → Bernstorff nach Weimar zu begleiten und dort in ihrem Dienst die Geschäfte eines Sekretärs und Hausministers zu übernehmen, Jahre großer Mühen, doch auch Jahre des Aufstiegs und Erfolgs. – Als Hütejunge hatte er, Sohn eines «invaliden Soldaten» und Ziegelstreichers, begonnen, wurde nach harter Lehre in der Stadtpfeiferei ein tüchtiger Regimentsmusikus in Braunschweig, Celle und Helmstedt. Besonders dort erwarb er sich, trotz Armut und Enge (verschärft durch eine verfrühte erste Eheschließung) neben guten Sprachkenntnissen die Grundlage einer soliden literarischen Bildung. 1756 ermöglichte ihm der plötzliche Tod von Frau und Kindern den Abschied vom Militärdienst. – Er ging nach Hamburg; arbeitete hier als Musik- und Sprachlehrer, übersetzte für die Seylersche und Kochsche Theatergruppe Schauspiele aus dem Englischen und Französischen, war 1762/63 Redakteur des «Hamburger Correspondenten» und fand, durch die Ehe mit Simonetta Tamm finanziell nun besser situiert, Eingang in die literarischen Zirkel um Klopstock und Lessing. 1766 wagte er die Gründung einer Druckerei, die rasch florierte, schloß dieser die «Buchhandlung der Gelehrten» an, einen Verlag, den aber erst Metta Maria Bohn, seit 1768 Bodes dritte Frau, sachkundig und erfolgreich zu leiten vermochte, da sie von Hause aus das Verlagsgeschäft kannte. Lessings «Hamburgische Dramaturgie» erschien hier, doch auch Arbeiten von Klopstock, Herder, Gerstenberg, Claudius und Goethe, dazu Bodes eigene Übersetzungen, die (vor allem Meisterleistungen wie die Übertragung von Montaigne oder Smollet oder Sterne) seinen schriftstellerischen Ruhm ausmachen. Entzückt schrieb Wieland im November 1774, nach der Lektüre von «Tristram Shandy», daß in diesem Roman des Dichters Geist auf Christoph Boden herabgestiegen sei und ihn mit seiner ganzen Laune erfüllt habe, «so daß wir nicht nur eine verständliche und getreue Übersetzung, sondern ein Buch gewonnen haben, das unsre Sprache ansehnlich bereichert und ausbilden hilft . . .» – In Weimar, wo ihn die herzlichste Freundschaft mit Wieland, Herder und Bertuch verband, glitt der massige, vierschrötige Mann leichthin in das gesellige Treiben. Der Herzogin richtete er in Ettersburg eine Handdruckerei ein, er agierte auf den Brettern ihres → Liebhabertheaters und musizierte vergnügt in ihrem Orchester. – Da er, wie es seinen aufgeklärt philanthropischen Neigungen entsprach, seit 1761 der Hamburger Loge «Absalon» angehörte und bald eine Spitzenposition innerhalb der deutschen Freimaurerei einnahm, übersah er wie wenige die schwierigen deutschen Verhältnisse, kannte die kleinen Höfe, kannte deren Personal und wußte darum, während er (wie sein Grabmal sagt) ringsum «rastlos und mutig Wahrheit, Aufklärung und Menschenwohl beförderte», klug und wohlgelaunt, seine Welterfahrung dem kleinen Weimarer Kreis mitzuteilen. – Bode war es auch, der am 23. Juni 1780 Goethe in die Weimarer Loge «Anna Amalia» aufnahm; Herzog Carl August folgte am 5. Februar 1782. Geheimrat von Fritsch, Meister vom Stuhl, führte den Hammer.

Boisserée Johann *Sulpiz*
(Köln 3. August 1783–2. Mai 1854).

Wie der Bruder Melchior, 1786 geboren, zunächst Großkaufmann in Köln. Beide erkannten, von Friedrich Schlegel und Johann Baptist Bertram in ihren Studien bestärkt, früh den Wert mittelalterlicher Kunst und sammelten, durch den Einbruch der Säkularisation begünstigt, seit Beginn des Jahrhunderts konsequent und mit stetig wachsendem Verständnis altdeutsche und altniederländische Malerei am Niederrhein (mit 213 Bildern im März 1827 für 240 000 Taler in bayerischen Besitz übergegangen: Grundstock, Glanz und Ruhm der Sammlung mittelalterlicher Kunst in der Alten Pinakothek zu München). – 1810 hatte Graf Reinhard, obwohl Goethes klassizistisches Vorurteil ein ernstes Hindernis war, die Verbindung zwischen den Brüdern Boisserée und dem «dezidierten Heiden» hergestellt, der für den Plan einer Vollendung des Kölner Doms gewonnen werden sollte. Im Jahr darauf brachte dann Sulpiz Boisserée in penibel, mit zartester Akkuratesse gezeichneten Blättern den «perspektivischen Aufriß» des Kölner Doms nach Weimar, in dem Goethe, wie er «mit Erstaunen und stiller Betrachtung» erklärte, «das Märchen vom Turm zu Babel an den Ufern des Rheins verwirklicht sähe». – 1814 und 1815 bei seinen Reisen an Main und Rhein erwiderte er Boisserées Besuch. In Heidelberg, wohin unterdessen die Brüder mit ihren Bildern umgesiedelt waren, lernte er bewundernd, in eingehendem Studium, «Gegenstände» kennen, die ihm bis dahin «einigermaßen abseits lagen». – Dennoch kehrte er sehr bald wieder zu seinem klassizistischen Credo zurück («Wie aber kann sich Hans van Eyck / Mit Phidias nur messen?»). Aber er versetzte sich in seiner «jenaischen Einsamkeit gar oft», wie er im September 1815 Sulpiz gesteht, «in die Mitte der Heidelberger lieben Drey-Brüderlichkeit», und Sulpiz rückt ihm mit seinem Ernst, seinem Takt, seiner Gelassenheit immer näher. Der Briefwechsel, ungewöhnlich aufschlußreich und noch dazu durch Boisserées Tagebuchnotizen gleichsam kommentiert, bricht nicht ab, und als Sulpiz im Frühsommer 1826 wieder Wochen in Weimar zugebracht hat, schreibt ihm Goethe am 16. Juni, wie merkwürdig und selten es sei, «daß zwey Personen, von so verschiedenem Alter, von verschiedenen Lebenspunkten ausgehend, doch immer wieder, wenn sie sich nach langen Jahren auf ihren Wegen treffen, eine Weile gerne zusammen fortgehen, sich im Innersten aller Hauptpunkte übereinstimmend finden, wenn die Peripherie der Zustände und Gesinnungen auch zunächst auf gesonderte Wege hindeutet».

Bonalino, Giovanni → Schloß zu Weimar/Wilhelmsburg.

Bose Karoline von,
genannt das «Boschen».

Wie die → Knebels aus dem Umkreis des Ansbachschen Hofes, Gesellschafterin mit zusätzlichen Einkünften aus einer winzigen Stiftspfründe, nie Hofdame (wie immer wieder zu lesen ist), doch Henriette von Knebels engste Freundin. Diese zog sie 1805 nach dem Tod der Mutter, die Karoline seit 1791 an Henriettes Stelle umsorgt hatte, von Ansbach nach Weimar. Hier Wohnung bei Charlotte von Stein, bis sie 1810 mit Henriette, im Gefolge der Erbprinzeß Caroline, nach Mecklenburg umsiedelte. – Laut allen Nachrichten ein «Jüngferchen», unscheinbar, doch angenehm und wohl auch hilfreich; nicht ohne Talent (sie sang und zeichnete), aber mit einem Hinkefuß belastet. Eine Nebenfigur, jedoch häufig und fast immer freundlich, auch in den Zirkeln der Großen Weimars erwähnt.

Böttiger Karl August

(Reichenbach/Vogtland 8. Juni 1760–17. November 1835 Dresden).
Archäologe und Altphilologe, tüchtig und hochgelehrt, ein Schulmann und Schriftsteller, fleißig, gefällig, ein Journalist und Redakteur, nach allen Seiten vermittelnd und, wie Riemer wegwerfend bemerkt, «in allen gelehrten und ungelehrten Zeitschriften, in allen Koterien, Kaffee- und Teezirkeln zu Hause» oder in Schillers spöttischem Kommentar ein «Meister Ubique» allüberall, unübersehbar, unvermeidbar . . .
Nach Schuljahren im berühmten Schulpforta 1778–1781 Studium der klassischen Philologie und Theologie in Leipzig, weiter, nur unterbrochen durch ein Exercitium als Hofmeister, 1784 die Promotion zum Dr. phil. in Wittenberg und nach einiger Schulpraxis in Guben und Bautzen, durch Herder veranlaßt, 1791 der Ruf nach Weimar. Hier bis zur Übersiedlung nach Dresden Direktor des Gymnasiums und Oberkonsistorialrat für Schulangelegenheiten. – In Dresden dann 1804 Leiter der Studienabteilungen an Pagerie und Ritterakademie und seit 1813 zusätzlich Inspektor der Antiken-Sammlungen. – In Weimar hatte Böttiger, gewandt, witzig und gescheit, sofort Zugang zum Kreis der Gelehrten und Dichter gefunden. Unaufgefordert wird er, ein Gast der Freitagsgesellschaft, zum Chronisten der Sitzungen; er ist Mitarbeiter der «Horen» und «Propyläen»; leitet 1795–1803 in Bertuchs Namen das «Journal des Luxus und der Moden», übernimmt ebenso 1779–1809 die Redaktion von Wielands «Merkur», und 1797 vermag er, in des Dichters Auftrag, «Hermann und Dorothea» an Vieweg in Berlin zu vermitteln. Zudem ist er fähig, beide Dichter, Schiller und Goethe, mitarbeitend, mitdenkend, in Fragen der Versbehandlung oder der Kunstkritik gelegentlich zu beraten, wobei er aber, wie sich immer häufiger zeigt, zur Überschreitung seiner Kompetenzen neigt. Er gewährte Fremden Einblick in ihm anvertraute Manuskripte und gab weiter, wozu ihm jede Legitimation fehlte, wie etwa «Wallensteins Lager», das plötzlich, zu Schillers ärgerlicher Überraschung, noch vor der Drucklegung auf einer Kopenhagener Bühne erschien. – Böttigers böswillige Kritik aber an Schlegels «Ion», aufgeführt in Weimar am 2. Januar 1802, die Autor und Regie gleichermaßen bloßstellte, war für Goethe nichts als Brüskierung und Verrat. Er unterdrückte nicht nur mit einem Machtwort das Erscheinen der Rezension, auch Böttiger rückte nun unwiderruflich, wie in den «Invektiven» steht, neben Kotzebue, in den Rang der «gründlichsten Schufte, die Gott erschuf»! – Üble Indiskretionen waren außerdem vorausgegangen, Klatsch, den Böttiger «in seiner weitläuftigen literarischen und amikalen Korrespon-

denz gehörig», wie Riemer sagt, «so schriftlich als mündlich, zu verschleißen und umzutauschen wußte ...» Ebenso registrierten Böttigers Aufzeichnungen, 1838 von dem Sohn herausgegeben, kennerisch Alt-Weimars geistiges Klima, sammeln aber auch jede Malice, jede Bosheit, geeignet, den Großen von Weimar am Zeuge zu flicken. – Briefe aus Weimar, selbst Briefe aus Goethes engstem Freundeskreis, lieferten Böttiger, nachdem er Weimar verlassen hatte, den Stoff zu diesem Erinnerungsband, der wie sein Schreiber ist: viel wissend, vieles überschauend, doch auch spitzzüngig und mokant und nur in Grenzen wahr.

Literatur: Literarische Zustände und Zeitgenossen. In: Schilderungen aus Karl Aug. Böttiger's handschriftlichem Nachlasse. Hrsg. von Karl Wilhelm Böttiger. 2 Bände. Leipzig 1838.

Brück Christian

(hingerichtet am 18. April 1567 Gotha).

Sohn des klugen Kanzlers der Reformation; studierte ab 1532 in Wittenberg die Rechte; heiratete 1541 Magdalena Cranach (über die Goethe mütterlicherseits in neunter Generation mit Lukas Cranach zusammenhängt) und beauftragte 1549 Nikolaus Gromann, ihm das schöne Haus am Markt (heute das → Cranach-Haus) zu bauen. – Ab 1556 war Brück Kanzler Herzog → Johann Friedrichs des Mittleren, eines dümmlich-schwachen und zugleich halsstarrigen Mannes, der (umgarnt von einem so üblen Subjekt wie Wilhelm von Grumbach und bestärkt durch die «Engelsvisionen» des Hans Tausendschön) sich in die «Grumbachschen Händel» hatte ziehen lassen, die seit Jahrzehnten das mittlere Deutschland beunruhigten. Brück vermochte oder wollte anscheinend dieses gefährliche Abenteuer nicht hindern, durch das der Herzog sich wieder in Besitz des verlorenen Kurlands und der Kurwürde zu setzen hoffte. – Die Kapitulation von Gotha, mit der am 13. April 1567 die Grumbachschen Unternehmungen endeten, brachte aber dem Herzog die Reichsacht und nahm ihm sein Land. Grumbach und Brück wurden nach peinlichem Verhör auf dem Markt zu Gotha bei lebendigem Leib gevierteilt; Brücks Güter Ehringsdorf und Kröbitz eingezogen, allerdings der Witwe wieder zurückgegeben, da sie nachweisen konnte, daß sie aus ihrer väterlichen Erbschaft stammten.

Brück Gregorius,

genannt Pontanus, eigentlich Heintze (Brück bei Wittenberg 1483[?]–15. Februar 1557 Jena).

Jurastudium in Wittenberg und Frankfurt an der Oder; 1520–1529 Kanzler → Friedrichs des Weisen, anschließend «Rat von Haus aus». Früh mit Luther verbunden, wird er dessen Vertreter im Reich und im heimischen Kurfürstentum. 1521 führt er auf dem Reichstag zu Worms die Verhandlungen; er ist Verfasser des Vorworts zur deutschen Fassung der Augsburger Konfession; er wird zu den Kirchenvisitationen zugezogen und ist an der Führung und den politischen Entscheidungen des Schmalkaldischen Bundes maßgeblich beteiligt. – Nach dem Verlust der Schlacht bei Mühlberg im April 1547 und dem Übergang der Kurwürde und des Kurlandes Wittenberg an Moritz von Sachsen zog sich Brück nach Jena zurück, wo ihn die Installierung einer neuen Universität, Ersatz für die verlorene Alma mater von Wittenberg, nachhaltig beschäftigte.

Brunfthof-Schloß

Auf dem Kamm des → Ettersberges, einst im dichtesten Hochwald gelegen, ein kleiner Rundbau mit umlaufendem Altan, um 1735 für Herzog Ernst August zur bequemsten Befriedigung seiner Jagdgier errichtet. – Zum Schloß gehörte mit Stallungen und Wirtschaftsgebäuden der Jägerhof und der Brunftgarten, angelegt, um durch bedachtsam gewählte Bepflanzung das Wild anzulocken und im Gatter zum Abschuß, von dem Altan herab oder aus verdeckten Schießscharten in unterirdischen Gängen, festzuhalten. Eine Anlage, grausam, doch üblich. – Finanziert wurde Bau und Unterhalt durch Verkauf des Holzes, das durch den Einschlag von zehn radial angeordneten, mächtigen Schneisen anfiel. Diese Schneisen, eine reizvoll-strenge Gliederung des Forsts, blieben; Ernst Augusts Schloß dagegen wurde, da der Unterhalt zu kostspielig war, bereits 1748, unmittelbar nach seinem Tod, abgerissen.
Literatur: Hans-Herbert Möller: Jagd um Weimar. In: Sammlung Kippenberg, Neue Folge, 1. Band, 1963.

Buchholz Wilhelm Heinrich Sebastian

(Bernburg/Saale 1734–1798 Weimar).

Aus kleinsten Verhältnissen, doch dank eigener Initiative bereits 1763 Stadt- und Amtsphysikus in Weimar, zehn Jahre später Besitzer der schönen Apotheke am Markt, weiter Hofmedikus, Bergrat und als der «Titelfrohe», wie ihn sein Nekrolog nennt, Mitglied von einem halben Dutzend honoriger Akademien. – Dazu zweimal verheiratet. Marie Söllner, von der er sich 1776 scheiden ließ, um sich mit einer der reizenden Töchter Franz Bendas zu verbinden, war die Großmutter von Caroline → Riemer, die von ihrer schönen, verschwenderisch-leichtfertigen Mutter die Anmut und von dem Großvater die Heiterkeit erbte. – In der «Geschichte seiner botanischen Studien» betont Goethe, daß Dr. Buchholz in jeder Hinsicht die Hochschätzung seiner weimarischen Mitbürger verdient habe, da er lebhaft an den Naturwissenschaften interessiert, «jede neue, vom Aus- oder Inland entdeckte chemisch-physische Merkwürdigkeit» in seiner Offizin prüfte und einer wißbegierigen Gesellschaft vortrug. Er hatte sich zudem «von seinem Dispensatorium in die höhere Chemie gewagt, war aus den engen Gewürzbeeten in die freiere Pflanzenwelt geschritten und hatte in seinen Gärten nicht nur die offizinellen Gewächse, sondern auch seltenere, neu bekannt gewordene Pflanzen für die Wissenschaft zu pflegen unternommen und so die Anfänge der Botanischen Anstalt, zu Gebrauch und Belehrung der Allgemeinheit, geschaffen». – Weiter erinnert Goethe daran, daß Dr. Buchholz, wohlhabend, lebenslustig und immer bereit, das Neueste experimentierend vor Augen zu bringen, auch nicht säumte, im Mai 1785 von der Terrasse im Welschen Garten eine der ersten Montgolfieren, «zum Ergötzen der Unterrichteten, in die Höhe steigen zu lassen, indessen die Menge sich vor Erstaunen kaum zu fassen wußte, und in der Luft die verschüchterten Tauben scharenweise hin und wider flüchteten». – Ebenso gehörte er im Juli 1791 zu den Gelehrten, die, gleichsam Gründungsväter der Goetheschen → Freitagsgesellschaft, sofort die von Goethe entworfenen Statuten unterschrieben, und blieb in der Folge, als eines der tätigsten Mitglieder, seiner Gewohnheit treu, «die neuesten physisch-chemischen Erfahrungen mit Gewandtheit und Glück vorzulegen . . .»

Bünau Heinrich Reichsgraf von
(Weißenfels 2. Juni 1697–7. April 1762 Oßmannstedt bei Weimar).
Graf Bünau war, als ihm im Oktober 1750 der Herzog von Gotha die Erziehung des verwaisten Erbprinzen von Weimar und die Statthalterschaft von Eisenach und der jenaischen Landesportion (Teile des Weimarer Herzogtums) übertrug, ein Gelehrter von Rang und als Politiker hoch erfahren. Zwei Karrieren lagen hinter ihm, beide zu Beginn viel versprechend, beide jäh geendet.
Bünaus Familie zählte zum Thüringer Uradel. Der Vater war seit 1707 Kanzler zu Dresden, er selbst Schüler der traditionsbeladenen Pforte bei Naumburg und Student der Rechte in Leipzig. Nach einem Jahr in Paris und Stippvisiten an deutschen Höfen, die des junge Grafen Blick weiteten und schärften, trat er 1716 in kursächsische Dienste. In einem kurzen Jahrzehnt stieg er zum Präsidenten des Oberkonsistoriums und zum Visitator der Universität Leipzig auf: eine glänzende Laufbahn, die aber mit dem Sturz des Grafen Hoym (Oheim von Bünaus zweiter Frau) abbrach. Bünau hatte dessen Bemühungen, den Landesherrn von seiner kostspielig-ruinösen polnischen Obsession abzuziehen und die Rechte der sächsischen Stände zu festigen, redlich geteilt. Ungnädig wurde er 1734 nach Eisleben abgeschoben, wo er den Posten eines Verwalters der entlegenen Mansfeldschen Grafschaft zu versehen hatte. – Darum (und wohl auch aus prinzipieller Ablehnung der habsburgischen Reichspolitik) folgte er nicht ungern der Aufforderung des bayerischen Kurfürsten, diesen bei der Wahl zum deutschen Kaiser durch klug-gezielte Enqueten in den Bünau vertrauten ober- und niedersächsischen Reichskreisen diplomatisch zu unterstützen. Als Dank berief ihn dann 1742 Karl VII., nach durchgesetzter Wahl, als ersten Lutheraner auf die Herrenbank des Reichshofrates und erhob ihn in den Reichsgrafenstand. – Für Bünau wieder eine bedeutende Position, die aber durch des Kaisers frühen Tod 1745 jedes Gewicht verlor. – Karl war – als Marginalie sei es vermerkt – auch der Kaiser, der, wie Bettina Brentano erzählt, das Herz der jungen Elisabeth Textor bewegte und der Goethes Vater, wie in «Dichtung und Wahrheit» nachzulesen ist, den Charakter eines Kaiserlichen Rats verlieh. – Doch weder Erfolg noch Mißerfolg in politicis, keine der Irritationen des öffentlichen Lebens, vermochten Bünau, dem Rang, Vermögen und Talent nur Ansporn und Verpflichtung zu intensiverer Arbeit, zu größerer Leistung waren, von seinen Studien, die vor allem der Geschichte galten, abzulenken. Noch in Leipzig war er bereits Mitarbeiter

der «Acta Eruditorum», 1722 veröffentlichte er eine «Probe», einen Vorläufer seiner Reichsgeschichte, von der Mascow, auch er ein bedeutender Historiker der Zeit, sagte, daß man nun wisse, wieviel man inskünftig von einem, der sich an die deutsche Geschichte mache, fordern müsse, und zwischen 1728 und 1743 erschien in vier Bänden Bünaus gewichtige «Genaue und umständliche teutsche Kayser- und Reichshistorie», mit der er, neben Mascow, zum Begründer einer neuen, kritisch an den Quellen orientierten Geschichtsschreibung wurde. – Apparat dieser ausgedehnten und unablässigen wissenschaftlichen Bemühung war eine Bibliothek, seit 1725 zusammengetragen, zunächst in Dresden, seit 1740 in Nöthnitz, einem Bünauschen Gut, aufgestellt: über 42 000 Bände, alle nobel in schönem englischem Einband, vorbildlich katalogisiert, von sachkundigen Bibliothekaren betreut, zu denen sich zwischen 1748 und 1754 Winckelmann gesellte. Dieser ein Sekretär, von Graf Bünau hoch geschätzt, der aber anscheinend, «um den trefflichen Mann nicht zu verlieren», nie auf den Gedanken kam, obwohl er nur, wie Goethe bemerkte, «ein bedeutendes Buch weniger hätte kaufen dürfen», dem künftigen großen Archäologen den ersehnten Weg nach Rom zu ebnen. Doch schon Winckelmanns selbstlose Arbeit an Fortsetzungen der Bünauschen Reichshistorie genügte, des Grafen Namen im Gedächtnis der gelehrten Welt zu fixieren.

Von Eisenach aus, wo er als Statthalter seit 1750 residierte, entwickelte Graf Bünau in einer Folge von neunzehn Unterrichtsbriefen dem Weimarer Erbprinzen, den man mit Lehrern und Dienerschaft während der Jahre seiner Unmündigkeit am benachbarten und verwandten Hof zu Gotha installiert hatte, eindringlich seine Gedanken zu Religion und Moral, zu Wirtschaft und rechter Administration, auf diese Weise mit lockerer Hand die Erziehung lenkend und Ernst August Constantin auf das Geschäft des Regierens vorbereitend. – Er selbst übernahm, wenn auch nur zögernd, da ihm Weimar ein Augiasstall dünkte, korrupt und dem Chaos nahe, im Dezember 1755, beim Regierungsantritt des jungen Fürsten, das Amt des Ersten Ministers. – Wie in Eisenach und Jena, Landessplittern, die er in desolatem Zustand übernommen hatte, dennoch aber ein Jahrfünft später seinem Herzog intakt übergab, griff er nun auch in der Zentrale Weimar energisch durch. Er wechselte die Mitarbeiter, reorganisierte die Verwaltung und suchte trotz Ausbruch des Siebenjährigen Kriegs die Finanzen zu ordnen. Zunächst behagte Ernst August Constantin, zart und gesundheitlich höchst gefährdet, wie er war, daß der Graf ihm alle Regierungslast abnahm. Doch allmählich fühlte er sich bedrängt und in den Schatten geschoben. Die eigenwillige Änderung des von Bünau vorbereiteten Testaments, mit der der Minister beim Tod des Herzogs am 28. Mai 1758 peinlich überrascht wurde, war ein Zeichen, daß man seines Regiments müde war. Besonders Anna Amalia, willensstark und voller Temperament, war nicht geneigt, sich weiter Bünaus Direktion zu fügen. Der Graf, ein strenger, ein kühl-gemessener, ernster Mann, hatte versäumt, auf Stimmungen und Wünsche seiner Herrschaft, beide fast Kinder noch, einzugehen. Er war zu spröde, seine Gelehrsamkeit zu zopfig, um in die Mitte von Anna Amalias Hof rücken zu können. – Ihr Vater und der Herzog von Gotha warnten. Beide hätten Graf Bünau gerne weiter in seinem Amt gesehen. Aber Anna Amalia lehnte ihn vehement ab. Sie ließ sich sogar im August 1759 zu einem Billett hinreißen, das den Minister brüskieren mußte. Er verstand, erbat seinen Abschied, in den die junge Fürstin im Dezember 1759 einwilligte. – Der Graf wählte Oßmannstedt, von Weimar aus drei Wegstunden ilmabwärts gelegen, als seinen Ruhesitz.

Literatur: C. Sahrer von Sahr auf Dahlem: H. v. B. Dresden 1869 (unvollständig).

C

Cäcilie → Voigt, Amalie Henriette Caroline.
Carl August → Sachsen-Weimar-Eisenach, Carl August Großherzog von, → Seiten 339–348.
Carlsburg → Schloß zu Weimar.
Caroline (Prinzeß Caroline) → Mecklenburg-Schwerin, Caroline Louise Erbgroßherzogin von.
Castrum oder Hus tu Wymar → Schloß zu Weimar.

Cestius-Pyramide

Antiker Grabbau an der Porta San Paolo zu Rom für Caius Cestius, Volkstribun, Prätor und Septemvir epulonum, nach 12. v. Chr. errichtet. In dessen Nähe, seit Beginn des 18. Jahrhunderts, der kleine protestantische Friedhof, nichts als ein Anger, der erst 1824 auf Betreiben des preußischen Gesandten Bunsen eingefriedet wurde. Hier fanden Wilhelm von Humboldts Kinder, die Maler Carstens und Fohr, die Dichter Keats und Shelley und im Oktober 1830 auch August von → Goethe ihr Grab.
In einem Brief an Herder vom 10. November 1786 erwähnt Goethe die Cestius-Pyramide ein erstes Mal; zwei Jahre später, am 16. Februar, schreibt er Fritz von → Stein: «Vor einigen Abenden, da ich traurige Gedanken hatte, zeichnete ich mein Grab bei der Pyramide des Cestius», und die siebente «Römische Elegie» endet mit der Bitte: «Dulde mich, Jupiter, hier, und Hermes führe mich später, / Cestius' Mal vorbei, leise zum Orkus hinab.»
Den Gedenkstein, von Goethe dem Sohn gesetzt, entwarf Thorwaldsen. Er, der, wie Friedrich Preller berichtet, wenige Tage vor Augusts plötzlichem Tod einen angeregt-heiteren Abend mit dem Goethesohn verbracht hatte, modellierte auch das Relief mit dessen Porträt, das den Grabstein ziert. Die Inschrift «GOETHE FILIUS . PATRI ANTEVERTENS . OBIIT . ANNOR. XL . MDCCCXXX» bestimmte der Vater, dabei bedenkend, wie er am 11. Juni 1831 Kestner schreibt, daß der Sohn den Weg eingeschlagen habe, den (wie die Elegie bezeugt) der Vater zu nehmen wünschte.
August Kestner, der alles vermittelt, alles gefördert hatte, sprach Goethe wenig später von der Rührung, die ihn, da er von diesem Monument zu sprechen habe, ergreife. Er habe «die freundliche Vorsorge der dortigen geneigten

Wohlwollenden nicht anders als höchst dankbar anzuerkennen, wie er es mit Worten kaum auszusprechen wage ...»

«Chaos»

Titel einer Hausgazette, Ottilie von Goethes schnurriger Einfall, am 28. August 1829 von ihr statuiert und im Verein mit Adele Schopenhauer, Jenny von Pappenheim, mit den Gräfinnen Egloffstein, doch auch mit Karl von Holtei und ihren englischen Freunden realisiert. Zugleich aber auch Name dieses Kreises, der das Blatt zur eigenen Erheiterung schrieb und las. Mitglied des Zirkels und Abonnent des Journals konnte nur werden, wer zumindest drei Tage in Weimar gelebt und wenigstens einen (zuvor nicht veröffentlichten) Beitrag geliefert hatte. – Am 13. September 1829 erschien die erste Nummer; 52 Nummern folgten, zunächst pünktlich zum Sonntagmorgen, späterhin (bis in den Februar 1832) nur noch in unregelmäßigen Abständen. Vier Seiten bot das Blatt, die Auflage bestand aus 28 Exemplaren; die Beiträge blieben anonym, so daß sich zum Lese- ein munteres Ratevergnügen gesellte. Unterstützt von Soret, Patrik Parry und Eckermann, erledigte Ottilie (ihrer Natur gemäß des öftern gelangweilt und mißmutig) die Redaktionsgeschäfte. – Goethe aber, stets bereit, gesellige Unterhaltungen dieser Art zu fördern, stellte nicht nur eigene Arbeiten zur Verfügung, er bat auch Freunde, wie etwa Zelter, Boisserée, Carlyle oder Felix Mendelssohn, ihm Briefe im Auszug zum Abdruck zu überlassen, und er redigierte, rigoros kürzend und glättend, die Arbeiten anderer Autoren, zu denen Ottiliens Teegäste (darunter auch Chamisso oder La Motte-Fouqué, doch auch der Ehemann August von Goethe) ebenso gehörten wie Goethes vielgliedriger Mitarbeiterstab oder die Schar seiner Besucher. – Jeder schrieb das Gedicht, die Erzählung, er schrieb den Reisebericht, das Epigramm, das Rätsel in der Sprache, die ihm genehm war, also neben deutsch vor allem englisch und französisch, doch auch italienisch, spanisch oder klassisches Latein. – Eigentlich hatten Ottilie und die Freundinnen die Gründung eines «Musenvereins», mit Goethe als Musageten, geplant. Der Dichter aber winkte ab. Aber er war es wohl, der, provoziert durch das leichthin chaotische Potpourri an Themen, Sprachen und Autoren, Zirkel und Journal das «Chaos» nannte. – Angeregt durch dieses vergnügliche Gesellschaftsspiel, gab im Herbst 1831 Frédéric → Soret in drei Nummern eine «Création» in Genf und Charles Goff mit sechs Nummern eine nur englisch geschriebene «Creation» in Weimar heraus, wobei Soret amüsiert feststellte, wie er Ende Oktober Line Egloffstein schrieb, daß Goethe das Auftauchen dieser Chaos-Ableger mehr verstimme als das befürchtete Heranrücken der Cholera ...

Literatur: Reinhard Fink: Das «Chaos» und seine Mitarbeiter. In: Otto Glauning zum 60. Geburtstag. Festgabe aus Wissenschaft und Bibliothek. Hrsg. Heinrich Schreiber. Band 1, Leipzig 1936, S. 43–53. – Das Chaos 1829–31 (unter Einschluß der Création und Creation). Reprint, Bern 1968.

Club zu Weimar → Geselligkeit zu Weimar.

Constantin → Sachsen-Weimar-Eisenach, Friedrich Ferdinand Constantin Prinz von, → Seiten 349/50.

Conta Carl Friedrich Anton (von)

(1778–1850 Weimar).

Jurist, Legationsrat, schließlich, nach gleichmäßigem Aufstieg in der Ämterhierarchie, 1845 Präsident der Landesdirektion. – Seine Familie, Hugenotten, hatten in Deutschland den Adel abgelegt. Nach Abschluß eines Studiums der Rechte in Erfurt und Jena, dem sich ausgedehnte Reisen in Deutschland und Frankreich anschlossen, war er 1805 in den weimarischen Staatsdienst eingetreten. Neben einem vorzüglich geschliffenen Französisch, das ihn zum Begleiter diplomatischer Missionen qualifizierte, galt er als ein Mann von lebhaften literarischen, künstlerischen und geologischen Interessen. – Um 1819 rückten ihn Beratungen über eine mögliche Verbesserung der Universitätsverhältnisse in Jena dienstlich in Goethes Nähe, der ihn bald, da er Conta «zu seinen weimarischen Freunden» zählte, zur geselligen Runde in sein Haus lud.

Coudray Clemens Wenzeslaus

(Thal-Ehrenbreitstein 23. November 1775–8. Oktober 1845 Weimar).

Als Coudray am 20. April 1816 mit jährlich 1700 Talern Gehalt und zugesicherten 200 Talern Witwenpension aus dem Fuldaer Nachlaß übernommen und zum Großherzoglichen Oberbaudirektor von Sachsen-Weimar-Eisenach ernannt wurde, lag hinter ihm eine vertrackt in die Widrigkeiten der Zeitläufte verstrickte Familien-, Jugend- und Ausbildungsgeschichte. – Die Coudrays kamen aus Frankreich. 1715 hatte August der Starke François Coudray, Bildhauer in Versailles und Mitglied der Académie Française, nach Dresden berufen. Mit ihm war Pierre, der Sohn, gekommen, der nach Studien- und Arbeitsjahren in Italien, England und Polen 1764 in die väterliche Position des Hofbildhauers, verbunden mit einer Professur an der Dresdner Akademie, einrückte. Dessen Sohn Franz Ludwig jedoch, ein Hoftapezierer und Innendekorateur, folgte dem Prinzen von Sachsen, Clemens Wenzeslaus, der 1768 zum Kurfürsten und Erzbischof von Trier gewählt wurde, nach Koblenz. Hier wurde dem Hoftapezierer der Sohn Clemens Wenzeslaus geboren. Auch er, in der Nachfolge des Vaters, zum Innendekorateur bestimmt, und wie der Vater, der Amt und Einkünfte in dem heillosen Chaos verlor, das mit den Revolutionskriegen über die Territorien am Rhein hereinbrach, verlor auch des Sohnes 1790 begonnene Ausbildung Kontinuität und raschen Fortgang. – Der Vater eröffnete, um sich über Wasser zu halten, ein Kaffeehaus, das Soldaten der Besatzungsmacht frequentierten. Der Sohn suchte sich als Billard-Markör durchzuschlagen, wandte sich dann aber doch, mittellos und fast schon aus jeder Bahn geworfen, 1795 nach Frankfurt, wo er in Ludwig Rumpfs Werkstatt berufliche Förderung und in dem Meister einen Freund fand. Von Frankfurt ging er nach Dresden, arbeitete in den Jahren 1796–1799 unter so verdienten Architekten wie Schuricht und Heyne, die ihn auf Palladios Bedeutung hinwiesen und ihm nahelegten, sich ernsthaft der Architektur zuzuwenden, was Coudray den Anstoß gab, nach Berlin überzuwechseln. – Doch noch ehe er dort das Studium aufgenommen und Baumeister wie Gontard, Langhans oder Gilly hätte kennenlernen können, traf ihn die Nachricht, daß in den von Frankreich okkupierten, linksrheinischen Gebieten ein autonomer Rheinstaat, die Cisrhenanische Republik, mit Koblenz als Zentrum, proklamiert sei. Er hoffte, ähnlich wie Joseph Görres, auf ein Gemeinwesen der Freien und Gleichen und brach, alle Studienpläne im Stich lassend, nach Koblenz auf, um hier als Offizier der Nordlegion an der Gründung des neuen Staates mitzuwirken. Aber beinahe sofort erfaßte er, daß hier, hinter dem Feuerwerk brillanter Phrasen, Macht und nicht Freiheit gemeint war. Noch am «Tag der Freiheit» setzte er, während die Stadt feierte, nachts in einem Kahn flüchtend über den Rhein und fuhr eiligst nach Frankfurt zu Ludwig Rumpf weiter. – Dieser schickte den jungen Mann, seine Situation begreifend und zur tatkräftigen Hilfe bereit, nach Paris zu Jean-Nicolas-Louis → Durand, einem Architekten und Professor der École Polytechnique: in Praxis und Theorie ein Klassizist strengster Observanz. Coudray hörte Durands Vorlesungen, er hatte Zutritt zu des Professors Privatatelier, arbeitete als Kondukteur an seinen Bauten mit, verdiente sich dabei, wie er schreibt, «einen schönen Thaler und erhielt zugleich Übung im Praktischen». Beide Gönner, Durand sowohl als Rumpf, vermittelten ihm Aufträge, die ihn vorwärtsbrachten. Zusätzlich gewann er 1801 in dem von der Pariser Bauakademie ausgeschriebenen Wettbewerb mit dem Entwurf eines Altersheims und 1802 noch einmal mit Plänen zu einem Volksgarten die Große-Preis-Medaille. In Skizzen, in Grund- und Aufrissen, in Plänen und Entwürfen hielt er präzis und in delikater Zeichnung fest, was er Durands Schule verdankte. Italien, 1805, noch vor seinem Dienstantritt in Fulda, mit wacher Aufmerksamkeit durchstreift, konnte nur Bestätigung und Bestärkung bringen. – Fulda aber, das als altehrwürdiges Erzstift, nach tausendjährigem Bestand, von der Karte des alten Reichs gewischt und nun in dem Jahrzehnt, während Coudray hier amtierte, groteskerweise siebenmal den Herrn wechselte, hatte für den «Hofarchitekten» (da unter derart mißlichen Umständen kaum an Bauen zu denken war) keinen Auftrag. Es ließ aber dem «Professor» Coudray Freiheit und Muße, in seinen Vorlesungen am Fuldaer Lyceum die großangelegten Forderungen der klassizistischen Bauweise zu überdenken und ihre Prinzipien ohne Preisgabe der Liebe zur klaren Form, zur reinen Linie den bescheidenen Bedürfnissen solcher Zwergstaaten wie Fulda oder Weimar anzupassen.

Weimar war zwar 1815 bei der großen Umverteilung des alten Reichs nicht wie Fulda aus dem Bund deutscher Staaten verschwunden; es war zum Großherzogtum aufgestiegen; die 36 Quadratmeilen ehemaligen Besitzes hatten sich knapp verdoppelt, ebenso die Bevölkerungszahl. Aber aus der «Franzosenzeit» waren Schulden in Höhe von 4 Millionen Talern geblieben und allenthalben eine Verelendung, eine Armut und Not, die jede großzügige Unternehmung im Keim erstickte. Obwohl Coudray mit seiner Behörde, deren Reorganisation zu seinen ersten Pflichten zählte, allem Bauwesen in Stadt und Land

Die ehemalige Bürgerschule, erbaut von C. W. Coudray.

vorstand, mußte auch er sich bescheiden, war auch er in allen Planungen beschränkt und gehemmt. Doch unverdrossen übernahm er die schwierige Aufgabe, das «Machbare», auch wenn es unspektakulär schien, zu fördern und durchzusetzen. Geduldig fügte er Korrektur an Korrektur. Er gründete, um die Ausbildung der Fachkräfte besorgt, 1829 die Freie Gewerkschule. Er setzte mit immer neuen Instruktionen zäh die Einhaltung von Gebäudehöhe, Dach- und Fensterformen durch und gewann die schönere Straßenzeile. Ein simples Torhäuschen am Wielandplatz, ein zweites am Erfurter Tor, die Blendarkaden vor den Holzställen am Roten Schloß, die «Remise» dem Theater gegenüber schufen und pointierten Plätze; Brunnen, Laternen, Toreinfahrten, auch Gitter (wie das um Wielands Grab) fügten sich, wohlentworfen und wohlbedacht, dem städtischen Ensemble ein. Öffentliche und private Bauten, alle, wie Coudray forderte, «vollkommen zweckmäßig, das heißt fest, bequem, schön und dabei ohne Verschwendung gebaut», gaben wie sein eigenes Wohnhaus oder auch die Hauptwache am Burgplatz Anregung und Beispiel. Mühsam war, von alter Bausubstanz und immer neuen Wünschen der

Bauherrschaft behindert, die Vollendung der Westfassade des Schlosses; nicht einfach der gotisierende Umbau des Bücherturms, mit der Einfügung der schönen Wendeltreppe aus Weida. – Die zwei großen Aufgaben aber, Folgen des Theaterbrands von 1825 und des Rathausbrandes von 1837, Ruinen, deren Wiederaufbau als Ehrensache in das Ressort des Oberbaudirektors fielen, wurden Coudray aus der Hand gewunden. Der Theaterneubau durch eine gehässige Intrige der → Jagemann, die nicht ihn, sondern Goethe treffen sollte. Das Rathaus aber wünschte Erbprinz Carl Alexander, dem Coudrays Klassizismus veraltet schien, in modischer Neogotik zu sehen. – Doch mehr als ein Jahrzehnt zuvor hatte Coudray, 1821–1825, die Bürgerschule gebaut, bei deren Besichtigung Goethe überzeugt war, daß selbst «die rohesten Kinder, die solche Treppen auf und abgingen und in solch heiteren Sälen Unterricht erhielten, schon auf der Stelle allen düsteren Dummheiten entrückt seien» . . . Und Coudray hatte rings im Lande Straßen und Chausseen, er hatte Brücken, Schulen, Kirchen, Pfarreien gebaut; er hatte Vorlagen für Scheunen, Bauernhäuser, Stallungen gezeichnet, niedergebrannte Dörfer wie Berka, Buttlar, Kerpsleben, Rastenburg, Udestedt auf weiträumigen Grundrissen neu entworfen und den Wiederaufbau geleitet. Vielerorts nahm das Land ebenso wie die Residenz die Züge seiner Handschrift an, zeigte Feingliedrigkeit im dekorativen Detail und Festigkeit im tektonischen Aufbau. – Zudem war Coudray in den Jahren 1822–1827 mit der Errichtung der Fürstengruft beschäftigt, deren Festlichkeit und zierliche Würde er dem Großherzog, der nur an einen schlichten Zweckbau dachte, geradezu abgeschmeichelt hatte, da ihm (wie Alfred Jericke meint) im geheimen daran lag, Carl August, den er verehrte, und Weimars großer Zeit mit dem kleinen Tempel ein Denkmal zu setzen. Ein Bau, der stillen Klassizität Weimars angemessener als das seltsame → Pentazonium Vimariense, von Coudray ebenfalls seinem Fürsten gewidmet, jedoch mit dem Formenbombast weder Carl August noch Coudray adäquat. – Vielleicht ist dieser Schmuckturm, der damals gefiel und dessen Realisierung in Stein wohl niemand in den Sinn kam, in der Reihe der Festdekorationen zu sehen, die auch zu des Hof- und Staatsarchitekten Arbeitsbereich gehörten. Sie sollten überraschen und verblüffen.

«Besonders lieb zeigte sich mir der große Goethe», hatte Coudray von einem ersten Besuch in Weimar, am 28. Dezember 1815, seiner Frau geschrieben, und Goethe dankte fünf Tage später Professor Leonhard, daß er ihm diese «sehr angenehme und werte Bekanntschaft» vermittelt habe und daß er hoffe, dieser vorzügliche Mann möge nächstens «zu den Unsrigen» gehören. – Späterhin wird er Coudray, der sich an vielen Abenden zu freundschaftlichem Baugespräch am Frauenplan einfindet, «gegründet, gewandt und so tätig als geistreich» nennen. Zwar spricht einer unter Goethes Besuchern, der polnische Schriftsteller Odyniec, im August 1829 von Coudray als einem «stillen und bescheidenen Männchen», und auch Goethe erklärte, daß Coudray sich in Gesellschaft selten ausspräche, «aber so unter uns», sagte er im Gespräch vom 12. Februar 1829, könne Eckermann sehen, welch ein trefflicher Geist und Charakter in dem Manne wohne. «Er hat hier in Weimar anfänglich vielen

Widerspruch erlitten, aber jetzt hat er sich durchgekämpft und genießt vollkommene Gunst und Vertrauen des Hofes. Coudray ist einer der geschicktesten Architekten unserer Zeit. Er hat sich zu mir gehalten und ich zu ihm, und es ist uns beiden von Nutzen gewesen. Hätte ich den vor fünfzig Jahren gehabt!» – Am 2. März 1830 vermerkt das Tagebuch «Oberbaudirektor Coudray. Beredung wegen einer Thüre, auch neuen Stufen in dem untern Garten»; am 30. April «Oberbaudirektor Coudray unten, wegen der neuen Stufen und Thüre», und am 11. Mai schreibt Goethe dem Sohn nach Italien, «die neue Gartenthüre stolzirt unten auf der Wiese gar architektonisch ansehnlich». Der Entwurf ist erhalten, Coudray hat sie gezeichnet und die Ausführung persönlich überwacht. Diese Tür, ein weißes Gitterwerk zwischen grünen Hecken und für den entworfen, den Coudray später, in seinen Erinnerungen, den ihn «beglückenden Freund» nennen wird, ist Beweis, daß dieser Baumeister noch am kleinen und kleinsten Gegenstand den Geschmack der einfachen und noblen Linie praktizierte.

Literatur: Clemens Wenzeslaus Coudray: Goethes letzte Lebenstage und Tod betreffende Notizen. In: Genius 2 (1949/50), Heft 3, S. 20–36. – Walther Schneemann: C. W. Coudray, Goethes Baumeister. Ein Bild deutschen Bauschaffens in der Zeit des Klassizismus. Weimar 1943. – Ernst Beutler: Der Baumeister Coudray. In: Essays um Goethe. 7. Aufl., Zürich/München 1980, S. 583–597. – Alfred Jericke/Dieter Dolgner: Der Klassizismus in der Baugeschichte Weimars. Weimar 1975. – Anita Bach/Dieter Dolgner/Konrad Püschel/Hermann Wirth: Clemens Wenzeslaus Coudray. Baumeister der späteren Goethezeit. Architekturtheoretiker, Gestalter des Weimarer Stadtbildes, Landbaumeister. In: Tradition und Gegenwart. Weimarer Schriften, Heft 7, 1983.

Das Cranach-Haus am Weimarer Markt.

Cranach-Haus

An der Ostseite des Weimarer Marktes gelegen, 1549 von Nikolaus → Gromann erbaut: ein Doppelhaus mit geschweiften Giebeln und reich durchgebildetem Erdgeschoß. Auftraggeber und Besitzer war Dr. Christian Brück, Sohn des klugen «Reformations-Kanzlers» Gregorius Brück (genannt Pontanus) und Schwiegersohn des großen Lucas Cranach, der, zurückgekehrt aus kaiserlicher Haft, die der greise Maler freiwillig mit seinem Fürsten geteilt hatte, 1552 in des Eidams Haus zog, wo ihn auch im Jahr darauf der Tod ereilte. – Zweihundert Jahre später, 1732, etablierte sich hier, aus Celle kommend, mit einer ersten und langhin einzigen Buchhandlung in Weimar Siegmund Heinrich → Hoffmann. – Goethe kannte das Haus; er frequentierte Hoffmanns Buchladen; er las regelmäßig dessen Wochenblatt, die «Weimarischen Nachrichten und Anfragen»; er verehrte Cranach und war nachhaltig um dessen Werk besorgt, doch erst Genealogenfleiß unserer Tage brachte ans Licht, daß über Goethes Mutter, über die Lindheimerin, Lucas Cranach und die beiden Brücks zu des Dichters Vorfahren zählen: zeitlich in weitem Abstand, doch in gerader Linie. Das Haus am Markt hätte er als eins der Häuser seiner Familie betrachten können, aber er wußte nichts von diesen Zusammenhängen.

Crisp → Goethes Ärzte.

D

Dalberg Karl Theodor Anton Maria Reichsfreiherr von (Schloß Herrnsheim/Worms 8. Februar 1744–10. Februar 1817 Regensburg).

1772 kurmainzischer Statthalter in Erfurt, mit dem Hof zu Weimar herzlich verbunden; 1802 Kurfürst von Mainz, 1806 Fürstprimas des Rheinbundes, 1810–1813 Großherzog von Frankfurt. Nach dem Sturz Napoleons zog sich der Freiherr in sein Erzbistum Regensburg zurück. – Goethes Beziehung zu Dalberg, einem nicht sehr bedeutenden, aber vielseitig gebildeten, lebhaft interessierten, ehrgeizigen Mann, den er «stets rührig, teilnehmend, fördernd» nennt, blieb über alle Wechselfälle der Zeit frisch und freundschaftlich.

Dietrich Friedrich Gottlieb (Ziegenhain/Jena 1765–1850 Eisenach).

«Bauernbotaniker» aus einer Familie, die seit Generationen die Jenaer Universität und die Apotheken, die Kräuterhändler und Pflanzenliebhaber ringsum mit frisch gesammelten Beispielen heimischer Flora beliefert hatte. – Goethe ließ sich 1785 von dem «jungen rüstigen Mann» zur Unterstützung der eigenen botanischen Weiterbildung nach Carlsbad begleiten und ermöglichte ihm, mit herzoglicher Unterstützung, in Jena die zusätzliche wissenschaftliche Ausbildung. – 1792 wurde Dietrich nach Weimar zum Gärtner der fürstlichen Baumschulen bestellt; legte hier im Garten am → Stern für Goethe eine private botanische Musterschau nach dem System Jussieu an; übernahm 1796 als Nachfolger → Reicherts die Parkgärtnerei, wurde aber (da er anscheinend dieser ausgedehnten praktischen Arbeit nicht gewachsen war) 1801 nach Eisenach versetzt. Hier aber fand er mit der Leitung des herzoglich-botanischen Gartens zu Wilhelmsthal und der daraus resultierenden bedeutenden schriftstellerischen Arbeit (darunter in 30 Bänden das «Lexikon der Gärtnerei und Botanik») die ihm angemessene Lebensaufgabe. – Ehrungen folgten. Der Landesherr machte ihn zum Herzoglichen Rat, die Universität Jena verlieh ihm den Dr. phil., Eisenach ernannte Dietrich zum Professor des dortigen Botanischen Gartens, und Goethe stiftete ihm in der «Geschichte seiner botanischen Studien» ein ebenso liebenswürdiges wie rühmendes Gedenken.

Domaritius Johann Friedrich
(Jena 17. Dezember 1766 – [?] Graz).
Schauspieler; tritt 1789 bei Bellomo ein, wird 1791 in die «Hof-Schauspieler-Vereinigung» als zärtlicher Liebhaber übernommen von → Kirms, gefällt durch warme und ausdrucksvolle Deklamation. Spricht am 7. Mai 1791 den Goetheschen Prolog zur Eröffnung des neuen Hoftheaters; spielt im September Schillers «Don Carlos» in der Prosafassung. – Nimmt Ostern 1793 die allgemeine Aufkündigung der Oberdirektion vom Dezember 1792 zum Anlaß seines Abschieds; ist 1797–1813 Direktor des Nationaltheaters in Graz; betreibt später dort ein Fuhrgeschäft.

Schloß Dornburg, angetuschter Stich von Schwarze, 1786.

Dornburg

Hoch über der Saale, pittoresk aufgereiht am Rande steiler Muschelkalkfelsen, drei Schlösser: Auf Fundamenten einer Pfalz, wo einst die Sachsenkaiser Reichtstag hielten, das *Alte Schloß*. Ein schwerer Kasten mit romanischem Bergfried, nach vielerlei Herrschaftswechsel, nach Brand und Zerstörung 1522 wieder errichtet; im 16. und 17. Jahrhundert herzoglicher Wittumssitz, späterhin Unterkunft mehrerer Ämter. – Heiter, «das überliebliche Schlößchen», wie es Goethe nannte, *das Mittlere oder Rokokoschloß*. Im Auftrag Herzog Ernst Augusts 1736–1747 von Gottfried Heinrich → Krohne gebaut: feingliedrig und geschickt, mit festlicher Terrasse, mit Treppe und Pfad in den Steilhang gefügt, die Geländestufen nutzend und ausgleichend. – Am Südende der felsigen Bastion *das Renaissance- oder Goetheschloß*. Ursprünglich Herrenhaus eines Ritterguts, um 1608 erweitert, ein behaglich-wohnliches

Haus, das Herzog Carl August 1822 erwarb. – Man hat gezählt: Goethe ist etwa zwanzigmal in Dornburg gewesen. Bis auf die Wochen im Sommer 1828, wo er versuchte, hier mit dem Tod Carl Augusts fertigzuwerden, waren es kurze Besuche. Meist kam er mit seinem Herzog, doch traf er hier auch Freunde wie Schiller, Knebel, Zelter oder die Damen Egloffstein, die Ende April 1818 unter fröhlichen Scherzen, beim Zeichnen und Dinieren «im zierlichen Saal», schließlich bei immer weiter ausgreifenden ernsten Gesprächen einen Tag mit ihm in Dornburg verbrachten. – 1779 hatte Goethe hier an der «Iphigenie» gearbeitet, 1782 an «Miedings Tod» und dem «Egmont»; 1828 hoffte er «sein schmerzlich bewegtes Innere durch Fleiß und Zerstreuung zu beschwichtigen». Neben naturwissenschaftlichen Arbeiten entstanden, von ihm beglückt verzeichnet, Verse großer Alterslyrik. – Und wie einen Dank an den Freund, als dessen Gast er sich in dessen Haus noch immer fühlte, übersetzte er die freundliche Aufforderung der Inschrift über der Tür des Schlößchens, das er bewohnte, und begann mit diesem «einladend-segnenden Motto», das ihm durch eine Reihe von mehr als fünfzig Jahren der Wahlspruch seines verewigten Herrn gewesen zu sein schien, den «Kondolenzbrief», am 18. Juli 1828 aus Dornburg an Kammerherrn August von Beulwitz geschrieben, mit der Bitte, diesen «Monolog des wunderlich sinnenden Einsiedlers» zu ruhiger Stunde den höchsten Herrschaften weiterzugeben.

Gaudeat ingrediens, laetetur et aede recedens,
His qui praetereunt det bona cuncta Deus. 1608.
Freudig trete herein und froh entferne dich wieder!
Ziehst du als Wandrer vorbey, segne die Pfade dir Gott!

Dumanoir Claude

Etwa ab 1760 französischer Sprachmeister am weimarischen Hof. 1763 übernahm er, auf ausdrücklichen Wunsch der Herzogin, den Französischunterricht ihrer Söhne, was Graf → Görtz, der sich dieses Fach im Stundenplan vorbehalten hatte, spürbar verletzte. – In den achtziger Jahren gab Dumanoir ein Lesebuch «Anecdotes parisiennes» heraus.

Durand Jean-Nicolas-Louis

(Paris 1760–1834 Thiais/Choisy).

Architekt und Architektur-Schriftsteller, Preisträger der École des Beaux-Arts, 1795–1830 Professor der École Polytechnique. – Wie sein Lehrer Etienne-Louis Boullée entschiedener Gegner des «Style Louis XV», überzeugt, daß die Rokokopracht von Versailles nur Resultat frivolster Verschwendungssucht und selbst St. Peter zu Rom nichts als eine geistlose Häufung architektonischer Formen sei und die Wahrheit in der Entwicklung eines nüchternen, schmucklosen Klassizismus liege. Dessen Formenkanon beschreibt Durand in den «Précis des leçons d'architecture, données à l'École polytechnique» (1802), einem Lehrbuch, das kräftig auf die Ausformung des europäischen Klassizismus einwirkte. – 1800–1804 zählte Clemens Wenzelslaus → Coudray zu Durands Schülerkreis. Durchdrungen von den revolutionierenden Thesen seines Lehrers, unterwirft er die eigene Arbeit und als Folge das weimarische Stadtbild einem zwar modifizierten, dennoch sparsam-strengen Klassizismus.

E

Eberwein Alexander Bartholomäus
(gestorben Mai 1811 Weimar).

Wenn Goethe am 14. Februar 1779, an einem Sonntag, Frau von Stein klagt: «Den ganzen Tag brüt ich über Iphigenien, daß mir der Kopf ganz wüst ist . . .» und weiter schreibt: «Musik hab ich mir kommen lassen, die Seele zu lindern und die Geister zu entbinden», oder ähnlich am 22. Februar: «Meine Seele löst sich nach und nach durch die lieblichen Töne aus den Banden der Protokolle und Akten. Ein Quatro, neben in der grünen Stube, sizz ich und rufe die fernen Gestalten leise herüber», dann war es Meister Eberwein gewesen, der ihm von seinen Leuten ein paar Geigen, ein paar Bläser geschickt hatte. – Seit 1773 (und bis zu seinem Tod im Mai 1811) war er bestallter «Hof-, Stadt- und Landmusikus», ein Amt, eine Institution der öffentlichen Musikpflege, neben der Kirchenmusik, mit Kantor und Organist, und neben der Hof- und Theaterkapelle; ein städtisches Amt, noch nach altem Zunftbrauch organisiert, mit exakt umschriebenen Rechten und Pflichten. – Die sieben Gesellen, die vierzehn Lehrburschen der Eberweinschen Kapelle hatten bei ihm Wohnung und Kost; die Stadtkasse zahlte ihm, neben 12 Groschen für jede Hochzeitsmusik, 30 meißnische Gulden im Jahr, die auf 100 Taler stiegen, als ihm das Recht zur lukrativen Neujahrsgratulation, die 80 bis 300 Taler gebracht hatte, entzogen wurde. – Wichtiger aber als diese Einnahmen war das Recht des Stadt- und Landmusikus, in Weimar und in den Dörfern und Gasthöfen im Umkreis von einer Stunde, zu Hochzeiten, Taufen, Begräbnissen, zu jedem Tanz, jeder Kirmes aufzuspielen. Wünschte ein Wirt oder auch privat ein Bürger eine andere Kapelle, so hatte er dem Stadtmusikus einen Taler Abschlag zu zahlen. – Diesen Rechten stand die Pflicht gegenüber, viermal in der Woche von Kirchturm und Rathaus den Choral zu blasen und an hohen Feiertagen die Kirchenmusik zu unterstützen. – Als Hofmusikus stellte Eberwein zu Redoute und Hofball (pro Abend 10 Taler und 16 Maß Bier) die Tanzmusik; im Theater halfen seine Leute mit Trompete, Trommel und Klarinette aus, für Eberwein ein Gewinn von 100 Talern im Jahr. – Auch dieses Handwerk hatte, wie andere Handwerke auch, einen goldenen Boden, doch allmählich lösten sich die Zunftschranken; etwa um 1830 hatten die Militärkapellen viele der Aufgaben des Stadtmusikus übernommen.

Eberwein Franz *Carl* Adalbert

(Weimar 10. November 1786 – 2. März 1868 Weimar).

Sohn des Landmusikus → Eberwein, im Technischen durch des Vaters Kapelle ausreichend geschult, seit 1802 Mitglied der Weimarer Hofkapelle (1810 zum Kammermusikus, um 1820 zum Musikdirektor avanciert). – Ein hübscher, wendiger Bursche, groß, schlank, mit dunklem Haarbusch und hellem Teint, zugleich ein tüchtiger Pianist, Geiger und (insgeheim) Komponist. – Bei Goethe, zu dessen eben im September 1807 etabliertem «kleinem Singchor» es ihn (obwohl kein Sänger) zog, führte er sich durch die hübsche Vertonung eines Schillerschen Rätsels ein. Es zeigte sich, daß er verstand, vom Klavier aus, die Chorarbeit zu leiten, daß er auch verstand, leichthin Melodien zu erfinden und unterschiedlichste Texte zu vertonen. Beinahe sofort war er in der Lage, nachdem er einmal kurz im Februar 1808 und noch einmal acht Monate im Jahr darauf bei Zelter in Berlin gründlichste Schulung im Dirigier- und Komponiergeschäft hinter sich gebracht hatte, die Goethesche Hauskapelle zu übernehmen und durch Jahrzehnte, von kleinen, vorübergehenden Verstimmungen abgesehen, zur Freude des Dichters zu leiten. – Eberwein berichtet von den guten und ausgebildeten Stimmen des Ensembles, der Kern meist Angehörige der Weimarer Bühne; er spricht von dem Repertoire, erklärt, daß man fast stets den Abend mit Kirchenmusik begonnen habe, dann zu weltlicher Musik ernster Art übergangen sei, wobei Vertonungen von Zelter, Reichardt und ihm selbst dominierten, und schließlich bei Proben spaßhaft-komischer Musik anlangte. Er berichtet auch, daß der Chor sich Donnerstag abends in der «Frau Geheimräthin Stube» zusammenfand, daß die Hausfrau während des Übens ab und zu ging, daß gelegentlich Goethe auftauchte, eine Baßpartie mitsang und manchmal, Tempi und Vortragsweise ändernd, in die Probenarbeit eingriff. Ein handfestes, wohlzubereitetes Mahl, munter genossen, beendete die Lektion. Lohn aller Mühen war dann am Sonntag vormittag das Konzert in den Staatsstuben des Vorderhauses (wenige Male auch im Theater) vor dem Kreis geladener, oft sehr illustrer Gäste. – Eberweins Musik zur «Proserpina», 1815 geschrieben, ermutigte Goethe, mit ihm die Vertonung einiger Faustszenen zu wagen. Das aber überforderte den Künstler. Obwohl er sich heiß mühte und bei der Arbeit «Tanatalusqualen litt», wie er gesteht, war es ihm unmöglich, dem großen Gedicht die angemessene Musik zu erfinden. Mißmutig und enttäuscht, schrieb Goethe im Juni 1816 an Zelter, er, der Freund, kenne ja des jungen Mannes Talent, es sei, fuhr er fort, «ein äußeres und mit nichts gefüttert, weder mit Charakter noch Liebe, weder mit Gefühl noch Geschmack». – Musikhistoriker wie Hans Joachim Moser stimmen Goethe zu, nur daß sie, was Goethe nicht sah, darauf hinweisen, daß Eberwein in allen seinen Produktionen Zelters Schüler war, daß sein Unvermögen, seine Grenzen dort liegen, wo auch Zelters, des Hochgeschätzten, Grenzen deutlich werden.

Literatur: Goethes Schauspieler und Musiker. Erinnerungen von (Carl) Eberwein und (Christian) Lobe. Mit Ergänzungen von Wilhelm Bode. Berlin 1912.

Eberwein Henriette,

geborene Häßler (Erfurt 24. November 1790 – 6. August 1849 Weimar). Wie überall zu lesen ist, die Tochter eines Plüschmützenmachers aus Erfurt, wobei übersehen wird, daß dieser Johann Wilhelm Häßler Neffe des berühmten Organisten Kittel (letzter Schüler des großen Johann Sebastian Bach) war und in dessen Schule zu einem Pianisten und Organisten heranwuchs, der vielerorts, darunter 1776 am Weimarer Hof, erfolgreich konzertierte. In Dresden durfte er 1789 sogar wagen, sich mit Mozart in einem Orgelwettbewerb öffentlich zu messen. 1780 gab er die Plüschmützenmacherei auf und richtete dafür eine Musikalienhandlung und ein ständiges Konzert ein. 1792 findet er sich dann, mit dem Umweg über England, als Kaiserlicher Kapellmeister in Petersburg; später war er Musiklehrer in Moskau, wo er 1822 starb. – Am 13. Oktober 1807 vermerkt Goethes Tagebuch: «Demoiselle Häßler mit Destouches und Aulhorn; sang eine Scene von Beethoven und einiges andere», und Freund Zelter berichtet er, daß sein kleiner Singchor mit einer jungen Stimme, die man fast einen Alt nennen könnte, neuerdings «sehr geschmückt sei». In der Oper, zu deren Ensemble Henriette bis 1838 gehörte, zählte sie mit Caroline Jagemann, mit Stromeyer und Moltke, einem strahlenden Tenor, zu dem Quartett, das den Ruhm der Weimarer Oper ausmachte. – 1812 wird sie Carl Eberweins Frau, beide sind oft unzufrieden und schwierig, beide aber erfolgreich, beide Stützen der Goetheschen Hauskapelle, auf die Goethe besonders «bei großen Anlässen» zählen konnte. – Eberwein sei ein braver sinniger Violinspieler, sie eine anmutige singende Schauspielerin, schreibt Goethe am 22. Juni 1821 an Willemers; Ferdinand Hiller aber, jung, scharf, kritisch, um diese Zeit als Hummels Schüler in Weimar, spricht (wie andere auch) von Henriettes abschreckender Häßlichkeit, bestätigt jedoch ihr Talent. Talent billigt er auch Eberwein zu, dennoch sei er ein Philister gewesen, der sich, eitel und borniert, für einen Kollegen Goethes gehalten habe. – Goethe aber war es ein Genuß, Eberweins Divan-Vertonungen in Henriettes «heiterem Vortrag» zu hören.

Eckermann Johann Peter

(Winsen an der Luhe 21. September 1792 – 3. Dezember 1854 Weimar). Er war fast ein Mann von Fünfundzwanzig, ein Registrator bei der «Militairkleidungs Commission, einem Zweig der Kriegs Canzley zu Hannover», als er zum ersten Mal den Namen Goethe hörte und einen Band seiner Gedichte in die Hand bekam. «Ich las seine Lieder», schreibt er, «ich las sie immer von neuem und genoß dabei ein Glück, das keine Worte schildern.» Ihm, dessen Tage im nüchternsten Dienst dahingingen, ihm war, als finge er erst jetzt an aufzuwachen und zum eigentlichen Bewußtsein zu gelangen. «Bewunderung und Liebe», schreibt er, «nahm täglich zu, ich lebte und webte», sagt er weiter, «Jahr und Tag in diesen Werken und dachte und sprach nichts als Goethe.» Er hatte den Mittelpunkt seiner Existenz, er hatte den Sinn seines Lebens gefunden.

 Seine Anfänge waren kläglich, der Aufstieg mühsam. Geboren, wie er selbst erzählt, in einer Hütte mit nur einem heizbaren Raum; der Vater ein Hausierer, Sommer und Winter zwischen Heide und Marsch mit der Kiepe unterwegs. Die Mutter verdient ein Zubrot mit Spinnen und Mützennähen, er selbst, ein Kind noch, sammelt an den Deichrändern das Schilf zur Streu für die einzige Kuh im Stall. Er sammelt Eicheln, liest Ähren, schleppt das Brennholz herbei; schleppt, halbwegs erwachsen, dem Vater die Ballen mit Wolle und Beiderwand von Dorf zu Dorf. Ein Dasein, eng und eingeschränkt, in dem man, wie er schreibt, nicht wußte, «daß es in der Welt Dinge gebe wie Poesie und schöne Künste» . . .

Doch da trifft ihn, bereits vierzehn, wie ein erster Wink aus dieser Richtung die Entdeckung, daß er Talent besitzt, daß er zeichnen kann. Er genießt das ihm bis dahin «unbekannte Glück» und sucht es zu halten. Die Umgebung wird aufmerksam. Erste Gönner finden sich; er erfährt bescheidene erste Förderung. Oberamtmann Meyer belobt, beschenkt ihn, Superintendent Parisius stiftet einen Freitisch, die Honoratioren der kleinen Stadt lassen ihn am Privatunterricht ihrer Kinder teilnehmen. Er lernt Französisch, etwas Latein und Musik. Erste tastende, doch nie vergessene Bildungsversuche, denen 1808 die Konfirmation ein Ende setzt. Armut verbietet den Besuch des Gymnasiums, doch ist er so weit gefördert, daß ihn seine «gute Hand», seine Fähigkeit, einen Schriftsatz aufzusetzen, zum Schreiber, zum Hilfssekretär qualifizieren. Das ist ein erster Schritt fort aus bäuerlicher Plackerei und ein Schritt hin zum scheinbar freieren Dienst in Amtsstuben und Kanzleien. Das sind für ihn im raschen Wechsel (erzwungen durch die französische Besetzung des Landes) die Kanzleien von Winsen, Lüneburg, Uelzen und Bevensen. – Wie viele seiner Generation packt ihn im Frühjahr 1813 patriotischer Eifer, und ihn beseelt «kein anderer Plan und Gedanke, als sich sobald wie möglich den Reihen der vaterländischen Krieger anzuschließen». Ende des Sommers wird er «mit Büchse und Holster» Freiwilliger im Kielmannseggeschen Jägerkorps, marschiert in der Kompanie des Kapitän Knop durch Mecklenburg, Holstein, kämpft vor Hamburg, setzt über den Rhein, marschiert kreuz und quer durch Flandern und Brabant, entdeckt, wichtigstes Ereignis für ihn, in den Kirchen, in den Museen die große Bildwelt der großen Niederländer, erkennt hier, erschreckt und beglückt, was es heißt, ein Maler zu sein. «Ich sah», schreibt er, «die gekrönten, glücklichen Fortschritte der Schüler, und ich hätte weinen mögen, daß es mir versagt worden, eine ähnliche Bahn zu gehen.» – Köstlichste «Kriegsbeute» ist ihm, zusammengerollt, in einem Köcher, die halbfertige Kopie eines Bildes, an der er sich noch in Tournai versucht hatte, und fest steht sein Plan: befreit vom Felddienst und fern jeder Schreibstubenfron «zu einem tüchtigen Meister zu gehen und ganz von vorne anzufangen». – Er wählt Hannover, da ihm dort ein Jugendfreund eine Bleibe bietet; er wählt Heinrich Ramberg, dessen leicht faßliche Blätter es ihm angetan hatten, der ihm auch freundlich seine Unterstützung zusagt, ihm aber zugleich, redlich warnend, nicht verhehlt, «daß die Überwindung des Technischen viel Zeit verlange und daß die Aussicht, der Kunst zugleich die äußere Existenz zu verdanken, sehr ferne sei». Dennoch macht sich Eckermann unverdrossen ans Werk, versucht, unter Aufbietung aller Kräfte, ein- und aufzuholen, was seine eingeschränkte Existenz ihn bisher versäumen ließ. Schwerste Erschöpfungszustände aber, Zeichen seiner schwächlichen Konstitution, doch wohl auch Folge der ernüchternden Einsicht, daß er Unmögliches anstrebt, erzwingen nach wenigen Monaten den Abbruch des Experiments; erzwingen, um Arzt, Kur und den täglichen Unterhalt zu finanzieren, die Rückkehr in die Schreibstube, die Rückkehr in den kleinen Dienst. Registrator, Subalternbeamter in der Hannoverschen Kriegskanzlei, immerhin mit 300 Talern im Jahr, das ist der Rahmen, in den er sich zu fügen hat, in den er sich aber nicht zu fügen gedenkt. Die *Kunst* bleibt, wie er einem gleichgestimmten Freund im Oktober 1817 schreibt, seine hohe Braut, in der er lebt und webt. Nur daß für ihn nun nicht mehr die Malerei «sein Element» ist; an ihre Stelle rückt die Poesie. Das gezeichnete Blatt wird durch das Gedicht ersetzt, das ihm, arglos gegebene Muster nachahmend, leichthin aus der Feder fließt. Mit den Freunden, kleine Beamte, oft Kriegsteilnehmer wie er, liest er Körner, den gefeierten jugendlichen Helden, mit dem sie sich hingerissen identifizieren; er liest wie sie Schiller, liest Klopstock: Dichter, deren Werke längst schon ein Reich überfliegender Gedanken, jenseits der Misere deutscher Kleinstaaterei, begründet haben, und er liest Goethe, vernimmt in dessen Liedern nun einen Ton, der ihn bewegt, ihn wie die Botschaft eines neuen Glaubens trifft. Mit diesen Hoffnungen ist er, wie Heinz Schlaffer (in der Einleitung zu Eckermanns «Gesprächen» in der Münchner Goethe-Ausgabe) sagt, Repräsentant der Bewegung, die, seit langem im Anrollen, beschleunigt durch die Französische Revolution, in deren Gewitterlicht die Nichtigkeit ererbter Formen und Formeln krass hervortrat, nun von der Kunst, vom Dichterwort, von dem Dichter selbst, die Würde, die Sinngebung des irdischen Daseins erwartete, die bis dahin die Religion dem Menschen zusicherte. – Für Eckermann trägt diese Hoffnung den Namen *Goethe*. Ihn zu erreichen, in sein Dasein einzudringen, sich der großen Existenz zu amalgamieren, ist das Ziel, dem seine Tage gehören. Konsequent, gegen alle Widerstände, dringt er vorwärts. – 1816/17 besucht er, gedeckt durch Obrist von Berger, dem Chef seiner Behörde, neben den Dienststunden das Gymnasium; er schreibt, als eine Art «Befähigungsnachweis», das Trauerspiel «Graf Eduard»; 1819 veröffentlicht er im Selbstverlag den Band «Gedichte» (Erfolg ist der Überschuß von 150 Talern!). 1821 bezieht er, großzügig durch Obrist von Berger, unter Fortzahlung des halben Gehalts für zwei Jahre, aus dem Bureaudienst entlassen, die Universität Göttingen. Er bleibt, angeblich Jura studierend, allerdings nur drei Semester. – Ihm ist der Weg zu Goethe, der Weg nach Weimar wichtiger. Vorsichtig und klug organisiert er die Annäherung. Im August 1821 sendet er, über Privatsekretär Kräuter, seinen Gedichtband mit der Gratulation zum Geburtstag des Dichters. Die «Übersicht meines Lebensganges» liegt bei. Am 14. September stellt er sich persönlich vor; trifft aber nur Riemer und Kräuter; Goethe ist in Eger. – In Göttingen bricht er das Studium ab, zieht sich nach Empelde, einem Dorf bei Hannover, zurück und schreibt im Winter 1822/23 die «Beyträge zur Poesie, mit besonderer Hinweisung auf Goethe». Das Manuskript geht am 24. Mai 1823 nach Weimar ab. Am 3. Juni vermerkt Goethes Tagebuch «Eckermanns Aphorismen gelesen», mit dem Urteil, wie es die «Gespräche» überliefern: «. . . so etwas liest man gern. Große Klarheit, Fluß der Gedanken, alles tüchtig durchdacht, schöner Styl.» Am 11. Juni ist das Manuskript, «mit fahrender Post» und dem Wunsch, «es in Ihrer Handlung verlegt zu sehen», wie Goethe schreibt, auf dem Weg zu Cotta; der Band mit 305 Seiten erscheint im Oktober; das Honorar beträgt 300 Taler. – Am 25. oder 26. Mai war Eckermann selbst aufgebrochen, mit Station in Göttingen und dann im heißen Sommerwetter 150 Kilometer Fußmarsch durch das Werratal in Richtung Weimar.

Ohne es zu wissen, kommt er zur rechten Zeit. Er trifft Goethe mitten in den Vorbereitungen zu der «unter des durchlauchtigsten deutschen Bundes schützenden Privilegien» vollständigen Ausgabe seiner Werke letzter Hand. (1830 werden vierzig Bände vorliegen; aus dem Nachlaß ediert, folgen weitere zwanzig Bände bis 1842, unter intensiver Mitarbeit Eckermanns.) Eine Aufgabe, die höchste Konzentration, umfassende Strategie und einen funktionierenden Mitarbeiterstab erfordert. Goethe, schon seit längerem bemüht, zusätzliche Kräfte aufzuspüren, mußte dieser, wie Eckermanns Biograph Houben sagt, plötzlich in Weimar auftauchende «literarische Handwerksbursche, auf einer Reise ins Blaue», höchst willkommen sein. Das übersandte Manuskript zeigte Hingabe und verständiges Eindringen in das Goethesche Werk, der «Lebenslauf» die wünschenswerte Vertrautheit mit Kanzlei- und Archivarbeit, und der Studiosus hatte, wie dem beiliegenden Brief zu entnehmen war, mit seiner Vergangenheit Schluß gemacht, war aus eigner Wahl frei und stellenlos und darum wohl gern zur Mitarbeit bereit, und zwar, wie sich herausstellen sollte, unter Bedingungen, die für Goethe äußerst günstig waren und die Goethe gelassen gründlich ausnutzte. Selten ein Honorar; der junge Mann wird mit gelegentlichen Einladungen zu Tisch und Wagenfahrt abgefunden, dazu Freikarten für den Theaterbesuch und 1825 der Doktortitel, dem Dichter, von der Universität Jena, anläßlich seines fünfzigjährigen Dienstjubiläums, zur Verfügung gestellt und Eckermann weitergereicht. Um existieren zu können, war dieser gezwungen, Engländern Deutschunterricht zu geben: meist jungen Dachsen, Gästen in Weimar, heiter und frech, was ihn, den Scheuen, ebenso einschüchterte und quälte wie die Englischstunden des Erbprinzen: eine Verdienstmöglichkeit, die Freund → Soret, der Welterfahrene und Sichere, Eckermann verschafft hatte und ihm mit vorsichtiger Diplomatie erhielt.

Am 9. Juni hatte sich Eckermann am Frauenplan gemeldet. Der Dichter empfing ihn am Tag darauf, und wieder einen Tag später sah sich Eckermann durch Goethe (der, wie er sagte, wünschte, ihm näherzukommen und ihn mehr zu sehen und zu sprechen) auf das liebenswürdigste mit Arbeit beladen. Zwei Bände der «Frankfurter gelehrten Anzeigen» der Jahre 1772 und 1773 sind durchzusehen, die anonym erschienenen Goetheschen Rezensionen zu bestimmen und kritisch festzustellen, wieweit sich die Aufnahme dieser Jugendarbeiten in die geplante neue Ausgabe der Goetheschen Werke lohne. Ein paar Tage später gesellen sich dieser Arbeit noch «vier Bände von Kunst

Johann Peter Eckermann,
Kreidezeichnung von
J. J. Schmeller, um 1825.

und Altertum». Goethe, der im Aufbruch nach Marienbad ist, installiert den jungen Mann in Jena, wo er ihn auch, von der Sommerreise zurück, höchst zufrieden mit den Resultaten der geleisteten Arbeit, wieder trifft und Eckermann auf den munter vorgebrachten Plan, eine Fahrt an den Rhein einschieben zu wollen, geradezu befiehlt, in Weimar, in seiner Nähe zu bleiben, wie er auch späterhin gelegentliche «Ablösungsversuche» seines Adoranten geschickt, oft geradezu listig abzuwehren weiß. Darunter auch Johanna Bertrams Heiratswunsch, der sich ihr, obwohl Eckermann seit 1819 anverlobt, erst 1831 erfüllt, ohne daß dann Goethe von ihr und ihrem Einzug in Weimar auch nur Notiz nehmen wird. – Doch Eckermann ist am Ziel. Schneller und reibungsloser, als er je zu hoffen gewagt hatte. «Ich war beglückt», notiert er am 15. September 1823, «Goethen wieder nahe zu sein und ihn wieder reden zu hören, und ich fühlte mich ihm mit meinem ganzen Inneren hingegeben. Wenn ich nur dich habe und haben kann, dachte ich, so wird mir alles übrige recht sein.» – Damit waren für ein Jahrzehnt und darüber hinaus die Weichen gestellt. Goethe erwartete Leistung und sachliche Mitarbeit, Eckermann dagegen die Nähe, die persönliche Beziehung. Ein Verhältnis war entstanden, das Heinz Schlaffer, genau hinsehend, elegant und scharf, als «komplementäre Asymmetrie» beschreibt und durch diese Formel unterstrichen wissen will, daß in diesem Verhältnis, merkwürdig verquer und doch funktionierend, dem einen wesentlich erscheint, was dem andern unwesentlich ist: Eckermann ersehnte Goethes Zuneigung und Freundschaft; Goethe interessieren Eckermanns Dienste. – «Wie eine Ameise schleppt er meine Gedichte zusammen», schreibt Goethe im März 1824; er sammle, sondere, ordne und wisse den Dingen mit großer Liebe etwas abzugewinnen, oder kurz zuvor, am 2. Februar: er sichte und redigiere ältere vorliegende Papiere, wozu er selbst niemals gekommen wäre. «Ihn interessiert», fährt Goethe fort, «was für mich kein Interesse mehr hat. Eine freye Übersicht und ein glücklicher Takt qualifizieren ihn zu dem Geschäft, das ihm zugleich Freude macht.» Ebenso im März 1829: «Dr. Eckermann durchsieht mit löblicher Geduld meine alten, hoffnungslos zugeschnürten Manuskript-Massen und findet, zu meiner Freude, manches darin wohl werth erhalten und mitgetheilt zu werden, so daß man das Übrige nun mit Beruhigung verbrennen kann», und noch einmal, am 2. Juni 1831 an Carlyle: «Sein zartes und zugleich lebhaftes, man möchte sagen, leidenschaftliches Gefühl ist mir von großem Werth, indem ich ihm manches Ungedruckte, bisher ungenutzt Ruhende vertraulich mittheile, da er denn die schöne Gabe besitzt, das Vorhandene, als genügsamer Leser, freundlich zu schätzen und doch auch wieder nach Gefühl und Geschmack zu Förderndes deutlich auszusprechen weiß.» Hierher gehört Eckermanns abschließende Arbeit an «Dichtung und Wahrheit», an den «Wanderjahren», und mit Blick auf «Faust II» erklärte der Dichter am 8. Juni 1830 Kanzler von Müller, «daß Eckermann es am besten verstehe, literarische Produktionen ihm zu extorquieren durch den sensuellen Anteil, den er an dem bereits Geleisteten, bereits Begonnenen nehme». Ein Vierteljahr zuvor hatte er Eckermann persönlich versichert, daß er es sich zurechnen dürfe, wenn er, Goethe, den zweiten Teil des «Faust» zustande bringe.

Doch trotz diesen Bezeugungen intensivster Mitarbeit lehnte Eckermann noch Jahrzehnte später (in einem Brief vom 5. März 1844 an Heinrich Laube) indigniert ab, als Goethes «Sekretär» bezeichnet zu werden. Zwar habe er sich der Redaktion älterer Goethescher Papiere angenommen, habe dem Dichter auch bei der im Jahre 1826 begonnenen Herausgabe seiner Werke assistiert und habe ihm einige Beiträge zu «Kunst und Altertum» gegeben, aber Goethen sei es so wenig als ihm selbst je eingefallen, in ihm einen Sekretär zu sehen. Goethes Dank für alle Hilfe sei gewesen, daß er ihn in seine Kreise gezogen und ihn an den geistigen und leiblichen Genüssen eines höheren Daseins habe teilnehmen lassen. «Mein Verhältnis zu Goethe», fuhr er fort, «war eigentümlicher Art und sehr zarter Natur. Es war das des Schülers zum Meister, das des Sohnes zum Vater, das des Bildungs-Bedürftigen zum Bildungs-Reichen.»

Spiegel dieser Seelenlage sind Eckermanns «Gespräche mit Goethe». Ihm war bewußt, während er an diesem Buch, *seinem* Traum von einem schöneren

Leben, schrieb, daß er es mit «einem Helden» (wie er in der Vorrede zum dritten Band sagt) zu tun hatte, «und den durfte er nicht sinken lassen. In der ganzen Milde der Gesinnung, in der vollen Klarheit und Kraft des Geistes und in der gewohnten Würde einer hohen Persönlichkeit mußte er erscheinen, um *wahr* zu sein – und das war keineswegs etwas Geringes!»

Wahrscheinlich ist Eckermann schon bald nach seiner Ankunft in Weimar der Gedanke zur Aufzeichnung der Goetheschen Gespräche gekommen. Vorbild waren wohl Sammlungen wie Las Casas' «Mémorial de Ste-Hélène» oder Thomas Medwins «Journal of conversations of Lord Byron . . .», die eine Sammlung um Napoleon, die andere um den großen Engländer zentriert, beide gerade erschienen und auch im Haus am Frauenplan gelesen. Vielleicht kam aber auch die Anregung von Johannes → Falk, der alle Welt anhielt, Gespräche nachzuschreiben, «um in große Ideen einzugehen». Falk selbst verwahrte das Manuskript «Goethe aus näherem Umgang dargestellt» fertig in der Schreibtischschublade, mit der Bestimmung, es nach Goethes Tod zu veröffentlichen. Auch mit Goethe hatte Eckermann seinen Plan, der dem Dichter überaus sympathisch war, des öftern ventiliert. Bereits am 15. Februar 1824 vermerkt das Goethesche Tagebuch, Eckermann habe «eine aufgeschriebene frühere Unterredung» gebracht, und ein Jahr später, am 24. Mai 1825, lautet die Notiz: «Eckermanns Unterhaltungen durchgelesen und geprüft.» Weitere Tagebuchnotizen lassen erkennen, daß die «Gespräche» neben Eckermanns sonstigen Aufgaben nun als dessen «Hauptgeschäft» galten. Mit ihnen sollte, gleichsam als Fortsetzung der Goetheschen autobiographischen Schriften, die «Ausgabe letzter Hand» ihren Abschluß finden.

Das war der Plan. Als erstes nutzte Eckermann die Briefe, die er seit Mai 1823, seinem Aufbruch aus Hannover, an Johanna Bertram, an Hannchen, die Braut, geschrieben hatte. Dazu trat, in losen Folioblättern, ein Tagebuch, geführt in der Absicht, Material zu sammeln. Konsequenz, ein rasches Vorwärts war die Absicht. Doch bald zeigte sich, daß Eckermann nur langsam, daß er nur stoßweise vorankam. Immer wieder stockt die Arbeit. Pausen, lange Pausen schieben sich zwischen fertige und halbfertige Partien. Der erste Termin, der Abschluß der «Ausgabe letzter Hand», im März 1831 geht vorüber, ohne daß die «Gespräche» diesen Abschluß, wie geplant, gebildet hätten. Auch Goethe stirbt, seine Stimme verstummt: ein zwingender Anlaß, ihren Nachklang im nachgebildeten Gespräch festzuhalten, aber Eckermann läßt auch diese «Aufforderung» vorüberstreichen. Es bedarf schließlich des Drucks von außen: des Erscheinens der Falkschen, der Riemerschen Erinnerungsbände, und es bedarf der drängenden Bitte der Großherzogin, bis er endlich zur Ostermesse 1836 so weit ist, seine «Gespräche mit Goethe in den letzten Jahren seines Lebens» (in zwei Bänden bei Brockhaus in Leipzig) vorzulegen. Und zwölf Jahre später, 1848, im ungünstigsten Augenblick (zum Zeitpunkt der ausgebrochenen Revolution!), läßt er trotz den Absatzschwierigkeiten der ersten Bände und trotz spürbar weit verbreiteter «Goethemüdigkeit» und Goethefeindschaft (besonders schrill die «Schlachtrufe» aus dem Lager des Jungen Deutschland!), einen dritten Band folgen: gefüllt mit Resten eigenen Materials, dem er Sorets Aufzeichnungen aus dessen Weimarer Tagen gesellt. – Houben hat die Geschichte dieser schwierigen Buchwerdung beschrieben: die umständliche, stets, selbst von dem Autor, halb verschwiegene, halb verdeckte Geschichte der Verzögerungen, Lähmungen, Widrigkeiten und seltsamer Irritationen: Um 1828 Auguste Kladzig, die junge Schauspielerin, eine Liebe hochsentimental und ausweglos. 1831 die späte, viel zu späte Hochzeit mit Johanna Bertram. Eine kümmerliche Ehe, ein kümmerlicher Hausstand. 1834 trübselig das Ende mit Johannas Tod im ersten Kindbett. Eine Freude der kleine Sohn (er wird, wie der Vater künstlerisch begabt und dazu gut ausgebildet, ein tüchtiger Maler und Radierer). – Niederdrückend aber, jammervoll, die immer erneuerten und stets gescheiterten Versuche, eine halbwegs bekömmliche bürgerliche Existenz zu begründen. Enttäuschend Goethes Versprechungen, die Hoffnungen wecken, doch zu keinem handfesten Resultat führen. Immer tiefer sinkt Eckermann in die abstruse Welt seiner Vogelliebhaberei, mit den zahllosen Käfigen in der engen Kammer. Er, der als eine der letzten Repräsentationsfiguren der Großen Weimarer Tage gilt, wird 1842 mit dem «Hofrat» dekoriert, doch die Rente, die er vom Hof bezieht, ist so schmal, daß er fast verhungert.

Nichts davon in den «Gesprächen». Gelehrtenfleiß (darunter kritisch Julius Petersen und verteidigend H. H. Houben) hat allen Scharfsinn aufgeboten, um Irrtum und Wahrheit in diesen Erinnerungen zu scheiden. Doch solche Untersuchungen, so wichtig und interessant sie im einzelnen sind, zielen an Eckermanns Intentionen vorbei. Wie die «Beyträge» von 1823, die mit aller Entschiedenheit unter dem Postulat des Guten, Wahren und Schönen standen, wollen auch diese Erinnerungen nicht Protokoll vergangener Tage sein. Sie sind, in einem langen und komplizierten Prozeß ein- und umgeschmolzen, Botschaft, Lebenslehre; sie sind Anweisung zum rechten Leben, sind mit Nachdruck auch die Anweisung zum rechten Umgang mit dem Dichter. Auch er erscheint befreit von allen Verschattungen, frei von allem Mangel: ein Vorbild, ein Erzieher, ein Weiser. Und mit und neben ihm, in der Welt dieses Buches, das eine Welt ohne Fron, Mangel und Not ist, auf immer vereint, der Sohn, *der* Jünger, der des Dichters große und gute Worte so wohl in seinem Herzen zu bewahren wußte! – Eine Simplifizierung, eine Vereinfachung, die den Leser immer wieder verführte, den Blick vom schwierigen Alterswerk, von den «Wanderjahren» etwa oder den subtilen Rätseln des «Faust II», abzuwenden und sich, wie Heinz Schlaffer sagt, nicht mit dem verschwenderischen Spiel poetischer Fiktionen zu begnügen, sondern hinter ihnen, zur eigenen Erbauung, zum eigenen Trost, eine tiefere Weisheit und höhere Sittlichkeit zu vermuten. – Eckermann hat es nicht erlebt, doch seine «Gespräche», zunächst ein eklatanter Mißerfolg, wurden mit dem steigenden Jahrhundert zum Volksbuch. Ihm war gelungen, das eigene Goetheerlebnis, die eigene Goetheerfahrung zur Erfahrung der Goethegemeinde zu machen.

Literatur: Heinrich Hubert Houben: J. P. Eckermann. Sein Leben mit Goethe. Nach seinen neu aufgefundenen Tagebüchern und Briefen dargestellt. 2 Bände. Leipzig 1925–1928.

Die Egloffsteins

Alter fränkischer Adel, seit 1187 bezeugt, zur Reichsritterschaft Kanton Steigerwald zählend; der Stammsitz Egloffstein, eine Burg, um 1080 erbaut: ebenso behaglich wie pittoresk über dem Trubachtal in der Fränkischen Schweiz gelegen; die Familie, vormals Reichsherren, dann Grafen und Freiherren von und zu Egloffstein, in vielerlei Funktionen in den benachbarten markgräflichen Residenzen, an den Höfen, in den Ämtern von Bayreuth, Ansbach oder Erlangen tätig. Im 14. Jahrhundert wird auch in Bamberg ein Bischof Leopold (gestorben 1343) und 150 Jahre später ein Domherr Leonhard (gestorben 1514) erwähnt, ehe die Egloffsteins, von der Reformation erfaßt, zum neuen Glauben übertraten. – Spät, erst Ende des 18. Jahrhunderts, geriet ein Zweig des Geschlechts, ohne den angestammten Besitz, die angestammten Beziehungen im Fränkischen aufzugeben, nach Weimar. Spät, nun aber sofort überall zugegen, überall, bei Fest und Spiel, doch auch im strengeren Dienst begehrt, und als Folge der baronale Name, in ungezählten Briefen, in Tagebüchern und Memoiren auftauchend, festgehalten. Die Familie selbst sprach im Scherz von «der fränkischen Kolonie» oder «dem Egloffsteinium» zu Weimar.

Sophie (1742–1807 in Weimar), eine geborene Freiin von Thüna, hatte den Aufbruch der Familie von Oberfranken hinüber ins «Ausland Sachsen» bewirkt. Sie war die Frau des markgräflich brandenburgischen Kämmerers Carl Ludwig von Egloffstein gewesen, der ihr am 12. September 1773 durch einen Reitunfall entrissen wurde und sie als Mutter vierer unmündiger Söhne und einer Tochter zurückließ, die zehn Wochen vor des Vaters tödlichem Sturz zur Welt gekommen war. Da die Baronin für die Söhne, nach Kindheitsjahren in Egloffstein und dem nahen Bayreuth, eine gute Ausbildung wünschte, wählte sie Jena als Studienort und war zugleich, klug und zielstrebig neue Fäden knüpfend, besorgt, daß den Jenaer Studien Anstellungen in Weimar folgten.

Christian (1764–1834), Sophies Ältester, kehrte der Familientradition gemäß nach Egloffstein zurück, das er als Majoratsherr übernahm. In Weimar tauchte er selten auf, war aber ein gern gesehener Gast. So läßt ihm im Juli 1802 Anna Amalia durch seine Schwester Henriette sagen, daß sein kurzer Aufenthalt sie sehr glücklich gemacht habe und daß sie ihm fast so gut sei «als dem Gottlob», der seit langem zu Weimar gehörte.

Wolfgang *Gottlob* Christoph (1766–1815 Weimar), Jurist, seit 1786 in weimarischen Diensten, absolvierte im gleichmäßigen Aufstieg, vom Junker und Assessor über den Kammerherrn und Hofrat, die bürokratisch-höfische Stufenleiter bis hin zum Hofmarschall und Oberkammerherrn. Man darf vermuten, daß er über den Durchschnitt hinaus tüchtig und diskret war, da (wie Hans Tümmler zeigt) Carl August, von Napoleon hart bedrängt, in Petersburg, und zwar in Zar Alexanders nächster Umgebung, «einer im stillen wirkenden Person» bedurfte, die «unauffällig, klug und mutig, ohne genaue Instruktion für das weimarische Interesse arbeite», Gottlob Egloffstein 1807 mit dieser schwierigen Mission betraute. – Mit Goethe verbanden Egloffstein vielerlei dienstliche und gesellige Verpflichtungen; er gehörte auch mit

Caroline, seiner Frau (geborene von Aufseß, 1767–1828), im Winter1801/02 zu des Dichters → Cour d'amour. – Die «Ober-Cammerherrin», eine umtriebige, auch leichthin geschwätzige, zugleich aber äußerst gutmütige Dame, agierte außerdem nicht nur in den Maskenzügen, die Goethe 1798 und 1810, jeweils am 30. Januar, zu Herzogin Louises Geburtstag arrangierte; sie nahm auch, von Herzen bewegt, im Februar 1823 an Goethes schwerer Erkrankung teil und war überaus glücklich, daß ihr Großvaterstuhl, den sie ins Haus am Frauenplan geschickt hatte, dem Patienten behagte, der erklärte, daß «die gute Ober-Cammerherrin sich, durch die Wohltat, die sie ihm erweise, eine Stufe im Himmel baue . . .» Ebenso hatten Henriette Egloffsteins Töchter immer wieder bei «der Tante» freundlichste Aufnahmen gefunden. – Als sie 1828 plötzlich, an einem heiteren Julitag in Wilhelmsthal, wohin sich die Großherzogin nach Carl Augusts Tod zurückgezogen hatte, bei einem Spaziergang der Hofgesellschaft, von einem Herzschlag getroffen, tot niedersank, erklärte sich Goethe gern bereit, an einem «Denkmal für unsere schnell Geschiedene» mitzuwirken. Da aber «die Kassen leer waren», blieb es, ohne daß der Denkstein gesetzt worden wäre, bei Coudrays Entwurf, der sich in Goethes Sammlungen erhielt. Ein kleiner Cippus mit dem Namen der Toten und der Inschrift: HEITER KLUG GESELLIG VERSTÄNDIG, die wohl Goethe konzipiert hat.

Friedrich *Gottfried* Ernst (1769–1848), bereits 1794 mit dem Titel eines weimarischen Kammerherrn ausgezeichnet, ging 1797 vom preußischen in den Militärdienst Weimar/Eisenachs über. In Eisenach Landrat, Stadtkommandant, zuletzt General und Schloßhauptmann, als den ihn Goethe 1814 und 1815 bei seinen Reisen an Main und Rhein erwähnt. – Neben der Vertretung landständischer Interessen war Egloffstein mit der Verwaltung des ausgedehnten Gutsbesitzes beschäftigt, den Sophie Egloffstein, getrieben von Familienfürsorge und der weithin grassierenden Lust an Güterkauf und Bodenspekulation, in wenigen Jahren im Gebiet Sachsen-Weimar-Eisenach zusammengebracht hatte: 1792 Berka v. d. Hainich, 1794 Guthmannshausen (für 85 000 Taler), 1794 das fürstliche Schatullgut Tannroda und 1804 Isseroda.

***August* Friedrich Carl** (1771–1834 Kissingen), von der Mutter, als halbes Kind noch, in die militärisch harte Zucht ihres Stiefbruders, eines Generals von Thüna, nach Berlin gegeben; dort Fahnenjunker, später Lieutenant. Wechselte aber 1795 auf Herzog Carl Augusts Wunsch in dessen Dienste über, nahm im Rahmen des kursächsischen Verbands 1796 an dem erfolgreichen Gefecht bei Wetzlar teil, wurde noch im gleichen Jahr zum Capitän, 1804 zusätzlich zum Kammerherrn und 1805 zum Major ernannt. Er hatte die Aufgabe, das weimarische Truppenkontingent nach preußischem Muster umzubilden, was ihn aber nicht hinderte, das gesellige Treiben, darunter auch (mit Amalie von Imhoff als Partnerin) die Beteiligung an Goethes → Mittwochskränzchen, zu genießen und, wenn auch nur am Rande, Teil des «Klassischen Weimars» zu sein, das sich, so nur möglich in dieser kurzen, dem nördlichen Deutschland gegönnten Friedenspause, reich und differenziert entfaltete. – Doch in Napoleons plötzlichem Vorstoß in Richtung Thüringen ging nicht nur Weimar fast zugrunde, auch Egloffsteins militärische Karriere (bis dahin recht friedlicher Natur) nahm makaber-düstere Züge an. Ihn selbst beschreiben nach dieser harten Zeit die Nichten als einen frühgealterten, sehr zurückhaltenden, durch mehrere Verwundungen auch gesundheitlich schwer geschädigten Mann. – Die Kampfansage des französischen Kaisers überraschte ihn in Paris, wo er sich, den scheinbaren Frieden nutzend, nach einer Reise durch die Schweiz im Herbst 1806 aufhielt. – Nur mit Mühe erreichte er kurz vor Beginn der Feindseligkeiten Weimar und nahm am 14. Oktober als Stabsoffizier unter des Fürsten Hohenlohe Befehl an der unglückseligen Schlacht von Jena teil. Verwundet, sah er sich beim Rückzug der Truppe gezwungen, in Magdeburg Station zu machen. Erst im Dezember beschied ihn Carl August von dort nach Berlin. Der Herzog, dem er sich, als *seinem* Herrn, durch alle Wechselfälle der nächsten Jahre zu unbedingtem Gehorsam verpflichtet wußte, hatte, besiegt und praktisch machtlos, nach seinem Abschied aus der preußischen Armee und dem Beitritt zum Rheinbund strikten Befehl, ein Truppenkontingent, die Brigade «Herzöge von Sachsen», gemeinsam mit Gotha zu stellen. Egloffstein, zum Brigadier und Obersten ernannt, übernahm (mit voller Kehrtwendung wie sein Herzog) die Führung. Weimar stellte 800, Gotha 1100 Mann, ein Partikel nur in der Riesenmaschinerie der Napoleonischen Armeen, eine winzige Truppeneinheit, die nun aber, hin und her geschoben auf dem Schachbrett militärischer Planungen, an dem ihr jeweils zugewiesenen Ort, unter französischem Oberbefehl, nicht mehr *gegen* Napoleon, sondern *für* ihn zu marschieren hatte. – Die Etappen, nichts als Niederlagen, Schrecken und sinnlose Opfer: 1807 die Belagerung Colbergs; 1809 der blutige Marsch durch die «Sachsenklemme» bei Sterzing in Tirol; 1810 die mörderischen Strapazen in Spanien, 1812–1814 in Rußland! Das Kontingent, immer wieder durch Hunger, Kampf, Desertion und Seuchen aufgerieben, wurde erbarmungslos stets wieder aufgefüllt mit einer in den Dörfern, in den Städten Thüringens zusammengetriebenen Mannschaft. Karl von Stein auf Kochberg klagt, daß man ihm den letzten Knecht vom Acker hole; er erzählt, die Fürstin von Rudolstadt habe eine Reise express vor der letzten Konskription aufgegeben, um die weinenden Eltern zu trösten, in Gotha warfen sich die Väter auf die Straße, den Ausmarsch der Söhne zu hindern, und aus Weimar schreibt Line von Egloffstein, daß, so oft ein Bote vom fernen Regiment komme, die Stadt von den Wehklagen über die immer neuen Todesnachrichten widerhalle. – Von nur noch drei Offizieren und neunzehn Mann begleitet, kehrte Egloffstein, aus dem halbbesiegten französischen Heeresverband nach der Kapitulation von Danzig entlassen, im Januar 1814 nach Weimar zurück. Hier aber erwartete ihn (wiederum eine Kehrtwendung, wenn nun auch beglückt als Befreiung empfunden) die Order, sofort, unter Herzog Carl Augusts Oberbefehl, das Commando der neu gebildeten anhalt-thüringischen Brigade zu übernehmen und sich in Belgien und den Niederlanden in den Kampf gegen Napoleon einzuschalten. Hier hatte dann auch Egloffstein 1814 und noch einmal 1815, nun Generalmajor und Chef des weimarischen Kontingents (nach Napoleons Rückkehr von Elba), an der endgültigen Niederwerfung des Korsen teil. – Notizen des Goetheschen Tagebuchs zeigen, daß Dichter und General (seit 1822 zusätzlich Wirklicher Geheimer Rat und Exzellenz) freundliche Geselligkeit pflegten, obwohl *Isabelle,* Egloffsteins Frau aus dem Elsaß und eine geborene Gräfin Waldner von Freundstein (1785–1869), ihren Nichten kühl erklärte, Goethes Soiréen seien unglaublich steif und langweilig gewesen und sie könne nicht verstehen, «que vous vous exaltez toujours de Goethe et de Schiller». Sie habe die beiden gekannt und könne ihnen nur versichern, «que c'étaient les hommes, les plus ennuyeux du monde!» – Goethe aber ersuchte mit einem Billett vom 25. Oktober 1830 «Herrn General von Egloffstein Excellenz, dem geschickten Porträtzeichner Schmeller einige Sitzungen zu gönnen, damit das werthe Bildniß, einer bedeutenden Sammlung von einheimischen und fremden geschätzten Personen, eingefügt werden könne», wie er auch Henriette von Egloffstein, des Generals Schwester, am 18. April 1831 schreibt, daß er seiner «verehrten Freundin tausend Dank sage für die Geneigtheit, uns Ihr so werthes Bild zurückzulassen», das dann: eine würdige Matrone mit Locken-Touffe und feingefältelter Haube, Schmeller in Kohle und Kreide auf rehbraunem Papier festhielt.

***Henriette* Sophie Franziska Friederike Albertine** (Egloffstein 6. Juli 1773 – 15. Oktober 1864 Marienrode/Hildesheim). Eine geborene *Freiin,* dann, Resultat der energischen mütterlichen Familienpolitik, verheiratete und (nach fünfzehn Jahren) wieder geschiedene *Gräfin* Egloffstein, schließlich, seit 1804, in einer zweiten, glücklichen Ehe mit Oberforstmeister Beaulieu-Marconnay, in Hannover, durch ein langes Leben unbestritten Mittelpunkt der großen Familie, der weiten Freundesrunde. – Eine schöne, kultivierte, kluge Frau, von ihrer Umgebung verehrend «Olympia» genannt: stolz, streng, in Urteil und Maßstab den Konventionen ihrer Kaste verpflichtet, dennoch lebhaft an den literarischen und künstlerischen Bewegungen der Epoche interessiert.

1787 taucht sie ein erstes Mal für kurze Wintermonate in Weimar auf. Sie ist kaum sechzehn, bewegt sich aber, von Kindesbeinen an in höfischen Zirkeln zu Hause, sicher und gewandt im neuen Kreis. Aufmerksam registriert sie die ihr so angenehme «Urbanität der Sitten»; bemerkt, was ihr (wie sie in ihren Memoiren sagt) für Weimar charakteristisch scheine, den «Reichtum an gebildeten, liebenswürdigen und geistvollen Frauen», bemerkt, wie diese, im

Verein «mit einzelnen gelehrten Männern, das Regiment führten, ohne es zu mißbrauchen», und fühlt sich unter diesen Weimaranerinnen, wie sie schreibt, sofort «einheimisch». – Auch sie gefällt. Schon Madame Diet, in deren vorzüglichem Erlanger Institut Henriette ein Jahr verbrachte, hatte festgestellt, daß zu ihrer Grazie, ihrer Anmut sich «eine fröhlich scherzende Überlegenheit» geselle, die alle Welt bezaubere. In Weimar zog die Herzoginmutter, Henriettes Musikalität und schöne Stimme entdeckend, das junge Mädchen in ihre Nähe; die Geschwister, Gottlob und Caroline, wollten unbedingt ihren Gast halten, Kavaliere, die sich der jungen Schönheit gern ernsthafter verbunden hätten, drängten eifrig herbei . . .
Die Mutter Sophie aber hatte anders verfügt. General Albert Dietrich Egloffstein, Chef des im 16. Jahrhundert nach Ostpreußen ausgewanderten Familienzweigs, nach erfolgreicher Karriere eben in den Grafenstand erhoben, Gouverneur von Königsberg und im südlichen Ostpreußen Majoratsherr auf Arklitten und Lambargen, hegte den Wunsch, durch die Ehe zwischen seinem Neffen und designiertem Erben Graf Gottlieb Friedrich *Leopold* Egloffstein und Henriette, seinem Patenkind, die ostpreußische Linie der Familie wieder enger an die fränkische Sippe anzuschließen. Fasziniert von diesem Plan, war Sophie, stets ehrgeizig auf Gedeihen der Gesamtfamilie, weniger auf das Wohlbefinden des einzelnen Mitglieds bedacht, sofort entschlossen, die Verbindung auch gegen Henriettes Widerstand durchzusetzen. – Trotz Eis und Schnee und grimmiger Kälte, auch trotz den Bitten der Freunde und Gönner «entführte sie unverzüglich» noch im Februar 1788 die Tochter aus Weimar nach Franken. Henriette war gezwungen, wie sie bekümmert schrieb, ihrem «Jugendparadies sowie seinen teuern Bewohnern Lebewohl zu sagen». – Im Herbst aber sah sie sich, obwohl sie heftig widerstrebte, «wie eine Ware verhandelt», an Graf Leopold, einen nicht unfreundlichen, doch etwas indolenten und trägen Zweiundzwanzigjährigen gekettet. Rasch hintereinander kamen die Kinder; 1789 wird Caroline, 1791 Jeanette geboren. Im September 1792, nach einem Reisejahr in Italien (das Sophie, wohl um angesammelten Unmut zu verscheuchen, dem jungen Paar schenkte), erscheint Julie, «ein lebendiges Andenken, das», wie Graf Leopold belustigt schreibt, «meine Frau für nötig erachtete, aus Rom mitzunehmen». In Weimar folgte, im Oktober 1795, an Anna Amalias Geburtstag, die herzlich an der Familienfreude teilnahm, Carl August, nach dem Herzog benannt, der sich bereit erklärte, neben der Herzoginmutter als einziger Pate (eine hohe Auszeichnung) des kleinen Grafen zu fungieren. «Der gute Herder aber, der sich mit mir» (wie der junge Vater berichtet) «kindisch freute, verrichtete, da er meine Frau so lieb hat, die Taufhandlung.» Auch Auguste, die Familienjüngste, kam, im November 1796, in Weimar zur Welt. Dann aber folgte Henriette 1797 Graf Leopold, den seine Standesgenossen zum Ritterhauptmann des Kantons Steigerwald gewählt hatten, wieder nach Erlangen; kehrte jedoch, da keine rechte Übereinkunft zwischen ihr und dem Grafen zu erzielen war, 1800 mit den Kindern nach Weimar zurück. – 1803 wurde die Ehe geschieden. Im Jahr darauf
 folgte Henriette, begleitet von den Töchtern Caroline, Julie, Auguste (wäh-

rend Jeanette bei der «Tante» blieb), dem Freiherrn Beaulieu-Marconnay nach Hannover; den Sohn hatte Graf Leopold, ebenfalls sofort wieder verheiratet, übernommen. – Sophie aber, die selbst noch, wie es üblich war, *ungefragt*, einem Mann, den sie kaum kannte, der aber der Sippe konvenierte, übergeben worden war und mit ihm zurecht zu kommen hatte, mußte nun hinnehmen, daß für ihre Tochter, geprägt durch «Weimar», die Ausbildung der eigenen Individualität, die eigene Liebeswahl weit vor dem Familieninteresse rangierte.
1787, bei ihrem ersten Weimar-Aufenthalt, wäre Henriette, wie sie in ihren Memoiren gesteht, beglückt gewesen, Goethe, «den hochberühmten Mann» (zu dem Zeitpunkt in Italien), «von Angesicht zu Angesicht zu schauen», 1791 aber wich sie, kurze Wochen in Weimar, ihm aus. «Diese ominöse Liaison mit dem Bertuchschen Blumenmädchen», das er noch dazu in sein Haus aufgenommen hatte, blieb für sie, die junge, folglich (wie sie hinzufügt) unerfahrene Frau, «eine unverzeihliche Abweichung von der Bahn der Tugend und Sittlichkeit, die durch kein noch so großes Talent und die eminentesten Geistesgaben ausgeglichen werden könne!» Auch nach den Jahren 1795–1797, in denen sie Goethe des öfteren sah, versicherte sie, daß der Dichter «schroff, wortkarg, spießbürgerlich steif und so kalten Gemütes sei, wie ein Eisschollen, für sie mehr abschreckend als anziehend», und im Oktober 1801 verfolgte sie Goethes Anstrengungen, eine → Cour d'amour zu stiften, spöttischen Blicks, mokierte sich den Winter hindurch über die Gravität, die tyrannische Pedanterie, mit der er die heiteren Scherze in Gang zu setzen suchte, und sie war es auch, die ihm als erste, sobald «die Frühlingslüfte den Eintritt der milderen Jahreszeit verkündigten», den Abschiedsbrief schrieb. Daß Goethe sie zur Königin seines «Minnehofes» erhoben hatte, kam ihr nicht gelegen, eher fühlte sie sich durch die umlaufende Meinung geschmeichelt, Schiller habe *sie* im Sinne gehabt, als er die Figur Johanna von Orléans konzipierte. – Noch nach Jahrzehnten, als 1832 Falks «Goethe aus näherm Umgange dargestellt» erschien, verwahrte sich Henriette heftig gegen Falks Behauptung, sie sei «eine zärtlich und begünstigte Verehrerin des großen Meisters gewesen», und sie erklärte nicht ohne Schärfe, sie habe in Goethe, dessen Nähe sie nie gesucht, sondern eher gemieden habe, nie den Menschen, sondern nur das allumfassende Genie bewundert und geliebt. – Für Goethe aber blieb sie, obwohl ihn ihr Austritt aus seinem Mittwochskränzchen (wie eine späte Äußerung bezeugt) enttäuschte und schmerzte, «seine verehrte, seine geliebte und seine würdige Freundin». Einen kleinen Exkurs zum Helenaproblem, im Juli 1827, gegen Henriettes Willen, dem Dichter von Kanzler Müller zugespielt, nannte er sehr geistreich, sehr liebenswürdig, höchst originell und zart ausgesprochen. Aber die Schreiberin ist auch, meinte er, «aus unserer guten Zeit und hat unsere ganze Bildungsperiode mit durchgemacht . . . Ja, wenn diese Frau», erklärte er weiter, «sich nicht so sehr der Welt verschlossen hätte – da hättet ihr erst sehen sollen, zu welchem Gipfel weibliche Kraft anzusteigen vermag». – Und Henriette, die sich immer so entschieden von Goethe distanzierte, schrieb Müller, seine Indiskretion tadelnd, «mein Urtheil über die göttliche Helena war nur für *Sie* bestimmt und wer hieß es Ihnen, dem Meister

solches Zeug vorschwätzen? – Wenn er es gütig, mild und freundlich aufgenommen, zeigte er sich nur, als das was er ist: ein Geist höherer Art – aber was ich sagte, wird darum nicht besser, es bleibt nur ein Bruchstück meines tiefen Empfindens, für welches mir die Worte, wie Sie wissen, immer fehlen. Könnte ich meine Brust erschließen und dem sprudelnden Quell freien Lauf geben, dann – ja dann dürfte ich hoffen, daß der Blick des Unerreichbaren sich gerne in seinem hellen Krystall spiegeln würde, denn schwerlich – dies sage ich mit stolzem Selbstgefühl – begreift ihn noch irgend ein lebendes Wesen so innig, so wahr, als ich ihn begreife. Da ich dies aber nicht vermag, so soll dies Gefühl mit mir, *ungeahndet von ihm*, untergehen . . .» – Wie eine Bestätigung dieser stolzen Selbstbescheidung klingt Goethes Bemerkung, als er Großherzog Carl Friedrich, der sich bewegt und enthusiastisch über die Beaulieu äußerte (wie Kanzler Müller am 21. April 1831 notierte), nachdenklich bewundernd erwiderte, Henriette habe «bei männlicher, ritterlicher Kraft weibliche Anmut zu bewahren gewußt».
Henriettes Töchter, von Kindheit an mit Weimar und Weimars Lebensstil, dieser seltenen und manchmal auch seltsamen Mixtur aus Geist und geselligem Vergnügen, vertraut, übernahmen, steigerten, realisierten Henriettes halb verborgene Neigungen.

Caroline, Gräfin Egloffstein (Erlangen 2. November 1789 – 6. Juli 1868 Marienrode/Hildesheim), stellte sich nach Jahren der Abwesenheit ein erstes Mal wieder im Spätsommer 1809 in Weimar ein. Der Besuch, nur auf Wochen geplant, dehnte sich über Monate aus, da plötzlich, nachdem **Jeanette,** Carolines jüngere Schwester, die gerade noch als des jungen Arthur Schopenhauers Tischnachbarin an Wielands «rührend-fröhlicher» Geburtstagsfeier teilgenommen hatte, nach ärztlicher Diagnose an einem «Geschwür im Gehirn» starb. Caroline blieb, um der Tante, seit 1804 Jeanettes liebevolle Pflegemutter, über den Verlust hinwegzuhelfen. Die «Tante» war untröstlich, doch mit dem Schmerz wuchs der Umtriebigen Bedürfnis nach Zerstreuung, und Caroline hatte mit ihr, wie sie Mitte November seufzend schrieb, dreimal in der Woche, *richtig* ins Theater, die drei übrigen Abende *richtig* in Gesellschaft zu gehen, und den Sonntag, schreibt sie leicht verzweifelt weiter, «müssen wir nun auch wieder an Hof schlendern – da sind die sieben Abende untergebracht!» – Doch zugleich berichtet sie, daß sie in dem Wirbel von Redouten, bunten Maskenzügen, zischenden Feuerwerken, Assembleen und hübschen Ausfahrten Professor Reinhold aus Kiel, «den berühmten Philosophen und Schwiegersohn Wielands, einen Mann von heiterer Laune, großer Gesprächigkeit und der interessantesten Unterhaltung über Politik und Literatur», getroffen habe; sie teilt mit, daß der erste Teil von Goethes «Wahlverwandtschaften» gedruckt sei, und empfiehlt Schwester Julie dringend, «zu Goethes Freude, der sein Werk sehr liebt», die eine oder andere Szene des Romans zu zeichnen, und weiter «möge der Mama zur Nachricht dienen, daß der zweite Teil der ‹Eugenie› (Goethes ‹Natürlicher Tochter›) auch bald an das Licht des Tages erscheinen wird – mich dünkt, das wird sie freuen . . .»

Der zierlich scherzende Plauderton dieser Briefe (Julie schreibt um die gleiche Zeit ähnlich aus Berlin), lässig, mit kleinen possierlich-unterhaltlichen Seitenhieben nach rechts und links, dieser Ton, aristokratische «Rokoko-Leichtigkeit», verdeckt die Sorgen, die Existenzschwierigkeiten der Egloffsteinschen Damen. – Kriege, ausgelöst durch den großen Umsturz in Frankreich, Koalitions- und Revolutionskriege nun schon seit etwa zwanzig Jahren überall, die Eroberung der deutschen Länder, vorangetrieben durch Napoleons militärisches Genie, als Folge der Untergang des Alten Römischen Reiches Deutscher Nation und seiner buntscheckigen Ordnungen (darunter auch die Aufhebung der Reichsritterschaft), diese mit Siegen wechselnden Niederlagen hatten das solide Vermögen der Egloffsteinschen Sippe nahezu zerstört. Eine Verarmung griff um sich, die auch das Kriegsende nicht aufhob. Die Ländereien, um 1800 von Sophie Egloffstein mit viel Bravour, doch wenig Geschäftserfahrung im Thüringischen zusammengekauft, kamen 1818 unter den Hammer; in Franken konnte nur mühsam das Fideikommißkondominat aufrechterhalten werden, und selbst das ferne ostpreußische Lamgarben und Arklitten hatten im Winterfeldzug 1806 so schwer gelitten, daß Graf Leopold seine Töchter, für die zu sorgen er sich verpflichtet hatte, nur mit dürftigen Stiftspräbenden auszustatten vermochte. – Caroline und Julie, nichts weiter als arme Edelfräulein, waren gezwungen, sich selbst vorwärts zu helfen, das heißt, sie mußten zusehen, an einem Hof unterzukommen, was Caroline, mit Maria Pawlowna durch gemeinsame musikalische Interessen verbunden, 1815 gelang und für Julie erhofft wurde. – Lebhaft und skeptisch, in ihrer gescheit-amüsanten Briefmanier (Goethe spricht von «den allerliebsten Federn»), erörtern Mutter und Töchter, die sich zudem «im stillen» durch den Verkauf selbstgefertigter zartgestichelter Handarbeiten forthalfen, das Pro und Kontra einer solchen Stellung: für ihr Standesbewußtsein die einzige berufliche Chance, die zu ergreifen sie nicht kompromittierte. Sachlich summierten sie die Pluspunkte. Teilhabe am Glanz des höfischen Ambiente, Sicherung der Einkünfte (Caroline verdiente 500 Taler im Jahr), die Aussicht auf lohnende Geschenke der eigenen oder auch fremder Hoheiten (die übrigens sofort auf den Geldeswert hin taxiert wurden) und schließlich die Altersversorgung: eine auskömmliche Pension, meist verbunden mit freier Wohnung, Benutzung der Hofequipage und dem Logenplatz im Theater. Die Damen Egloffstein waren sich aber auch des Preises bewußt, der für diese Sicherungen und Annehmlichkeiten zu zahlen war. Immer zur Stelle zu sein, jedes Winks, jeder Caprice gewärtig, geduldig den Leerlauf des ewig gleichen Zeremoniells hinnehmen, den damit gekoppelten, für den mageren Geldbeutel allzu kostspieligen, doch strikt befohlenen Toilettenaufwand mit Kniffen und Sachverstand bestreiten, zwischen rivalisierenden Cliquen geschickt lavieren, wieder und wieder Takt und Disziplin beweisen und die schwierige Kunst meistern, Leute, die sich von Standes wegen langweilten, die Langeweile zu vertreiben. – Caroline, klug und überaus verständig, schickte sich in die Lage, immerhin durch viele Reisen, darunter 1815 und noch einmal 1825 nach Rußland, bereichert und belebt.

Julie dagegen (Erlangen 12. September 1792–16. Januar 1869 Marienrode), deren Ehrgeiz noch dazu in Richtung selbständiger künstlerischer Arbeit ging, zögerte. Die Pension scheine ihr zwar wünschenswert, meinte Line, doch sie scheue das Leben am Hof. Es wäre ihr zu lang, sei ihr zu langweilig und lasse sie nicht an die Arbeit, an ihre Staffelei kommen. – Erst 1826, durch ihre knappen Einnahmen gezwungen, entschloß sie sich, Hofdame der alten Großherzogin zu werden, bat aber bereits 1829 um Urlaub. Der Tod Louises befreite sie dann ein Jahr später vom Dienst. Als feste Ressource blieb ihr immerhin neben den Stiftspfründen eine Pension von 400 Talern im Jahr.
«Prinzeß Julia», wie ihre Umgebung schon das junge Mädchen nannte, war durch stete Adoration ihrer reizenden Person verwöhnt. Wo sie auch auftauchte, an befreundeten Höfen, auch in befreundeten Künstlerkreisen (1811 in Berlin, immer wieder in Weimar, in Dresden, 1830 und noch einmal 1839 in Rom, dazwischen in München, Düsseldorf und London), überall erregte die «schöne Gräfin», die als «genialisch, glühend, äußerst regsam und talentiert» galt, Aufsehen. Überall erzeugte ihr Erscheinen einen leisen Wirbel, den sie genoß, der sie hob und trug. «Huldiger», so bezeichnete sie maliziös ihre Verehrer, umdrängten sie; Hoheiten wie die Prinzeß Wilhelm in Berlin oder Ludwig I. von Bayern, die englische Königin, der russische Thronfolger wandten Julie ihre Aufmerksamkeit zu; Malerkollegen – unter ihnen immerhin ein Peter Cornelius, die Düsseldorfer Schadow und Lessing, in Dresden Kersting und Ernst Rietschel – ermutigten sie im gemeinsamen Metier.
Angetan von Julies kindlichem Charme hatte schon Anna Amalia Zeichnungen der kleinen Komtesse, damals etwa sechsjährig, gesammelt. Man fand sie beim Tod der Herzoginmutter unter ihren Perlen und Juwelen. Und jetzt, im Oktober 1816, als sie mit Caroline ihre Zelte in Weimar aufgeschlagen hatte, spazierte ihr Zeichenbuch, wie Julie der Mutter schrieb, aus einem fürstlichen Gemach in das andere, und Goethe rühmte, nachdem er sie gründlich besehen hatte, die reine Intention ihrer Arbeiten, die liebliche Anordnung, die zierlich nette Ausführung. Sie verrieten ihm, gesteht er, ein herrliches Naturell, das auf dem Wege der vollständigen Ausbildung schon weit genug fortgeschritten sei, und «der alte Meyer», Goethes Kunstorakel, fand es geradezu unverschämt, soviel Talent zu besitzen. – Es hätte kaum dieses Zuspruchs, kaum dieser großen (allzu großen) Worte bedurft, um Julie auf ihrem Weg voranzutreiben. Sie war – selten nur von Skrupeln und Ängsten gestreift – zutiefst von ihrer Begabung überzeugt, und deren Ausbildung schien ihr, darin ganz Jüngerin des Weimarer Kunstevangeliums, «heilige Pflicht». Ebenso empfanden Mutter und Schwester. Sie waren bereit, für Julies Laufbahn Opfer zu bringen, die ihre mageren Einkünfte weit überstiegen. Schmuck wurde verkauft, die eigenen Bedürfnisse eingeschränkt, drückende Darlehen aufgenommen. – Julie ging vom schönsten Eifer beseelt, doch kaum je kritisch beraten oder durch einen Könner ernsthaft unterwiesen, von der Bleistiftzeichnung zur Ölmalerei, von der schlichten Landschaftsskizze zum Genrebild («Hirten in der römischem Campagna», «Neapolitanische Fischer»), zum großformatigen Porträt über: 1826 Goethe, wenig später Louise und Carl August von Wei-

mar, 1835 die bayerische Königin, das Porträt der Mutter und ein Selbstbildnis. Ihre Sehnsucht aber galt der Darstellung literarischer Stoffe, einer Gattung, deren Pathos sie anzog, in deren großen Faltenwurf sie erst der «höheren Kunst» teilhaftig zu sein glaubte. «Hagar und Ismael in der Wüste» war ein Versuch in dieser Richtung. Der russische Thronfolger kaufte das Bild für 1000 Scudi. – Jede dieser Arbeiten, ganz der Formensprache eines bereits im Schwinden begriffenen Klassizismus verpflichtet, geschickt, doch ohne wahre Originalität gemalt, rief in dem kleinen Kreis von Juliens Freunden und Gönnern Akklamationen hervor, nicht unähnlich den Lobeserhebungen Goethes und Meyers. Einige der Bilder, Skizzen und Zeichnungen fanden auch Aufnahme in Ausstellungen; das «Morgenblatt» besprach hin und wieder freundlich-teilnehmend ein Exponat. Doch merkwürdig – ähnlich wie sich nach und nach die Aspiranten um Juliens Gunst aus ihrer Nähe verloren, wie Einladungen in die Große Welt seltener wurden, so folgte auch der ersten Bestellung, dem ersten Bilderkauf kein zweiter. Kein Potentat berief Gräfin Egloffstein in das Amt des Hofmalers, nirgends dachte man bei der Vergabe größerer Aufträge an sie, deren Arbeiten man doch so enthusiastisch begrüßt hatte. – Ungeduldig forschte die Mutter nach den Gründen. Lag es an der schwankenden Gesundheit der Tochter, daß diese trotz allen Opfern nicht vorankam? An der angegriffenen Lunge, den empfindlichen Augen, Folgen eines schweren Scharlachs in Kindertagen? Fehlte Julie die rechte Konsequenz? Fing sie zuviel an und machte zuwenig fertig? Eine Bemerkung des tüchtigen Friedrich Preller, der in Rom viel um Julie war, läßt das vermuten. Verdarben ihr Launen und ärgerliche «Tasso-Stimmungen» Beziehungen, die ihr Name, Anmut und Liebenswürdigkeit zunächst eröffnet hatten? War sie zu hochfahrend, zu empfindlich bei sachlicher Kritik? War es grundsätzlich falsch, daß sie «der Künstlerin *und* der Gräfin zugleich Genüge tun wollte?» Fragen über Fragen! Jede bezeichnete einen Aspekt von Juliens schwieriger Situation. Die Antwort aber, die den Kern traf, gab Julie selbst, als sie Jahrzehnte später, krank, arm, vergessen, wenige Monate vor ihrem Tod zu einem Neffen bekümmert sagte, ihr ganzes Leben sei verfehlt gewesen und in der Kunst habe sie es nur zur Dilettantin gebracht.

Es wäre kaum nötig gewesen, aber in ihren gemeinsamen Weimarer Jahren ermahnte die Mutter Julie und Caroline immer wieder, sich Goethe zu nähern, «sich in den letzten Strahlen dieser sinkenden Sonne zu spiegeln, seine Worte treulich aufzunehmen, die», wie sie weiter sagte, «nach des Dichters Tod Edelsteinen gleich glänzten und denen Wert gäben, an die sie einst gerichtet waren». Beide Töchter, in den Maßstäben weimarischer Provenienz erzogen und sensibel genug, um geistige Größe verehrend zu begreifen, waren eines Sinnes mit der Mutter. Etwa seit 1816 waren sie mehr und mehr in den kleinen Kreis hineingewachsen, in dessen Mitte Goethe freundliche Abende lang, wie Line schrieb, heiter und ernst seine Lehren austeile und sich dafür von ihnen weidlich verhätscheln lasse. Die zärtliche Aufmerksamkeit der Schwestern, ihre kluge Anmut lockerten ihn, der in Gesellschaft so leicht versteifte, wohltätig auf, kamen seinem Bedürfnis nach Mitteilung und wechselseitiger Sympathie entgegen. «O wie hinreißend, wie unwiderstehlich ist dieser Mann», schrieb Julie, und ihre Schwester, sonst so abgemessen in ihrem Urteil, erklärte, daß sie nur von einem Tag zum andern in dem Gedanken lebe, Goethe zu sehen, und ihre Wünsche seien erst befriedigt, wenn der Abend an seiner Seite endige. «Lachen Sie nicht über meine Zärtlichkeit», schrieb sie im Mai 1819 einem Onkel, «sie ist so groß und so wahr, daß ich mir Goethes Verlust nicht anders wie das Ende aller Tage denken kann.» – Dennoch ist festzuhalten, daß die Gräfinnen nie, wie etwa Minchen Herzlieb oder Sylvia Ziegesar, in den Mittelpunkt des Goetheschen Interesses rückten. Sie blieben Randfiguren, liebenswürdige Vignetten dieser großen Existenz. Ihr Kommen und Gehen fügte sich locker und leichthin, wie Arabesken, in den Gang der späten Jahre. – Sie treten nach einem Konzert bei ihm ein, lassen sich an seinem Eßtisch nieder; er erweckt Juliens «Entzücken und wahrhaft kindische Freude» mit dem Geschenk von Wiener Kreide; Caroline singt ihm mit ihrer schönen und geschulten Stimme seine Lieder in der Zelterschen Vertonung; oder, da sich sonst niemand ihrer erbarmte, «zupft der alte Goethe der armen Poesie» (Julie in einem Lebenden Bild) die Falten zurecht, oder er unterweist «die glückliche Zeichnerin» (wie auch wieder Julie erzählt), als sie ihn mit Kanzler Müller und der «Tante» auf der Dornburg an einem hellen Apriltag 1818 besuchte. Sie dinierten heiter «im zierlichen Saal des schönsten Schlößchens». Goethe gerät von Scherz und Neckereien ins ernste Gespräch und war «dabei kindlich mild und teilnehmend, weit geduldiger als sonst in Beantwortung unserer Fragen und Einwürfe, und seine Gedanken schienen wie in einem reinen ungetrübten Äther gleichsam auf und nieder zu wogen», bis er, plötzlich vom Sitze aufstehend, sprach: «Laßt mich, Kinder, einsam zu meinen Steinen da unten eilen, denn nach solchem Gespräch geziemt dem alten Merlin, sich wieder den Urelementen zu befreunden.» – Seine Gäste sahen ihm «lange und frohbewegt nach, als er, in seinen lichtgrauen Mantel gehüllt, feierlich ins Tal hinabstieg, bald bei diesem, bald bei jenem Gestein oder auch bei einzelnen Pflanzen verweilend. Schon fielen längere Schatten von den Bergen, in denen er wie eine geisterhafte Erscheinung allmählich verschwand.»

Das sind Bilder, Momentaufnahmen, von einem aufmerksamen Herzen bewahrt, die Julie nun doch – jenseits aller persönlichen Malaise – eine kleine Unsterblichkeit sichern. Es sind Spiegelungen hin und her. Oder wie Goethe ihr am 17. Mai 1817, das Phänomen der «entoptischen Farben» erklärend, ins Stammbuch schrieb: «Und der Name wird ein Zeichen, / Tief ist der Kristall durchdrungen: / Aug in Auge sieht dergleichen / Wundersame Spiegelungen . . .»

Literatur: Hermann Frh. v. Egloffstein: Alt-Weimars Abend. Briefe und Aufzeichnungen aus dem Nachlasse der Gräfinnen Egloffstein. München 1923. – Ders.: Ein Kind des achtzehnten Jahrhunderts. Jugenderinnerungen der Gräfin Henriette Egloffstein. In: Deutsche Rundschau, Band XLVI, 3, S. 337–360, 4, S. 81–290. – Zeugnisse über Altweimar in Briefen der Familie v. Egloffstein an einen fränkischen Prälaten. Mitgeteilt von Hermann

Frhn. v. Egloffstein. In: Jahrbuch der Goethe-Gesellschaft 13, 1927, S. 205–250.

Einer Andreas Dietrich,
eigentlich Krako (gestorben 19. November 1812 Weimar).

Ausgebildeter Jurist und Schauspieler. 1786–1789 als Liebhaber und jugendlicher Held bei Bellomo, schied im Streit, wurde jedoch von Goethe 1790, da ihn Hof und Publikum schätzten, aufs neue verpflichtet, nahm aber aus Rücksicht auf seine Gesundheit, die immer wieder durch schwere Depressionen gefährdet war, im September 1791 Abschied von der Bühne, kehrte mit Erfolg in die Beamtenlaufbahn zurück, wurde 1795 Auditeur, war ab 1799 Archivar der Regierungskanzlei, schied 1812 freiwillig aus dem Leben.

Einsiedel *Emilie* (Amalie) Freifrau von,
geschiedene von Werthern-Beichlingen, geborene von Münchhausen (London 1757–1844 Scharfenstein/Marienberg).

Tochter Gerlach Adolfs von Münchhausen, des Gründers der Göttinger Universität und seit 1740 leitenden Ministers der Hannöverschen Kanzlei zu London. Dort, am Amtssitz des Vaters, geboren, doch im heimischen Hannover aufgewachsen, durch die Mutter sorgfältig erzogen und 1744 mit Baron von Werthern-Beichlingen, einem Kammerherrn und Stallmeister Carl Augusts, verheiratet. – Begabt mit Phantasie, Talent und Laune, empfindsam, allen schönen Künsten zugetan und munter zu jedem verliebten «Roman» bereit, fügte sie sich leicht als zierlich-hübscheste Figurine in das Ensemble des Weimarer Musenhofs. Herder, Wieland, Goethe sahen gern der fröhlichen «Lachtaube», wie man sie nannte, zu; Knebel, Hildebrand von Einsiedel, ihr späterer Schwager, waren ihr schwärmerisch ergeben, und mit dem jungen Carl August spielte sie, zum Entsetzen der Gräfin → Görtz, auf Jagdpartien und Tanzereien, «wer besser küssen könne». Dazu war sie eine ausgezeichnete Vorleserin, auf den Brettern der Liebhaberbühne agierte sie mit «gefälligem Geschmack» und schrieb locker-geschickt kleine Sächelchen für das → «Tiefurter Journal». – Die Ehe mit Christian Ferdinand von Werthern, sehr viel älter als sie und lediglich an Pferden und der Flasche interessiert, mußte sie langweilen. August von → Einsiedel dagegen, jung, zupakkend, extravagant, faszinierte sie. Als er im Mai 1785 zu einer Expedition nach Afrika aufbrach, entschwand Emilie nach Leitzkau, dem Gut ihres Bruders. Von dort sprengte sie, während in Wirklichkeit eine Strohpuppe begraben wurde und sie selbst von Einsiedel nacheilte, das Gerücht aus, sie sei plötzlich einem Stickfluß erlegen. In Weimar war man, als nach Wochen die Wahrheit durchsickerte, ebenso empört, wie man zuvor um Emilie getrauert hatte. – Erst 1795 durfte sie wagen, unterdessen geschieden und seit 1788 in einer höchst schwierigen Ehe mit Einsiedel verbunden, wieder in Weimar aufzutauchen. Die Herders, Anna Amalia kamen ihr freundschaftlich entgegen, die Damen Stein, Schiller und Schardt aber waren nicht geneigt, Nachsicht zu üben, und Goethe hatte, kopfschüttelnd ob soviel Torheit, schon im

Juli 1786 an Charlotte von Stein geschrieben: «Wie abscheulich! – Zu sterben! nach Afrika zu gehen, den sonderbarsten Roman zu beginnen, um sich am Ende auf die gemeinste Weise scheiden und kopulieren zu lassen! Ich hab es höchst lustig gefunden. Es läßt sich in dieser Werkeltags Welt nichts Außerordentliches zustande bringen . . .»
Literatur: Karl Theodor Gaedertz: Zwei Damen der Weimarer Hofgesellschaft. In: Bei Goethe zu Gaste. Leipzig 1900.

Einsiedel-Scharfenstein Friedrich *Hildebrand* Freiherr von (Lumpzig/Altenburg 30. April 1750–9. Juli 1828 Jena).
Aus einer in Sachsen und Ostthüringen weitverzweigten und einflußreichen Familie (die Linie Scharfenstein allerdings verarmt und, wie Goethe im November 1781 an Carl August schrieb, «von alter Krankheit zerrüttet»). Der Vater Kammerpräsident in Altenburg, der Sohn schon 1761 Anna Amalias Page; 1766 auf deren Kosten Jurastudium in Jena; 1761 Anstellung im Weimarer Verwaltungsdienst, 1775 durch Carl August, zu dessen engstem Freundeskreis Einsiedel gehörte, zum Hofrat ernannt, ein Jahr später Kammerherr an Anna Amalias kleinem, neu organisiertem Hof, wo ihn Aufgaben erwarteten, die seiner Neigung zu Träumerei, seiner Lust an Spiel und Spaß entsprachen. – Mancherlei exzentrische Züge seines Wesens und selbst eine unkorrigierbare Zerstreutheit sahen ihm Freunde und Freundinnen, die ihn als «l' ami» verzärtelten, bereitwillig nach. Auch sein Äußeres überzeugte: er war ein großer, mit den Jahren etwas schwerer Mann, Teint und Haare braun, die Augen dunkel und lebhaft; seine Haltung die eines Edelmanns: leicht, liebenswürdig, nobel. Für Anna Amalias Runde bedeutete sein Hinzutreten Anregung, Hilfe, Bereicherung. Im Liebhaberorchester spielte er das Violoncello; auf den Brettern des Liebhabertheaters agierte er mit Glück in den unterschiedlichsten Rollen, und er schrieb für diese Bühne, befähigt durch sein poetisches Talent und seine ausgedehnte Kenntnis der modernen und der klassischen Literatur, kleine Opern, Schau- und Singspiele, Parodien, Farcen und Komödien. Er nutzte eigene Einfälle, wie 1780 «Adolar und Hilaria»; er übernahm (als Travestie von Wielands «Alceste») aus dem Englischen «Orpheus und Eurydike»; er übertrug und bearbeitete in freundschaftlichnahem Bezug zu Goethe (nach 1791 auch für das wiedereröffnete Hoftheater) Molière, Goldoni, Calderon, Plautus und Terenz. Nach den Jahren in Italien, die er 1788–1790 mit seiner Herzogin dort verbracht hatte, deutschte er mit Vorliebe Texte zu Cimarosas Opern ein und gab, sein währendes Interesse am Theater dokumentierend, 1797 «Grundlinien zu einer Theorie der Schauspielkunst» heraus. – Wie für das Repertoire von Anna Amalias Dilettantenbühne sorgte er auch für die Redaktion des «Tiefurter Journals». Er lieferte Lieder, diese oft in goetheschem Tonfall, er schrieb Märchen, Novellen, Erzählungen, die er dann, als das höfische Journal sein Erscheinen eingestellt hatte, in Wielands «Teutschem Merkur», in den «Horen» Schillers oder in Bertuchs «Journal des Luxus und der Moden» veröffentlichte. – Wenige Wochen nach Einsiedels Tod, im August 1828, sprach Goethe nachdenklich

mit Kanzler von → Müller über diesen «milden, geselligen Mann» und erklärte, ihm sei schon dessen Gegenwart ein Rätsel gewesen, wobei er wohl vorsichtig umschreibend ähnliches wie Carl August meinte, der im Mai 1828 ebenfalls zu Kanzler von Müller sagte, um Einsiedel sei es sehr schade, wäre er nur ordentlicher und fleißiger gewesen, so hätten seine herrlichen Einfälle und augenblicklichen Produktionen besser genutzt werden können. Er besaß Talent, aber ihm fehlte Disziplin und Konsequenz. Bitter, dabei wohl auch sein Verfallensein an das Glücksspiel bedenkend, reimte er, sich selbst betrachtend: «Er treibt mit Zucht und Ordnung Spott, / Lebt wie ein Schwein ohn' all Gebot, / Schleicht jämmerlich bei Hofe 'rum, / Ist halb verrückt, halb toll, halb dumm.» Wie jedem Spieler zerrannen ihm Einkünfte und Vermögen. Schon 1790 mußte ihm Goethe bei Anna Amalia und Carl August ein Darlehn von 1800 Talern erwirken, um drückendste Schulden zu decken. So war auch die Eheschließung mit Gräfin Waldner, die er liebte und die ihn wiederliebte, nicht möglich, und die Neigung zu Corona → Schröter beschränkte sich weitgehend auf sorglich chiffrierte Briefe, in denen beide sich, vage und matt, ihrer «späten freundschaftlichen Liebe» versicherten. – 1802 hatte man von Einsiedel endlich zu den Aufgaben, die er seit des Grafen → Putbus Tod (1776) versah, auch den Titel eines Oberhofmeisters verliehen. Das Prädikat Geheimer Rat folgte. Nach Anna Amalias Tod 1807 übernahm ihn Herzogin Louise in gleicher Funktion, und 1817 ernannte ihn Carl August zum Präsidenten des neu errichteten Oberappellationsgerichts in Jena. – Er starb an dem Tag, als man seinen Herzog in Weimar bestattete.

Literatur: Friedrich Hildebrand von Einsiedel. Neueste vermischte Schriften. 2 Bände. Dessau 1783/84. – Friedrich Hildebrand von Einsiedel: Leben und Entwicklung meines Innern. In: Jahrbuch Sammlung Kippenberg 9, 1931, S. 247–268; daran anschließend: C. W. Fritsch: Nachruf auf Friedrich Hildebrand von Einsiedel. 1840 veröffentlicht in: Weimars Album zur vierten Säcularfeier der Buchdruckerkunst.

Einsiedel-Scharfenstein Johann *August* Freiherr von (Burg Lumpzig/Altenburg 4. März 1754–8. Mai 1837 Schloß Scharfenstein/Marienberg).

Bruder von Hildebrand von Einsiedel, kein Schöngeist (darum wohl von der Weimarliteratur übersehen und fast vergessen), doch ein kluger, origineller Kopf. Ein Leben lang beschäftigt mit Naturwissenschaft und Mathematik, ebenso mit Geschichte, Erd- und Völkerkunde, beschäftigt auch mit der ketzerisch-kritischen Durchleuchtung von Religion, Moral und Philosophie. In der Nachfolge französischer Aufklärung entschiedener Materialist, Anarchist und radikaler Pazifist. Ein Feind alles «intolerantischen Wesens», Feind auch der christlichen Dogmatik, die ihm nur «sophistisches Geschwätz» schien. Zugleich aber wie der Bruder, zumindest in jüngeren Jahren, voll genialischer Laune und Leichtlebigkeit, doch auch unstet, leicht ermüdet und immer bereit, jede Arbeit, jede Aufgabe, die er eben noch mit Leidenschaft erfaßt hatte, fahrenzulassen. Darum weder zum Hofmann noch zum Beamten oder Gelehrten geeignet. – Wohl um der häuslichen Misere zu entkommen, hatte er sich früh für den holländischen Militärdienst entschieden, aber «feinnervig und körperlich anfällig», wie er war, und erbittert, «daß man ihn immer mächtig geschunden habe», ließ er sich bereits 1777 beurlauben. Er ging nach Weimar. Hier mit → Knebel und vor allem (er, der Atheist) mit → Herder, dem ersten Geistlichen des Landes, intensiv befreundet. Auch Goethe und Carl August war er zu Gespräch und lebhafter Auseinandersetzung willkommen, was an der latenten Verwandtschaft zwischen Einsiedels «Ideen» (diese erst 1957 veröffentlicht) und dem Goethe/Tobler zugeschriebenen Fragment «Die Natur» von 1783 abzulesen ist. – In den gleichen Jahren ging Einsiedel in Göttingen naturwissenschaftlichen und im sächsischen Freiberg montanistischen Studien nach. Hier ernannte man ihn 1782 zum Bergrat. Ein Titel, der ihm blieb, obwohl er die Arbeit schon nach einem knappen Jahr wieder aufgab. – Sein Interesse, auch das eher Traum als nüchternes Projekt, galt der Erforschung Afrikas. Dort im Fezzan, im Senegal, vielleicht sogar in Abessinien, hoffte er, Goldfelder und dazu *sein* Utopia, eine «noch unbefangene, planlose, nicht herrschen noch gehorchen wollende Menschheit» zu entdekken. Die Expedition, zu der er im Mai 1785 aufbrach, scheiterte. Bereits in Tunis zwang ihn die Pest, die den Zugang zum Landesinnern sperrte, zur Umkehr. Zwei seiner Brüder hatten ihn begleitet, ebenso seine Geliebte, die Baronin Werthern, die, um mitreisen zu können, zuvor für Freunde und Ehemann den eigenen Tod simulierte. – Ein Täuschungsmanöver, das den Weimarer Kreis nachhaltig brüskierte. Nur Herder setzte, unbeeindruckt von diesem dubiosen Abenteuer, den gelehrt-geistreichen Dialog mit von Einsiedel fort, der für ihn «ein treues Herz und eine seltene Seele» blieb. Und dieser wiederum stellte dem Freund ohne jeden Vorbehalt Bündel seiner Aphorismen zur Verfügung, die Herder hefteweise exzerpierte und manchen Gedanken, oft auch den Tenor der Einsiedelschen Formulierungen der eigenen Arbeit adaptierte. – Allein oder auch gemeinsam mit Emilie, der sich Einsiedel nach ihrer Scheidung 1788 fest verband, lebte er, abgesehen von mancherlei Reisen (darunter 1801/02 ein Parisaufenthalt, der ihn, Anhänger der Revolution, bitter enttäuschte), wechselnd auf den Gütern der Familie, doch auch in Jena, seltener in Weimar, aber gern in Ilmenau. Um 1825 scheint er sich, da Lumpzig 1798 verkauft worden war, ganz nach Scharfenstein zurückgezogen zu haben. Jedenfalls vermerkt das dortige Kirchenbuch, daß am 8. Mai 1837 Bergrat von Einsiedel im Alter von 83 Jahren einem Nervenschlag erlegen sei. Sein einziger Sohn war ihm schon 1833 vorausgegangen; sieben Jahre später folgte ihm Emilie in den Tod.

Literatur: August von Einsiedel: Ideen. Eingeleitet und hrsg. und mit Anmerkungen versehen von Wilhelm Dobbek. Berlin 1957. – Wilhelm Dobbek: Goethe und August von Einsiedel. In: Jahrbuch der Goethe-Gesellschaft 19, 1957.

Ernst, Kurfürst von Sachsen → Regenten aus dem Hause Sachsen-Weimar-Eisenach.

Ettersberg

Ein Muschelkalk-Rücken, etwa eine Wegstunde nördlich von Weimar gelegen, der sich bis zu einer Höhe von knapp 500 m in sachtem Anstieg über eine Meile von Nordosten in westlicher Richtung dehnt, hier aber und gegen Süden steiler abfällt: für die Stadt ein «Hausberg», eindrucksvoll mit der Linie des Kamms, die, wie mit dem Silberstift gezogen, in lang hinschwingender, flacher Kurve das Weimarer Becken dominiert. – Am Hang dieses Berges schrieb Goethe im Februar 1776 sehnsuchtsvoll «Wandrers Nachtlied»; hier setzten bei Betrachtung der Kalkschichten und der zutage tretenden Fossilien seine geologischen Studien ein; hier regte ihn die 1816 von Carl August errichtete kleine meteorologische Station zur genaueren Beobachtung von Wolkenzug und Wolkenbildung an. – Den westlichsten Punkt der Ettersberger Höhe bezeichnet die 1777 durch Anna Amalia mit einem Pavillon gezierte Hottelstedter Ecke, von der man, wie Goethe bei einer Ausfahrt im September 1827 zu Eckermann bemerkte, «die Reiche der Welt und ihre Herrlichkeiten», das heißt halb Thüringen mit Berg und Tal, mit Dörfern, Städten und Schlössern, überblickt. Den weit sich hinziehenden Forst, nahezu 4000 Morgen lichte Buchen- und Eichenbestände, aber gliedern zehn radial auf Ernst Augusts → Brunfthof-Schloß zulaufende Schneisen und Alleen: ein Waldbezirk, seit Jahrhunderten das Jagdrevier der Weimarer Herzöge. Auch das Jagdrevier Carl Augusts, der herrisch, sich über berechtigte Interessen seiner Untertanen hinwegsetzend, dieser Leidenschaft großer Herren frönte, was Goethe ihm wiederum in einem Brief vom 26. Dezember 1784, gelassen-taktvoll im Ton, doch in der Sache unerbittlich, verwies – verweisen durfte: ein Hinweis auf den «inneren Stil» dieser Freundschaft, ein Zeugnis, was die Lebensform «Weimar» zu sein vermochte.

Ettersburg

Schloß und Dorf am Nordrand des → Ettersberges, in frühen Zeiten Sitz verschiedener thüringischer Geschlechter: eine Burganlage und dazu das durch Graf Berno von Querfurt-Seeburg um 1085 gegründete Augustiner-Chorherren-Stift, das, in den Unruhen des Bauernkrieges von seinen Insassen verlassen, 1525 als Folge der Reformation aufgehoben und enteignet wurde und in den Besitz des Kurfürsten von Sachsen (später der Herzöge von Weimar) überging. Die Reste des bereits 1546 niedergelegten Langhauses dienten, verbunden mit Chor und Turm der ehemaligen Stiftskirche, der Dorfbevölkerung als Gotteshaus. – Es scheint, daß Ende des 17. Jahrhunderts die Weimarer Herzöge im Ettersberger Forst bereits ein Jagdhaus besaßen; sicher aber ist, daß Ernst Wilhelm, obwohl kein passionierter Jäger, 1706–1712 auf dem verfallenden Gemäuer von Stift und Burg unter Einbeziehung der erhaltenen Dorfkirche (wohl durch Johannes → Mützel) ein dreiflügeliges Jagdschloß in schlichtestem Barock errichten ließ, dem sich 1723 als selbständiger Baukörper an der offenen Südseite des Hufeisens ein Corps de logis gesellte, dessen Fassade 1736, auf Ernst Augusts Befehl, die Architekten Johann Adolf

→ Richter und Gottfried Heinrich → Krohne mit Springbrunnen und Mittelrisalit ins Gefällig-Repräsentative umwandelten.
Vierzig Jahre später, 1776–1780, verbrachte Anna Amalia hier die Sommer. Es sind die Jahre, denen der Name Ettersburg seinen Glanz verdankt. Mit der Fürstin kam ihr kleiner, den Musen ergebener Hof und entfaltete im Verein mit den Schönen Geistern (allen voran Goethe und Wieland) die fröhlichste Aktivität. Hier hätten sie manchen guten Tag gehabt und manchen guten Tag vertan, sagte Goethe im September 1827 zu Eckermann. Sie seien alle jung und voll Übermut gewesen, und es hätte im Sommer nicht an allerlei improvisiertem Komödienspiel und im Winter nicht an Tanz und Schlittenfahrt gefehlt. – Der Barockgarten war erweitert und anglisiert worden, geeignete Plätze zwischen Buschwerk und Baum zum Theaterspiel hergerichtet und in einem Seitenflügel des alten Schlosses eine kleine Bühne aufgeschlagen. Das → Liebhabertheater bot, nach Probe und Aufführung durch Souper und Ball belohnt, unter anderem Goethes «Iphigenie», «Die Laune des Verliebten», das «Jahrmarktsfest zu Plundersweilern», doch auch Einsiedels «Orpheus und Eurydike» oder dessen «Adolar und Hilaria». Bei diesen Gelegenheiten war, wie Louise von → Göchhausen berichtet, «des Malens, des Lernens und des Hämmerns kein Ende, und die Fürstin, D. Wolf [Goethe], Kraus usw. purzelten immer übereinander her, ob der großen Arbeit und des großen Fleißes». – Dazu wurde, nicht verwunderlich bei Anna Amalias Liebe zur Musik, nach Wieland «geklimpert, gegeigt, geblasen, gepfiffen, daß die Engel im Himmel ihre Freude daran hatten»! – Zu erinnern ist noch, daß auch Schiller, und zwar im Mai 1800, Wochen auf Ettersburg wohnte, um in der Stille «Maria Stuart» zu beenden. – Carl Alexander und Herzogin Sophie, die Ettersburg liebten und das Schloß seit 1842 zu ihrem Sommersitz erwählt hatten, sammelten dort noch einmal, in Anna Amalias Nachfolge, einen Kreis kluger und ihnen in Freundschaft verbundener Menschen. Doch die großen Namen Alt-

Schloß Ettersburg bei Weimar.

Weimars waren nicht zu ersetzen. – Immerhin aber konnte der Herzog (wie Hans Christian Andersen, auch er durch Jahre Gast auf Ettersburg, berichtet) dem Dichter im Garten den Baum zeigen, in dessen Borke Goethe, Schiller und Wieland ihre Namen eingeschnitten hatten. Jupiter habe den seinen hinzugefügt, sagt Andersen in dem «Märchen meines Lebens», Donnerkeile hätten die Zweige des Baumes gespalten . . . 1845 schuf Fürst Pückler-Muskau den Garten, unter Einbeziehung der Schneisen, die zu Ernst Augusts nicht mehr vorhandenem → Brunfthof-Schloß führte, zu einem Landschaftspark voll überraschender Fern- und reizvoller Durchblicke um.
Südwestlich von diesem Ort schönster und poetischer Tradition legte 1937 – zu unaufhebbarem Kummer und Entsetzen – die SS das Konzentrationslager Buchenwald an, heute Nationale Gedenkstätte.
Literatur: Werner Deetjen: Auf Höhen Ettersburg. Blätter der Erinnerung. Leipzig 1924.

Euphrosyne-Denkmal

120 Taler hatte Christiane → Beckers Totenfeier dem Denkmal-Fonds gebracht. Das war zu wenig. → Kirms vor allem hatte «die Edlen vom 1. Parterre, die leider nur gering gespendet hatten», denen aber, wie der Kammerrat sarkastisch meinte, «nichts geschenkt werden sollte», daran zu erinnern, daß, Goethe zitierend, «ein liebreiches ehrenvolles Andenken alles sei, was wir den Toten zu geben vermögen». – An Goethe aber war es, wie er im März 1798 Meyer schrieb, die Elegie, von der er nur neunzehn Zeilen aus der Schweiz mitgebracht und die «er doch der Toten gelobt hatte», zu Ende zu bringen. Ebenso mußte er Meyer an den Entwurf zu dem Gedenkstein erinnern und ihn ein paar Monate später bitten, das Modell ins reine zu zeichnen. Professor Döll in Gotha solle dieses Modell als Vorlage dienen. Dieser sei nun, obwohl seine Honorarforderung «ein wenig scharf wäre», beauftragt, den Säulenschaft aus Seeberger Stein mit dem Relief tanzender Horen, mit Masken und einem krönenden Pinienzapfen, Meyers Entwurf folgend, zu schmücken. – Anfang November 1799 lieferte der Bildhauer das Monument; im Frühjahr 1800 fand es seinen Platz auf dem Rosenhügel, am Rande des Parks. Der Herzog hatte die Kosten für Sockel und Aufstellung übernommen. Dennoch mußte Goethe, Anfang April, «da die Beyträge des Publikums nicht hinreichten» (die mühsam auf 175 Taler angewachsen waren), das Marschallamt ersuchen, «diesen Aufwand, nebst dem wenigen, was allenfalls noch zum Arrangement des Ganzen nötig ist, von Seiten der Gartenkasse zu übernehmen . . .» – Im Laufe der Zeit geriet das kleine Monument, durch den Wechsel der Besitzverhältnisse im Abseits privater Gärten verborgen, nahezu in Vergessenheit, bis man auf den Gedanken kam, Euphrosynes Denkmal dem Geviert mit den Schauspielergräbern des Weimarer Theaters zuzugesellen. – Eine Kopie, 1912 entstanden, wurde Am Horn, nördlich von Goethes Garten, am Ilmhang aufgestellt.

F

Facius Angelica Bellonata

(Weimar 14. Oktober 1806–17. April 1887 Weimar).

Eine begabte Medailleurin, eine geschickte Steinschneiderin und Bildhauerin. Wie der Beiname anzeigt, den der Vater ihr gab, war sie unter dem Kanonendonner der Schlacht von Jena und Auerstedt zur Welt gekommen. Plündernde Franzosen hatten den Säugling mit der Mutter «auf die Straße geworfen», wie Johanna → Schopenhauer, die die Unglücklichen aufnahm, am 19. Oktober ihrem Sohn berichtet. Sie erzählt weiter, daß die Mutter, während sie ihr Kind säugte, «die Gelassenheit und das Gesicht eines Engels» gezeigt habe, und es beruhigte sie, die ja eben erst in Weimar zugezogen war, zu hören, daß der Vater «ein sehr geschickter Steinschneider sei, der für die ganze Gegend weit und breit zu tun habe . . .» – Unter Anleitung dieses Vaters, dem sich als Zeichenlehrer Heinrich → Meyer und Louise → Seidler, als Bildhauer Johann Peter Kaufmann gesellten, erfuhr Angelica, die vom Vater «Kunsttalent und Fertigkeit» geerbt hatte, ihre erste Ausbildung, die sie dann, von Goethe erwirkt und durch Herzog Carl August finanziert, 1827–1834 in Berlin bei Christian Daniel Rauch und in der Werkstatt des Stempelschneiders König mit großem Eifer fortsetzte. – Goethes letzte Amtshandlung war die Zahlungsanweisung, die er am 20. März 1832 «für den Unterhalt der Dem. Angelica Facius zu Berlin auf das Jahr 1832» unterzeichnete. – Da ihre wie auch schon des Vaters künstlerische Sensibilität sich mit seltsamen Ängsten, fast schon Psychosen, verschwisterte, war sie, nach Adelheid von Schorns Erinnerungen an das «Nachklassische Weimar», obwohl «in Wirklichkeit mit ihren großen schwarzen Augen eine enthusiastische, feurige Person», unter Fremden hilflos wie ein scheuer Vogel. Durch Goethe gebeten, «das gute Kind manchmal bey sich seyn und des Glücks eines liebevollen Familiengefühls genießen zu lassen», betreute sie Zelter und nahm sie 1831 ganz in sein Haus auf. Der Dichter nannte sie wechselnd ein «artiges Fräulein», «die so hübsche als geschickte Facius» und kurz vor seinem Tod (20. Februar an Rauch) das «geschickte, wundersame Mädchen». – Wieder in Weimar bewies Angelica, ebenso fleißig wie begabt, mit einem Schwarm von Medaillen, Gemmen, Kameen, doch auch mit Porträts in Marmor oder Bronze, sie bewies auch mit Grabmälern oder mit den Arbeiten in der Goethegalerie im

Westflügel des Schlosses den sichersten Geschmack, der sich bei den Bildnisaufgaben mit dem sichersten Blick für den individuellen, den die Persönlichkeit rein bezeichnenden Zug verband. – Nach dem Tod des Vaters bewohnte Angelica wie ihre Freundin Louise Seidler eines der Künstler-Appartements im Jägerhaus an der Marienstraße.
Literatur: Lothar Frede: Angelica Facius als Medailleurin. Halle/Saale 1938.

Facius Friedrich Wilhelm
(Greiz 3. Dezember 1764–4. Mai 1843 Weimar).
Graveur, Medailleur und Gemmenschneider. Aus Greiz im Vogtland, Sohn eines Kaufmanns, 1782/83 in Dresden zum Stahlgraveur ausgebildet, kam, nach wenigen Berufsjahren in Greiz, 1788 nach Weimar. Hier fiel er beinahe sofort Goethe, gerade aus Italien zurück, als «ein vorzügliches Naturell» auf, dem sich (wie er am 12. September 1791 an Körner schrieb) Fleiß und mechanische Geschicklichkeit gesellten. Er wurde nicht müde, den jungen Künstler, von dem er «dereinst viel hoffe», den fürstlichen Damen und dem Herzog, zur kräftigen Förderung zu empfehlen. «Ihre Frau Gemahlin», schrieb er am 5. Juli 1789 an Carl August, «will etwas für ihn thun und Sie versagen mir eine Kleinigkeit nicht, nur um seine Existenz das erste Jahr zu sichern und ihn von der ganz gemeinen Arbeit zu befreyen, mit der er bißher sein Brod verdient.» Aus eigener Tasche finanzierte er die Konstruktion einer Schneidemaschine und sorgte, daß Facius 1792 in Dresden neun Monate bei Gottfried Benjamin Tettelbach, einem ausgezeichneten Steinschneider, arbeiten und die Steinschneidekunst gründlich erlernen konnte. – Zurück in Weimar, entstanden unter seiner Hand Gemmen, Kameen, Medaillen, ausgezeichnet durch prägnante Zeichnung und feste Modellierung. Neben antik-mythischem «Personal» wie Homer, Leda, Arion, wichtig die Porträts der Weimarer Großen, so mehrere Male Goethe und Carl August, doch auch Wieland, Herder, Schiller oder Medaillen zur Erinnerung denkwürdiger Ereignisse wie des Fürstentags in Erfurt von 1808. Eine seiner letzten bedeutenden Arbeiten war 1840 das in Stahl gravierte Staatssiegel Sachsen-Weimars. – «Dieser Mensch soll uns Ehre machen», hatte Goethe 1789 geschrieben, und Facius hatte seine Gönner nicht enttäuscht. 1829 wurde er zum Hofmedailleur, 1840 zum Professor ernannt. Seinen künstlerischen Nachlaß vermachte er der Tochter.

Falk Elisabeth Charlotte Caroline,
geborene Rosenfeld (Halle 1780–1841 Weimar).
Tochter des Hallenser Akzise-Einnehmers Karl August Rosenfeld, seit 1797 mit Johannes Daniel Falk verheiratet. Anscheinend wohlhabend, denn Falk erklärte, daß der Aufbau des Falkschen Instituts Vermögen und Schmuck seiner Frau ebenso verschlungen habe wie die Honorare, die ihm seine schriftstellerische Arbeit einbrachte.

Falk Johannes Daniel

(Danzig 26. Oktober 1768–14. Februar 1826 Weimar).

Ein Schriftsteller und Erzieher, aufgewachsen in der Perückenmacherei des Vaters, dieser Werkstatt aber, unter Aufwand zielstrebigster Energie, 1785 zum Gymnasium und sechs Jahre später (nun Stipendiat des Danziger Rats) nach Halle hin entkommen, mit dem Ziel, Theologie und Philosophie zu studieren. Hier beinahe sofort, unter Friedrich August Wolfs inspirierendem Einfluß, die Wendung zum Studium alter und neuerer Literatur, verbunden mit eigenen schriftstellerischen Versuchen. Satiren, polemische Verse entstehen, die, begabt und scharf, Lächerlichkeit entlarven und im Spiegel des Witzes und der Laune Zeit und Zeitgenossen übermütig persiflieren und Falk, neben erstem Ruhm, besonders in Halle, Ablehnung und Feindschaft schufen. Aber Gleim und wenig später Wieland werden aufmerksam, die übrige Kritik folgt. Falk darf wagen, sich als «Privatgelehrter» zu etablieren. Halle, wo er sich mißliebig gemacht hatte, meidend, wandte er sich auf Wielands Rat, der ihn auch bei Herder und Böttiger einführte, 1797 nach Weimar. – In rascher Folge erscheinen, nun Falk mehr und mehr als «Professional» ausweisend, zwischen 1796 und 1800 meist im «Taschenbuch für Freunde des Scherzes und der Satire» seine vielgestaltigen polemischen Arbeiten; 1803 folgt «Prometheus», ein Dramatisches Gedicht, 1804 das Lustspiel «Amphitryon», 1805 «Leben, wunderbare Reisen und Irrfahrten des Johannes von der Ostsee».

Falks Beziehungen zu Goethe unterlagen, durch persönliche, doch auch sachliche Differenzen bedingt, beträchtlichen Schwankungen. Goethenähe wechselte mit Goetheferne. Erst 1801 tauchte, nach Jahren der Indifferenz, sein Name häufiger in der Gästeliste am Frauenplan auf. Der junge Schriftsteller teilte, zu des Hausherrn Genugtuung, dessen naturwissenschaftliche Interessen, unterstützte publizistisch auch Goethes Kampf gegen Kotzebue. – 1803 avancierte Falk zum Rezensenten der «Jenaer Allgemeinen Literaturzeitung». Goethe schätzte sein fundiertes Urteil, lehnte aber rigoros Kritiken ab, die zur «Personalsatyre» entarteten. Er zögerte auch zwei Jahre später nicht, drei Tage nach der Schlacht von Jena, Minister Voigt dringend zu ersuchen, Falk «bei Strafe gleich eingesteckt zu werden» die Fortführung seiner Zeitschrift «Elysium und Tartarus», mit ihrer angesichts der politischen Lage töricht durchgehaltenen antifranzösischen Tendenz, sofort zu untersagen. «Die Übel sind groß, so ein Narr kann sie noch vermehren.» – Dennoch war Goethe dann, in den Jahren der Besatzung, bereit, nicht nur Falk selbst, sondern auch Offiziere der Besatzungsmacht, die er ihm zuführte, freundlich zu empfangen. – Falk war, obwohl er, wie Johanna Schopenhauer am 19. Oktober 1806 dem Sohn schreibt, «schlecht französisch spricht», zunächst zum Dolmetscher des Weimarer Stadtkommandanten, wenig später zum dolmetschenden Geheimsekretär des in Naumburg residierenden französischen Generalintendanten aufgerückt. Er begleitete auch, unterdessen zum Legationsrat (mit 400 Talern jährlich) ernannt, Geheimrat Fritsch, Carl Augusts Gesandten, nach Berlin zu Graf Daru, dem «Obergeldeintreiber Napoleons».

Diesem kam nicht einmal der Gedanke, die Kontributionen zu mindern, sondern er breitete, wie Hans Tümmler formuliert, vor den erschrockenen Besuchern, geistreich und eiskalt, «eine komplette Philosophie des Egoismus» aus, das heißt die auf dem unverblümten «Vae victis» basierende Staatsraison des unbedingten Siegers. – Abgesehen von dieser einen bitteren Instruktionsstunde in großer Politik, über die Falk, wie Tümmler sagt, «höchst bemerkenswert» nach Weimar berichtete, genoß er in den kleinen, ihm gemäßen Weimarer Verhältnissen seine Rolle des Übersetzens und Vermittelns. Sie entsprach seinem Temperament, entsprach auch seiner beweglichen Intelligenz, entsprach, was ihm anscheinend auch gelang, seinem innersten Trieb, allen Seiten gefällig zu sein. – Riemer nennt die Jahre zwischen 1806 und 1814 Falks brillanteste Zeit. In dunkelblauem Frack und gleichen Pantalons, einem französischen Kommissär nicht unähnlich, mit schwarz befiedertem Dreimaster und goldner Agraffe, sah man, wie Riemer weiter berichtet, den neuen Legationsrat stolz durch die Straßen wandeln, dreist und frei in die Zimmer seiner Gönner, Freunde und Bekannten treten und, wie Johanna Schopenhauer erzählt, auch «schlank und gewandt» auf Redouten und Bällen agieren.

1813 aber sieht sich Falk in dem nach Napoleons russischem Fiasko wieder zum Kriegsschauplatz gewordenen Weimar verzweifelt «der ganzen Stufenleiter vom Schreckbarsten bis zum Gemeinsten» ausgesetzt, wie es Goethe am 30. Oktober der Gräfin O' Donell beschreibt. Ein Schock, noch vertieft durch den Tod vierer seiner Kinder, die ihm plötzlich, von einer der eingeschleppten Seuchen erfaßt, starben; und, «inmitten von Brand, Mord und Plünderung», umdrängt von «Flüchtigen, Blessierten und Geängstigten», umdrängt auch von Scharen verwaister, verwahrlost streunender Kinder, dieser Schock treibt Falk, zur ersten Linderung furchtbaren Elends, im Mai 1813 die «Gesellschaft der Freunde in der Not» ins Leben zu rufen. Es ist der Anfang sozialer Fürsorgearbeit, die sich, zäh und unter großen persönlichen Opfern, immer ausschließlicher der verwilderten Jugend annimmt und versucht, gerade sie wieder einem sinnvollen Leben zuzuführen. Unter harten Mühen, in denen sich auch Falks schriftstellerische Arbeit zum frommen Traktat wandelt, wächst das «Falksche Institut», das in den sozialen Spannungen der nächsten Jahrzehnte geradezu Modellcharakter gewinnt. Ein Mann wie Wichern, so wichtig für die soziale Ausrichtung der Inneren Mission, orientierte sich, wie er selbst immer wieder betonte, an Falks Beispiel. – Unter diesen Anstrengungen war die Verbindung zu Goethe locker geworden. Dennoch fand Falk um 1824 Zeit, seine Erinnerungen an Goethe niederzuschreiben, die allerdings erst nach Goethes Tod erschienen. Der dokumentarische Wert dieser Erinnerungen ist im einzelnen umstritten; unbestreitbar aber dokumentiert dieses Buch «Goethe aus näherm persönlichem Umgange dargestellt» Falks Verehrung des Dichters. Umgekehrt hatte der Dichter im April 1826, kurz nach Falks Tod, Heinrich Döring ermutigt, «die Biographie unseres guten Falk zu schreiben», und es solle ihm selbst «angenehm seyn beyzutragen, daß einem so vorzüglichen Manne ein würdiges Denkmal gesetzt werde . . .»

Fernow Carl Ludwig

(Blumenhagen/Pommern 19. November 1763–4. Dezember 1808 Weimar).

Als Fernow im Januar 1802 Carl August den Vorschlag unterbreiten ließ, ihn als Lehrer der «archäologischen Dinge und verwandter Fächer wie der Kunstgeschichte und der Ästhetik» aus Rom nach Jena zu berufen, war er sich bewußt, daß er als Schriftsteller und Ästhetiker bereits Rang und Namen besaß. Die Vorlesungen in Rom vom Winter 1795/96, in denen er, gestützt auf Maximen Kantischer Philosophie, seine kunsttheoretischen Vorstellungen entwickelt hatte, erwiesen sich als ein Erfolg, der sich mit «überaus schönen, philosophisch tief gedachten Abhandlungen», veröffentlicht in Wielands «Teutschem Merkur», fortsetzte und festigte. – Fernows Anfänge waren schwer gewesen. Er stammte aus der Uckermark; der Vater war Gutsknecht auf Blumenhagen; er selbst hatte es, nach acht harten Lehrjahren in Anklam, 1786 zur Anstellung in der Ratsapotheke zu Lübeck gebracht. Hier aber stieß er auf Asmus Carstens, der allerdings schon im Jahr darauf nach Berlin und von da aus nach Rom weiterzog. Dennoch war diese Begegnung, da Fernow auch ein Maler zu werden hoffte, ein erster Wink in der Richtung, die er so sehnlich zu gehen wünschte. Einen entscheidenden Schritt vorwärts bedeutete dann, in Jena 1791–1793, Professor Karl Leonhard Reinholds gründliche Einführung in die Philosophie Kants. Für Fernow, wie die Zukunft zeigen sollte, ein unentbehrliches Rüstzeug, da er in Rom, nun wieder mit Carstens vereint, am Beispiel des Freundes, der sich mühte, in strengster Linienführung die große Form der Alten zu erreichen, die Begrenztheit des eigenen Talents erkannte. Entschlossen gab er auf, ein Künstler zu werden, doch er setzte Ehrgeiz und Eifer daran, sich zum tüchtigen Kunstgelehrten auszubilden. Das «Leben des Künstlers Asmus Jacob Carstens», von Fernow als «ein Beytrag zur Kunstgeschichte des 18. Jahrhunderts» verstanden (und von Herbert von Einem als «die erste moderne Künstlermonographie in deutscher Sprache» bezeichnet), war eines der Resultate dieser Wende von der Kunst zur Kunstwissenschaft. – Goethe, dem Fernows Kunstauffassung trotz ihrem klassizistischen Charakter nicht recht behagte, hatte nur zögernd seiner Berufung zum «Extra-Professor für Ästhetik» (mit 100 Talern jährlich) im August 1802 zugestimmt. Der Herzog und Minister Voigt, bestärkt durch den Wielandschen Kreis um den «Teutschen Merkur», erwarteten dagegen für ihre Universität «einigen Zulauf». Sie wurden auch nicht enttäuscht. Fernow fand, nachdem er im Sommer mit Frau und Kindern in Jena eingetroffen war, im Wintersemester 1803/04 «ein zahlreiches Auditorium». – Doch schon im Januar schrieb Goethe an Caroline von Humboldt, nun durch die persönliche Bekanntschaft befreit von jedem Vorbehalt, daß Fernow sich wacker und gut halte, aber leider, mußte er hinzufügen, mache ihm ein unglückliches Fieber viel zu schaffen, und nur zu bald war klar, daß Bibliothekar Jagemanns Tod im Februar 1804 für Fernow ein Glück war, da Herzogin Anna Amalia nun ihm die Pflege ihrer Büchersammlung (fast eine Sinekure) anvertrauen konnte. –

 In Tiefurt, wohin er im Sommer die Fürstin begleitete und nur die von ihm

freudig ergriffene Aufgabe hatte, mit ihr Ariost zu lesen, gewann er wieder die Kraft, sich seinen Arbeiten und Plänen zuzuwenden. In den kurzen Jahren, die ihm noch blieben, verfaßte er eine «Italienische Sprachlehre für Deutsche», gab eine Anthologie, die «Raccolta di Autori Classici Italiani» in zwölf Bänden, heraus, sammelte seine bereits erschienenen Arbeiten in den «Römischen Studien», beteiligte sich an Goethes Sammelschrift «Winckelmann und sein Jahrhundert» und wandte sich, von Goethe kräftig unterstützt und nach Anna Amalias Tod in Weimar festgehalten, einer Gesamtausgabe der Werke Winckelmanns zu. Zwei der acht Bände (von Heinrich Meyer und Johannes Schulz 1808–1820 weitergeführt, denen noch zwei Nachlaßbände folgten) vermochte er noch zu edieren, dann erlag er, nur Wochen nach dem Tod seiner lungenkranken Frau, dem schweren Leiden, einer «Erweiterung der Halsarterie», das ihn, wie Goethe schrieb, «lange, bedrängte Tage und Nächte gequält hatte, ohne die männlich gefaßte Heiterkeit seines Geistes zu zerstören». – Johanna Schopenhauer, eng mit ihm befreundet und in den letzten Wochen seine Pflegerin, schrieb im Auftrag Cottas (die Schulden des Verstorbenen beim Verlag tilgend) «Fernows Leben»; der Herzog, der bereits 1804 eine Sammlung Carstensscher Zeichnungen, die Fernow besaß, für 600 Taler erworben hatte, übernahm nun auch dessen mit großer Sorgfalt zusammengetragene Bibliothek und verpflichtete sich, den zwei mittellos zurückgebliebenen Söhnen Fernows durch zehn Jahre je 250 Taler jährlich zu zahlen und dem jüngeren 100 Taler weiter für noch einmal sieben Jahre.
Literatur: Herbert von Einem: Carl Ludwig Fernow. Eine Studie zum deutschen Klassizismus. Berlin 1935. In: Forschungen zur deutschen Kunstgeschichte, 3.

Fischer Franz Joseph
(geboren um 1740 in Prag).

Schauspieler, Regisseur in Prag, seit Februar 1791 in Weimar, in der Folge Theaterdirektor zu Innsbruck. – Beim Niederschreiben der «Kampagne in Frankreich 1792» fühlte sich Goethe verpflichtet, dankbar an den Mann zu erinnern, «der uns diese Anstalt», das heißt das Weimarer Hoftheater, gründen half. Für ihn war Fischer ein Schauspieler, der sein Handwerk verstand und sich mäßig, ohne Leidenschaft, mit einem beschränkten Rollenfache (zärtliche und humoristische Alte) begnügte. Rückblickend, aus dem Abstand von dreißig Jahren, rühmt er auch Fischers Regiearbeit, «wodurch ein innerer Friede sich über das Ganze verbreitet» habe. – Fischers Journale aber, Wochenberichte für die Oberdirektion, weitschweifig, jammernd, voller Klagen und Tadel, zeigen, daß der Regisseur (besonders während der Sommergastspiele in Lauchstädt und Erfurt, wo er allein die Verantwortung trug) weder das Ensemble zu dirigieren noch das Repertoire produktiv zu erweitern verstand. – Er und seine Frau, auch sie Schauspielerin (Rollen: Mütter, Betschwestern), gehörten zu denen, die der allgemeinen Aufkündigung der Oberdirektion vom 24. Dezember 1792 gern nachkamen, und Carl August

bemerkte sarkastisch, daß endlich beim Hoftheater die Firma Fischer und Kompanie aufgehört habe zu existieren.
Literatur: → Theaterdirektion Goethes.

Franke Johann Georg

Zeug- und Sägeschmied zu Weimar, seit 1778 Besitzer des kleinen, eben aus einer Scheune umgebauten Wohnhauses zur Rechten des stattlichen Helmershausen-Baus, das Goethe 1793 gern übernommen hätte. Die Witwe des Zeugschmieds aber verkaufte das Haus dem Leinenwebermeister → Herter, der bereit war, die 400 Taler zu zahlen, die sie forderte.
Literatur: Erich Stürzenacker: Das Goethehaus in Weimar. In: Baurundschau 49/1959.

«Der Freimüthige» → Kotzebue, August von.
Freitagsgesellschaft → Geselligkeit in Weimar.
Freundschaftstage oder Freundschaftsloge → Geselligkeit in Weimar.
Freytäglicher Club → Geselligkeit in Weimar.
Friedrich III. der Weise, Kurfürst von Sachsen → Regenten aus dem Hause Sachsen-Weimar-Eisenach.

Fritsch Jakob Friedrich Freiherr von

(Dresden 22. März 1731–13. Januar 1814 Weimar).

Als im April 1776 der junge Herzog eifrig und entschieden seinem «Premier» erklärte, er wünsche Dr. Goethes, seines neugewonnenen Freundes, Mitarbeit im Geheimen Consilium, diesem Gremium, das ihn, den Fürsten, in letzter Instanz beriet und mit ihm in persona Fall um Fall entschied, lagen hinter Fritsch mehr als zwanzig Jahre, die er im Dienst des Weimarer Fürstenhauses verbracht hatte. – 1754, nach Abschluß seiner Rechtsstudien in Leipzig und Göttingen, hatte ihn, was eine Auszeichnung bedeutete, Graf → Bünau, dieser kluge und erfahrene Staatsmann, in seine Nähe gezogen und hatte ihn zunächst in Eisenach, zwei Jahre später in Weimar in die Behördenarbeit eingeführt. Hier blieb Fritsch, obwohl sein Gönner sich durch Anna Amalias Ungnade 1759 zur Demission gezwungen sah. Der junge Legationsrat aber rückte bereits 1762 in das Geheime Conseil, diese oberste Landesbehörde, ein und besetzte weiter, als ein gewissenhafter und umsichtig das Wohl des Staates fördernder Arbeiter, sukzessive die Positionen, die durch den langsamen, doch unaufhaltsamen Kräfteverfall der leitenden Beamten frei wurden, erst des Ministers → Nonne, dann Anna Amalias Freund → Greiner. 1767 lag die Leitung der Geschäfte ganz in Fritschens Hand, und fünf Jahre später zeichnete ihn die Herzogin, obwohl er ein nicht immer «bequemer Diener» war, durch die Ernennung zum Wirklichen Geheimen Rat aus. Er durfte ihres Vertrauens sicher sein. – Die Unabhängigkeit jedoch, über die er im Gegensatz zu vielen seiner Kollegen verfügte, beruhte jenseits der Gunst seiner Herrin auf ausgedehntem Grundbesitz, darunter das schöne Seershausen in Kursachsen, und beruhte auch auf des Geheimrats familiärem Hintergrund, der ihm Beziehungen nach allen Seiten öffnete: der Großvater, bereits bedeutend als Buchhändler und Verleger zu Leipzig, der Vater, unerschrocken, charakterfest, ein Mann mit Weitblick und Energie, an wichtigster Stelle Minister in Dresden, 1730 geadelt, zwölf Jahre später in den Freiherrnstand erhoben. – Gelassen, ohne seine Existenz bedroht zu sehen, konnte Fritsch die Wünsche Carl Augusts anhören, gelassen ihm sein Amt zur Verfügung stellen, da er, wie er unumwunden erklärte, «in einem Collegio, wovon gedachter D. Goethe ein Mitglied anjetzt werden soll, länger nicht sitzen könne», und er außerdem diese Berufung, über die Köpfe verdienter Kollegen hinweg, als Affront empfinde. – Carl August seinerseits reagierte rasch und temperamentvoll. «Wäre D. Goethe ein Mann eines zweideutigen Charakters», schrieb er am 10. Mai seinem Minister, «würde ein jeder Ihren Entschluß billigen. Goethe aber ist rechtschaffen, von einem außerordentlich guten und fühlbaren Herzen; nicht allein ich, sondern einsichtsvolle Männer wünschen mir Glück, diesen Mann zu besitzen. Sein Kopf und Genie ist bekannt. Sie werden selbst einsehen, daß ein Mann wie dieser nicht würde die langweilige und mechanische Arbeit, in einem Landescollegio von unten auf zu dienen, aushalten. Einen Mann von Genie nicht an den Ort gebrauchen, wo er seine außerordentlichen Talente gebrauchen kann, heißt denselben mißbrauchen. Ich hoffe, Sie sind von dieser Wahrheit so wie ich überzeugt ...» Doch erst als Anna Amalia, nun nicht mehr Regentin, doch unbestrittene Autorität, an die Seite ihres Sohnes trat und, an das Pflichtgefühl ihres alten Dieners appellierend, Fritsch bat, seinen jungen Herrn nicht zu verlassen, zog der Geheimrat das Rücktrittsgesuch zurück. – Am 11. Juni trat Goethe in das Consilium ein; Fritsch blieb, und zwar als erster Beamter des Staates, bis ihn 1800 das Alter, beschwert durch ein Augenleiden, das fast zur Erblindung führte, zum Ruhestand zwang. – Dieser frühen Zeiten gedenkend, rühmte Goethe am 31. März 1824 in einem Gespräch mit Kanzler Müller, daß Fritsch «stets redlich gegen ihn gewesen, obgleich sein, Goethes, Treiben und Wesen ihm durchaus nicht habe zusagen können. Aber er habe doch Goethes reinen Willen, uneigennütziges Streben und tüchtige Leistungen anerkannt. Seine Gegenwart, seine Äußerlichkeit sei nie erfreulich gewesen, vielmehr starr, ja hart, bouffu; er habe nichts Behagliches oder Feines in seinen Formen gehabt, aber viel Energie des Willens, viel Verstand ...» An dem geistigen Leben Weimars, das sich rings um ihn entwickelte, nahm Fritsch kaum teil. Ihm genügte, neben der Pflege seiner umfangreichen Bibliothek (mit etwa 40 000 Bänden meist historischen oder politischen Inhalts) die Zugehörigkeit zur Loge Anna Amalia, wo er eine führende Rolle spielte, doch was die schöne Literatur anging, so zog er Gellert, diese Liebe seiner jungen Tage, entschieden Wieland oder Goethe vor.

Froriep Ludwig Friedrich von
(Erfurt 15. Juni 1779–28. Juli 1847 Weimar).

Medizinstudium in Jena; 1801 Privatdozent, 1803 Professor für Chirurgie und Geburtshilfe, wechselte 1804 nach Halle, 1808–1816 nach Tübingen über (1815 Leibarzt König Friedrichs von Württemberg). 1816 auf Wunsch → Bertuchs, seines Schwiegervaters, nach Weimar berufen; hier Obermedizinalrat: neben der eigenen Arztpraxis Chef der von Carl August gegründeten Medizinalbehörde. – 1818 zu Bertuchs Unterstützung Eintritt in die Familienfirma, das Landes-Industrie-Comptoir, dessen Verlagsprogramm er durch die großzügige Aufnahme medizinischer Fachliteratur erweiterte und belebte, wobei er selbst als Autor, Übersetzer und Herausgeber kräftige Impulse setzte. Die «Notizen aus dem Gebiete der Natur- und Heilkunde», 1821–1836 von ihm allein herausgegeben, 1837–1846 mit dem Sohn als «Neue Notizen . . .» fortgeführt, waren ein wichtiges Instrument der Verlagspolitik. – Briefwechsel und Memoiren der Zeit machen deutlich, daß Froriep trotz seiner beruflichen Belastung bis in die Tage Maria Pawlownas, in deren Runde er gern gesehener und oft gebetener Gast war, lebhaft an dem geselligen Treiben der kleinen Residenz teilnahm. – Mit Goethe verbanden ihn zudem die naturwissenschaftlichen Interessen, und es erstaunt nicht, daß Goethe, der die ihm wichtigen Personen in seiner Porträtsammlung vereint wissen wollte, mit «einem Billett vom 8. Juny 1825 dem Zeichenlehrer Herrn → Schmeller bekannt machte, daß Herr Ober-Medicinalrath von Froriep die Gefälligkeit haben will, einige Stunden zu Fertigung seines Porträts zu vergönnen . . .» – Ebenso ließ Goethe Frorieps Sohn Robert (1804–1861, wie der Vater Mediziner und Verleger) um 1825 von Schmeller für seine Sammlung zeichnen.

Fürstengruft (Goethe-und-Schiller-Gruft).
Der Herzog dachte nur an eine schlichte Grablege, in der die Särge der fürstlichen Familie, seit dem Schloßbrand von 1774 getrennt und verstreut, zu vereinen waren. 6000 Taler standen zur Verfügung. → Coudray, mit der Anlage der Gruft im Neuen Friedhof, südlich der Stadt, betraut, skizzierte zunächst einen Rundbau, dann einen Würfel, doch ihm genügte das nicht, und er nutzte (wie er der Kammer am 2. Juni 1823 berichtet) die Gelegenheit, als Seine Hoheit geruhten, den Bauplatz höchstselbst zu besehen, Serenissimus von der Notwendigkeit zu überzeugen, daß den vier großen, leicht geschrägten Dachflächen ein Achteck, eine Laterne, aufgesetzt und desgleichen die Vorhalle nicht in der Tiefe des Gebäudes, sondern, als Portikus mit vier Säulen, vor demselben angebracht werden müsse. – Ein Bau entstand, feingliedrig, streng, sparsam in Aufbau und Dekor. Ein Mausoleum: ernstes Ziel des Wegs, unter alten Bäumen die Allee entlang, über die breitgelagerte Treppe zum schmalen Eingang. – Im Sommer 1824 waren die Arbeiten an der Gruft, einem niedrigen, von Säulen gestützten Gewölbe, so weit gediehen, daß für die Überführung der Särge aus der Stadtkirche und den Gewölben des Schlosses, wo sie seit dem Großen Feuer eingemauert standen, Raum geschaffen war. Am 26. Januar 1827 meldete Coudray den Abschluß der Bauarbeiten und die Freigabe der Grabanlage.

Goethe-und-Schiller-Gruft, Begräbnisstätte des Weimarer Fürstenhauses.

Am 16. Dezember 1827 fanden Schillers Gebeine (im März 1826 aus dem Kassegewölbe des Jakobsfriedhofs exhumiert und vorübergehend in der Großherzoglichen Bibliothek geborgen) ihren endgültigen Ort in der fürstlichen Gruft.

Am 9. Juli 1828 folgte die Beisetzung Großherzog Carl Augusts, der am 14. Juni auf der Rückreise von Berlin in Graditz bei Torgau plötzlich gestorben war.

Am 18. Februar 1830 «morgens früh 4 Uhr» wurde (vier Tage nach ihrem Tod am 14. Februar), wie sie es wünschte, «in aller Stille» Großherzogin Louise bestattet.

Am 26. März 1832 folgte, auch vier Tage nach seinem Tod am 22. März, unter dem Lärm und dem Tosen der Menge, Goethes Beisetzung.

Coudray hatte die Sarkophage entworfen; einen Bronzesarg für den Herzog, die Dichtersärge aus dunklem Eichenholz. Eine alte Planskizze zeigt, daß nach Carl Augusts Anordnung deren Standort, die doch seine Freunde bargen, zwischen den Särgen seiner Familie war. Heute sind diese aber, vierzig an der Zahl, in das Dunkel des Raums zurückgeschoben, während die beiden Dichtersärge die Mitte beherrschen, wie auch ihre Büsten allein die kleine Totenhalle beleben, von der eine Treppe in die Gruft hinunterführt. – Dicht an Coudrays klassizistisches Tempelchen lehnt sich (1860–1862 von Ferdinand Streichhan, seinem Nachfolger, gebaut), im Goldglanz funkelnder, enggedrängter Zwiebeltürmchen, die Grabkapelle Maria Pawlownas, die jung und anmutig und sehr reich zu Beginn des Jahrhunderts, enthusiastisch begrüßt, wie ein Stern über Weimar aufging und sich dann durch schwerste Notzeiten bewährte, gleich wohltätig den Armen und Hilflosen wie dem Kreis der Dichter und Künstler.

Fürstenhaus, Bibliothek (links) und Rotes Schloß (rechts), Aquarell von L. B. Koenig, um 1790.

Fürstenhaus

An fürstliches Wohnen, fürstliche Repräsentation war nicht gedacht. Ein Verwaltungsgebäude, Sitz der weimarischen Landstände, sollte entstehen und wurde gebaut. – 1770 bestimmt Anna Amalia einen Teil des alten Lustgartens zum Bauplatz; der Fürstliche Landbaumeister Johann Gottfried Schlegel lieferte im Jahr darauf die Risse samt einem Kostenvoranschlag über 12 000 Taler, und Anton Georg → Hauptmann übernahm, und das, wie sich herausstellte, eher schlecht als recht, die Bauführung. Das Gebäude, stattlich, 17 auf 5 Achsen, war dennoch nichts, wie Carl August späterhin ärgerlich schnaubte, «als ein viereckiger Kasten». Die nüchterne Fassade, mit magerem Mittelrisalit und wenigen Pilastern noch dem Konzept nach barock, gewann erst 1889 durch des Architekten Bormann Säulenvorbau und die opulenteren Fensterrahmungen einigen Glanz. Das Interieur aber zeigt (worauf Alfred Jericke hinweist) im Schema der gleichmäßig gereihten Räume, der schmucklos geführten Treppen und Flure bereits Züge eines fast modern empfundenen Zweckbaus. Ein «Bürohaus» war geplant und entstanden: ein Ort der Sitzungen und Amtsgeschäfte, der Kassenverwaltung und Aktendeponie, doch nicht ein Rahmen, der wohligem Wohnen oder der Entfaltung reicherer feudaler Lebensform günstig gewesen wäre. – Doch 1774, nach der Katastrophe des Schloßbrands, erhob Carl August, gegen Rat und Wunsch der Herzoginmutter, jugendlich auftrumpfend, den Behördensitz zur Residenz. – In dieses Haus, unfertig und zugleich der steten Nachbesserung bedürftig, da Balken faulten und Decken sich senkten, führte der Herzog im Oktober 1775 seine junge Frau. Fröstelnd und beklommen richtete sich Louise in der Beletage ein; Carl August nahm das Stockwerk darüber. Wenige Wochen später, Anfang November, machte Goethe dem Fürstenpaar die versprochene Aufwartung, und hier, im unbehaglichen Auf und Ab zwischen Louises Boudoir und Carl Augusts Bleibe, begann die Freundschaft, die diese drei Personen fürs Leben zusammenschloß. – Allmählich konstituierte sich auch, von der Herzogin gestützt, von Carl August oft nur mißmutig ertragen, der Junge Hof, formulierte mit Cour und Assemblee, mit Redoute und Großer Tafel das komplizierte Reglement höfischer Existenz. Ebenso hatte das Geheime Conseil, der engste Zirkel zur Beratung des Fürsten, in dem weitläufigen Gebäude seinen Platz gefunden.

Fast dreißig Jahre währte dieses Provisorium. Erst im August 1803 räumte die herzogliche Familie, da endlich das Schloß bezugsfertig war, den Fürstenbau, dessen Vielzimmrigkeit nun unterschiedlichsten Zwecken diente. Behörden richteten Dienststellen, Künstler ihre Ateliers ein. Ferdinand → Jagemann und Heinrich → Meyer bezogen vorübergehend Wohnungen im ersten Stock, während Ottilie von Pogwisch mit ihrer Schwester in der Mansarde hauste. Goethe arrangierte hier Ausstellungen der Weimarer Kunstfreunde, die Freie Zeichenschule, ein Lesemuseum, eine Gemäldegalerie domizilierten für Jahre in benachbarten Räumen. – 1830 aber nahm wieder eine politische Institution, der Landtag, und später das Thüringische Innenministerium den alten Bau in Anspruch; seit 1951 beherbergt er die Musikhochschule Franz Liszt.

Fürstliche Bibliothek

1760 hatte Anna Amalia den Anstoß gegeben. Sie wünschte ihren Wohnbereich in der Residenz zu erweitern. In drei Gemächern, ihrer Suite benachbart, stapelten sich Büchermassen, im Augenblick ungeordnet und verwahrlost, doch, wie der Fürstin bewußt war, eine Bibliothek von hohem Wert, die
 Herzog Wilhelm Ernst zu Beginn des Jahrhunderts mit Eifer und großem Sach-

verstand zusammengebracht hatte. Geheimrat → Greiner, der Herzogin Minister, schlug vor, den 11 000 Bänden im Grünen Schloß am Lustgarten einen neuen Standort zu geben.

Großherzogliche Bibliothek, Stich von A. Glaeser, um 1825.

Auch das Schloß war verwahrlost. Um 1565 mit Hilfe französischer Subsidiengelder erbaut, präsentierte es sich, nach dem Zeugnis alter Stiche, mit Altan und Renaissancegiebel, mit Bogengang und Zwiebelhaubentürmchen, trotz dem stattlichen Lustgarten, eher putzig als prächtig. Es war als Sommersitz gedacht, wurde aber auch zur Feier fürstlicher Funeralien benutzt und sank mit den Jahren schließlich zum Archiv, zum Zeughaus, zur Gerümpelkammer herab. Eine gründliche Überholung war nicht zu umgehen. – Friedrich August Straßburger, Landbaumeister des herzoglichen Hauses, übernahm den Umbau. Die Maße blieben, doch alle Putzigkeit, von den Türmchen mit der Zwiebelhaube abgesehen, schwand, und es entstand ein Bauwerk, nun Barock, doch kaum geschmückt, in sich geschlossen, nobel und streng. – Im Inneren aber gelang dem Architekten, seinen Zweck wohl bedenkend, ein festlich-schöner Büchersaal. Das Rokoko-Oval, mit Galerien, Pfeilern, Treppenlauf, schimmernd in Weiß und Gold, unterbrochen von der milden Farbigkeit gereihter Buchrücken, und auf Balustraden, in Nischen, an Wänden, Akzente setzend, die Büsten und Bildnisse der Männer und Frauen, der Dichter und Gelehrten, die hier, patronisiert von ihrem Fürsten, von ihrer Fürstin, gelebt und gearbeitet hatten. Ein Ensemble, nicht im nachhinein vom Museumsmann arrangiert, sondern in Jahren zusammengekommen, zusammengewachsen: ein Symposion der Freunde, die Erinnerung, die Spur «abgelebter Zeiten». – Straßburger hatte den Umbau 1761 begonnen; am 21. April 1766 meldeten die Kassabücher, daß «nachmittags um 2 Uhr der Umzug der Bibliothek unter göttlichem Beistand begann»; am 7. Mai war er abgeschlossen. Die Umwandlung des Grünen Schlößchens in die Fürstliche Bibliothek hatte 8263 Taler verschlungen; für den Buchtransport kamen 161 Taler hinzu. (Ohne daß sie es hätte ahnen können, hatte Anna Amalia durch diese Aktion die Bibliothek vor dem Untergang im Feuersturm des Schloßbrandes von 1774 bewahrt.)

Goethe, der einmal schrieb, daß man sich in einer Bibliothek wie in der Gegenwart eines großen Kapitals fühle, das geräuschlos unberechenbare Zinsen spende, übernahm nicht ungern, unterstützt von Geheimrat Voigt, die Oberaufsicht der Bibliotheken des Landes. – Wie die qualifizierten Bibliothekare vor ihm, wie ein Samuel Schurzfleisch, ein Matthias Gesner, wie Oberkonsistorialrat Bartholomaei, war auch er, bis zur Kleinkrämerei des Alltags, an der Bibliotheksarbeit interessiert und beteiligt. Das Aufstellen der Regale, die Verwahrung des Hausschlüssels, der Einband der Bücher, die penible Führung des Ausleihebuchs, der Kampf um pünktliche Buchrückgabe, die Kontrolle des Personals durch das «Diarium über die bey fürstlicher Bibliothek gangbaren Geschäfte», die lästigen Finanz- und Besoldungsfragen und dann mit allem Nachdruck, nie nachlassend, die Arbeit an den Katalogen, die erst die Benutzbarkeit einer Bibliothek sichern. – Er selbst hatte, nach Ausweis des Leihbuchs, in den langen Jahren seines Weimarer Daseins, 2276

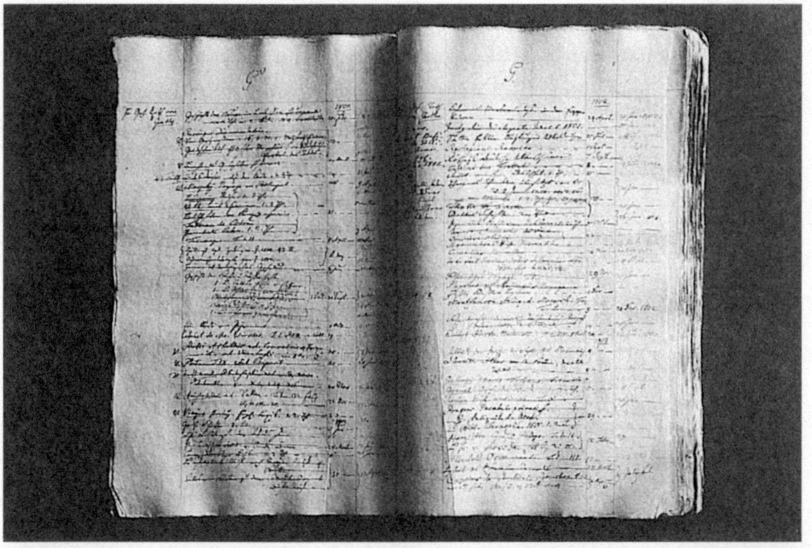

Ausleihjournal der Bibliothek; aufgeschlagene Seiten mit Entleihungen Goethes.

Trachtenbuch für J. J. Fugger, Papierhandschrift.

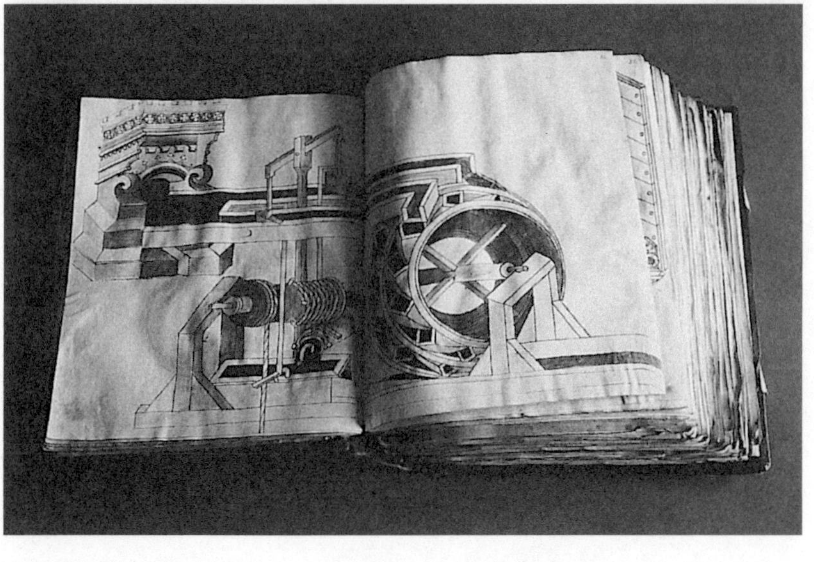

Illustration aus dem «Weimarischen Ingenieurkunst- und Wunderbuch», Pergamenthandschrift.

Titel entliehen. – Trotz schmalsten Mitteln (lange nur ein Etat von 400 Talern) war der Bestand durch Schenkungen und eine kluge Ankaufspolitik 1778 auf 60 000 Bände gestiegen; 1821 hatte er sich noch einmal verdoppelt. Darunter kostbare Handschriften, seltene Inkunabeln, Lutherdrucke, doch auch frühe Kartenwerke und Globen. Interessant auch eine Stammbuchsammlung aus Augsburg, Meistersinger-Handschriften aus Nürnberg und aus Anna Amalias Besitz die Gottschedsche Dramensammlung. – An Goethe war es, den wachsenden Beständen Raum zu schaffen. 1803 fügte Heinrich → Gentz, das Türmchen mit der Zwiebelhaube opfernd, dem Barockbau einen Trakt in klassizistischer Manier an, den → Coudray zwanzig Jahre später, leicht gotisierend, mit dem alten, wuchtigen Stadtturm verband. Den Turm hatte er aufgestockt, so daß die schöne, hölzerne Wendeltreppe aus dem Jahr 1681, die man in der Osterburg zu Weida entdeckt und ausgebaut hatte, nun hier ihren Platz fand. – Nach Goethes Tod, in den vierziger Jahren, erweiterte Coudray, um zusätzlich Raum zu schaffen, die Bibliothek, sich nahtlos dem barocken Vorbild anpassend, noch einmal um zwei Fensterachsen.

Im Juni 1706 hatte Wilhelm Ernst, der Begründer der Weimarer Bibliothek, geschrieben, daß er sie «sowohl der in- als der auswärtigen gelehrten Welt geöffnet wissen wolle»; Anna Amalia aber, die nach Jahrzehnten des Desinteresses unter → Ernst August die Pflege der Bibliothek wieder aufnahm, empfand es, wie auch ihr Sohn, als fürstliche Pflicht, den privaten Bücherschatz in eine allen Bürgern zugängliche Institution umzuwandeln, und Goethe, dessen Oberaufsicht erst mit seinem Tode endete, setzte sich mit dem ganzen Gewicht seines Namens dafür ein, «daß die Bibliothek mehr und mehr zur Pflanzschule vielseitiger Bildung in weiten Kreisen werde».

Literatur: Konrad Kratzsch: Staatsbeauftragter für die Weimarer Bibliothek. In: Goethe in Weimar. Hrsg. Karl-Heinz Hahn. Leipzig 1986, S. 159–177.

«Fürstliche freye Zeichenschule» → Bertuch, Friedrich Justin; Kraus, Georg Melchior.

G

Gartenhaus am Stern

Bodenmosaik vor dem Eingang, nach Goethes Entwurf.

«Den Garten in Besitz genommen», vermerkte Goethe am 21. April 1776 in seinem Tagebuch, und einen Monat später schrieb er Gustgen Stolberg: «Hab ein liebes Gärtgen vorm Thore an der Ilm schönen Wiesen in einem Thale. Ist ein altes Häusgen drinne, das ich mir repariren lasse. Alles blüht, alle Vögel singen. Es ist eine herrliche Empfindung dahausen im Felde zu sizzen. Alles ist so still. Ich höre nur meine Uhr dakken, und den Wind und das Wehr von fern.» – Für 600 Taler hatte der Herzog das halb verfallene Haus mit dem steilen Dach samt dem verwilderten Garten von etwa vier Morgen gekauft und dem Freund geschenkt. Der ließ als erstes das Gelände, das sich von den Ilmwiesen zum Horn hinaufzog, terrassieren, von Tagelöhnern Treppen und Wege anlegen und gute Erde herbeischaffen. Gärtner säten Rasen, richteten Blumen- und Gemüsebeete, pflanzten Bäume und Büsche, darunter Rosen und wieder Rosen. – Zugleich setzten Maurer, Dachdecker, Tüncher das Haus instand. Im Erdgeschoß, unter der Treppe, lag der Brunnen, lagen, neben dem simplen «Speisesäälgen», die Wirtschaftsräume, im ersten Stock die vier kleinen Stuben zum Wohnen, Schlafen, Arbeiten mit dem Zugang zum Altan. Goethe hatte ihn 1777 bauen und 1795 wieder abreißen lassen. → Mieding schreinerte das bescheidene Mobiliar, für das er 354 Taler in Rechnung stellte, die der Herzog ebenso übernahm wie die 300 Taler, die die Zurichtung des Grundstücks verschlang. Insgesamt waren 1294 Taler und 16 Groschen von der Schatulle aufgebracht worden.

Unter den Vorbesitzern des Goetheschen Anwesens finden sich Seifensieder, Schneider, Hoftrompeter, Kammerdiener, Kanzleiboten, auch ein Gastwirt, auch ein Rektor des Weimarer Gymnasiums: Schemen alle, gesicht- und gestaltlos, bis vielleicht auf den Schieferdeckermeister Thieme, der seinen Lebenslauf, selbstgeschrieben und 1736 im Knauf des Schloßturms verborgen, der Nachwelt überliefert hat. – Von April 1776 bis zum Juni 1782 (der Übersiedlung zum Frauenplan) war der Garten am Stern Goethes fester Wohnsitz, später sein Buen Retiro. Hier traf er, nach der Rückkehr aus Italien, durch Monate von Weimars Späheraugen unbemerkt, Christiane; 1799 zog er sich für Wochen konzentrierter Arbeit in die ihm notwendige «absolute Einsamkeit» zurück; 1827 genießt der Uralte, wie er Zelter schrieb (wohl um einer häuslichen Verstimmung auszuweichen), dort Maiwochen einer «separat-

Goethes Gartenhaus im Park, nach einer Zeichnung von O. Wagner, 1827.

extemporierten Studentenwirtschaft»; im August 1831 gab er im Unteren Garten, da die «Malven-Allee überherrlich blühte, eine große Teegesellschaft»; am 20. Feburar 1832 endlich vermerkt das Tagebuch ein letztes Mal: «In den untern Garten gefahren. Einige Stunden daselbst geblieben.»

Das Hausen in dem alten Gemäuer, in dieser Wohnung ohne Aufwand, ohne Prätention, entsprach in diesen Jahren, als er den Versuch unternahm, sich in das komplizierte Geschiebe der Weimarer Gesellschaft einzufügen, seinem innersten Wesen. Ohne sich beengt zu fühlen, konnte er hier die Freunde willkommen heißen, konnte (allerdings unterstützt von Diener und Köchin) einen Lebensstil, eine Gastlichkeit voll Phantasie und heiterer Lässigkeit entfalten. – Zu Ostern versteckte er für die Kinder der Freunde bunte Eier oder lud «die kleinen Menschengesichter» zum Ball; Frau von Steins Söhnen brachte er das Eierkuchenbacken bei; für sie selbst stach er im eigenen Beet den Spargel und wusch ihn am Ziehbrunnen. Das Herzogspaar, die Prinzen und Prinzessinnen kamen zu Tisch, doch auch Knebel oder Herder oder die schöne Crone. Immer wieder vermerkt das Tagebuch: «. . . gessen im Garten», «im Garten Frühstück» oder «bei Goethen auf dem Altan», von dem Wieland sagt, daß es kein lieberes, kein anheimelnderes Plätzchen auf Gottes Boden gäbe. – Daneben geht die Arbeit, geht die angestrengte Selbsterziehung, die unablässige Einübung in die Geschäfte dieser Welt weiter: der Hofdienst, das Aktenstudium, die Sitzungen, die Visitationen rings im Land. Trotz diesen Störungen gelingen Verse von großer Schönheit. Nahezu alle Gedichte, die Charlotte von Stein gehören, entstanden hier, darunter «An den Mond», «Wanderers Nachtlied»

Goethes Arbeitszimmer im Gartenhaus am Stern.

oder «Grenzen der Menschheit». Hier schrieb er die «Geschwister»; er schrieb eine Farce wie den «Triumph der Empfindsamkeit», und er schrieb die feierliche Klage der «Proserpina». Hier arbeitete er an «Iphigenie», an «Tasso»; er förderte «Egmont», «Faust» I und II, hier entstanden die ersten Kapitel der «Theatralischen Sendung», hier schloß er die «Wanderjahre» ab.

Lapidar meldet das Tagebuch am 5. April 1777: «Agathé Týche gegründet!» Ein Würfel, darauf eine Kugel aus gleichem Stein, ein Denkmal von Goethe entworfen und am Ende der Malvenallee aufgestellt. Empfunden wohl als Dank an das Gute Schicksal und gedacht als Symbol des ewigen Wechselspiels von Rollendem und Festem, von Begehren und Gesetz, von unaufhörlichem Wandel und geprägter Form. – Wenig später dann, im Juli, wieder an Auguste Stolberg, die hymnischen Verse von den Freuden, von den Leiden, die die Götter ihren Lieblingen ganz gaben; Verse, die der Dichter sang, als er «tief in einer herrlichen Mondnacht aus dem Flusse stieg», der vor seinem Garten durch die Wiesen fließt . . . – Und schließlich nach Jahrzehnten, während der extemporierten Studentenwirtschaft im Mai 1827 das Bekenntnis, wie es Holtei überliefert: «Wir haben in diesem Gartenhäuschen tüchtige Jahre verbracht; und weil es denn mit uns sich auch dem Abschlusse nähert, so mag sich die Schlange in den Schwanz beißen, damit es ende, wo es begonnen.»

Literatur: Wilhelm Bode: Goethes Leben im Garten am Stern. Berlin 1922.

Geist Johann Ludwig
(Berka/Ilm 14. April 1776–1. April 1854 Weimar).

Er, der Sohn eines Berkaer Korbmachers, kam 1795 gut ausgebildet, mit respektablen Kenntnissen in Latein, Botanik und im Orgelspiel, doch gewiß ohne genauere Vorstellungen von den Pflichten eines Kammerdieners, direkt aus dem Lehrerseminar in den Goetheschen Dienst. Doch reibungslos glitt der junge Mann in den neuen Aufgabenbereich, fügte sich gewandt in den großen Haushalt, war Kammerdiener, half seinem Herrn beim An- und Auskleiden, servierte die Morgenschokolade, sah nach der Garderobe und der Wäsche. Peinlich genau führte er das Tagebuch, die Kassenbücher und sorgte auf Reisen für Unterkunft und Fahrgelegenheit. Zugleich aber bewährte er sich als ein Schreiber, der intelligent allen Schreibwünschen Goethes nachkam. Er erledigte die Briefpost, fixierte wissenschaftliche Beobachtungen und Überlegungen, hielt, nach Diktat, den poetischen Einfall, den philosophischen Gedanken fest. – Die Reinschrift der «Xenien» im Frühjahr 1796 bezeichnete Goethe als seines Schreibers «wohlgelungenes Gesellenstück»; Kopien umfangreicher Texte folgten, Rollen für die Theaterpraxis waren auszuschreiben und schwierige, alle Aufmerksamkeit fordernde Kataloge und Verzeichnisse zu erstellen. – Für Schiller war Geist «Goethes wackerer Spiritus», und Goethe selbst war dankbar, «einen Geist zur rechten Hand zu haben». – Doch bei allem Diensteifer besaß Geist noch Selbständigkeit genug, eigenen Interessen nachzugehen. Dem Orgelspiel, der Botanik gehörte weiterhin seine Neigung, und die Tagebücher, die er besonders auf Reisen (neben denen des Dichters) schrieb, zeigen Originalität und Freude an der Vielfalt des Daseins. – Von diesem ausgezeichneten Sekretär löste sich, seine Zukunft bedenkend, Goethe im Frühjahr 1804. Er verschaffte ihm Zugang zum Hofmarschallamt, wo er vom Stallschreiber zum «Amts Rechnungs Revisor» aufstieg. – Da er erst 1818 heiratete und kinderlos blieb, vermochte er nun ungestört, auf geradezu biedermeierliche Weise, seinen Garten zu pflegen, Blumen zu züchten und die Resultate unter verschiedensten Gesichtspunkten zu registrieren. – Goethe brachte er gern «Monstrositäten», einen verwachsenen Maiskolben, eine Vivia Faba, eine Weber-Kardendistel, der Exzellenz interessant als Beleg eigener botanischer Theorien. Goethe ließ die eigentümlichen Pflanzengebilde sorgfältig zeichnen und schenkte das Portefeuille, mit zehn kolorierten Blättern zur «Erläuterung der Metamorphose der Pflanzen nach Goethe», Weihnachten 1830 Großherzogin Maria Pawlowna. – Geist aber schrieb im Juni 1831 an seinen alten Herrn, daß er stolz sei, eine geraume Zeit in seinen Diensten gewesen zu sein «und so Gelegenheit gehabt zu haben», sich durch «die Nähe eines so hohen Vorbildes manche Tugend zuzueignen, die nun sein Glück vollkommen gegründet hatten». – 1843 wurde er mit einem herzoglichen Handschreiben und einer Rente von 450 Talern jährlich pensioniert. Er genoß die Jahre, seinen Liebhabereien hingegeben. Am 1. April 1854 hält das Kirchenbuch fest, daß er still an Altersschwäche gestorben sei.

Literatur: → Goethes Diener.

Gelbes Schloß

Ein überaus nüchterner, doch keineswegs charakterloser Bau, den Hans Heubach Johann → Mützel zuschreibt, dessen Handschrift er in dem kräftigen Kontrast der glatt verputzten, gelb getünchten Mauern zum Schieferblau des steil ansteigenden Dachs ebenso entdeckt wie in der lebhaften Gliederung von dessen kompakter Masse durch die Folge der eng aneinander gerückten Mansardenfenster. – Das Palais, 1702–1704 im Auftrag Herzog Johann Ernsts für seine junge Frau errichtet und von dieser, nach des Herzogs Tod, 1707, noch dreißig Jahre als Witwensitz genutzt, liegt in unmittelbarer Nachbarschaft des → Roten Schlosses. Zwei (ehemals) schmale Flügel stoßen im rechten Winkel der Kollegiengasse mit dem Grünen Markt zusammen; die Fronten unterbrochen durch je ein Portal, auch diese nur sparsam konturiert. Dagegen ist in der Beletage der alte Speisesaal nicht ohne Reiz: stuckiert, der Plafond bemalt, dazu in der Hohlkehle zwischen Wand und Decke über dreißig Medaillons, dicht gereiht, mit Bildnissen weimarischer Fürstlichkeiten. – Zu der jungen Anna Amalia Zeiten hausten in dem weitläufigen Gebäude Angehörige ihrer Hofhaltung. Darunter die → Kotzebues und die ungewöhnlich hübschen Töchter des späteren Oberkonsistorialrats → Seidler, deren munterem Treiben aber in immer wechselnden Funktionen schon in den siebziger Jahren, wie Hans Wahl lakonisch feststellt, die Schreiber folgten, «deren Federkiele emsig über ministerielle Foliobögen kratzen . . .»

Genast Anton,

eigentlich Kynast (Drachenberg/Schlesien 1765 – 4. März 1831 Weimar).

Aus kinderreicher Familie, der Vater Haushofmeister des Fürsten von Hatzfeldt; er selbst begabt und, da er zum geistlichen Stande bestimmt war, durch den Besuch einer Jesuitenschule in Krakau ausgezeichnet vorgebildet. Nach Hause zurückgekehrt, beschloß er jedoch, sich allen geistlichen Zwängen und dem elterlichen Drängeln, «mit nur wenigen Talern in der Tasche», durch heimliches Davongehen zu entziehen. Er wollte Schauspieler werden und geriet zu seinem Glück, nachdem er etwa ein Jahr mit einer Komödiantentruppe durchs Land getingelt war, 1786 nach Prag, wo er, mit hübscher Stimme begabt, von Wahr, dem Leiter des Deutschen Schauspiels, zum Tenorbuffo ausgebildet und im Singspiel verwandt wurde. Als Tenorbuffo engagierte ihn auch 1791 das neu eröffnete Hoftheater in Weimar. Hier hatte er aber auch im Schauspiel die «Pedanten, die komischen und ernsthaften Bedienten und ähnliche Rollen» zu übernehmen. – Entscheidend aber und tief befriedigend war für ihn, im April 1797, neben Becker und Schall, die Ernennung zum «Wöchner» und 1809 zum alleinigen Regisseur, was engen Anschluß an Goethe bedeutete. Da er des Dichters Intentionen, die in mühevollen Exerzitien einen Stil der Idealität anstrebten, erfaßte und entschlossen bejahte, wurde er einer der treuesten und verständnisvollsten Mitarbeiter Goethes. – Ein Bündnis, das sich erst löste, als es Caroline → Jagemann gelungen war, im Jahr vor Goethes Entlassung auch Genast aus seinem Dienst zu entfernen. – Goethe überreichte seinem «alten Getreuen», dem diese

Zwangspensionierung bitter ankam, «als ein Erinnerungszeichen, in welchem Verhältnis wir beide zueinander gestanden», zwei kleine Landschaften, von ihm selbst gezeichnet und mit je einem Zweizeiler eigenhändig unterschrieben: «Zum Erinnern schöner Stunden, / Wo das Rechte war gefunden.» Und: «Zur Erinnerung trüber Tage, / Voll Bemühen, voller Plage, Genast – Goethe.»

Genast Eduard Franz

(Weimar 1797–3. August 1866 Wiesbaden).

Obwohl der Regisseur-Vater dem Sohn jede Spur von Talent absprach, nutzte der kleine Bursche alert jede Gelegenheit und produzierte sich auf den Brettern. Er gehörte zur Kinderstatisterie, gehörte zum «Ensemble», mit dem Goethe 1810 eine kleine Komödie, mit Kindern und für Kinder, in Szene setzte. Man gab ihm auch schon mal die Rolle eines Servierbengels, in der er keck agierte, dennoch bestand der Vater auf «Erlernung eines Metiers». Die Hofkonditorei lockte mit Rosinen und Mandeln. «Eduardchen» lernte Torten backen und Eis rühren, vergaß aber nicht, den Vater zu drängeln, ihm Gesangstunden bei Musikdirektor → Eberwein zu gestatten. Und dann ist es plötzlich so weit: Goethe befiehlt ihn zur Probe, und er singt am 23. April 1814 den Osmin immerhin so, daß er sich am nächsten Tag mit 7 Taler Gage als zweiter Bassist des Weimarer Hoftheaters engagiert sieht. Im Schauspiel wirft Goethe ihn, wie er schreibt, in allen Fächern herum, wobei sich herausstellt, daß seine Begabung das Charakterfach ist. Seine Stimme entwickelt sich, durch ein gründliches Studium in Stuttgart bei Wilhelm Häser, zum Bariton. – 1817 verläßt er, in Solidarität mit dem gekränkten Vater, Weimar, wohin er erst wieder, nun ehrenvoll berufen, 1829 zurückkehrt. Hinter ihm liegen Wanderjahre, die ihn, seit 1820 begleitet von Christine Böhler, seiner Frau (auch sie eine ausgezeichnete Schauspielerin), an die Bühnen von Dresden, Hannover, Leipzig, Magdeburg führten. Hoch erfahren und hoch geschätzt nimmt er als Sänger, als Schauspieler, als Regisseur am heimischen Hoftheater die Arbeit auf. Gestützt auf Nepomuk → Hummel, «den», wie Goethe sagte, «nicht genug zu preisenden Kapellmeister», entwickelt er den Spielplan, fördert das Ensemble, zieht berühmte Gäste, Virtuosen wie Paganini oder Henriette Sonntag hinzu, folgt Liszt, dem Genialen, in seinen Plänen, die schließlich dazu führen, daß die kleine Residenz mit der Uraufführung von Wagners «Tannhäuser» und «Lohengrin» noch einmal Ruhm und Glanz gewinnt. – 1860, beim Tod der geliebten Frau, verläßt Genast die Bühne; das Amt des Opernregisseurs hatte er acht Jahre zuvor niedergelegt. Nun fand er Zeit, das, was er gesehen, was er erlebt hatte, zu sammeln, zu sichten und niederzuschreiben. Eine Dokumentation entsteht: fesselnd durch den reichen Wechsel großer Figuren aus Bereichen der Bühne, Dichtung und Musik; fesselnd aber vor allem durch die Erinnerungen des Vaters Anton → Genast, in drei umfangreichen Kapiteln dem «Tagebuch eines alten Schauspielers» eingefügt. Es sind die Erinnerungen des Mannes, der, da er von 1791 bis 1816 engster Mitarbeiter des «Theaterdirektors» Goethe war, kompetent, gescheit, sachlich, liebevoll, doch auch kritisch über Erfolg und Mißerfolg, über Grenzen und Gewinn der Goetheschen Bühnenarbeit zu sprechen weiß.

Literatur: Eduard Genast: Aus Weimars klassischer und nachklassischer Zeit. Erinnerungen eines alten Schauspielers. Hrsg. Robert Kohlrausch. 3. Aufl., Stuttgart 1946.

Gentz Johann Heinrich

(Breslau 5. Februar 1766–3. Oktober 1811 Berlin).

Gentz kam nach Weimar, ein Architekt, gleichermaßen erfahren in Theorie und Praxis. Nach gründlichster Vorbildung in Berlin und einem Studienaufenthalt von fünf Jahren in Rom, Neapel und Sizilien, dem sich Reisen durch Holland, Frankreich und England anschlossen, bewies er, 1795 zurück in Berlin, neben seiner Befähigung zum Lehramt an der Bauakademie, bei den Vorbereitungen des Dekors zur Bestattung Friedrich Wilhelms II. und zu den Huldigungsfeiern seines Nachfolgers Geschmack und Talent. Das gleiche gilt von den Entwürfen, die er zu verschiedenen Wettbewerben für ein Denkmal Friedrichs des Großen einreichte. Die Alte Münze aber (1798–1800; abgebrochen 1886), ein Bau voll Kraft und Energie, ganz, wie er stolz sagte, von der inneren Konstruktion und seiner Bestimmung her entwickelt, zeigte ihn, noch vor Schinkel, als einen Meister des frühen preußischen Klassizismus. – In Weimar aber, einem Arbeitsfeld «so herrlich, als er sichs nur wünschen konnte», entfaltete er zwischen 1801 und 1803 nicht nur bei der Arbeit am Interieur des → Schlosses Einfallsreichtum und Eleganz; seine Lust am Erfinden, am Aus- und Umbauen, seine Beweglichkeit, seine Fähigkeit, Vorhandenes zu nutzen und in vorsichtiger Anpassung geschickt Neues zu bilden, bewährte sich bei so unterschiedlichen Aufgaben wie dem Bau des winzigen Sommertheaters in Lauchstädt oder dem Umbau des Reithauses und der Bibliothek oder im Entwurf eines Schießhauses für den Verein der Weimarer Büchsenschützen oder bei der Modernisierung des Stadthauses, auch dieses mit schönem Festsaal der sich entwickelnden bürgerlichen Geselligkeit zugedacht. – Viel wäre hier und vor allem in Berlin zu tun gewesen, aber Preußens Zusammenbruch 1806 lähmte jede lebhaftere Bautätigkeit. Nur den Anbau des Prinzessinnenpalais in Berlin und in Charlottenburg 1810 den Bau des Mausoleums für Königin Luise konnte er noch leiten, ehe ihn ein früher Tod hinwegnahm.

Gentzsch Carl Heinrich

(gestorben 1805).

Etwa seit 1770 in weimarischen Diensten; mit allen gärtnerischen Unternehmungen befaßt, darunter die Begrünung der niedergelegten Stadtbefestigung, die Tiefurter Anlage, die Beratung Goethes. 1781 zum Hofgärtner ernannt, ein tüchtiger Fachmann, doch ohne künstlerische Initiative, die bei dem Herzog blieb. Immerhin unterstanden ihm (um 1785) bei der Umgestaltung des → Parks an der Ilm bis zu 105 Tagelöhner und Handwerker. – Der Sohn

Johann Christoph Carl (gestorben 1811), ebenfalls Gärtner, war vor allem mit der Beaufsichtigung der Parkbauten betraut.
Literatur: → Park an der Ilm.

Gersdorff Diane Freifrau von,
geborene Gräfin von Waldner-Freundstein, verwitwete Freifrau von Pappenheim (Schloß Ollweiler/Elsaß 1788–1844 Weimar).

«Diane lebt hier im höchsten Ansehen», schreibt Caroline von Egloffstein am 8. März 1817 der Mutter, und obwohl sie zugeben muß, daß Dianes Gemüt «die reinste Güte und ganz anspruchslos ist», kann sie doch, wie sie gesteht, «nicht immer dem intoleranten Zug» ihres eigenen Charakters widerstehen und registriert (die ungleichen Maßstäbe des geltenden Sittenkodex tadelnd) die Macht, die Fürstenwille und Fürstenneigung besitzen: «Das *Schlechteste* wird entschuldigt und das Beschuldigte dadurch rein.» – «Das Schlechteste», worauf sie anspielt, ist, daß Diane vor nicht allzu langer Zeit am Hof zu Kassel Jérôme Bonapartes Charme erlegen war. – Diane, Tante Isabelle → Egloffsteins Schwester und wie diese eine muntere, elegante Elsässerin, war um 1800 nach Weimar gekommen. Hier wurde sie 1804 Hofdame der Erbprinzeß, verheiratete sich jedoch bereits 1806 mit Wilhelm Maximilian Rabe von Pappenheim, einem kurhessischen Kavalier des Erbprinzen. – Ein Decret Jérômes, des neuen Königs in dem neu gegründeten Westfalen, das bei Androhung des Gütereinzugs allen Hessen die Rückkehr aus dem «Ausland» befahl, zwang auch die Pappenheims, deren Familiensitz Stammen nördlich von Kassel am Reinhardswald lag, zu solcher Rückkehr. – Pappenheim selbst, ein ältlicher, auch kränklicher Mann, kam wahrscheinlich nicht ungern. Ein paar Jahre zuvor hatte er empfindsam-drängelnd, jedoch vergeblich Diane zu einer Übersiedlung nach Stammen, das er liebte und nach dessen ländlicher Stille er sich sehnte, zu überreden versucht. Nun trafen sie 1808 auf dem Landsitz ein, erschienen aber schon 1809, nachdem Diane noch ihren zweiten Sohn im eigenen Haus geboren hatte, am Hof zu Kassel, der einer jungen, lebenslustigen und schönen Frau Amüsement in vielerlei Form bot. – Jahrzehnte später schreibt → Soret, der im Winter 1834/35, mit seinem Zögling Prinz Carl Alexander unterwegs, in Florenz Jérôme Bonaparte traf, daß bei dessen Anblick seine letzten Zweifel, wer Jenny Pappenheims Vater sei, geschwunden seien, daß er aber auch verstanden habe, «qu' il devoit être difficile de résister à un Roi d' une physionomie agréable et rempli de manières aussi séduisantes que possible», dabei nachsichtig der immer noch schönen und ihrem Mann in guter Ehe sanft ergebenen Baronin Gersdorff gedenkend, in die sich Diane unterdessen verwandelt hatte. – Damals in Kassel war sie beinahe sofort zu Königin Katharinas Palastdame, Pappenheim aber zum Ersten Hofmarschall ernannt und nach dem «Almanach royal de Westphalie pour l' an 1810» in den Grafenstand erhoben worden. – Man darf annehmen, daß Diane des Königs Adorationen, daß sie das Leben in Kassel und noch mehr die Tage in dem glänzenden Paris, wohin sie Jérôme begleitete, in vollen Zügen genossen hat. – Pappenheim aber, wohl nervlich schon immer gefährdet und durch die Gunst-

beweise seines Nebenbuhlers zusätzlich tief gedemütigt, mußte 1812 in Paris einen Psychiater aufsuchen. Kurz danach zog er sich nach Stammen zurück, wo er 1814 geistig umnachtet starb. – Zwei Töchter gingen aus Dianes Liaison mit dem Napoleoniden hervor: 1811 Jenny, die aber, da Pappenheim noch lebte, als dessen Tochter galt, und Pauline Gräfin von Schönfeld, nach dem Schloß benannt, wo sie 1814, als bereits die alliierten Truppen Kassel genommen hatten, zur Welt kam. Das Kind wurde durch eine Vertrauensperson sofort einem Pariser Kloster übergeben, wo Pauline als Nonne Mère Marie de la Croix noch nach der Jahrhundertmitte lebte. Sie war es auch, die, wie Lily Braun mitteilt, die Verbindung zur Schwester in Deutschland aufnahm und diese mit Jérôme Bonaparte, seit 1848 wieder in Paris, zusammenführte.
Literatur: Lily Braun: Im Schatten der Titanen. Stuttgart 1914.

Gersdorff Ernst Christian August von
(Herrnhut 23. November 1781–10. November 1852 Weimar).
Das Porträt, das Schmeller um 1824 von Gersdorff für Goethes Bildnissammlung skizziert hat, zeigt einen Mann von hoher skeptischer Intelligenz, hellwach und klug und spürbar von großer Energie. – Gersdorff stammte aus altem Oberlausitzer Adelsgeschlecht, war in Herrnhut aufgewachsen; begann 1801 ein Studium der Altertumswissenschaft und des Rechts in Wittenberg und Leipzig, das er 1803 wegen eines Duells abbrechen mußte; war kurz Offizier in sächsischem Dienst, anschließend, nach Reisen in Rußland und Italien, 1807 Assessor, 1808 Regierungsrat in Eisenach, wurde jedoch 1812 als Geheimer Assistenzrat und Kammerpräsident nach Weimar in das Geheime Conseil, die oberste Regierungsbehörde, berufen. – Als erste größere Aufgabe fiel ihm 1814/15 die Vertretung der Weimarer Ansprüche in Wien und Paris zu, wobei er und Carl August sich, in der nüchternen Erkenntnis der Ohnmacht aller kleineren deutschen Staatsgebilde, auch der von Sachsen-Weimar-Eisenach, mit geringen Gebietserweiterungen (immerhin die Verdopplung der Bodenfläche und der Bevölkerungszahl) und der Rangerhöhung zum Großherzogtum begnügten. – Zurück in Weimar, nun Staatsminister (mit dem Titel Exzellenz), gilt Gersdorffs ungeteiltes Interesse und seine ganze Arbeitskraft dem Zustandekommen der *Weimarer Verfassung vom 6. Mai 1816*, durch die, in oft harter Auseinandersetzung mit seinem Fürsten, der Grund gelegt wird zur zwar langsamen, aber unwiderruflichen Verwandlung des Feudalstaats in ein bürgerlich-frühliberales Gemeinwesen. – In gleiche Richtung zielte 1819 die Steuerreform, die mit der Einführung der Einkommenssteuer den modernen Grundsatz der Steuerpflichtigkeit *aller* Staatsbürger formulierte und damit die Ständeschranken und Ständeungerechtigkeiten abbaute, wie wiederum die engere Zusammenarbeit der thüringischen Länder, mit Anlehnung an das preußische Zollsystem, allmählich einen Wirtschaftsraum schuf, dessen «Volumen» langsam, langsam den wirtschaftlichen Fortschritt ermöglichte. – In Eisenach war Gersdorff ein erstes Mal (1807–1812) mit Amalia Luise von Damnitz verheiratet, Tochter des Eisenacher Kanzlers, der verwandte, auf bürgerlicher Freiheit und Gleichheit

basierende politische Überzeugungen vertrat wie Gersdorff. Ebenso bewies er, nach dem Tod seiner ersten Frau, nun im privaten Umkreis, 1817 durch seine zweite Ehe mit Diane von Pappenheim (deren «Kasseler Abenteuer» ihm sicherlich bekannt waren), Großzügigkeit und Liberalität, in die auch Jenny von Pappenheim einbezogen war, die Vertrauen und Herzlichkeit mit dem Stiefvater verband.

Gerstenbergk Georg Friedrich Konrad Ludwig von, genannt Müller (Ronneburg 1766–1838 Eisenach).

Der Sohn eines Justizrats Müller in Ronneburg; nach dem frühen Tod des Vaters von Konrad Ludwig von Gerstenbergk, dem Bruder der Mutter, adoptiert. – Selbst Jurist, 1810 Stadtsyndikus im heimischen Ronneburg, doch noch im gleichen Jahr in den weimarischen Staatsdienst als Assessor übernommen. Hier 1812 Regierungsrat, 1813 Archivar, 1817 Geheimer Regierungsrat und schließlich, nach ärgerlich hingebrachter Wartezeit, 1829 zum Vizekanzler in Eisenach aufgestiegen, was für Gerstenbergk, der sich vom Erbprinzen begünstigt glaubte, eine Enttäuschung war. – Neben dieser Amtskarriere versuchte sich der Rat, nur mittelmäßig begabt, doch von Dichterlorbeeren träumend, in Prosa und Vers. Beachtet wurden immerhin die «Caledonischen Erzählungen», 1817 das Tasso-Drama «Clorinde» (dessen Nichtaufführung Johanna → Schopenhauer und der Stückeschreiber Goethe *nie* verziehen!) und ein Gedichtband «Phalänen», in den Gerstenbergk, ohne Wissen der Autorin, Verse von Adele Schopenhauer aufnahm. – Johanna Schopenhauer hatte den jungen Mann, dem nach Johann Dietrich Gries «eine gewisse Art von Witz und Unterhaltungsgabe nicht abzusprechen sei» und dessen Zuneigung ihr, der sehr viel älteren Frau, wohl schmeichelte, in Ronneburg für sich entdeckt, wo sie im Sommer 1810 zur Badekur weilte. Christiane von Goethe weiß zusätzlich (3. Juli) Goethe zu berichten, daß «die Schopenhauern» in Gerstenbergks Haus logiert habe, jetzt mit ihm in Dresden sei und sie ihn wohl «würklich» heiraten werde . . .

Heiraten jedoch wird Gerstenbergk, obwohl «Weimar» nicht müde wird, ihn wechselnd mit der Mutter oder der Tochter zu liieren, erst 1825 eine Gräfin Häseler. Johanna, unterdessen zwar eine berühmte Schriftstellerin, doch auch kränkelnd, alternd und (wie Riemer sagt) «noch einmal so breit und dick geworden», bleibt nur übrig, wenn sie den Freund halten will, diese Verbindung zu tolerieren und unter dem Deckmantel freundlichster Hilfsbereitschaft zu patronisieren. Noch 1828 schreibt sie, während sie ihren Abschied von Weimar vorbereitet, an Holtei, daß Gerstenbergk der einzige sei, den zu verlieren ihr recht schmerzlich werde, und das nicht, wie sie pretiös hinzufügt, weil sie *seiner*, sondern weil er *ihrer* bedürfe. Ursache «seines gewissermaßen selbstverpfuschten Lebens» scheint für Johanna, wie sie in kryptischen Wendungen andeutet, seine Ehe zu sein . . .

Mehr als ein Jahrzehnt, seit seiner Übersiedlung nach Weimar, war er ihr Hausgast, ihr Pensionär gewesen, hatte, zu Johannas Stolz und Glück, an ihrem Mittags-, an ihrem Teetisch residiert. Der Sohn dagegen, den Gerstenbergks Eitelkeit und Penetranz enervierten und der mit düsterem Zorn reagierte, war für Johanna und Gerstenbergk nichts als ein Störenfried. Ihnen war nicht gegeben, wie einem Wieland, einem Goethe, die ungewöhnliche geistige Energie dieses jungen Mannes zu erkennen, der mißmutig sie beide und den mütterlichen Salon musterte. – Bemerkungen in Briefen, Memoiren und Tagebüchern machen deutlich, daß Gerstenbergk, neben Johannas Teerunde, ausgiebig auch an Weimars sonstigem geselligem Treiben teilnahm. Sein Name wird oft, auch in der Gästeliste am Frauenplan, genannt, jedoch selten mit Sympathie, eher abwehrend und oft ironisch. Charlotte von Schiller hat nur höhnische Worte für einen Prolog, den er zu einem Prinzessinnengeburtstag reimte; Gries in Jena ist dieser «sogenannte Dichter unerträglich»; Line von Egloffstein erzählt, daß «der Lockenmüller mit geschwärztem Gesicht zum Maskenball gekommen sei, *seiner* Meinung nach als Othello, alle Leute hielten ihn aber für einen geputzten Samiel», und von Goethe wird immer wieder berichtet, daß er erst «gesprächig und liebenswürdig» wurde, wenn Gerstenbergk gegangen war . . .

Geselligkeit in Weimar

Mittelpunkt und geheimer Maßstab aller Geselligkeit war in der kleinen Stadt der Hof: anziehend, ausstrahlend und zugleich, bis in die jüngste Zeit, abgesperrt, abgeschirmt durch eine Etikette, die die Stände hochmütig trennte und dem Einzelnen rigoros den Platz in der etablierten Hierarchie anwies. – So konnte sich Goethe, obwohl Vertrauter des Herzogs, ungeadelt nicht an der Hoftafel niederlassen; so gewann Charlotte Schiller, obwohl adeliger Herkunft und von jung auf mit Weimars Hof verbunden, erst 1802 durch des Dichters Nobilitierung wieder das Recht, wie Schiller maliziös bemerkte, «an Hof herumzuschwänzeln», und im Theater, obwohl *die* Weimarer Familienstube schlechthin, war bis tief in das 19. Jahrhundert der adlige Balkon streng vom bürgerlichen geschieden. – Erst in den Zirkeln um Anna Amalia lockerten sich mählich die Grenzen. Verliebt in Dichtung, Musik, Kunst, verliebt sogar in die Gelehrsamkeit und nicht gewillt, auf deren Entzückungen zu verzichten, zog sie mehr und mehr Talente und Begabungen in ihre Umgebung, weckte Vertrauen, schuf das Klima, schuf mit ihrem «Musenhof» einen Treffpunkt, wo sich, jenseits der Standesschranken, traf, was nach Interesse und Geschmack einander verwandt war.

Leseabende bei Anna Amalia (etwa 1775–1807)
«Bei der Herzogin-Mutter», schreibt Herder im März 1791 an Knebel, «wird gewöhnlich Montags gelesen. Einige Shakespearesche Stücke, Lessings ‹Nathan› und ‹Emilia Galotti›, Goethes ‹Iphigenie› und ‹Tasso›. Wielands ‹Pervonte›, sein ‹Liebe um Liebe› u. a. sind so vorgetragen worden, sehr anmutig, und ich muß bekennen, daß Wielands Poesien mir noch nie in einem so reizenden Licht erschienen sind.» – Die «Tafelrunde», ein Aquarell von

G. M. → Kraus, um 1795 entstanden, ist Erinnerung an eine solche Lesestunde und zugleich liebenswürdige Huldigung der fürstlichen Initiatorin.
Literatur: Wilhelm Bode: Der Weimarische Musenhof 1756–1781. 2. Aufl., Berlin 1916.

Freundschaftstage oder Freundschaftsloge (1790–1800)
Ein Frühstück am Samstagvormittag, zu dem Louise von → Göchhausen, während der Wintermonate, die Freunde in ihre Mansardenstuben im Wittumspalais einzuladen pflegte. Alle kamen, und alle kamen gern. Wie bei Anna Amalia in bunter Reihe: die Gelehrten, die höheren Beamten, die Schönen Geister, neben ihnen die Damen und Herren vom Hof. Selbst Wieland, selbst Goethe ließen sich dann und wann blicken. – Jeder brachte eine Gabe, die Unterhaltung zu beleben: ein Gedicht, ein Lied, ein neues Buch, eine Anekdote. Man diskutierte und philosophierte, aber nicht zu ernsthaft; man las und musizierte, aber nicht zu lang; man genoß die «Freundschaftsbrötchen», den «Freundschafts-Mokka», von der Hausfrau selbst bereitet, man scherzte, war vergnügt, man fühlte sich behaglich.
Literatur: → Göchhausen, Louise von.

Freitagsgesellschaft (1791–1797)
Überzeugt, daß weder den Künstler noch den Wissenschaftler Abkapselung und Einsamkeit förderten, diese dagegen einen schönen Nutzen, der zugleich mit der größten Zufriedenheit verknüpft sei, aus dem lebendigen Umgang mit unterrichteten Menschen zögen, bewog Goethe, in einem Brief vom 1. Juli 1791 seinem Herzog die «alte Idee» vorzutragen, in Weimar eine gelehrte Gesellschaft zu errichten. «Wir könnten wirklich», schrieb er, «mit unsern eignen Kräften, verbunden mit Jena, viel tun, wenn nur ein Reunionspunkt da wäre.» – Bereits fünf Tage später war man so weit, daß Goethe neben Bertuch, Bode, Buchholz, Herder, Knebel, Voigt und Wieland (zu denen sich später Böttiger, Fritsch, Hufeland, Kästner, Kraus und Heinrich Meyer gesellten) die Satzungen der neuen Gesellschaft unterzeichnete. Jedes Mitglied war aufgefordert, von «seinen Geschäften, Arbeiten, Liebhabereien beliebige Kenntnis zu geben, was mit freimütigem Anteil aufgenommen werden sollte». Das konnten neben ausführlichen Darlegungen auch ein Gedicht, eine Erzählung oder die Demonstration naturwissenschaftlicher Experimente sein. – Die erste Sitzung, die Goethe eröffnete, fand am 9. September 1791, einem Freitag, im Palais der Herzoginmutter statt. Später, meist einmal im Monat, auch in Goethes Haus. Gäste fanden sich ein. Von Jena oft die Professoren Batsch, Griesbach, Lenz, von Berlin Wilhelm von Humboldt, aus Gotha Prinz August. Die «Weimarischen Herrschaften», das Herzogspaar und Anna Amalia, deren Anwesenheit aber die Zwanglosigkeit der gelehrten Zusammenkunft nicht störte, gehörten zum lebhaft interessierten, innersten Kreis. – Aus des Gymnasialdirektor Böttigers Aufzeichnungen, die ihn zum unbestallten Chronisten der Gesellschaft machten, und durch Goethes Bericht in den «Annalen» 1796 erfahren wir, daß unter anderem Dr. Buchholz fortfuhr, «die

neusten physisch-chemischen Erfahrungen mit Gewandtheit und Glück vorzulegen», Bertuch über englische Landschaftsgärten, Christian G. Voigt über juristische, Herder über religiöse Fragen sprach, Hufeland aber Probleme der Makrobiotik erörterte, was dem jungen Arzt (durch Carl August veranlaßt) sofort eine Professur in Jena eintrug. – Dazwischen las Bode aus neueren Übersetzungen; Goethe kommentierte Teile der «Ilias» in Vossens Übertragung; er führte in die Farbenlehre ein, besprach Cagliostros Stammbaum und referierte 1795 «Über die verschiedenen Zweige der hiesigen Tätigkeit», «eine», wie Karl Otto Conrady sagt, «souveräne Zusammenschau der kulturellen und wissenschaftlichen Institutionen und Aktivitäten im Herzogtum: Weimar stellte sich selbst vor!»
Literatur: Literarische Zustände und Zeitgenossen. In Schilderungen aus Karl August Böttiger's handschriftlichem Nachlasse. Hrsg. von Karl Wilhelm Böttiger. 2 Bände. Leipzig 1838.

Naturforschende Gesellschaft in Jena (1793–1805)
«Auf schöne Sammlungen, auf bedeutenden Apparat» hatte, wie Goethe in der Studie «Erste Bekanntschaft mit Schiller» schreibt, August Karl Batsch, Botaniker der Universität Jena, diese Sozietät (in ihren Intentionen der Freitagsgesellschaft verwandt) gestiftet. An den periodischen Sitzungen (einmal im Monat) nahm Goethe häufig teil. Dort traf er im Juni 1794 auch Schiller, dem er bis dahin, «da mehr als ein Erddiameter zwischen ihren künstlerisch-philosophischen Ansichten die Scheidung machte», nach Möglichkeit ausgewichen war. Zufällig, «im Hinausgehen», kamen die Dichter ins Gespräch, das sich zum Disput über grundsätzliche Verschiedenheiten entwickelte und gerade darum den Beginn der Freundschaft setzte, von der Goethe rückblikkend sagte, daß sie insbesondere für ihn ein neuer Frühling gewesen sei und einen Bund besiegelte, der ununterbrochen gedauert und für sie beide und andere manches Gute gewirkt habe . . . 1804 übernahm Goethe, da Batsch zwei Jahre zuvor gestorben war, den Vorsitz der Gesellschaft, die sich aber durch Forderungen der Erben bereits 1805 nahezu auflöste, was auch Goethe, obwohl er sich um den Fortbestand der Sozietät mühte, nicht zu hindern vermochte.

Weimarische Kunstfreunde (W. K. F.) (1799–1805)
Ein kleiner Kreis: Goethe, Schiller, Meyer, denen sich W. von Humboldt, F. A. Wolf, der berühmte Altphilologe, und 1804 noch zur Mitarbeit Carl Ludwig Fernow gesellten. Ein Kreis, richtiger ein Gremium, verbunden durch den Glauben an die Vorbildhaftigkeit antiker Kunst und entschlossen, Kunst und Kunstgeschmack diesem Credo zu unterwerfen. In den «Horen», den «Propyläen», auch in der «Allgemeinen Literatur-Zeitung» beschrieben sie in vielerlei Studien die für sie «unverbrüchlichen Normen» klassizistischer Kunst und suchten mit einem Wettbewerb, 1799 als «Preisaufgabe» in den «Propyläen» veröffentlicht, bildende Künstler zu ermutigen, den in theoretischen Überlegungen gewonnenen Maximen die praktische Erprobung folgen zu lassen. –

Oben: «Souvenir de la Cour de Weimar. Stich nach Zeichnung von B. von Arnswaldt, um 1835.

Unten: Stadtschlittenfahrt am Jakobsplan in Weimar.

Oben: Fürstliche Damen im Park zu Weimar, links außen Louise von Göchhausen und rechts außen Herzoginmutter Anna Amalia.

Unten: Tafelrunde bei Anna Amalia, nach dem Aquarell von G. M. Kraus, 1795.

Ein Thema wurde gestellt. Das erste, «Venus führt Helena dem Paris zu», war wie alle folgenden den Homerischen Epen entnommen, da nach Meinung der Preisrichter dort vieles «schon so lebendig, so einfach und wahr dargestellt sei, daß der bildende Künstler bereits die Arbeit halbgetan vorfände». Größe, Format, Anordnung, Gruppierung blieben dem Künstler überlassen, doch wurde ihm dringend «die größte Einfachheit und Ökonomie in der Darstellung» empfohlen. Die eingereichten Werke sollten ausgestellt und die «motivierten Urteile» der preisgekrönten Arbeiten veröffentlicht werden. Als erster Preis war eine Prämie von 20 Dukaten vorgesehen, der zweite war mit 10 Dukaten dotiert. Kriterien der Beurteilung waren, wie in den ausführlichen, doch akademisch-pedantischen Bildbesprechungen (meist von Meyer geschrieben) nachzulesen ist: antikisierender Geschmack in Erfindung, Ausdruck, Zeichnung und Anordnung. – Die Resonanz war enttäuschend. Im ersten Jahr neun Einsendungen und noch dazu von kümmerlicher Qualität, was sich in den folgenden Jahren kaum änderte. 1805 gaben die W. K. F. ihren großgedachten Plan auf, den modernen Künstler und sein Publikum auf Winckelmanns Glaubenssatz hin zu erziehen, daß nur durch die Nachahmung der Griechen Unnachahmliches geleistet werden könne. – Kühl bemerkte dazu Philipp Otto Runge, daß der moderne Künstler nun mal kein Grieche sei. Er könne das Ganze schon nicht mehr so fühlen, wenn er die vollendeten Kunstwerke sähe, noch viel weniger könne er solche hervorbringen. Und Schadow gab Goethe, der die Kunst seiner Zeit durchaus auf Winckelmanns Lehre festlegen wollte, zu bedenken, wie vielgestaltig und keineswegs einseitig klassizistisch sich die Goethesche Dichtung präsentiere . . .
Literatur: Walther Scheidig: Goethes Preisaufgaben für bildende Künstler 1799–1805. In: Schriften der Goethe-Gesellschaft 57. Weimar 1958.

Mittwochskränzchen oder Cour d'amour (Winter 1801/02)
Bei einem der behaglichen Göchhausenschen Frühstücke forderte Goethe mit großem Eifer die Damenrunde auf, «zur Erheiterung des nah bevorstehenden traurigen Winters» gegen die unerträgliche Langeweile, die sich, wie er behauptete, allerorts eingeschmuggelt habe, mit vereinten Kräften zu Felde zu ziehen. Auf der Stelle wollte er, wie Henriette von → Egloffstein berichtet, einen Verein, eine Cour d' amour nach Minnesänger-Sitte installieren, und ad hoc bestimmte er die Paare, die er alle ein oder zwei Wochen nach dem Theater zu einem munteren Souper um sich zu versammeln hoffte. Sich selbst erwählte er, ohne viel zu fragen, die schöne Gräfin Egloffstein zur Partnerin, Schiller gesellte er Caroline von Wolzogen, Wolzogen wiederum Charlotte von Schiller, Baron Einsiedel wurde mit Caroline von Egloffstein, deren Ehemann mit Henriette von Wolffskeel, August von Egloffstein mit Amalie von Imhoff, Heinrich Meyer schließlich mit Louise von Göchhausen verkuppelt. – «Neigung ohne Leidenschaft, Wetteifer ohne Neid, Geschmack ohne Anmaßung, Gefälligkeit ohne Ziererei und Natürlichkeit ohne Roheit» habe, wie Goethe noch zwanzig Jahre später (in den «Tag- und Jahresheften» 1802) erklärte, in diesem Kreis, den er «eine edle Gesellschaft» nennt, wechselseitig ineinan-

der gewirkt. Er selbst schrieb, angestrengt um Laune und frisches Leben bemüht, «einige durch Naivität vorzüglich ansprechende Gesänge», darunter das «Stiftungs-» und das «Tischlied», auch die «Generalbeichte» und «Zum neuen Jahr». Ebenso steuerte Schiller Verse wie «Die Gunst des Augenblicks» oder «An die Freunde» bei; Körner teilte er im November 1801 mit, daß es in Goethes Kränzchen recht vergnügt zugehe; auch werde fleißig gesungen und pokuliert! – Gräfin Egloffstein aber, die schon Goethes, wie ihr schien, allzu gravitätisch vorgetragenen Plan skeptisch aufgenommen hatte, stellte nun spöttisch fest, daß die Cour d'amour an Goethes Tisch nicht die verheißene poetische Freiheit und Zwanglosigkeit, sondern nur gêne und Steifheit fand. Der Dichter, der im Zusammensein mit wenigen, vertrauten Freunden hinreißend sein konnte, versteifte, je älter er wurde, beinahe sofort in jedem größeren Zirkel. Auch die Mittwochsrunde, deren Vergnügen ihm doch am Herzen lag, sah sich der peinlichsten Pedanterie, dem feierlichsten Reglement ausgeliefert. «Ohne seine Erlaubnis durften wir», erzählte Gräfin Egloffstein, «weder essen oder trinken, noch aufstehen oder uns niedersetzen, geschweige denn eine Konversation führen, die ihm nicht behagte. So kam es dahin», fährt sie fort, «daß die Langeweile, über die er sich kurz zuvor so bitter beklagt hatte, mit unerträglicher Schwere auf uns lastete, ohne daß er selbst es im mindesten bemerkte.» – Doch → Kotzebues Eitelkeit, die ihn nicht hinnehmen ließ, daß Goethe ihm den Zutritt in den exklusiven Zirkel verwehrte, deckte das Dilemma auf. Da Goethe auch den Bitten der Freundinnen, die Kotzebues Zudringlichkeit zum Sieg verhelfen wollten, nicht Folge leistete, zog dieser, mit opulenter und vor allem bequemerer Gastlichkeit lockend, diese Freundinnen auf seine Seite. Ohne Eklat, doch zu Kotzebues nicht geringer Schadenfreude löste sich des Dichters Cour d'amour, «als die Frühlingslüfte den Eintritt der mildern Jahreszeit verkündigten», unter dem Wechsel höflichster Absagebriefchen, auf. Goethe resignierte. Sein spätes Resümee: «Wo die Geselligkeit Unterhaltung findet, ist sie zu Hause . . .»

Mittwochsgesellschaft (1805 bis etwa 1820)
Der Mittwochvormittag gehörte, wenn es der Zeitplan erlaubte, Herzogin Louise. Sie kam um zehn zum Frauenplan, und sie ging gegen ein Uhr. Nur wenige Damen, darunter ihre Tochter, weiter die Erbprinzeß, doch auch Frau von Stein und die Oberhofmeisterinnen, begleiteten die Fürstin. Dann und wann gesellten sich zu den Damen der Herzog, Carl von Knebel oder Wieland. – Goethe, beglückt von dieser Runde, die ihn mit gesammelter Aufmerksamkeit umgab, entwickelte seine Gedanken, sprach von seinen Arbeiten, besonders über naturwissenschaftliche Probleme. Er las aus Dichtungen, die eben entstanden: Szenen zum «Faust», Erzählungen für die «Wanderjahre», Passagen aus den «Wahlverwandtschaften». Er folgte, wie er in den «Annalen» 1807 und 1809 darlegt, das «Nibelungenlied» aus dem Stegreif übersetzend und erläuternd, den Wünschen seines Auditoriums und dozierte, «da sich das Interesse fast ausschließlich nordischer und romantischer Vorzeit zuwandte», über Heldensagen wie den «Fierabras» oder «König Rother» oder «Tristan

und Isolde». – Immer wieder taucht in den «Tag- und Jahresheften» die Notiz auf, daß sich «fortwährend mittwochs die Damen in seiner Wohnung versammelten», und selbst die Annalen von 1822 sprechen von zwei Tagen in der Woche, die bestimmt seien, «unsern gnädigsten Herrschaften einiges Bedeutende vorzulegen und darüber die nötigen Aufklärungen zu geben. Hierzu fand sich denn», erklärt Goethe weiter, «jederzeit neuer Anlaß, und die Mannigfaltigkeit war groß, indem Altes und Neues, Kunstreiches und Wissenschaftliches jederzeit wohl aufgenommen wurde» . . . Und eine seiner Zuhörerinnen, Henriette von Knebel, bekannte im Januar 1806, daß ihr Goethes Vortrag vom letzten Mittwoch ganz außerordentlich wohl gefallen habe. Es sei das angenehmste Gefühl, sich mit ihm gleichsam auf eine höhere Stufe gestellt zu sehen, und wirklich die schönste menschliche Natur habe sich aufs neue in ihm belebt.

Johanna Schopenhauers Teeabende (1806–1830)
«Ich glaube, ich werde hier Hütten bauen», schrieb Johanna Schopenhauer, im Mai 1806, nach einer ersten Erkundungsfahrt, ihrem Sohn aus Weimar, und kurz darauf erklärte sie, daß es ihr hier bestimmt leicht werde, «mit wenig Mühe und noch weniger Kosten, die ersten Köpfe in Weimar, und vielleicht in Deutschland, um ihren Teetisch zu versammeln». Ein Wunsch, geboren aus lebhaftem literarischem Interesse und ebenso lebhaftem gesellschaftlichem Ehrgeiz, auf dessen Erfüllung sie aber im heimischen Hamburg nicht hoffen durfte. Dort dirigierte Sophie Reimarus seit langem, geschart um ihren Teetisch, einen Freundeskreis von hohem intellektuellem Anspruch, neben dem sich ähnliche Runden nicht hätten behaupten können. – In Weimar dagegen kam Johanna mancherlei hilfreich entgegen. → Ridel, → Falk, → Bertuch erleichterten ihr den Zugang, halfen ihr bei der Einrichtung der neuen Menage, und Wilhelm Tischbein empfahl sie, an gemeinsame römische Tage erinnernd, sowohl Louise von → Göchhausen als auch Goethe. – Zu Hilfe kam ihr, die mit ihrer kleinen Tochter Adele in den letzten Septembertagen eine hübsche Wohnung an der Esplanade bezogen hatte, paradoxerweise auch das Desaster (Folge der am 14. Oktober verlorenen Schlacht von Jena und Auerstedt), in dem Weimar nahezu unterging. Die Tage, in denen eine wüste Soldateska plündernd über die Stadt herfiel, Entsetzen und Schrecken verbreitend, gerieten Johanna, die zu den wenigen gehörte, die halbwegs verschont blieben, zu Tagen der Bewährung. Großzügig teilte sie, was sie besaß, mit ihrer neuen Umgebung, half den Beraubten, den Geschundenen, linderte Schmerzen, tröstete, wurde, wie Goethe zu ihr sagte, in dieser Feuertaufe zur Weimaranerin. – Sie bewährte sich auch kurz darauf, als Goethe, der am Tag zuvor den Bund mit Christiane Vulpius durch die kirchliche Trauung in der Stille legalisiert hatte, ihr am 20. Oktober seine Frau zuführte und sie diese mit schöner Selbstverständlichkeit begrüßte. Man könne, erklärte sie Sohn Arthur, der Frau, der Goethe seinen Namen gegeben habe, wohl eine Tasse Tee reichen. Dabei hatte sie, nüchtern und hocherfahren im Wechselspiel gesellschaftlicher Usancen, sicherlich bedacht, daß diese Gefälligkeit, dem

großen Mann erwiesen, die einmalige Chance war, ihrem Ziel, der Gründung eines literarischen Salons, näherzukommen. Mit Goethe als Magnet gelang es ihr auch in den folgenden Jahren beinahe mühelos, an jedem Donnerstag und Sonntag, in den Abendstunden, «alles», wie Sophie von Schardt sagte, «was sich hier von ganzen, halben Autoren und Literatoren und schönen Geistern

Luise von Imhoff, Carl Ludwig und Henriette von Knebel beim Englischunterricht.

findet», herbeizuziehen. Darunter, fast ein Magnet wie Goethe, den großen Wieland, doch auch, als «fester Kern», Männer mittleren Formats wie Heinrich Meyer, Fernow, Stephan Schütze, Riemer. Aus Jena kamen dazu die Frommanns; es kam Knebel mit seiner Frau, und Weimarbesucher von einigem Rang versäumten nicht, sich in Johannas Gästebuch einzutragen. Darunter berühmte Namen wie die Arnims mit Clemens Brentano und Wilhelm Grimm; auch Zacharias Werner oder De la Motte Fouqué, auch Gerhard von Kügelgen, Boisserée, Ludwig Tieck oder Holtei. – «Wir trinken Tee, sprechen, erzählen, lachen, klagen einander unser Leid, wie es kommt», schreibt die Gastgeberin, deren Briefe an den Sohn, in immer neuen Wendungen, enthusiastisch und nicht ohne Selbstgefälligkeit den Erfolg ihrer gesellschaftlichen Aktivitäten preisen. Riemer ergänzt, daß man zum Tee, den er einen «Thé littéraire» nennt, Zwieback oder Butterbrot nähme; man schwatze von novis, den politischen und literarischen; außerdem werde viel gezeichnet, Clavier gespielt und gesungen. Um sechs gehe man hin, um oder nach acht schleiche man sich wieder fort. «Die Dame ist reich», berichtet er weiter, «gebildet und artig. Sie sucht nichts gerade darin; sie will nur unterhalten seyn und darin thut sie recht.»

Goethe, um den sich insgeheim alles drehte, fühlte sich wohl. Das war der kleine Kreis, das war schon fast der «ewige Tee», wie er ihn anderthalb Jahrzehnte später im Gespräch mit Kanzler von Müller als Wunschtraum entwarf. Eine heitere Gesellschaft, in lockeren Gruppen durch wohnlich-heitere Zimmer, «nach Neigung und Gutfinden», heiter geschäftig verteilt! Und ihm selbst stünde frei, teilzunehmen oder sich fernzuhalten. – Auch zu Johannas Teeabend konnte der große Mann kommen, er konnte gehen, ganz wie es ihm behagte. Er nahm an den Gesprächen teil, bewunderte Adeles und der Haus-

frau Scherenschnitte, genoß die Musik, rezitierte auch dann und wann: aus Calderons «Standhaftem Prinzen» oder Lieder aus des «Knaben Wunderhorn», die noch nicht veröffentlicht waren. – Ein wenig in die Ecke gerückt, stand zudem für ihn ein Tisch, lagen Pinsel, Stift und Kreide bereit, mit denen er Landschaften, winzig im Format, zeichnete und tuschte, wie rings die Damen an ihren Handarbeiten stichelten. Ein halbes Hundert dieser anspruchslosen Skizzen haben sich erhalten. – «Goethe fühlt sich wohl bei mir und kommt recht oft», schreibt Johanna im November 1806 dem Sohn; und wenig später findet sie Goethe nirgends so heiter und liebenswürdig wie an ihrem Tisch, und im Januar 1807 gesteht sie, daß es ihr unbegreiflich sei, wie er sich an sie gewöhnt habe. Alles wundere sich darüber, und sie selbst auch . . . Und noch 1809 bestätigt Humboldt, dem persönlich Johanna «durch Figur, Stimme und affectiertes Wesen fatal war», daß Goethe keinen ihrer Tees versäume, und Passow, den «die Repräsentationstees der beweglichen und geschwätzigen Madame Schopenhauer» langweilten und dem «der ewig mit aufgesperrtem Maul lachende und jachternde, frivole Ton» dieser Tees nicht gefiel, mußte zugeben, daß sich eben zu diesen Tees «alles Gebildete oder Bildung Vorgebende dränge». Johanna selbst war, wie sie in ihrer Fernow-Biographie von 1810 nicht vergißt zu erwähnen, überzeugt, um ihren Teetisch einen Kreis versammelt zu haben, «wie ihn, in geistiger Hinsicht, vielleicht Jahrhunderte nicht wieder zusammenbringen werden!» – Das war entschieden zu hoch gegriffen. Aber zuzugeben ist, daß ihr, der Tochter aus bürgerlichem Haus, glückte, in einer kleinen, von Hof und Adel bestimmten Residenz, ganz auf sich gestellt, einen Treffpunkt zu schaffen, einen bürgerlichen Salon zu gründen, der immerhin, auch als Goethe etwa um 1811 nur noch selten auftauchte, über ein Jahrzehnt Künstler und Schriftsteller, wenn auch unterschiedlichsten Formats, anzog und hielt.
Literatur: Stephan Schütze: Die Abendgesellschaften der Hofräthin Sch. in Weimar, 1806–1830. In: Weimars Album, S. 186–204.

Ressource, nach 1816 Erholung (1799 bis Ende des 19. Jahrhunderts)
Ein Verein, zu dem, gemäß den Statuten vom 16. Oktober 1799, «jeder rechtliche, gesittete und humane Mensch» Zutritt haben sollte, realiter aber ein Club der höheren Beamten, Ärzte, Juristen und reüssierenden Kaufleute, die zum Beispiel 1799 einem Kupferstecher, der sich um die Mitgliedschaft bewarb, diese verweigerten. – Man traf sich zwanglos, zunächst wechselnd in verschiedenen Lokalen, zu Konversation und Kartenspiel, wozu sich gelegentlich auch Schiller, Wieland, Bertuch oder Hufeland einfanden. Der Besuch eines Mitglieds des herzoglichen Hauses wurde als Auszeichnung empfunden und mit Genugtuung registriert. – Die ständig steigende Mitgliederzahl (1820 etwa 168 Personen), angezogen und gehalten durch ein attraktives Programm, das außer Bällen und Konzerten auch ein opulentes Diner bei feierlichem Anlaß und in der warmen Jahreszeit zum Abschluß sommerlicher Feste reizvolle Illuminationen bot, erlaubte 1816 den Kauf eines eigenen Hauses in der Teichgasse, das 1860 durch einen Neubau am heutigen Goe-

theplatz ersetzt wurde. – Zusätzlich besaß die «Erholung» seit 1823 eine «Sommervilla» im Rothäuser Garten, mit hübschem Saal von «vorzüglicher Akustik», wie Goethe bei einem Besuch im Sommer 1829 feststellte. An diesem Abhang an der Ilm, wo → Musäus einst seinen schönen Garten anlegte, nach Adelheid von Schorn «unstreitig der reizendste Sommeraufenthalt zur Entfaltung Weimarer Geselligkeit», war schon 1800 auf Goethes Initiative hin das liebliche → Euphrosyne-Denkmal errichtet worden, um das beim sonntäglichen Familienausflug, wie ebenfalls Adelheid von Schorn erzählt, die Kinder fröhlich ihre Ringelreihen tanzten.

Club zu Weimar (1800–1808)
Dessen Mitglieder sich, nach den Club-Mitteilungen, «täglich, stündlich in dem für den Club ausschließlich gemietheten und von früh 8 Uhr verheizten und Abends beleuchteten ordinären Zimmer im Stadthause versammeln», hier Journale und Zeitungen durchblättern, sich durch «eine erlaubte Spiel-Parthie unterhalten, auch privatim, allein, oder mit Gästen da speisen, und sich sonst nach Gefallen vom Clubwirthe für ihre Rechnung bedienen lassen konnten». Zum Programm der Verbindung gehörte, daß man durchaus gewillt war, bei der Wahl der Mitglieder (die allerdings Männer «von Cultur des Geistes, von feinen Sitten, guten Ton des Umgangs und unbescholtenen Lebenswandel zu sein hatten») «weder Stand, Rang noch Würde» zu berücksichtigen, was Caroline Herder am 3. Januar 1800 in einem Brief an Knebel mit dem Ausruf kommentierte, in Weimar sei das erste Wunder geschehen! «Die Adelich- und Bürgerlichen haben einen Klubb zusammen gegeben, wobei Alle vom Adel, Erbprinz und Prinzeß, auch die Unsrigen, gewesen sind . . . Wenn das so fortgeht, was, denken Sie, wird aus dem Kindlein? Es sind doch wenigstens Anklänge des neunzehnten Jahrhunderts.» – Doch trotz dieser prinzipiellen Bereitschaft, «das schöne, harmonische Band aller Stände» zu sein, blieb dieser Club, mit seinen fünfzig Mitgliedern, eine nahezu geschlossene Gesellschaft der höheren Hof- und Staatsbeamtenschaft. – Goethe und Schiller waren Ehrenmitglieder, nahmen aber kaum am Clubleben teil.

Montag-Club (um 1800)
Die Mitglieder, bürgerlich und adelig, jedoch nur Herren.

Mittwoch-Club (um 1800)
Herren und Damen, aber nur bürgerlichen Standes.

Freytäglicher Club (um 1800)
Nimmt nur Aristokraten auf; da die Mitglieder meist sehr jung sind, wird ausnehmend viel getanzt.
Literatur: Friedrich Ludwig Christian von Oertel: Briefe eines ehrlichen Mannes bey einem wiederholten Aufenthalt in Weimar. Deutschland 1800.

Stahl- und Armbrustschützen-Gesellschaft (Frühes 16. Jahrhundert bis etwa 1910)

Ursprünglich wie die ihr verwandte «Büchsenschützen-Gesellschaft» zum Schutze der Stadt gegründet, darum eng mit dem jeweiligen Landesherrn verbunden und häufig, wie die Sammlung der Gesellschaften zeigt, durch kostbare Waffen, Prunkschilde und seltene Medaillen ausgezeichnet. – In neuerer Zeit dann ein Verein, der neben dem schwierigen Umgang mit Stahlbogen und Büchse die bürgerliche Geselligkeit der Stadt pflegte, als deren Höhepunkt das sommerliche Vogelschießen galt. – In den schönen Clubhäusern – zuerst im Schießhaus (1803/04, unter Goethes lebhafter Teilnahme, als Ersatz auf einer Anhöhe vor dem Kegeltor erbaut, da den Schützen durch die Ausdehnung des herzoglichen Parks ihr angestammtes Lokal bei der Hofgärtnerei entzogen war), dann seit den dreißiger Jahren zusätzlich in dem komfortablen Haus in der Schützengasse – spielten Mitglieder, spielten Gäste Billard, schoben Kegel, nutzten das Lesezimmer. In diesen Häusern veranstaltete der Club «Scherze und Belustigungen» aller Art, darunter ausgedehnte Schmausereien und großartige Bälle. 1841 wurde, «zur Veredlung des Vergnügens», ein Musik- und Singverein gegründet, der in der Folge wohleinstudierte Konzerte gab. – Bis zu ihrer allmählichen Auflösung galt, wie Adelheid von Schorn mitteilt, die Gesellschaft «als vornehmste Vereinigung der ersten Bürger Weimars».

Redouten und Maskenzüge

Zur Redoute, einem Tanzvergnügen, traf man sich im Herbst in unregelmäßigen Abständen, zwischen Weihnachten und Aschermittwoch jedoch in vierzehntägigem Turnus im «Weimarischen Comödien- und Redoutenhaus». Das war eine der Gelegenheiten, wo sich Adel und Bürgertum ungezwungen begegneten und gemeinsam vergnügten. – Eine «Redouten-Ordnung» sorgte für den reibungslosen Ablauf des Tanzabends. «Der Livree und den Dienstmägden wird der Zutritt in Maske nicht gestattet» (also untersagt!), erklärt dieses Reglement, die Tänzer und Tänzerinnen aber haben in Maske zu erscheinen; Demaskierung im Tanzsaal war strikt verboten. «Punkt 7° geht der Tanz an», teilt die Redouten-Ordnung weiter mit; «man tanzt eine halbe Stunde Menuetts; hierauf folgt ebenso lang ein Dreher; um acht Uhr beginnt der erste Englische, nach dessen Beendigung kann mit wechselnden Tänzen fortgefahren werden.» Gegen neun Uhr erschien meist der Hof. – Die Eintrittsgelder, 16 Groschen im Saal, 8 Groschen für Zuschauer auf der Galerie, waren für die Theaterkasse willkommene Zubuße. – Pantomimen, mehr oder weniger simpel, pflegten häufig den Tanz zu unterbrechen; eine Gewohnheit, an die Goethe mit Lebenden Bildern und Maskenzügen anknüpfte: anspruchsvolle Darbietungen, des öfteren mit einem Aufgebot von hundert oder mehr Personen verbunden. Anlaß zu derart aufwendigen Unternehmungen, deren Kosten die herzogliche Schatulle trug, waren die fürstlichen Geburtstage oder die Anwesenheit eines vornehmen Gastes. «Ich tracktire diese Sachen als Künstler», schrieb Goethe am 19. Februar 1781 an Lavater und fuhr fort: «Wie du die Feste der Gottseeligkeit ausschmückst, so schmück ich die Aufzüge der Thorheit. Es ist billich, daß beyde Damen ihre Hofpoeten haben.» – Meist knüpfte Goethe, worauf Karl-Heinz Jahn hinweist, mit Text und Kostüm des Maskenzugs an Themen des täglichen Gesprächs an. So läßt er zu Herzogin Louises Geburtstag am 30. Januar 1781, eingedenk der gerade lebhaft diskutierten Erscheinung des Nordlichts, einen Zug Lappländer auftreten, oder die Beschäftigung mit Geologie und Meteorologie färbt den Gesang der Planeten zur Geburt des Erbprinzen, oder die aktuelle Literaturdiskussion hallt 1810 im Zug der Romantischen Poesie nach. – 1818 aber hatte Maria Pawlowna für den Festzug, zu Ehren der Zarin, ihrer Mutter, um die Vergegenwärtigung «einheimischer Erzeugnisse der Einbildungskraft und des Nachdenkens gebeten». Sie wünschte eine Bilderfolge, die «auf die vieljährig und mannigfaltig gelungenen Arbeiten beispielsweise hindeutete», und Goethe, in der Rolle des Hofpoeten, des Maître de plaisir, entwarf in spielenden Versen, in lockeren Rhythmen einen Zug, ein Figurengewimmel, von Oberon bis Tell, von Adrastea über Götz zu Faust und Wallenstein oder von Mephisto bis zu Demetrius; er beschwor Geschöpfe der dichterischen Imagination der vier Weimarer Großen, entwarf ein glänzendes Spektakulum, das ihm unter Hand gleichsam zu einem Abriß der Literaturgeschichte Weimars geriet.

Literatur: Bruno Satori-Neumann: Goethe und die Einrichtung der Weimarischen Redouten. In: Festgabe der Gesellschaft für deutsche Literatur zum 70. Geburtstag von Max Herrmann. Leipzig 1935, S. 47–60. – Wolfgang Hecht: Goethes Maskenzüge. In: Festschrift Blumenthal, 1968, S. 127–142.

Vauxhalls

Beliebte Gartenkonzerte (nach dem Vergnügungspark in London benannt), meist von den Musikanten der Stadtpfeiferei an sommerlichen Sonntagen bei gutem Wetter zu Füßen der → Schnecke gegeben. Die Teilnahme war allerdings erst seit 1789 «allen Ständen und Klassen erlaubt». – Man schlenderte durch den Park, ließ sich ungezwungen in Lauben und Rondells nieder, genoß die Erfrischungen, die Konditor und Schankwirt boten. – Besuchern wie dem Freiherrn von Biedenfeld müssen in diesen Jahren die Weimaraner durchaus den «Lustigen von Weimar» ähnlich erschienen sein, wie sie Goethe im Januar 1813 beschrieben hatte. «Sie liebten ein Bällchen», sagt der Freiherr, «ein Pickenickchen, ein Gutzweckessen, Thé dansant, Kaffeegesellschäftchen oder Tee mit Vorlesung und Musik. Eine Landpartie, eine nachmittägliche Promenade nach einem der vielen Vergnügungsorte, gehörte fünfmal wöchentlich zum Budget ordentlicher Leute, wie sparsam sie auch sonst alles einrichten mochten.» – Ähnliches berichtet um 1820 John Russell. Er denkt jedoch an den privaten Kreis, nur zugänglich dem geladenen Gast, und er beschreibt Gesellschaften, deren einziger Gegenstand (da man das politische Thema meist sorglich ausklammerte) «nur Sang und Scherz, Dichtkunst und Malerey, das neueste Schauspiel oder ein Roman oder die Abenteuer der letzten Schlittenfahrt nach Belvedere oder Berka war», wobei zu bedenken ist, daß, da selten «Professionells», welcher Couleur auch immer, in der kleinen

Stadt auftauchten, moderne Medien wie Fernsehen, Funk, Film, daß Schallplatte oder Kassette nicht existierten – daß darum jede Runde, die unterhalten sein wollte, auf sich selbst, auf den eigenen Einfall, das eigene Exerzitium angewiesen war. Ein unbefangener Dilettantismus, kaum eingeschüchtert wie heute durch Beispiele unerreichbarer Vollkommenheit, ermutigte den Laien, vergnügt und stolz nahezu alles selbst zu wagen. Lesezirkel, Hausmusik, Laienspiel blühten; alle Welt schrieb Verse, zeichnete, malte. – Das konnte zu schönen Leistungen führen, blieb aber selbst an Goethes Frauenplan, von Jahrzehnt zu Jahrzehnt immer unbestrittener die geheime Residenz, die Mitte aller Weimarer Geselligkeit, oft Stückwerk, das des nachsichtig-freundlichen Blicks bedurfte. Aber im Gegensatz zur modernen «Unterhaltungsindustrie», die den Zuschauer, den Zuhörer zur Passivität verdammt, belebte der Zwang, für Unterhaltung selbst zu sorgen, die Teilnehmer, weckte Esprit, Witz, Laune, schuf Gemeinsamkeit und förderte am Ende sogar Kenner- und Könnerschaft.

Literatur: Jochen Klaus: Alltag im «klassischen» Weimar. Weimar 1990. – Ulrike Müller-Harang: Geselligkeit. In: Goethe in Weimar. Ein Kapitel deutscher Kulturgeschichte. Hrsg. Karl-Heinz Hahn. Leipzig/Zürich 1986.

Gesner, Johann Matthias → «Fürstliche Bibliothek».

Giannini *Wilhelmine* Elisabeth Eleonore Gräfin von (1719[?]–1784), ab 1755 Kanonissin zu Herford.

Gräfin Giannini kam aus Braunschweig. Dort hatte ihr Vater durch Jahrzehnte als Oberhofmeister amtiert. Sie selbst hatte man jetzt, im Herbst 1775, kurz vor Goethes Ankunft in Weimar, zur Leitung des Hofs der jungen, eben mit Carl August verehelichten Louise berufen. Wahrscheinlich hatte die Herzoginmutter, der die Gräfin aus gemeinsamen Braunschweiger Jugendtagen bekannt gewesen sein muß, die Verbindung hergestellt.

Nach dem frühen Tod beider Eltern hatte einst die Herzoginwitwe von Braunschweig-Wolfenbüttel Wilhelmines Erziehung übernommen und sie 1755 zur Hofdame und zugleich zur Kanonissin der hochadeligen alten Reichsabtei Herford ernannt. Die Gräfin war konservativ. Literatur, Kunst oder Philosophie gehörten nicht zu ihren Interessen. Protokoll, Stand, Etikette hatten Vorrang. Dieses Weimar, wo gerade unter des Herzogs und Goethes Vorantritt Sturm und Drang in Szene ging und man sich geräuschvoll anschickte, die der Gräfin heiligen Regeln aufzuheben, erschien ihr, wie sie Graf → Görtz schrieb, als «une maison de fous». – An diesen Briefen, mit denen sie den Grafen über das Weimarer Leben auf dem laufenden hielt, ist, wie Willy Andreas zeigt, das Entsetzen, der Abscheu der höfischen Kreise voll abzulesen. Die Schöngeister, Goethe allen voran, doch auch die Standesgenossen der Oberhofmeisterin, soweit sie sich der Schöngeisterei verdächtig machten, verfallen dem gräflichen Verdikt. Besonders verdammenswürdig erschienen ihr (wie auch ihrer Freundin Karoline von Görtz) Charlotte von Stein und Anna Amalia. Selbst Louise, ihre Herrin, für sie «die beste aller Prinzessinnen», war Wilhelmine von Giannini nicht entschieden genug in der Abwehr der Revolte. – Sie selbst war häßlich. Karl von Lyncker erinnert sich noch als alter Mann ihrer ungeheuren Kolbennase, der hervorstehenden, rollenden, rotumringten Augen, und mit leisem Schauder spricht er von den starrenden schwarzen Barthaaren auf ihrer Oberlippe, ihm ebenso unangenehm wie ihr ewiges Tabakschnupfen und die dicke Schminkschicht ihrer Wangen. Dennoch hatte Herzogin Louise, wie Lyncker hinzufügt, viel Vertrauen zu ihrer Oberhofmeisterin, die nicht nur reaktionär war und grotesk anzuschauen, sondern auch gescheit, offen und mit Sinn für einen kleinen Spaß, was ihr selbst Goethe attestierte. – Der gesunde Menschenverstand gebot ihr, die arm war und auf das Hofdamengehalt angewiesen, vieles, was sie verabscheute, hinzunehmen und auf unauffällige Weise ihren Pflichten nachzukommen. In den Briefen, Tagebüchern und Memoiren der Zeit wird ihr Name kaum erwähnt, doch Louise gestand, als die Gräfin nach längerem Kränkeln an einem qualvollen Leiden starb, sie werde ihr nachtrauern, solange sie lebe.

Literatur: Willy Andreas: Sturm und Drang im Spiegel der Weimarer Hofkreise. In: Goethe, Viermonatsschrift der Goethe-Gesellschaft 8/1943, S. 135ff.

Göchhausen *Louise* Ernestine Christiane Juliane von (Eisenach 13. Februar 1752–7. Februar 1807 Weimar).

Einzige Tochter des Eisenacher Schloßhauptmanns von Göchhausen; wie Generationen der Familie vor ihr von jung auf in höfischen Diensten. Anfangs, bis 1775, in Karlsruhe, wo sie bereits durch Munterkeit und intellektuelle Neugier auffiel, dann in Weimar. Hier neben Liutgarde Nostitz und Charlotte, genannt Lottinchen, von Stein zunächst Gesellschafterin, von 1783 aber bis zu ihrem Tod Erste Hofdame Anna Amalias. – Eine Hofdame, entgegen den üblichen Erwartungen nicht anmutig und wohlgestalt, sondern von körperlicher Kümmerlichkeit: klein, häßlich, rachitisch verwachsen. Doch, wie ihre → Freundschaftstage zeigen, ungewöhnlich befähigt zu Geselligkeit und heiterem Behagen ringsum. Wieland nennt sie zärtlich-neckend seine Gnomide; er rühmt die «Feinheit ihrer inneren und äußeren Sinne», schätzt ihren flinken und kultivierten Geist. Sie war sprech- und sprachbegabt; sie konnte leichthin und auf das angenehmste parlieren, doch sie konnte auch maliziös sein. Eine Schärfe, die ihr mancherlei Mißhelligkeiten einbrachte, die aber gemildert wurde durch die stete Bereitschaft zu Spaß, Fopperei und zungenfertigem Spott, auch wenn er auf ihre Kosten ging. Die Grafen Stolberg sprachen von ihrem «wehrhaften Mund- und Schreibwerk» und hängten der winzigen Mißgestalt den Heroinen-Namen Thusnelda an, den Louise lachend akzeptierte, den Anna Amalia aber sofort zu dem behaglichen Thuselchen oder Thusel verkürzte. – 1774, ein Jahr bevor Louise von Göchhausen nach Weimar kam, war mit dem herzoglichen Schloß auch das Schloßtheater niedergebrannt. Die ausgezeichnete Seylersche Truppe mußte sich im benachbarten Gotha nach neuen Spielmöglichkeiten umsehen. In Weimar aber war man, da die Kassen leer waren und man dennoch nicht auf Schau- und Singspiel verzichten wollte, gezwungen, im eigenen Kreis Talente zu entdecken und zu aktivieren. – Louise von Göchhausen hatte sich bereits in Anna Amalias Lesezirkel als Vorleserin und gute Sprecherin bewährt und agierte nun, trotz ihrer Unscheinbarkeit, auf der mutig installierten Liebhaberbühne sicher und gelöst. Zudem verfügte sie über die seltene Gabe, auch die andern, auch die Damen, die Kavaliere ihrer Umgebung, auch die Dichter, die Beamten, die Gelehrten, selbst die Diener bis hinunter zum Gärtnerburschen, herbeizulocken; sie alle, schmeichelnd, drängelnd, organisierend, aufzumuntern, doch auch, wie Amalie von Voigt sich ausdrückte, «ihr Scherflein zur Unterhaltung beizutragen». Das machte sie zur geschicktesten Helferin ihrer Herzogin. Sie war unersetzlich, wenn es galt, aus Anna Amalias Musenhof eine «Anstalt zur Beförderung der Fröhlichkeit und guten Laune» zu machen. Ohne daß man es im einzelnen nachweisen könnte, war es weithin ihr Verdienst, wenn diese Laien, diese Dilettanten, wie Wieland feststellte, klimperten, geigten, bliesen und pfiffen, daß die Engel im Himmel ihren Spaß daran hatten . . . – Auch Goethe, dessen Dichtung das bucklige Hoffräulein, wie sie selbst gestand, mit «einer Art Abgötterei in sich aufnahm» und den sie dennoch «bestes Geheimrätchen» nennen durfte, ließ sich gern in ihrer Mansarde, die sie in Anna Amalias Palais bewohnte, am Schreibtisch nieder. Heiter gestimmt und angeregt durch ihre gescheite Nähe, schrieb oder diktierte er ihr mancherlei, was gerade gebraucht wurde. Darunter im Juni 1780 «Die Vögel», eine Posse nach Aristophanes, und im Oktober 1800 «Paläophron und Neoterpe», ein zierliches Maskenspiel, dem Geburtstag der Herzoginmutter gewidmet. – Die kleine Hofdame selbst verfügte über eine höchst «mobile Feder». Ihre Briefe, spontan, frisch, mit witzigen Wendungen und hübschen Einfällen, oft geradezu «Bulletins» vom geselligen Treiben in Ettersburg und Weimar, auf Belvedere und in Tiefurt, waren das Entzücken der Empfänger, zu denen Goethe, Herder, Wieland ebenso gehörten wie Knebel, Einsiedel, Seckendorff oder Böttiger oder auch der Kriegsrat Merck in Darmstadt oder die Frau Rat Goethe in Frankfurt. → Bertuch nahm diese Nachrichten, wenn der Inhalt von allgemeinerem Interesse war, gern in sein «Journal des Luxus und der Moden» auf, und das → «Tiefurter Journal», diese ironisch-journalistische Erfindung des Weimarer Musenhofs, konnte auf Louises Mitarbeit, auf ihre kleinen Scherze, ihre Berichte, Rätsel und Charaden nicht verzichten. – Auch wenn dann und wann, was bei dieser Nähe nicht zu verwundern ist, Anna Amalia und Thusnelda einander brouillierten und vielleicht sogar einmal an Trennung dachten: die kleine Hofdame blieb dennoch stets in Anna Amalias engster Umgebung. Im Juni 1778 fuhr sie mit ihrer Herzogin an den Rhein; gemeinsam verbrachten sie zwei Jahre (1788–1790) in Italien; gemeinsam flüchteten sie im Oktober 1806 vor der einrückenden Napoleonischen Armee; gemeinsam kehrten sie noch im gleichen Monat nach Weimar zurück, und Louise stirbt, nachdem die Fürstin ihr im Frühjahr 1807 vorausgegangen war, noch im Herbst des gleichen Jahres. Fernow schrieb am 13. September 1807 an Böttiger, Louise von Göchhausen sei eigentlich schon seit dem 10. April tot, «sie war nur noch nicht gestorben. Amaliens Tod war auch der ihre, und seit diese nicht mehr war, war ihre Existenz so gut wie vernichtet.» – In ihrem Nachlaß entdeckte man, kostbarster Fund, von ihr abgeschrieben, den «Urfaust» (1887 durch Erich Schmidt ediert) und in Ernst Wolfgang Behrischs Schönschrift das Buch «Annette» (1895 ediert), das Goethe wohl der Hofdame geschenkt und dann vergessen hatte.

Literatur: Die Göchhausen. Briefe einer Hofdame aus dem klassischen Weimar. Zum ersten Mal gesammelt und hrsg. von Werner Deetjen. Berlin 1923.

Christiane Vulpius, Miniatur von K. J. Raabe.

Goethe Johanna *Christiane* Sophie von, geborene Vulpius (Weimar 1. Juni 1765–6. Juni 1816 Weimar).

Mit einer Bittschrift des Bruders Christian August Vulpius in der Hand war Christiane am 12. Juli 1788 Goethe im Park von Weimar in den Weg getreten. Er nahm sie, beinahe sofort, in sein Haus, in sein Leben auf. – Die kleine Residenz war skandalisiert. Der Abstand schien zu groß. Er ein Mann von vierzig, sie fast um die Hälfte jünger; er eine Exzellenz, sie eine der «Brigitten», die in Bertuchs Fabrik, das heißt in dessen Nähstube, gegen geringen Lohn Stoffblumen bosselten. Er aus wohlhabendem Haus und Freund des Herzogs; sie (und das erschien der Zeit unerträglich) «von niederer Herkunft», mit einem, wie die Weimarer Fama wollte, im Säuferwahn verdorbenen Vater. – Vergessen war, daß noch Christianes Großvater als Hofadvokatus zu Weimar gesessen, daß die Vulpius' vor ihm durch Generationen rings im Land als Pastoren amtierten, daß der Vater Jura studiert und der Bruder, trotz bitterster Armut, Gymnasium und Universität absolviert hatte. – An den flehentlichen Gesuchen, die Christianes Vater im Laufe der Jahre an seine Obrigkeit richtete, ist die Armseligkeit der Weimarer Verhältnisse, ist, aus ihnen resultierend, die Chancenlosigkeit des «Beamten» Vulpius, ist das steigende Elend seiner Familie abzulesen: 1750 zwang ihn, wie er schrieb, die «Entsetzung des elterlichen Vermögens» zum Abbruch des Studiums; neun lange Jahre, in denen «seiner Frauen Mitgebrachtes» aufgezehrt wurde, diente er seiner Behörde ohne Entgelt; endlich wird er 1759 als Kopist mit 50 Talern fest angestellt, 1766 zum Amtsarchivar mit 75 Talern jährlich befördert. Eine Elendskarriere, die der Unglücksmann 1782 durch einen «falschen Consensus» (wohl eine Gebührenunterschlagung?) zunichte machte. – Goethe kannte, als er Christiane für sich erwählte, den «Fall Vulpius». Er hatte dem Conseil angehört, der den Archivarius «dimittierte» und zum Wegebau abschob. Er hatte wohl auch der jungen Christiane Gesuche gelesen, die für den Vater um Gnade bat – und die jetzt, sechs Jahre später, «ein bräunliches Mädchen», im sommerlichen Park vor ihm auftauchte. «Und ich verkannte sie nicht», sagt die vierte «Römische Elegie», «ergriff die Eilende, lieblich gab sie Umarmung und Kuß bald mir gelehrig zurück.»

Der Briefwechsel zwischen Christiane und Goethe, eine der wenigen Möglichkeiten, diese schwierige, der Mit- und Nachwelt immer wieder inkongruent erscheinende Verbindung aus dem Blickwinkel der Beteiligten zu sehen, ist nur unvollständig überliefert. Er setzt 1792 ein, 601 Briefe sind erhalten: von Goethe 354, von Christiane 247. Und selbst diesen Torso, durch den das böswillig ins Groteske verzerrte Christiane-Bild eine durchgreifende Korrektur erfuhr, lernte die Öffentlichkeit erst 1916 kennen. Zu Christianes hundertstem Todestag hatte, sorgfältig bearbeitet, Hans Gerhard Gräf «Goethes Briefwechsel mit seiner Frau» in zwei Bänden ediert.

Unbefangen war an jenem Julitag 1788 Christiane dem großen Mann entgegengegangen. Unbefangen schrieb sie ihm nun, da sie die Seine geworden

Christiane Vulpius in Goethes Wohnung im Jägerhaus, Zeichnung von J. H. Lips, 1791.

war, krakelnd und klecksend, ihre munteren Briefe. Sie schrieb, wie zärtlich ihr ums Herz sei, wie das Bübchen (im Dezember 1789 dem Paar geboren) den Vater liebe, wie der böse Klatsch sie kränke, die Arbeit ihr munde, das Vergnügen sie ergötze. Sie teilte auch dem «superben Schatz», dem «Liebsten», dem «Allersuperbesten» (den sie erst nach der Legalisierung ihres Bundes «Lieber Geheimrath» nennt) ihre vielerlei Wünsche mit und beschrieb ihm dann, der gerne sorgte und schenkte, lebhaft den lauten Dank, die stürmische Freude. – Behaglich benutzten beide die Codewörter ihrer plaisierlichen Ehesprache; redeten von den Schlampamps-, den Schlender- und Hätschelstündchen, vom Äugeln, Hasigsein, vom Gramseln, Kräbeln oder Krabseln, wie sie mit den Pfuiteufelchen und der Krabskrälligkeit Christianes häufige Schwangerschaften umschrieben. – Goethe reagierte, auch als etwa um 1797 die Zeit der ersten stürmischen Verliebtheit vorbei war, stets zärtlich-dankbar, froh ob der Heiterkeit der Liebsten, immer ihr Lust und Mut am Dasein zusprechend, stets dringlich ihre Liebe erbittend. – Christiane, noch weniger als Frau Aja (und andere Zeitgenossen!) im «Bustawiren» geübt, schrieb meist, wie sie sprach. Sie setzte unbekümmert ihr breites Weimarisch in Zeichen um, das eher erraten als gelesen werden kann. Arckam für Organ, Grüdick für Kritik, Dehedansag für Thé dansant, Ecks Sembelar für Exemplar. – Goethe kommentierte in den «Vier Jahreszeiten» das Gekritzel gelassen: «Welche Schrift ich zwei-, ja dreimal hintereinander / Lese? Das herzliche Blatt, das die Geliebte mir schreibt.»
Schiller hatte recht und hatte auch wieder nicht recht, wenn er, mit einer Spur von Malice und Moralin, Goethes häusliche Verhältnisse «elend» nannte. Wenn schon nicht elend, so war es doch zumindest lästig, es war auch kostspielig, daß sich selbst in dem weitläufigen Haus am Frauenplan (wo nach zwei Jahren vergnüglichem «Exil» im Jägerhaus Goethe seit dem Sommer 1792 mit Christiane wohnte) kein Winkel finden ließ, der ihm erlaubt hätte, sicher vor jeder Störung, seine Arbeit zu fördern. – Christiane, auf ihre Weise gescheit und mit Instinkt begabt, wußte in vielerlei Hinsicht durchaus, was ihrem Geheimrat not tat: Behagen, Entspannung, Stunden mit Gelächter und Spaß, mit Tafeln und Pokulieren, auch mit Amors Späßen «durch sämtliche zwölf Kategorien», wie Goethe im März 1791 aus dem Jägerhaus seinem Herzog schrieb. Doch Antennen für Lautlosigkeit, Stille und Eingezogenheit, deren die geistige Anstrengung bedarf, besaß sie nicht. Hier lag ihre Grenze. Es war eine der Hypotheken, mit denen die Beziehung dieser beiden ungleichen Menschen belastet war. Goethe nahm das schweigend hin. Klaglos war er bereit, den Preis zu zahlen. – Außerdem sah er, daß auch Christiane litt. Seine langen Abwesenheiten (1790 waren es sieben, 1810 sechs, sonst meist drei oder vier Monate im Jahr) schufen ihr mancherlei Ängste. Doch sie schmollte nicht. Wenn er zurückkam, fand er sie unschwierig, verliebt, anschmiegsam, und er dachte nicht an Trennung, worauf Schiller und viele der anderen Freunde hofften. – Er aber schrieb im November 1799 Christiane aus Jena, daß ihm sein Fernsein nur erträglich sei, weil er für sie und das Kind arbeite, und er schloß: «Lebet wohl und liebet mich.» – Für Christiane wiederum, das

machen ihre lebhaft sprudelnden Briefe deutlich, war die Arbeit in Haus und Garten willkommener Anlaß zu Umtrieb und fröhlichem Trubel. Unterstützt von vier bis fünf dienstbaren Geistern, unterstützt auch von Tante Juliane und Schwester Ernestine (die sich mit ihr, freundlich aufgenommen, in Goethes Haus etabliert hatten), dirigierte sie die ausgebreitete Wirtschaft. Sie hielt das Stadt- und das Gartenhaus «in zierlicher Ordnung», war für Krautland und Gärten (nicht aber für das Gut von Oberroßla) verantwortlich; sie konservierte und bewahrte die Vorräte, überwachte Küche und Keller, versorgte den Hausherrn, wenn er in Jena arbeitete, mit Schöpsenbraten, Kapaunen und Puter, mit würzigem Preßsack und ihren gelobten Knackwürsten. Sie pflegte die Wäsche; Wolle und Flachs ließ sie ebenso im Hause hecheln und spinnen wie das Weißzeug nähen. – Dennoch ist Goethe, freiwillig oder gezwungen, in erstaunlichem Ausmaß mit dem Funktionieren der Haushaltung befaßt. Von Jena aus mahnt er, daß Mangold, Kohlrabi, Brokkoli in die Erde müßten, daß die Federnelken tief zu setzen, der teure Resedasamen dünn auszusäen sei. Er besorgt (neben vierlei Putz für sein Liebchen) «Federküssen», Seife oder Essig; er sendet Geflügel und Wildbret, bestellt den Wein, die Liköre, den Champagner und nutzt seine ausgedehnte Korrespondenz, um die Speisekammer mit Delikatessen wie Kaviar, Spickaal, Lachs, mit vielerlei Näschereien, mit Austern, mit Zunge oder geräucherter Gänsebrust zu füllen. – Vor allem blieb ihm allein die Sorge um die Finanzierung dieser anspruchsvollen Menage überlassen. Christiane scheint, bei aller zupackend-derben Tüchtigkeit, kein Organ für den Umgang mit Geld besessen zu haben. Das «Vierteljahrsgeld», sicher nicht knapp bemessen, zerrinnt ihr unter den Händen. Sie verspricht zu sparen, doch die Bitten um Laubthälerchen extra, um Carolinchen, Dukaten oder «ein Papierchen» reißen nicht ab. Immer wieder sieht sich Goethe, so auch im Sommer 1812, einem derartigen Derangement der Haushaltskasse gegenüber, daß es ihm (wie der Sekretär John berichtet) buchstäblich den Atem nahm. – Er, der gern mit Geld large umging, hielt, nachdem der Anfall mühsam überwunden war, «eine wohl durchdachte und schön gefügte Lobrede auf den Geiz», die John bedauerte, nicht aufgezeichnet zu haben.

«Gustel», dem von den Eltern zärtlich geliebten Einzigen, Weihnachten 1789 geboren, folgten zwei Töchter und ein Sohn (Caroline 21. November–4. Dezember 1793; Karl 30. Oktober–18. November 1795; Kathinka 16.–19. Dezember 1802). Diesen drei kleinen Wesen, die so schnell wieder entschwanden, ist 1791 noch ein totgeborener Knabe, sind mehrere Fehlgeburten hinzuzuzählen, denen nur der eine gesunde Erstgeborene gegenübersteht: Fakten, die moderne Medizin als Folge einer Rhesusfaktor-Inkompatibilität der Gatten deutet. Selbst in jenen Zeiten hoher Kindersterblichkeit eine trübe Bilanz, die Christiane quälen und verstören mußte, was allerdings an ihren Briefen, den einzigen authentischen Zeugnissen ihres Denkens und Fühlens, bei dem sich trostlos wiederholenden mortalen Ausgang ihrer Schwangerschaften kaum abzulesen ist. – Goethe, Kindern ebenso zärtlich wie Christiane zugetan, reagierte mit Schweigen und intensiver Konzentration

Christianes Schreibgarnitur aus Porzellan.

auf den geistigen Bereich. Christiane dagegen schien weiter lebhaft, munter vergnügt. Vielleicht weil sie wußte, daß Goethe Aufheiterung, gute Laune, Unverdrossenheit von ihr erwartete; vielleicht aber stellte sich ihre naiv-derbe Natur tatsächlich nach jedem Schlag rasch wieder her; vielleicht aber ist doch der schrille Ton, der nun manchmal in ihrem Geplauder hörbar wird, Zeichen eines verborgenen Verletztseins, Zeichen ihres Kummers, ihres geheimen Leidens an «Körper und Gemüt».

Das Band schien nur lose geschlungen, bewies aber durch die Jahre Festigkeit und Stärke. Wie durch Zauber (den Zeitgenossen ein Rätsel und Ärgernis) schien Goethe an Christiane «genistelt und geheftet» zu sein. – Frauen, reizende, erzogene, kultivierte Frauen, drängten sich, angezogen von Dichtercharme und Ruhm, überall um ihn, verwöhnten ihn mit Gunst und Aufmerksamkeit. Doch Goethe gestattete (wie Emil Staiger sagt) diesen überaus lieblichen, diesen funkelnden, kapriziösen, diesen empfindsamen, klugen, anmutigen Geschöpfen, gestattete selbst der einzigen Marianne Willemer nicht, *voll* in die Wirklichkeit seines Lebens einzutreten. Wie im Spiel ließ er sie an sich vorübergleiten. Sie erheiterten, erfrischten, erwärmten ihm Gefühl, Sinn und dichterische Imagination, blieben aber bei allem belebenden Reiz, wie er im August 1810, leicht untertreibend, an Christiane schrieb, «Äugelchen», an denen das beste sei, daß sie geschwind vorbeigingen. – Christiane aber: nicht erzogen, nicht differenziert, nicht kultiviert, doch warm, verliebt, zärtlich, unverstellt in Begierde und Genuß, band ihn, wie ihn im Spätwinter 1788 die römische Faustine, der sie vielleicht im Typus glich, gebunden hatte. Beide besaßen das Zaubermittel, die «Freuden des echten nacketen Amors» hervorzulocken, den Geliebten zu entzünden und zu halten. – Freuden, die dann der Dichter ebenso offen wie delikat, ebenso direkt wie graziös, leichthin vom Derben zum Zartesten gleitend, in den «Römischen Elegien», in einer Reihe der «Venezianischen Epigramme» und dann noch einmal, im Frühjahr 1810, in den Stanzen des «Tagebuchs» beschreibt und feiert. – Pflicht, Interesse, alte Freundschaften banden Goethe in Weimar an

Christiane Vulpius mit dem kleinen Sohn August, Aquarell von J. H. Meyer, 1792.

den Hof; in Jena war sein Umgang die gelehrte Welt. Beide Zirkel lehnten Christiane strikt ab. Sie war auf die Gesellschaft der Theaterleute angewiesen, die ihr, der «Mätresse» des Theaterdirektors, gern halfen, Einsamkeit und erbarmungsloses Ausgeschlossensein zu vergessen. Mit ihnen feierte sie Feste, deren «Evan Evoë», wie Karoline Schlegel süffisant bemerkt, «durch die ganze Gegend umher erscholl». Mit diesen Komödianten kutschierte sie von Aufführung zu Aufführung durchs Land, akklamierte den Erfolgen, teilte die Kümmernisse, protegierte den einen oder andern und amüsierte sich «höllisch» dabei. – Doch auch Goethe profitierte. Im Haus am Frauenplan arrangierte sie die ihm wichtigen Deklamationsübungen, sie hielt den Singekreis zusammen, und in ihren Briefen orientierte sie ihn, den der Bühnenalltag rasch ermüdete und langweilte, über Erfolg und Mißerfolg eines Stückes, teilte ihm artig die Einnahmen der Kasse mit, beschrieb die Leistungen der Schauspieler, beschrieb das Verhalten des Publikums und zeigte ihm «manchen bösen Hexenbrei» an, der sich zusammenbraute. Hilfreich war, daß ein flinker Mutterwitz sie zudem befähigte, Querelen und Intrigen aufzulösen und Eifersucht, Hader oder Zwist durch freundliches Zureden zu besänftigen. – Goethe versicherte ihr wieder und wieder, daß er ohne ihre «Klugheit und Tätigkeit das ganze Theaterwesen nicht führen könne und möge».

Der plötzliche Entschluß Goethes, am 19. Oktober 1806, dem ersten Sonntag nach der unglückseligen Schlacht von Jena und Auerstedt, seinen Liebesbund durch die kirchliche Trauung zu sanktionieren, scheint die spontane Reaktion auf Christianes Mut, Treue und Gewandtheit, die sie in den schwierigen Besatzungstagen bewiesen hatte. Wahrscheinlicher aber ist, wie Riemer meint, daß Goethe Kanonendonner und Kriegsdrangsal gern als «den prägnanten und schicklichen Moment» nutzte, um längst Geplantes unauffällig Wirklichkeit werden zu lassen. Bereits 1797 hatte sein Testament Christiane und August zu seinen Erben bestimmt; 1801 ließ er durch den Herzog den Sohn legitimieren; die Eheschließung von 1806 war nur der letzte Schritt, um seiner «kleinen unheiligen Familie» den Status bürgerlicher Wohlanständigkeit zu gewinnen. – Goethes Mutter, für die Christiane immer «ein liebes, herrliches, unverdorbenes Geschöpf Gottes war, wie man es selten findet», jubelt und ruft Sohn und Tochter «zum neuen Stand allen Seegen – alles Heil – alles Wohlergehen» zu. Ähnlich wie sie empfanden auch die Freunde, die Christiane jenseits des Weimarer Dunstkreises durchaus besaß und die (wie die Knebels in Jena oder Elisa von der Recke oder Nikolaus Meyer, der Bremer Arzt, oder die Goetheschen Verwandten in Frankfurt) ihre Freundlichkeit, ihre Offenheit, ihren hellen Verstand schätzten und froh waren, die Vielgescholtene endlich in ihre Rechte eingesetzt zu sehen. – Auch Weimars «gute Societät», die jahrzehntelang «Goethes Liebchen» geflissentlich übersehen hatte, war nun gezwungen, die Existenz der Geheimrätin von Goethe zur Kenntnis zu nehmen. Goethe ließ keine seiner alten Freundinnen im Zweifel, daß man sein Wohlwollen, seine Zuneigung verscherze, wenn man seiner Frau nicht die gebührende Aufmerksamkeit erweise. Mit sanfter Gewalt erzwang er Christiane ihren Platz in der Gesellschaft. – Christiane, nun eskortiert von der hübschen und gewandten Demoiselle Ulrich, gab sich Mühe, diesen Platz auszufüllen. Zugleich aber spürte sie, daß man sie, obwohl man sich Goethes Wünschen fügte, nicht wahrhaft akzeptierte. Boshafter Klatsch zischelte nach wie vor hinter ihr her. Neben Frau von Stein war vor allem Lotte von Schiller eine der Wortführerinnen. Früher hatte man Christiane ausgeschlossen; jetzt wurde sie widerwillig geduldet. – Auch das eine schmerzende, eine prekäre Situation, die Christiane in einem Taumel von Vergnügungen zu vergessen sucht: Dem Jahrmarkt folgt das Vogelschießen, folgen die Messen, Brunnenfegen, die Kirchweihen und Roßmärkte rings im Land. Redouten wechseln mit der Komödie, die Traktaments mit Picknicks, Weinlesen, Sektfrühstükken. Immer heftiger wird Christianes Verlangen nach Abwechselung. Die Lust an Spaß und Spiel, in ihren jungen Jahren Äußerung eines fröhlichen Temperaments, einer überschäumenden Vitalität, steigert sich zur Sucht, zur Gier. Lauter, schriller wird das «Huppen», Karbatschen, Springen, Juchheien; lärmender das «Äugeln», das Auftrumpfen mit Wagen, Schlitten, Pferden, mit Kutscher, Diener und Gesellschafterin. Die Tanzwut und Trinkfreudigkeit der alternden Frau, die lange schon ihre Zierlichkeit eingebüßt hat und sich üppig, mit kupferfarbenen Wangen als ein «weiblicher Bacchus» präsentiert, werden peinlich, werden zum Ärgernis, besonders da ringsum, unter der Last der Napoleonischen Feldzüge, die Armut wächst, die Entbehrungen

Christianes Puderdose mit Quaste und Medizinfläschchen.

allen Ständen schwer aufliegen. – Alle Welt ist irritiert, nur Goethe nicht. Er, der einmal zu Riemer sagte: er denke nicht über Personen, die er liebe, nahm Christiane, wie sie war. Er will sie nicht ändern, bessern, erziehen, sieht auch nicht, obwohl er sich gelegentlich Sorgen macht, daß sie krank ist, schwerer krank, als sie beide annehmen. Für ihn bleibt sie das «kleine Naturwesen», das seinem Herzen nahe steht, ihm (trotz mancher Störung) wohl tut, immer noch Hypochondrie und Lebensschwere mit Lachen und Schmeicheln verscheucht. – «Gefährliches Befinden meiner Frau», vermerkt am 1. Juni 1816 Goethes Tagebuch. – Am nächsten Tag: «Verschlimmerter Zustand meiner Frau.» – Am 4. Juni: «Meine Frau noch immer in der größten Gefahr.» – 5. Juni: «Meine Frau in äußerster Gefahr.» – 6. Juni: «Nahes Ende meiner Frau. Letzter fürchterlicher Kampf ihrer Natur. Sie verschied gegen Mittag. Leere und Totenstille in und außer mir.» – Ursache dieses furchtbaren Sterbens, das Christianes Umgebung tief erschreckte, war wohl eine Urämie, Folge des schweren Nierenleidens, das Christiane seit langem quälte, ohne daß ihr mit den Mitteln damaliger Medizin hätte ernstlich geholfen werden können.

Jahre zuvor, am 26. August 1813, war Goethe, nach einem leichten Unwohlsein, für ein paar Tage nach Ilmenau aufgebrochen. Im Wagen schrieb er für Christiane, «der Zeit vor 25 Jahren gedenkend», das Gleichnis von dem Blümchen, das er im Walde gefunden, mit Bleistift nieder. Er faltete das Blatt, adressierte es an Frau von Goethe und sandte es noch von unterwegs nach Weimar: «Seinem allerliebsten Kind» die Versicherung, daß der 12. Juli 1788, den sie als Beginn ihres Bundes zu feiern pflegten, für ihn immer noch beglükkende Gegenwart war. – Riemer nannte «Gefunden», dieses herzlich-schlichte Gedicht, «eine schönste Parabel der goetheschen Ehe».

Jetzt, am 6. Juni 1816, verstummt Goethe. Nur vier kurze Zeilen deuten auf Verlust und Trauer: Du versuchst, o Sonne, vergebens / Durch die düstren Wolken zu scheinen! / Der ganze Gewinn meines Lebens / Ist, ihren Verlust zu beweinen.

Literatur: Deborah Vietor-Engländer: Der Wandel des Christiane-Bildes 1916–1982. In: Goethe-Jahrbuch, Band 102, 1985, S. 280–284. (Eine sachliche Würdigung der Christiane-Literatur.) – Goethes Briefwechsel mit seiner Frau. Hrsg. von Hans-Gerhard Gräf, 2 Bände. Frankfurt am Main (Neuauflage der Ausgabe von 1916/17). – Wolfgang Vulpius: Christiane. Lebenskunst und Menschlichkeit in Goethes Ehe. 4. Aufl., Weimar 1969. – Eckart Kleßmann: Christiane. Goethes Geliebte und Gefährtin. Zürich 1992.

Der 42jährige Goethe, Kreidezeichnung von J. H. Lips, 1791.

Goethe Johann Wolfgang von
(Frankfurt am Main 28. August 1749–22. März 1832 Weimar).

Goethe kam als Gast, vielleicht für Wochen, vielleicht für Monate. Doch Carl August wußte sich ihn zu attachieren; er verstand, den großen funkelnden Geist seinem armen Hof, seinem kümmerlichen Ländchen zu verbinden. Gegen den Widerstand des Hofes und der eingesessenen Bürokratie, die den bürgerlichen Emporkömmling hartnäckig ablehnten, verschaffte er dem Mann seiner Wahl Amt, Besitz, Titel und gesicherte Einkünfte, verschaffte ihm die Basis, die Goethe erlaubte, seine Existenz nach allen Seiten hin auszudehnen; ihm erlaubte, neben den amtlichen Pflichten unbehindert seinen esoterischen Neigungen, sei es als Dichter, sei es als Forscher, zu leben.
Im Juni 1776 geht Goethe die Bestallung zum Geheimen Legationsrat beim Conseil zu, der obersten Instanz, die, bestehend aus drei Mitgliedern, den Herzog berät. 1779 wird er zum Geheimen Rat, 1782 in den Adelsstand, 1804 zur Exzellenz erhoben. – Von Italien aus erbat Goethe 1787 die Befreiung von seinen Ämtern; nach seiner Rückkehr 1788 übernimmt er lediglich die «Oberaufsicht der Anstalten für Wissenschaft und Kunst», 1791 noch zusätzlich die Leitung des Theaters. 1815 rückt er, motiviert durch den Aufstieg des Landes zum Großherzogtum, zum Wirklichen Geheimrat und Staatsminister auf. – Sein Einkommen, über das er auch während der zwei Urlaubsjahre in Italien verfügt, stieg im Laufe seiner Dienstzeit von 1200 auf 3100 Taler im Jahr. Für Weimarer Verhältnisse ein Spitzengehalt.

Goethe in Weimar: das begann im Winter 1775 auf 1776 wie die wilde Jagd. Noch einmal ging «Sturm und Drang» in Wertheruniform und Götzton in Szene. Fluchen selbst an der Hoftafel, Lärm bei allem Kommen und Gehen, Peitschengeknall auf dem verschlafenen Marktplatz. Dann aufgesessen, «auf Parforcepferden über Hecken, Gräben und durch Flüsse, bergein, bergauf sich tagelang abarbeiten und dann nachts unter freiem Himmel kampieren, etwa bei einem Feuer im Walde», Baden in eiskalten Bächen, Tanz auf dem Dorfanger, «viel Gekitter mit den Misels». Wie eine Studentenkumpanei fegt die herzogliche Kavalkade durch das aufgestörte Land, treibt ihre derben Späße, spielt Bürgerschreck, treibt Unfug, auch groben Unfug, wohin sie gerät. Goethe, immerhin acht Jahre älter als Carl August, wird bald des kraftgenialischen Treibens müde, doch für den blutjungen Fürsten, der eben dem strengen Reglement einer steif-höfischen Erziehung entschlüpft war, ist der Trubel ein herrlicher Spaß.
Außer dem Herzog, dessen Intimus und engster Berater er bleibt, hatte Goethe auch beinahe sofort die Herzoginmutter für sich gewonnen. Wie ihrem Sohn ist ihr dieser originelle Doktor Goethe, den sie aimable und ungewöhnlich interessant findet, sympathisch. Souverän übersieht sie das Genie-Gehabe, das zudem unter den belustigt-spöttischen Blicken dieser großen Dame rasch schwindet. Sie zieht ihn an ihren Hof, der ja bereits als «Musenhof» gilt. Goethe wird zum Maître de plaisir, zum Hofpoeten. Er arrangiert die hübschesten kleinen Feste, schreibt hübsche kleine Sächelchen wie «Lila», «Die Fischerin», «Die Geschwister» oder den «Triumph der Empfindsamkeit»: Sächelchen mit vielerlei Anspielungen und tieferer Bedeutung für die, die Bescheid wissen. Unter seiner Regie wechseln Maskeraden mit Redouten und Picknicks; man spielt Comödie, man läuft, auch das für die Hofgesellschaft ein funkelnagelneues Vergnügen, bei Fackelschein auf den vereisten Ilmwiesen Schlittschuh. An häuslichen Abenden improvisiert Goethe, dieser «Zaubrer, dieser schöne Hexenmeister», wie ihn Wieland nennt, in atemraubender Folge Hexameter, Stanzen, Knittelverse, extemporiert Sketch um Sketch, erfindet ad hoc übermütige Geschichten. Er liest aus mitgebrachten, er liest aus neu entstehenden Arbeiten, darunter den «Urfaust», den «Urmeister», er rezitiert die «Harzreise im Winter» oder «An den Mond» oder «Wandrers Nachtlied». Der kleine Kreis wird zu seinem Publikum; wird zu dem Publikum, an das er denkt, wenn er schreibt.
Lakonisch vermerkt aber auch Goethes Tagebuch durch die Jahre «Akten», «Conseil» oder «Session». Dazwischen dann: «Immer weggearbeitet» oder «Hatt ich gute Blicke in Geschäfften», doch auch «Wie man aus seinem Haus tritt, geht man auf Kot». Spuren des Regierungsalltags, der ihm seinen Stundenplan aufzwingt. Er, der bis dahin frei wie ein Vogel lebte, ist eingespannt. Die Wirklichkeit, schwierig, zäh, dumpf, hat ihn in ihre Schule genommen. Nahezu alles, was im Land vorgeht, fordert seine Aufmerksamkeit, fällt in seine Verantwortung. Ihm unterstehen die Bergwerks- und die Kriegskommission, die Kommission für Wege- und Wasserbau, schließlich auch das wichtige Finanzressort, die Kammer. – Aufgaben über Aufgaben! In Ilmenau

wäre das Bergwerk, seit dem großen Dammbruch im Juli 1739 stillgelegt, in Gang zu setzen. Noch besteht Hoffnung, wieder Kupfer, vielleicht sogar Silber zu schürfen. Wie sich herausstellt, eine Sisyphusarbeit: schwierige Eigentumsverhältnisse, verpfitzte juristische Probleme, immer neue technische Komplikationen durch Jahrzehnte. – Vorschriften zur Feuerverhütung, Gedanken zu einer Brandversicherung sind zu formulieren; Feuerspritzen, Ziegeldächer statt des Strohbelags sollten beschafft werden. Der Brände rings in den Dörfern sind zu viele, der Schaden zu groß. – Straßen müßten gebaut, sie müßten zumindest ausgebessert, die Ufer der Saale und Ilm müßten reguliert werden. – Modernere Methoden könnten der Landwirtschaft, könnten vielleicht sogar der kümmerlichen Industrie aufhelfen. – Dann wieder eine Session über den Bierpfennig, eine nächste über den Fleischpfennig. Dazwischen kurioser Kleinkram: die Sache mit der Lederhose des desertierten Husaren, das Einsammeln der Sperlingsköpfe füllt je einen Aktendeckel; die Ruhlaer «Rauchhühner» (eine Naturalsteuer), ein Objekt von 3 Talern, 23 Groschen, 10 Pfennigen, nehmen bereits zweihundert Seiten in Anspruch. – Dann wieder wichtig, beinahe schon «Außenpolitik», die Reisen mit dem Herzog nach Leipzig, nach Potsdam, Berlin, auch die Besuche befreundeter Höfe, schließlich 1779 der lange Ritt in die Schweiz.

Zu Anfang schien Goethe, wie er übermütig an Merck schrieb, das Herzogtum Weimar wohl ein Platz, wo er versuchen könne, «wie ihm die Weltrolle zu Gesicht stünde»; auch Jahre später notiert er noch, daß «der Druck der Geschäfte der Seele sehr schön und die vermannigfaltigte Tätigkeit ein Bedürfnis seiner Natur» sei, doch zu Ende seiner Amtszeit stellt er sarkastisch fest, daß man in der Jugend sich zutraue, den Menschen Paläste zu bauen, wenn's aber dann um- und ankäme, habe man alle Hände voll zu tun, um ihren Mist beiseite zu bringen.

Willig hatte er alle Plackerei auf sich genommen. – Nie habe er «ohne die höchste Noth» eine Sitzung versäumt, schrieb er im Dezember 1783 an Frau von Stein, und tatsächlich hat er (wie man nachzählte) an 500 Sitzungen von den 750 teilgenommen, die in dem Jahrzehnt seiner Conseil-Zugehörigkeit stattgefunden hatten. Etwa 23 000 Fälle wurden bearbeitet. Er hatte Akten gelesen, Relationen geschrieben, er hatte unter großen Mühen die Finanzen des Landes geordnet. Er hatte Rekruten ausgehoben, so lästig ihm das Geschäft war; er hatte die herzogliche «Armee» von 571 auf 323 Mann herabgesetzt. Beim Straßenbau, in der Wasser-, in der Landwirtschaft war da und dort ein bescheidener Anfang gemacht, 1784 konnte in Ilmenau der neue Johannisschacht niedergebracht werden.

Das waren Ansätze, fast mehr Hoffnung als Realität, schöne Hoffnungen, die sich nur allzu rasch als Illusionen entpuppten. Die Armut, die Aufsplitterung des weimarischen Herrschaftsbereichs in weit auseinanderliegende Gebiete (schon die Straße von Weimar nach Erfurt, etwa zwanzig Kilometer, passierte mehrere Grenzen), der Mangel an Handwerkern, Technikern und gut vorgebildeten, erfahrenen Fachleuten erstickten jede großzügige Planung im Keim; ererbte Sonderrechte, wie das Triftrecht oder die bäuerliche Fronarbeit, die zum Wohle des Ganzen hätten fallen müssen, an die sich aber die «Stände», das heißt die Gutsbesitzer und Pächter, verbissen klammerten, vereitelten jeden ernsthaften Reformversuch. Der Herzog endlich, an sich modernen Reformgedanken durchaus geneigt, war nicht gewillt, auf die Jagd, das Privileg großer Herren, zu verzichten. Hier stieß Goethes «Erziehungsarbeit», hier stieß auch die Freundschaft der beiden auf ihre Grenze. Treib- und Sauhatzen vernichteten weiter, was Goethe und seine Gehilfen mühsam «säten und pflanzten». Ebenso ruinös für Goethes sorgliche Finanzpolitik waren Carl Augusts außenpolitische Ambitionen, vor allem seine Reisen in Sachen des Fürstenbundes, deren Kosten in dem schmalen Etat nicht unterzubringen waren. Bitter vermerkt Goethe 1782, daß man nun so weit gekommen sei, oben in einem Tag mehr zu verzehren, als unten in einem Monat beigebracht werden könne.

Wir wissen wenig von ihr, kaum mehr als die Lebensdaten. Als Goethe, der in Frankfurt schon von ihr gehört und ihre Silhouette gesehen hatte, Charlotte in Weimar traf, war sie dreiunddreißig, seit Jahren mit dem Oberstallmeister von Stein verheiratet; sie hatte sieben Kinder geboren und von diesen vier wieder verloren. – Eine zarte, kränkelnde Frau, doch Goethe brauchte sie. Er war auf sie angewiesen. Unausgeglichen, wie er aus Frankfurt nach Weimar gekommen war, ständig bedroht von dem «flutenden Wirrwarr der Gefühle», suchte er Schutz bei ihr, der Kühlen, Verständigen, Seelenruhigen. – Der Bund mit ihr machte ihn frei für den Regierungsalltag, der ihn zwang, sich der Außenwelt, der Realität zuzuwenden, deren Probleme zu bedenken, sie mit den Augen des Praktikers zu betrachten und ihre Lösung in Angriff zu nehmen. Die Männer, die er zu seiner Unterstützung heranzog, Förster, Gärtner, Beamte, Techniker, wußten nichts von rauschhaft-schweifenden Allgefühlen, und die Nöte empfindsamer Seelen waren ihnen gleichgültig. Beim Wege- und Wasserbau, im Bergwerk, bei «Wiesewässerung» und Durchforstung der Wälder, doch auch bei der Anlage des eigenen Gartens und bei der Umwandlung des Ilmgrunds, «einer raupigten Einöde», in einen Park mit verschatteten Hängen und lichten Wiesengründen forderten sie von ihm, dem Vorgesetzten, den raschen Entschluß, die richtige Entscheidung. Das setzte Nüchternheit und Sachverstand voraus. Er mußte sich über die Beschaffenheit der Böden, die zu bearbeiten waren, über die Bedürfnisse der Pflanzen, die gedeihen sollten, im klaren sein; er mußte, soweit wie möglich, die Lagerung der Erzgänge, die Schichtung des Gesteins durchschauen, um erfolgreich die Stollen einzutreiben.

Er ging von der praktischen Arbeit aus, überschritt aber bald deren Grenzen. Der Wissenschaftler erwachte in ihm. Probleme, Fragestellungen der Naturwissenschaft, der Naturforschung zogen ihn in ihren Bann und gaben ihn nie wieder frei. Nichts gehe ihm über die Freude, die ihm das Studium der Natur gewähre, sagte er im Juli 1831 zu Eckermann. «Ihre Geheimnisse sind von unergründlicher Tiefe», fuhr er fort, «aber es ist uns Menschen erlaubt und gegeben, immer weitere Blicke hineinzutun.» – Erstaunlich ist die Mannigfaltigkeit seiner Interessen, denen er, etwa von 1780 bis an sein Lebensende, mit

Goethe, seinem Schreiber John diktierend, Ölgemälde von J. J. Schmeller, 1831.

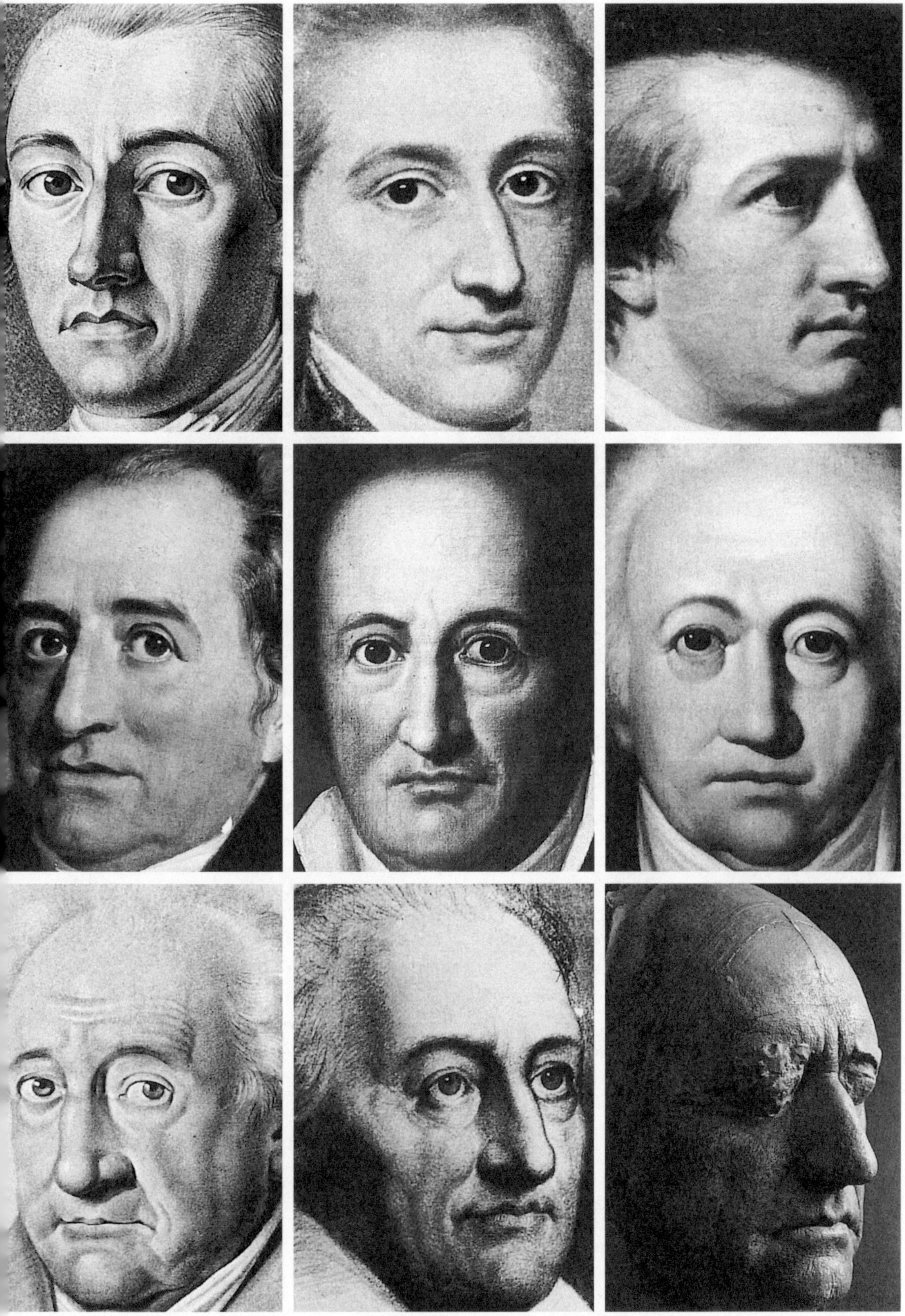

Goethes Antlitz im Wandel der Jahre, 1773–1832, dargestellt von seinen Zeitgenossen.

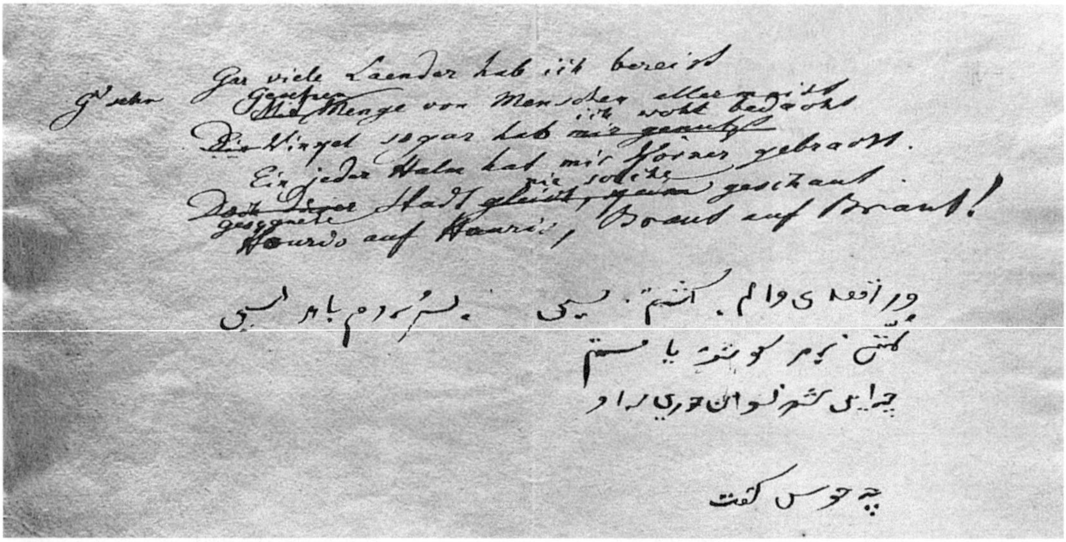

Oben: Koffer zum Reisewagen Goethes, mit Zylinderschachtel.

Unten: «Gar viele Länder hab ich bereist . . .», Handschrift Goethes eines Gedichtes aus dem «West-östlichen Divan», um 1813.

ungewöhnlicher Konsequenz und nie erlahmendem Eifer nachgeht. Durch die dienstliche Verflechtung mit den Jenaer Universitätsinstituten erfährt seine Arbeit stetig neue Anstöße; als Mitglied mehrerer naturwissenschaftlicher Gesellschaften ist er mit Vertretern dieses Bereichs in nie abreißender Verbindung; er übersieht die Fachliteratur, und Reisen in die Schweiz, nach Italien, die Wanderungen im Harz, in Thüringen, die Aufenthalte in den böhmischen Bädern erweitern und vertiefen stetig sein Blickfeld. Es gäbe nichts in der Natur und in den Wissenschaften, meint ein Bekannter Goethes, das nicht eine Zeitlang seine Gedanken beschäftigt habe: Fragen der Geologie und Mineralogie, der Botanik und Zoologie, der Paläontologie und Anatomie, schließlich Fragen der Witterungskunde und Optik, und davon ausgehend die Untersuchungen zur Farbenlehre. Sechstausend Seiten in dreizehn Bänden der Weimarer Sophien-Ausgabe füllen diese Schriften, in denen Goethe Beobachtungen, Erfahrungen und Resultate dieses langen Studiengangs mitteilt.

Reisemantel und Lederschuhe Goethes, nach 1800.

Helmholtz, der große Vertreter exakter Naturwissenschaft, nennt Goethe einen der ersten Naturforscher aller Zeiten, da er wie der strengste Fachgelehrte untersuche und wie ein die Zusammenhänge unmittelbar schauender Dichter folgere. Man könnte nicht besser die Doppelnatur der Goetheschen Bemühungen, nicht besser seine Arbeitsweise, nicht besser das Ziel seiner Arbeit bezeichnen. Er kannte, die mathematischen Richtungen ausgenommen, die naturwissenschaftlichen Methoden der Zeit; ihm war die Nomenklatur jedes Fachbereichs geläufig; im Anorganischen war ihm das weite Feld der Mineralien und Kristalle ebenso vertraut wie im Bereich des Organischen Linnés System der Pflanzenwelt oder die vergleichende anatomische Methode, durch die ihm die Entdeckung des menschlichen Zwischenkieferknochens, dieses Präludium der Abstammungslehre, gelang.
«Mit uneigennützigem Blick, mit neugieriger Unruhe, doch klarem Verstand» will Goethe die Natur betrachtet wissen. «Sie hat kein System», sagt er in den Aufsätzen zur Pflanzenkunde, «sie hat, sie ist Leben und Folge aus einem unbekannten Zentrum, zu einer unbekannten Grenze. Naturbetrachtung ist daher endlos, man mag ins Einzelste teilend verfahren oder im Ganzen nach Breite und Höhe die Spur verfolgen.» Sein Streben ging dahin, in dem Andrang der Erscheinungen, wo jede für sich ihm «nur ein Ton, eine Schattierung der großen Harmonie» ist, das Gesetz zu erkennen, «wonach die Rose und die Lilie blüht». Er sucht nach der «Gestalt», der «Idee», dem «Urphänomen». Er sucht, wie er 1810 schrieb, nach «den paar großen Formeln», durch die ihm im Anschauen alles Eins wird, «und alles, aus Einem entspringend, wieder zu Einem zurückkehrt». – Bei seinen morphologischen Untersuchungen (Goethes originaler Leistung, die bis in die Deutungen der modernen Biologie nachwirkt) sind ihm Begriffe wie «Typus» und «Urpflanze» solche Formeln, ebenso der höchst produktive Gedanke der «Metamorphose», dieses durch «Polarität und Steigerung» unendlichen Prozesses von Bildung und Umbildung, ebenso Begriffspaare wie «Licht und Dunkel» (an dem ihm das Geheimnis der «subjektiven Farben» aufging) oder «Systole und Diastole»

oder auch «Einatmen und Ausatmen». Es sind Formeln, die in ihrer «zarten Abstraktion» ihm erlauben, elastisch, in einem «wiegenden Hin und Her», die empirische Beobachtung mit philosophischem Nachdenken zu verknüpfen. Formel und Begriff dringen in seine Dichtung ein, durchdringen Vers und Prosa und verleihen durch die Möglichkeit, im Besonderen auf ein Allgemeines, in Figurationen des Realen das «Symbol» zu sehen, seiner Diktion den unverwechselbaren, nur ihm eigenen, sinnenhaft-geistigen Hauch. Behutsam, in vielen gleitenden, geschmeidigen Wendungen, adäquat den begrifflich kaum faßbaren Übergängen der «leise sprechenden Natur», umschreibt Goethe das ihn beglückende, befreiende, seine ganze Existenz festigende Ineinandergreifen von Forschung und philosophischer Einsicht.

Wieder einmal, ähnlich wie ein Jahrzehnt zuvor von Frankfurt nach Weimar, hatte Goethe Anfang September 1786 die Flucht ergriffen. Die Flucht aus der einmal so freudig aufgenommenen Arbeit, die für ihn nun aber, da sich in den Herzogtümern Weimar-Eisenach nichts zum Besseren wenden ließ, Sinn und Zweck verloren hatte. Flucht auch aus der Bindung an Charlotte von Stein, Flucht aus dieser übersteigerten Innerlichkeit, die dem Liebenden, bei aller Zuneigung, nur noch Spannung und Qual schuf. – «Ein Dieb in der Nacht», lediglich mit Mantelsack und Dachsranzen ausgerüstet, brach er von Karlsbad, wo er seit Wochen die Kur gebrauchte, zu der großen Fahrt auf. Er überquerte die Alpen, kam über Verona, Vicenza, Padua nach Venedig, verbrachte hier die erste Oktoberhälfte und fuhr dann wie gejagt, vorbei an Ferrara, Bologna, Florenz, in Eilposten dem ersehnten Rom zu. Hier blieb er, abgesehen von dem Vierteljahr in Neapel und auf Sizilien im Frühling 1787, bis zur Rückkehr nach Deutschland. – Zwei Jahre nach dem Aufbruch in den Süden, am 18. Juni 1788, traf Goethe wieder in Weimar ein.

Italien hatte nicht nur seinen inneren, es hatte auch Goethes äußeren Habitus verändert. Freunde in Weimar erkannten ihn kaum wieder. Die jugendliche Hagerkeit, die Schärfe der Gesichtszüge war geschwunden, er war breiter, voller geworden. Ein Apoll sagten die Zeitgenossen, die wenig später, als Goethe massig und schwer wurde, ihn enttäuscht einen steifen Reichsstadtsyndikus, einen Weinhändler, einen biederherzigen Amtmann nannten. Die Bildwerke aber, um 1790 entstanden, wie Tischbeins «Goethe in der Campagna» oder die vollockigen Büsten von Trippel und Klauer oder die überzeugende Lipssche Kreidezeichnung zeigen Goethe, einen schönen Mann: energisch, gelassen, seiner selbst gewiß.

Noch von Rom aus hatte er dem Herzog die Stellung, wie sie ihm künftig not tat, wenn er als Dichter arbeiten und bestehen wollte, definiert. Er werde seinem Fürsten sogar mehr sein als bisher, schrieb er im Mai 1787 Carl August, wenn dieser ihn nur das tun lasse, was niemand als er tun könne, und das übrige andern auftrüge. Der Herzog, wahrhaft ein Freund und Mäzen, stimmte zu. Goethe wurde, bei weiterlaufenden Bezügen, von allem «Mechanischen der Regierungsgeschäfte» befreit. Ihm blieben auch Titel und Würden und ihm blieb, ein Geschenk Carl Augusts, das große → Haus am Frauenplan, der stattliche Rahmen seines sich allmählich fürstlich dehnenden 140

Daseins. Zum Ausgleich übernahm er im Laufe der Jahre die → «Oberaufsicht» der Institutionen, deren Funktionieren, deren zielbewußte Förderung auch Goethes Interessen förderte: die Bibliotheken von Weimar und Jena, Theater, Münzkabinett und Zeicheninstitut in Weimar, die Botanische Anstalt, die Naturalienkabinette zu Jena. – Vielerlei erschwerte ihm nach den zwei Jahren im Süden die Akklimatisation in Weimar. Das rauhere Klima, der dunklere Himmel ließen ihn frösteln; die Freunde, mit denen es ihn drängte, sein «Italien-Glück» zu teilen, waren fern, sie waren desinteressiert oder sie grollten wie Frau von Stein, die Christianes Existenz nicht verwand. Dazu kam der offenkundige Mißerfolg der «Schriften» (nur 303 Subskribenten hatten sich gefunden), der ihn bestürzte und verletzte. Er hatte nach langem Schweigen die Fühlung mit seinem Publikum verloren, das sichtlich anderes von ihm erwartete als die zarte und strenge Seelenmusik einer «Iphigenie», eines «Tasso».

Quälender war noch der Disput, das «Streitverfahren» mit der Zeit, in das er sich, tief irritiert, jahrzehntelang verstrickt sah. Ein vielschichtiger, verwikkelter Streit, in dem beide Kontrahenten im Recht und zugleich im Unrecht waren; ein Disput, zuerst ausgelöst durch die Französische Revolution, verschärft dann durch das Auftreten Napoleons, schließlich mißmutig und beklommen fortgeschleppt durch den Befreiungskampf der Deutschen. – Viele Zeitgenossen, darunter nahe Freunde wie Herder oder Wieland, hatten 1789 den Umsturz in Paris enthusiastisch begrüßt. Goethe dagegen, obwohl kein Legitimist, wenn auch (wie Friedrich Meinecke bemerkt) seinem Wesen nach von «konservativer Einschicklichkeit», erfaßte sofort im Feuerwerk funkelnder Parolen die gefährliche Diskrepanz von Traum und Realität, von Utopie und böser Wirklichkeit. Ihn schreckte und ängstigte der Ausbruch unbekannter, irrationaler Kräfte, und nur Napoleon schien ihm groß genug, das Chaos zu bannen und die heillos verwirrten europäischen Verhältnisse zu ordnen. Für das geschundene und ausgebeutete Deutschland aber war der Korse ein Usurpator, den zu vertreiben das heilige Recht der Völker blieb. Doch Goethe, entschieden ein Mann des Friedens, fürchtete nichts so sehr als das «wilde Geschick des allverderblichen Krieges». Zudem störte ihn der schwärmerisch-rückwärtsgewandte Blick vieler Patrioten, die im fernen Mittelalter zu finden hofften, was ihnen die Gegenwart vorenthielt. Ihm, dem «dezidierten Heiden», war Frömmelei und romantischer Überschwang ebenso suspekt wie revolutionärer Umtrieb. – «Es ist all und überall Lumperei und Lauserei», schrieb er im Herbst 1790 an Herder. Er hatte den Herzog in das Schlesische Feldlager begleitet, wie er ihn zwei Jahre später auf dem unglücklichen Marsch in den Ersten Koalitionskrieg bis nach Verdun, bis zur Kanonade von Valmy begleiten mußte. Alles, was er sah: das Elend der Kleinen, das töricht-aufgeblasene Treiben der Großen, ekelte ihn, und er wünschte sich sehnlichst «zwischen die Thüringer Hügel, wo er doch Garten und Haus zuschließen konnte».

Dort warteten Christiane und sein «Bübchen», seine «kleine, unheilige Familie» auf ihn – für Goethes gewohnten Umgang, Hof und «gute Societät» in Weimar, die gelehrte Welt in Jena: ein Skandalon (auch noch als er 1806 den Bund legalisierte), doch seinem Herzen teuer. – Und dort gelang es Schiller, seit Jahren begierig, Goethe, dem Geliebt-Gehaßten, dem Beneidet-Bewunderten, näherzukommen, endlich, im Juli 1794, den Zirkel geistiger Isolierung, den Goethe mutlos-verdrossen um sich gezogen hatte, zu durchbrechen. Seinem Zuspruch, seinem Drängen gelang es auch, ihn, der fast nur noch in naturwissenschaftlichen Problemen lebte, der Dichtung wiederzugewinnen. In Schillers Zeitschriften erschienen Teile der «Römischen Elegien», er schrieb die «Unterhaltungen deutscher Ausgewanderten», schrieb Balladen, darunter die «Braut von Korinth», der «Gott und die Bajadere», er schrieb Elegien wie «Amyntas» oder «Euphrosyne». Er verfaßte gemeinsam mit Schiller die «Xenien», vollendete «Wilhelm Meisters Lehrjahre» (seit 1777 in seiner Schublade) und nahm die Arbeit am «Faust» wieder auf. Als «Taschenbuch für 1798» erscheint «Hermann und Dorothea», eine Idylle, auf deutschem Boden angesiedelt, ein Epos, in Konkurrenz zu Homers großen Gesängen gebildet, dessen Gegenstand aber die Gegenwart, die schlimme, von Revolution, Krieg und Flucht aufgewühlte Zeit ist, und auf diesem Hintergrund ein Schicksal, in dem sich Menschlichkeit rein und schön entfaltet. Mit diesem Werk habe er den Deutschen einmal ihren Willen getan, schrieb der Dichter an Schiller, und sie seien äußerst zufrieden. Goethe hatte sein Publikum wiedergewonnen.

Rotweinflasche mit Goethes Wappen versiegelt, aus Goethes Arbeitszimmer.

Sein Ruhm, seine Autorität wuchsen. Weimar wurde zur geistigen Mitte Deutschlands, das Haus am Frauenplan zur heimlichen Residenz. Die Korrespondenz wächst, erfaßt immer neue Kreise, neue Interessen und Gebiete; der Adreßkalender der Besucher wird länger und vielfältiger, die Gastlichkeit opulenter. Die Amtsgeschäfte, die Forschungsaufgaben drängen, der Mitarbeiterstab vergrößert sich, Tag um Tag sichtet die «Goethe-Kanzlei» Material, es wird redigiert, mundiert, expediert. Arbeiten werden abgeschlossen, Ausgaben vorbereitet.

Im März 1827 schreibt jedoch Goethe an Zelter: «Il faut croire à la simplicité, zu deutsch: man muß an die Einfalt, an das Einfache, an das urständig Produktive glauben, wenn man den rechten Weg gewinnen will.» Im Gegenspiel zu aller Geschäftigkeit bedarf es der Stille, der entschiedenen Konzentration. Nur dann gelingen wieder und wieder Werke von großer Kraft und Herrlichkeit: im Winter 1807 der Sonettenkranz für Minchen Herzlieb, zwei Jahre später die subtil verrätselten «Wahlverwandtschaften», ein Roman, der die Leser mehr schockierte als entzückte. In den gleichen Jahren werden die «Wanderjahre», wird «Dichtung und Wahrheit» begonnen, zwischen 1814 und 1819 entsteht der «West-östliche Divan», ein Zyklus, höchst inspiriert, köstlich, ein feines Gespinst, voller Überraschung und Farbe. Es folgt der leidenschaftliche Ausbruch der «Marienbader Elegie», eine Huldigung für die kleine Baronesse Levetzow und ein Abschied von der Liebe, die nun ganz zum geistigen Prinzip wird. «Hauptgeschäft» aber des Patriarchen, der Goethe, ein verehrungswürdiger Greis, nun ist, Hauptgeschäft ist die Arbeit am «Faust II», die Förderung «dieser sehr ernsten Scherze», dieses großen dramatischen

Gedichts, Lesern gewidmet, die sich auf «Miene, Wink und leise Hindeutung verstehen». Am 22. Juli 1831 versiegelte er das zu Ende gebrachte Manuskript. Acht Monate später, am 22. März 1832, stirbt Goethe im Alter von zweiundachtzig Jahren. Johann Peter Eckermann sah den Toten: «Auf den Rücken ausgestreckt, ruhte er wie ein Schlafender. Friede und Festigkeit waltete auf den Zügen seines erhaben-edlen Gesichts. Die mächtige Stirn schien noch Gedanken zu hegen ...»

Goethe Julius *August* Walther von
(Weimar 25. Dezember 1789–27. Oktober 1830 Rom).

Es bedarf kaum eines sonderlich geschärften Blicks, um die Schwierigkeiten, das Geheim-Doppelbödige in August von Goethes anscheinend so begünstigter Existenz wahrzunehmen. Eine zärtliche Mutter, ein liebevoll-interessierter Vater, dessen Name jede Tür öffnet; das «Spielfeld» des kleinen Burschen ein geräumiges Haus und große Gärten, Reisen mit dem Vater als munter genossene Abwechslung, ein behutsames Heranbilden der kindlichen Anlagen, zur Nachsicht ermahnte Hauslehrer, erst als Abschluß (doch ohne Examenszwang), drei Jahre Gymnasium. August gilt als guter Lateiner und noch besserer «Grieche»; er beherrscht die Kavaliersdisziplinen des Reitens, Fechtens, Tanzens; er kann wie der Vater schwimmen und schlittschuhlaufen und teilt dessen Freude und sehr bald auch die Kennerschaft des Vaters am Sammeln von Mineralien und Münzen. – «Ein hübsches, ein liebes Kind, possierlich, gescheit und brav», finden selbst die Damen, die Augusts Mutter verabscheuen. «Ein lieber Sohn», sagt auch der Vater, doch er spricht auch von seinem «armen Jungen», und Frau von Stein schreibt, daß ihr Augusts Augen traurig vorkämen, «als wenn er schon einmal den Trug des Lebens erfahren habe»! Zweifellos, er ist «Goethens August», doch ehe ihn ein herzogliches Rescript vom 15. März 1801 legitimierte, hieß er vor dem Gesetz wie die Mutter. Er wird gelegentlich als Spielgefährte des Erbprinzen eingeladen, aber der vertraute Umgang mit Kindern gleichgestellter Häuser kommt nur zögernd zustande. Die Mutter erfüllt Haus und Garten mit Leben und Gelächter, doch wenn die Freunde des Vaters kommen, verschwindet sie in Küche und Nähstube. August darf sich in den Räumen des Vaters, auch in den noblen Staatszimmern, zu Hause fühlen, zugleich aber gehört er zu dem Vulpius-Clan, der, vom Vater zwar freundlich aufgenommen und versorgt, im Hinterhaus das untergeordnete Dasein von Leuten führt, die halb Dienstboten, halb Almosenempfänger sind. Auch daß Goethe 1813 den Sohn hinderte, als «Jäger zu Fuß» aktiv an der «Befreiung des Vaterlandes» teilzunehmen, sondern ihn auf flauem Heimatposten in Weimar zurückhielt, mußte August seinen Altersgenossen, die stürmisch aufgebrochen und hochgefeiert aus dem Kampf heimgekehrt waren, nachhaltig entfremden. – Gutmütig, arglos, fröhlich sogar, scheint sich das Kind, scheint sich der Heranwachsende in die schwierige Situation gefunden zu haben. Später erst registrieren die Zeitgenossen Brüche, Hemmungen, Widersprüche, die vielleicht doch Wurzeln in frühen Verletzungen haben.

Mit einer «unterthänigsten Bitte», deren gnädige Gewährung er mit dem lebhaftesten Dank, deren Versagung er mit heitrer Ergebenheit empfangen werde, wandte sich Goethe im Oktober 1810 an Herzog Carl August. Sein Sohn, der, nach anderthalb Jahren Studium der Jurisprudenz zu Heidelberg, nun in Jena seine Ausbildung fortzusetzen wünsche, sei dabei in die mißliche Lage geraten, sich völlig, zwischen den studentischen Verbindungen, die er auf Wunsch des Vaters meide, und der Gesellschaft der Honoratioren, die keine Studenten aufnähme, isoliert zu sehen. Darum wage er, der Vater, vielleicht etwas voreilig, die Bitte, den jungen Mann zum Kammerassessor zu ernennen und ihm damit den Zugang zum Kreis der «schon im Leben eingeweihten Männer» zu öffnen. – Sein Sohn sei, fuhr Goethe fort, eigentlich praktischer Natur, auch über seine Jahre im Leben einsichtig und gewandt und wisse, wie er selbst schon in häuslichen Dingen sehe, ein ihm aufgetragenes Geschäft mit Ruhe und Sicherheit durchzuführen. Er glaube versprechen zu können, daß sein Sohn «im Gegenwärtigen und Einzelnen» sich brauchbar und nützlich erweisen werde. – Der Herzog, den es, wie er schrieb, freue, wenn er dem Freund etwas verschaffen könne, was ihm «auf die Dauer des Lebens» Bequemlichkeit gewähre, stimmte sofort zu.
Der «Charakterisierte Cammerassessor», so rasch durch den Herzog gewährt, war ein Titel, noch kein Amt. Erst Weihnachten 1811 brachte, mit der Ernennung zum Wirklichen Kammerassessor, dem jungen Goethe die Aufnahme in den Weimarer Staatsdienst. Nicht ohne sanften Druck des Vaters, dem aber ohne Verdienste des Sohnes wohl nicht so bereitwillig entsprochen worden wäre, erfolgte 1816 dessen Avancement zum Kammerrat und 1823 zum Geheimen Kammerrat mit dem nicht geringen Salär von 1000 Talern im Jahr. – Parallel lief der Aufstieg im Hofdienst: 1813 Hofjunker, 1815 diensttuender Kammerjunker, 1825 Kammerherr. Unauflösbar verquickt waren diese Ämter, die Ausdauer, praktischen Sinn, Wendigkeit und Takt erforderten, mit Augusts Verpflichtung, als Mittelsmann und offizieller Geschäftsträger des Vaters zu agieren. Er hatte ihn in seinen amtlichen Funktionen, gebündelt in der «Oberaufsicht», bei vielerlei, darunter auch geselligen Anlässen zu vertreten, und er hatte den breit angelegten Goethe-Haushalt zu organisieren und das Familienvermögen zu verwalten. Zudem war es an ihm, in dieser Zeit ohne Urheberrecht, bei den Ländern des Deutschen Bundes die überaus wichtigen Privilegien zum Schutz des Goetheschen Werks zu erwirken. – Unter Verkennung der Maßstäbe, die für Vater und Sohn nicht die gleichen sein können, beklagte und beklagt noch immer die Mehrzahl der Goetheanhänger Augusts Mangel an Geist, Witz und Phantasie. Für sie ist er ein bedauernswert nüchterner Tropf, der, wie Riemer monierte, «nur klug fürs ökonomische Leben sei, dem Vater aber nichts in der Poesie zu sein vermöge». Geflissentlich wird übersehen, welche Entlastung es für den Dichter und Beamten Goethe bedeutete, daß er dem Sohn den alltäglichen Kleinkram, der aber erledigt werden mußte, unbesorgt aufladen konnte. Übersehen wird auch, daß Goethe während Christianes schwerem Sterben am 5. Juni 1816 notierte: «Mein Sohn Helfer, Rathgeber, ja einzig haltbarer Punct in dieser Verwirrung.»

Im Jahr darauf, am 17. Juni 1817, heiratete August, von dem Vater freundlich unterstützt, Ottilie von Pogwisch. – Die jungen Leute kannten sich seit Jahren. Sie hatten schon heftiger miteinander geflirtet, als es Ottiliens Großmutter, der strengen und höchst standesbewußten Gräfin Henckel von Donnersmarck, genehm sein konnte. Sie sahen sich im Theater, auf der Eisbahn, bei Hofe oder zum Musizieren am Frauenplan, wo Ottilie, deren Altstimme gefiel, in Goethes privatem Chor mitsang. «Klein, braun, mit feurigen, geistblitzenden Augen», schildert sie in einem Brief vom Februar 1824 der Prinzenerzieher Frédéric Soret; er nennt sie «lebhaft, empfindsam, kokett, voll Phantasie, ab und zu auch launenhaft», und er meint, sie verdrehe den Männern die Köpfe, sie liebe Gesellschaft, Bälle, Toiletten, aber noch mehr geistreiche Leute und Literatur. Den jungen Kammerassessor hatte das «Persönchen», wie Goethe späterhin die Schwiegertochter zu nennen pflegte, jedenfalls ganz und gar bezaubert. Wie ein schwirrender Kolibri zog sie ihn, den Schwerfälligen, an. Sie entzückte ihn, doch sie irritierte und plagte ihn auch weidlich. – So schob sie ihn, glühend von Patriotismus und Liebesüberschwang, achtlos beiseite, als Ferdinand Heinke, umstrahlt von der Gloriole des Freiheitskämpfers, im November 1813 in Weimar auftauchte. Sie hatte ihn zwar nicht, wie die von Adele Schopenhauer kreierte und bis heute gern kolportierte Legende will, schwer verwundet aus dem Parkgebüsch geborgen und seine Wunden gepflegt, aber sie war unbestritten in Salon und Ballsaal der Mittelpunkt des «neuen, reich blühenden Lebens» gewesen, das den jungen Stabsoffizier, für kurze sechs Wochen, wie er hingerissen schrieb, in Weimar umfangen hatte. Dennoch verließ er Ottilie. Er kehrte am Ende des Feldzugs zu Juristenlaufbahn und Braut nach Breslau zurück, eine Entscheidung, die jedoch Ottiliens Enthusiasmus nicht zu trüben vermochte. Heinke blieb für sie Held einer hochfliegenden Liebe, Muster und Maßstab aller künftigen Bündnisse. – Erst als auch Graf Edling, Ottiliens Vormund und der Mutter deklarierter Freund, sich weder für sie noch die Mutter, sondern für Roxandra, eine Prinzessin Stourdza aus Rumänien, entschied und so immer deutlicher wurde, daß ihr nur der Hofdienst, für Ottilie eine äußerst lästige Aussicht, offenstand, erinnerte sie sich ihrer alten Amour und wandte sich wieder August von Goethe zu. Vergnügt wechselte sie nun, gegen den Widerstand der ahnenstolzen Henckel-Donnersmarck, aus der schäbigen Mansarde im Fürstenhaus hinüber in die eigens für sie um- und ausgebaute Mansarde am Frauenplan und nahm vehement das «Schiffchen» (wie der Schwiegervater die Wohnung seiner Kinder nannte) in Besitz. Frei von jeder Verpflichtung, die ihr aus der praktischen Haushaltsführung erwachsen wäre, die nach wie vor Augusts Ressort blieb, avancierte sofort ihr Teetisch zum muntersten Treffpunkt. Die Freunde, die Freundinnen kamen. Es kamen die Mitarbeiter, die Gäste des berühmten Schwiegervaters. Es kamen die Fremden, die Weimar, diese merkwürdige kleine Stadt mit dem weithin hallenden Namen, sehen wollten. Darunter von Jahr zu Jahr in wachsender Zahl junge Angelsachsen: meist Söhne großer Familien, wohl erzogen, gut anzusehen, frei, ohne Hemmung, oft sogar von verführerischer Impertinenz. Ottilie, die sich als «Königlich-Großbritannischer Generalkonsul» fühlte, war in ihrem Element. Sie faszinierte; jede Runde, in die sie trat, war amüsiert, war elektrisiert. – August, der Ehemann aber, der sie verwöhnte und ihr unter anderem fast Jahr um Jahr heiß begehrte, kostspielige Reisen gewährte, langweilte sie bald. Ständig unzufrieden, ewig frustriert, «eine Psychopathin», war sie nicht die Frau, die solche Freundlichkeit zu schätzen wußte, wie Kurt R. Eissler in seiner Studie «Goethe» zeigt. Wo sie à la Byron leidenschaftlich und mit E. T. A. Hoffmann phantastisch schwärmte, blieb August nüchtern und der peinlichsten Ordnungsliebe ergeben. Mehr und mehr entzog sie sich ihm, sammelte einen stetig wechselnden Hofstaat um sich, lebte ihren Launen, das heißt ihren immer neuen Verliebtheiten, die sie aber stets mit großen Gefühlen zu drapieren wußte. Ob Charles Sterling, der als Bote Byrons kam, ob Vetter Nicolovius in Berlin, ob Charles Des Vœux, der den Tasso übersetzte, ob Samuel Naylor: Ottilie stilisierte das momentane Betroffensein dieser jungen Männer durch ihren intellektuellen Charme, durch ihr Temperament, interpretierte auch ihre eigene Verschwärmtheit, immer wieder, zur alle Zeiten überdauernden Liebe. Stets sah sie sich als Muse; stets war sie überzeugt, daß ihre Hand, wie sie an Des Vœux schrieb, vermocht hätte, «ihn zu ewigem Ruhm zu leiten», stets aber forderte sie auch von dem Geliebten, daß alles, was in ihr an geistigen Kräften verborgen schlummere, sich im Rahmen unauflöslicher Zweisamkeit, unter den Strahlen seiner Neigung entfalte. – Der Ablauf dieser aufgeregten Begegnungen war stets der gleiche. Ehe es Ottilie wahrnahm und auch gar nicht wahrnehmen wollte, hatte sich der Gegenstand ihrer Neigung, ob aus Instinkt oder Einsicht, ihren auf die Dauer enervierenden Exaltationen entzogen, war abgereist, und sie hörte meist noch, daß der Mann ihrer inbrünstigen Liebeswahl sich verlobt, sich verheiratet habe. – Hilflos sah sich der Ehemann diesem Wirbel ausgesetzt. Meist versuchte er, Ottiliens Treiben herunterzuspielen, es nicht allzu ernst zu nehmen, war aber doch bloßgestellt, wenn Ottilie, worüber ganz Weimar klatschte, sich sogar mit dem Kunstreiter Baptiste einließ oder gestattete, daß Charles Sterling sie skandalöserweise in Berlin traf. Doch August hielt (sich allerdings auch einige Aventüren leistend) an Ottilie fest. Trotz Enttäuschung, trotz Zank und Streit bedauerte er erstaunlicherweise nie, diese Frau gewählt zu haben. Er ertrug, immer auch (im Gegensatz zu Ottilie) eigener Schuld eingedenk, geduldig ihre Extravaganzen, ihre nicht zu steuernde Verschwendungssucht und Disziplinlosigkeit. – Allmählich aber zeichnete sich ab, daß gerade er, den jeder Blick abschätzig an der Größe des Vaters maß, in seinem engsten Kreis, innerhalb seiner eigenen kleinen Familie der Bestätigung seines Wertes, der Versicherung seiner Liebenswürdigkeit dringend bedurft hätte. – Tiefer und tiefer glitt er in Dumpfheit und Verzweiflung. Die Trinklust, im Goetheschen Umkreis durchaus gebilligt, steigerte sich zur Trunksucht, wobei auffällt, daß, während der Klatsch das Laster dieses Sohns «der Vulpiussen» genüßlich aufbläht, aus dem Bereich der Ämter kein Tadel über ein Nachlassen seiner Leistungsfähigkeit dringt. August von Goethe hatte noch nicht die Kontrolle über sich verloren. – Dennoch war nicht zu übersehen, daß ihn, überlastet wie er war,

schwere Depressionen, die mit Aufregungszuständen wechselten, quälten, daß er krank, schwer krank war. Wahrscheinlich litt er (wie heute Diagnostiker vermuten) schon Mitte der zwanziger Jahre an Leberzirrhose.
Er mußte fort. Fort aus dem heillosen Wirrwarr der Pflichten und Zwänge. Fort aus dem Umkreis des Vaters, der ihn und den er liebte, der aber Forderungen an ihn stellte, denen er nicht mehr gewachsen war. Und er mußte fort von Ottilie, die ihn zu zerstören drohte. – Der Aufbruch nach Italien schien ihm, wie Jahrzehnte zuvor dem Vater, die Rettung. Auch Goethe sah, daß dem Sohn, wie er schrieb, das «innere Behagen» fehle, und auch er glaubte an die heilende Wirkung der Reise. Aber zugleich wußte er, wieviel ihm, dem Uralten, noch zu tun aufgegeben war. Noch war die Ausgabe letzter Hand nicht zu Ende gebracht, die Arbeit an der «Italienischen Reise», an den «Wanderjahren» drängte, die Vollendung von «Faust» II mußte geleistet werden. Goethe konnte den Sohn, der ungeduldig fortdrängte, kaum entbehren. Erst im April 1830 wird es möglich, ihn, begleitet von → Eckermann, nach Italien zu entlassen. – Über Frankfurt, wo August von Goethe, völlig erschöpft, ein paar Tage rasten muß, geht es weiter nach Basel, Lausanne, nach Mailand; ein Abstecher nach Venedig folgt. Dann brechen die Reisenden von Mailand, wohin sie zurückgekehrt waren, nach Genua auf; hier verläßt Eckermann den jungen Goethe, der die Fahrt allein fortsetzt. Ein Unfall, ein Schlüsselbeinbruch, verursacht durch einen Wagensturz bei La Spezia, hält ihn bis Ende August hier fest, wobei er, wie der Vater vergnügt Soret erzählt, das Meer und die frischen Austern sehr goutiere. Die Reise geht von Livorno mit dem Dampfschiff nach Neapel weiter. Von hier aus gesteht er dem Vater beglückt, zum ersten Mal im Leben «zum Gefühl der Selbständigkeit gekommen zu sein!» – Neapel sei das Tollste, Rom (wo er Mitte Oktober eintrifft) das Ernsteste, was er gesehen habe, berichtet er weiter nach Hause, und er bittet, den Vater wissen zu lassen, die Dankbarkeit, ihm diese Genüsse verschafft zu haben, sei ohne Grenzen ... Die Euphorie, ebenso heftig wie zuvor die Depressionen, hält an. Mit allen Fasern genießt er die Tage im Kreise August Kestners (zweiter Sohn von «Werthers Lotte» und zur Zeit Hannoverscher Resident in Rom), der den Goethesohn mit verwöhnender Herzlichkeit umgibt. – Bei einem Besuch von St. Peter erkältet sich August. Kestner schlägt, als Therapie, einen erfrischenden Ausflug nach Albano vor, doch unterwegs steigt das Fieber und erzwingt die eilige Rückkehr in die Stadt. Noch scheint keine ernste Gefahr, doch in der zweiten Nacht sinkt, von wachenden Freunden vorsorglich umgeben, August von Goethe plötzlich tot in sich zusammen. Sein Grab fand er auf dem kleinen protestantischen Friedhof, nahe bei der Pyramide des → Cestius. Kestner ordnete, um Gerüchten, die von progressiver Paralyse und Selbstmord wissen wollten, den Boden zu entziehen, die Sektion des Toten an. Die Diagnose der römischen Ärzte lautet: Pocken, verbunden mit einem Hirnschlag. Heute deuten Ärzte wie W. H. Veil den Sektionsbefund (vergrößerte Leber, verdickte, mit der Gehirnoberfläche verwachsene Hirnhaut) als Meningitis, die, verschärft durch die geschädigte Leber, zum raschen Tod führte. Hugo Otto Kleine aber, der sich vom Stand-

punkt moderner Blutmerkmalforschung mit dem Untergang der Goethesippe beschäftigte, sieht in dieser Organveränderung rhesogene Spätschäden.
Am 10. November erreichte Kestners Brief mit der Todesnachricht Weimar. Kanzler von Müller und Hofrat Vogel, Goethes Arzt, hatten sie dem Vater zu überbringen. Mit großer Fassung habe er sie, mühsam die Tränen unterdrükkend, hingenommen und mit den Worten, er wisse, daß er einen Sterblichen gezeugt habe, ihnen das Todeswort abgeschnitten. – Elf Tage später schrieb er an Freund Zelter, daß ihn allein «der große Begriff der Pflicht» aufrecht erhalten könne und er nur die Sorge habe, «sich physisch im Gleichgewicht zu bewegen», alles andere gäbe sich von selbst. «Der Körper muß, der Geist will, und wer seinem Wollen die notwendigste Bahn vorgeschrieben sieht, der braucht sich nicht viel zu besinnen.» – Aber je ein schwerer Lungenblutsturz am 25. und 26. November (nach Dr. Vogels Ansicht Folge der «ungeheuren Anstrengung, den bohrenden Schmerz über den Verlust des einzigen Sohns zu gewältigen») schien diese Maxime in ein bedrohliches Instrument zu verwandeln, doch schon am 30. meldet das Tagebuch: «Die Nacht ruhig zugebracht. Früh wieder aufgestanden»; am 2. Dezember: «Nachts an Faust gedacht und einiges gefördert», am 3.: «Im Sondern der Papiere fortgefahren», am 4.: «Einiges am Faust.»
Ottilie, zu der Goethe, zärtlich ihre Hand erfassend, nur sagte, «wir wollen nun fest zusammenhalten», und sie und die Kinder noch enger in seine Kreise zog, stimmte dem Schwiegervater nur bedingt zu. Sie hatte bereits bei Augusts Abreise die Verbindung zu Charles Sterling, den sie seit dem Berliner Rendezvous im März 1824 nicht mehr gesehen hatte, wieder aufgenommen und wartete, während der große alte Mann mit ihr, was wenigen widerfuhr, «Faust» II las, nur ungeduldig und nervös auf Sterlings Nachricht. – Adele Schopenhauer, der Freundin, hatte sie schon vor Augusts Tod gestanden, daß sie bei dem Gedanken, ihn zu verlieren, nicht die leiseste Bewegung empfände.
Literatur: Wilhelm Bode: Goethes Sohn. Berlin 1918. – August von Goethe und Ottilie von Pogwisch. Briefe aus der Verlobungszeit. Hrsg. von Heinz Bluhm, mit einem Vorwort von Dorothea Lohmeyer-Hölscher. Weimar 1962.

Goethe Ottilie Wilhelmine Ernestine Henriette von, geborene Freiin von Pogwisch (Danzig 31. Oktober 1796–26. Oktober 1872 Weimar).

Zwischen Lob und hartem Tadel schwankt Ottiliens Charakterbild im Urteil ihrer Freunde. «Einen verrückten Engel», nannte sie die Generalin Egloffstein; Johanna Schopenhauer schrieb, sie sei «liebenswürdig, unerträglich, verrückt, geistreich wie eh und je»; andern galt sie als «die Frau von einem andern Stern» oder als das eigentümlichste Stück von einem Frauenzimmer, das sich auf diese Erde verirrt habe. – Vieles lief in diesem Leben, das durchaus auch schönsten Hoffnungen Raum geboten hatte, verquer, war kummervoll, war ärgerlich. Ihrer Seele, ihrem Geist, ihrem Herzen hätten die Zügel gefehlt, sagte Jenny von Gustedt, die Ottilie von Jugend auf kannte. «Nichts hatte Bestand in diesem Kopf, in dem die Phantasie Alleinherrscherin war. Da warf sie», fährt Jenny von Gustedt fort, «zwanzig verschiedene Männerbilder, tausend Lebenspläne, Gedanken, momentane Empfindungen durcheinander, bis die Bilder zerbrachen, die Gedanken ausarteten. Dann saß sie vor den Trümmern und weinte . . .»

Die Familie, vom Vater her die Pogwischs, auf der Seite der Mutter die Grafen Henckel von Donnersmarck, preußische Militärs, Großgrundbesitzer, zählte zum alten Adel, befand sich aber infolge waghalsiger Bodenspekulationen wirtschaftlich in desolatem Zustand. Geboren wurde aber Ottilie 1796 zu Danzig in noch glücklicher Ehe und behaglichem Ambiente. Doch dann widerfuhr ihrer Mutter, was deren Mutter etwa ein Jahrzehnt zuvor widerfahren war. Wie diese, die sich 1793 beim Tod des Grafen Henckel dem finanziellen Ruin ausgeliefert sah, erlebte nun auch Henriette von Pogwisch, daß der Mann, den sie liebte, der sich als zärtlicher Gatte, als liebevoller Vater erwiesen hatte, mit finanziell törichten Manipulationen den altererbten Besitz verspielte und, obwohl Henriette zunächst darauf vertraute, nicht die Fähigkeiten besaß, das Verlorene zurückzugewinnen und seiner Familie wieder die solide wirtschaftliche Basis zu schaffen. Gleich der Mutter, die sofort nüchtern die Konsequenz aus ihrer prekären Lage gezogen und, um ihre und ihrer Kinder Existenz halbwegs zu sichern, resolut den kostspieligen eigenen Hausstand aufgelöst und Dienst an fremden Höfen gesucht hatte, trennte sich nun auch Henriette (wie sie zunächst hoffte, nur vorübergehend) 1802 von Major von Pogwisch und folgte dem mütterlichen Beispiel. Beide führte der Hofdienst über einige Zwischenstationen schließlich nach Weimar. Maria Pawlowna berief 1804 Gräfin Henckel als Oberhofmeisterin; Henriette von Pogwisch wurde 1811, nach jahrelangem Warten, Hofdame der Herzogin Louise. Ottilie und Ulrike, die Töchter, die bis dahin wechselnd, mehr oder weniger behütet, in Berlin, Ansbach und Dessau, meist bei Verwandten, untergebracht waren, folgten 1809 der Mutter. Doch auch in Weimar waren die Tage der kleinen Baronessen durch ruheloses Hin und Her bestimmt. Unter der Aufsicht einer Dienerin bewohnten sie ein paar Stuben in der Mansarde des Fürstenhauses; in den Dienstwohnungen der Mutter und Großmutter durften sie nur begrenzt auftauchen; den Mittagstisch hatten sie bei der Kammerherrin von Egloffstein. Eine Existenz, zerfahren und ärmlich, die jede Sorgfalt, jede Zielstrebigkeit in Erziehung und Ausbildung vereitelte. Ein Lebenszuschnitt, der wohl auch vereitelte, daß die Disziplin, das Augenmaß, die Nüchternheit, die Mutter und Großmutter in ihrem Dienst aufzubringen hatten, auf Ottilie und Ulrike übergegangen wären, sie angespornt und geformt hätten. – Doch (nach Julie von Egloffstein) «originell, melancholisch und komisch zugleich, dabei voller Verstand und scharfer Ecken», bildete Ottilie, befähigt, im Vorüberstreifen das aufzuraffen, was sie interessierte, ihre geselligen Fähigkeiten rundum aus. Im Besitz einer hübschen Altstimme und eines schmalen dichterischen Talents dominierte sie im Kreis der Freunde und Freundinnen. – Behend schlüpfte sie dann auch in die Rolle, die ihr, nach einigen Enttäuschungen, die Ehe mit August von Goethe bot. Von dem Ehemann verwöhnt, von dem Schwiegervater hofiert, etablierte sie sich als das «Töchterchen» der alten Exzellenz, ihm doppelt lieb als Mutter der Enkel Walther, Wolfgang und Alma, die bald erschienen. – Graziös präsidierte sie die Goethesche Geselligkeit, war endlich neben dem Hausherrn das anmutig-weibliche, das «damenhafte» Element, das bisher dem Haus am Frauenplan gefehlt hatte. Goethe, immer angetan und erwärmt von junger, munterer Weiblichkeit, genoß die Gesellschaft dieses Töchterchens. Sie wußte ihm, ein begabtes Echo, witzig-geistreich zu antworten; sie reagierte lebhaft-gescheit und sanft schmeichelnd auf seine galanten Billetts, seine verständnisvoll, ihr liebevoll zugewandten Briefe. Sie nahm, zuhörend, mitdenkend am Entstehen Goethescher Arbeiten teil; sie verwöhnte ihn mit hübschen, kleinen Einfällen; befreite ihn von der Last der andrängenden Bewunderer, bildete gleichsam einen «Vor-Salon», sortierte die Besucher und ließ in dem inneren Goethekreis nur Gäste zu, die der große Mann zu sehen wünschte. Sie erfand und redigierte auch, sehr zu Goethes Vergnügen, das → «Chaos», eine literarische Spielerei, Unterhaltung und Geselligkeit angenehm fördernd wie einst Anna Amalias «Journal von Tiefurt». Selbst in Krankheitstagen war sie, von allen Seiten bewundert und von dem Patienten liebevoll begrüßt, zur Stelle. «Nun, Ihr Seidenhäschen, wie schleicht Ihr so leise herbei», flüsterte der «Vater», während er im Februar 1823 schwer darniederlag, und eins seiner letzten Worte soll ein zärtliches «Frauenzimmerchen, gib mir dein Pfötchen» gewesen sein. – So erfüllte sie bei Tisch, in der Krankenstube, selbst in Goethes «Kanzlei», allerdings befreit von den Mühen ernsthafter Arbeit, die Diener, Schreiber, Sekretäre, die August von Goethe auf sich nahmen, *ihre* Funktion, ein Schmuck, ein Ornament zu sein: reizend, kokett, belebend, dem Vater und Dichter wohltuend.

Doch bei aller Freude an Ottiliens geselligen Vorzügen erkannte Goethe von Jahr zu Jahr deutlicher, daß sie der Gefahr erlag, jeden Maßstab zu verlieren, sah, daß ihr bei allem Charme Takt und Geschmack abhanden kamen. Er glaubte nicht an die Kraft und Tiefe ihrer rasch wechselnden Passionen, die noch dazu den Sohn, um den er bangte, verletzten und kompromittierten. In dem Bewußtsein, daß Warnung und Rat wenig vermögen, schwieg er meist. Doch 1823, an einem Novemberabend, erklärte er «voller Unmut und Verdruß» Kanzler von Müller, daß er Ottiliens Treiben für hohl und leer halte. «Es sei weder Leidenschaft, Neigung, noch wahres Interesse, es sei nur eine Wut, aufgeregt zu sein, ein abenteuerliches Treiben», und am 9. Januar 1824 schrieb er an Zelter, daß er von Ottiliens Berliner Reise «wenigstens einige Milderung der Hast, ohne die man sie freylich kaum denken kann», erhoffe. Wenn ihm aber Ottiliens Umtrieb zu laut, wenn ihm der Zwist der Eheleute, der ihn quälte, zu heftig wurde, ohne daß er ihn hätte schlichten können, wich er aus. Im Mai und Juni 1827 und noch einmal im Sommer 1829 schlug er für Wochen, wie er Freund Zelter schrieb, im Gartenhaus an der Ilm, «eine separat-extemporierte Studentenwirtschaft» auf, nur um Ruhe zu konzentrierter Arbeit zu finden. Schweigend übernahm er auch nach des Sohnes Tod, trotz großen und drängenden Aufgaben, die Mühsal der Wirtschaftsführung, die Ottilie nicht anzuvertrauen war, und errichtete im Winter 1831 ein Testament, das, wie Kanzler von Müller im März 1843 an Wolfgang von Goethe schrieb, seinen «geliebten Enkeln *dauernde* Wohlfahrt sichern sollte», was zugleich bedeutete, Ottilie den freien Zugriff auf Besitz und Vermögen zu verwehren. Ihr standen, wie sich nach dem Tod des Schwiegervaters bei Eröffnung des Testaments zeigte, neben der freien Nutzung des Hauses und der Gärten, solange die Kinder bei ihr lebten, über 2000 Taler und nach deren Mündigkeit immer noch etwa 1200 Taler jährlich zur Verfügung. Summen, die Ottiliens Mutter, die mit geringeren Einkünften zurechtkommen mußte, beträchtlich erschienen, die aber für Ottiliens Bedürfnisse, wie sich zeigen sollte, kaum mehr als ein Nichts waren. – Sie wollte, nun endlich frei, fort, nur fort von Weimar, wo sie zu ersticken glaubte. Fort aus der Goethewelt, ihr jetzt nur Zwang und Hindernis, doch vom Ende ihres Daseins her gesehen der Ort, die Epoche, in der ihre zerflatternden Tage, ihre rast- und ratlose Existenz, wie Heinz Bluhm sagt, «einigen Sinn und einige Kohärenz» gewannen.

Ein Billett, vier Zeilen nur, geschrieben von Charles Sterling, ihrer alles überfliegenden Liebe aus den zwanziger Jahren, erreichte Weimar am 8. Mai 1832. Er, den sie seit Augusts Tod vergeblich herbeizuzwingen suchte, schlug ihr, da er von Genua nach England aufbräche, eine Begegnung in Mainz vor. Am Tag darauf war Ottilie mit der Schnellpost auf dem Weg. Am 13. erreichte sie Mainz. Sechs Tage mußte sie auf Sterling warten. Leber- und Herzschmerzen, Hals- und Augenentzündungen überfielen sie; Leiden, die aber, wie stets, sofort schwanden, wenn der Geliebte auftauchte. Hingerissen genoß sie die wenigen Tage, erlebte dann aber, was ihr so oft schon in der langen Reihe ihrer «großen Passionen» vor und während ihrer Ehe widerfahren war, sie aber dennoch in schwärzeste Verzweiflung stürzte: auch Charles Sterling entzog sich ihr. Vergeblich wartete sie 1833, während sie sich in Frankfurt einer Badekur unterzog, auf ihn; vergeblich hatte sie auch, wie Ruth Rahmeyer in ihrer Ottilien-Biographie nachweist, im Sommer 1834 auf ihn gewartet. Der Vater des kleinen Mädchens, das Ottilie am 15. Februar 1835 in Wien zur Welt brachte, war *nicht* Sterling. Es war, was Philologenfleiß und Biographeneifer, die spärlichen Nachrichten sorglich auffädelnd, neuerdings zutage brachten, Captain Story, den Ottilie in den beiden Frankfurter Sommern, während sie nervös auf Sterling wartete, kennengelernt und eben auch, unter Entwicklung kompliziertester Hoffnungen und Zweifel, geliebt hatte. Bizarre Züge aber gewinnt diese nicht allzu ungewöhnliche Affäre, daß Ottilie, die sich, laut Wiener Totenprotokoll, als Mutter der kleinen Anna Poiwisch (gestorben 4. Juli 1836) noch Ottilia Stori nannte, sehr bald des Captain Story Vaterschaft verdrängte, vergaß. Sterling aber, der, obwohl sie kaum von ihm hörte, für sie Held und Heiliger blieb, rückte in Storys Rolle. Er stieg, was er nicht ahnte, zu Annas Vater auf, wurde mitsamt der kleinen Toten und ihrem armseligen Grab auf dem Währinger Friedhof zu Wien Gegenstand eines
 Kults, der wahnhafte, durch keinen Blick auf die Realität korrigierte Züge

trug. – Freundinnen, beide ungewöhnliche Frauen und Ottilie durch Adele Schopenhauer zugeführt, hatten ihr, da sie, trotz dem immer wieder heftig erhobenen Anspruch auf Freiheit und Selbstbestimmung, weder Lust noch Mut hatte, in Weimar der Geburt des Kindes entgegenzusehen, das Wiener Jahr ermöglicht. Anna Jameson, Engländerin und bekannte Reiseschriftstellerin, begleitete und umsorgte Ottilie; Sibylle Mertens-Schaafhausen, rheinische Bankierstochter und Bankiersfrau, klug, reich, unabhängig, übernahm großzügig Ottiliens finanzielle Ausstattung; übernahm auch die Bezahlung der Pflegeeltern, in deren Hut Ottilie die kleine Tochter zurückließ. Sie selbst war bereits im August 1835 wieder in Weimar, wo man seit langem die wahre Ursache ihrer angeblichen Bildungsreise nach Wien durchschaut hatte. Doch sie benahm sich, wie Kanzler von Müller Freunden berichtete, so «bescheiden und gewandt, daß alles ziemlich rasch im alten Geleise war». – Ottilie und noch gründlicher die Söhne haben die Dokumente, die geeignet waren, das Andenken der Mutter zu belasten, vernichtet. Erst die Ottiliana (Tagebücher, Briefe, Poetisches), die Heinz Bluhm 1957 zufällig im Archiv der Newberry Library in Chicago entdeckte und in mehreren Bänden ab 1962 edierte, erlauben, wie ein Puzzle, mit dem Wenigen zusammengeschoben, was den familiären Säuberungsaktionen entgangen war, Ottiliens Dasein nach Goethes Tod, ihre Leiden, Torheiten, ihre Sehnsüchte und Enttäuschungen, ungefähr zu rekonstruieren. So das Sterling/Story-Abenteuer; so die Begegnung mit Dr. Kühne in Leipzig, der sich (allerdings vergeblich!) mühte, «ihre Sympathie nicht allzu sehr zu erhitzen», oder 1837 die verschwärmten Tage mit Edmund Phipps, die sie, zwei Jahre später, entsetzt, als melodramatische Szene in seinem Roman, die «Fergussons», wiederfand. – Beengt von keinem Regulativ, ohne auch nur genau zu wissen, was sie wolle und suche, wie ihre Mutter sarkastisch anmerkt, jagt, eilt, stürzt Ottilie, die sich selbst «eine alte Vagabundin» nennt, von Ort zu Ort. Von Weimar nach Berlin, nach Dresden oder Leipzig, dann wieder nach Frankfurt oder an den Rhein, schließlich bleibt sie in Wien, das sie 1842 bis 1866 zum Wohnsitz wählt. Eine feste Bleibe, doch immer wieder unterbrochen durch Fahrten nach Thüringen, Schlesien oder Böhmen, unterbrochen von vielerlei Badeaufenthalten und unterbrochen durch die Jahre in Italien (1846/47 mit Wolfgang in Neapel, Rom und Meran; 1852–1854 wieder in Rom, in Livorno, Florenz und Genua; 1855 und noch einmal 1858/59 mit Schwester Ulrike in Venedig). – Überall, wo Ottilie auftaucht, stets den Namen Goethe als Paßwort nutzend, sammeln sich um sie, wie in der Mansarde am Frauenplan, Gelehrte, Künstler, Schriftsteller (darunter in Wien, wenn auch nur zögernd und selten, Grillparzer, Hebbel, Lenau), doch auch Aristokraten, Politiker und die Leute vom Theater. Sie selbst hastet von Salon zu Salon, ist in allen Zirkeln zu Hause, durchstreift Ausstellungen, Galerien, Ateliers, besucht Konzerte, Theater, amüsiert sich aber auch köstlich im Prater oder geht «shopping», wie sie sich modisch-anglophil ausdrückt. Dennoch nimmt sie, auf ihre Weise, hellwach, eilig, nirgends lang verweilend, die geistigen Bewegungen wahr, die Kunst, Literatur, Politik unaufhaltsam verändern und revolutionieren, bleibt aber persönlich, mitten in Wien, überzeugte Preußin und Protestantin, erhofft die deutsche Einheit, bejaht 1848 die Reform, verneint den Umsturz und fühlt sich entschieden, obwohl sie glaubt, dort nicht leben zu können, als berufene Vertreterin Alt-Weimars. – Nie ist sie allein, verfällt, sollte eine stille Stunde drohen, in schwermütige Betrachtungen, spürt dann bohrend «den Wurm im Herzen, der nicht schläft!» – Die Freunde, die Familie müssen, in immer wechselnder Gruppierung, um sie sein und ihre Rastlosigkeit teilen. Ein Lebensstil, der ihre Mittel übersteigt. Ottilie ist stets am Rande des Bankrotts. Mutter, Großmutter warnen, tadeln, greifen aber helfend ein. Ebenso die Söhne, doch auch Sibylle Mertens spendet durch die Jahre beträchtliche Summen, «damit Ottilie in der Gesellschaft das Gesicht wahren kann!» Marianne Willemer und selbst Eckermann, der nichts besitzt, helfen aus, ohne daß Ottilie wirklich geholfen wäre. Selbst die 70 000 Taler, die ihr aus Almas Erbe zufließen, sind in wenigen Jahren zerronnen. – Es sei eben kein wohltuendes Gefühl, schrieb sie Ende der sechziger Jahre an Carus, wenn man das Schicksal gleichsam mit der Lebensrechnung neben sich eifrig beschäftigt sähe und es von allem, was man noch immer besitze, keine andere Rechnungsform anzuwenden für nötig hielte als abzuziehen. Das Addieren komme selten vor...

Es war neben Walther von Goethe, der in Wien Musik studierte, wohl vor allem Dr. Romeo Seligmann, ihr seit den trüben Anna-Tagen von 1835 bekannt, ein tüchtiger und ungewöhnlich kultivierter Arzt, der sie nach Wien zog. Zwar hatte er ihr im Sommer 1842, vor ihrem Aufbruch von Weimar nach Wien, warnend geschrieben, daß es für sie ein großes Unglück wäre, wenn er zu den Dingen gehören sollte, die Ottilie für unentbehrlich hielte. Er stecke bis über den Kopf in Arbeit, was zu seiner Erheiterung (wozu sich wahrscheinlich Ottilie berufen fühlte) völlig ausreiche. «Vor den andern», fuhr er fort, «rettet man sich nur durch sich selbst; vor sich selbst aber rettet man sich nur durch Arbeit. Merken Sie sich das!» – Ottilie aber war nicht abzuschrecken. Sie kam, quartierte sich wieder wie 1835 im Römischen Kaiser ein, wo auch Seligmann logierte. Und es gelang ihr, der um ein Jahrzehnt älteren Frau, Seligmann «in ihren Dienst» zu zwingen. Er wurde ihr Arzt, behandelte ihre wahren, ihre eingebildeten Leiden, er wurde ihr Freund, wurde der Fixpunkt dieses verworrenen Daseins. Ottilie genügte das nicht. Sie wollte Nähe, Familiarität, wollte Liebe. Er aber, der sicher auch, wie seine Vorgänger, oft von ihrem intellektuellen Charme, ihrer Spontaneität beeindruckt war, setzte ihrem Andrängen Festigkeit entgegen. Er hielt auf Distanz, und sei es mittels einer Art von «professioneller Ruppigkeit», die ihm als Arzt erlaubt war. – Unaufhaltsam aber, unheilbar war das nahende Alter, das Ottilie wie eine «Verstümmelung» empfand: Die Locken unter der immer noch modischen Haube weiß, die Haut welk, die Lippen ins Bläuliche verfärbt. Abgesehen von Seligmann, der aber in ihren Augen unbillig mit sich geizte, verloren sich die Verehrer, und ohne Verehrer, das hatte schon Jahrzehnte zuvor Großmutter Henckel kühl und spöttisch festgestellt: «ohne Verehrer war Ottilie nicht wohl». – Selten, sehr selten taucht in den Tagebüchern der Name Goethe auf.

Kaum als Verpflichtung, höchstens als Anspruch auf Belohnung und Auszeichnung. Jetzt aber, im Niedergang, notiert sie am 23. März 1855 in ihrem Tagebuch: «Gestern oder heute war der Todestag meines Schwiegervaters. Die leuchtende Menschensonne ging unter!» Und wenig später: «Was für ein Mann war mein Papa, er allein war großartig, gut, sorgend wie eine Frau, helfend und fördernd», und 1861 an Bernhard Abeken: «Ich habe fünfzehn Jahre mit meinem Schwiegervater zusammengelebt, mit einem jungen-törichten Herzen, und nie habe ich auch nur einmal gefunden, er sei kalt oder gar herzlos . . . er stellte sich immer auf den Standpunkt des andern, und so war er mild verstehend und bei Irrtümern erbarmend.» 1866 kehrte Ottilie, gezwungen durch Geldnot und den Ausbruch des Krieges zwischen Preußen und Österreich, auf Umwegen nach Weimar zurück. 1870 bezieht sie, erschöpft und körperlich nur noch ein Hauch, die Mansarde im Haus am Frauenplan. Zwei Jahre später, am 26. Oktober, setzte eine Herzschwäche ihrem Leben ein Ende.

Literatur: Aus Ottilie von Goethes Nachlaß. Briefe und Tagebücher von ihr und an sie. Hrsg. Wolfgang von Oettingen (Schriften der Goethe-Gesellschaft 27/28). Weimar 1912–1914. – Ottilie von Goethe: Erlebnisse und Geständnisse. 1832–1857. Hrsg. Heinrich Hubert Houben. Leipzig 1923. (Enthält den Briefwechsel Ottilie/Mertens-Schaafhausen.) – Tagebücher und Briefe von und an Ottilie von Goethe. Hrsg. und eingeleitet von Heinz Bluhm. 3 Bände und Sonderband. Wien 1962–1964. Tagebücher 1854–1856. Wien 1966. Tagebücher 1856–1867. Bern/Frankfurt am Main/Las Vegas 1979. – Ruth Rahmeyer: Ottilie von Goethe. Das Leben einer ungewöhnlichen Frau. Stuttgart 1988.

Goethes Ärzte

«Unser Leben kann sicherlich durch die Ärzte um keinen Tag verlängert werden», sagte Goethe im August 1827 zu Kanzler Müller. «Wir leben, so lange es Gott bestimmt hat; aber es ist ein Unterschied, ob wir jämmerlich wie arme Hunde leben oder wohl und frisch, und darauf vermag ein kluger Arzt viel», und ein halbes Jahr später, am 11. März 1828, erklärte er Eckermann, selbst ein Arzt müsse produktiv sein, wenn er wahrhaft heilen wolle. «Ist er es nicht», fuhr er fort, «so wird ihm hin und wieder etwas gelingen, im ganzen aber wird er nur Pfuscherei leisten.» Worte, bei denen Goethe mit Sicherheit nicht an medizinische Systeme und Theorien dachte, die fern aller Empirie ihre Heilmethoden aus *einer* Idee entwickelten. Heilmethoden dieser Art wie etwa die eines John Brown oder Lorenz Oken oder eines Franz Anton Mesmer, die in ihrer Zeit höchstes Aufsehen erregten, waren ihm suspekt. Er mißtraute diesen auf romantischer Naturphilosophie basierenden Therapien, obwohl deren Terminologie oft der Begriffssprache seiner Naturbetrachtung ähnelte. Er forderte (wie auch die Schulmedizin) dort nüchterne Betrachtung und sachliches Experimentieren, wo die romantische Medizin in die Spekulation auswich. –

Die Liste der Ärzte, denen er sich in seinem langen Leben, und zwar in Weimar ebenso wie in Jena oder auf seinen ausgedehnten Reisen, anvertraut hat, liefert dafür den Beweis. Von dem «abstrusen» Dr. Metz aus dem Frankfurter Winter 1768/69 abgesehen, zeigt diese Liste, daß Goethe den Arzt bevorzugte, der, sachgerecht ausgebildet und klinisch geschult, sich am Krankenbett als Praktiker erwies, der sorgsam den Patienten beobachtete und vorsichtig-entschlossen die Therapie dessen Reaktionen anpaßte. Goethe wußte, daß ein solcher Arzt durch diese, einer langen Erfahrung verhafteten Achtsamkeit, trotz der an den Möglichkeiten moderner Medizin gemessenen Bescheidenheit seiner Mittel, zu helfen und zu heilen vermochte.

Johann Gotthelf Lebrecht Abel (1750–1822), aus Halberstadt, Arztsohn, seit 1784 in Düsseldorf, «geistreich und geschickt», wie Goethe sagte. Ein erfolgreicher und für damalige Verhältnisse moderner Arzt. Dazu ungewöhnlich kultiviert, Besitzer einer umfangreichen Kupferstichsammlung, Freund und ärztlicher Berater im Hause Friedrich Heinrich Jacobis zu Pempelfort, wo er im November 1792 Goethe rasch vom Hexenschuß befreite.

Karl August Wilhelm Berends (1759–1826), habilitiert in Frankfurt an der Oder, dann Professor der Medizin in Breslau, ab 1815 in Berlin. – Goethe traf und konsultierte «den Geheimrath, einen sogleich Vertrauen erweckenden Medikus», 1818/19 in Karlsbad, wo er ihm «als Nachbar lieb und wert war: ein trefflicher Arzt, dessen Rat ihn auf rechte Wege leitete und beruhigte».

Crisp, ein Frankfurter Chirurgus (im 18. Jahrhundert eher zu den Badern als zu den Ärzten zählend), der im Winter 1768/69 die Halsgeschwulst des jungen Goethe operativ behandelte.

Karl Joseph Heidler, Edler von Heilbronn (1792–1866), seit 1819 Brunnen- und Badearzt in Marienbad, lebhaft an mineralogischen und geologischen Fragen interessiert wie Goethe, dem er nahestand und den er in den Sommern 1821–1823 ärztlich beriet, wobei sich Goethe «wohl befunden hatte».

Christoph Wilhelm Hufeland (1762–1836), geboren in Langensalza, der Vater bereits Hofmedicus zu Weimar; 1783 Übernahme der ausgedehnten väterlichen Praxis, Hausarzt Goethes, zugleich Mitglied der Goetheschen → Freitagsgesellschaft. 1787 Ernennung zum Hofmedicus, 1793 zum Professor der Medizin in Jena; 1801 Ruf nach Berlin. Dort Direktor des Collegium medicum und der Charité, zugleich Leibarzt der königlichen Familie; 1810 Professor für Pathologie und Therapie an der neugegründeten Berliner Universität. – Ein großer Arzt und mit etwa 400 Publikationen (darunter die berühmte «Makrobiotik») ein in die Breite wirkender Medizin-Schriftsteller. – Goethe rühmt ihn als «einen umsichtigen und mit mannigfaltigem Talent der Behandlung und auch der Darstellung begabten Arzt, einen in seinem Fach

ernsthaft beschäftigten, im Neuen vorschreitenden und über das Alte nachdenkenden Menschen».

Wilhelm Ernst Huschke (1760–1828), seit 1792 Leibarzt der weimarischen herzoglichen Familie. – 1823, bei Goethes schwerer Erkrankung zugezogen, habe er, wie Goethe erklärte, «im gefährlichen Moment» durch Verordnung eines Arnika-Dekokts die glückliche Krise bewirkt.

Christian Ehrhard Kapp (1739–1824), Arzt und Schriftsteller in Leipzig und Dresden. – Ihm im Bade zu begegnen, schrieb Goethe 1807 aus Karlsbad, mache ihn «immer glücklich, weil Dr. Kapps Unterhaltung überaus lehrreich und seine Sorgfalt für den, der sich ihm anvertraute, höchst gewissenhaft war».

Johann Friedrich Metz (1721–1782), Sohn eines Alchemisten (dieser durch einige gelungene Kuren und durch seine Beziehung zu Oetinger, dem großen schwäbischen Theologen, im Württembergischen bekannt), Studium in Tübingen und Halle; seit 1752 Praxis in Offenbach, 1765 Aufnahme in die Frankfurter Bürgerschaft. – Wohl auf Empfehlung Susanne von Klettenbergs, neben Dr. Burggrave, dem Hausarzt der Goetheschen Familie, im Winter 1768/69 zur Behandlung des kranken Sohnes zugezogen. – Anscheinend ein tüchtiger Arzt, ein überzeugter Pietist und insgeheim Vertreter einer hermetischen, sich aus pansophischer Tradition herleitenden Medizin.

Wilhelm Rehbein (gestorben 1825), 1816 Medicus in Weimar, 1822 zum Leibarzt der herzoglichen Familie und zum Hofrat ernannt, seit 1818 Goethes Hausarzt und dessen Begleiter in die böhmischen Bäder. – «Einen einsichtigen und sorgfältigen Arzt», nannte Goethe ihn, dem er sich freundschaftlich verbunden fühlte. Er vermißte bei dessen frühem Tod die täglichen Gespräche, die ihm Gelegenheit gaben, gemeinsam mit Rehbein physiologische oder psychologische und pathologische Probleme durchzudenken.

Georg Christian Reichel (1717–1771), Professor der Medizin zu Leipzig; dort Haus- und Tischgenosse des jungen Wolfgang Goethe, der Reichel «von Zeit zu Zeit» konsultierte, da er sich, «wo nicht krank, doch unmustern fühlte», und der dem Studenten in dem gesundheitlichen Zusammenbruch vom Sommer 1768 «aufs freundlichste» beistand. – Reichel verunglückte wenig später tödlich bei der Rettung einiger Patienten aus Feuersgefahr.

Johann Christian Reil (1759–1813), seit 1782 Gehirnanatom, Physiologe und Psychiater in Halle, 1810 nach Berlin berufen, 1813 mit der Leitung der Lazarette am linken Elbufer betraut, wobei er sich infizierte und als Opfer seines Berufs an Typhus starb. – Ein genialer Arzt und glänzender Wissenschaftler, dessen Abhandlung «Von der Lebenskraft» zur klassischen medizinischen Literatur zählt. – Goethe, 1805 bei einem Besuch in Halle von einer

Nierenkolik überfallen, schreibt, daß diese ihm «den Vorteil einer größeren Annäherung an Bergrat Reil» gebracht habe, einen «sehr bedeutenden Mann», den er, während er ihn ärztlich betreute, «zugleich als Praktiker und als denkenden, wohlgesinnten und anschauenden Mann kennen und schätzen lernte».

Johann Christian Stark (1753–1811), Arzt und Professor der Medizin in Jena, Direktor des Hebammeninstituts, seit 1786 Leibarzt des Herzogs, 1804 zum Geheimen Hofrat ernannt. – Ein ausgezeichneter Lehrer, ein hocherfahrener Arzt. – Goethe erinnert sich noch 1823 dankbar der Hilfe Starks in mancherlei Krankheitsnöten und rühmt «des alten, verstorbenen Stark sicheren Griff und praktischen Tiefblick».

Karl Vogel (1798–1864), Arzt, seit 1826 weimarischer Hofmedicus und Goethes Hausarzt. – Nach dem plötzlichen Tod von Goethes Sohn im Oktober 1830 übernahm er dessen Pflichten im Bereich der → Oberaufsicht. – Für Goethe war Vogel, was er immer wieder bezeugte, in jeder Hinsicht der Mann seines Vertrauens. «Daß ich mich so gut halte», sagte er im Januar 1830 zu Eckermann, «verdanke ich Vogel; ohne ihn wäre ich längst abgefahren. Vogel ist wie zum Arzt geboren und überhaupt einer der genialsten Menschen, die mir je vorgekommen sind. Doch wir wollen nicht sagen, wie gut er ist, damit er uns nicht genommen werde.» – Nach Goethes Tod veröffentlichte Vogel 1833 eine Arbeit über «Die letzte Krankheit Goethes» und ließ dieser 1834 eine Betrachtung über «Goethe in amtlichen Verhältnissen» folgen.

Goethes Bibliothek am Frauenplan

Goethe besaß kaum bibliophile Neigungen. Auch seine Bücherei, im äußersten Winkel des Hinterhauses gelegen, ist nicht, wie so manche Bibliothek des 18. Jahrhunderts, ein Augenschmaus, ein «aesthetisches Ereignis». Dieser karge Raum mit dem eingezogenen Brettergerüst, lediglich auf den Zweck hin konstruiert wie auch die Goetheschen Sammelschränke, ist Werkzeug, ist Instrument, ist Ergänzung der öffentlichen Bibliotheken von Weimar und Jena, die Goethe unablässig benutzte. – Der Bestand dieses privaten Magazins ist nicht groß, entspricht aber in seiner Vielfalt der breiten Fächerung Goethescher Interessen. Gebunden oder broschiert reihen sich auf den langen Regalen mit etwa 8000 Bänden (1788 waren es nur 317) die 5424 bibliographierten Werke. Über 1000 Titel gehören zum Gebiet der Medizin und Naturwissenschaft, etwa die gleiche Zahl zu Literatur und Dichtung, wobei die antiken Autoren gut, die zeitgenössische deutsche Literatur nur mager vertreten ist. Die bildende Kunst, Theater und Musik beanspruchen 162 Titel, der Rest verteilt sich auf weitere 30 Sachgebiete. – Ausgezeichnete Nachschlagewerke und dickleibige Wörterbücher (zusammen 137 Nummern) unterstreichen den praktischen Charakter dieser Handbibliothek. – Zu erwähnen wären hier noch die 1508 Piecen der Goetheschen Musikaliensammlung und die von ihm mit großer Liebe und Geduld zusammengetragenen Autographen, ihm Stück für Stück teuer, als «Ausdruck individuellen Lebens».

Goethes Diener

Die heitere, scheinbar so anspruchslose Geselligkeit der Altweimarer Tage, diese Geselligkeit mit dem beziehungsreichen Hin und Her der Briefe, Blumen, Früchte, mit dem lebhaften Austausch der Zeitschriften, Noten und Bücher, mit den fröhlichen Festen, mit Illumination und Theaterspiel, auch mit den Teerunden und opulenteren Diners, diese Geselligkeit bedurfte, um sich in dieser Leichtigkeit darzustellen, die den späten Betrachter der anmutigen Szenerie so sehr charmiert, vieler dienender Hände hinter den Kulissen. – Abgesehen von Wasch-, Bügel- und Nähfrauen, von Tagelöhnern und Gärtnern, selbst abgesehen von dem «Chirurgen», der allmorgendlich zum Rasieren, und dem Friseur, der ein bis zweimal in der Woche zum Schneiden und Ondulieren des Haars auftauchte, zählte, energisch von Philipp → Seidel dirigiert, bereits des jungen Legationsrat Goethes Haushalt mit dem Diener → Sutor, dem Laufburschen Paul → Götze, mit Köchin und Hausbesorgerin, fünf, in festem Solde stehende Dienstboten. Die Zahl blieb mehr oder weniger konstant, auch nach dem Umzug aus dem kleinen Gartenhaus in die geräumigere Wohnung am Frauenplan. 1799 trat, als Goethe sich anschickte, Pferd und Wagen zu halten, ein Kutscher, es traten bei Bedarf Jungfer und Kindermädchen dazu. Ebenso sah sich Goethe gezwungen, da → Stadelmann und → Krause nicht wie Ludwig → Geist den Anforderungen der Schreibstube gewachsen waren, zusätzlich Schreiber wie → John und → Kräuter in Dienst zu nehmen. – Eine kostspielige Menage. Immerhin waren im Jahr, bei freier Wohnung und Kost, dem Diener, dem Kutscher etwa 50 Taler, der Köchin, der Jungfer knapp 30 Taler, dem Haus- und dem Kindermädchen 20 Taler, dem Schreiber aber mindestens 80 Taler zu zahlen. Biergeld und Geschenke kamen hinzu. Ebenso die Livreen. Goethe, der seine Leute adrett zu sehen wünschte, ließ seit 1782 bei dem herzoglichen Leibschneider Hauenschild in grünem oder grauem Tuch, seidengefüttert und goldbeknöpft, in jedem zweiten Jahr für Diener und Kutscher je eine gute Livree für 20 Taler und eine einfachere zu 13 Taler, beide mit Hut, und dazu eine «Veste mit Ermeln» für 2 bis 3 Taler anfertigen. Der Kutscher hatte außerdem Anspruch auf Umhang und Fuchspelz. – Ein hohes Maß an Toleranz und Disziplin, an Offenheit und Diskretion, an Zuneigung und respektvoller Distanz scheint das komplizierte Gefüge dieser Haushaltung, deren innerster Bezirk noch dazu eine Dichterwerkstatt, eine Kanzlei, eine Behörde war, im Gleichgewicht gehalten zu haben. – Freundlich-wohlwollend ließ Goethe den, der seinen Pflichten, so gut er vermochte, nachkam, gewähren, zog den Interessierten in das Geflecht seiner Interessen, suchte jeden Untergebenen, wie er zu Kanzler Müller sagte, sich frei im gemessenen Kreis bewegen zu lassen, «damit er auch fühle, daß er ein Mensch sei . . .» Stieß er aber auf Faulheit und hartnäckigen Widerstand, der ihn und den Frieden des Hauses störte, wie der Köchin Hoyer Launenhaftigkeit oder des Kutschers Gensler Gezänk, dann konnte er, der lange Nachsicht geübt hatte, sich plötzlich und «mit Ungestüm» lösen, konnte, wie er im April 1824 wieder zu Kanzler Müller bemerkte, «bestialisch seyn», wobei er sich durchaus nicht scheute, die Hilfe der Polizei in Anspruch zu nehmen. – Dem Untergebenen aber, der sich bewährte, galt nicht nur sein Dank, sondern er mühte sich redlich, ihm durch Empfehlungen, gelegentlich auch durch kleinere Darlehen, vor allem durch den Übergang in den öffentlichen Dienst fortzuhelfen. Dieses Amt war meist eng mit Goethes eigenen amtlichen Funktionen verbunden, so daß die gemeinsame Arbeit und das gemeinsame Leben, unter leicht variierten Vorzeichen, gedeihlich weitergingen.

Literatur: Walter Schleif, Goethes Diener. In: Beiträge zur Deutschen Klassik, Weimar/Berlin 1965.

Goethes Enkel

Walther Wolfgang (Weimar 9. April 1818–15. April 1885 Leipzig).

Wolfgang Maximilian (Weimar 18. September 1820–20. Januar 1883 Leipzig).

Alma Sedina Henriette Cornelia (Weimar 29. Oktober 1827–29. April 1844 Wien).

«Wenn meine liebe heitere Freundin», schrieb Goethe am 7. Juni 1831 an Marianne von Willemer, «ihre anmuthigsten Stunden mit heiterer Jugend zubringt, so darf ich wohl das Gleiche sagen; meine drey Enkel, zwey Knaben und ein Mädchen, sind wirklich wie heiteres Wetter, wo sie hintreten ist es hell. Am Augenblick Freude, er sey wie er wolle, das theilt sich denn unmittelbar auch den Ältesten mit, und so wollen wir die guten Geister loben, die uns dergleichen Lichtlein angezündet haben.»

Ein Blick auf ein Idyll, dem aber der 22. März 1832 rigoros ein Ende setzt. Es versinkt, und selbst die Bewohner, diese lieblichen, kindlichen Gestalten, die so munter den Apapa umschmeichelten, so ungezwungen zwischen seinen Freunden und Gästen durchschlüpften und sich fröhlich produzierten, verschwanden, denn die gehemmten, scheuen Jünglinge, von denen jetzt die Zeitgenossen sprechen, scheinen kaum mit jenen glücklichen Wesen verwandt. – Für die Enkel kam der Tod des Großvaters einer Vertreibung aus dem Paradies gleich. Eben lebten sie noch, bevorzugt und geliebt, im Zentrum eines mächtigen Kraftfeldes, plötzlich sahen sie sich, im Innersten getroffen, zur Sehenswürdigkeit, zu einem Stück des «Goethe-Inventars» degradiert. Die erste Reaktion war der Rückzug von der öffentlichen Goetheszene, die nächste, von der Mutter blind-verbissen genährt und bestärkt, der Entschluß, dem Übergroßen nachzuwachsen, ihn einzuholen und zu übersteigen. Als das mißlang, da das Talent zu schmal, die Vitalität und geistige Energie zu matt waren, resignierten sie in Anklage und Zorn. Sie wurden zu Hypochondern, die nur noch dem schonendsten Freundeskreis zugänglich waren. – Die Mutter, «geistreich, aber toll», verschärfte in ihrer Unfähigkeit, die Realität zu sehen und hinzunehmen, die Situation. Peinliche Schulden überall, noch peinlichere Affären in kaum abreißender Kette mußten die Söhne, gerade weil sie diese törichte Mutter liebten und ihr ritterlich ergeben waren, beschämen und immer tiefer in freudlose Abkapselung treiben.

Walther, an die großväterliche Zärtlichkeit, an das überhitzte Klima des mütterlichen Salons gewohnt, durfte sich in der Überzeugung gefallen, daß seine musikalische Begabung zu den kühnsten Hoffnungen berechtigte. Mahnungen der Vormünder, Kritik und Mahnung auch der Großmutter → Pogwisch, diese Begabung ernstlich auf ihre Tragfähigkeit hin zu prüfen, wies Ottilie empört zurück. Im Herbst 1838 wandte sich der junge Goethe nach Leipzig, wo Mendelssohn Bartholdy und Theodor Weinlig seine Lehrer wurden. Weinlig kam ihm freundlich entgegen, Mendelssohn aber, obwohl er Walther Talent nicht absprach, wurde von Lektion zu Lektion ärgerlicher, daß er aus alter Freundesverpflichtung dem Goethehaus gegenüber einen Schüler übernommen hatte, dessen Vorbildung mangelhaft, die Fortschritte unbefriedigend und Geschmack und Stil antiquiert waren. Walther war durch diese erste sachliche Kritik, die ihm widerfuhr, nahezu vernichtet. Vielleicht hätte er schon jetzt auf die Fortsetzung seiner musikalischen Studien verzichtet, doch Ottilie, unbelehrbar in ihrem Ehrgeiz, trieb den Sohn weiter. Den Sommer 1838 verbrachte er bei Carl Loewe in Stettin, 1839 ging er zu Ignaz Seyfried nach Wien. Beide Lehrer ermutigten den Mutlosen. Er schrieb Lieder, von denen immerhin in neun Heften etwa vierzig in verschiedenen Verlagen erschienen, und er arbeitete an drei Opern («Anselmo Lancia», «Alessandro Stradella», «König Enzio»), von denen «Anselmo Lancia» im Oktober 1839 in Weimar zwei Aufführungen erlebte. Der Beifall war freundlich-freundschaftlich, die Kritik höflich-kühl. Mendelssohn allerdings fand nur vernichtende Worte, was ihm Ottilie nie verzieh. Doch Walther war sachlich genug, sich die Fruchtlosigkeit seiner Bemühungen einzugestehen. Auch die Lieder waren nicht über den engsten Freundeskreis hinausgedrungen, die beiden andern Opern von keiner Bühne angenommen. Da er, bei aller Schüchternheit, zu hochmütig war, um mit einem bescheideneren Platz innerhalb des Musiklebens zufrieden zu sein, ließ er, im ersten Anlauf gescheitert, die künstlerische Laufbahn fahren. – Nur einen Versuch wagte er noch. Im Mai 1848 gab er (die Druckkosten selber tragend) anonym, da er sich dieses Mal *ohne* den großen Namen des Großvaters durchzusetzen wünschte, einen schmalen Band bei Wilhelm Hertz in Berlin heraus. Doch die drei Novellen, vorsichtig die sozialen Spannungen der Zeit ventilierend, waren in ihrer Schreibe so matt, so konventionell-ungekonnt, daß niemand Kenntnis von diesem «Fährmann, hol über!» nahm. – Bis zum August 1850 waren 163, in den nächsten Jahren weitere zwölf Exemplare verkauft, der Rest, 792 Stück, wurde im Januar 1868 eingestampft.

Goethes Enkel Walther und Wolfgang im Junozimmer, Zeichnung von B. von Arnswaldt, 1838.

Wolfgang, im Gegensatz zu dem Bruder, der als klein, schwächlich und unhübsch geschildert wird, groß, schlank, besaß den Habitus des Diplomaten. – 1836 trat er, nachdem der Versuch gescheitert war, den Verzärtelten in Schulpfortas strengerer Zucht abzuhärten, in das Weimarer Gymnasium ein, das er 1839 mit erfolgreich bestandenem Abitur verließ. Er studierte in Bonn, Jena, Berlin Jura und Philologie und promovierte 1845 zum Dr. jur. in Heidelberg. – Das Ziel aber, dem er in Wahrheit zustrebte, war, als Schriftsteller, als Dichter die Nachfolge des Großvaters anzutreten. 1842 veröffentlichte er ein in jeder Hinsicht dünnes Bändchen «Studenten-Briefe»; 1845 folgte, unter dem Obertitel «Der Mensch und die elementarische Natur», «Erlinde, ein lyrisches Drama», seltsam gekoppelt mit Wolfs Dissertation über das etruskische Agrimensoren-Fragment des Vegoia und einem von Schellingscher Identitätsphilosophie inspirierten philosophischen Traktat. Übertrieben wie Wolfgang Goethes Hoffnungen, der, mitten im Vormärz, Ruhm von diesem Nachzügler romantischer Poesie erwartete, war seine Enttäuschung, als nur nächste Freunde diesen schalen Aufguß des Undinen-Motivs beachteten. Tief gekränkt zog er sich in sich selbst zurück, wurde noch steifer, noch zeremonieller. – Dazu überfielen ihn schwerste Neuralgien, die ihn, Hilfe und Heilung suchend, von Wien (wo Ottilie seit 1842 domizilierte) nach Rom, Neapel, Ischia und von da auf Irrfahrten durch Bäder Südtirols, Böhmens und Deutschlands trieben. – Nur ein knappes Jahrzehnt (1852–1860) erlaubte ihm sein Gesundheitszustand, im Auftrag des preußischen Hofs, die Stelle eines Legationsrats in Rom und Dresden auszufüllen. Nach dem von ihm erbetenen Abschied vergrub er sich für den Rest seines Lebens, krank, vergrämt, verbittert, in archivalisch-historische Studien zu Leben und Zeit des Kardinals Bessarion (um 1450), eine, wie der Hallesche Kirchenrechtler Otto Mejer sagte, «eingehendste, ernsthafteste, treueste, gelehrteste Forscherarbeit», aber ohne geistige Durchdringung und Zusammenfassung der Stoffmassen. Der Freund riet von der Veröffentlichung ab, doch Goethe ließ die Arbeit, die ebenso wie seine dichterischen Versuche keinerlei Echo weckte, 1863 als Manuskript bei Frommann in Jena drucken. – 1870 kehrte er zu dem Bruder nach Weimar zurück, siedelte aber 1879, von hartnäckigem Asthma gefoltert, nach Leipzig über, wo er, betreut von K. E. Thalmann, Diener, Sekretär und Freund in einem, am 20. Januar 1883 starb.

Alma, die Enkelin, die Goethe «allerliebst» fand und als «ein echt geborenes Frauenzimmerchen» bezeichnete, von der die Großmutter Pogwisch aber nüchtern meinte, sie sei keine «idielle Person», sondern neige zur Frivolität, und von Geist, der bei ihr nur in den Füßen sei, besitze sie keine Spur. Ein Urteil, das Grillparzer bestätigte, der noch Jahrzehnte nach Almas Tod von «ihrer gar so großen Einfachheit, um nicht zu sagen Einfalt» sprach. Sie war ein munteres Geschöpf, unbelastet von den Problemen und vielerlei Hemmungen, die die Brüder niederdrückten, der im Haus der «Amama» Pogwisch wohler war als im Salon der Mutter. Zögernd nur, sehr ungern folgte sie dieser 1839 nach Wien. So oft es ihr erlaubt wurde, kam sie «in ihr hübsches, allerliebstes Weimar» zurück. Hier fühlte sie sich zu Hause, hier lebten die Freundinnen, hier tanzte sie auf Hofbällen, wo zu ihrem naiven Entzücken der Erbprinz selbst sie zum Walzer aufforderte. – Im Juni 1844 aber bestand Ottilie auf Rückkehr der Tochter nach Wien. Mitte September gaben Freunde dort dem jungen Mädchen ein Gartenfest, von dem sie mit Kopfschmerzen heimkehrte, die sich rasch zu einem typhösen Fieber steigerten, dem sie am 28. September, vier Wochen vor ihrem siebzehnten Geburtstag, erlag. Man begrub sie auf dem Währinger Friedhof, gegenüber den Gräbern von Beethoven und Schubert und unweit Anna Poywischs Grab, Ottiliens illegitimer kleiner Tochter, die sie hier im Juli 1836 begraben hatte. – Vierzig Jahre später wurden Almas sterbliche Reste nach Weimar überführt und im Goetheschen Familiengrab neben den Brüdern und der Mutter beigesetzt. – Das Erbteil der Tochter, 70 000 Reichstaler, war Ottilie zugefallen, die aber diese nicht unbeträchtliche Summe, wie Caroline von Egloffstein wußte, «in wenigen Jahren vertan hatte».

Im November 1845 schrieb Walther von Goethe an Christian → Schuchardt, den bewährten Kustoden im Haus am Frauenplan: «Sie haben viel Mühe mit uns, aber wenn Sie so in den Sammlungsräumen oder dem Arbeitszimmer des Großvaters in unserm Sinn schalten, wenn Sie Staub, Moderhauch und böse Geister bannen, da denke ich doch, es gereut Sie nicht, daß Sie treu an uns, den Überbliebenen von Tantals Haus, halten. Glauben Sie mir, das Reich der Eumeniden geht zu Ende. Wolfs beständiges Leiden, der Mutter und unser aller Schmerz um Alma . . . die große Last, die Haus und Sammlung uns aufbürden, das alles sind freilich Störungen für Geist und Streben; für den Augenblick fehlt wirklich alles Gute, und uns bliebe nichts als Jammern und Klagen, hätte ich eben nicht den Mut und festen Willen, ruhig durch Feuer und Wasser zu gehen . . .» Walthers bewegliche Klage ist jedoch Ausdruck depressiven Lebensgefühls, nicht Beschreibung der realen Lage. Die wirtschaftliche Situation der Familie hätte, bei einiger Vernunft, dank der großväterlichen Vorsorge, behaglich sein können; die Umwelt – Freunde, Verwandte, das Weimarer Fürstenhaus – verwöhnten die Goethe-Enkel mit Geduld, Nachsicht und Sympathie. Durch Carl Alexander, der ihnen willig jede Karriere eröffnet hätte, ließen sie sich wenigstens zu Kammerherren ernennen, und Walther, dem Herzog seit Kindertagen lieb und vertraut, sah sich durch die Jahrzehnte immer wieder als Berater in kulturellen Fragen herangezogen. Doch Scheu, Mißtrauen und Ressentiment waren nicht aufzulösen. Ein Ressentiment, das sich im verborgensten Grund von dem Groll nährte (und sich darum auch unbewußt gegen den Großvater richtete), mit dem berühmten Namen nicht auch die Begabung geerbt zu haben, die den Erben die Schätzung der Welt um ihrer selbst willen eingetragen hätte. Die Chance aber, die sie besaßen und die sie produktiv hätten nutzen können, nutzten sie nur als Recht zur Verweigerung und Negation. Zwar sorgte Walther als «Wächter, Hüter und Stationsbeamter» für die Erhaltung des weitläufigen Besitzes; zwar dirigierte Wolf die Edition einiger Briefwechsel Goethes (mit K. F. von Reinhard, Knebel, den Brüdern von Humboldt, Graf Sternberg und dem Herzog Carl August), wobei er die Geduld der Verleger und Herausgeber aufs äußerste strapazierte. Darüber hinaus aber sperrten die Brüder Haus und Archiv. Sie verzettelten nichts, obwohl sie, da die Barmittel durch die Schuld der Mutter nahezu aufgezehrt waren, darbten, doch dem ungeduldigen Interesse der Öffentlichkeit, das ihnen nur Neugier und Indiskretion schien, begegneten sie mit hartnäckigem Nein. – Erst das Testament, eröffnet nach Walther von Goethes Tod am 15. April 1885, zeigte in seiner bedingungslosen Großzügigkeit die Brüder als das, was sie trotz aller Verschrobenheit waren: Gentlemen, kultiviert, integer. – «Ich las», schreibt am 16. April Carl Alexander, nachdem ihm der junge Dr. Vulpius eine Abschrift von Walther von Goethes Testament überreicht hatte, «darin mit großer Bewegung, daß dem Staat die Sammlungen und die Häuser Goethes vermacht werden und daß ich deren Leitung übernehmen soll, daß der Großherzogin das literarische und das Familienarchiv zufallen und daß dem Krongut der Goethegarten mit dem Haus darin überlassen wird, damit dieser Ort ein Spielplatz für die Enkelkinder meiner Familie bleibt. Ich ließ die Großherzogin rufen, damit auch sie das Testament läse. Sie war sehr bewegt, und beide können wir Gott nicht genug danken, daß er geruht hat, diese wichtigen Entscheidungen zum Vorteile des Landes und zu dem unseres Hauses ausfallen zu lassen – und daß wir berufen sind, das alles zum Wohle der Welt zu pflegen.» – Zwei Tage später begleitete die herzogliche Familie Walthers Sarg zum Friedhof. «Es hatten sich dort viele Menschen aus allen Schichten versammelt», schreibt der Herzog weiter, «schöner Gesang und würdige Ansprache von Heß. Wir traten aus der Kapelle hinaus, als der Sarg weggetragen wurde . . . Auf Walthers Gedenktafel steht:

Mit ihm erlosch Goethes Geschlecht,
dessen Name alle Zeiten überdauert!»

Literatur: Wolfgang Vulpius: Walther Wolfgang von Goethe und der Nachlaß seines Großvaters. Aus archivalischen Quellen. In: Beiträge zur Deutschen Klassik 14. Weimar 1962. – Max F. Hecker: Maximilian Wolfgang von Goethe. ADB 49, 1904. – Therese Böhlau: Alma von Goethe. In: Stunden mit Goethe. Hrsg. Wilhelm Bode, Band 6, S. 114–126, Berlin 1910.

Goethes Gärtner

Goethe, durch Vater und Großvater (wie in «Dichtung und Wahrheit» nachzulesen ist) an schöne Gärten und sorgsame Gartenpflege gewohnt, wandte den eigenen Gärten die gleiche Sorgfalt zu. Eine Erleichterung war es für ihn, mit den geschulten Kräften, die ihm die Hofgärtnerei zur Verfügung stellte, rechnen zu dürfen. Besonders erfahrene und gut ausgebildete Fachleute wie Friedrich Gottlieb → Dietrich, wie die beiden → Gentzsch, Vater und Sohn, auch wie Johannes → Reichert und die verschiedenen Mitglieder der «Dynastie» → Sckell kamen aus fürstlichem Dienst. Goethe schätzte die Fachkenntnisse dieser Männer, suchte aber auch deren Horizont zu erweitern und sie auf Resultate wissenschaftlicher Arbeit in Botanik, Geologie und Mineralogie hinzuweisen, was wiederum der gärtnerischen Praxis zugute kam.
Literatur: → Park an der Ilm.

Goethes Krankheiten

«Ich muß den Cirkel, der sich in mir umdreht, von guten und bösen Tagen näher bemerken», schrieb Goethe am 26. März 1780 in sein Tagebuch, «Leidenschaften, Anhänglichkeit, Trieb dies oder jens zu tun. Erfindung, Ausführung, Ordnung, alles wechselt, und hält einen regelmäßigen Kreis. Heiterkeit, Trübe, Stärke, Elastizität, Schwäche, Gelassenheit, Begier eben so. Da ich sehr diät lebe, wird der Gang nicht gestört, und ich muß noch heraus kriegen, in welcher Zeit und Ordnung ich mich um mich selbst bewege.» – Den einen, unter ihnen Mediziner von Rang wie Wolfgang Veil, schien Goethe ein Apoll, ein Jupiter, ein Beispiel olympischer Kraft und Frische; die Gegenpartei jedoch, Ernst Kretschmer etwa oder Paul Julius Möbius, ließ es sich angelegen sein, die dunklen, die dubiosen Stränge in Goethes Wesen aufzudecken und ihn in die Reihe der genialen Hysteriker und Psychopathen einzurücken.

– Goethe selbst kannte und akzeptierte seine Anlage. Ihm war bewußt, daß diese Labilität, psychisch und physisch zugleich, daß diese zarte und gefährdete Organisation Voraussetzung seiner Produktivität war: ein hochempfindliches Instrument, das jeden Hauch positiv oder negativ verzeichnete, ein Instrument, das sorglich zu handhaben war. – Schwere Belastungen waren Krankheiten, die Goethe immer wieder überfielen und quälten. Die Liste ist lang. Abgesehen von den zwei Jahren, in Italiens trockner und warmer Luft verbracht, wechseln die Katarrhe mit grippalen Infekten; Mandelentzündungen, Zahnaffektionen, leichtere Furunkulosen und lästige Verdauungsbeschwerden sind zu registrieren. Dazu zwischen 1805 und 1810 äußerst schmerzhafte Nierenkoliken, die den Patienten meist in monatlichem Rhythmus heimsuchten, ebenso schmerzhaft die rheumatischen Anfälle und mit den steigenden Jahren die Neigung zu erhöhtem Blutdruck, zu Herz- und Kreislaufstörungen. – Zu vermerken sind außer diesen «üblen Zuständen» die schweren Erkrankungen, die den Organismus aufs äußerste belasten: 1768/69 die tuberkulöse Infektion, 1801 Gesichtsrose, 1804 eine gefährliche Angina, 1823 Herzbeutelentzündung, 1830 der heftige Blutsturz (Reaktion auf die Nachricht vom Tod des Sohnes) und als Todesursache 1832 ein grippaler Infekt, der zum Herzinfarkt und schließlich zum endgültigen Herzversagen führte. – Die Behandlung dieser vielerlei Leiden nutzte konservativ die Mittel, die der Medizin jener Tage zur Verfügung standen. Außer vorbeugenden Trink- und Badekuren im akuten Fall Schröpfköpfe und Aderlaß, Duschbäder, Abreibungen, Kompressen mit Kampfer und Meerrettichauszügen, weiter unterschiedliche Diäten, verstärkt durch Aufgüsse von Quecke, Nessel, Aronstab, Gundelrebe oder Arnika; bei starken Schmerzen Opium oder auch Bilsenkraut, das Goethe, da es ihm «heitere Träume» brachte, vorzog. – Goethe selbst, für den «Krankheit das größte irdische Übel» war und der nur «Gesundheit remarkiert» wissen wollte, setzte entschlossen diesem Bündel physischer Belastungen ein Konzept der Abhärtung und körperlichen Ertüchtigung entgegen und wandte sich, sobald es der körperliche Zustand erlaubte, mit aller Energie wieder den Geschäften zu, froh, daß die Fäden, die ihn an Kunst und Wissenschaft banden, nicht gerissen waren.

Literatur: Frank Nager: Der heilkundige Dichter. Goethe und die Medizin. 2. Aufl., Zürich 1991.

Goethes musikalische Interessen

Von dem Großvater, und zwar dem Großvater Schneidermeister, ist überliefert, daß «er die Musik wohl verstanden habe»; sein Sohn, der Herr Rath, liebte und spielte die Laute; die Mutter sang und «schlug» das Klavier; Cornelias musikalische Begabung wurde sorgfältig geschult. Nur der Haussohn ließ es mit den drei Jahren Klavierunterricht, ihm von Johann Andreas Bismann vom Mai 1763 bis zum Herbst 1766 erteilt, genug sein. – Gegenstand des Unterrichts war allgemein das Lied, der Tanz, war eine Musik, die der Geselligkeit diente, war für die Dilettanten, wie die Lehrbücher der Zeit zeigen, das Menuett, die Polonaise, waren Märsche und hübsche, sangbare Weisen. Zu diesen Übungen kam als karge Musikerfahrung, was das «Kind Goethe» in Kirche, Theater oder Konzertsaal hörte. Vielleicht die Oratorien eines Telemann; sicher, von wandernden Schauspielertruppen geboten, Beispiele der Opera buffa und der französischen Opéra comique, darunter Rousseaus Einakter «Le Devin du Village», doch auch das Konzert, das Leopold Mozart auf der Durchreise nach Paris am 30. August 1763 mit dem siebenjährigen Sohn im Scharffischen Saal gab. Noch nach Jahrzehnten erinnerte sich Goethe, im Gespräch mit Eckermann am 3. Februar 1830, deutlich an den «kleinen Mann in seiner Frisur und Degen». – Das war zusammengenommen nicht viel, doch es genügte, Liebe und Interesse für Musik zu wecken, Neigungen wachzurufen, die ein Leben lang vorhalten sollten. – Von Italien, dessen Name schon Musik für ihn bedeutete, erwartete er, nachdem ihm das erste Weimarer Jahrzehnt die Einübung in das → Singspiel gebracht hatte, viel; er erwartete nahezu alles. Doch obwohl er in Vicenza, Venedig und Rom Aufführungen mit herrlichen Stimmen hörte, dünkte ihm die hochberühmte Opera seria «ein Ungeheuer ohne Lebenskraft und Lebenssaft». Eine Opera sacra, zur Fastenzeit in Neapel dargeboten, schien ihm nur ein «bunter Guckkasten», und selbst der geliebten Opera buffa fehlte, ehe er in seinem zweiten römischen Sommer Cimarosas Bühnenwerk entdeckte, «Runde und Vollkommenheit». Nun aber genoß er des Komponisten perlende Melodien, und die sprühende Laune seiner musikalischen Einfälle entzückte ihn so, daß sie ihm im Juli 1787 ein Konzert, der schönen Angelika Kauffmann gewidmet, wert waren. – Wert, ihm nachzuspüren und stets interessant, war ihm auch das Musizieren des einfachen Volkes. Am Lido scheute er weder Mühe noch Aufwand, um noch einmal, von Schiffern und Fischern, «sehr rauh und sehr laut intoniert», halbvergessene Lieder des Ariost und Tasso zu hören; in Rom lauschte er in dunklen, engen Gassen und auf den mondhellen Plätzen den Zithern und Mandolinen; er suchte die kessen Ritornelli der jungen Burschen zu erhaschen und merkte auf die versponnene Poesie der geistlichen Intermezzi. – Schließlich hörte er noch, durch Philipp Christoph Kayser eingeführt und klug geleitet, durch Wochen in der Sixtina italienische Kirchenmusik, gipfelnd in Palestrinas Improperien, den «Heilandsklagen», makellos von der Kapelle des Papstes gesungen. Für Goethe am Ende seiner römischen Tage ein hoher, erlauchter Genuß. – Zurück in Weimar, wird er dann, besonders in den Briefen an Zelter, nicht müde zu klagen, daß er, wie er im Mai 1803 schreibt, «in keiner musikalischen Sphäre lebe». Ebenso im Februar 1804: «Diesen Winter habe ich fast gar keine Musik vernommen, und ich fühle, welch ein schöner Teil des Lebensgenusses mir dadurch abgeht.» Dann am 19. Juni 1805: «Ich kenne Musik mehr durch Nachdenken als durch Genuß und also nur im allgemeinen.» Und im Mai 1807: «Leider bin ich von Musik gar sehr abgeschnitten, und das bißchen Operette, ob wir gleich mitunter recht gute Stimmen haben, will's doch auch nicht tun. Daher scheint auch in mir aller Sang und Klang verschwunden, so wie alle Imagination, die sich auf Musik bezieht.»

Goethes Klagen waren berechtigt. Musik, große Musik zu hören und sogar wiederholt zu hören war in Weimar, diesem winzigen Gemeinwesen, nahezu unmöglich. Anna Amalias Kreis, für uns, im Rückblick, auf die hübscheste Weise dem Musizieren ergeben, zählte nur Dilettanten. Die Vertreter der offiziellen Musikpflege, Stadtorganist und Hofkapellmeister, waren, ehe Nepomuk → Hummel für Weimar gewonnen werden konnte, kümmerlicher Durchschnitt, und die Zentren produktiven musikalischen Lebens, Wien, London, Berlin oder Paris, lagen, bei der Reisepraxis jener Tage, in unerreichbarer Ferne. Wohl tauchte hin und wieder ein Geiger wie Paganini, es tauchten Sänger und Sängerinnen, Pianisten, Cellisten mit großem Namen auf, doch es bestand keine Einrichtung, die mit der modernen Konzertagentur zu vergleichen wäre. Es fehlten auch, was wir alle wissen und doch leicht übersehen, Funk und Schallplatte, die heute jedem ermöglichen, am musikalischen Leben der Zeit teilzunehmen. – Bach und Händel lebten noch bei Goethes Geburt; Gluck, Haydn, Mozart, selbst Beethoven und Schubert waren seine genauen Zeitgenossen: aber man darf annehmen, daß ihm von der Musik, die sie schufen, wenig, sehr wenig zu Ohren kam – und dann meist nur im mageren Klavierauszug. – Die Einsicht, daß sich, in unmittelbarer Nachbarschaft, neben dem mächtigen Reich des Geistes und der Poesie – gleichrangig, weltgültig – ein Reich der Musik, ein Reich der reinen Instrumentalmusik aufbaute, fehlte Goethe. Er spürte wohl die Bedeutung der großen Musiker, vermochte aber, trotz manchen klugen Worten, die er zu ihrem Ruhm fand, ihre Leistungen nicht in ihrer epochalen Einmaligkeit zu erkennen. Ihre Erfindungen befremdeten ihn eher, als daß sie ihn erfreuten. Er, der mit jedem dichterischen Werk Neuland betrat, schreckt entschieden vor der Neuheit dieser Tongebilde zurück. Ihre Strukturen, die auf das Wort verzichteten und ihm so jede Verständigungshilfe nahmen, durchschaute er nicht. Hier liegt die Grenze der Goetheschen Musikrezeption. – Sein Einfall im Herbst 1807, zu einem Zeitpunkt also, da der Sieg der absoluten, der reinen Instrumentalmusik bereits entschieden war, eine Singeschule und nicht etwa ein Quartett oder ein kleines Orchester einzurichten, bezeichnet Ernst Beutler als «alte Mode», und Zelter ist für ihn der Mann, dem er die Schuld an Goethes «reaktionärem Musikgeschmack» zuschreibt. Das stimmt und stimmt auch wieder nicht, denn der Musiker hätte, wie Hermann Abert nachweist, niemals dem Dichter eine Musikanschauung aufdrängen können, die nicht im Grundsätzlichen schon dessen Anschauung gewesen wäre. – Goethe bewunderte Mozart, er bewunderte Händel und Haydn, er versuchte Bach, er versuchte Beethoven zu verstehen, doch die Ahnung von der Größe ihrer Musik hinderte ihn nicht, auf seine althergebrachte, eingeschränkte Weise eine bescheidenere Musik als die seiner genialen Zeitgenossen zu pflegen und zu lieben. – In seinem eigensten Herrschaftsbereich, bei dem Musizieren mit Worten, besaß er uneingeschränkt den Vorsprung, den das Genie besitzt. Fast brauchte es ein Jahrhundert, ehe die Musik seiner kostbarsten, seiner subtilsten Verse (im «Divan» etwa oder in «Faust II») ihren Hörern einging. In seiner Liebe zum strophisch durchkomponierten Lied aber, in seiner Neigung zu einer Musik, die sich einordnete, die gesellig diente, die erheiterte und löste, blieb er wie Freund Zelter ein Mann des achtzehnten Jahrhunderts, von dem er ja auch herkam.

Literatur: Hermann Abert: Goethe und die Musik (Musikalische Volksbücher). Stuttgart 1922. – Wilhelm Bode: Die Tonkunst in Goethes Leben. 2 Bände. Berlin 1912. – Hans Joachim Moser: Goethe und die Musik. Leipzig 1949.

Goethes Nachbarn

1793 hätte Goethe Gelegenheit gehabt, das Gebäude, dessen Mauern von rechts an sein Haus stießen, in seinen Besitz zu bringen. Er bot 300 Taler, die Witwe → Franke aber überließ es dem Leinenweber → Herter, der bereit war, 100 Taler mehr zu zahlen. Goethe sah sich, höchst irritiert, gezwungen, den Werkstattlärm zu ertragen. Erst seinen Erben gelang es, 1834 das strittige Objekt zu erwerben. – Zwei Jahre zuvor, im Februar 1832, hatte Goethe das der Leinenweberei unmittelbar benachbarte Haus, das zugleich, Wand an Wand, mit Goethes Frauentor-Gartenpavillon zusammenhing, aufgekauft und mietweise der Familie → Vulpius überlassen, die hier und bald darauf auch in dem Leinenweberhaus mit ihren Nachkommen bis 1913 lebte. Heute sind diese sogenannten «Vulpiushäuser» Teil des Goethemuseums. – Auch an dieser Stelle hatte es Ärger gegeben. Der Kammerdiener → Lämmermann, dem das Häuschen seit 1817 gehörte, versuchte, in einem Anbau mehr Fenster unterzubringen, als ihm genehmigt waren. Goethe protestierte. In diesem Fall setzte er sich durch. – Das nachbarliche Verhältnis zu den → Treuters, einer gesitteten Beamtenfamilie, war, soviel wir wissen, ungetrübt. Verständlicherweise nutzte dennoch Goethe 1817 die Gelegenheit, den Erben des Cammer-Calculators den Verkauf ihres Grundstücks, das im Osten seinen Besitz begrenzte, vorzuschlagen und so seinen Garten (zu dem nun auch der zweite, der Ackerwand-Pavillon, hinzukam) die schönste Abrundung zu geben. Das Treuter-Haus vermietete er; nur die wenigen Räume, die zum Garten hin lagen, nutzte er (wahrscheinlich) zur Unterbringung seiner morphologischen Sammlung.
Literatur: → Haus am Frauenplan.

Goethes Sammlungen

17 800 Steine, 5000 Gegenstände zur Erhellung naturwissenschaftlicher Fragen, 26 511 Nummern des Kunstbesitzes: eine Häufung unterschiedlichster Objekte – eine Materialiensammlung, die, was Goethe selbst nahelegt, als Ablagerung, als Sediment seines tätigen Lebens, als Beleg seiner vielfältigen wissenschaftlichen Interessen zu sehen ist. – Am Anfang stand die praktische Aufgabe, wie sie ihm der Weimarer Regierungsalltag stellte. Bald aber entdeckte er beim Wegebau, im Bergbau, bei der Forst- und Wiesenwirtschaft den hohen Nutzen wissenschaftlicher Methodik. Botanische, physikalische, geologische Studien nahmen ihn gefangen; ihn lockte es, sich über Probleme der Farbenlehre, der vergleichenden Anatomie oder der Meteorologie klar zu werden. Mit dem Eindringen in jedes dieser Fächer begann dann das geduldige Zusammentragen der Materialien, aus denen er sich, wie Erich Trunz sagt, gleichsam sein eigenes gelehrtes Institut bildete, hingeordnet auf die

eigene Fragestellung, zugeschnitten auf das eigene Interesse. – Auch die Goethesche Kunstsammlung, die mit ihren Gipsen und Kopien den modernen Betrachter eher irritiert als entzückt, will Trunz als Institut, als Goethes ganz persönliches kunsthistorisches Institut, verstanden wissen. Auch auf diesem Gebiet suchte er, wenn auch eingeengt durch das klassizistische Credo Winckelmannscher Provenienz, den Überblick, den Vergleich. Goethes Mittel waren beschränkt, kostbare Originale kaum greifbar. Als Studienobjekt mußten ihm, neben den fast dreitausend Zeichnungen und Aquarellen, neben einiger Kleinplastik und wenigen Gemälden, der Gipsabguß, der Reproduktionsstich (9179 Blätter) genügen. – Ein Besitz, verteilt über Treppen und Zimmer, dicht an dicht gereiht an Wänden, auf Borden und Schränken, eingeordnet in Fächer und Mappen, stets griffbereit zu Belehrung und Betrachtung – für den Sammler ein Besitz, um dessentwillen er, wie er 1830 an Boisserée schrieb, länger zu leben wünschte, ein Besitz, für ihn «Licht in der Lebenslampe».

Literatur: → Haus am Frauenplan.

Goethes Weimarer Wohnungen

Abgesehen vom ersten Winter 1775/76, den Goethe als Gast im Hause des Kammerpräsidenten von → Kalb im «Deutschritterhaus» hinter der → Stadtkirche zubrachte, war seine feste Bleibe «das alte Häusgen, vor dem Thore», das ihm der Herzog im April 1776 geschenkt hatte. Eine Bleibe, nur praktikabel durch Unterkunftsmöglichkeiten, die sich Goethe außerdem in der Stadt sicherte. – Zunächst eine Etage im Hause des Hofkassiers König, mit dem Blick auf die Brandruine des Schlosses; dann Zimmer im Fürstenhaus und schließlich, Wand an Wand mit Frau von Stein, «das Absteigequartiergen» in der Seifengasse. – Seinem innersten Wesen entsprach durchaus das Hausen «draußen an der Ilm schönen Wiesen»; er liebte diese «Wohnung der Stille». Dennoch entschloß er sich, auf die Dauer wohl doch bedrängt durch Enge und die Mühsal des Hin und Her zwischen den Wohnungen, zum Umzug in das Haus des Dr. Helmershausen am Frauenplan, ein Domizil, das er auch bei seinem Aufbruch nach Italien beibehielt und in das er 1788 zurückkehrte. Noch von Italien aus hatte er 1787 durch Philipp → Seidel, seinen weimarischen Administrator, den Mietvertrag verlängern lassen. Doch als er sich ein Jahr später verpflichtet fühlte, Christiane, die sein Kind erwartete, zu sich zu nehmen, scheint das in diesem Haus nicht möglich gewesen zu sein. – Der Herzog half. Großzügig stellte er im Herbst 1789 dem Freund im Kleinen Jägerhaus an der Marienstraße, nur ein paar Schritte vom Frauenplan entfernt, doch schon ganz im Grünen gelegen, zwei Wohnungen zur Verfügung. Die Beletage nahm Goethe, im darüberliegenden Stockwerk richtete sich Christiane mit Schwester und Tante ein. – So blieb das Dekorum gewahrt, ohne daß Goethe auf die Nähe der Geliebten, ohne daß er auf den Sohn, der ihm Weihnachten geboren wurde, hätte verzichten müssen. Die Existenz dieser seiner «kleinen Familie, welche nicht eben eine heilige Familie» war, entspannte, beglückte, erheiterte ihn. Gedichtzyklen, die in diesen Jahren entstanden, wie die «Römischen Elegien» oder in den «Venezianischen Epigrammen» die Verse, die Christiane gehören, sind durchwärmt von dem Glanz sinnlichen Behagens, von dem Wohlsein, das dieses Idyll Goethe gewährte und das er mit allen Fasern in sich einsog. – Er wurde nicht müde, dem Freund für dieses Interim zu danken, das allerdings bereits im Sommer 1792 ein Ende fand, da der Herzog die Wohnung für Charles → Gore, einen englischen Reeder, freizumachen wünschte. Goethe wechselte nun wieder, nur diesmal mietfrei, in das → Haus am Frauenplan über, das Dr. Helmershausen mit dem Kaufbrief vom 22. Mai 1792 für 6000 Meißnerische Gulden an die Fürstliche Kammer abgetreten hatte. Zwei Jahre später verwandelte Carl August, «aus eigener, freier Bewegung», das Nutzungsrecht in eine Schenkung und übergab am 17. Juni 1794 dem Freund «obgedachten Helmershausenschen Besitz zum wahren Eigenthum». Der Urkunde waren «zur schicklichen Einrichtung des Hauses» 1500 Taler beigefügt. Die Kammer zahlte weiter die Grundsteuer, die Goethe allerdings im Dezember 1806, nach der Niederlage von Jena und Auerstedt, «zusammen mit den 12 Kriegssteuern, die von den Grundstücken abzutragen sind», übernahm, um seinen Teil am «vaterländischen Unglück» mitzutragen. – Seitdem verzeichnet das Weimarer Kataster den Frauenplan-Besitz unter Goethes Namen, eine letzte Legitimation der Schenkung, die Goethe begrüßte.

Literatur: Carl August Hugo Burkhardt: Über Goethes unbekannte Stadt-Wohnungen in Weimar. In: Goethe-Jahrbuch 9, 1888, S. 243–247.

Gore Charles

(Horkstow/Yorkshire 5. Dezember 1729–22. Januar 1807 Weimar).

Dritter Sohn einer alten, doch nicht sehr einflußreichen englischen Familie, daher zum Kaufmann bestimmt, aber durch eine reiche Heirat bald in der Lage, Liebhabereien nachzugehen, die einander fast auszuschließen scheinen: im heimischen Southampton durch ein Jahrzehnt Entwurf und Bau unterschiedlichster Schiffstypen; dann auf weiten Reisen (seit 1773) durch das südliche Europa die Hinwendung zur Kunst und, gefördert durch die Freundschaft mit Philipp Hackert (besonders 1776–1778 in Rom), die Entwicklung des eigenen Zeichentalents. – In Weimar machte Gore, der zwei Jahre zuvor seine Frau verloren hatte, im Oktober 1787 mit seinen Töchtern einen ersten Besuch. 1791 beschloß er, sich in der kleinen Residenz, wo man ihm freundlich entgegenkam, anzusiedeln. – Rückblickend rechnet Goethe die Anwesenheit dieser so liebenswürdigen und kultivierten Familie zu «den bedeutendsten Vorteilen, die Weimar in diesen Jahren genossen» habe: Gore, unterrichtet und interessant, Eliza (1754–1802), eine gute Zeichnerin, und Emily (1760–1826), eine Schönheit, die, wie wenige verhüllte Bemerkungen und ebenso das herzogliche Postbuch (das 1787–1789 eine ungewöhnlich lebhafte Korrespondenz zwischen der jungen Engländerin und Carl August registriert) vermuten lassen, dem Herzog einige Unruhe bereitet zu haben scheint. – Gore, der im Januar 1807 starb, hatte seine Bibliothek den herzoglichen Sammlungen zugedacht, aber Emily, durch die Napoleonischen Kriege von

ihren Einkünften abgeschnitten und gezwungen, bei einer Schwester, die in Florenz lebte, unterzuschlüpfen, war dankbar, daß der Herzog in aller Stille 600 Taler für die Buchbestände und noch einmal 6000 Taler bei der Übernahme der Bilder, Möbel, Teppiche aus dem Goreschen Haushalt anweisen ließ. – Gores Andenken wurde durch eine Büste geehrt, von → Weißer gearbeitet und in der → Fürstlichen Bibliothek aufgestellt.
Literatur: Johann Wolfgang von Goethe: Charles Gore. In: Philipp Hackert.

Görtz von Schlitz Friederike *Karoline* Gräfin von, geborene von Üchtritz (Gotha 1749–1809 Regensburg).
Tochter des gothaischen Geheimrats von Üchtritz, seit 1768 verheiratet mit Eustachius von Görtz, diesem, wie ihre Briefe zeigen, zärtlich ergeben, seine Freuden, seine Sorgen teilend, allerdings auch seine Neigung, sich rasch, gern und reichlich zu ärgern. – Literatur und Kunst existierten für die Gräfin nur am Rande. Die Weite oder vielmehr die Enge ihres Horizonts bestimmt der Hof. Etikette, Rang, Stand sind ihr Maßstab; Inhalt ihres Daseins ist des Grafen Aufstieg und Karriere, das Glück der fürstliche Gnadenbeweis. – Alles was dieser Wertskala, diesem Lebensplan entgegensteht, trifft Zorn und Spott. Schon vor Goethes Auftauchen grollt die Gräfin Anna Amalia, die den Mentor ihrer Söhne nicht recht zu schätzen weiß; sie grollt auch Louise von Göchhausen, für sie nur «das kleine Monstrum», die zu der Herzogin gehört, und Charlotte von Stein ist in ihren Augen eine Pretiöse mit der lächerlichen Neigung zum «gebildeten Zitat». – Goethe aber, dieses «Haupt der verdammenswerten Schöngeisterei», dieses «génie par excellence», ist für das Paar und den großen Kreis Gleichgesinnter «die Ursache aller unserer Pein». Als aus Braunschweig das Gerücht dringt, Goethe habe sich das Leben genommen, kommentiert Karoline giftig, der Schaden wäre in Wahrheit nicht so groß gewesen . . . Wie in der Gräfin → Gianninis Briefen wird hier blitzartig deutlich, wie erbittert der Widerstand war, auf den Goethe stieß. Man gehe «auf lauter Koth, wie man aus seinem Hause trete», notierte der Dichter Ende Dezember 1778 in seinem Tagebuch und stellte weiter lakonisch fest, daß er nicht zu dieser Welt gemacht sei.
Literatur: Willy Andreas: Sturm und Drang im Spiegel der Weimarer Hofkreise. In: Goethe, Viermonatsschrift der Goethe-Gesellschaft 8, 1943, S. 232 ff.

Görtz zu Schlitz Johann *Eustachius* Graf von (zu Schlitz 5. April 1737–7. August 1821 Regensburg).
Graf Görtz, Carl Augusts Erzieher und in späteren Jahren Diplomat in preußischen Diensten, an den sich Carl von Lyncker als an einen «sehr feinen Hofmann» in dem Weimar um 1775 erinnert, war aus dem Hessischen nach Thüringen gekommen. Der Familie, ursprünglich Ministerialen des Stifts Fulda und in dieser Funktion 1116 als Herren von Schlitz erwähnt, 1408 mit dem Zusatz von Görtz versehen, 1563 protestantisch geworden und 1612 in die Fränkische Ritterschaft, Kanton Rhön-Werra inkorporiert, gelang 1726 über

die Stufe der Reichsfreiherren der Aufstieg in den Stand der Reichsgrafen. – Seine erste Erziehung empfing Eustachius von Görtz im Elternhaus. Anschließend besuchte er das ausgezeichnete Braunschweigische Carolinum, studierte 1752–1754 Jurisprudenz in Leiden und Straßburg und übte sich zusätzlich in diplomatischen Zirkeln der niederländischen Hauptstadt «im Weltton». – 1755 nach Weimar empfohlen, wechselte er jedoch, als Geheimschreiber eng an den gelehrten, aber auch mürrisch-hochfahrenden Premierminister Graf → Bünau gebunden, rasch nach Gotha über, wo er (allerdings, ebenso wie in Weimar, ohne Salär und nur auf seine Apanage angewiesen) das rege und durch französischen Einfluß verfeinerte Klima dieses Hofes genoß. – Ende 1759 aber, nach Bünaus Amtsniederlegung, kehrte er nach Weimar zurück. Hier zunächst Regierungsassessor, zwei Jahre später dann, im März 1762, auf ausdrücklichen Wunsch der Herzogin, die die Gesittung und Weltläufigkeit des jungen Kavaliers (vielleicht auch seine Abneigung gegen Bünau!) zu schätzen wußte, mit der Erziehung ihrer Söhne betraut. Sein Titel nun: Hof- und Legationsrat, das Gehalt 600 Taler jährlich, zuzüglich der freien Wohnung im Schloß und der Teilnahme an der Hoftafel.

Der junge Erzieher näherte sich seiner Aufgabe mit Ernst und großem Eifer. Basierend auf dem angestammten Luthertum, dessen Strenge pietistisch-empfindsame und aufklärerische Einwirkungen milderten und weiteten, war er durchdrungen vom Optimismus seines Zeitalters, das freudig an die Bild- und Erziehbarkeit des Menschen glaubte. Er beschäftigte sich, an Literatur und Philosophie interessiert, auch mit Rousseau, war aber nach Herkunft und Temperament gefeit gegen den revolutionären Aufruhr, der von dessen Schriften, insonderheit von «Emile oder über die Erziehung» (1762), ausging. Dagegen sympathisierte er mit Basedows Philanthropinismus, dieser als «Aufforderung zur Menschlichkeit» formulierten, gemäßigten Interpretation Rousseauscher Ideen, und er erwog in einem schmalen Bändchen («Briefe eines Printzenhofmeisters über Basedows Printzenerziehung und hauptsächlich über dessen Agathocrator»), das er 1771 anonym in Heilbronn veröffentlichte, nachdenklich das Für und Wider des Basedowschen Systems. Für ihn selbst blieb Ziel seiner pädagogischen Bemühungen, «den vollkommenen Fürsten heranzubilden, ihn fähig zu machen, die künftigen Untertanen nach erleuchteten Grundsätzen zu regieren und in treuer Pflichterfüllung ihr Wohl zu fördern . . .»

Die Prinzen, Carl August knapp fünf und Constantin ein Jahr jünger, bewohnten im Winter, gemeinsam mit ihrem Mentor, eine Suite in der Wilhelmsburg, im Sommer einen Pavillon von Belvedere. Eine Privatschule also, ein Internat fürstlichen Zuschnitts, ausgestattet mit eigener Dienerschaft und eigenem Lehrkörper, zu dem unter anderen → Seidler, → Heermann, → Albrecht, der Sprachmeister → Dumanoir, → Knebel und sogar Wieland zählten. – Der Unterricht, von Görtz in sorgfältig ausgearbeiteten Plänen bis ins einzelne festgelegt, steigerte sich durch die Jahre vom schlichten Lesen, Schreiben, Rechnen zur Erlernung des Lateins, des Französischen weiter zu Literatur, zu Mathematik, Staatskunde, Geschichte und Philosophie, nicht zu vergessen den Religionsunterricht, die «Befestigung in der Gottesfurcht», für den fromm gestimmten Grafen Grundlage jeder Erziehung. – Man begann gegen neun Uhr am Vormittag. Wenig Zeit blieb, trotz den ausgedehnten Exerzitien in den adeligen Pflichtfächern Tanzen, Fechten, Reiten, für kindlich-jugendliches Spiel im Freien; gegen Abend machten die Söhne für eine kurze Stunde der Mutter ihre Aufwartung. – Zur prinzlichen Tafel, für die ein eigens zu diesem Zweck abgestellter Koch sorgte, pflegten sich in wechselnder Reihenfolge Gäste einzustellen: die Minister und hohe Beamte, durchreisende Fremde «von Distinktion», auch Vertreter der Stände, auch Damen und Herren vom Hof oder Gelehrte aus Jena. Für die Prinzen, obwohl Kinder noch, die ihnen verordnete Gelegenheit zur Einübung ihrer künftigen Rolle, fürstliche Macht und fürstliches Wohlwollen geziemend darzustellen. In seinem Tagebuch, das der Graf mit einer Akribie führte, die wichtigeren Ereignissen als dem Auf und Ab in der Kinderstube angestanden hätte, vermerkte Görtz pünktlich nach solchen Präsentationen, daß der Erbprinz (nur ihm galt des Erziehers wahres Interesse) «sich recht wohl benommen habe und bestrebt gewesen sei, meistensteils höflich und gesittet zu sein».

So gut nun alles von Herzogin und Erzieher bedacht schien und der gedeihlichste Fortgang gesichert, so bald schon schwanden merkbar, ohne daß die Ursachen im einzelnen näher bezeichnet werden könnten, Zuversicht und gelassenes Vertrauen. Hatte Anna Amalia, die durchaus wechselnden Stimmungen unterworfen war, versäumt, Görtz das Lob zu spenden, dessen er so sehr bedurfte? Hatte sie sich mehr, als ihm tunlich schien, in Erziehungsfragen eingemischt? Hatte sie auf Anregungen und Wünsche des Gubernators nur zögernd oder gar nicht reagiert? In halbjährlichen Memoranden, ebenso weitschweifig und penibel wie das Tagebuch, informierte Görtz die Fürstin über Entwicklung und Fortschritt der Söhne, wobei er nicht unterließ, selbstgefällig seine Verdienste zu unterstreichen. Irritierte Anna Amalia diese betuliche Geschäftigkeit, diese Pedanterie, dieser Mangel an Humor und Distanz, oder spürte sie, mißtrauisch und stets auf der Hut, daß der Ehrgeiz des Grafen ungeduldig über den Rahmen der ihm gestellten Aufgabe hinausgriff? – Görtz, ungewöhnlich labil und reizbar, witterte seinerseits allerorten Kritik, Rankünе, Verrat. Mehr und mehr grollte er Anna Amalia; ihren Ersten Minister aber, den Freiherrn von → Fritsch, haßte er. Er hielt ihn für den Urheber allen Ungemachs. Diese seine Antagonisten auszuschalten und sich und seinen Zögling an deren Stelle zu setzen schien ihm recht und ein Gebot der Staatsraison. Der Plan zwar, in geheimster Geheimkorrespondenz mit dem Gothaer Geheimrat von Franckenberg ertüftelt (von dem aber Carl August, wie Hans Tümmler nachweist, nichts wußte), ein Plan, der darauf hinauslief, Anna Amalia noch vor dem legalen Ende ihrer Regentschaft das Regiment zu entwinden, erwies sich als derart unpraktikabel, daß er lautlos zwischen Aktenbergen versank. – Doch Görtz gab nicht auf. Er setzte nun alle Hoffnung auf den Tag der Inthronisation Carl Augusts. Er umschmeichelte den jungen Fürsten, er «cajolierte» ihn, wie die Herzogin zornig feststellte; er bestärkte ihn in Trotzreaktionen gegen die Mutter; er bezog selbst Wieland, auch diesen flattierend und ihn gewinnend, in seine Mächteleien ein. Diesen hatte Anna Amalia, beunruhigt und durch die wachsende Entfremdung des Sohnes in ihrer Liebe verletzt, im Herbst 1772 berufen, hoffend, der Verfasser des «Goldenen Spiegels» verstünde als ein Weiser, als ein Philosoph, die Fäden zu entwirren und die Lage zu klären. Sie wurde bitter enttäuscht. Einen Augenblick lang war sie sogar entschlossen, aller Schwierigkeiten müde, ihr Amt niederzulegen. Doch Fritsch mahnte zu Gelassenheit und Ruhe. Er riet, den Erbprinzen, was dieser sehnlichst wünschte und an anderen Höfen Sitte war, in Rangfragen als Herzog zu behandeln, ihn in die Regierungsgeschäfte des Geheimen Conseil einzubeziehen und ihm den Aufbruch zur Großen Kavalierstour, üblicher Abschluß hochadeliger Erziehung, zu gestatten. Außerdem empfahl er, um Graf Görtzens Ambitionen ein wenig zu dämpfen, mit → Knebel dem Prinzen Constantin einen eigenen Mentor zu attachieren, sonst aber nichts gegen Görtz zu unternehmen, was den Erbprinzen, der seinem Lehrer zugetan war, nur gegen sie, die Regentin, aufbrächte ...

Am 20. Juni 1775 kehrte Carl August mit seiner kleinen Equipe von der Fahrt zurück, zu der er ein halbes Jahr zuvor aufgebrochen und die ihn über die Stationen Frankfurt, Karlsruhe, Straßburg nach Paris geführt hatte. Graf Görtz durfte zufrieden sein. Die Reise war unter seiner ehrgeizig-umsichtigen Leitung zu einem Erfolg geworden. Lohn und Anerkennung standen ihm zu. – Doch Anna Amalia, die sichtlich ihres Ministers Rat, mit Görtz freundlich umzugehen, vergessen hatte, erteilte plötzlich, nur zehn Tage nach der Rückkehr aus Frankreich, dem Gubernator ihrer Söhne den Abschied. Leicht kaschiert wurde diese Kränkung, als die zu Recht Görtz und sein Kreis die abrupte Entlassung deuteten, mit einem großzügig bemessenen Ruhegehalt von 1500 Talern jährlich auf Lebenszeit, mit weiteren 20 000 Talern, von den Landständen als einmalige Gabe für des Grafen erzieherische Bemühungen bewilligt, und durch die Verleihung des Titels eines Wirklichen Geheimen Rates mit dem Prädikat Excellenz, was, wie Anna Amalia spitz bemerkte, Görtzens feines Ohr kitzeln werde. Das Entlassungsdekret unterzeichnete sie erst, nachdem alle positiven Adjektiva gemäßigt oder gestrichen waren, denn, so schrieb die Herzogin an Fritsch, «ich bin überzeugt, daß Görtz meinen Sohn verzogen hat, und zwar gründlich». – Der Anlaß zu Anna Amalias plötzlichem Entschluß läßt sich nur vermuten. Hatte sie Näheres über Görtzens Absichten gehört? War der Name von Franckenberg gefallen, vielleicht sogar, wie Friedrich Sengle und Willy Andreas vermuten, durch eine gezielte Indiskretion Wielands, der unterdessen aus einem Freund zum erbitterten Feind des Grafen geworden war? – Görtz selbst nahm die Entlassung ohne Widerspruch hin. Noch durfte er auf Carl August hoffen, der wenige Wochen später, am 3. September, die Regierung aus den Händen seiner Mutter übernehmen sollte und dann vielleicht den erprobten Mentor an seine Seite berief. Tatsächlich überwies der junge Fürst als Zeichen seines Dankes sofort nach Übernahme der Herrschaft 4000 Taler an die Adresse des Grafen. Als weiterer Vertrauensbeweis konnte gelten, daß Görtz mit den Vorbereitungen des Ehevertrags und der Vermählung Louises von Hessen-Darmstadt mit seinem Herzog (3. Oktober

1775) betraut wurde. Die junge Herzogin erbat sich Görtz als Oberhofmeister. So war ihm statt des Ministersessels wenigstens eins der hohen Hofämter zuteil geworden, und da Carl August ihm immer noch wohlgesonnen war, durfte er damit rechnen, daß sich alles in Richtung seiner Wünsche noch ändern konnte. – Doch da erschien, von Herzog und Herzogin gebeten, wieder nur wenige Wochen später, am 7. November, Goethe in Weimar, und trotz dem entschlossenen Widerstand der Hofkreise war beinahe sofort klar, daß dieser Eindringling der Mann war, der an die Stelle trat, um die Görtz so ausdauernd gebuhlt und intrigiert hatte. Er selbst geriet mehr und mehr in den Schatten. Auch sein Amt verlor angesichts des Ausbruchs von Jugendübermut und Freiheitslust, kurz als Sturm und Drang in Weimar bezeichnet, nahezu jede Bedeutung. Ende 1776 erbat der Graf von Louise die Entlassung aus ihren Diensten, blieb aber noch in Weimar, bis ihn 1778 Friedrich der Große in seinen Dienst berief: endlich eine Stellung, seinem Ehrgeiz, vielleicht auch seiner Tüchtigkeit, seiner Freude an Arbeit und genauem Fleiß gemäß. Zum Grandmaître de la Garderobe und Staatsminister ernannt, war er mit diplomatischen Missionen, die ihn nach Petersburg, nach Holland, schließlich nach Regensburg führten, betraut. In Regensburg erlebte er die Auflösung des alten deutschen Reichstages, erlebte 1806 auch den Zusammenbruch Preußens und quittierte diesen Zusammenbruch – nun wahrhaft ein Edelmann – durch den Verzicht auf jede Pensionszahlung, die ihm zugestanden hätte . . .
Mit Carl August, mit dem er nie gebrochen hatte, verband ihn Wohlwollen und gegenseitige Achtung. Goethe aber galt seine Feindschaft. In den «Denkwürdigkeiten», etwa vierzig Jahre nach des Dichters Eintritt in die weimarische Welt geschrieben, vermeidet Görtz, auch nur dessen Namen zu nennen.
Literatur: (Johann Eustach Graf von Görtz): Historische und politische Denkwürdigkeiten des königlich preußischen Staatsministers Johann Eustach Graf von Görtz. Stuttgart/Tübingen 1827 ff.

Götze Johann Georg Paul

(Weimar 1. März 1761–23. März 1835 Jena).

Seit 1777 in Goethes Diensten; ein flinker, geschickter Bursche, aber in kümmerlichsten Verhältnissen aufgewachsen. Der Vater, Klarinettist des weimarischen Infanterieregiments, hatte, mit «der von Harras zu Gros Obringen sich davonmachend», seine Frau mit vier halbwüchsigen Kindern in Elend und Not zurückgelassen. Goethe nahm wohl darum, als er den Sechzehnjährigen einstellte, auch dessen jüngerer Bruder und die Mutter in sein Haus auf. Die «Götzin» machte sich im Haushalt nützlich; Paul aber, von → Seidel umsichtig in seine Pflichten eingewiesen und gründlich für den Dienst zurechtgeschliffen, konnte 1788, als Seidel das Haus verließ, zu dessen Nachfolger aufrücken. Wie dieser wurde er, neben der persönlichen Bedienung Goethes, zur Schreibarbeit herangezogen, führte die Tage- und Kassenbücher und bewährte sich 1790 auf den Fahrten nach Venedig, nach Schlesien und besonders 1792 (wie in der «Campagne in Frankreich» nachzulesen ist) als ein Kutscher, der die kleine Halbchaise, eben dem Dichter von seinem Herzog geschenkt, mit Energie und Umsicht durch alle Fährnisse des fatalen französischen Feldzugs zu bringen wußte. – Obwohl Goethe die Nähe dieses freundlich-tüchtigen, ihm treu ergebenen und zugleich selbständigen Mannes äußerst angenehm war, bat er, um dessen berufliches Fortkommen besorgt, 1794 den Herzog, ihm Götze als Condukteur bei der Jenaer Wegebaukommission, die Goethe unterstand, zu attachieren. Götze siedelte mit der Mutter nach Jena über. Hier aber setzte sich, wenn auch auf anderer Ebene, die Zusammenarbeit von Herr und Diener fort. Goethe zahlte auch, da das Salär des neuen Condukteurs schmal war, dessen Lohn, verbunden mit dem winzigen Gnadengehalt der Mutter, bis 1803 weiter. Zugleich unterstützte er, und zwar im eigensten Interesse, Götzes redliche Anstrengungen im schwierigen Sektor des Wasser- und Wegebaus und übergab ihm zusätzlich gern Geschäfte, die Einfühlungsvermögen und Verläßlichkeit erforderten. So betreute Götze alle Bauvorhaben im Botanischen Garten und die Umbauten der Universitätsbibliothek. Er bewies aber auch erstaunliches Geschick im Vertrieb der wenig begehrten Bergwerks-Kuxe von Ilmenau und errichtete, mit der Bauleitung beauftragt, in kürzester Frist nach dem Entwurf von Johann Heinrich → Gentz im Frühjahr 1803 das Theater von Bad Lauchstädt. – Trotz diesen vielfältigen Aufgaben fand er Zeit, weiterhin Goethes Behagen, nun in Jena, zu bedenken. Er mietete die Wohnungen, sorgte für Holz- und Weinvorrat, seine Mutter kochte für die Exzellenz. Daneben suchte er für Goethe nach einem passenden Grundstück und verkaufte 1802 Schillers Haus, der nach Weimar umsiedelte, mit Gewinn. Fühlte sich Goethe unwohl, sah er täglich nach ihm, und als dieser Ende der zwanziger Jahre wieder den Garten am Stern entdeckte, wo es ihm, wie er im April 1828 an Zelter schrieb, gelänge, sich zu sammeln und zu manchem guten Hervorbringen zu einigen und zu innigen, lieferte ihm sein Wegebau-Inspektor im Mai 1830 die Ladung «kohlschwarzer und schneeweißer Saalkiesel» zu dem von → Coudray entworfenen einladenden Mosaik vor der Tür der Casa Poetica: für Goethe eine ihn an Italien erinnernde Augenweide.

Drei Jahre nach des Dichters Tod vermerkt das Kirchenbuch zu Jena: «Am 23. März, früh 1 Uhr, begr. 25. März 1835, Herr Georg Paul Götze, Großherz. Weimarischer Wegebau-Inspector allhier, 76 Jahre, 21 Tage, Gicht, war Wittwer und kinderlos.» – Im Sommer 1826 hatte Goethe seinen Porträtisten Joseph Schmeller beauftragt, den «werten Alten», wie der Dichter seinen Wegebauer zu nennen pflegte, für seine Sammlung zu zeichnen. Das Konterfei, Kreide auf bräunlichem Papier, bestätigt den Lebensgang. Ein kräftiger Schädel, die Züge derb, der Ausdruck: Redlichkeit, mit Bauernschläue und gutem Weltverstand gepaart – ein Mann, fähig, die Widrigkeiten, wie sie der Alltag bringt, einem Goethe nach Möglichkeit abzunehmen.

Literatur: → Goethes Diener.

Graff Johann Jakob

(Köln 23. September 1768–20. März 1848 Weimar).

«Neu und frisch, mit einiger Vorbildung» trat, wie Goethes «Annalen» 1793 festhalten, der Schauspieler Graff «zu unserem Verein». – Er kam aus einem Pfarrhaus, hatte in Straßburg Theologie studiert; war dann aber 1789, angeblich vor den um sich greifenden revolutionären Unruhen, nach Karl Eberweins «Erinnerungen» aber vor den Folgen eines unglückseligen Duells mit tödlichem Ausgang, nach Holland ausgewichen und von der Theologie zur Schauspielkunst übergewechselt. – In Weimar fiel ihm, der immerhin mehrere Jahre auf Bühnen in Köln, Mainz, Kassel, Trier einige Spielerfahrung gesammelt hatte, das Helden- und Charakterfach zu. Als Höhepunkt seiner Karriere empfand er und empfanden die Zeitgenossen, daß ihm Schiller in der Uraufführung von den «Piccolomini» und von «Wallensteins Tod», im Frühjahr 1799, die Rolle des Wallenstein anvertraute. – Der Dichter hatte gezögert. Ihm wäre Ludwig Schröder, der große Charakterdarsteller aus Hamburg, der aber nach einigem Hin und Her absagte, genehmer gewesen. Schiller kannte Graffs Verdienste; kannte seinen Fleiß, seine Hingabe an die Rolle; kannte aber auch seine Schwächen. Immer wieder hatte sich Carl August, von der Fürstenloge aus, über Graffs undeutliche Artikulation beschwert; Goethe, unablässig bemüht, Graffs Gestik zu verfeinern und Exaltationen zu dämpfen, rief ihm des öftern «Mäßigung, Mäßigung» während der Proben zu; Rochlitz, durchaus ein Freund dieses tüchtigen Schauspielers, fand, daß Graff leicht in Gefahr geriete, sich zu «überpoltern», und für Ludwig Tieck, den feinnervigen und anspruchsvollen Kenner, «unterschied sich Graffs Pathos wenig von dem verrufenen tragischen Gurgelton». – Doch dann gelang Graff, diesem ernsten und zur Hypochondrie neigenden Mann, intensiv geschult von Goethe, eingewiesen vom Autor selbst und getragen von der Begeisterung der Zuschauer, die Verkörperung der dichterischen Figur. Er *wurde* Wallenstein, stellte «vorzüglich glücklich», wie Goethe schrieb, «die dunkle, tiefe, mystische Natur des Helden dar. Was er sprach, war empfunden, es kam aus dem Innersten». Und ein Billett Schillers spricht von der großen Freude, die ihm Graffs «gehaltnes Spiel und vortreffliche Rezitation» gemacht habe: «Kein Wort ist auf die Erde gefallen und das ganze Publikum ging befriedigt von der Szene.» – Dieser Erfolg wiederholte und festigte sich durch Graffs Darstellung des Freiherrn von Attinghausen in der Uraufführung von Schillers «Wilhelm Tell» im März 1804. Graff war zur Elite des Ensembles aufgerückt. Als er den Wunsch andeutete, Weimar zu verlassen, war des Herzogs und auch Goethes Antwort die kräftige Anhebung seiner Gage und die Zusicherung einer Pension auf Lebenszeit. – Graff blieb. Erst am 12. Mai 1841 nahm er, mit Ehren überhäuft, seinen Abschied.

Greiner Johann Poppo von

(Thüringer, gestorben September 1772 in Weimar).

In einer autobiographischen Skizze, «Meine Gedanken» überschrieben und wahrscheinlich 1772 bei Poppo von Greiners Tod notiert, bekennt Anna

Amalia, daß sie einst in ihm, mit der Freude, die man fühle, wenn man einen Schatz entdecke, «endlich» den Freund gefunden habe, «in dessen Arme sie sich warf und den sie wie einen Vater liebte». Er, den sie 1761 zum Geheimen Rat ernannte und zwei Jahre später durch ein Kaiserliches Dekret adeln ließ, habe, wie sie weiter schrieb, von unten zu dienen angefangen. Doch gerade darum sei er, wie die Fürstin meinte, obwohl er nicht zu den außerordentlichen und großen Köpfen zählte, in den Geschäften wohl unterrichtet und ungewöhnlich gewandt gewesen. Vor allem aber schätzte sie sein vortreffliches Herz und die Gabe, Freund seiner Freunde zu sein: aufrichtig und ohne Schmeichelei, die sie haßte. – Greiner stand bereits zu Graf → Bünaus Eisenacher Zeit dort in weimarischen Diensten. Um 1755 attachierte der Statthalter ihn dem Erbprinzen → Ernst August Constantin, um diesen, ehe er die Herrschaft über die vereinten Herzogtümer Weimar-Eisenach antrat, «mit guter Art zu etwas Seriösem anzuführen und von Bagatellen einigermaßen zu distrahieren». Mit dem jungen Fürsten, der bis zu seiner Volljährigkeit am verwandten Gothaer Hof gelebt hatte, übersiedelte Greiner nach Weimar. Hier berief ihn der Herzog in das Geheime Conseil, und er blieb in diesem Amt, obwohl er Ende der sechziger Jahre, ermattet und kränklich, wie er sich fühlte, gern ausgeschieden wäre, bis im Herbst 1772 ein Gehirnschlag seinem Leben ein Ende setzte. Anna Amalia, die, um ihn zu halten, selbst Schulden, die ihn bedrückten, übernahm, hatte auf diesen Diener nicht verzichten wollen, durch den sie, wie sie schrieb, die Wahrheit hatte lieben lernen.
Literatur: → Sachsen-Weimar-Eisenach, Anna Amalia.

Griesbachsches Haus → Johann Moritz Richter.

Gromann Nikolaus (Nickel)

1537, beim Umbau der Osterburg zu Weida, ein erstes Mal erwähnt. – Ein tüchtiger Architekt, 1544, in der Nachfolge des verdienten Conrad Krebs, zum Landesbaumeister des Kurfürsten von Sachsen ernannt. Außer in Weimar, wo ihm das Portalgebäude am → Hornstein, das Grüne Schloß samt dem Renaissance-Lustgarten und das → Cranach-Haus zuzuschreiben sind, haben sich rings im Land Arbeiten von ihm erhalten, darunter (wenn auch oft halb zerstört und vielfach überbaut) ausgezeichnete Beispiele mitteldeutscher Renaissance. So das Jagdschloß «Fröhliche Wiederkunft» bei Wolfersdorf, 1547–1551 auf Wunsch des aus der kaiserlichen Gefangenschaft heimkehrenden Kurfürsten Johann Friedrich errichtet, oder wenige Jahre zuvor, Muster eines ersten protestantischen Kirchenbaus, die Schloßkapelle von Torgau oder 1562 das großartige Rathaus zu Altenburg. Dann mit klar gegliederten Fassaden, schönen Portalen, reichen Erkern der Neubau des zerstörten gothaischen Grimmensteins und der Ausbau der Vesten Coburg und Heldburg. – Gromanns Namen taucht für uns ein letztes Mal in einem Kaufvertrag vom Januar 1574 auf. Obwohl er seit 1568 bereits Hausbesitzer in Weimar war, hatte er nahe bei Chemnitz, in Augustusburg, ein weiteres Anwesen erworben, wohl um den Bau des Schlosses bequemer überwachen zu können.

Großkochberg

Ein Rittersitz, nahe bei Rudolstadt, in einer Senke zwischen Ilm und Saale gelegen, seit 1733 Eigentum des Freiherrn Friedrich Christian Ludwig von Stein. – Der Schloßbezirk, vielgiebelig in Jahrhunderten zusammengewachsen, von dunkelklaren, quellreichen Wallgräben umzogen, dominiert vom «Hohen Haus», einem mächtigen, auf mittelalterlichem Fundament steil emporgezogenem Gemäuer; der Park sacht mit Baumgruppen und Rasenflächen, mit Zopfstil-Theaterchen und mancherlei empfindsamem Dekor zum Bergwald aufsteigend; das Gut, die Vorwerke Kuhfraß und Spaal eingeschlossen, ein sich mit großem Forst, Äckern und Weideland weit hinziehendes Gelände, das in seinen Teilen, ein Beispiel der grotesken, mitteldeutschen, politischen Aufsplitterung, den Herrschaften Gotha, Altenburg und Rudolstadt unterstand. – Ein Besitz, wie Goethe sagte, «hinter den Bergen», nicht einfach zu bewirtschaften und trotz Brennerei und Schäferei (rund 1200 Schafe) wenig ertragreich. Abgesehen von der Kargheit der Böden, erschwerte die einsame Lage die Bewirtschaftung. Weimar lag etwa sieben Wagenstunden entfernt, selbst nach Rudolstadt brauchte ein Fuhrwerk fast zwei Stunden, was jeden Transport verteuerte. Stete Aufsicht und Kontrolle durch die Gutsherrschaft hätte vielleicht die Schwierigkeiten zu balancieren vermocht. Aber Steins Hofamt und Charlottes gesellige Verpflichtungen erzwangen die Verpachtung, was die Rentabilität des Betriebs weiter senkte. – Dennoch war Großkochberg für die Familie, für die Freunde eine ersehnte, lebhaft begrüßte und gern in Anspruch genommene Erweiterung der Weimarer Existenz. – Goethe, der oft, und zwar durchaus mitdenkend, mitsorgend, auf Großkochberg war, hat dreimal auf der Innenseite von Charlottes Schreibtischplatte das Datum seines Besuchs vermerkt: «6. Dec. 75», «4. Oct. 80» und «5. Nov. 80», stets versichernd, daß er für sie «Ebenderselbe» sei. – Das Datum seines letzten Besuchs, der 5. September 1788, kurz nach der Rückkehr aus Italien, fehlt. Die Zeit für ein solches Freundschaftszeichen war vorbei.

Literatur: In Kochberg, dem Reiche von Charlotte von Stein. Begleitwort von Felix Frhn. von Stein-Kochberg. Leipzig 1936.

Schloß Großkochberg, Wohnsitz der Frau von Stein, Zeichnung von Goethe.

Grünes Schloß → Fürstliche Bibliothek.

Günther Wilhelm Christoph

(Mattstedt [?] 11. Februar 1755–1. November 1826 Weimar).

Ab 1781 drei Jahre Kollaborator in Weimar, 1784 in der nahen Pfarrei Mattstedt zunächst Adjunkt, dann Nachfolger des Vaters; schließlich, auf Drängen Herders, der «Günthers Predigergabe ebenso zu schätzen wußte wie dessen ökonomische Talente und sein praktisches Geschick», ab 1801 Konsistorialrat und Hofprediger zu St. Jakob zu Weimar. Zugleich übernahm Günther hier die Leitung des Waiseninstituts und wurde für Herder zum willigen und zuverlässigen Helfer bei der Reorganisation des niederen Schulwesens. – Im Oktober 1806, nach der Katastrophe von Jena und Auerstedt, bat Goethe den Geistlichen, zu dessen Gemeinde er zählte und der ihm freundnachbarlich

verbunden war, ihm Christiane, «seine kleine Freundin», die so viel an ihn getan und die er «völlig und bürgerlich» anzuerkennen wünschte, als die Seine anzutrauen, was am 19. Oktober, dem ersten Sonntag nach der bös verlorenen Schlacht, in der Sakristei von St. Jakob geschah.

Gustedt Jenny von,
geborene Freiin von Pappenheim (Kassel [?] 7. September 1811–1890 Lablacken/Ostpreußen).

Was die Verwandten, die Freunde, die Bekannten wußten, Jenny aber erst nach dem Tod der Mutter (1844) erfuhr: sie war Jérôme Bonapartes und Diane von Pappenheims natürliche Tochter. Mit der Mutter, die nach dem Zusammenbruch der Napoleonischen Herrschaft 1814 in Weimar Zuflucht suchte, freundlich aufgenommen, wurde sie von Maria Pawlowna als Spielgefährtin den gleichaltrigen Prinzessinnen Augusta und Maria gesellt, was zur herzlichsten lebenslangen Beziehung zwischen Jenny und den Fürstinnen führte. – Nach Internatsjahren in Straßburg (1822–1826) war sie durch intensive Freundschaft mit Ottilie von Goethe eng mit dem Haus am Frauenplan verbunden. Goethe, dem das dunkeläugige, höchst anmutige junge Geschöpf angenehm auffiel, verwöhnte sie mit kleinen Gaben: kurzen Reimen, einem Goldreif, einer Ausgabe der «Iphigenie» . . . Aufmerksamkeiten, die Jenny mit «Erinnerungen», im hohen Alter niedergeschrieben, dankbar erwiderte. – Werner von Gustedt, aus alter braunschweigischer Familie (mit Gutsbesitz in Westpreußen, später in Halberstadt Landrat), verband sich im März 1837 mit Jenny und entführte sie dem Hofdamendienst und aus Weimar. Hierher aber kehrte sie (seit September 1864 verwitwet) nach einem Leben vielseitigster Arbeit und Anstrengung, auch nach einem ihr von den eigenen Kindern bereiteten Leben mit Enttäuschungen und Sorgen 1874 freudig zurück. Nun «eine», wie Adelheid von Schorn sagt, «der besten, schönsten, liebenswürdigsten alten Damen», herzlich umfangen von dem Freundeskreis, zu dem die beiden Goethe-Enkel ebenso gehörten wie Herzog Carl Alexander, dem soviel daran lag, jede Erinnerung an das Weimar der großen Zeit, zu dem als eine der lieblichsten Figurinen einst die junge Jenny gehörte, festzuhalten. – Doch die Finanzlage der Familie zwang sie, in das ferne Ostpreußen, nach Lablakken, dem Gut des jüngsten Sohnes, umzuziehen. – Dort, wo sie sich einsam und fremd fühlte, starb sie im späten Frühjahr 1890, nachdem sie «ihrem guten Großherzog», der sie um Fortsetzung ihrer Aufzeichnungen bat, gerade noch geschrieben hatte, daß sie dankbar vor dem letzten großen Abschied *dem* ein paar immergrüne Blättchen zu Füßen legen möchte, der ihrer Jugend Abgott, ihres reifen Lebens Erzieher, ihres Alters Freund und Vorbild war. «Ihnen brauch ich ihn nicht zu nennen. Nehmen Sie, was ich schrieb, nur wieder als Zeichen der guten Absicht, denn die Kräfte versagen . . .»

Literatur: Baronin Jenny von Gustedt: Aus Goethes Freundeskreise. Erinnerungen. Hrsg. von Lily von Kretschman. Braunschweig 1892.

H

Haide Friedrich Johann Michael Jakob,
eigentlich Halt van der Heide (Mainz 1771–1832/1840 [?] Weimar).

Nach abgebrochenem Medizinstudium und drei Jahren Bühnenpraxis seit 1793 in Weimar: zunächst in Liebhaber-, später in Heldenrollen. Ein Schauspieler, unruhig und leicht erregbar, durch «imposante Gestalt und ein volltönendes Organ» qualifiziert, jedoch fehlte der Kraft die gestalterische «Feinheit». – Er stehe immer, wo er auch hingestellt werde, im Wege, klagte die Jagemann. Schiller nennt «das ewige Vagiere mit dene Händ un des Hinaufpfeife bei der Rezitation» einen Graus, und der Herzog sagte achselzuckend, nachdem er Haide als Sklaven Seīde in Voltaires «Mahomet» gesehen hatte, man dürfe von niemandem verlangen, was ihm nicht gegeben sei . . . Dennoch hatte Goethes strenggezielte Probenarbeit bewirkt, daß Haide, in der Uraufführung vom 17. März 1804, als Schillers erster Tell reüssierte. – Dem Wechsel von Weimar zum Wiener Burgtheater, den Haide im Frühjahr 1807 dringlich wünschte, stimmte Carl August, «da die Bedingungen für den armen Teufel äußerst vorteilhaft seien», sofort zu. Eben weil Haide ein solcher armer Teufel sei, schrieb der Fürst, «könnten wir ihn nun zur Genüge gesehn und gehört haben» . . . Haides Auftritt in Wien aber geriet dann «weniger als glänzend». Sein Stil, der strikt antinaturalistisch überhöhte «Weimarer Stil», noch dazu in einer durchaus mittelmäßigen Interpretation, mußte in Wien befremden und mißfallen. Haide blieb nur die Rückkehr nach Weimar, wo man ihn anscheinend «als zum Haus gehörig» wieder freundlich aufnahm und weiter in den Helden-, später in Väterrollen beschäftigte. – Immerhin beauftragte Goethe um 1825 Schmeller, ihm Haides Porträt für seine Sammlung zu zeichnen.

Literatur: → Theaterdirektion Goethes.

Hauptmann Anton Georg
(Weimar 1735–1803 Weimar).

Als Herzogin Anna Amalias Jagdlakai hatte er begonnen; er rückte zum Postmeister auf, wurde Gastwirt, wurde «Entrepreneur», das heißt ein Unternehmer, der auf eigenes Risiko, was im wirtschaftlich rückständigen Weimar selten war, geschickt und flink jede Chance nutzte, mit eigenem oder auch fremdem Kapital Häuser baute, diese Häuser wieder verkaufte, Gewinne erzielte, doch auch Tadel und Verlust hinzunehmen hatte. – Etwa zwanzig größere Gebäude, meist auf Bauplätzen errichtet, die durch die Stadtentfestung geschaffen wurden, sind nach seinen eigenen Angaben Hauptmann zuzuschreiben. Darunter an der Esplanade, 1774 gebaut, das eigene Wohnhaus, die «Retoude», in deren großem Saal zu ebner Erde → Mieding immer wieder für Goethes Theaterspiel die Bühne aufschlug; dann 1779/80, kräftig unterstützt durch Anna Amalia, ebenfalls jenseits der alten Stadtmauer gelegen, Weimars erstes Comödienhaus; zuvor 1771–1774 das → Fürstenhaus, mit dem anscheinend des Bauunternehmers Kapazität überfordert war; dagegen, stattlich und gut gebaut, in der südlichen Vorstadt das Poseckschc Haus (heute Museum für Ur- und Frühgeschichte) und weiter, ebenso stattlich, 1800 begonnen, der Russische Hof, Poststation und Hotel am ehemaligen Schweinsmarkt, dem heutigen Goetheplatz.

Haus am Frauenplan

Dieses Haus, das am Ende des Jahrhunderts Goethe als Domizil zufallen sollte, ist Resultat einer kurzen, zagen Wirtschaftsblüte in Weimar um 1700. Der Erbauer, eher Handwerker als Bürger, doch zupackend-tüchtig, war Tuch-Scherer, Stadt-Lieutenant, dazu Gründer einer Strumpfwirkerei, die prosperierte und ihm den Titel (nicht das Amt) eines Fürstlichen Cammer-Commissarius eintrug. Er gehörte in dem armen Gemeinwesen zu den wenigen Initiatoren und Stützen des nur zu bald wieder erlahmenden wirtschaftlichen Aufschwungs. Weitsichtig nutzte er auch Steuervergünstigungen, die der Landesherr bauwilligen Untertanen gewährte. – Am südlichen Stadtrand, jenseits des einengenden Mauerrings, in einem Viertel, zwar alt wie der Stadtkern, doch noch mit Scheunen, Wiesen, Äckern reichlich durchsetzt, kaufte er am Frauenplan, dessen Name von einer um 1565 bereits verschwundenen Marienkapelle herrührt, zwei benachbarte Anwesen: die Häuser bescheiden und klein, die Gärten ausgedehnt. – Weder Urkunden noch Baupläne oder Rechnungen geben Auskunft über die Umgestaltung des weitläufigen Geländes. Wir wissen nur, was die unter dem flachen Dreiecksgiebel der Tür eingemeißelte → Inschrift besagt, die im feierlichen Latein mitteilt, daß dieses Haus der Stadt zum Schmuck und Gott zum Ruhm, der es schützen möge, Anno MDCCIX von Kammerkommissar Helmershausen erbaut worden sei. – 1709 stand, den Frauenplan entschieden dominierend, das Vorderhaus. Ein Jahr später folgte, wohl alte Bausubstanz nutzend, das Hinterhaus mit Stallung und Wirtschaftsräumen, mit Hof und Brunnen. – Die guten Proportionen, der nobel-sparsame Dekor, die geschickte Anpassung der Hausfront an die leichte Biegung des Platzes lassen vermuten, daß der Cammer-Commissarius einen Könner, wahrscheinlich Johannes → Mützel, als Architekten gewonnen hatte. – Für Helmershausen scheint der Bau nur die Bedeutung einer guten Kapitalanlage gehabt zu haben. Jedenfalls vermietete er das schöne Haus. Als Wohnung genügte ihm der Gebäudekomplex in der Windischengasse, der auch die Strumpfwirkerei, Grundlage seines Vermögens und Aufstiegs, beherbergte.

Fast hundert Jahre später, im April 1782, faßte Goethe den Entschluß, dieses Haus, jetzt Besitz des Garnisonsphysikus Dr. Helmershausen (Enkel des Erbauers), für eine Jahresmiete von 144 Talern zu seinem Domizil zu machen. Er bezog das Parterre, mehrere Räume im ersten Stock und die Mansarde. Der Besitzer reservierte für sich den Garten und Teile der oberen Etage in Vorder- und Hinterhaus. Trotz diesen Beschränkungen war aber «das Palais», wie Herzogin Anna Amalia scherzend das Haus nannte, das richtige Ambiente für diesen mit seinen fünf Dienstboten recht opulenten Junggesellenhaushalt. Hier war Raum für die Bücher, für die wachsenden Sammlungen; Raum für die geselligen Freuden und die offiziellen Verpflichtungen. – Erst das Auftauchen Christianes in seinem Leben zwang Goethe, für kurze Jahre diese Wohnung aufzugeben und in die Jägerstraße umzusiedeln. Es waren dann, als er zum Frauenplan, und zwar als Eigentümer, zurückkehrte, nicht vordringlich praktische Erwägungen, die Goethe so rasch den aufwendig-komplizierten Umbau in Angriff nehmen ließen. Ihn, den überzeugten Klassizisten, störte vielmehr der barocke Habitus des Bauwerks. Den wollte er zurückdrängen, verwischen, überspielen. Als erstes mußte die alte Stiege weichen. Die neue, für den Stil dieses Bürgerhauses eine Spur zu großartig geratene Treppe entwarf Goethe selbst. Er opferte nahezu die Hälfte des Parterre, durchbrach in Höhe des ersten Podestes eine tragende Mauer, entfernte die Decke des Erdgeschosses, um in verschwenderischer Breite und sachtem Anstieg, durchaus Würde und Ernst suggerierend, den von ihm aus Italien mitgebrachten «Begriff der schönen Treppe» zu realisieren. Ebenso überwölbte er «im römischen Geschmack» das Brückenzimmer (eine Verbindung zwischen Vorder- und Hinterhaus, die wohl schon bestanden hatte) und ließ durch → Meyer und Horny, zwar «antikisch empfunden», doch professoral-trocken gemalt, die Empfangs- und Gesellschaftszimmer dekorieren. Krönung des Unternehmens sollte die mit Rustikaquaderung und schwerem Gesims geplante, doch nicht ausgeführte Umstrukturierung der schlichten Hausfront in eine streng-üppige Renaissancefassade werden. – Da aber alle Handwerker am Frauenplan und zugleich bei den herzoglichen Bauvorhaben beschäftigt waren, mußte Goethe mancherlei Pausen und Stockungen hinnehmen. Erst 1798 konnten die Arbeiten, die so frisch begonnen hatten, als abgeschlossen gelten. – In der Akte «Specification des Geldbetrags nebst den dazu gehörigen Belegen über den Bauaufwand in des Herrn Geheimen Raths von Goethe Logis auf die Zeit vom 21. May 1792 bis ult. Decbr. 1798» beziffert der Bauverwalter Steffany diesen «Bauaufwand» mit 3968 Talern, 1 Groschen und 3 Pfennigen. – Für die geplante Renaissancefassade lautet der Kostenvoranschlag auf 1325 Taler. – Einen wahren Fuchsbau, ein Gebäude zum Verirren nennt Erich Trunz dieses Haus, das mit der einladenden Tür, den breiten Durchfahrten, mit den säuberlich geschnittenen, langen Fensterreihen so souverän und wohl gegliedert seinen Platz behauptet. Aber hinter dieser schönen Ordnung verbirgt sich, wie der Grundriß zeigt, viel Winkelei, viel Treppen, Ecken und schmale Durchlässe. Zwei Häuser, die, leicht schräg zueinander gestellt, den Hof umschließen, wollten verbunden, der Zwei-Meter-Niveauunterschied zwischen ihnen mußte ausgeglichen werden. – Die erste Etage mit etwa zwanzig Räumen war Goethe und, solange Christiane lebte, der Familie vorbehalten. In den neun Zimmern der Mansarde wohnten wechselnd Freunde, Mitarbeiter, später August und Ottilie von Goethe mit den Kindern. – Zu ebener Erde waren die Wirtschaftsräume untergebracht. Diener, Köchin, Mägde hausten wohl in den Dachkammern des Hinterhauses, in dessen Stallung (unter Goethes Arbeitszimmer!) die Pferde standen, die Goethe seit dem Sommer 1799 besaß. Daneben, in der Remise, war Platz für Wagen und Schlitten. – Goethe hielt die Bereiche seines Hauswesens strikt auseinander. Besucher, die von Jahr zu Jahr mehr und mehr herandrängten, sahen nur wenig von dem weitläufigen Gehäuse. Der Gast ging, nachdem er sich im Bedientenzimmer zur Linken der Haustür gemeldet hatte, die berühmte Treppe hinauf, trat in den Gelben Saal, erhaschte einen Blick in das Büstenzimmer, ehe der Diener ihn in das elegante Juno- oder das kleinere Urbinozimmer schob, wo Goethe ihn empfing. Versammelte sich eine größere Runde, so dinierte man im Gelben Saal, sonst im Kleinen Eßzimmer. Zubereitet wurden die Speisen, und zwar für alle Hausgenossen, in der unteren Küche, angerichtet und warm gehalten wurden sie jedoch in der oberen Küche, einem verwinkelten, fensterlosen Gelaß. – Verschlossen blieben das Große Sammlungs-, das Majolika- und das Deckenzimmer. Diese Räume waren Goethes Museum, genauer das Magazin des Museums (als das ihm ja das ganze Haus diente), wo sich dicht an dicht seine Schätze stapelten. Niemand war gestattet, sich ungefragt hier umzusehen, noch weniger war erlaubt, von Mitarbeitern und engsten Vertrauten abgesehen, die Grenze hin zu den kleinen Stuben im Hinterhaus, zum bescheidensten und stillsten Winkel des Anwesens, zu überschreiten und in die Sphäre der Arbeit und Ruhe einzudringen. Zu diesem unbetretbaren Bezirk gehörte auch der Garten, den Goethe oft seinen Klostergarten nannte: ein Garten unter den Fenstern einer strengen Klausur.

Der Kontrast ist nicht zu übersehen. Im Haupthaus die heiter-festliche Treppe, die imponierende Flucht der Zimmer, die Fülle der Büsten, Bilder und Statuen: die Wohnung eines Mannes, den Amt und Ruhm zur Repräsentation verpflichteten. Im Hinterhaus dagegen, langgestreckt, hingeduckt, einem Haus, wie es sich durch die Jahrhunderte die kleinen Leute in den kleinen deutschen Städten bauten: eine schmale Stiege zum Garten, ein enger Flur, daran aufgereiht die niedrigen Stuben. Zuerst der Vorsaal, verstellt mit Schränken, darunter auch Goethes Kleiderschrank und die Standuhr aus väterlichem Besitz, doch zum 79. Geburtstag als Geschenk zu ihm zurückgekehrt; dann die Bibliothek, ein Schlauch, neun Meter in der Länge und drei Meter breit, weiter das Goethesche Arbeitszimmer, dieses mit 26 m^2 halbwegs geräumig; daneben der Schlafraum, nichts als eine Kammer mit Bett, Waschtisch und dem Lehnstuhl, in dem Goethe starb. Von da aus der Zugang zu dem Dienerzimmer, wo (wie Erich Trunz überzeugend darlegt) der Schreiber das Diktat, das im Arbeitszimmer aufgenommen worden war, in die Reinschrift

Haus am Frauenplan, Junozimmer.

1/2

3/4

5

6

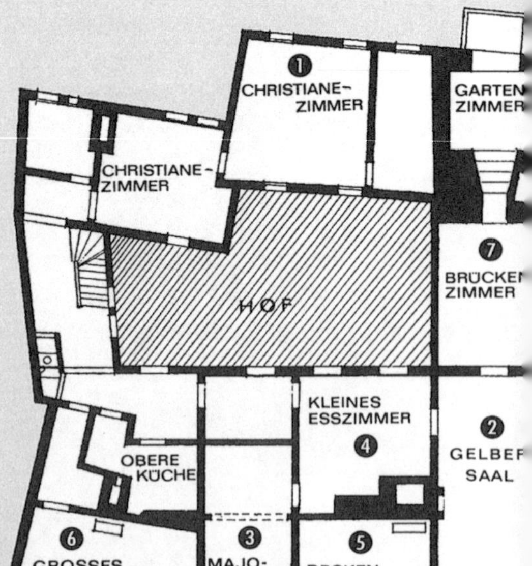
1
CHRISTIANE-
ZIMMER
GARTEN
ZIMMER
CHRISTIANE-
ZIMMER
7
BRÜCKE
ZIMMER
HOF
KLEINES
ESSZIMMER
4
2
GELBE
SAAL
OBERE
KÜCHE
6
GROSSES
SAMMLUNGS-
ZIMMER
3
MAJO-
LICA-
ZIMMER
5
DECKEN-
ZIMMER

7/8

9/10

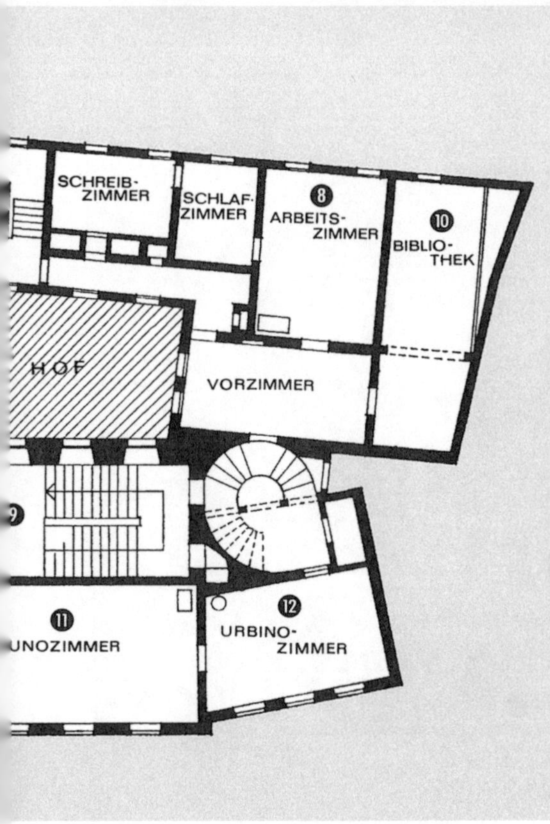

Haus am Frauenplan, Grundriß des ersten Stocks.

11

12

GOETHES HAUS IN WEIMAR

Warum stehen sie davor?
Ist nicht Thüre da und Thor?
Kämen sie getrost herein
Würden wohl empfangen seyn.
Goethe 1828

Studirstube.

GÖTHE'S HAUSGARTEN

übertrug. Ein Gehäuse, wie es einfacher kaum zu denken ist. Nirgends ein Schmuckgegenstand, die Wände gestrichen, die Fenster kahl; das Meublement, Tisch, Pult, Stuhl, Schrank, wohl zweckmäßig, doch von simpelster Machart. Verwöhnend ist allein die Stille, verwöhnend der Blick in den Garten, verwöhnend auch und schönster Luxus die Möglichkeit, jederzeit mit einem Schritt in diesen Garten hinauszutreten. – Er habe im Hinterhaus «einreißen» lassen, teilte Goethe im April 1794 dem Assistenzrat → Voigt mit, und Freund Meyer schrieb er, daß die Gartenstuben «ein artig klein Quartier, wo sich gut arbeiten lasse», zu werden versprächen, eine Hoffnung, die die Jahre bestätigten. Dieses kleine Quartier, diese 62 m², werden in dem großen Haus zu Goethes eigentlicher Wohnung. Sie werden zu dem Ort intensivster Arbeit (unter anderem entstehen hier die «Wanderjahre» und große Teile des «Faust» II); sie sind aber für Goethe auch ein Ort des Behagens, der ihn, den so oft Unbehaglichen, behaglich macht. – Nichts änderte sich hier nach seinem Tod.

Literatur: Alexander Weichberger: Das Goethehaus am Frauenplan. Die Geschichte des Hauses von der Erbauung bis zu Goethes Zeit. Weimar 1932. – Alfred Jericke: Goethe und sein Haus am Frauenplan. 2. Aufl. Weimar 1964. – Erich Trunz: Das Haus am Frauenplan in Goethes Alter, S. 48–76, und Ein Tag aus Goethes Leben, S. 251–277. In: Weimarer Goethe-Studien. Weimar 1980. – Jochen Klauß: Goethes Wohnhaus in Weimar. Ein Rundgang in Geschichten. Weimar 1991.

Heermann (Herman), Gottlob (-hold) Ephraim
(Leschwitz bei Görlitz 1727–11. Februar 1815 Weimar).

Im Frühjahr 1763 wird der Freiherrlich Rotenhansche Secretarius zur Entlastung der Prinzenerzieher → Görtz und → Seidler an den Hof nach Weimar berufen. Er übernimmt die Fächer Geschichte, Geographie und Heraldik. Carl August und Constantin akzeptieren den neuen, ungewöhnlich freundlichen Instruktor rasch; der Erbprinz zeigt sich, obwohl Heermanns Vortrag nicht gerade «körnicht» ist, an allen historischen Themen interessiert. – Als Bereicherung des geselligen Lebens wird empfunden, daß Heermann, ein Freund des alten Gleim, in der Lage ist, zu Kapellmeister Wolfs Singspielen Libretti und Liedtexte zu liefern, von denen selbst → Wieland sagt, daß er sie «mit gutem Gewissen loben könne». Es entstehen: am 4. September 1770, zu Carl Augusts dreizehntem Geburtstag aufgeführt, «Das Rosenfest» (einem Favartschen Lustspiel nachgebildet); im Juli 1772 «Die treuen Köhler», das den → Sächsischen Prinzenraub von 1455, eine Lokalhistorie, zum Vorwurf hat, und eine Woche später nach Goldoni «Die Dorfdeputierten». Im Dezember 1773 folgt «Der Abend im Walde», eine Fortsetzung der «Treuen Köhler». – Nach Abschluß der Unterrichtsverpflichtungen übernahm Heermann, zum Legationsrat aufgerückt, nun sehr schwerhörig geworden, den Dienst in Bibliothek und Münzkabinett.

◁ *Seite 188, oben:* Goethes Wohnhaus am Frauenplan.

 ◁ *Seite 188, unten:* Rückseite des Hauses am Frauenplan mit Garten.

Heidler, Joseph *Karl,* Edler von Heilborn → Goethes Ärzte.

Heinsius Johann Ernst

(Ilmenau 21. Mai 1731–18. Oktober 1794 Erfurt, beerdigt).

Obwohl er über zwanzig Jahre, von 1772 bis zu seinem Tod, in Weimar gelebt und gearbeitet hatte, taucht sein Name in den zeitgenössischen Briefen oder Erinnerungen kaum auf. Ihm war nicht gelungen, in den Weimarer Kreis einzudringen, die Sprache dieser Menschen zu sprechen, ihre Achtung, ihre Neigung zu gewinnen. Wielands Agenda vermerkt nur kurz den Termin, wenn er Heinsius zu einem Porträt zu sitzen hat; Goethe nennt ihn ein einziges Mal und dann ärgerlich «einen Esel», und für den Landesherrn, den Heinsius mehrere Male und stets ungewöhnlich prägnant gemalt hat, blieb der Künstler ein «leidiger Colericus», über den er die Achsel zuckte. Nach Heinsius' Tod verschwanden dessen Bilder allmählich von den Wänden, gerieten in dunkle Winkel oder wurden nachlässig anderen Meistern zugeschrieben. – Doch hundert Jahre später taucht sein Name, verbunden mit einem 1913 in Paris erschienenen Bildband, wieder auf. Nur widerfuhr Charles Oulmont, dem Autor, das Mißgeschick, den Weimarer Maler nicht nur mit dem früh von ihm getrennten, jüngeren Bruder Johann Julius zu verwechseln, sondern er verschmolz die Brüder (von denen der eine nur in Deutschland, der andere nur in Frankreich nachweisbar ist) groteskerweise zu *einer* Person und ihre Bilder zu *einem* Werk. Das führte zu bizarren Fehldeutungen, die, kritiklos von Thieme/Becker übernommen, in die Heinsius-Literatur eingingen. Erst 1925 gelang es Hans Wahl und zwölf Jahre später Hedwig Dauch-Schroeder, in eingehenden Untersuchungen den Irrtum aufzuklären und zu zeigen, daß Heinsius ein Porträtist war, fleißig und von großer Treue, dem wir eine Reihe ausgezeichneter Bildnisse aus dem Personenkreis des Klassischen Weimar verdanken.

Als Anna Amalia ihn, auf flehentliche Gesuche hin, im August 1772 zum Nachfolger ihres Cabinettmalers → Löber ernannte, war Heinsius kein Anfänger mehr. Sechzehn Jahre hatte er bereits als Hofmaler in Hildburghausen und Rudolstadt fungiert. Bedachtsam gemalte Porträts der Hofgesellschaft und der fürstlichen Familien, dazu auch sechs «Gesellschaftsstücke» mit Allegorien der Freien Künste, reizvoller Schmuck der Supraporten im Grünen Saal der Rudolstädter Residenz, bezeugen Eifer und Können. – Wir wissen nichts von seiner Jugend, seinen Lehrjahren. Das Werk zeigt, daß Porträtisten wie Johann Valentin Tischbein, Ziesenis und Anton Graff, deren Arbeiten er in den Sammlungen seiner fürstlichen Auftraggeber betrachten und kopieren durfte, auf ihn eingewirkt haben. Die handwerklichen Grundbegriffe hatte er wohl bei seinem Vater erworben: einem Schloß- und Büchsenmacher Heintze oder Heinzen zu Ilmenau (der Name wurde erst in den fünfziger Jahren latinisiert), der sich zum Kunstmaler fortgebildet und um 1750 mehrere Jahre in Hildburghausen und Rudolstadt gearbeitet hatte. Um 1752 verliert sich dessen Spur; der Sohn jedoch schlüpft durchaus mit Erfolg in die väterliche Rolle. – Als aber 1767 in Rudolstadt die Arbeiten abgeschlossen waren und auch Hildburghausen, durch fürstliche Verschwenderlaune bankrott und unter kaiserlicher Zwangsverwaltung, keine Beschäftigung mehr bot, sah er sich, der zwar den Titel eines Cabinettmalers führte, doch keinen Anspruch auf feste Besoldung besaß, unentrinnbar der Verarmung, dem Elend ausgeliefert. Die Reserven der Familie waren rasch aufgebraucht. Selbst das Haus, das seine Frau 1757 mit in die Ehe gebracht hatte, mußte beliehen und schließlich zwangsversteigert werden. In dieser Situation bedeutete die Übersiedlung nach Weimar Hoffnung und Erleichterung.

Herzog Carl August, Ölgemälde von J. E. Heinsius.

Die Einkünfte, 150 Taler im Jahr, waren ein winziges Salär, doch sie bedeuteten ein Fixum, auf das zu zählen war. Heinsius' Gegenleistung bestand in der Beaufsichtigung der Fürstlichen Bilderkammer. Diese Sammlung von Kupferstichen und etwa vierhundert Ölbildern war drei Treppen hoch, unmittelbar unter dem Dach, im Mittelbau der Wilhelmsburg untergebracht, was in dem Schloßbrand von 1774 die Rettung der Sammlung nahezu unmöglich machte. Neben dieser Aufsichtspflicht hatte man Heinsius, bei einer Zulage von 50 Talern jährlich, mit dem Zeichenunterricht der beiden Weimarer Prinzen betraut. – Porträtaufträge aber wurden, nach Auskunft der Schatullenabrechnungen, gesondert honoriert. Je nach Arbeitsaufwand und Größe der Bildtafel (auch das Faktum, ob mit oder ohne Hände, zählte) konnte der Maler mit 20, auch mit 30 bis 60, im Einzelfall sogar mit 100 Talern rechnen. – Die Arbeit in Weimar, die nur einmal, 1781–1784, durch drei glückliche, überaus produktive Jahre in Hamburg (belegt durch 14 erhaltene eindrucksvolle Bildtafeln) unterbrochen wurde: diese Weimarer Epoche setzt mit dem Porträt des Erbprinzen ein. – Heinsius malte Carl August 1773, eben sechzehn, eben zum «Rector magnificentissimus» der Universität Jena ernannt, wobei er die Pracht des Kostüms ebenso aufmerksam registriert, wie er ohne den Versuch glättender Schmeichelei die Asymmetrie und die verquollene Derbheit des jungen Gesichts festhält. Knapp zehn Jahre später, 1780/81, vor dem Urlaub in Hamburg, malte Heinsius, sorgsam den Abstand, den Grad der Entwicklung nachvollziehend, den Fürsten wieder. Nun ein Mann, der Verantwortung trägt: klug, ernst, ganz in sich beschlossen. Dann 1790 noch einmal Carl August, jetzt in mittleren Jahren, kräftig in Umriß und Ausdruck, die Züge von erster Resignation überschattet. – Jedes dieser Bildnisse existiert, wie auch die achtzehn nachgewiesenen Bildnisse der Herzoginmutter, in mehreren eigenhändigen, nach Outfit und Dekor differierenden Fassungen. Das waren Repliken, wichtig zu Zwecken der Repräsentation und als Gabe für Freunde und die weitere fürstliche Familie. – Neben diesen Fürstenbildern malte Heinsius, nun intimer, gleichsam bürgerlicher, auch meist kleiner im Format, Angehörige des Kreises um Anna Amalia und Carl August. Porträts untereinander verschieden wie die dargestellten Personen, doch gleich in der genauen Nachbildung der individuellen Form und der eindringlichen Interpretation des jeweiligen Charakters. Skeptisch-welterfahren die Geheimräte Greiner und Schnauß, klug und streng die Jenaer Gelehrten Griesbach und Danovius; nervös, elegant, intellektuell Baron von Seckendorff, spontan, frisch von Einsiedel. Glänzend dann erfaßt, im Widerspiel zur körperlichen Schwere und körperlichen Häßlichkeit, die geistige Wachheit eines Wieland, Bode oder

Musäus; glatt, eitel dagegen Kotzebue. – Heinsius' Damenbildnisse aber, etwa das Porträt der dunkeläugigen Sophie von Kalb oder das der fest-rechtschaffenen Frau von Koppenfels oder, mit zärtlichstem Gusto gemalt, das Bild der jungen und lieblichen Caecilie von Werthern, bestätigen nicht nur das Verständnis des Malers für den weiblichen Charme seiner Modelle, sondern zeigen zugleich sein intensives Vergnügen am vielfarbigen Putz und Tand. Unter seinem Pinsel, zuerst akkurat wie der eines Miniaturisten, dann immer lockerer, immer duftiger, werden die Falbeln und Krausen, die Gehänge aus Perlen und Juwelen, werden die Schleier und Samte, wird das Geknittere von Taft und Seide zu zierlichsten Arabesken der Sinnenfreude.

Doch, wenn man von der Bestallung 1788 zum Unterlehrer an der Fürstlichen Zeichenschule absieht (eigentlich ein Almosen und darum eine Demütigung), lohnte kein lebhafteres Interesse, das sich in der Erhöhung der Bezüge oder in einer ehrenden Beförderung geäußert hätte, dieses unbeirrbare Streben, diese zähe Suche nach dem adäquaten künstlerischen Ausdruck. – Heinsius war zu seinem Unglück zwischen die Zeiten geraten. Er, ein später Erbe barocker Malkultur, kam in ein Weimar, das sich eben anschickte, im Namen Winckelmanns, den Kampf gegen jede barocke Form aufzunehmen. Heinsius aber war, wie viele seiner Vorgänger, trotz stupendem Können, ein einfacher Mann, ein Handwerker geblieben. Ästhetische Theorien, intellektuelle Debatten berührten ihn kaum; in Weimar aber suchte und wollte man den gelehrten Künstler, den Anhänger des neuen Kunstevangeliums. – Heinsius sah sich isoliert. Unglücksfälle aller Art verschärften seine Situation. So traf ihn der Schloßbrand vom Mai 1774, aus dem er nur siebzehn der ihm anvertrauten vierhundert Tafeln bergen konnte, wie eine persönliche Katastrophe. Noch härter wirkte sich für ihn das Auftauchen und Bleiben von Georg Melchior → Kraus aus, des überaus Gefälligen und Geschickten, der ihn, den Ungelenken, Störrischen, den «Colericus», noch tiefer ins Abseits, in den Schatten drängte. – Den Querschlägen beruflicher Art gesellte sich die häusliche Misere. Im Sommer 1784 stirbt ihm nach längerem Siechtum die Frau; von sieben Kindern, die sie ihm geboren hatte, blieb nur die Tochter. Und diese verbindet sich mit einem Filou von Ehemann, der die 3000 Taler, die Heinsius in Hamburg erarbeitet und der Familie, als ein Vermögen, das alle Not wenden sollte, anvertraut hat, durchbringt und durch gewagte Geschäftemacherei, für die Heinsius die Bürgschaft übernehmen mußte, dem Schwiegervater drükkendste Schulden auflädt. – Aus einer kläglichen Bittschrift der Witwe, seiner zweiten Frau, der sich Heinsius im Sommer 1789 verbunden hatte, geht hervor, daß ihn 1792 ein erster Schlaganfall niederwarf, von dem er sich jedoch so weit aufzuraffen vermochte, daß er im Herbst 1794 in Erfurt einen Auftrag übernahm, wobei ihn aber ein plötzlicher Tod, wohl ein zweiter Schlaganfall, überraschte. Sein Grab fand er in der Barfüßerkirche zu Erfurt. – Weimar blieb desinteressiert. Wie zuvor Heinsius' Eingaben wurde auch das Gesuch der Witwe um eine gnädig zu gewährende Pension abgeschlagen und ad acta gelegt. Goethe aber schlug gelassen in einem amtlichen Schreiben vom 21. November 1794 dem Herzog vor, «die der Fürstlichen Cammer anheimgefallene Besoldung des Cabinet-Mahlers Heinsius an Lehrer der Zeichenschule zu einiger Belohnung, fortzusetzendem Fleiß und fernerer Ermunterung zu verteilen». – Die Akten über Werk und Leben des Johann Ernst Heinsius waren geschlossen.

Literatur: Hedwig Dauch-Schroeder: Johann Ernst Heinsius (1731–1794). Ein Thüringer Bildnismaler der Goethezeit. Inaugural-Dissertation. Jena 1937.

Helvig Anna Amalie von,
geborene Freiin von Imhoff (Weimar 16. August 1776–17. Dezember 1831 Berlin).

Ihr Bild zeigt es, sie war eine apart-hübsche Person oder, wie Goethe, sich an alte Zeiten zurückerinnernd, in den «Annalen» 1799 schrieb, «ein höchst schönes Kind». Dazu war sie gescheit und talentiert. Daß sie das Französische, das Englische beherrschte, war in ihrer Schicht selbstverständlich, daß sie aber Griechisch so weit gelernt hatte, um Homer in der Ursprache lesen zu können, erregte Aufsehen. Zugleich malte sie, und das unter Heinrich Meyers Anleitung; sie sang und schlug die Harfe; sie konnte allerliebst und «in ihrem feinen Geschmack» Feste mit Kränzen, Blumen und Laubgewinden zieren, und sie war eine Dichterin, woran niemand unangefochtener glaubte als Amalie selbst. – Aufgewachsen war sie in Mörlach, dem Imhoffschen Familiensitz; ein paar Jahre hatte sie in einem Erlanger Töchterpensionat zugebracht und kam, eine fertige junge Dame, 1791 nach Weimar, wo ihre Mutter sich mit den jüngeren Geschwistern in der engen Schloßgasse bescheiden und sparsam etabliert hatte. – Mühelos glitt Amalie, erwünschterweise bald in Herzogin Louises Dienst berufen, in das Weimarer Leben, wurde selbst Teil dieses Wechselspiels von Geist und Welt, dieses galanten Hin und Hers zwischen Hofdame und Dichter. Er möge die «Freundinnen» (darunter eben auch Amalie) ja recht wert halten, schrieb Goethe am 12. August 1797 aus Frankfurt an Schiller, denn man wisse nicht eher, was man an solchen Naturen habe, als bis man sich in der breiten Welt nach ähnlichen umsähe, und er glaube, schreibt er weiter, daß diese «Schülerinnen», besonders da Schiller über die Gabe verfüge, «auch lehrend wirksam zu sein», gewiß noch manches Gute hervorbrächten . . . Schiller nahm, um dieses Interesse in die Praxis umzusetzen, 1797 Proben des Imhoffschen Talents in die «Horen» auf und war weiter entschlossen, wie er am 13. April 1799 Cotta mitteilte, den «Musenalmanach für das Jahr 1800» ganz einem «kleinen epischen Gedicht, von der Größe wie Goethens Hermann und Dorothea, und von sehr großem Interesse», zu widmen. – In ihren «Aufzeichnungen» erinnert sich die Dichterin, daß «Goethe oder Schiller in dieser Zeit nie eine Zeile in einer ihrer Arbeiten gestrichen hatten». Sie hätten aber auch, fährt sie selbstbewußt fort, «diese Arbeiten nie anders als fertig gesehen». Und sie spricht weiter (eine Version, die, anekdotisch ausgeschmückt, vielfach kolportiert wurde!) von Goethes Erstaunen, der, als ihm bei der gemeinsamen Lektüre klar wurde, daß sie nicht ahnte, was ein Hexameter sei, bewundernd ausrief, dann habe sie diese hervorgebracht, «wie der Rosenstock die Rosen trägt». – Goethe aber, dem im Sommer 1799 die Bearbeitung der «Schwestern von Lesbos» zugefallen war, schrieb am 29. Mai an Schiller, daß «leider alle Gravamina», die ihm schon schwanten, «gewaltig gelten», und er unterzieht, sachlich den Text examinierend, Aufbau und Sprache einer vernichtenden Kritik, verspricht aber, «das Mögliche zu tun», was aber, wie er Ende Juli meint, «eine böse Aufgabe bleibe» und selbst Konferenzen, die noch Ende August wegen der «Schwestern» abgehalten wurden, «minderten bald, bald belebten sie die Hoffnung!» – Schiller seinerseits empfand es als Trost, wie er Goethe versicherte, daß sie beide, als Herausgeber, den «dilettantischen Ursprung» des Werkes ja ankündigen dürften und so, indem sie Toleranz bewiesen, nur Humanität zeigten, ohne ihr Urteil zu kompromittieren ... – Amalie aber genoß, «in sich selbst verliebt», wie ihre Tante Stein nüchtern-ärgerlich anmerkte, den Ruhm, der sich unter anderem darin äußerte, daß etwa Sophie La Roche oder auch De la Motte Fouqué sie als «eine eben erst aufgeblühete und durch ihre ‹Schwestern von Lesbos› berühmte Dichterin», in einem Atemzug mit Wieland, Schiller und Goethe, zu den «Lieblingen Apolls» zählten. – Diese schwiegen und ließen das Lob ungeschmälert gelten. Goethe lud sie zu seinem → Mittwochskränzchen ein, und als sie wenige Jahre später, nun Frau des schwedischen Majors von Helvig, ihr erstes Töchterchen in den Armen hielt, waren neben der Tante Stein Schiller und Goethe die Paten. – Hinter Amalie lagen, als sie sich im Juli 1803 (immerhin fast dreißig und des Hofdiensts herzlich müde) mit Carl von Helvig verband, trotz den Dichterlorbeeren mancherlei herbe Enttäuschungen. Verehrer, an ihrer Spitze immerhin ein Alexander von Humboldt, entzogen sich, obwohl zunächst von ihrem Charme enthusiasmiert, und verschwanden unauffällig wieder aus ihrem Gesichtskreis. War sie zu eitel, zu preziös, hatte sie, wie Frau von Stein monierte, zu wenig Takt, oder war ihre Armut bei großen Ansprüchen der wahre Grund der männlichen Rückzugsmanöver? – Auch die Verbindung mit Helvig, eines Pommern aus Stralsund, der sich in schwedischen Diensten aus dem Mannschaftsstand zu Generalsrang emporgedient hatte und auf eine große Karriere rechnen durfte, ließ sich schwierig an. Amalie, nicht geneigt, ihre literarischen Ambitionen zu opfern, wich 1810, unter dem Vorwand, sich von dem nordischen Klima erholen zu müssen, den Ehekrisen durch eine Badereise nach Deutschland aus. Sie blieb auch, mit ihren Kindern, in Deutschland, und zwar in dem ihr sehr angenehmen Heidelberg, obwohl Helvig, durch König Gustavs IV. Sturz um alle Hoffnungen betrogen, unverschuldet in eine äußerst prekäre Lage geraten war und durchaus ihrer Unterstützung bedurft hätte. – Sie aber teilte, glücklich und beweglichen Temperaments, die Interessen des Boisserée-Kreises und wechselte gelenk vom Weimarer Klassizismus ihrer Anfänge zur katholisierenden Romantik über. 1812 gab sie mit Fouqué ein «Taschenbuch der Sagen und Legenden» heraus, veröffentlichte (da Helvigs Zahlungen ausblieben, nun auch auf Honorare angewiesen) mancherlei Erzählerisches und verfaßte, durch die Sammlung der Brüder Boisserée mit ihrem Gegenstand wohl vertraut, für Friedrich Schlegels «Deutsches Museum» die «Beschreibungen altdeutscher

Gemälde». – Auch nach 1815, nun wieder mit Helvig vereint (der, eine Folge der hektischen politischen Verschiebungen, jetzt als General im preußischen Heer Aufnahme gefunden hatte), halfen ihr die oft erprobte geistige Beweglichkeit, die Begabung zu Kontakt und Freundschaft ihrem Dasein weiterhin Sinn und ihrer Arbeit Richtung zu geben. Lotte Schiller stellte zwar, als Amalie 1820 in Weimar auftauchte, etwas moquant fest, daß Frau von Helvig sehr gealtert sei und ihre Nervenzüge hätten sich, wie sie sich verblasen ausdrückte, so vermehrt, daß es einem recht weh mache, und es sei eine Unsicherheit in ihrem Schicksal, das ihre Freunde schmerze. Doch Amalie verstand trotzdem, in Berlin einen höchst lebendigen Kreis, zu dem Gneisenau ebenso wie Bettina gehörten, um sich zu sammeln. In Schweden aber (wo sie sich 1814–1816 zur Ordnung Helvigscher Verhältnisse aufhielt) gewann sie im Umgang mit Männern wie Geijer und Atterbom rasch Zugang zur jungen schwedischen Romantik, und sie wurde, wie Goethe in «Kunst und Altertum» formulierte, «mit Glück» zur Vermittlerin dieser «kühnen, frischen, nordischen Überlieferung». Die Übertragung von Tegnérs «Frithjofssage» aber brachte ihr 1826 noch einmal einen großen Erfolg. – Vielleicht dachte Goethe an diese tüchtigen Arbeiten, als er in den «Annalen» 1799 (etwa um 1820 niedergeschrieben) von der Verfasserin der «Schwestern von Lesbos» sagte, daß sie ihn einst als ein höchst schönes Kind, «später jedoch als ein vorzüglichstes Talent angezogen hatte».

Herder Johann Gottfried von

(Mohrungen/Ostpreußen 25. August 1744–18. Dezember 1803 Weimar). Theologe, inspiriert und unkonventionell, Schriftsteller, Essayist, Übersetzer; Schüler von Hamann und Kant: ein unruhiger, tastender, weit ausgreifender Geist, mit Witterung für neue Gedanken, neue Einsichten und ungewöhnlich begabt, diese spontan der eigenen Arbeit anzuverwandeln und umformuliert weiterzugeben – wie auch diesem Studiosus Goethe, auf den er in Straßburg im Herbst 1770 unvermutet stieß. Für den jungen Poeten bedeutete der Überblick, den Herder ihm vermittelte, dieser Hinweis auf Bibel, Volkslied, Volksdichtung, ein Hinweis auf Homer, Shakespeare oder Ossian (noch spät im 10. Buch von «Dichtung und Wahrheit» dankbar anerkannt), die Befreiung von verkrusteten Mustern und abgelebten Vorbildern und die kategorische Forderung, die eigene Form zu suchen und zu finden. – Zufällig waren sie am Treppenaufgang im Gasthof «Zum Geist» aufeinandergetroffen, und Goethe schildert rückblickend den Mann, den man, wie er sagt, für einen Geistlichen, etwa einen Abbé, halten konnte: Gepudertes Haar in einer runden Locke aufgesteckt; das schwarze Kleid bezeichnete ihn, mehr noch ein langer, schwarzer, seidner Mantel, dessen Ende Herder zusammengenommen und in die Tasche gesteckt hatte. Ein einigermaßen auffallendes, aber doch im ganzen galantes und gefälliges Wesen, dazu ein rundes Gesicht, eine bedeutende Stirn, eine etwas stumpfe Nase, einen etwas aufgeworfenen, aber höchst individuell angenehmen, liebenswürdigen Mund. Und unter schwarzen Augenbrauen ein Paar kohlschwarze Augen, die ihre Wirkung nicht verfehlten. – Herder konnte allerliebst einnehmend und geistreich sein, berichtet Goethe weiter, konnte aber ebensoleicht eine verdrießliche Seite hervorkehren. Dennoch besuchte er Herder, der eine lästig-schmerzhafte Augenoperation über sich ergehen lassen mußte, häufig, blieb wohl auch ganze Tage bei ihm und gewöhnte sich, wie er sagt, um so mehr an sein Schelten und Tadeln, als er seine schönen und großen Eigenschaften, seine ausgebreiteten Kenntnisse, seine tiefen Einsichten täglich mehr schätzen lernte.

Goethe war es dann auch, der, obwohl erst kurz in Weimar und im Dezember 1775 seines eigenen Bleibens noch ungewiß, die Berufung Herders gegen jeden Widerstand, und dieser Widerstand war groß, durchsetzte. Ihm lag, seit den Straßburger Tagen von Herders geistigem Rang zutiefst überzeugt, daran, diesen Mann mit Weimar, mit seinem Fürsten zu verbinden. Ihm schien es ein Glücksfall, den man nicht ungenützt vorüberstreichen lassen dürfe, daß Herder von seinem Bückeburger Hofpredigeramt wegstrebte und man ihm hier in Weimar die Generalsuperintendantur, unbesetzt seit Siegmund Baschs Tod im März 1771 (jedoch begehrt von drei altgedienten Weimarer Geistlichen!), als Ersatz anbieten könne. – Zwar sei hier alles gegen ihn, schrieb Goethe am 15. Januar 1776 dem Freund, «all die Kerls», wie er aufmüpfig, im zornigen Sturm-und-Drang-Jargon, Herders Widersacher titulierte, der Herzog aber, der absolut keine Pfaffentracasserien über Orthodoxie und den Teufel dulde, wolle und wünsche ihn und die Herzoginnen auch. – Das entschied. Des Fürsten Machtwort, dem sich am Ende die hochmögenden Herren des Konsistoriums fügen mußten, bahnte diesem Stimmführer einer neuen Generation, diesem Autor mit bereits weithin hallendem Namen, den Weg. Herder gehörte fortan zu Weimar. Sein Dasein, sein Wirken, obwohl oft mit Schwierigkeiten und ärgerlichen Komplikationen verquickt, verwandelte und bereicherte das geistige Klima der Stadt. Sie gewann an Gewicht und Bedeutung.

Am 1. Oktober 1776, in später Abendstunde, war Herder samt seiner kleinen Familie in Weimar eingetroffen, war vor dem großen Haus hinter der Kirche abgestiegen, von dem ihm Goethe im Juli geschrieben hatte, es sei gut gebaut (von Herder späterhin mißmutig als «verschnitzelt und unbewohnbar» bezeichnet), und es habe einen großen Garten, in dem noch die Igel brüteten, und er, Goethe, schinde sich weidlich mit dem Detail der Reparatur. Doch im August fügte er aufmunternd hinzu: «Sey ohne Sorgen Bruder, alles wird nach deiner Bequemlichkeit; die Ölfarbe hat indess in deinem Haus verrochen . . . und wir treffen uns neu und ganz.»

Mit Goethe und dem Herzog, erst am zweiten Abend von der Schnepfenjagd zurück, gab es das fröhlichste und herzlichste Willkommen. Zuvor hatten die Herzoginnen den Generalsuperintendenten «aufs huldvollste» begrüßt; Wieland war ihm mit Vertrauen und Freundschaft entgegengekommen, und seine Antrittspredigt, eine Homilie über das Gleichnis vom Gastmahl des Königs, in seiner Manier, ohne Affektation, schlicht und warm vorgetragen, schlug alle ihm feindlichen Gerüchte, daß er kein Christ sei und nicht predigen könne, nieder. Wie er predigte, das gewann ihm die Herzen und durch die

Jahre eine feste Gemeinde. Triumphierend schrieb er Freunden in Riga: «Ich bin hier allgemein beliebt und geehrt bei Hofe, Volke und Großen; der Beifall geht bis ins Überspannte, Ungemessene; durch bloßes Hinstehen habe ich alles Geträtsch vernichtet, und nun bücken sich alle zur Erde.» – Und Lavater erklärte er wenig später, berufen sei er nicht etwa, wie dieser vielleicht meine, «als Prediger so schlechtweg», «sondern», fuhr er leicht ironisch, doch spürbar beeindruckt von der Zahl und dem Gewicht der Ämter fort, «auch als Oberhofprediger, Oberkonsistorial- und Kirchenrat, als Generalsuperintendent, Pastor primarius und zehn Dinge mehr». Aber er hoffe, schreibt er, sich mit der Zeit recht gut zu stehen, und hoffe sogar, fügt er hinzu, «der Autorschaft», seinem leidenschaftlichsten Interesse!, «wills Gott, abzusterben und dem Herr in lebenden Menschen zu leben, brav zu schaffen und in sieben Fächern umherzuwühlen ...»

Auch Freund Kleuker spricht er um Weihnachten noch voll Genugtuung von der Wichtigkeit und Würde seiner Ämter, und selbst nach einem halben Jahr klingt, wie Rudolf Haym meint, die Mitteilung, daß er «schrecklich viel zu tun habe», eher wie Rühmen als wie Klagen. Aber Ende 1777 gesteht er Gleim seufzend, daß er unter der Last «austrocknender, verzehrender Geschäfte» nahezu erliege, und ein Jahr später, er krieche wie eine Schnecke unter geistlichem Harnisch umher, komme wenig von der Stelle, finde wenig, was ihn labe. – Ihm als Generalsuperintendenten unterstand das gesamte Kirchen- und Schulwesen des Landes. Er trug die Verantwortung für eine Vielzahl an Institutionen und, damit verbunden, die Verantwortung für eine Vielzahl an Personen, von dem Pfarrherrn über den Gymnasialprofessor bis zum Pfarramtskandidaten, zum armen Landschullehrer (dessen Hungerlohn ihn immer wieder erschreckte und bedrückte), bis zum Kantor, Organisten und Totengräber. Das bedeutete neben der sonntäglichen Predigt, neben den Taufen, Hochzeiten, Konfirmationen, Begräbnissen, neben den Pflichten des Seelsorgers eine nicht abreißende Kette an Visitationen, Inspektionen, Examinationen, bedeutete auch, Herder besonders lästig, die rasch sich wiederholenden Termine zur Abnahme und Überprüfung der Kirchenrechnungen. – Jenseits dieser Routinearbeiten erschien aber Herder überaus wichtig und eine drängende Aufgabe die Reorganisation des Gymnasiums, die Hebung der Lehrerausbildung, gekoppelt mit der Anhebung der Lehrergehälter, die besonders auf dem Lande oft weit unter dem Existenzminimum lagen. Auch hielt er die Reform von Liturgie und Gesangbuch für überfällig. – Doch das Gremium, das ihn in diesen langwierigen und mühseligen Unternehmungen hätte stützen müssen, das Konsistorium, versagte jede Hilfe. Für diesen konservativen Zirkel, ehrbar, altväterisch-fromm, starr, blieb er der Freigeist, der Eindringling, der störte, dem man mißtraute. Und ihm fehlte das Quentchen Geduld, fehlte Gleichmut und die biegsame Beharrlichkeit, die ihn vielleicht, Schritt um Schritt, in der eigenen Behörde hätte Boden gewinnen lassen. – Carl August aber und Goethe, die von seiner Universalität, seiner geistigen Beweglichkeit immer neue Belebung erwarteten, interessierte kaum der Kirchenmann mit seinen begrenzten Aufgaben und Nöten. Heillos

war er zwischen die Fronten geraten: Den einen war er zu freisinnig, den andern nicht freisinnig genug. Gekränkt, auch tief gekränkt, daß der, den er immer noch geneigt war, als seinen Schüler zu sehen, ihn überholt hatte, gekränkt, daß Goethe und nicht er es war, der das Vertrauen des Herzogs besaß, der in dem kleinen Staatswesen scheinbar mühelos aufstieg, der (wie besonders Caroline Herder nicht müde wurde, feindselig anzumerken) mit Besitz, mit dem «Geheimenrat», mit dem Adelsprädikat ausgezeichnet wurde. Auf solche Weise vielfach gekränkt, zog Herder sich geflissentlich immer tiefer in ein maulendes Schweigen zurück, so daß ihn Goethe einmal halb ärgerlich, halb launig durch Charlotte von Stein als «seinen Bruder nicht in Christo, sondern in der Unart und Unbetulichkeit» grüßen ließ. – Herder aber schrieb im März 1778 tief verquält an Hamann, daß er, «eingeklemmt in das einsame Wirrwarr und geistliche Sisyphus-Handwerk», in dem er hier lebe, an allem ermatte und kaum mehr an sich selbst teilnehme.
Wenn man versuchte (wie Rudolf Haym vorschlägt), die Hauptperioden in Herdes Leben durch je eine der in ihnen entstandenen Schriften zu bezeichnen (wobei wichtigste Titel beiseite bleiben), so wäre für die Rigaer Epoche (1764–1769) etwa an die «Fragmente», für Bückeburg (1771–1775) an die «Älteste Urkunde des Menschengeschlechts», für die frühe Weimarer Zeit (neben den so wichtigen Sammlungen und Übersetzungen der Volkslieder) an den «Geist der Ebräischen Poesie» zu erinnern. Die achtziger Jahre aber gehören den «Ideen zur Philosophie der Geschichte der Menschheit», von Haym als Herders «größte schriftstellerische Leistung», von Goethe als das «unstreitig vorzüglichste seiner Werke» bezeichnet. Diese monumental gedachte Universalgeschichte, beschrieben als ein Entwicklungsprozeß, einsetzend bei der anorganischen Materie, stufenweise fortschreitend über Pflanzenwelt und Tierreich bis hin zum Menschen, diesem vernunftbegabten Wesen: mit diesen reichinstrumentierten Gedankenfolgen, Beginn aller künftigen Geschichtsphilosophie in Deutschland, war Herder in nächste Nachbarschaft zu Goethes naturwissenschaftlichen und naturphilosophischen Bemühungen geraten. – Beglückt nehmen die Freunde die neue Nähe, die neue Herzlichkeit ihrer Beziehungen wahr. Daß alle Entfremdung zwischen ihm und Herder geschwunden sei, preist Goethe im Dezember 1783 Lavater als eine der «vorzüglichsten Glückseligkeiten» seines Lebens, und Schiller berichtet im Juli 1787 an Körner, daß «Herder Goethen mit Leidenschaft, mit einer Art Vergötterung liebe». – Für beide, die wie Brüder füreinander empfinden, werden die Tage, wird das Leben reicher und leichter. Gestützt auf den Freund schwinden für Herder selbst im Bereich der Verwaltungsarbeit viele Probleme, und ihm gelingt, wenn auch im bescheidenen Weimarer Maßstab, in Kirche und Schule Reformen durchzusetzen, die er so lange und bis dahin vergeblich plante. – Goethe aber genießt die Zugehörigkeit zu des Freundes Familie und Haus. Mit Caroline, der «Psyche» seines «Felsweihe-Gesangs» (im Mai 1772 Herders Braut), verbindet ihn seit jenen frühen Darmstädter Tagen eine gute Zutraulichkeit; das Wachsen und Gedeihen der Herderschen Kinder (sieben Söhne, eine Tochter) beschäftigt und freut ihn, und die

Freunde, darunter originelle Figuren wie August von → Einsiedel oder Prinz August von Gotha, beide im Haus des Ersten Geistlichen wohl gelittene Agnostiker, wenn nicht Atheisten, der eine von Rousseau, der andere von Voltaire her kommend, beide geistreich, amüsant bis skurril, sind wie Knebel, Wieland und Jean Paul auch seine Freunde. Neben ihnen, den Kreis auflockernd, empfindsame Damen: in zierlichster Verliebtheit Sophie von Schardt oder leichthin exaltiert Emilie von Berlepsch oder schwärmerisch verloren Charlotte von Kalb, alle fasziniert von Herder, diesem Philosophen, diesem Kirchenmann, den sie sich zum Seelenführer, Seelenberater erwählten. Damen, mit denen Goethe, wenn auch etwas distanzierter, ebenfalls gern umging.

Als Goethe im Dezember 1783 Lavater von seiner Freude, Herder wiedergewonnen zu haben, schrieb und nur bedauerte, daß «sich nicht früher alles gelöst», hatte er froh-gewiß hinzugefügt: «dafür ists aber auch für immer, und mir eine freudige Aussicht!» – Tatsächlich unterbrachen auch seine Jahre in Italien nicht die engen Kontakte. Die Freunde teilten weiterhin Arbeit und wechselnde Interessen. So 1788/89 Herders nicht recht geglückte Fahrt nach Italien, dann seine Rückkehr, einen Ruf der Universität Göttingen, Herders Ablehnung, nachdem ihm die Erfüllung seiner Bitten, Wünsche und Bedingungen zugesichert war. Das heißt die Tilgung seiner Schulden, die Erhöhung seiner Einkünfte auf 2000 Taler im Jahr (ein Weimarer Spitzengehalt), das herzogliche Anerbieten, zusätzlich die Ausbildung und Versorgung der Söhne zu übernehmen. – Auch in seinem Amtsbereich versuchte man, ihm alle beschwerlichen und kleinlichen Geschäfte abzunehmen: Man ernannte ihn zum Vizepräsidenten des Konsistoriums, entlastete ihn auch im Amt des Predigers. Goethe, Herzogin Louise, die ihrem Generalsuperintendenten und seiner Familie oft auf ihre still-noble Weise geholfen hatte, die Herzoginmutter (die kostbare Perlen verkaufte, um Herder eine Badereise zu ermöglichen), der Herzog, alle priesen sich glücklich, diesen Mann, dessen lebhaften Geist sie so sehr schätzten, wieder fest an sich gebunden zu haben.

Jahre zuvor hatte Herder, der stets von schweren Depressionen bedroht war, geschrieben, daß «nichts ihn treibe und drücke als sein innerer Mensch, aber dieser drücke ihn sehr und mache ihn widrig gegen die Menschen». In solcher Situation verlor er das Augenmaß für das, was er glaubte, von seiner Umgebung fordern zu dürfen. Vielerlei kam jetzt, Mitte der neunziger Jahre, zusammen, um ihn aus dem altgewohnten Freundeskreis zu lösen. – Grundsätzlich mußte seine steigende Sympathie für Ideen und Forderungen der Französischen Revolution, die er, nur leicht literarisch verhüllt, in den «Briefen zu Beförderung der Humanität» diskutierte, ihm das Herzoghaus ebenso wie Goethe, einem strikten Gegner jeder revolutionären Doktrin, entfremden. Hinzu kam, daß ihm Christianes Existenz, diese kirchlich nicht sanktionierte Bindung des Freundes, ein Ärgernis war. Ebenso mißbilligte er, der soviel von Dichtung verstand, im Gegensatz zu Schiller (nun Goethes «Mitstreiter» in Sachen Literatur), jetzt, außerkünstlerische Maßstäbe anlegend, die «Römischen Elegien», die «Venezianischen Epigramme». Selbst «Wilhelm Meister» verletzte in seinen Augen den Anspruch an Moral, an Sittlichkeit, den er

glaubte erheben zu dürfen. – In seinem eigenen Bereich, noch verdüstert durch zunehmende Kränklichkeit und nie endende Geldsorgen, fühlte er sich, da trotz zugebilligter Erleichterung ihn weiterhin Amtspflichten übermäßig belasteten, betrogen und hintergangen; glaubte sich von Goethe, von dem Herzog in diese ausweglose Situation hineinmanövriert. Bitterkeit breitete sich aus, verschärft noch durch Caroline, die plötzlich Summen zur Erziehung der Söhne einforderte, die *so* nicht vereinbart waren, und das in einem Ton, den Goethe ihr mit dem Brief vom 30. Oktober 1795 streng verwies. Die herzogliche Kasse erfüllte Carolines Forderung, was aber ihren Haß, ihren Zorn nicht dämpfte, denn «man dankt dem das Mögliche nicht», hatte Goethe geschrieben, «von dem man das Unmögliche gefordert hat». – An diese gebündelten Unannehmlichkeiten hatte wohl Goethe gedacht, als er im Juni 1821 zu Kanzler von Müller sagte, «je mehr man Herdern geliebt, desto mehr habe man sich von ihm entfernt halten müssen, um ihn nicht totzuschlagen». Und 1803, als Herder starb, schrieb er: «Herder verließ uns, nachdem er lange gesiecht hatte. Schon drei Jahre hatte ich mich von ihm zurückgezogen, denn mit seiner Krankheit vermehrte sich sein mißwollender Widerspruchsgeist und überdüsterte seine unschätzbare Liebensfähigkeit und Liebenswürdigkeit. Man kam nicht zu ihm, ohne sich seiner Milde zu erfreuen, man ging nicht von ihm, ohne verletzt zu sein.» – Rudolf Haym berichtet, daß Herder unter dem Geläut aller Glocken und dem Zudrang seiner Gemeinde in seiner Kirche, wo er so oft gepredigt hatte, beigesetzt wurde. Sein Grab deckt eine gegossene Platte, geschmückt mit dem Zeichen seines Siegelrings, «der geschlossenen Schlange, deren Haupt Lichtstrahlen umziehen, den eingeschriebenen Buchstaben A und Ω und der Umschrift Licht, Liebe, Leben».
Literatur: Rudolf Haym: Herder. 2 Bände. Berlin 1958.

Herderkirche, Herderplatz → Stadtkirche zu St. Peter und Paul.

Herter Johann Heinrich

Leinenwebermeister zu Weimar, seit 1793 engster Nachbar Goethes, der, intensiv gestört durch das Schlagen der Webstühle, immer wieder versuchte, obwohl vergeblich, mit Rat → Voigts Hilfe, den Herzog zu bewegen, ihm diesen Nachbarn vom Hals zu schaffen. – 1815 erbte Herters Witwe das Haus, das sie 1834 an Goethes Enkel verkaufte.
Literatur: → Goethes Nachbarn.

Heygendorf, Caroline von → Jagemann, Henriette Caroline Friederike.

Hirschfeld Christian Cay (Cajus) Laurenz

(1742–1792).

Seit 1773 Professor der Philosophie und Ästhetik in Kiel, Schriftsteller, Gartentheoretiker. Mit der fünfbändigen «Theorie der Gartenkunst», die (1779–1785 erschienen) auch Weimar begierig aufnahm und diskutierte, entschiedener Propagandist des englischen Gartenstils. Ein Stil, ein Garten, der sich (was Hirschfeld bewußt war) als Symbol politischer Freiheit verstand, die in England seit der Glorreichen Revolution von 1688 gesichert und fest in Verfassung und Leben verankert war. – Doch auch auf dem Kontinent war man der alten Gärten und ihrer gezirkelten und gestutzten Schönheit, Abbild bestehender Ordnung, müde, und Fürsten, wenn sie der Aufklärung zuneigten, wie Carl August von Weimar oder Franz Leopold von Anhalt-Dessau, legten Gärten an, frei und weit, einem Arkadien ähnlich, das Maler wie Poussin oder Ruysdal oder Claude Lorrain mit ihren Bildern entworfen hatten. Und dem Maler gesellten sich der Dichter, der Philosoph. Ihren Entwürfen, ihren Gedanken, ihren Träumen folgte der Gärtner. «Zufluchtsorte der Philosophie» sollte er bilden, die «den süßen Geschmack der Freiheit» gewährten; durch «scharfsinnige Überlegung, durch blühende Einbildungskraft und schöpferische Fertigkeit müsse er, der Gehilfe der Natur, Empfindungen aufregen und das Gefühl besänftigen».

Hoffmann, Siegmund Heinrich, Buchhandlung → Cranach-Haus.
Hornstein → Schloß zu Weimar.
Hufeland, Christoph Wilhelm → Goethes Ärzte.

Hummel Johann Nepomuk

(Preßburg 14. November 1778–17. Oktober 1837 Weimar).

1785 war Hummel mit dem Vater nach Wien gekommen. Zwei Jahre «erteilte ihm der große Mozart regelmäßige Lektionen». – 1803 wurde er als Nachfolger Haydns Kapellmeister in Eisenstadt; 1811 war er wieder in Wien, komponierte viel, auch Tanzmusik, die der Vater im Apollosaal dirigierte. 1813 fand er den ihn beglückenden Zugang zu Beethoven: eine Verbindung, die sich zur herzlichsten Freundschaft erweiterte. Ruhm und finanzielle Unabhängigkeit aber brachten Hummel die Konzertreisen. Sein Talent zur Improvisation bezauberte das Publikum. – 1816 ging er, nun Königlich-Württembergischer Kapellmeister, nach Stuttgart; drei Jahre später wurde er, durch Carl August berufen, Hofkapellmeister in Weimar. – Maria Pawlowna, selbst ungewöhnlich musikalisch und eine gute Pianistin, wünschte ihn an ihre Seite. Sicherlich war auch sie es, die aus eigener Schatulle die Mittel zur Verfügung stellte, einen so bedeutenden und verwöhnten Musiker in die kleine Residenz zu ziehen und dort zu halten. Mit ihm wünschte sie zu musizieren; seinen Unterricht wünschte sie für ihre Töchter, und der Hofkapelle, dem gesamten Weimarer Musikleben wünschte sie frische Impulse, gesteigerte Maßstäbe. – Goethe und Hummel pflegten freundliche Nachbarschaft, wobei Goethe nicht verfehlt, in den «Annalen» von 1821 eines Konzerts mit dem Wunderkind Felix Mendelssohn zu gedenken, an dem auch Hummel, «unser nicht genug zu preisender Kapellmeister», sich an den eben (für 200 Taler) erworbenen, kostbaren Streicher-Flügel niederließ und durch sein Spiel «den Besitz des vorzüglichen Instrumentes ins Unschätzbare zu erheben verstand». – Hummel, bei aller geistigen Energie, ein behaglicher, zu beträchtlichem Embonpoint neigender Herr, der gut verdiente, doch auch gut zusammenhielt, stand im Ruf, wie Genast erzählt, geizig zu sein. In Wahrheit ist ihm aber, neben mancherlei Wohltat im geheimen, die Stiftung eines Pensionsfonds für die Angehörigen der Hofkapelle zu danken. Am 18. November 1832 gab er ein erstes Konzert zugunsten dieser Witwen-Pensionskasse. Dieses Konzert, zweimal im Jahr, wurde unter seiner Führung zur festen Tradition. Die Einnahmen flossen dem Pensionsfonds zu. Zugleich aber hatte (worauf Wilhelm Bode hinweist) zum ersten Mal jeder Musikliebhaber, ohne zu bevorzugten Kreisen zu gehören und dort *geladener* Gast zu sein, in Weimar die Möglichkeit, durch den Erwerb eines Billetts von vier bis 16 Groschen große Musik in großer Interpretation zu hören. – Hummels Name, sein Ruhm garantierten künstlerisches Niveau und hohe Einnahmen.

Huschke, Wilhelm Ernst Christian → Goethes Ärzte.

I

Ilten Caroline von

Früh verwaist, verwandt mit den Familien von → Seckendorff und von → Kalb, gehörte mit ihrer Schwester Sophie zu der Weimarer Hofgesellschaft der siebziger und achtziger Jahre. – Die Schwestern waren, wie Carl von → Stein berichtet, zu Gast in dessen Elternhaus, als der junge Herzog im November 1775 Goethe, eben aus Frankfurt in Weimar eingetroffen, bei den Steins einführte. – Monate später fiel dann Goethe die Aufgabe zu, Caroline die Liebe zu Prinz Constantin, die der herzoglichen Familie unerwünscht war, auszureden und zugleich «das holde Geschöpf» (Frau von Stein hatte sie wie eine Tochter zu sich genommen) über ihren Kummer hinwegzutrösten. – Um 1784 scheint sich Caroline wieder den Kalbs und der Gräfin Bachof von Echt genähert zu haben; 1785 begleitete sie Sophie von Seckendorff nach Franken, drei Jahre später wird sie Friedrich Karl Ludwig von Mosers Frau, der als Oberforstmeister in Durlach amtierte.

Ilten Sophie von

(1755–1794).

Wie ihre wohl nur wenig jüngere Schwester in Weimar bei befreundeten Familien lebend und zu dem Kreis junger Damen gehörend, mit denen Goethe gern umging und die er im zärtlichen Spott «artige Misels» nannte. – Am 26. Juni 1778 heiratete Sophie, im Beisein von Frau von Stein, auf Kalbsrieth den Rittmeister Friedrich von → Lichtenberg; nach dessen Tod (1790) den Kammerherrn und Hauptmann Georg Leberecht von → Luck.

Imhoff Christoph Adam Carl von

(Mörlach bei Nürnberg 1734–1788 München).

Aus alter Nürnberger Patrizierfamilie, Capitaine-Lieutenant in herzoglich württembergischem Dienst. Zurück «im Vaterland» (was nach damaligem Sprachgebrauch stets die engste Heimat, also wohl Franken oder Nürnberg meinte), stieß er auf Marianne Chapusset, blutjung, bildhübsch, Tochter eines französischen Feldwebels, und heiratete sie «vom Fleck weg». – Imhoff war künstlerisch begabt; besonders gut gelangen ihm Porträts en miniature. In der Hoffnung, in dem reichen England mit Hilfe seines Talents zu einigem

Wohlstand zu gelangen, segelte er mit Marianne und ihrem kleinen Sohn über den Kanal; entschloß sich aber schon im Frühjahr 1769, angeworben als Offizier der Ostindischen Kompanie, nach Indien, das mit großen Gewinnen lockte, weiterzuziehen. Auf dem Schiff lernten die Imhoffs Warren Hastings, den künftigen Gouverneur von Bengalen, kennen, der, bezaubert von Mariannes Reizen, Imhoff vorschlug, die junge Frau ihm zu überlassen. Um das Dekorum zu wahren, sollte sie zwar, bis die Scheidungspapiere aus Deutschland einträfen, mit Imhoff weiter zusammenleben, dann aber werde, das versprach Hastings, dessen Abfindung Mariannes Schönheit entsprechen. Die beiden Söhne, deren Vater Imhoff war, blieben bei der Mutter. – 1772 war es soweit. Hastings, bereits Gouverneur von Bengalen und im Begriff, erster Generalgouverneur Ostindiens zu werden, heiratete Marianne, der er zärtlich ergeben blieb, und Imhoff kehrte, von den Mohrenknaben Hudan und Lauf pittoresk begleitet und von bizarren Gerüchten zu einem wahren Nabob gestempelt, nach Deutschland zurück. – Im Januar 1775 verlobte er sich, wenige Wochen später heiratete er Luise von Schardt (auch sie wieder eine sehr schöne Frau) und siedelte mit ihr nach Mörlach, dem Familiensitz in Franken, um. – Hier entfaltete er einen Luxus, unbesonnen und ruinös, der rasch das Hastingsche «Nadelgeld» ihm unter den Fingern zerrinnen ließ. Böse Launen, schlimme Zerwürfnisse waren die Folge. Selbst Luises seltsamer Einfall, im Januar 1785 miteinander nach London, wo sie Marianne Hastings wußten, zu reisen und diese um Unterstützung anzugehen, brachte wenig Erfolg. Im August war Imhoff so weit, daß er gezwungen war, Mörlach zu verkaufen. Er wandte sich nun nach Weimar, versuchte, wie Luise, die sich hier geborgen fühlte, Fuß zu fassen, war aber bereits im Jahr darauf, unstet und umgetrieben, wieder auf Reisen, blieb schließlich in München hängen, wo er sich, abgemattet und wohl schwer krank, im Hofgarten bei dem italienischen Kaffeesieder Sarti einmietete. Hier sank er an einem Tag, Anfang August 1788, von Schwindel und Atemnot gepackt, auf einem Stuhl zusammen. Zwei Stunden später war er tot. – Der Sektionsbefund meldete «ein ganz verknöchertes Herz».
Literatur: → Stein, Charlotte von.

Imhoff Luise von,
geborene von Schardt (Weimar 1750–17. Dezember 1803 Weimar).
Luise, die Goethe im Sommer 1776 in einem Brief an Charlotte von Stein vom 17. Juli «ein liebes Geschöpf, wie ich eins für mich haben mögte», nannte, war deren jüngere Schwester und Tochter des Hofmarschalls von Schardt. Sie galt als ungewöhnlich schön, mußte aber, da die Familie durch väterliche Torheiten verarmt war, in Gotha die Fron eines Hofamts auf sich nehmen. Nicht nur sie, auch die Mutter betete, wie sie einer Base Anfang 1775 schrieb, «Gottes unendliche Barmherzigkeit an», durch die er alle ihre ängstliche Sorge um die Tochter geendet habe. «Sie bekommt», schrieb Konkordia weiter, «in der Person des Herrn von Imhoff einen rechtschaffenen, angenehmen und gesetzten Mann. Er hat ein ansehnliches Vermögen, liebt sie zärtlich und sie ihn.» –

Verlobung und Hochzeit wurden noch in denselben Wochen vergnügt mit dem Gothaischen Hof gefeiert. Dann entführte Carl von Imhoff, nach kurzem Besuch im Elternhaus, Luise nach Mörlach, seinem Gut im Fränkischen, nicht weit von Nürnberg gelegen. In Weimar hörte man in der Folge staunend von dem opulenten Lebensstil der Imhoffs, doch sehr bald hörte man auch, daß Luise ernstlich und von Tag zu Tag mehr unter Imhoffs Absonderlichkeiten zu leiden habe. – Ein Beweis war, daß sie trotz der Zwölf-Diener-Menage von Mörlach im August 1776 zur Geburt ihres ersten Kindes nach Weimar heimkehrte, wohin sie auch immer wieder in mancherlei Schwierigkeiten flüchtete, besonders als sich die Zeichen mehrten, daß Imhoffs viel beredete «indische Reichtümer» bedrohlich im Schwinden waren. – 1785 war er gezwungen, Mörlach aufzugeben. Auf Drängen Knebels, und wohl auch um die Familie zu unterstützen, bewilligte Carl August dem Baron eine Jahresrente von 300 Talern, in der Hoffnung, einen Mann zu gewinnen, der sich zumindest in Gesellschaft liebenswürdig und amüsant zu gebärden wußte. – Doch Imhoff erwies sich als unausstehlich, und Luise, bestärkt durch ihre Umgebung, die ihr zugetan war und sie bedauerte, sprach immer häufiger von Scheidung. Nur Knebel, der Personen und Verhältnisse genau kannte, meinte, daß auch Luise nicht frei von Schuld sei, denn sie sei «ein seltsames, leidenschaftliches Geschöpf, wo das Maß von Liebe und Vernunft nicht ganz im Gleichgewicht stehe». – Charlotte von Stein aber schrieb, ihr blute beim Gedanken an die Schwester das Herz; sie sei nur noch wie ein Schatten aus dem Grabe, ihr Blühen und ihre Munterkeit seien dahin. Doch noch sei's nicht dezidiert, ob die Trennung vor sich gehe; sie wünsche nur, daß es geschähe. – Imhoff war es schließlich, der, während er von Weimar aufbrach, die Scheidung beantragte, einen Prozeß, den sein plötzlicher Tod im August 1788 beendete, ehe er noch recht begonnen hatte. Die Familie war zugleich erleichtert und erschreckt. Das übersehend und verstehend, schrieb auch Goethe am 31. August 1788 an Charlotte nach Kochberg: «Deiner Schwester fällt der Tod ihres Mannes sehr empfindlich, sie wird auch einsehen lernen, daß er zu ihrem Glück gestorben sey.» – Luise blieb mit vier Kindern, drei Töchtern und einem Sohn, zurück. Immerhin war von Imhoffs «Nabob-Glanz» so viel geblieben, daß ihr möglich war, bei entschiedener Sparsamkeit ohne ernstliche Sorgen von den Zinsen zu leben. Ein stilles Witwendasein, aber geborgen in der größeren Familie, zu der letztlich auch der Hof zählte, was dann doch wieder ihrer bescheidenen Existenz einigen Glanz verlieh.

Literatur: → Stein, Charlotte von.

Inschriften

An Goethes Haus am Frauenplan

AD GLORIAM DEI ET CIVITATIS ORNAMENTU
AEDES HAE A. MDCCIX SUNT EXAEDIFICATAE.
CONDITOR EARUM GEORGIUS CASPARUS HELMERS-

HAUSEN. CAMERAE SERENISSIMI DUCIS SAXO-VINARIENSIS COMMISSARIUS. DEUS TER OPTIMUS TER MAXIMUS SERVET DOMUM.
(Gott zum Ruhm und der Stadt zum Schmuck ist dies Haus Anno 1709 erbaut worden. Sein Gründer ist Georg Caspar Helmershausen, Kammerkommissar des durchlauchtigsten Sachsen-Weimarischen Herzogs. Der allgütige und große Gott schütze das Haus.)

Goethe-Distichon, 1782 eingemeißelt im Fels unterhalb des Römischen Hauses

Die ihr Felsen und Bäume bewohnt, o heilsame Nymphen,
Gebet jeglichem gern, was er im stillen begehrt!
Schaffet dem Traurigen Trost, dem Zweifelhaften Belehrung,
Und dem Liebenden gönnt, daß ihm begegne sein Glück!
Denn euch gaben die Götter, was sie den Menschen versagten:
Jeglichem, der euch vertraut, tröstlich und hilfreich zu sein.

«Erwählter Fels» in Goethes Garten am Stern, Oktober 1782 Charlotte von Stein gewidmet

Hier im Stillen gedachte der Liebende seiner Geliebten;
Heiter sprach er zu mir: Werde mir Zeuge, du Stein!
Doch erhebe dich nicht, du hast noch viele Gesellen;
Jedem Felsen der Flur, die mich, den Glücklichen, nährt,
Jedem Baume des Walds, um den ich wandernd mich schlinge:
Denkmal bleibe des Glücks! ruf ich ihm weihend und froh.
Doch die Stimme verleih ich nur dir, wie unter der Menge
Einen die Muse sich wählt, freundlich die Lippen ihm küßt.

Zettel, eingerahmt, im Juni 1945 an der Tür des halbzerstörten Hauses am Frauenplan befestigt

This is the house where Goethe lived, worked and died. He was the German spirit of liberty, and his house should not be damaged further.
(Unterschrift, wohl des US-Kommandanten in Weimar)

Mitgeteilt von Prof. Dr. Wolfgang Baumgart, Erlangen.

J

Jagemann Christian Joseph

(Dingelstedt/Eichsfeld 1735–1. Februar 1804 Weimar).

Literat und seit 1775 Verwalter der Handbibliothek Anna Amalias. Nach dem Stich von Heinrich Lips klein, rundlich, mit einer Stupsnase (gar nicht ähnlich seiner schönen Tochter Caroline gradlinigem Profil!), kein Genie, doch, wie die Zeitgenossen sagten, ein äußerst gefälliger, ein äußerst fleißiger, gelehrter Herr, dem die Herzoginmutter ihre ausgezeichneten Kenntnisse italienischer Sprache und Literatur verdankte. – Nach Weimar war er in einem wunderlichen Zickzack geraten. Von bäuerlich-frommen Eltern bestimmt, wurde er Novize des Augustinerklosters zu Erfurt (in dem einst Luther Schutz vor seinen Gewissensqualen gesucht hatte), entzog sich aber 1753 in Konstanz, wo er, der Ordensregel gemäß, das bindende Gelübde abzulegen hatte, durch heimliche Flucht dem Mönchsdasein. Mühsam schlug er sich über Hamburg nach Dänemark durch, war hier, von Verwandten empfohlen, Hauslehrer einer adeligen Familie, kehrte jedoch, vom Heimweh geplagt, nach zwei Jahren zu den Eltern zurück, die ihn unter der Bedingung aufnahmen, daß er in Rom Vergebung seines Ungehorsams erflehe. – Dort wies man ihn an, in Santo Spirito zu Florenz demütig die Entscheidung des Heiligen Vaters abzuwarten. Es scheint, daß er in diesen Klosterjahren und danach als Weltgeistlicher und Seelsorger der Deutschen in Florenz und noch wirksamer als der Herzogin Bibliothekar *seinen* Beruf fand: schreibend, übersetzend, lehrend, italienische Dichtung und Wissenschaft seinen deutschen Landsleuten nahezubringen. – Neben vielerlei kleinen Arbeiten, die in Wielands «Merkur» und anderen Zeitschriften erschienen, veröffentlichte er, italienische Vorarbeiten nutzend, eine «Geschichte der freien Künste und Wissenschaften in Italien»; Grammatik, Wörterbuch und Anthologien folgten; er übertrug Dantes «Hölle» ins Deutsche und Goethes «Hermann und Dorothea» ins Italienische und gab, ein kühnes Unterfangen, 1787–1789 ein politisch-literarisches Wochenblatt, die «Gazetta di Weimar», heraus. – Nach Deutschland, und zwar als Rektor des neu organisierten Erfurter katholischen Gymnasiums, hatte ihn 1774 (wie Jahre zuvor Wieland) Joseph Emmerich, der reformfreudige Kurfürst von Mainz, berufen, der aber (und mit ihm jede Reform) noch im gleichen Jahr starb. Für Jagemann, brotlos geworden, bedeutete es Glück und Rettung,

1775 in Anna Amalias Dienst überwechseln zu können. – Er wechselte auch, anscheinend sofort, den Glauben, wurde Protestant und heiratete, wohl noch 1776, Barbara Spörer, Tochter eines Arztes aus dem Fränkischen, von der er sich aber, da wohl ihre empfindsamen Exaltationen für ihn, den nüchternen Arbeiter, nur mühsam zu ertragen waren, nach einem knappen Jahrzehnt trennte. Eine zweite Ehe, die er 1785 schloß, minderte jedoch nicht sein Interesse an Ausbildung und Fortkommen der beiden begabten Kinder aus der ersten Ehe. Für beide, für Caroline und Ferdinand, plante er, unterdessen zum Herzoglichen Rat ernannt, große Karrieren. Nicht in Weimar, für ihn spürbar lediglich ein Notbehelf, sondern in dem fernen Italien, wo, wie er Caroline 1794 nach Mannheim schrieb, Ruhm und große Gagen winkten. Dafür lohne es sich, hart zu arbeiten und gelassen jede Einschränkung zu ertragen!

Literatur: → Jagemann, Caroline.

Jagemann *Ferdinand* Karl Christian

(Weimar 24. August 1780–9. Januar 1820 Weimar).

So schwierig und voller Widersprüche Bibliothekar Jagemanns Weg nach Weimar gewesen war, so glatt und ohne nennenswertes Hindernis kam der Sohn voran. Besuch des Gymnasiums, Besuch des Weimarer Zeicheninstituts, Italienisch bei dem Vater, der, tief überzeugt von «Genie und Talent» des Sohnes, ihn, in Gedanken an einen möglichen Romaufenthalt, zusätzlich in die «Kenntnisse der Altertümer» einführte. – Entscheidend aber für des jungen Malers Vorwärtskommen war, vielleicht beflügelt durch Bitten der Schwester Caroline, Carl Augusts fördernde Teilnahme, der «den jungen Jagemann» 1797 vier Jahre nach Wien zu Heinrich Füger, einem der führenden Klassizisten der Zeit, schickte und ihm anschließend, von Goethe warm befürwortet, großzügig die Fortsetzung seiner Studien in Paris und Rom ermöglichte. – Als Klassizisten, mit Neigung zu realistischer Auffassung des Gegenstands, zeigen ihn auch seine Arbeiten, die in Weimar gefielen und ihn empfahlen. – 1810 aus Rom zurückgekehrt, wird er zum Professor am Freien Zeicheninstitut ernannt (mit Wohnung, Atelier und 600 Talern im Jahr); 1814 gehörte er, «von Vaterlandsliebe beseelt», zum Corps der weimarischen Freiwilligen, denen er die Uniform entworfen hatte. – Vorübergehend versuchte sich Jagemann (mit Bildern für Kirchen in Udestedt und Karlsruhe) auch auf dem Gebiet der Historienmalerei, doch Interesse und durchgehende Anstrengung gehören dem Porträt. Von Carl August beauftragt, malt er die Angehörigen des herzoglichen Hauses: immer wieder Carl August selbst, doch auch die fürstlichen Damen; er malt aber auch mit Bildnissen von Wieland, Schiller, Goethe die Mitglieder des Weimarer Kreises der Gelehrten und Dichter, nicht genial in der Auffassung, doch in seinen besten Stücken, wie der Kreidezeichnung von 1817, einem Goethe-Porträt, von einer Sachlichkeit, die überzeugt und unterrichtet.

Literatur: → Jagemann, Caroline.

Jagemann Henriette *Caroline* Friederike, seit 1809 von Heygendorf (Weimar 25. Januar 1777–10. Juli 1848 Dresden).

Sie war ein Weimarer Kind. Der Vater, Bibliothekar der Herzoginmutter, sorgte 1790, finanziell unterstützt von Anna Amalia, daß die Stimme der jungen Caroline, die aufmerken ließ, an dem berühmten Mannheimer Nationaltheater unter Heinrich Becks und Ifflands strenger Leitung die gründlichste Ausbildung erfuhr. – Sechs Jahre später kehrte Caroline nach Weimar zurück: eine Sängerin und Schauspielerin nun, «deren Sprechen so melodisch und geistreich akzentuiert war, wie ihr Gesang einem Nachtigallenton glich, voll Süße, Rundung und Kraft». Seiner Lehre habe sie nie bedurft, erklärte Goethe im Mai 1824 Eckermann, denn sie sei wie auf den Brettern geboren, in allem sicher und entschieden, gewandt und fertig wie die Ente auf dem Wasser gewesen. – Am 8. Februar 1797 hatte sie, ein schmales Persönchen noch, mit rotem Lockenschopf, als Oberon in Wranitzkys gleichnamiger Oper debütiert. Damals, wie sie selbst (unterdessen üppig geworden) später sagte, «kein unwürdiger Repräsentant des kleinen Gottes». Ihr Spiel, ihre Zierlichkeit entzückten und rissen hin. Über Nacht war Caroline «Weimars angebetete Göttin». Ein Erfolg, der sich von Auftritt zu Auftritt steigerte. Sie sondere klug, wie Goethe bemerkte, die Charaktere und bilde, jede Einförmigkeit meidend, die eigene Individualität der dichterischen Figur gemäß um. Sie spielte die Thekla in den «Piccolomini», die Elisabeth in «Maria Stuart», sang die Konstanze in Mozarts «Entführung» oder deklamierte die Eleonore im «Tasso». Mühelos fügte sie sich in die Verskultur, wie sie Weimar pflegte; das Pathos der Tragödie entsprach ihren Neigungen ebenso wie die elegante Glätte der französischen Oper, und dem Lustspiel wußte sie die drolligsten Nuancen zu entlocken. Gastspiele in Lauchstädt, Berlin, Leipzig, Wien erhöhten und festigten ihren Ruhm!

Sie war unbedingt ein Gewinn für Weimars Bühne, doch auch ein Problem für einen Intendanten wie Goethe, der selbst von der großen Begabung den Willen zur Einordnung in das Ensemble erwartete. Caroline aber neigte weder zu Bescheidenheit noch zur Selbstunterschätzung. Ihre Schönheit, ihre Talente waren entschieden mit Ehrgeiz und der Lust an Macht und Einfluß gekoppelt. Mit ihrem fixen Theaterverstand, geschult durch sechs Jahre Arbeit an der gut funktionierenden Mannheimer Bühne, erfaßte sie sofort, daß in Weimar Wollen und Vollbringen weit auseinanderklafften. Munter mokierte sie sich über die Armseligkeit von Kostüm und Ausstattung, mokierte sich über das Orchester, über die Sänger, die Schauspieler, mokierte sich nachhaltig über Goethes steife Pedanterie in der Führung der Theaterarbeit. Eine Pedanterie, die, wie sie richtig beobachtete (besonders seit Schillers Mitarbeit fehlte), nur zu oft in Gleichgültigkeit umschlug. Goethe ermüdete, langweilte und irritierte der Theateralltag oft. Seine Anstrengungen aber, mäßige Schauspieler in ein spielfähiges Ensemble umzuschaffen, sie einem Stil zu unterwerfen, der erlaubte, große Dichtung zu inszenieren, wollte sie nicht sehen. Ebenso war sie nicht geneigt zuzugeben, daß diese Anstrengungen gerade auch an der

Kargheit der Mittel, über die sie sich mokierte, auch an der Indolenz des Theaterpersonals, an den Capricen, Torheiten, Ansprüchen der Aktricen und Akteure erlahmten. – Die Jagemann sei, wie Goethe im Dezember 1808 zu Kanzler von Müller sagte, eigentlich ohne Konsequenz und Plan; sie wolle, fuhr er fort, lediglich eine Rolle spielen, leben und genießen . . .

Die Situation verschärfte sich, als Caroline dem jahrelangen leidenschaftlichen Werben Herzog Carl Augusts nachgab und 1802, nachdem sie sicher sein durfte, daß Herzogin Louise großmütig zustimmte, in eine Verbindung willigte, die sie als «Nebenfrau» an Carl Augusts Seite rückte. Ein höchst kompliziertes Dreiecksverhältnis, ein fast unauflösbares Gegeneinander der Wünsche, Hoffnungen und Kompetenzen entstand. Der Intendant Goethe sah sich plötzlich mit einer Primadonna konfrontiert, die der Mann an sich gezogen hatte, der auf vielschichtige Weise sein Freund und zugleich sein Herr war. – Im Januar 1809 legalisierte Carl August zudem den Bund mit Caroline durch deren Nobilitierung zu einer Frau von Heygendorf. Das diesen Namen führende Rittergut, nahe bei Allstedt gelegen, ging in ihren und ihrer Nachkommen Besitz über. In Weimar aber wurde das Deutschritterhaus, ein Renaissancebau mit schönem Giebel am Töpfenmarkt, ein Geschenk des Herzogs, zu ihrer «Residenz». Hier wuchsen ihre und Carl Augusts Kinder, zwei Söhne und eine Tochter, auf; hier entfaltete sie, zur Erheiterung des Herzogs, der gerne den Abend in ihrem Kreis verbrachte, eine reizvolle Geselligkeit, an der berühmte Gäste von auswärts ebenso teilnahmen wie Weimarer Nobilitäten. Das, obwohl die Weimarer Gesellschaft Caroline und ihre hochfürstliche Liaison ähnlich moralisierend und Nase rümpfend ablehnte wie Christiane von Goethes Bindung an ihren Dichter.

Caroline fühlte sich, wie sie unumwunden in ihren Erinnerungen gesteht, von Goethe mehr abgestoßen als angezogen, und anderseits störte nicht selten ihre Selbstherrlichkeit Goethe, dennoch ließ er sich oft an ihrem gastlichen Tisch nieder, da, gemäß den geselligen Gesetzen der Zeit, Animositäten die Pflicht zur Höflichkeit, selbst zur Galanterie nicht aufhoben.

Auch Caroline fügte sich trotz Abneigung und geheimer Lust an Stichelei und Widerspruch in das höfisch-höfliche Grundmuster der Epoche. Als am 22. März 1823, zur Feier von Goethes Genesung von einer schweren Herzbeutelentzündung, «Tasso» gegeben wurde, krönte sie statt des Vergil Goethes Büste mit Lorbeer und brachte am Ende der Aufführung, noch im Kostüm ihrer Rolle, den Kranz dem Dichter. Und 1825, zu Goethes fünfzigjährigem Dienstjubiläum, seinem «Feyerlichsten Tag», war sie die Iphigenie der Festvorstellung. Goethe dankte in fast zärtlichen Wendungen. – Doch bedeutsamer als dieses plänkelnde Hin und Her war für den Herzog, war für Goethe mit Sicherheit die Erfahrung, daß ihre Freundschaft auch diese schwierige Probe bestanden hatte.

Am 16. Juni 1828 erreichte Caroline die Trauerbotschaft, daß Carl August auf der Heimreise von Berlin zwei Tage zuvor bei einem Aufenthalt in Schloß Graditz bei Torgau, vom Herzschlag getroffen, tot niedergesunken war. Am 11. Juni hatte Caroline noch einmal die Lady Macbeth gespielt. – Nun verließ sie die Bühne. Sie verließ auch Weimar, wo ihr, obwohl die herzogliche Familie sie mit Aufmerksamkeit und Achtung umgab, mancherlei Feindschaft entgegenschlug. Zunächst wählte sie Berlin, später Mannheim und Dresden, zwischendurch auch immer wieder Weimar zu ihrem Aufenthalt, allerorts von Freunden umgeben, darunter, ihr seit Jugendtagen verbunden, auch Georg von Mecklenburg-Strelitz. Ihm schickte sie die Memoiren, die sie als Bericht und Rechtfertigung für ihre Söhne (die Tochter war jung verheiratet gestorben) niedergeschrieben hatte: «diesen beiden Leuten», hohe Militärs in sächsischen und preußischen Diensten, denen sie, wie sie glaubte, ein Rätsel sei. Der Fürst reagierte entzückt. Er kannte die Menschen, er kannte die Situationen, von denen Caroline spricht. Nur ihre Goethe-Kritik wünschte er zu korrigieren. Auch er habe, gibt er ihr in einem Brief vom 3. Februar 1846 zu bedenken, den großen Mann in seinen verdrießlichen und steifen Momenten gesehen, «in denen er wirklich wie ein Nußknacker war». Aber es ließe sich so viel zu seiner Entschuldigung sagen, und er selbst trage den Dichter trotz allem als den interessantesten und liebenswürdigsten Menschen im Gedächtnis, der ihm je vorgekommen sei, und nähme seine Schattenseiten gern in Kauf... Doch die Erinnerung an sie, die Schreiberin, sei ihm, hatte er ihr im Dezember 1843 gestanden, köstlich, da diese Erinnerung ihm nicht nur zugleich Wahrheit und Poesie darbiete, sondern weil diese Poesie auch Wahrheit sei. «Die hohe Iphigenie, der liebliche Oberon und wie die unsterblichen Wesen weiter heißen, mögen sie ihren nie erreichten Schöpfern die Unsterblichkeit verdanken, sind durch Ihren Genius, liebe Freundin, aufgefaßt und wiedergegeben, zugleich zur schönen Wahrheit geworden.»

Literatur: Die Erinnerungen der Karoline Jagemann. Nebst zahlreichen unveröffentlichten Dokumenten aus der Goethezeit. Hrsg. von Eduard v. Bamberg. Dresden 1926.

Großes Jägerhaus

Im Zuge der Stadterweiterung 1717–1720 auf Befehl Wilhelm Ernsts jenseits des Frauentors errichtet. Ein Bau, langhin gelagert und klar gegliedert, Beginn und Markierung der neuen Straße nach Oberweimar: von dem Herzog als Beispiel gedacht, das zu Fortsetzung und Nachahmung locken sollte. Für ihn selbst und seine Nachfolger ein Komplex, der in seiner Weitläufigkeit auf unterschiedlichste Weise zu nutzen war. – Als erste zogen Jäger, Förster, die Forstverwaltung ein, brachten in dem Gebäude Schreibstuben, Wohnungen unter, fanden in Kammern, Schuppen, Höfen Raum für Jagdgerät und Zwinger. – Der untere Saal blieb, wenn auch mit Unterbrechungen, seit Mitte der dreißiger Jahre den wenigen calvinistischen oder katholischen Gottesdiensten vorbehalten. – Im Dezember 1789 aber bereitete Goethe Herzogin Anna Amalia darauf vor, daß sie, zurück aus Italien, ihn in einem neuen Quartier fände, ihm vom Herzog, der auf alle nur mögliche Art für ihn sorge, im Jägerhaus angewiesen. Er hatte, verbunden mit Christiane Vulpius, im November die Wohnung bezogen; am 25. Dezember kam hier sein Sohn zur Welt, und im Juli darauf beteuerte er erneut Carl August, daß er ihm täglich für diese Wohnung, die immer lustiger und anmutiger werde, danke. – Allerdings mußte er die beiden eleganten Etagen (doch nur im Wechsel zum eigenen Haus) im Herbst 1792 räumen. Carl August lag daran, Charles → Gore und seine klugen und anmutigen Töchter in Weimar zu halten. – Ebenso stellte der Herzog Weimarer Künstlern wie Ferdinand → Jagemann oder Luise → Seidler, Angelika → Facius oder Friedrich Preller und Bonaventura Genelli Atelier und Wohnung zur Verfügung. – Auch die beiden unteren Klassen der Freien Zeichenschule fanden hier 1816 den nötigen Raum, und 1825 wurde, unter dem Patronat Goethes, im Südteil des Gebäudes die Gemäldegalerie eröffnet, die elf Jahre später in das Fürstenhaus verlegt wurde. – Heute siedelt in dem alten Bauwerk, das durch Kriegsschäden und kaum geglückten Wiederaufbau seine schlichte Schönheit verlor, die Hochschule für Architektur.

Jakobskirche

Die erste Kirche auf weimarischem Boden, von der wir wissen. Ein Stein im Mauerwerk von St. Jakob bezeugt, daß sie die Herren von Gleisberg 1168 auf dem trockenen Hang über dem versumpften Ilmgrund begründeten, nordwestlich vom «Castrum Wymar», dem späteren → Hornstein. Sie war geistliche Mitte einer alten Siedlung, sehr viel älter als die erst um 1250, von der Burg aus, konstituierte und durch Palisaden und Gräben befestigte «Stadt Weimar», an deren Rand das Jakobsviertel geriet, nun extra muros zur Vorstadt geworden, im Bewußtsein der Einwohner aber noch langhin die «Alte Stadt». – 1712 fiel dem herzoglichen Landbaumeister Johann → Mützel die Aufgabe zu, dem halb verfallenen und darum im Jahr zuvor weitgehend abgetragenen Kirchengemäuer eine neue Gestalt zu geben. Gebunden an die Maße des vermutlich gotischen Bauwerks, zog er die Mauern steil empor, gliederte Chor und Schiff durch schmucklose Lisenen und schmal eingeschnittene Rechteckfenster und überwölbte den Bau mit einem kantig gefalteten Mansarddach. So einfach, ja fast ärmlich sich die Kirche darbietet, so sehr bewährte sich (wie Hans Heubach zeigt) im Aufbau des Turms der Sinn des Architekten für Rhythmus und Proportion: schwer der quadratische Unterbau, leichter schon das aufgesetzte Oktogon, sachte gleitend dann der Schwung der geschweiften Kuppel und energisch aufschießend die schlanke Turmspitze. – Obwohl sich keine Nachricht erhalten hat, ist anzunehmen, daß das 12. Jahrhundert den Umkreis von St. Jakob ebenso als Totenacker nutzte, wie sich im Schatten der um 1250 errichteten → Stadtkirche die Gräber sammelten. Erst im Pestjahr 1530 beschloß man, Beerdigungen nur noch im Jakobskirchhof zuzulassen. Ihn umschirmte eine Mauer, und er war nur durch eine enge Gasse, die Totengasse (im 19. Jahrhundert beschwichtigend in Kleine Kirchgasse umgetauft) zugänglich. Und das durch knapp dreihundert Jahre, bis im Süden der Stadt, jenseits vom Frauentor, nach 1818 ein neuer Friedhof die funebren Funktionen von St. Jakob übernahm. – Spuren blieben. Von Efeu halb überwuchert das Grab der Christiane Vulpius; unter den schattenden Bäumen die Sarkophage der jungen Christiane → Becker und des Ministers Christian Gottlob → Voigt. Es blieb mit dem → Kassengewölbe die Erinnerung an

Schiller, doch auch die an das Fräulein von → Göchhausen, an Charlotte von Steins Eltern, und es blieb die Gruft des großen Lucas Cranach, dem man die kleineren Malergenossen → Löber und → Jagemann gesellte. An der Kirchenmauer lehnen die Epitaphe mit den Schriftstellernamen → Musäus, → Bode und → Fernow, Mitglieder von Anna Amalias Musenhof; eine schlichte Tafel gehört Georg Melchior → Kraus, dessen zartfarbige Veduten die «Topographie» des klassischen Weimars bewahren. Stelen, Gedenksteine sind → Klauer, dem Steinmetzen der großen Zeit, sind → Mieding, dem Theatertischler, sind selbst dem Zimmergesellen gewidmet, «der bey dem Brande im fürstlichen Schloß 1774 sein Leben verlohr». Das herzogliche Haus errichtete ihm eine Säule, schlank, fein kanneliert und mit einer Urne bekrönt. «Der Bürger Treue» solle, wie die Inschrift sagt, unvergessen bleiben.

1728 hatte Herzog Ernst August St. Jakob zur Garnisonskirche bestimmt; 1774 sammelte sich hier, nachdem mit dem Schloßbrand auch die Schloßkirche zerstört war, die verwaiste Hofgemeinde, und im Oktober 1806 findet sich in St. Jakobs Trauungsregister der Eintrag: «Se Excellenz, Herr Johann Wolfgang von Goethe Fürstl Sächs Geheimer Rath allhier mit Demoisell Johanna Christiana Sophia geb. Vulpius ... sind Dom. XX post Trinitatis, als den 19 Octbr in allhiesiger Fürstl Hofkirchen Sacristey von dem Oberconsist Rath → Günther in der Stille copulieret worden.» – Goethe hatte kurz zuvor dem Hofprediger geschrieben, daß dieser Tage und Nächte bei ihm ein alter Vorsatz zur Reife gekommen sei: «ich will meine kleine Freundin, die so viel an mir gethan und auch diese Stunden der Prüfung [die Katastrophe von Jena und Auerstedt und Weimars Plünderung durch die siegreichen französischen Truppen] mit mir durchlebte, völlig und bürgerlich anerkennen», und er bittet «den würdigen geistlichen Herrn und Vater», ihm zu sagen, wie das anzufangen sei. «Könnten Sie», fährt er fort, «die Handlung nicht selbst verrichten? Ich wünschte, daß sie in der Sacristey der Kirche geschähe. Geben Sie dem Boten, wenn er Sie trifft, gleich Antwort. Bitte! Goethe.»

Wenige Tage später war die Kirche zum Lazarett geworden. Die Verwundeten von der Schlacht bei Jena fanden hier eine erste Unterkunft.

Jena, die Stadt, die Universität

Dieses Jena, Goethes «liebes närrisches Nest», um 830 ein Straßendorf, Besitz der Herren von Lobdeburg, später der Wettiner, doch um 1230 bereits eine Stadt mit Turm, Wall und Graben, ein Gemeinwesen mit kräftig entwikkelter Selbstverwaltung, das verstanden hatte, Steuerhoheit und Ausübung hoher und niederer Gerichtsbarkeit ebenso an sich zu ziehen, wie das Münz-, Zoll- und Geleitsrecht ungestört auszuüben. Eine Stadt am Ausgang des Mittelalters, wohlhabend, berühmt durch ihren Weinbau; wenig später, nach Einführung der Reformation und der Ausbreitung der Buchdruckerkunst, auch berühmt mit der «Editio Jenensis» des Lutherischen Werks und in der protestantischen Welt berühmt durch die Universität (1548 als Ersatz für das verlorene Wittenberg gegründet) mit 2000 Studenten um 1700, ein Andrang,

wie ihn in jener Zeit andere Akademien nicht kannten. – Dann aber langsames Versiegen der wirtschaftlichen Prosperität, beschleunigt noch durch die Erhebung der Stadt zur Residenz eines selbständigen Herzogtums Sachsen-Jena (1672–1690), eine Torheit: kurzfristig, kostspielig, allen Wohlstand aufzehrend. Dazu, die Situation verschärfend, durch die Konkurrenz der neugegründeten Hochschulen von Halle und Göttingen, ein unaufhaltsamer Rückgang der Immatrikulationen. – Und als Goethe im Dezember 1775 ein erstes Mal an der Stadt vorbeiritt, war Jena trotz dem «glücklichen Abendsonnenblick», mit den viertausend Einwohnern und dem halben Tausend Studenten nichts als ein verschlafenes Nest. – Aber dieses Nest wird um 1790 ebenso plötzlich wie unerwartet zum Tummelplatz hochbegabter, genialischer Jugend, ist dann ein glorreiches Jahrzehnt hindurch, mit und neben Weimar, Zentrum der deutschen Philosophie und Literatur, ist, wie das Goethesche «Xenion» lakonisch feststellt, das andere Ende von «Weimar-Jena, der großen Stadt, die an beiden Enden viel Gutes hat».
1787 hatte Wielands Schwiegersohn Carl Leonhard Reinhold, ein leidenschaftlicher Vertreter der Kantischen Lehre, den philosophischen Lehrstuhl der Universität übernommen, 1788 hält Friedrich Schiller seine Antrittsvorlesung, 1794 wird Fichte, 1798 Schelling, 1801 Hegel berufen. Im gleichen Zeitraum studieren, arbeiten, lehren hier August Wilhelm und Friedrich Schlegel, die, im Zirkel ihrer Freunde Novalis, Tieck und Clemens Brentano, die kühnen, lang nachwirkenden Gedanken der Jenaer Frühromantik formulieren, während Goethe und Schiller sich in denselben Jahren in Weimar um die gültige Definition klassizistischer Normen mühen. 1794 siedelt Wilhelm von Humboldt, 1801 der Homer-Übersetzer Johann Heinrich Voß für ein paar Jahre nach Jena über, unter den Besuchern taucht Alexander von Humboldt auf, und Goethe selbst zieht sich immer wieder, oft monatelang, von Weimar nach Jena zu konzentrierter Arbeit zurück, wobei er zugleich die zwanglose Geselligkeit, das anregende Gespräch genießt.
Zeitschriften wie die «Allgemeine Literatur-Zeitung», wie Schillers «Musenalmanach» oder «Die Horen» oder das «Athenäum» der Brüder Schlegel, alle zwischen 1785 und 1798 in Jena gegründet, jedes Blatt Forum des lebhaften geistigen Austauschs, waren das Medium, durch das sich, weithin ausstrahlend, die Wunder des Geistes, die sich in der «Doppelstadt» an der Saale, an der Ilm vollzogen, der Welt mitteilten und so zuerst die Aura schufen, die noch heute die Namen Weimar-Jena umgibt.
Die Zahl der Studenten war im Sommersemester 1792 sprunghaft auf 1916 Immatrikulationen gestiegen, 1805 zählte man aber nur noch 240 Eintragungen. Ein kurzer, steiler Aufstieg, eine kurze Blüte, die nur zu rasch dahin war. Die Universität verfügte über eine Subvention von kärglichen siebentausend Talern im Jahr; die Professorengehälter bewegten sich zwischen 200 und 550 Talern. Das war wenig; es war zu wenig. Obwohl sie ihren Namen in Jena gewonnen, ihre wichtigsten Gedanken hier konzipiert hatten, folgten gerade die Dozenten, die die Lockung Jenas ausmachten, bald schon Angeboten aus Preußen, Bayern, Rußland, die reichlichere Dotierung versprachen. – Carl

August und Goethe, beide intensiv am Wohl der Universität interessiert, mußten tatenlos dem Exodus zusehen.

«Jenaische Allgemeine Literaturzeitung» → Bertuch, Friedrich Justin.

Johann der Beständige, Kurfürst von Sachsen → Regenten aus dem Hause Sachsen-Weimar-Eisenach.

Johann Ernst II., Herzog von Sachsen-Weimar → Regenten aus dem Hause Sachsen-Weimar-Eisenach.

Johann Ernst III., Herzog von Sachsen-Weimar → Regenten aus dem Hause Sachsen-Weimar-Eisenach.

Johann Friedrich I. der Großmütige, Kurfürst von Sachsen → Regenten aus dem Hause Sachsen-Weimar-Eisenach.

Johann Friedrich der Jüngere, Herzog von Sachsen → Regenten aus dem Hause Sachsen-Weimar-Eisenach.

Johann Friedrich II. der Mittlere, Herzog von Sachsen → Regenten aus dem Hause Sachsen-Weimar-Eisenach.

Johann Wilhelm, Herzog von Sachsen → Regenten aus dem Hause Sachsen-Weimar-Eisenach.

John Ernst Carl Christian

(Arnstadt 25. November 1788–1856 Berlin).

Auf Empfehlung des Sohns 1812–1814 Sekretär in Goethes Diensten. Aus guter Familie, doch im Gegensatz zu seinem Namensvetter August Friedrich John eine fragwürdige Figur. Goethe attestiert ihm zwar eine schöne Handschrift, vorzügliche Sprachkenntnisse und angenehme Manieren, spricht aber auch von «heimlichen Untugenden, von einer Neigung zu Trunk und Spiel» und schreibt am 23. Juli 1813 Christiane, er sei pretentiös, genäschig, dämperich und arbeite nie zur rechten Zeit. – Goethe löste sich, wohl um die Familie zu schonen, vorsichtig von John, der in den preußischen Staatsdienst eintrat: 1814 Regierungssekretär in Merseburg, wo er in den Verdacht peinlicher Spitzelei gerät; 1817 Berlin, hier erbötiges Werkzeug der reaktionären Politik Preußens, selbst 1831 Oberzensor, verbunden mit der Ernennung zum Geheimen Hofrat, 1836–1848 Spezialzensor für die Kreise des «Jungen Deutschlands», ein Amt, das er ebenso engstirnig wie unnachsichtig ausübte. – Seine Studiengenossen und Jugendfreunde, die wie er der Jenaer Burschenschaft angehörten, rückten degoutiert von ihm ab. – Mit der Aufhebung der Zensur 1848 erlischt sein Amt; er selbst bleibt geistig und körperlich derangiert zurück.

John Johann August Friedrich

(Weimar 24. Januar 1794–1854 Weimar).

«Meinen Haus- und Canzleygenossen», nannte Goethe den jungen John, der im November 1814 in seine Schreibstube einzog und dort bis zu des Dichters Tod im März 1832 treulich seinen Pflichten nachkam. – Er sei, hatte Goethe

 im Dezember 1815 Minister Voigt geschrieben, ein brustkranker Mensch, der

Goethe, seinem Schreiber John diktierend, Ölgemälde von J. J. Schmeller (Ausschnitt), 1831.

aus dem Feldzug (den John als Freiwilliger mitgemacht hatte) noch ungesunder heimgekehrt sei. Er schreibe jedoch eine gute Hand und qualifiziere sich gar wohl zu einem stillen Leben und anhaltendem Geschäft, weshalb er vorschlage, John zusätzlich in der «Oberaufsicht der Anstalten für Kunst und Wissenschaft» zu beschäftigen. Das geschah, so daß John in der «Oberaufsicht» beamtet und zugleich Goethes Schreiber war. Nach Goethes Tod arbeitete er an der Landesregierung als dritter Kopist weiter. – Etwa fünfhundertmal taucht Johns Name in Goethes Tagebuch auf, stets im Zusammenhang der Aufgaben, die er zu erfüllen hatte. Zuerst und immer wieder die Herstellung der Goetheschen Manuskripte, das Aufnehmen und Schreiben der sich weit verzweigenden Korrespondenz, die Führung des Tagebuchs, auch die Führung der oft recht komplizierten Haushaltsbücher, doch auch, da John als Sohn eines Malermeisters ein guter Zeichner und geschickter Dekorateur war, die Pflege des Goetheschen Kunstbesitzes. – Goethe bedachte diesen zuverlässigen und ungewöhnlich diskreten Mann in seinem Testament mit einem Legat von 200 Talern. Zuvor aber war 1831 Schmellers Ölbild «Goethe, seinem Schreiber John diktierend» entstanden, gleichsam ein bescheiden-freundliches Denkmal langer Dienste.
Literatur: → Goethes Diener.

«Journal des Luxus und der Moden» → Bertuch, Friedrich Justin.

«Das Journal von Tiefurt»

Eine Zeitschrift, die, nur für einen engsten Freundeskreis bestimmt, in unregelmäßigen Abständen vom August 1781 bis zum Juni 1784 erschienen ist. Einen kleinen Scherz habe sie sich mit diesem Unternehmen machen wollen, schrieb Anna Amalia im November 1781, doch dieser Scherz reussiere und continuiere . . .

Die Herausgeberschaft hatte sie sich vorbehalten; «gnädigst verordneter Redacteur» war Kammerherr von Einsiedel, zur Redaktionssekretärin bestellte die Herzogin ihre Hofdame von Göchhausen. Als Format hatte man ein «Groß-Median-Quart fein Pappier» gewählt; die Auflage zählte elf Exemplare, alle von Kopistenhand vervielfältigt, wofür die herzogliche Schatulle 169 Taler und 23 Groschen an zwei professionelle Schreiber und vier Primaner des Weimarer Gymnasiums zu zahlen hatte. – Wie das (wohl spaßeshalber) gedruckte Avertissement vom 15. August 1781 meldet, rekrutierte sich der Mitarbeiterstab aus «Gelehrten, Künstlern, Poeten und Staatsleuten, beyderley Geschlechts», die bestrebt seien, «alles, was Politick, Witz, Talent und Verstand, in unser dermalen so merkwürdigen Zeiten, hervorbrächten, den Augen eines sich selbst gewählten Publikums vorzulegen». – Anonymität war striktes Gebot. Gelehrtenfleiß aber hat eruiert, daß Anna Amalia, ebenso wie ihr Sohn, der Herzog, gelegentlich zur Feder griffen, daß die auf vielerlei Weise begabten Kammerherren Knebel, Einsiedel und Seckendorff Stützen des fürstlichen Periodikums waren, daß neben Louise von Göchhausen die Damen Sophie von Schardt oder Caroline Herder oder Emilie von Werthern

ein hübsches Talent entfalteten und daß auch Gäste und Nachbarn, so Prinz August von Gotha, auch Johann Heinrich Merck aus Darmstadt oder Karl Theodor von Dalberg, kurmainzischer Statthalter in Erfurt, doch auch die schöne Gräfin Luise von Werthern-Neunheiligen oder Graf Friedrich Leopold zu Stolberg, vom fröhlichen Eifer des weimarischen Musenhofes gelockt, Lust verspürten, mitzutun. – Rang und Gewicht und ein Interesse über das Augenblicksvergnügen hinaus gewann jedoch Anna Amalias Journal nur durch die Arbeiten, die die ihr so nahen Schöngeister, die ein Herder, ein Wieland, die Goethe beisteuerten. Locker und ohne Anspruch auf genaueren Vergleich wie diese Autorenrunde präsentiert sich auch der Inhalt der Hefte. Neben einem «Originalspaß», neben der Nachricht, daß ein Perlhuhn zu Tiefurt 20, ein zweites sogar 24 Eier gelegt habe oder daß Fräulein Göchhausen nach einem Pröbchen vom Stein der Weisen fahnde, stehen gewichtige und gescheite Auslassungen über Kunst, Musik und Literatur; zwischen Scharaden und Preisfragen schieben sich Lieder oder Fabeln aus Herders Feder; empfindsame Epîtres und Epigramme wechseln mit umfangreichen Erzählungen, wechseln mit ausgezeichneten Übersetzungen aus alter und neuerer Literatur (Pindar, Anakreon, Vergil, Petrarca, ebenso englische und spanische Balladen usw.). Goethe stellte, außer einigen Prosastücken, Gedichte, wie sie gerade entstanden («Meine Göttin», «Nachtgedanken», «Der Becher», «An die Cicade», «Das Göttliche», «Das Fragment über die Natur») der Redaktion zur Verfügung. Dem Nekrolog «Auf Miedings Tod» aber blieb das Osterheft, die Nummer XXIII, vorbehalten. Für Bernhard Suphan (den Herausgeber der kritischen Ausgabe des Journals [1892]) ist dieses Heft ein Beispiel der «menschlichen und geselligen Bildung» dieser höfischen Runde, der die Hommage für «den Mann, der nie gefehlt», für diesen Schreiner, diesen einfachen Theatermeister gesammelter Aufmerksamkeit wert war.
Vielleicht hatte Anna Amalia den Plan, etwas von dem festzuhalten, was sich in ihrem Zirkel so lebhaft zu Wort meldete, zuerst bei der Lektüre der «Feuilles du Baron de Grimm» gefaßt, dieser berühmten literarischen Korrespondenz, die handgeschrieben ihre Adressaten (ein exklusiver Kreis, zuerst nur der Herzog des benachbarten Gotha) zwischen 1753 und 1790 von allem unterrichtete, was in Paris gedacht und geschrieben, was dort in den Salons, in den Ateliers, auf den Bühnen geschah. – Daß Anna Amalia dann den Titel der Zeitschrift, mit der sie von fern Ähnliches wollte, dem weit verbreiteten und glänzend redigierten «Journal de Paris» entlehnte, zeigt, bei allem ernsthaften Engagement für die Sache ihrer kleinen Akademie, Sinn für Selbstironie und Komik, den noch die treuherzig-possierliche Zusicherung des Avertissements unterstrich, daß es dieser Akademie beliebe, das «Journal von Tieffurth» dem berühmtem Pariser Blatt «vollkommen gleich zu machen». – Bernhard Suphan glaubt, daß ein letzter Anstoß zur Herausgabe dieses Periodikums wohl von Friedrichs des Großen im Dezember 1780 erschienenem Traktat «De la littérature allemande» ausgegangen sei. Dieser Traktat mit seinen eklatanten Vor- und Fehlurteilen, mit der Behauptung, die deutsche Literatur sei kaum der Beachtung wert und das ungeschmeidige, barbarische Deutsch

habe noch auf lange hin keine Chance, die Sprache der Gebildeten und der Höfe zu werden, löste heftigen Widerspruch aus. Goethe diktierte im Januar und Februar 1781 an einer Erwiderung, die jedoch halbfertig liegenblieb und schließlich verlorenging. Anna Amalia aber führte mit ihrem Journal, wie im Scherz, wie im Spiel, des Königs Verdikt ad absurdum. Ohne Aplomb, mit der Leichtigkeit der großen Dame des dahinschwindenden Rokoko, machte sie klar, daß Weimar sich der deutschen Dichtung, daß dieser kleine Hof sich entschlossen dem Deutschen zugewandt habe . . . – Das «Tiefurter Journal» endet mit der Nummer XLIX, erschienen sind aber nur 47 Hefte. Die Nummern XVII und XLI fehlen (aus unbekannter Ursache) in den überlieferten Exemplaren der Zeitschrift.

Literatur: C. A. H. Burkhardt: Das Tiefurter Journal. Literaturhistorische Studie. In: Die Grenzboten 30, III, 1871, S. 281–299; II, 1872, S. 261–263. – Eduard von der Hellen: Das Journal von Tiefurt. Mit einer Einleitung von Bernhard Suphan, 1892. In: Schriften der Goethe-Gesellschaft 7.

K

Kalb auf Kalbsrieth Carl Alexander von

(Kalbsrieth 26. Mai 1712–26. Oktober 1792 Kalbsrieth).

Aus weitverzweigter, altadeliger Familie Nordthüringens, diese bereits um 1200 an vielerlei Orten in der Goldenen Aue und rings um den Kyffhäuser erwähnt; eine der Linien 1454 mit Kalbsrieth belehnt, einem Rittergut, ungefähr 40 km nördlich von Weimar an der Großen Helme gelegen, auch unweit von Artern, dem Flecken, wo (was dem Dichter bewußt war) seit Generationen Glieder der Goetheschen Vater-Familie lebten. – Als ein Assessor des Jenaischen Steuerkollegiums war Carl Alexander von Kalb 1743 in den weimarischen Staatsdienst getreten; 1748 wechselte er, nun mit 600 Talern jährlich besoldet, zur Kammer in die Residenz über, stieg hier, in Etappen, zum Präsidenten der Finanzbehörde (1761) auf und wurde zusätzlich 1772 mit den Titeln Geheimer Rat und Exzellenz ausgezeichnet, was etwa dem Ministerrang entsprach. Auf seinen Wunsch gewährte ihm 1776 der Herzog einen «allergnädigsten Abschied», verbunden, was damals noch kein Rechtsanspruch, sondern Gnadensache war, mit einem Ruhegehalt von 1500 Talern im Jahr. Seine Nachfolge durfte, auch das ein Beweis ungewöhnlicher fürstlicher Gunst, Johann August von Kalb, des Präsidenten Sohn, übernehmen (Ältester der vier Geschwister, die Kalb von neun Kindern geblieben waren). – Weitere Zeichen des Vertrauens, das Kalb genoß, waren die Nebenämter, ihm von Hof und Landschaft anvertraut: 1743 das Amt des Syndikus der Jenaischen Landschaft, das heißt der Standesvertretung des eingesessenen Adels; 1753 die Oberaufsicht der Stadt Jena; 1747 die Berufung an das Jenaer Hofgericht (auch das eine ständische Institution), dessen Leitung Kalb 1776 übernahm. – Man rühmte seine Klugheit, den Fleiß, die Sparsamkeit, die Festigkeit, vergaß allerdings selten, darauf hinzuweisen, wie ausgezeichnet er stets verstanden habe, die dienstlichen Belange mit der Förderung eigener Interessen zu verbinden. – Um das lukrative und einflußreiche Amt der Familie zu sichern, hatte er bereits 1769 mit Erfolg der Jenaischen Landschaft die Bitte vorgetragen, «ihm zu einiger Sublevation bei seinen zunehmenden Jahren» den Sohn als Adlatus und möglichen Nachfolger beizugeben; er hatte auch verstanden (was eine beträchtliche Wertsteigerung bedeutete), die Herzoginmutter zu bewegen, Kalbsrieth 1764 in ein freies Erblehen umzuwandeln, und der junge

Carl August, beeindruckt von des Präsidenten «ausgezeichneten Verdiensten um Mich und Mein Fürstliches Haus», rundete 1776 mit der Ellerwiese, einem stattlichen Grundstück von etwa 25 Acker oder 12 Hektaren, rund 8000 Taler wert, bis dahin zur Flur des benachbarten Schatullguts Mönchpfiffel gehörend, den Kalbschen Besitz großzügig ab. – Ein Pastell, in der Kalbsriether Kirche aufbewahrt, zeigt den Rat in mittleren Jahren: ein fester, runder Schädel auf kurzem Hals, die Stirn breit gewölbt, der Blick skeptisch-prüfend, ein selbstgewisser, auch ein freundlicher und durchaus gescheiter Herr, doch nicht ohne Züge von Pfiffigkeit und Schläue. Goethe, der ihn gut kannte (war er doch zu Beginn seiner Weimarer Laufbahn vier Monate Kalbs Hausgast gewesen), nannte ihn, ironisch abwehrend, einen Curius, der aber, im Gegensatz zur Uneigennützigkeit des römischen Feldherrn, seine Rüben keineswegs in der Asche briete, und Fritz von Stein meinte, ein Curius sei Kalb nur den Inschriften nach, die er, seine Nähe zu Dichtung und Philosophie demonstrierend, im Kalbsriether Lustgarten reichlich verteile; sein Handeln aber entlarve den Harpagon, und für Knebel war der Präsident nichts als ein Heuchler. Doch seine Bauern schätzten ihn. Er begegnete ihnen freundlich und war bestrebt als ein Mann der Aufklärung, als der er sich verstand, vor allem die lästigen Fragen des Frondienstes billiger zu lösen als viele seiner Standesgenossen. – Kalbsrieth hatte er vom Vater 1739 hoch verschuldet und heruntergewirtschaftet übernommen. Er setzte alle Energie an die Sanierung des Besitzes, die aber nicht recht gelingen wollte, da neben den laufenden Schwierigkeiten die Lasten, die der Siebenjährige Krieg und wenige Jahre später schlimme Mißernten dem Land auferlegten, jeden wahren Fortschritt hinderten. – Schwer traf dann auch «den alten Kalb», der sich, von Sorgen und der Gicht geplagt, ganz nach Kalbsrieth zurückgezogen hatte, 1782 die plötzliche Verabschiedung Augusts von Kalb aus dem Amt, das er ihm unter mancherlei Mühen verschafft hatte. Ebenso hart traf drei Jahre später die Familie der unerwartete Tod des Schwiegersohns, Sigmunds von Seckendorff, und 1789, mit dem Ausbruch der Französischen Revolution, das Ende der Offizierskarriere Heinrichs von Kalb. – Voller Skepsis und Sorge sah Kalb eine Entwicklung sich anbahnen, die alles zu verschlingen drohte, was er unter Mühen zusammengehalten und gemehrt hatte. Gequält vom Mißtrauen, das mehr und mehr des ältesten Sohnes Charakter und Unternehmungen ihm einflößten, stieß er 1791, ein Jahr vor seinem Tod, das lang zuvor errichtete Testament um und ließ Kalbsrieth mit dem Fideikommiß belegen. Es war der Versuch, den Ruin aufzuhalten und das alte Erbgut der Familie zu erhalten. – Vergeblich! 1821 kam der Besitz unter den Hammer, Folge der wirren und verantwortungslosen Geschäftsführung Augusts von Kalb.

Literatur: Johann Ludwig Klarmann: Geschichte der Familie Kalb auf Kalbsrieth. Erlangen 1902.

Kalb auf Kalbsrieth *Heinrich* Julius Alexander von (Jena 25. November 1752–8. April 1806 München).

Heinrich von Kalb blieb, obwohl Sohn und Bruder zweier hoher Weimarer Beamten und verheiratet mit Charlotte Marschalk von Ostheim, einer überzeugten Anhängerin weimarischer Daseinsformen, eine Figur am Rande der höfischen und literarischen Kreise dieser Stadt. – Er war Soldat, und zwar unbeschadet seiner deutschen Herkunft französischer Offizier im Regiment Royal Deux Ponts, das, fast durchweg deutsch und Eigentum eines deutschen Fürsten (des Herzogs von Pfalz-Zweibrücken), von diesem der französischen Armee «vermietet» war. – 1770 hatte Kalb als Souslieutenant begonnen und hatte im langsamen Anstieg 1788 den Rang eines Majors erreicht, als die Französische Revolution, die mit der Monarchie auch deren Institutionen zerstörte, um 1790 Kalbs Hoffnungen auf weiteres Avancement vernichtete. Zwar ernannte ihn noch 1790 der Zweibrücker Herzog zum Obristlieutenant und 1802 Kurpfalz-Bayern zum Oberst à la suite, doch das waren Titel ohne Funktion und ohne Einkünfte, von denen Kalb nie Gebrauch machte. Doch während seiner Militärzeit hatte er (was ihm einen kleinen Ruhm im Familien- und Freundeskreis eintrug) immerhin mit dem Regiment Zweibrücken, in diesem Fall Instrument der antienglischen Politik Frankreichs, die Ostküste Amerikas kennengelernt und 1780–1783 am Befreiungskampf der nordamerikanischen Kolonien Englands teilgenommen. Wieder zurück in Europa, wurde dem Regiment zunächst Landau, ab 1785 das lothringische Pfalzburg als Garnison zugewiesen, wo Kalb, wie es Sitte war, allein, ohne Familie, lebte. Diese sah er nur in den «Semester-Monaten», das heißt während des langen Winterurlaubs. – Wir wissen wenig von diesem Mann, dem anscheinend des Bruders, Augusts von Kalb, Brillanz fehlte, den aber Schiller 1787 einen wahren, herzlich guten, Hölderlin sieben Jahre später einen humanen, gebildeten, gefälligen Mann nannte, und von dem Charlotte, obwohl ihre Verbindung mit Heinrich sich äußerst schwierig anließ, bekannte, daß ihr Herz wahrhaft gut gegen ihn gesinnt sei und er, im Gegensatz zum «Präsidenten», dem berühmt-berüchtigten Bruder, ein wahrhaft edler Mensch sei . . .

Von diesem Bruder, an dem Heinrich trotz bitterer Erfahrungen treulich und in Liebe festhielt, war er 1783 (da August von Kalb ungehindert über das Marschalksche Erbe verfügen wollte) in die Ehe mit Charlotte hineinmanövriert worden. Und durch August, der in kurzen Jahren in einem sinnlosen Gemengsel von Prozessen und Projekten den beträchtlichen Besitz verschleudert hatte, verlor er, da es ihm nicht gelungen war, einen neuen Dienst zu finden, jede Existenzgrundlage. Als Privatmann lebte er nun mit Charlotte und den Kindern auf Besitzungen der Familie oder in Stadtwohnungen, darunter, von Charlotte sehr geliebt, ein Domizil in Weimar, das 1799, unter dem Druck der steigenden Verarmung des Paares, aufgegeben werden mußte. Schiller übernahm die Wohnung. – Die Gatten trennten sich, zwar nicht formell, aber realiter. Heinrich zog sich nach Waltershausen, dem Marschalkschen Stammgut, zurück, scheint aber auch in Trabelsdorf, nahe bei Bamberg, gelebt zu haben, wo er (wohl mit Charlottes Einverständnis) etwa seit 1800 mit Barbara Tod,

Tochter des Trabelsdorfer Lehrers, liiert war. Zwei Söhne und eine Tochter gingen aus der Verbindung hervor. – Dennoch fühlte sich Heinrich von Kalb verlassen; schwere Podagra-Anfälle quälten ihn, und der Hang zur Hypochondrie wuchs, wie Charlotte feststellte. – «Alles, alles ist verloren, ich erliege den Streichen des Schicksals», schrieb Heinrich am 7. April 1806 an einen Neffen, ehe er am nächsten Tag mit einer Kugel seinem Leben ein Ende setzte. Er hatte sich nach München aufgemacht, um in persönlicher Audienz die Intervention der bayerischen Regierung in der leidigen Trabelsdorfer Prozeßsache und die Aufhebung des Schuldarrests, den das Bamberger Hofgericht über August von Kalb verhängt hatte, zu erreichen. Beides mißlang. – Heinrichs letzte Bitte war, dem Bruder, für den er «die innigste und zärtlichste Liebe und Verehrung bis zum letzten Lebenshauch im Herzen trüge», die Nachricht von seinem Tod mit «Behutsamkeit und Schonung zu hinterbringen».

Kalb auf Kalbsrieth Johann *August* Alexander von (Kalbsrieth 26. November 1747–25. Mai 1814 Offenau/Württemberg).
Ältester Sohn des Kammerpräsidenten Carl Alexander von Kalb; 1768 durch Anna Amalia zum Kammerjunker, 1775 von ihrem Sohn zum Kammerherrn gemacht; 1772 Aufnahme in den Johanniter-Orden, ein Jahr später in die Freimaurerloge Minerva zu den drei Palmen in Leipzig: ein Kavalier, gewandt, höchst angenehm im Umgang, lebhaft, sprudelnd von Ideen und Einfällen. Dem um zehn Jahre jüngeren Erbprinzen von Jugend auf vertraut und ihm werter, als der Herzoginmutter lieb war, die mit von Fritsch, ihrem Minister, auch das Schillernde, das Dubiose, die Oberflächlichkeit der Kalbschen Anlagen sah. – In seiner Eigenschaft als Kammerjunker begleitete er Carl August im Oktober 1775 nach Karlsruhe zur Hochzeit mit Louise von Hessen-Darmstadt und brachte, auf Einladung des Herzogs, wie im 20. Buch von «Dichtung und Wahrheit» nachzulesen ist, Wochen später im von Straßburg neu gelieferten Landauer den Dichter des «Götz», des «Werther» nach Weimar mit. Goethe war bis zum März 1776 Gast im Hause des Geheimrats von Kalb, immer enger in die Gemeinsamkeit mit Carl August hineinwachsend, zu dessen engstem Zirkel er ebenso wie August von Kalb gehörte.
Dieser hatte seine Laufbahn 1773 als Souslieutenant im benachbarten Kursachsen begonnen, war 1767, nun im Hauptmannsrang, nach Weimar zurückgekehrt; wechselte hier vom Militär- zum Zivildienst über; wurde, vom Vater mit Energie und Umsicht gefördert, 1767 Kammerassessor (mit einem Jahresgehalt von 400 Talern); 1769 zusätzlich besoldeter Adjunkt der Jenaischen Ritterschaft, deren Syndikus der Vater war; avancierte in Weimar 1770 zum Kammerrat (mit einer Zulage von 200 Talern), weiter 1772 zum Wirklichen Kammerrat und wurde, Krönung dieses raschen Aufstiegs, im Juni 1776 Präsident der Kammer, das heißt Chef der fürstlichen Finanzbehörde, von deren Leitung sich «der alte Kalb» bereits im Winter zuvor in den Ruhestand zurückgezogen hatte. Gegen den Widerstand der älteren Bürokratie hatte der junge Herzog, zusammen mit Goethes Ernennung zum Legationsrat, dieses Avance-

ment rigoros durchgesetzt. Kalbs Salär stieg auf 1600 Taler jährlich, und, zur Deckung privater Schulden, gewährte ihm der Fürst zusätzlich ein Darlehen über 10 500 Taler zu 4 Prozent, rückzahlbar erst, wenn des Präsidenten häusliche Verhältnisse es «mit Bequemlichkeit gestatteten». – Eine Karriere, die, zu Kalbs und der Öffentlichkeit Überraschung, sechs Jahre später abrupt mit des Herzogs Wunsch endete, Kalb solle (um ihn zu schonen und ihm zu ermöglichen, das Gesicht zu wahren) *selbst* um seine Demission einkommen. In dem Gesuch genüge die Andeutung, Kalb fürchte, des Herzogs Vertrauen verloren zu haben, und ohne dieses Vertrauen könne er seinem Herrn nicht weiter dienen. Eine Jahrespension von 1000 Talern wurde ihm für die Zeit, bis er einen neuen Dienst fände, zugesichert. Außerdem erließ Carl August, dem daran lag, «gütlich und in einer dem Präsidenten am mindesten nachträglichen Weise von Kalb abzukommen», ihm die Nachzahlung der Darlehenszinsen, die seit drei Jahren aufgelaufen waren. Kalb akzeptierte des Herzogs Wunsch, der ohnehin einem Befehl gleichkam. Am 7. Juni 1782 ging ihm das Dekret zu, das die Entlassung bestätigte. In Weimar, wo die Vorgeschichte des herzoglichen Beschlusses Amtsgeheimnis blieb, rief diese Entlassung bitterhämische Kommentare hervor. Besonders Kalbs Schwager, Sigmund von Sekkendorff, und die beiden Herders zeigten sich hartnäckig von Kalbs Unschuld, von seiner Tüchtigkeit und untadeligen Amtsführung überzeugt und ließen in Briefen, die nach allen Seiten gingen, durchblicken, daß Kalb nur für Goethe den Platz habe räumen müssen, der ihn nun ja auch eingenommen habe. – Unbemerkt vom breiteren Publikum war aber Carl August, der seine Großzügigkeit wieder und wieder mißbraucht sah, schon seit längerem von Kalb abgerückt. Unter anderem hatte sich dieser nur mit Mühe bewegen lassen, nach Jahren den Schuldschein über das herzogliche Darlehen auszustellen, und noch viel weniger machte er Anstalten, die Schuld zu tilgen, obwohl im April 1778 die reiche Augusta von Künsberg seine Frau geworden war. Noch ärgerlicher und schon fast ein «Entlassungsgrund» war, daß Kalb 1781 der Kammerkasse, die selbst hoch verschuldet war und die seiner Verantwortung unterstand, 1000 Taler «entlieh». Doch erst die Entdeckung, daß nicht nur die Kammerschulden seit 1776 auf 140 000 Taler gestiegen waren, sondern daß die Kammer, trotz dem Darlehen von 50 000 Talern, zur Stabilisierung des Etat 1779 in Bern aufgenommen, sich jetzt, im Sommer 1782, außerstande sah, auch nur die fälligen Zinsen dorthin abzuführen, hatte des Herzogs plötzlichen Entschluß ausgelöst. – Kalb hatte einst, im Juni 1776, die Aufgabe, Soll und Haben der fürstlichen Kasse ins gleiche zu bringen, ohne viel Bedenken auf sich genommen. Ihm war nicht klar, und er wollte es wohl auch nicht sehen, daß diese Aufgabe der Quadratur des Kreises ähnelte. Das Land war arm, und der Gepflogenheit (wie auch Goethe resigniert feststellte), «oben in einem Tag mehr zu verbrauchen, als unten beigebracht werden konnte», war kaum zu steuern. Wie sein junger Herr aber fühlte sich Kalb sogar stark genug, nicht nur zu flicken, sondern dem alteingefahrenen Schlendrian mit durchgreifenden Reformen zu begegnen. Als erstes sollte das
 Steuererhebungsverfahren, ein Wust einander widersprechender Kompeten-

zen, vereinfacht; es sollte eine Leihbank, gekoppelt mit der Ausgabe von Papiergeld, zur Belebung der Wirtschaft gegründet und die Kassen mit frisch verordneten Steuern, namentlich der Akzise auf Luxusgüter, gefüllt werden. Schwierigstes Problem aber für die Kammer war und blieb der schnelle und gewinnbringende Umtausch der in ihren Speichern lagernden Naturalien, zum Beispiel des Korns oder des Holzes, in das dringend benötigte, äußerst knappe Bargeld, denn als Naturalien, wie die Zehnten vergangener Jahrhunderte, ging noch immer, bei Weimars veralteter Naturalwirtschaft, ein Großteil der Steuern ein. Kalb schlug darum den Verkauf der im Lande unabsetzbaren Vorräte jenseits der weimarischen Grenzen, «im Ausland», vor und begann, aufgescheucht durch die Leere der Kassen, um 1780 den Kornhandel mit Bremen zu organisieren. In der Hansestadt war man, da die Ausweitung des nordamerikanischen Freiheitskrieges den Seehandel blockierte, durchaus an Einfuhren aus dem Binnenland interessiert. Leider aber schloß auch dieses Geschäft, zu spät begonnen und zu langsam durchgeführt, 1786 mit einem Defizit von 8000 Talern ab. – Kalbs Empfehlungen, seine Pläne und Vorhaben waren, wie Fritz Hartung nachweist, im Ansatz richtig gedacht. Aber des Präsidenten Mangel an Erfahrung, Sachkenntnis, Überblick und Konsequenz, vor allem aber sein Mangel an Redlichkeit, ließen seine oft hektische Aktivität in eine wirre Folge von «Operationen, Dispositionen, Negociationen und Versuren» ausarten, die den Staat mehr und mehr dem Bankrott zutrieben. – Carl August war klug beraten, als er sich von diesem Kammerpräsidenten trennte. Entschlossen trat er auch in Zukunft jedem Versuch Kalbs entgegen, in der Weimarer Ämterwelt, und sei es in der Nachfolge des Vaters als Deputierter der Jenaischen Ritterschaft, wieder Fuß zu fassen. Zunächst wehrte er, auf freundliches Auskommen bedacht, den Zudringenden vorsichtig ab, scheute dann aber auch den Prozeß nicht, den Kalb 1794 beim Reichshofrat in Wien gegen seinen einstigen Herrn anstrengte und im Jahr darauf, da jetzt sein Versagen aktenkundig wurde, verlor. – Das Darlehen von 1776 war noch nicht zurückgezahlt!

Kalb sei ein Schurke in pleno sensu, schrieb Schiller im März 1788 an Körner, und man ist geneigt, ihm zuzustimmen, wenn man verfolgt, wie dieser Mann, vielleicht kein Schurke, doch mit Sicherheit ein Phantast, ein Spieler, ein windiger Plänemacher, Vermögen, die ihm nicht gehörten, Menschen, die er mit zweifelhaften Methoden an sich gefesselt hatte, skrupellos zugrunde richtete. Heillos Mittel und Kräfte überschätzend, wechselte er hastig von Projekt zu Projekt, lief jedem Einfall nach und verzettelte sich in Wagnis und Gefahr. – Um 1788 ist er im Vorübergehen mit der Einführung des Kleeanbaus auf fränkischen Liegenschaften des Fürsten Schwarzenberg beschäftigt; kurz darauf entwickelt er dem bayerisch-pfälzischen Kurfürsten in Mannheim den Plan zur Gründung einer Hof- und Staatenbank, mit Filialen in München und Düsseldorf; 1789 will er, «um Handel und Kunstfleiß voranzutreiben», einen Teil der Brüdergemeinde ins Grabfeld ziehen, zugleich erwägt er die Vermietung der Schlösser Waltershausen, Dankenfeld und Kalbsrieth; 1790 beschließt er, Salzbergwerke bei Nancy zu pachten, kauft 1802, mit Legationsrat → Bertuch als Teilhaber, die Saline im lothringischen Saar-Alb, plant die Übernahme der Salinen in Bad Bocklet und Kissingen; schürft, ein ebenso kostspieliges wie aussichtsloses Unterfangen, im Fränkischen nach Braun- und Steinkohle; pachtet schließlich 1798 die Saline Clemenshall bei Offenau am Neckar, ein verrottetes Unternehmen, das noch einmal Unsummen verschlingt, ohne zu Kalbs Lebzeiten recht in Gang zu kommen. Er stirbt, ein Bettler, über seine Habe wird der Konkurs verhängt.

So diffus und sprunghaft der Präsident die Geschäfte vor sich hertrieb, so gezielt hatte er den Grund gelegt, die Verbindungen aufgespürt und hartnäkkig an ihnen festgehalten, die ihm erst seine gefährliche Betriebsamkeit ermöglichten. – Nach dem Tod seiner ersten Frau, die ihm 1779 eine Tochter geboren hatte, doch im Wochenbett starb, machte er sich beinahe sofort, wie dem Briefwechsel mit Bertuch zu entnehmen ist, auf die Suche nach einer ähnlich «altadeligen und reichen Partie». Er fand sie im Sommer 1782 in Eleonore Marschalk von Ostheim, die, seit frühester Jugend verwaist, dennoch wie ihre Geschwister Anspruch auf ein beträchtliches Erbe hatte. Während er noch um sie warb, die er (wie alle Welt) schmeichelnd nur «das holde Geschöpf» nannte, starb plötzlich (an einer akuten Darmverschlingung), erst einundzwanzig Jahre alt, in Göttingen, wo er die Rechte studierte, Fritz Marschalk, der Bruder und Herr des ausgedehnten Familienbesitzes. Den Marschalk-Töchtern, die er in letzter Stunde liebevoll-sorglich zu Erbinnen seines Allodialvermögens machte (über die Manneslehen stand ihm nicht die Verfügung zu), hätte nichts Schlimmeres als dieser Tod widerfahren können. Mit dem Bruder verloren sie jeden Schutz vor fremder Raffgier. Noch als alte Frau schrieb Charlotte, daß ihnen, den Marschalk-Schwestern, «nie der Stachel des Schmerzes über diesen Verlust aus der Seele gewichen sei». – Kalb aber erkannte sofort die Chance und nutzte sie. Im November 1782 war Fritz gestorben; Kalb drängte, und bereits sechs Wochen später, am 28. Dezember 1782, war Eleonore ihm angetraut, obwohl ihre Abneigung gegen diesen Bund, wie Charlotte, die ältere Schwester, sagte, «mit Gleichgültigkeit nur schwach bezeichnet wäre». Doch auch sie, die «weder Lust noch Neigung zeigte», sah sich schon im darauffolgenden Jahr, im Oktober 1783, mit Heinrich von Kalb, des Präsidenten jüngerem Bruder, verbunden: zwei Ehen, von denen ihr Inaugurator allerorts mit falschem Zungenschlag behauptete, «nur Liebe und Freundschaft habe sie geschlossen». Der große Besitz, nominell noch immer Eigentum der Schwestern, war fest in August von Kalbs Hand. Auch die Vormundschaft der Marschalks, bis dahin gewissenhaft auf das Wohl ihrer Mündel bedacht, hatte zugestimmt. Bestochen durch Kalbs Liebenswürdigkeit und seine faszinierende Eloquenz, mit der er geschickt seine desolaten Vermögensverhältnisse im Dunkeln hielt, waren die Vormünder, Baron von Wechmar und Baron von Stein zu Nordheim, überzeugt, mit ihm den tüchtigen Verwalter, den klugen Anwalt eines zwar zu diesem Zeitpunkt noch völlig intakten, doch kompliziert mit vielerlei Lehen durchsetzten Besitzes gewonnen zu haben. Auf diese Lehen, besonders die des Güterkomplexes im bambergischen Dankenfeld und Trabelsdorf, erhob die Linie Marschalk-Marisfeld, nach Fritzens Tod, sofort Anspruch. Ein Prozeß, von beiden Seiten mit äußerster Erbitterung geführt, entbrannte. Kalb war nicht der Mann abzuwiegeln, nachzugeben, einen Teil zu opfern, um das Ganze zu erhalten. Die Prozeßkosten wucherten, verwucherten zu einem unentwirrbaren Knäuel mit des Präsidenten Spekulationen und Projekten. Kautionen wurden gestellt, Darlehen gegeben, Hypotheken aufgenommen, Schulden mit Schulden bezahlt. «Es wurde verschrieben und gehofft für die verschiedensten Unternehmungen und den verwickelten Kampf um unser Allodial-Vermögen, bis alle Erdenhoffnung ein Ende hatte», schreibt Charlotte in ihren Erinnerungen. 1790 war der Prozeß verloren, was 1796 eine zweite Instanz bestätigte. – «Besitze ich nichts – etwas – viel?» fragte Charlotte 1802 tief irritiert Bertuch, Kalbs ältesten Freund, doch selbst von diesem war keine klare Auskunft zu erlangen. Aber 1804 stand fest, daß der Ruin vollkommen war. Nacheinander kamen die Wälder, die Felder, die Schlösser, die Gutsbezirke unter den Hammer. Die Familie löste sich auf. Sie, die einmal so viel besessen hatten, waren auf Nachsicht, Duldung, waren auf Almosen angewiesen. – «Als Geschäftsmann hat sich Kalb mittelmäßig, als politischer Mensch schlecht und als Mensch abscheulich aufgeführt», schrieb Goethe im Juli 1782. Er hatte richtig geurteilt. Charlotte aber, deren Leben der Präsident zerstört hatte, wollte ihn dennoch nicht «dem Hohne» hingegeben sehen. «Er war mit Anstrengung tätig», sagte sie, «und er hat viel gelitten. Die rücksichtslose Spekulation, die ihm das böse Urteil zuzog, schien ihm Verstand und Klugheit. Der Geist der spekulativen Intrigue waltete im vorigen Jahrhundert in der verschiedensten, ja selbst in romantischer Gestalt.»

Literatur: Johann Ludwig Klarmann: Geschichte der Familie Kalb auf Kalbsrieth. Mit besonderer Rücksicht auf Charlotte von Kalb und ihre nächsten Angehörigen. Erlangen 1902.

Kalb *Charlotte* Sophie Juliane von,
geborene Freiin Marschalk von Ostheim (Waltershausen im Grabfeld 25. Juli 1761–11. Mai 1843 Berlin).

Charlotte war ein erstes Mal im Oktober 1786 von Kalbsrieth, dem Landsitz ihres Schwiegervaters, die fünf Wagenstunden von der Goldenen Aue nach Weimar hinübergefahren. Sie kam im nächsten Jahr wieder, und sie blieb, von kurzen Unterbrechungen abgesehen, bis zum Sommer 1799 in dieser Stadt, von der fern zu sein, sie ein schreckliches Los dünkte, dem lebendig Begrabenwerden vergleichbar, wie sie Anfang 1795, als ihr wieder einmal «die Verbannung aufs Land» drohte, verzweifelt an Goethe schrieb. – Hier in Weimar hatte sie auf Schiller, später auf Jean Paul gewartet. Wieland, Knebel, Goethe, schließlich auch Fichte war sie in Freundschaft zugetan, und Herder wirkte durch sein Wesen, sein Denken so nachhaltig auf sie ein, daß sie, wie Jean Paul feststellte, spräche, wie Herder in den Briefen zur Humanität schreibe. Anna Amalias Kreis aber schien ihr, ehe «die Stürme, die von Westen tobten», hereinbrachen, noch einmal ein schönstes Beispiel aristokratisch-geselliger Kultur.

Jeder, der Charlotte von Kalb begegnete, war betroffen. Den einen erschien sie skurril, exaltiert, befremdlich, den andern aber enthusiasmierend und von entschiedener Noblesse und Kühnheit. Schiller nannte sie eine «große sonderbare weibliche Seele», Heinrich Beck, ihr seit seinen Mannheimer Schauspielertagen ergeben, sprach von dem «Wild-Idealistischen» ihres Wesens, und Jean Paul empfand sie, die er zur Titanide erhob, «als eine Frau von mehr Geistesfreiheit, Tiefe, Kraft und Toleranz, als er je eine gekannt». Dagegen gibt Caroline Schlegel wohl zu, daß Charlotte Geist besitze, doch sei er in eine etwas schiefe, verrenkte Form gegossen, denn sie bleibe bei allem Freisinn eine unverbesserliche Aristokratin, und Frau von Stein erklärt nüchtern, sie fände die Kalb nicht unedel, doch sei sie auch neugierig, indiskret und unbesonnen. – Verspannt, unausgeglichen war schon das kleine Mädchen: ein von dunklen Ängsten heimgesuchtes Kind, sich unerwünscht (man hatte an ihrer Stelle einen Sohn erwartet) und einsam fühlend inmitten eines großen Familienkreises, hungernd nach Zärtlichkeit und geneigt, selbst winzige Gesten der Zuneigung in übertreibender Aufwallung zu erwidern. Eine Liebkosung des Vaters, der Charlotte leicht über das Haar streicht, löst Tränen aus, und sie stammelt: «C'est une bénédiction, mon père!» – Der plötzliche Tod des Vaters im November 1768 und ebenso plötzlich, fünf Monate später, der Tod der Mutter verstärken diese nervöse Disposition: Schrecken, von denen Charlotte glaubt, sie hätten sich ihr durch Wahrträume und spukhafte Vorwarnungen «angekündigt». Dumpfe Ahnungen dieser Art spielten auch in ihrem späteren Leben immer wieder eine gespenstige Rolle. – In den «Gedenkblättern» (der einzigen Quelle für ihre Jugendtage), die Charlotte um 1830 in ihrem Berliner Asyl auf Drängen der Freunde diktierte, erinnert sie sich schmerzlich, wie hinter den kleinen Waisen im Schloß zu Waltershausen die Türen zuschlugen, durch die sie soeben, von den Verwandten geleitet, gegangen waren; wie diese Türen verriegelt und verschlossen wurden und wie sie so «unter klirrendem Geräusch und Stoßen der Verriegelung langsam, leise die Stufen der hohen Treppe hinuntergingen».

Sie war Tochter einer der großen, vornehmen, wohlhabenden Familien, die zur Unmittelbaren Freien Reichsritterschaft Frankens zählten. Seit 1522 saßen die Marschalks, deren Stammbaum sich bis ins frühe 14. Jahrhundert zurückverfolgen läßt, als alleinige Herren auf Waltershausen, einem Adelssitz, halben Wegs zwischen der Rhön und den Haßbergen im fruchtbaren Grabfeld gelegen. Außerdem verfügte die Familie im Steigerwald mit den Gütern Trabelsdorf und Dankenfeld über ausgedehnte Wälder und weite Ackerflächen. – Charlottes Erinnerungen beschreiben, wenn auch oft in ungelenken, ins Feierliche oder auch Vage abirrenden Satzfolgen, das lebensvolle Treiben in den Gärten und schönen Häusern dieser Besitzungen; sie beschreiben auch das vergnügte Hin und Her zwischen den Nachbarn, eingeschlossen die kleinen Residenzen von Meiningen, Bamberg oder Bayreuth. Sie beschreiben aber vor allem den engeren Familienkreis: den Vater, jovial, ein passionierter Bauherr und Jäger; die Mutter, feiner, zarter strukturiert, eine ernste Protestantin, sprachgewandt und belesen, und um das Paar, rasch hintereinander geboren, der einzige Sohn, die vier Töchter. – Nach dem Verlust der Eltern ordneten Verwandte, zur Vormundschaft bestellt, gewissenhaft das Dasein der fünf Waisen. Fritz Marschalk, der künftige Standesherr, wurde, auf Wunsch der Mutter, in Coburg Schüler des Casimirianums, des besten lutherischen Gymnasiums im fränkischen Raum, anschließend Student in Erlangen und Göttingen. – Das Kostgeld, das die Vormundschaft 1769 zum Unterhalt der Schwestern ausgesetzt hatte, war großzügig und entsprach deren Vermögensverhältnissen: im Jahr 160 Gulden für jedes Fräulein, 80 Gulden für die Gouvernante, 100 Gulden für die Bedienung. Gesondert abgerechnet wurden die Ausgaben für Unterricht, Kleidung, Medikamente und Beheizung der Räume. – Die Schwestern fanden, chaperoniert von ihrer Gouvernante und bedient von zwei Wärterinnen, nach einem Sommer auf Landsitzen des Oheims von Stein Aufnahme in Meiningen bei dem Kammerpräsidenten von Türck, später im Haus der Geheimrätin von Erffa, bis sich 1782 Eleonore und ein Jahr später Charlotte in ihre desaströsen Ehen mit August und Heinrich von Kalb hineinmanövrieren ließen. – Vielleicht wäre das nie geschehen, doch ebenso plötzlich wie Jahre zuvor die Eltern starb im November 1782 der Bruder. Unglückseligerweise hatte er kurz vor seinem Tod in einem Briefchen an Charlotte von seiner Sympathie für August von Kalb (den er jedoch kaum kannte) gesprochen, wodurch sich die Schwestern gebunden fühlten. – Selbstverständlich hatten die Baronessen Marschalk Zugang zum Hof: zunächst als Spielkameraden der fürstlichen Kinder, später, da Charlotte über eine gute Altstimme und Eleonore über Anmut und Witz verfügte, als Akteure der höfischen Geselligkeit. – Bedingt durch die Verstörung, die Unruhe, die der Tod der Eltern in das Leben der Kinder gebracht hatte, kam Charlotte erst mit zehn Jahren dazu, mit der jüngeren Schwester das halb vergessene ABC zu rekapitulieren und ernsthaft Lesen zu lernen. Eine Übung, die nun aber, wie sie mit Nachdruck in den «Gedenkblättern» vermerkt, trotz ihren zwar sehr schönen, doch schwachen und kranken Augen «zum Hauptinhalt ihres Lebens» wurde. – Sie begann wie jedermann mit Katechismus und Bibel; das französische Drama, der englische Roman folgten und dann, immer heftiger von ihr ergriffen, die Werke der Dichter und Philosophen ihrer Gegenwart.

Von der Dichtung, von der Philosophie ist dann für Charlotte, die nach dem Gespräch, nach einem erfüllten Miteinander verlangte, nur ein Schritt zu dem Dichter, zu dem Philosophen. Wieland, Goethe, auch Herder, hoch erfahren im Umgang mit enthusiasmierten Damen, bestanden in den liebenswürdigsten Formen auf Distanz. Hölderlin, 1793 von Charlotte zum Erzieher ihres Sohnes nach Waltershausen berufen und von ihr 1794 in Weimar und Jena eingeführt, wich, obwohl ihn Charlottes geistige Energie beeindruckte, scheu ihrem Andrängen aus; Schiller aber und Jean Paul, beide am Beginn ihrer dichterischen Laufbahn, beide begierig, «in die Welt einzutreten», waren von der klugen Aufmerksamkeit, mit der diese große Dame um sie warb, fasziniert. Für Charlotte aber war das Engagement für Schiller, war sechs Jahre später ihr Entflammtsein für Jean Paul, den sie 1796 ein erstes Mal nach Weimar lockte, die Begegnung mit *der* Liebe, die sie ersehnte. Beide Affären wurden für sie die großen, die zählenden Ereignisse ihres Lebens. Beide einander ähnlich in Beginn, Fortdauer und Ende, beide nahezu identisch in der Wiederholung von Glück und Qual. Beide auch darin verwandt, daß Schiller ebenso indiskret an Gottfried Körner schrieb, wie Jean Paul ungeschminkt Christian Otto mitteilte, was er im Umgang mit Charlotte sah, dachte, fühlte. In diesen Briefen, decouvrierend wie die Rückseite einer schönen Tapisserie, ist nachzulesen, wie rasch diese ehrgeizigen jungen Männer sich von Charlotte, die sie verwöhnte und sie in mancherlei Hinsicht bei den Mühen um den «Don Carlos», um den «Titan» ermutigt und inspiriert hatte, ab- und der Arbeit wieder zuwandten. – «Mit einer heftigen, bangen Ungeduld», beklommen von Glück, empfängt sie ihren Dichter. Nach dem Mannheimer Auftakt drei Jahre zuvor habe das Wiedersehen im Juli 1787 soviel Gepreßtes, Betäubendes gehabt, gesteht Schiller, daß er es unmöglich beschreiben könne, und im Juni 1796 berichtet Jean Paul, Charlotte habe bei ihrer ersten Begegnung «¾ der Zeit mit Lachen zugebracht – dessen Hälfte Nervenschwäche gewesen sei – und ¼ mit Ernst, wobei sie die großen, fast zugesunkenen Augenlider himmlisch in die Höhe hebe, wie wenn Wolken den Mond wechselweise verhüllten und entblößten». Doch nachdem sie sich gefaßt hat, wird sie zur begeisterten, unermüdlichen Führerin, zum steten Geleit ihres Dichters. Sie öffnet die Türen; sie führt Schiller, sie führt Jean Paul bei Hof, in der Gesellschaft, in den Kreis der Dichter und Gelehrten ein. Ihnen zu Ehren macht sie ein Haus, ist eine Gastgeberin, die alles, wie Knebel schreibt, artig und mit Geschmack und Überfluß anordne und selbst die Artigste der Gesellschaft sei. Entzückt notiert Jean Paul, die Wochen im sommerlichen Weimar seien ihm mit einem ewigen Feuer gezeichnet und wie ein «Luststrudel» vorübergegangen. – Charlotte, hingerissen vom Glanz dieser Tage, will Dauer. Sie beschließt, die Ehe mit Heinrich von Kalb zu lösen: eine Ehe, die trotz den Kindern (Fritz, Rezzia, genannt Edda, und August), die dieser Ehe entstammten, für ihr Gefühl nur Konvenienz und Zwang der Familienpolitik war. Sie will frei sein für einen engeren, lebensvolleren Bund, so zuerst um 1790 mit Schiller und dann, unbelehrt durch Kummer und Enttäuschung, ein knappes Jahrzehnt später mit Jean Paul. – Es war für sie ein schwerer Schock zu entdecken, daß Schiller, daß Jean Paul sehr bald schon, aller Überschwenglichkeit, aller Intensität müde, ihr entglitten waren. Ihrem Traum von Nähe und Einssein setzten sie ein entschlossenes Nein entgegen. Nach seiner Gewohnheit hüllte Jean Paul die Absage in linde Seelenschmeichelei, die Charlotte durchschaute und die ihr wieder und wieder im Zorn (heute gern zitierte) Forderungen nach Freiheit für die Frauen und Emanzipation der Liebe entlockten, sie aber nicht so tief verletzte, wie einst Schillers unaufrichtiges Taktieren, mit dem er sie zwei Jahre lang über seine Neigung zur jungen Charlotte von Lengefeld im dunklen ließ. Dritte machten sie auf Verlobung und nahe Hochzeit aufmerksam. Wie ein rasender Mensch habe sie ausgesehen, bei dem der Paroxysmus vorüber ist, so erschöpft, so zerstört, berichtet, selbstgefällig und heimlich triumphierend, die Braut im Februar 1790 Schiller. Sie war zufällig, zehn Tage vor ihrer

Hochzeit, im Salon der Frau von Stein mit der unglücklichen Charlotte zusammengetroffen. – Vierzig Jahre später zog dann Charlotte, nun alt geworden, erblindet und sehr arm, das Fazit aus ihren Liebeserfahrungen. «Ein Mensch, ein Wesen, mit dem man leben möchte: dieser Wunsch ist der größte Irrtum», und dieser Wunsch werde, fährt sie etwas dunkel fort, «fast stets zum lächerlichen Verbrechen». Den Briefwechsel mit Schiller hatte sie noch im Jahre seiner Eheschließung vernichtet; nur zwei Blätter waren dem Autodafé entgangen. Auch die «Gedenkblätter» brechen mit dem Jahr 1791 ab, denn «sie war», wie sie schrieb, «eine treue Deutsche und hatte nie aufgehört, Schiller zu lieben». – In den «Gedenkblättern» erinnert sie sich, daß Herder vor langen Jahren zu ihr gesagt hatte, sie könne zu keinem festen Entschluß gelangen, da Einbildung sie hindere, die Wirklichkeit, die ewig nur in schwankenden Bildern vor ihr stehe, zu sehen. Sie beginne zwar mit Feuer und Geschick, ließe aber ein Projekt nach dem andern wieder fallen, da sie nicht die Schranken, noch die Untiefen der Lebensbahn erkenne. – Wie eine Marionette hatte sie sich in die Ehe mit Heinrich von Kalb schieben lassen; hatte, in ihre Traumwelt versponnen, sich kaum zur Wehr gesetzt, als August von Kalb das große Marschalksche Vermögen ruinierte. Ebenso weltfremd war dann aber auch die hektische Aktivität, mit der sie sich, ohne Blick für Relationen, zur Rettung aufmachte, als alles verloren war. Sie versuchte, den Familienschmuck, die Restbestände des Kalbsriether Weinkellers an die Freunde (darunter auch Goethe) loszuwerden. Sie plante die Gründung eines Instituts zur Erziehung junger Mädchen (wovon ihr Schiller dringend abriet); sie begann um 1803 an einem Roman, den sie «Cornelia» nannte, zu arbeiten, obwohl sie, wie das Resultat zeigt, weder Talent noch Schreiberfahrung besaß. Sie, die sich so heftig an Weimar geklammert hatte, fuhr nun von Ort zu Ort, überall Hilfe erflehend. Ämter bestürmte sie mit Petitionen, sie schrieb ungescheut Bettelbriefe und mutete unter anderem Jean Paul zu, eine Spendenaktion für sie in Gang zu setzen, was dieser entrüstet ablehnte.

1804 siedelte sie nach Berlin über. In der großen Stadt hoffte sie, unterstützt von der nüchtern-fleißigen Rezzia, leichter das Leben zu fristen. Ohne Fachkenntnisse, ohne Kapital, mit wenigen Beziehungen aus alten Tagen, wagte sie, einen kleinen Handel zu eröffnen. Sie kaufte und verkaufte in bunter Folge alles, was ihr, wie sie sich ausdrückt, nur irgend unter die Hand käme. Tee und Schokolade, Spitzen, Stoffe und modisches Allerlei, dazu Handarbeiten, mühsam gestichelt von Rezzia, die übliche Heimarbeit verarmter Damen. Zur großen Erleichterung wurde, daß Prinzessin Wilhelm (Tochter des Landgrafen von Hessen-Homburg und Charlotte von daher bekannt) Rezzia 1809 zu ihrer Hofdame ernannte und ihr zehn Jahre später gestattete, die Mutter in ihrer Dienstwohnung im Schloß aufzunehmen. – Charlotte war nun ganz erblindet, doch immer noch voller Pläne und Ideen, immer noch interessiert an Politik, an Dichtung und Philosophie, auch an den neuen mystisch gefärbten religiösen Strömungen. Alte Freunde, ihr von Weimar her vertraut, Hufeland und Fichte, Bettina Brentano und Humboldt, stellen sich ein; neue Freunde, darunter die Rahel, Ranke, Varnhagen gesellen sich zu ihr. Mit

Johannes Erichson, einem jungen Gelehrten aus Greifswald, verbindet sie eine Liebe, die durchaus mit Farben der Leidenschaft tingiert ist. – Heinrich von Kalb hatte sich, verzweifelt über den Niedergang der Familie, 1806 erschossen. August, der Sohn, folgte ihm 1825. Charlotte aber ist unverwüstlich. Herder, der zu ihr von ihrem mangelnden Wirklichkeitssinn sprach, hatte aber auch gesagt, daß dieser Mangel durch die Elastizität des Gemüts, die sie besitze, ausgeglichen werde. Nichts könne sie ganz vernichten, denn die Spenden der Phantasie, über die sie verfüge, seien unerschöpflich. Und sie selber meinte, sie sei kindisch genug zu glauben, daß sie einen geheimen Schutzgeist habe, denn es sei wahrlich ungewöhnlich, 79 Jahre alt, blind, arm und dennoch zufrieden zu sein . . .

Literatur: Charlotte. Für die Freunde der Verewigten (Manuskript); 1851 erweitert: Gedenkblätter an Charlotte von Kalb. Hrsg. E. Palleske. Berlin 1879. – Ida Boy-Ed: Charlotte von Kalb. Eine psychologische Studie. Jena 1912. – Ursula Naumann: Charlotte von Kalb. Eine Lebensgeschichte (1761–1843). Stuttgart 1985.

Kalte Küche

Ein alter Flurname: der Steilhang links der Ilm, unwegsam, gemieden, sogar verrufen, seit, wie man sich zuraunte, Anno 1617 «die Höchstselige Frau Herzogin Dorothea Maria an der Ilm spazieren ritten und Höchstderselben Pferd durch ein Gespenst erschreckt und mit diesem Pferd in die Fluten der Ilm geworfen worden» . . . Hier, vom Borkenhäuschen aus, aber begann Carl August 1779, die «raupigte Einöde» (wie Goethe sagte) in eine anmutige Aue, in seinen → Park an der Ilm umzuschaffen. – 1782 schrieb Goethe für eine Felswand im Südteil der Kalten Küche das Epigramm «Einsamkeit»; hier widmete Carl August den Großen Stein, dankbar dessen Freundschaft gedenkend, dem Dessauer Fürsten und ließ, antikem Vorbild folgend, durch → Klauer den Schlangenstein aufstellen, dem Genius dieses stillen Tals bestimmt.

Kapp, Christian Erhard → Goethes Ärzte.

Karl August → Sachsen-Weimar-Eisenach, Carl August Großherzog von, → Seiten 339–348.

«Kassengewölbe»

1713 als private Grabstätte mit Gruft und ansehnlichem Pavillon in der südöstlichen Mauerecke von St. Jakob angelegt; 1742 im Auftrag der weimarischen Landstände von deren Finanzressort, der Landschaftskasse (die nun dem Gewölbe den Namen gab), übernommen und Bürgern Weimars zur Nutzung freigegeben, die sich «durch Rang, Geburt oder Verdienst ausgezeichnet hatten», jedoch nicht über ein eigenes Familiengrab verfügten. – Auch ohne den Ruhm des großen Dichters hatte Schiller, 1802 geadelt und seit 1790 meiningischer Hofrat (selbst ohne Hinterlegung von Dispensionsgeldern), Anspruch auf Bestattung im Kassengewölbe. Außerdem gewährte man ihm, dem Hochverdienten, was nach einer Verordnung von 1763 nur «Ministern, wirklichen Räthen, Cavalieren, ingleichen dem Adel auf dem Lande» zukam: die Beisetzung zu nächtlicher Stunde. Ein düsteres Zeremoniell, das, als dessen auszeichnender Charakter in Vergessenheit geraten war, immer wieder zu grotesken Mißdeutungen führte. – Gedrängt von Carl Leberecht Schwabe, einem Verehrer des Dichters, trugen Freunde, nicht, wie es üblich war, die Gesellen der Tischler- und Schneiderzunft, Schillers Sarg durch die dunklen, stillen Gassen der Stadt und senkten ihn in der ersten Stunde des 12. Mai 1805 in die geöffnete Gruft. Die Familie war, auch das der Sitte gemäß, diesem Ritual ferngeblieben. Erst der Gedenkgottesdienst am Nachmittag des gleichen Tages vereinte sie mit der Trauergemeinde. Im März 1826 schien es Schwabe, nun Bürgermeister von Weimar, an der Zeit, nach vierundsechzig Beisetzungen die «Aufräumung» und Schließung der Grabstätte anzuordnen. Zugleich erwirkte er beim Landschaftskollegium die Erlaubnis, Schillers Gebeine aus der Gruft zu bergen. Da aber, wie Karl von → Stein im Herbst des Jahres an den Bruder schrieb, die übereinander gestellten Särge bei der Suche nach Schillers Sarg zusammengebrochen und ineinandergestürzt seien, dürfe, wie er sarkastisch anmerkt, die Identifizierung zumindest des Skeletts einige Schwierigkeiten bereiten. Dagegen glaube man, Schillers Schädel durch den peniblen Vergleich mit der Totenmaske, die → Klauer im Mai 1805 abgenommen habe, mit Sicherheit bestimmen zu können. – Goethe hatte zur Untersuchung und Reinigung der «Reliquie» Räume seiner Steinsammlung zur Verfügung gestellt. Hier entstanden bei der Betrachtung des Schädels die Terzinen «Im ernsten Beinhaus . . .» (wo sich aber Goethe nie aufgehalten hat): eine nachdenkliche Meditation über die «gottgedachte Spur, die sich erhalten». – Da die → Fürstengruft, die der Herzog den Gebeinen Schillers zur letzten Bleibe bestimmt hatte, noch im Bau war, übernahm die Bibliothek vorübergehend deren Verwahrung, doch im Dezember 1827 wurden sie feierlich zum Neuen Friedhof vor dem Frauentor übergeführt und in der fürstlichen Grablege beigesetzt.

Mitte des 19. Jahrhunderts ebnete man die Grabhügel im Jakobsfriedhof, bereits seit 1818 aufgelassen, ein; man räumte Grabplatten und Kreuze beiseite, legte 1854 auch den hübschen Barockpavillon über dem Kassengewölbe nieder, richtete ihn aber 1913, im reuigen Bewußtsein, ein kostbares Dokument der großen Weimarer Zeit vernichtet zu haben, in genauer Kopie wieder auf, restaurierte ihn 1954 sorgsam und schloß jetzt den Eingang mit einem originalen barocken Gitter, das den Blick auf eine Büste Schillers und die Steintafeln mit den Namen der Toten, die hier ruhen, freigibt.

Kayser Philipp Christoph

(Frankfurt am Main 10. März 1755–23. Dezember 1823 Zürich).

Ein Jugendfreund Goethes, Sohn des Organisten von St. Katharinen, der Kirche, in der Goethe getauft und Ostern 1763 konfirmiert worden war. – Kayser, ein scheuer, in sich gekehrter Mensch, galt in dem jugendlichen Freundeskreis als «Genie», als ein «Werther», fühlte sich als Denker und Dichter, war aber ausgebildeter Pianist und Komponist. Zwischen 1775 und 1784 veröffentlichte er in vier schmalen Heften eigene Kompositionen; in Zürich, wohin er 1775 gegangen war, gab er Musikunterricht. Das wollte Goethe, der in Kayser einen Hochbegabten sah und «in seiner Kunst so fest und sicher, als man sein kann», nicht genügen. Er, der in Weimar bei der Plackerei mit dem → Liebhabertheater unter Kapellmeister Wolfs Aufgeblasenheit ebenso litt wie unter der kühlen Arroganz des Barons → Seckendorff, plante, hoffte den Freund, dem er Gedichte schickte, die als Lieder zurückkamen, die ihn entzückten, näher an seine Arbeit, vielleicht sogar nach Weimar zu ziehen. «Ich trag dich immer im Herzen», schrieb er im August 1776 und bat: «Schick mir oft was!»

1775, als er ein erstes Mal kurze Wochen in der Schweiz war, hatte er den Freund zweimal besucht; 1779 sah er ihn wieder. Für ihn schrieb er «Jery und Bätely». Ein Singspiel, ein kleiner Spaß, doch rasch vertont wäre es ein erstes Fußfassen in Weimar gewesen. Aber Kayser fand nicht die Zeit, und der flinke Seckendorff schrieb die Musik. – Goethe gab nicht auf. Er strengte sich an, Kayser den Weg zu dem wie einen Gott verehrten Gluck nach Wien und zu reicherer Musikerfahrung zu bahnen, doch Kayser verpaßte die Chance. – 1781 war Kayser ein halbes Jahr als Goethes Gast in Weimar, doch der Zugewinn an Gewandtheit, an Sicherheit war minimal. – 1782 reiste Kayser, Cicerone eines Leipziger Kaufmanns, zwei Jahre in Italien. Ihn interessierten Spuren antiker Musik, die er zu finden hoffte, doch er schrieb Goethe auch, daß ihn die Opera buffa begeistere. Goethe nimmt sofort die Anregung auf. Noch im Juni 1784 entwirft er, froh sich selbst und dem Freund eine lohnende Aufgabe zu stellen, «Scherz, List und Rache». Eine kleine Burleske, im Winter ist sie fertig, Ostern hat Kayser das Stückchen in der Hand. Er macht sich an die Arbeit: eifrig, ängstlich, von Zweifeln geplagt, von Skrupeln niedergedrückt. Goethe dagegen, dem Kayser Akt um Akt zugehen läßt, ist fröhlichen Muts. Er lobt, er ermuntert, er ermutigt den Komponisten. In langen Episteln bespricht er die grundsätzlichen Probleme der Arbeit, wendet aber auch der einzelnen Szene, dem einzelnen Lied liebevolle Aufmerksamkeit zu. Zugleich versucht er, Freunde zu interessieren, Verbindungen herzustellen. Ernstlich denkt er für Kayser an die Bühnen von Dresden, München und Wien. – Im Mai 1786 liegt die Partitur vor. Goethe ist enthusiasmiert; Kayser weiterhin skeptisch und bedrückt. Er arbeitet die Partitur um. In Rom, im Winter 1787/88, auch hier wie in Weimar Goethes Gast, erörtern beide, während Kayser auf dem mit aller Umständlichkeit gestimmten Klavier dem Dichter «die Oper vorträgt», noch einmal die Schwierigkeiten, die die Vertonung gerade *dieses* Textes *diesem* Komponisten macht. Er nimmt die Bearbeitung wieder auf, quält sich weiter, gesteht aber schließlich im Herbst 1789 sich und dem Freund, daß die Oper «in ihrem bisherigen Zustand unbrauchbar sei». Goethe stimmt resigniert zu. Er teile seine Meinung, antwortet er am 18. Oktober 1789, so «wie das Werk jetzt liege, wäre eine ungeheure Arbeit verloren». Jahrzehnte später, im Rückblick der «Italienischen Reise», meint er abschließend, sich und dem Leser den Sisyphos-Charakter dieser Arbeit erklärend, Kayser habe «als ein ernster, gewissenhafter Mann das Werk zu redlich angriffen und zu ausführlich behandelt». Und dann, sagt er weiter, sei Mozart aufgetreten; die «Entführung aus dem Serail» habe alles niedergeschlagen, und auf dem Theater sei von ihrem so sorgsam gearbeiteten Stück niemals die Rede gewesen. – Ferdinand Hiller und Max Friedländer, zwei bedeutende Musikhistoriker, die sich die Mühe machten, Kaysers Partitur (die Weimar in drei dicken Bänden aufbewahrt) durchzusehen, bestätigen nicht nur Goethe, sie verschärfen noch das Urteil. Manche Melodie sei durchaus «anmutig, charakteristisch, ja individuell gezeichnet», meint Hiller, aber der Komponist überbiete sein italienisches Muster in pedantisch-philiströser Weise. Die Wiederholung der Textworte nicht allein, sondern ganze Teile längerer Stücke wüchsen ins Ungeheuerliche, dazu Vor- und Zwischenspiele ohne Ende. – Friedländer kommt zu dem gleichen Ergebnis, auch für ihn ist Kayser zwar ein «denkender, wohlgebildeter Musiker», doch er zeige keinerlei musikalische Individualität. – Das traurige Resultat so vieler Mühen hatte die Freunde ohne Zorn, doch unaufhaltsam getrennt. Bei Goethe fand sich Johann Friedrich → Reichardt ein, der alles konnte, was Kayser so schwer fiel. – Kayser zog sich zurück in ein (nach Goethes Meinung) «abstruses Leben», das heißt in ein nicht im Öffentlichen wirksames Leben. Er gab Musikunterricht, er spielte gelegentlich die Bratsche in größeren Konzerten. Er vergrub sich in seine Bücher, seine Noten, er wurde langsam zu dem Sonderling, der er bereits war, als es ihm nicht gelang, sich in Anna Amalias freundliche Runde, die er im August 1788 nach Italien begleiten sollte, einzufügen. Schon in Bozen verzichtete die Herzoginmutter auf die Dienste dieses schwierig-schwerfälligen Mannes. Ihn der Fürstin als ungewöhnlich kenntnisreichen Führer zu den Schätzen italienischer Musik zu empfehlen, war Goethes letzter Versuch gewesen, den Freund der Zürcher Einsamkeit zu entreißen und mit Weimar zu verbinden.

Kirms Carl

(Weimar 1741–1821 Weimar).

Wie der Bruder Franz Kirms Jurist, Junggeselle, Mitbewohner des ererbten, behaglichen Hauses im Jakobsviertel. Innerhalb der Geheimen Kanzlei, seiner Behörde, war er, ein angesehener Beamter, vom Akzessisten zum Hofrat aufgestiegen. Goethe konzipierte für sein und des Geheimrat Ernst Constantin von → Schardts fünfzigjähriges Dienstjubiläum am 30. Mai 1815 die Verse: «Frage nicht durch welche Pforte...» – «Längst entworfen, heute erst geschrieben», teilte er aus Wiesbaden, wo er die Kur nahm, dem Sohn am 11. Juni mit und bat, den «beyden Gefeyerten» mit einer schönsten Empfehlung das Gedicht zu übergeben, das später seinen Ort im «Buch der Betrachtungen» des «West-östlichen Divan» fand.

Kirms Franz

(Weimar 21. Dezember 1750–3. Mai 1826 Weimar).

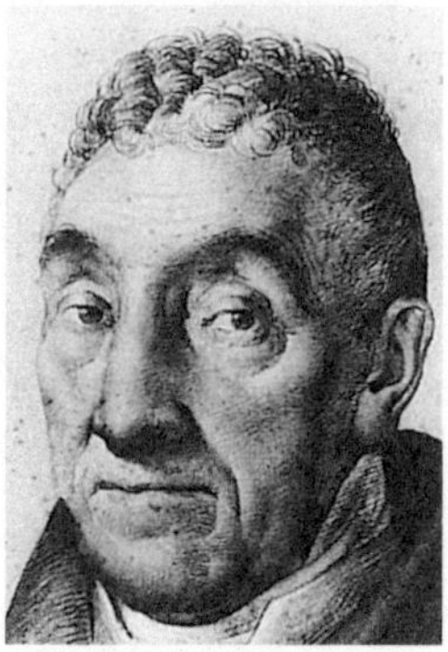

Wie der Vater, wie die Brüder war Franz Kirms Jurist in herzoglichen Diensten, und zwar Mitglied des Hofmarschallamts. 1774 hatte er als Sekretär begonnen, war dann, Stufe um Stufe, über den Assessor zum Landkammerrat, 1814 zum Geheimen Hofrat aufgerückt; 1824 wurde er pensioniert. – Schon zum Ressort des Assessors zählte das «theatralische Ökonomikum», das heißt die Verwaltung der Hofkapelle, die Sorge für das Theatergebäude an der Esplanade und die Verbindung zu Joseph Bellomo, dem Prinzipal der «Teutschen Schauspieler-Gesellschaft», die seit 1784 in Weimar domizilierte. Ihm fiel dann auch, als der Herzog beschloß, die Bühne in eigene Regie zu nehmen, die Aufgabe zu, Bellomo zu verabschieden, und 1791 avancierte er, nun schon ein Praktiker des Theaterwesens, nahezu automatisch zum «Bureauchef» des neu installierten Hoftheaters, während Goethe für das «Kunstfach» verantwortlich zeichnete. Das war eine Aufgabe, die Kirms, einen trotz Nüchternheit und Sparsinn passionierten Theaterfreund, lebhaft anzog und durch Jahrzehnte fesselte. – Geschickt manipulierte er bei geringen Zuschüssen und noch geringeren Einnahmen die Finanzierung des Unternehmens; löste, oft verschmitzt und ein wenig skrupellos, administrative Probleme; suchte, mit Goethes Namen operierend, in und ohne dessen Auftrag, ringsum nach Begabungen; gewann Schauspieler, gewann Sänger, umsorgte, gängelte sie und hielt sie oft, trotz niedriger Gage, in Weimar fest. – «Gewissenhaft und gerecht, praktisch und berufseifrig, wohlwollend und nachsichtig», nennen ihn Caroline Jagemanns Memoiren, doch Goethes wenige, äußerst zurückhaltende Bemerkungen machen deutlich, daß der tüchtige Mann auch zu Eigenwilligkeiten und kaum verborgener Cliquenbildung neigte. Goethe reagierte mit Mißtrauen und Abwehr, verbat sich sogar im Dezember 1808, auf dem Höhepunkt der Theaterkrise, des Kammerrats Besuch. – Doch Jahre später, im März 1824, als Kirms, nun pensioniert, die Theaterintendanz verließ, sprach Goethe ohne Groll mit Kanzler von Müller über dessen Verdienste, die er in einer Zeit erworben habe, wo es noch galt zu *sparen* und mit wenigem viel zu machen. In denselben Tagen bat er Joseph Schmeller, ihm Kirmsens Porträt für sein Portefeuille zu zeichnen. Ein Beweis, daß er die Energie und nie nachlassende Tüchtigkeit dieses Mannes, der ihm geholfen hatte, Theatergeschichte zu machen, trotz gelegentlicher Reiberei zu schätzen wußte. – Schmellers Kreideskizze zeigt einen schmalen Kopf: schwer, ernst und ungewöhnlich skeptisch. Caroline Jagemann aber, die mit dem Blick in Kirmsens Garten aufwuchs, schildert fast sehnsüchtig das biedermeierliche Idyll, das Behagen, die «altmodische Gediegenheit», die Kirms, obwohl er erst in hohen Jahren heiratete, stets umgeben hatte und ihn bei aller Strenge zu einem freundlichen Gastgeber machten, an dessen Tisch es sich Männer wie Iffland oder Schiller oder Zacharias Werner wohl sein ließen.

Literatur: Joseph A. v. Bradish: Goethes Beamtenlaufbahn. S. 103–116. New York 1937. (Veröffentlichungen des Verbandes deutscher Schriftsteller und Literaturfreunde in New York. 4.)

Kirms-Krackow-Haus

Dieses alte Haus im alten Jakobsviertel, auf mittelalterlichem Fundament um 1520 errichtet, war samt dem schönen Garten, der sich bis zur Stadtmauer hinzog, durch zweihundert Jahre im Besitz der Kirms. Der Erbauer, soviel man weiß ein wohlhabender Kaufmann von auswärts, hatte es mit breiter Toreinfahrt, mit umbautem Hof, mit Brunnen, winkeligem Treppenturm und dem Holzwerk der malerischen Galerien zu einem stattlichen Anwesen gemacht, das 1701 Johann Joachim Kirms, ein erster Akademiker der Familie, erwarb. Die Mittel stammten wohl von dem Vater, einem Metzgermeister, gebürtig aus Reinstädt bei Kahla und 1632 nach Weimar verschlagen. Trotz bösen Kriegsjahren war er zu Ansehen und Vermögen gekommen und hatte sich das Studium des Sohnes leisten können. Diesem folgten Söhne und Enkel, ebenso ausgebildet, ebenso in Amt und Würden wie Johann Joachim Kirms und, wie das Resultat zeigt, ebenso bemüht, Generation um Generation den ererbten Besitz ungeschmälert weiterzugeben. – Die Fassade wurde 1710 frisch und nun im Geschmack eines bürgerlichen Barocks verputzt; im Garten, wo, wie Caroline Jagemann schreibt, die Rosen größer und voller, der Lack dunkler und würziger, alle Früchte saftiger und wohlschmeckender gediehen als bei anderen Leuten, erbaute einer der Besitzer «zu sommerlicher Ergötzung» einen zierlichen Teepavillon, und «die Einrichtung der Wohnräume und alle häuslichen Umstände waren», wie Caroline weiter berichtet, «von patriarchalischer Einfachheit und altmodischer Gediegenheit». – Franz Kirms, wie der Bruder Carl Junggeselle und von Mutter und Schwester wohl umsorgt, verband sich erst in hohen Jahren, nach der Mutter und des Bruders Tod, 1823 mit Sophie Erdmuthe Caroline Krackow, die Maria Pawlownas Kammerfrau gewesen war. Auch sie, 1780 geboren, war nicht mehr jung und sehr bald Witwe. 1836 nahm sie ihre elfjährige Nichte Charlotte Krackow, wenig später deren jüngere Schwester Sophie zu sich. Beim Tod der Tante gingen 1866 Haus und Hof in den Besitz der Nichten über, der schließlich, da Sophie 1895 starb, Charlotte als alleiniger Erbin zufiel. – Besonders durch die Erinnerungen, die sich um Franz → Kirms, den Theatermann, gesammelt hatten: durch Silhouetten und Medaillons, Ölbilder, Skizzen und Aquarelle an allen Wänden, durch Bücherreihen und Musikinstrumente, gelegentlich von Meistern wie Nepomuk Hummel oder sogar Friedrich Liszt benutzt, übernahmen die Krackow-Damen eher ein Museum als eine Wohnung, die aber auch mit ihrer Biedermeier-Schlichtheit, ihrer Biedermeier-Anmut im Laufe der schwindenden Jahre Museumsrang gewann. – Caroline Kirms und nach ihr Sophie und Charlotte, erzogen von dieser Tante, deren Gewohnheiten und Hantierungen durch langen Hofdienst verfeinert und zugeschliffen waren, wurden zu sorglichsten Hüterinnen dieses Musterbuchs gehobenen bürgerlichen Daseins. Aufmerksam vermerkten sie auch, was ihnen später noch an Glanz von außen zukam. So lauschte am 4. Juni 1885 der große Franz Liszt in ihrem Gartenzimmer dem Spiel eines Schülers, der bei den alten Damen wohnte; so brachte Hans Christian Andersen, im Juni 1844 und noch einmal im Februar 1846 Gast ihres Mieters, des Freiherrn Beaulieu-Marconnay, der Hausfrau

Kirms-Krackow-Haus, Hofseite.

ein Lorbeerblatt. Er hatte es aus Jenny Linds, der hochberühmten Sängerin, Bouquet gelöst, das sie während ihres Konzerts in Weimar trug und dem Dichter, der unter ihren Hörern saß, zugereicht hatte. Andersen schrieb Caroline Kirms («in deren herrlichen Blumengarten und zwischen deren herrlichen Rosen er so gerne wanderte», wie sein Tagebuch im Juni 1844 vermerkt) zu dem Lorbeerblatt:

«O Thüringen, bei Deines Namens Klang
Ist mir, als hört' ich Weltenstimmen tönen;
Das Land, wo Luther sprach und Goethe sang;
Die Heimat ist's des Herrlichen und Schönen!»

Charlotte Krackow, die, nach der Tante Tod, noch fast ein halbes Jahrhundert die Verantwortung für das Haus an der Jakobstraße zu tragen hatte, beschloß, dieses Stück «Altweimar», um es jeder Willkür zu entziehen, der öffentlichen Hand zu übergeben. Sie starb am 13. Juli 1915; zwei Jahre später übernahm die Stadt den Kirmsschen Besitz. – In der Folge wurde sinnvollerweise das Erdgeschoß für kleinere Sammlungen, zum Gedächtnis von Musäus und Johannes Daniel Falk, genutzt und die Etage, in der einst Andersen wohnte, in ein Herder-Museum verwandelt.

Literatur: Gertrud Ranft: Das Kirms-Krackow-Haus in Weimar. Hrsg. von den Nationalen Forschungs- und Gedenkstätten der klassischen deutschen Literatur in Weimar. – Wolfgang Huschke: Die Beamtenschaft der Weimarischen Zentralbehörden beim Eintritt Goethes in den Weimarischen Staatsdienst (1776). In: Nr. 3 der Schriftenreihe der staatlichen Archiv-Verwaltung. Berlin 1953. – Erinnerungen der Charlotte Krackow. Hrsg. Eduard Scheidemantel. Weimar 1936.

Büsten Goethes von G. M. Klauer, um 1780.

Klauer Gottlieb *Martin*

(Rudolstadt 29. August 1742–4. April 1801 Weimar).

Der eine war erfolglos, ein beiseite geschobener Mann, der andere anerkannt und Meister eines florierenden Unternehmens. Dennoch rücken Herkunft, Begabung, Leistung Johann Ernst → Heinsius und Martin Klauer dicht aneinander. Beide waren Thüringer, entstammten dem Handwerkermilieu, wuchsen in derselben spätbarocken künstlerischen Tradition heran. Beide strebten fast zum gleichen Zeitpunkt nach Weimar, und beide bewährten sich hier, obwohl schmale Talente, als ausgezeichnete Porträtisten. Redlich hielten sie, Zug um Zug, das Antlitz fest, das sich ihnen darbot. Ihre Arbeiten, Bild und Büste, ergänzen, bestätigen einander. Malend modellierend geben sie das Gesicht, die Gesichter des Weimarer Kreises jener Jahre wieder, schreiben präzise und höchst lebendig die Physiognomik der Epoche.

Als Anna Amalia 1773 Klauer auf sein Gesuch hin zum Hofbildhauer mit 100 Talern jährlich ernannte, die ihr Sohn (Klauer zugleich zum Lehrer der Fürstlichen Zeichenschule bestellend) 1781 um 200 Taler aufstockte, lagen mehr als ein Jahrzehnt Lehr- und Wanderjahre hinter ihm. Er, der Schneiderssohn, hatte in der Werkstatt Karl Adolf Kändlers, eines Holzbildhauers, gelernt; er war dann, wie er selbst mitteilt, vier Jahre «in der Fremde», wohl mit Stationen in Gera, Dresden, Potsdam, sich weiter ausbildend unterwegs gewesen und kehrte 1767, nun «ein kunsterfahrener Bildhauer», nach Rudolstadt zurück, wo man ihm zwei Jahre später gestattete, sich als Meister mit Werkstatt niederzulassen. – 1772 hatte er ein erstes Mal geheiratet, doch die Frau und das soeben geborene Kind starben noch im gleichen Jahr, wogegen ihm aus einer zweiten, wohl bald darauf geschlossenen Ehe drei Söhne und vier Töchter blieben. – In Weimar, wohin Klauer schließlich nach kurzem Aufenthalt in dem ländlichen, der Residenz jedoch benachbarten Berka zog, gelang es Goethe, den Bildhauer durch Anspruch und Auftrag über die Grenzen handwerklicher

Routine hinauszuzwingen. Er erbat von ihm, dem erfahrenen Steinmetzen, die Begutachtung eines schönfarbigen blaugrauen Kalksteins, den er unter den Trümmern der Schloßruine entdeckt hatte und der, wie man erfuhr, aus einem längst aufgelassenen, halb vergessenen Steinbruch beim nahen Oettern kam. Nachdem feststand, daß sich, wie Goethe im August 1778 Freund Merck meldete, «in dem Stein mit der höchsten Delikatesse arbeiten ließ», erbot er sich sofort als Modell. Dem Goetheschen Tagebuch ist zu entnehmen, daß die Sitzungen im September 1778 begannen. Weiter ist vermerkt, daß Goethe bereits im Dezember Klauer den sechsjährigen Fritz von Stein zuführte und, in Gedanken an das leidenschaftlich verehrte Vorbild antiker Plastik, den Bildhauer dahin brachte, den nackten Knabenkörper «nicht aus dem Kopf», also gemäß der überkommenen und erlernten, barocken «Putto-Formel», sondern so, wie er sich dem prüfenden Blick darstellte, zu bilden. Klauer habe, «Gott sei Dank! endlich ein übergroß Studium an dem schönen Körper gefunden», notierte Goethe weiter, und er nimmt sich vor, die Geschichte, wie es von Anfang an zugegangen, nicht zu vergessen. – Sein eigenes Konterfei zeigte (wie auch die Büsten, die 1780 und 1790 in mehreren Varianten folgen sollten) zu seiner freudigen Überraschung, daß Klauer befähigt war, im genauen Hinsehen und Nachformen, Geistiges im Körperlichen sichtbar zu machen. In den sparsam modellierten Hebungen und Senkungen der Wangen, der Stirn, der Mundpartie wurde, ohne Steigerung, ohne Effekthascherei, des Dichters innerstes Wesen deutlich. «Hier ist alles», sagt Ernst Beutler, «Zartheit und Fülle, Geistigkeit und Natur, Offenheit und Ernst im Ebenmaß der wahren Form.» – Der Herzog aber, angeregt durch diese hoffnungsvollen Ansätze künstlerischer Tätigkeit, beurlaubte im Mai 1779 seinen Hofbildhauer (versehen mit 200 Talern Reisegeld) für einen Besuch des Mannheimer Antikensaals. Das war eine der wenigen Stellen diesseits der Alpen, wo, wenn auch nicht im Original, doch immerhin im guten Abguß Werke antiker Plastik zur Schau standen. – Wir wissen nicht, wie Klauer die Wochen in Mannheim nutzte, doch es ist anzunehmen, daß er «diesen Wald von Statuen, diese große ideale Volksgesellschaft» (wie Goethe die Mannheimer Sammlung nannte) eifrig durchstreifte, daß er intensiv Gruppe und Figur betrachtete, daß er zeichnete, den Skulpturen Maß nahm und sie, soweit ihm erlaubt war, in Gips nachformte. – Wieder zurück in Weimar, vertiefte sein Studium der Lavaterschen «Physiognomischen Fragmente», wie seine Nachzeichnungen beweisen, den Mannheimer Anschauungsunterricht. – Er gewann Abstand von den ihm geläufigen Barock- und Rokokomustern und sah sich hingewiesen auf eine neue, klassizistischen Normen zugeneigte Manier des Sehens, in der er sich bereits unter Goethes drängelnder Direktive versucht hatte.

Dabei blieb er, von dem schmalen Bereich seiner Porträtplastik abgesehen, «Handwerker», und das (nach Goethes Zeugnis) «rüstig durch viele Jahre». In seiner Werkstatt produzierte er in Stein, in Gips und seit 1791 mit der Gründung einer «Kunstbacksteinfabrik» (angeregt durch die Artificial-Stone-Manufactory des Mr. Coade in Lambeth bei London) in wasserfestem, gebranntem Ton (Toreutica-Ware genannt), was und wie es gefiel, ohne sich bei dem einzelnen Produkt um Originalität, um den Nachweis einer eignen künstlerischen Handschrift zu mühen. Die Rechnungsbücher, von 1779 bis zu seinem Tod geführt, und zwar in einem «Thüringisch», wie er es sprach («eine gleine piste vom Geede 26 Taler» oder «Paralif» statt Basrelief), lassen das Angebot in seiner überbordenden Fülle erkennen: Für den Friedhof Grabplatten, Grabmonumente; für Park und Garten in Stein oder Terrakotta Bänke, Tische, Säulen, Sonnenuhren, Vasen, Urnen, Altäre; für den Salon, nun meist in Gips, Bilderrahmen, Konsolen, Ofenschirme, Kaminumrandungen, Ofengehäuse und als Abschluß allen Dekors: Tapetenleisten, Rosetten, Girlanden und – wieder in gebranntem Ton – Bauelemente wie Kapitäle, Architrave, Friese, Gesimse, Tür- und Fensterrahmen. Diesem Angebot gesellte sich, wie Klauers Annoncen und Katalogen zu entnehmen ist, als Abguß in Gips und Ton, das dieser empfindsamen Epoche so teure Personal eines klassizistischen Olymp: Gott und Göttin, das Geschwirr der kindlichen Genien, der Faun mit dem Cymbalum, ein anderer mit Reh oder Ziege; von schlanker Anmut die Najaden, Musen, Bacchantinnen. Mit dem Blick zurück in die Historie dazu das Bildnis eines Sokrates, eines Cicero, Horaz, Seneca, doch auch Bildnisse der Männer neuerer Zeit wie Lessing, Winckelmann, Voltaire. – Der Abguß konnte eine Figur, eine Gruppe, er konnte ein Relief, ein Medaillon oder ein Brustbild sein. Einen Herkules, kleinsten Formats, berechnete der Bildhauer mit 16 Groschen; ein Apoll, acht Fuß hoch, kostete dagegen 45 Taler, die Büsten gab Klauer für etwa 3 Taler ab. Seiner Kundschaft, die weit verstreut über Weimars Grenzen hinaus in ganz Deutschland, doch auch im Baltikum, im skandinavischen Norden, in der Schweiz und in den Niederlanden saß, sicherte er sorgfältigste Verpackung zu. – Neben dem einen oder anderen Abguß, wie der reizenden «Knöchelspielerin» oder dem «Amor, eine Nachtigall fütternd» in Tiefurt oder der Ildefonso-Gruppe in Goethes Treppenhaus hat sich auch mancherlei skulpturale Arbeit aus Klauers Werkstatt erhalten. Noch von Berka aus schuf er den «Neptun» für den Weimarer Marktbrunnen, errichtete auf dem Friedhof der → Jakobskirche Stelen, Epitaphe, Grabmäler; im Park zu Tiefurt erhebt sich, vom Gebüsch halb verdeckt, Prinz Constantins Kenotaph, an der nächsten Wegbiegung steht ein Stein, «Mozart und den Musen» zugedacht, und in Weimar führt am Hang gegenüber von Goethes Gartenhaus ein schmaler Pfad über wenige Stufen zum «Schlangenstein», einer Erinnerung an antike Rundaltäre, nach Klauers Quittung vom 2. Mai 1787 dort durch herzoglichen Befehl aufgestellt und mit schön gemeißelter Inschrift dem Genius des Orts bestimmt. Der Säulenstumpf, die ringelnde Schlange, sehr schlicht, doch an dieser Stelle, in diesem umbuschten Winkel, als Ausdruck der die Zeit bewegenden Naturfrömmigkeit, liebenswert und von anmutender Poesie. Das Motiv hatte Klauer kaum selbst formuliert, sondern wahrscheinlich Männer wie Oeser, Wieland oder Meyer. Ihm, einem Mann von leichtem Begriff und schneller Hand, doch wie Goethe meinte, ohne Imagination, blieb lediglich die Aufgabe, dem Gedanken die künstlerische Form zu geben.

Außerordentliches aber, das nur ihm gehörte, leistete Klauer erst, wenn es galt, die Landschaft eines menschlichen Gesichts zu beschreiben, in Stein oder Ton einen menschlichen Kopf nachzuformen. Mit Goethes Bildnis, das er im Herbst 1778 schuf, hatte er bewiesen, daß er scharf hinzusehen, daß er noch den kleinsten Zug zu registrieren vermochte und, was entscheidend war, daß er Stil besaß. – Diesem Bildnis folgten in dem nächsten Jahrzehnt, immer begleitet, immer ermutigt von Goethe, en buste oder en médaillon, die Reihe der Dichter und Gelehrten, die Fürstlichkeiten, doch auch die Mitglieder der Hofgesellschaft und der Regierung. Es entstand vor allem auch das Porträt illustrer Gäste, deren Abbild man zu besitzen wünschte. – Klauer, rasch arbeitend, ohne an Qualität einzubüßen, vermerkt das Dumpf-Gespannte, die Ruhelosigkeit des jungen Herzogs ebenso wie die spitz-geistreiche Häßlichkeit der Göchhausen; er sieht in Herders, in Wielands Antlitz die hohe Intelligenz, entdeckt hinter Jacobis nervöser Sensibilität eine geheime Starre; er unterstreicht mit dem Modellierholz das Spirituelle, Energische, Disziplinierte im Gesicht eines Hemsterhuis oder Fürstenberg. – Bereits 1781 rühmt Wielands «Teutscher Merkur» den Geschmack der Klauerschen Arbeiten, ein Jahr später weist der Bildhauer selbst an gleicher Stelle darauf hin, daß er «im Treffen der Ähnlichkeit glücklich gewesen sei» . . . Stetig erweiterte Listen, nun Jahr um Jahr in → Bertuchs «Journal des Luxus und der Moden» erschienen, bringen den Hinweis, daß er die Büsten auch als Kopie oder im Abguß liefern könne, und im September 1791 erklärt Goethe in einer Sitzung der Freitagsgesellschaft, er wünsche, daß die Bildnisse, «die unser Klauer gearbeitet und die uns und den Auswärtigen interessant sind und es auch den Nachkommen sein werden, einen Platz fänden, wo man sie alle, ohne Ausnahme, aufstellen und wo man noch Manches, das zerstreut liegt, sammeln könnte . . .» Dennoch widerfuhr Klauer, der, noch nicht sechzig Jahre alt, der Schwindsucht erlag, das gleiche Schicksal wie Heinsius. Er wurde vergessen; seine Arbeiten, diese meist leicht grau oder ocker getönten Büsten, verschwanden in den Ecken und Winkeln, wo sie verstaubten und unansehnlich wurden.

Die Söhne, obgleich beide in der väterlichen Werkstatt ausgebildet, hatten nicht vermocht, das Klauersche Unternehmen erfolgreich fortzuführen. Der eine, Friedrich Wilhelm, 1778 geboren, war ein Tunichtgut. Um 1800 war er dem Elternhaus im Streit entlaufen; in den nächsten Jahren saß er wiederholt im Rudolstädter Zucht- und Arbeitshaus ein. Doch auch Ludwig, um vier Jahre jünger, zeigte sich weder als Künstler und Techniker noch als Kaufmann der Aufgabe gewachsen. Selbst der mechanische Nachguß des übernommenen Formenguts wollte nicht gelingen; fremdes Kapital mußte aufgenommen werden, und 1808 war es so weit, daß die Familie gezwungen war, Wohnhaus und Werkgelände zu veräußern. – In Erinnerung blieb, daß Ludwig Klauer im Mai 1805 Schillers Totenmaske und wenige Monate später, «unter Direktion des Dr. Gall», Wielands Gesichtsabdruck nach dem Leben abgenommen hatte. Beide Masken nutzte er zu Büsten der Dichter, beide trocken und ohne die Kraft, die des Vaters Bildnisse besaßen. – Diese entdeckte erst wieder unser Jahrhundert und räumte ihnen den Platz ein, der ihnen gebührt.

Literatur: Walter Geese: Gottlieb Martin Klauer. Der Bildhauer Goethes. Leipzig 1935. – Wilhelm Bode: Martin Klauer, der Bildhauer im klassischen Weimar. In: Stunden mit Goethe. Band 5, S. 241–288. Berlin 1909. – Ernst Beutler: Taten und Ruhm von Gottlieb Martin Klauer. In: Essays um Goethe. Zürich/München 1980, 7. Aufl., S. 502–508.

Klinckowström *Leonhard* Freiherr von
(Engelswacht/Pommern 9. Oktober 1742–[?]).
Aus einer weit verzweigten, im Pommerschen siedelnden, ländlich-bäuerlich deutschstämmigen Familie; im frühen 15. Jahrhundert dann aufgestiegen zum reichen und auch mächtigen Patriziat in Prenzlau, wenig später ebenso in dem bedeutenderen Stralsund. Baronisiert aber erst um 1700, und zwar im Dienst der schwedischen Krone, der, seit Gustav Adolfs Okkupation der deutschen Ostseeküste im Dreißigjährigen Krieg, Pommern unterstand. – Leonhard von Klinckowström zählte seit November 1765 als Kammerjunker d' honneur (nur freie Tafel, 400 Taler Jahresgehalt erst 1768) zu Anna Amalias Hof, rückte 1775, bei Carl Augusts Regierungsantritt, zum Reisemarschall, 1781 zum Hofmarschall auf. Ein geschmeidiger, wegen seiner Sprachkenntnisse sehr geschätzter Kavalier: höflich, galant, schmeichelnd nach oben, aber impertinent und tückisch Untergebenen gegenüber, was neben anderen Zeugen auch Goethe indigniert beobachtete. Für ihn war der Baron, wie die Briefe an Frau von Stein zeigen, ein «Nobody», der «ein höllisches Heer an Prügeln» verdiente (24. März 1776). Dazu ein Verschwender, dienstlich und privat ein Schuldenmacher; für das Hofzeremoniell gut, keineswegs aber für die Hofökonomie geeignet, wie Karl von Lyncker feststellt. – Verführt durch des Marschalls Beispiel stieg unter seiner Ägide die Neigung, besonders der jüngeren Kavaliere, zum luxuriösen Auftritt, mit prunkender Garderobe, mit eleganten Wagen und Pferden, der sich noch die verderblichste Spielleidenschaft gesellte. – 1789 unterschlug Klinckowström einen größeren Betrag (bestimmt zum Ankauf eines kostbaren Porzellanservice der KPM Berlin) und entschwand, wie man in Weimar meinte, «vor Tagesanbruch mit Sack und Pack» in Richtung Stockholm. – Die Familiengeschichte, die nichts von dem Skandal weiß (oder wissen will), erklärt, der Baron habe auf eigenen Wunsch den weimarischen Dienst quittiert, sei nach Pommern (wo er aber bereits 1787 den Familienbesitz Engelswacht verkauft hatte) zurückgekehrt und habe dort 1792 das Amt eines Regierungsrates übernommen. Im Oktober 1800 schloß er eine späte Ehe, die kinderlos blieb. Wann und wo er starb, ist unbekannt.
Literatur: Georg von Klinkowström: Geschichte derer von Klinckowström. Cassel 1889.

Knebel Carl *Bernhard* Maximilian von
(Jena 1813–1844 Jena).
Carl Ludwig und Louise von Knebels spätgeborener Sohn. Nach den spärlichen Nachrichten ein munter-freundliches Kind: im Hause erzogen; der Hofmeister: Christian Ernst Friedrich Weller zugleich Assistent an der Biblio-

thek zu Jena. Durch Vermittlung Charlotte von Steins, seiner Patin, mit zwölf Jahren Aufnahme in das Pagencorps der Herzogin Louise, später zum Hofjunker ernannt und nach juristischen Studien Gerichtsassessor in Jena. – Blieb auch nach dem Tod des Vaters bis zu seinem eigenen frühen Ende im Haus der Mutter. – Goethe hatte durch die Jahre freundlichen Anteil an Bernhard von Knebels Entwicklung genommen.

Carl Ludwig von Knebel, nach einer Rötelzeichnung von Goethe, 1776/77.

Knebel *Carl* Ludwig von

(Schloß Wallerstein bei Nördlingen 30. November 1744–23. Februar 1834 Jena).

Obwohl nicht sonderlich produktiv und keiner der Hochbegabten, kommt Carl Ludwig von Knebel, den Goethe seinen Urfreund, doch an anderer Stelle auch einen unzusammenhängenden, sonderbaren Mann nannte, das Verdienst zu, Initiator einer Bewegung zu sein, die wir uns gewöhnt haben, Klassisches Weimar zu nennen. In einem tatenarmen Leben eine Tat, die Folgen hatte.

Im 15. Buch von «Dichtung und Wahrheit» ist nachzulesen, wie an einem winterlich-dämmrigen Vormittag im Dezember 1774 «ein wohlgebildeter schlanker Mann» im Haus am Hirschgraben zu dem jungen Wolfgang Goethe in die Mansardenstube trat, sich als Kammerherr von Knebel und als Begleiter zweier Prinzen aus Weimar vorstellte. Diese seien, erklärte der Besucher, auf einer Bildungsreise nach Paris begriffen und eben, zur kurzen Rast in Frankfurt, im nahe gelegenen Roten Haus abgestiegen. Nach angeregt-herzlichem Gespräch forderte Knebel den Dichter auf, der begierig war, Näheres über dieses Weimar, diesen neu etablierten Musenhof, zu hören, ihn zu seiner Reisegesellschaft zu begleiten. Die Prinzen sähen, wie Knebel betonte, ihm, dem berühmten Autor des «Götz» und «Werther», mit Spannung entgegen. – Sympathie war auf beiden Seiten die erste Reaktion, Zuneigung, Freundschaft die Folge und das Resultat ein Zusammenwirken von Fürst und Dichter, das, Anna Amalias Musenhof weitend und seine Grenzen überschreitend, Epoche machen sollte.

Knebel kam aus Franken, wohin er auch (obwohl in Weimar fest installiert) bis in die neunziger Jahre oft für Monate, ja selbst für Jahre (1781–1784; 1790/91) zurückkehrte. Er war auf Schloß Wallerstein geboren, wo der Vater kurze Jahre als Kanzler des Fürsten Oettingen amtierte; in Ansbach und Regensburg wuchs er auf; Nürnberg war ihm vertraut. – Es stimmt zwar nicht (wie spätere Forschung nachgewiesen hat), aber Knebel selbst war überzeugt, niederländischer Herkunft zu sein. Ihn, den die engen und ärmlichen deutschen Verhältnisse bedrückten und der das verrottete Heilige Römische Reich grimmig verachtete, beflügelte der Gedanke, von Männern abzustammen, die nur Verfolgung und bittere Not in dieses Reich hatten treiben können. Er hielt sie für Nachfahren eines Hanns Knevel, der, wie Knebel meinte, im Kampf gegen das spanische Joch 1572 auf dem Marktplatz von Antwerpen den Feuertod erlitten habe. – Beweis war ihm ein Stich, hundert Jahre nach diesem politischen Martyrium entstanden und 1685 in Jean Luykens Théâtre des Martyrs veröffentlicht. Dieses Blatt zeigt Margarete von Parma und vor ihr, stehend, einen Mann in Fesseln. Das sei Hanns Knevel, erläutert der beigefügte Text. Ihn, den großen Herrn aus reichem Haus und mit einer ihrer Damen eng liiert, versuche hier die Statthalterin zum Widerruf zu bewegen. Er jedoch wählte den Tod «für Gott und Freiheit». Ein Entschluß, den Knebel, gequält von dem «armseligen Bedientengeist der Deutschen» und ihrem Mangel an «kräftigerem Freiheits- und Ehrgefühl», heiß bewunderte. – Tatsache aber ist, daß Margarete bereits fünf Jahre vor diesem Zeitpunkt die Statthalterschaft an Alba übergeben hatte und wahrscheinlich außer Landes war. Tatsache ist weiter, daß 1572 ein Hanns Knevel in Antwerpen den Tod im Feuer fand. Doch das war ein Handwerker, ein Tuchscherer, der, wie man vermuten darf, kaum über Beziehungen zu Hofdamen und Regentinnen verfügte. Auch wissen wir nichts über die Motive, die ihn auf den Scheiterhaufen brachten, und nichts von Brüdern, die in Deutschland Schutz vor seinen Schergen gesucht hätten. – Dagegen ist die Knebelsche Familie seit langem im Fränkischen nachweisbar. Ein Zweig zählte in Nürnberg bereits um 1500 zu den «ehrbaren», wenn auch nicht zu den patrizischen Geschlechtern. Erst Friedrich der Große nobilitierte 1756 Carl Ludwig von Knebels Vater. Dieser, ein tüchtiger Jurist, hatte (nun Gesandter des Markgrafen von Ansbach-Bayreuth) auf dem Reichstag zu Regensburg Friedrichs Partei gegen Habsburg ergriffen.

Der Sohn, nachdenklich-empfindsam, übrigens schon mit vierzehn ein tüchtiger Lateiner, hätte sich gern der Theologie zugewandt. Der Vater aber, sicher wohlmeinend, doch für die Familie ein Tyrann, dem Knebel vorwarf, seinen und der Geschwister Lebensmut gebrochen zu haben, bestand auf dem Studium der Jurisprudenz. Widerwillig ging Knebel 1764 nach Halle, verließ aber nach einem knappen Jahr die Universität und wandte sich nach Potsdam, wo er, empfohlen durch einen seiner Brüder, Aufnahme in das Garderegiment des Prinzen von Preußen fand. – In Halle hatten ihn die Kollegs gelangweilt, und das studentische Treiben schien ihm mit 800 Talern im Jahr zu kostspielig, wogegen ihm der preußische Sold erlaubte, den Vater zu entlasten, der noch für vier weitere Söhne und eine Tochter zu sorgen hatte.

Getrieben von der Sehnsucht, am geistigen Leben der Zeit teilzuhaben, las er viel. Der sorgsam geführte Schreibkalender (1780–1834) verzeichnet nahezu lückenlos alle Autoren und Werke, die der Epoche wichtig waren. In Ansbach hatte er schon früh die heiter-geselligen Lieder von Johann Peter Uz kennengelernt, der (wie der Vater Jurist und ein Freund des Elternhauses) den jungen Adepten auch mit allem Nachdruck auf Dichter und Denker des Altertums hinwies. In Potsdam hielten dann Knebel weder Offizierskasino noch Rekrutendrill ab, sehr schnell die Verbindung zu den literarischen Zirkeln des aufklärerisch gesonnenen Berlins zu suchen. Friedrich Nicolai und Karl Wilhelm Ramler kamen ihm freundlich entgegen; aus Halberstadt tauchte «Vater Gleim» auf, und der gescheite Heinrich Christian Boie wies den jungen Offizier auf «neue Genies» wie Hölty, Voß und Bürger hin. – Knebels erste dichterische Versuche fanden Aufnahme in Ramlers «Liedern der Deutschen» und in Boies Göttinger Musenalmanach auf die Jahre 1771 und 1772. – Nachdem er im Sommer 1773 (immer noch Fähnrich und ohne Aussicht auf Avancement) den Abschied genommen hatte, war es für diesen entschlossenen Literaturenthusiasten nur natürlich, im September, auf dem Weg nach Franken, in Weimar Station zu machen. → Wieland war der Magnet: nun wahrhaft ein großer Dichter, den er kennenzulernen hoffte. – Vierzehn Tage war er geblieben, und er hatte gefallen. Der breitschultrige Mann, dem die Tabakspfeife nicht kalt wurde (so Goethe in «Ilmenau», der vielstrophigen Retrospektive auf das erste Weimarer Jahrzehnt), das derb-freundliche, großflächige Gesicht, die sonore Stimme zogen an. Seine ausgezeichneten Manieren, die offenbare Redlichkeit dieses jungen Soldaten überzeugten. Sie mußten ihn, verbunden mit seiner Belesenheit und temperamentvollen Teilnahme an Dichtung und Dichtern, einem Hof empfehlen, der sich mehr und mehr literarisch engagierte.

Im Mai 1774, etwa sieben Monate nach der herbstlichen Stippvisite, erreichte Knebel in Ansbach, wohin er sich ins Elternhaus zurückgezogen hatte, aus Weimar der Vorschlag, Prinz Constantins Erziehung zu übernehmen. Er strebe als jüngerer Sohn des Hauses eine militärische Karriere an, ihn darauf vorzubereiten sei Ziel der weiteren Ausbildung, und Knebel scheine, als Offizier aus friderizianischer Schule, für diese Aufgabe besonders qualifiziert. – Knebel nahm an. Zum Hauptmann aufgerückt, wurde er im Oktober 1774 als Prinz Constantins Gouverneur vereidigt. Eine seiner ersten Pflichten war, die beiden Weimarer Prinzen Carl August und Constantin nach Paris zu begleiten, mit dem Halt in Frankfurt, der die glückhafte Begegnung mit Goethe ermöglichte. – Als ländlich-stilles Domizil wies man Constantin und seinem Erzieher im Frühjahr 1776 Tiefurt, das kleine herzogliche Pachtgut an der Ilm, zu. Hier entwickelte Knebel liebenswürdigste Eigenschaften. Unter seiner Regie gewann das Pächterhaus wohnlichen Flair, und die Bauerngehege wandelten sich in einen Park englischen Geschmacks. In diesem Arkadien, einem Szenarium empfindsam-modischer Naturschwärmerei, gelang es ihm, begabt für Scherz, Witz und geistreiches Gespräch, aus Constantins winziger Hofhaltung einen Ort entspannter Geselligkeit zu machen. Weimar war nahe, und alle kamen. Der Hof, die Damen, Freunde von außerhalb, die Runde der Dichter und Philosophen. Ein Treiben entfaltete sich, ohne Zeremoniell, ohne Etikette, mit Musik, Tanz, Spiel und Feuerwerk: anspruchslose Fêtes champêtres, eine Vorform von Anna Amalias fröhlichem Rustizieren. – Vielleicht hätte ein anderer auch Zugang zu Prinz Constantin gefunden, der, indolent und labil, jeder Berührung scheu auswich. Knebel aber, seelisch selbst kaum im Gleichgewicht, war nicht der Mann, der Constantin aus sich herauslocken, dessen Fähigkeiten entwickeln, seinen Charakter hätte festigen können. – Kammerherr von Einsiedel beobachtete, wie den prinzlichen Gouverneur oft «gallichtranziger Spleen trieb, die Fingerspitzen bis auf des Nagels Sitz abzukauen», ein Zeichen kaum verhüllter innerer Rastlosigkeit. Bei aller Bonhomie war Knebel lastendem Trübsinn ebenso ausgesetzt wie Anfällen plötzlichen Jähzorns. Ohne Zögern konnte er dem Landstreicher den gerade vom Schneider gelieferten Rock freundlich hinreichen, aber auch um ein Nichts seinen Burschen besinnungslos zusammenschlagen. Bei solcher Unausgeglichenheit war zu erwarten, daß Befremden, Unbehagen, Mißtrauen Zögling und Erzieher trennten. Knebel wußte das, und er litt darunter. Als Schock, den er nie ganz verwand, empfand er aber, daß Constantin, mündig geworden, ihn im Sommer 1780 rigoros beiseite schob. Seine, des Gouverneurs, Aufgabe wäre gewesen, den Prinzen auf dessen Kavalierstour durch Europa zu begleiten. So war es der Brauch, und zudem galt dieser elegante Abschluß hochadeliger Erziehung auch als Ehrensold aller vorangegangenen pädagogischen Anstrengung. Constantin jedoch entschied sich für seinen Mathematiklehrer Hofrat → Albrecht, einen steifen, weltfremden Gelehrten, den er bis dahin wenig beachtet hatte. Es war offensichtlich, er wollte des Gouverneurs unbequemer Aufsicht entrinnen.

Knebel, tief verletzt, war entschlossen, Weimar sofort zu verlassen. Goethe, Frau von → Stein, die → Herders, die den Freund nicht missen wollten, legten sich ins Mittel. Ebenso beeilte sich der Herzog, dem Knebel wie kaum ein anderer in männlich-herzlicher Kameraderie nahestand, den Affront zu mildern. Er bewilligte und unterstützte, sowohl finanziell wie mit freundschaftlichem Rat, eine Reise Knebels in die Schweiz und den Rhein abwärts bis Düsseldorf (Juni/Oktober 1780). – Nach Knebels Rückkehr löste er das Dienstverhältnis und gewährte dem Freund ein Ruhegehalt von 600 Talern jährlich, das er später (ab 1784 mit Majorsrang) um 200 Taler erhöhte. Knebel aber wollte anderes, er wollte mehr. Ihn verlangte, wie er dem Herzog schrieb, nach der «schicklichen Bahn», nach dem Amt. Aber gerade dem entsprach, nach der Freunde Überzeugung, nicht Knebels Anlage und Begabung. Er sei gar brav, meinte Goethe, und könne, wenn er ausharre, unendlich nutzen. Doch oft zeige er sich auch «schwankend und zu gespannt bei Faulenzerei und Wollen, ohne anzugreifen». Er war immer in Bewegung, stets wechselnd beschäftigt, doch ihm fehlte Ausdauer und Disziplin. Das wußte Carl August. Dennoch war er überzeugt, daß ein Mann wie Knebel unentbehrlich für den Weimarer Kreis war. Nütze man denn nur, fragt der Fürst den Freund, der sich abgeschoben und unterschätzt fühlte, durch Graben, Hacken, Ausmisten und Aktenverschmieren? Gebe es nicht die Möglichkeit, daß gerade einer, der wie er vom Dreck und Gestank des Weltgetriebes rein sei, das, was er in der Stille an Großem, Gutem, Schönem gesammelt, vor den Freunden ausschütte und es mit ihnen teile? Halte er, der doch so aufmerksam zuhören könne, so klug und kritisch urteile, so warm mitempfinde, es für ein allzu geringes Los, nichts als die Hebamme guter Gedanken zu sein? – Knebel war nicht recht überzeugt. Wieder und wieder bedrängte er (wohl auch finanziell im Druck) den Herzog. Doch als dieser, mit der schwierigen Konstituierung des Deutschen Fürstenbundes befaßt, im Winter 1787 hoffte, sich den Freund als Reisebegleiter und Geheimsekretär zu attachieren, erlahmte Knebel rasch. Schon das Frühjahr sah ihn wieder in Jena «in ein tätiges Nichtstun vergraben», wobei er, sein schlaffes Ausweichen nicht in Rechnung stellend, alle Schuld am Privatisieren dem Herzog zuschob. Er sah nicht, daß hier wie in zwei weiteren Angeboten seines Herrn (von diesem wohl auch so gedacht) Ansätze zu festerer beruflicher Bindung gelegen hätten. Knebel aber winkte auch dieses Mal ab. Er fühle sich indisponiert, seine Kräfte reichten nicht aus. Der Herzog reagierte zwar freundlich, doch spürbar resigniert.

Knebels politische Überzeugungen, schon immer, wie Hans Tümmler zeigt, «mit einem starken Tropfen demokratischen und sozialkritischen Öls gesalbt», verschärften sich unter dem Einfluß der Französischen Revolution, deren Ausbruch er, zur Irritation seines Fürsten, jubelnd begrüßte, wie auch wenig später den Aufstieg und die Eroberungszüge Napoleons. – Mit steigendem Mißmut beobachtete er Carl August, addierte dessen Fehler und registrierte erzürnt Übergriffe, die sich der Herzog, bei aller Liberalität doch auch ein Autokrat, leistete. Zur Überraschung, ja lebhaften Indignation der Freunde, die nur Torheit in diesem Schritt sehen konnten, fühlte sich Knebel plötzlich berufen, einen solchen Übergriff des Fürsten scharf zu rügen und ihm mitzuteilen, daß er gewillt sei, die Folgen auf sich zu nehmen und gutzumachen, was Carl August gefehlt habe. Im Februar 1798 heiratete er, ein Mann von 54 Jahren, die junge Louise → Rudorf, die, von dem Herzog verführt, 1796 einen Sohn Carl Wilhelm geboren hatte, den nun Knebel adoptierte. Kühl nahm der Herzog die Rüge hin, schrieb nur in einem kurzen Billett dem Freund, er halte ihn für alt und erfahren genug, um zu wissen, was zu seinem Frieden diene, und er wünsche ihm von Herzen, daß ihn das beste Glück stets begleite ... – Wohl in dem unbehaglichen Gefühl, daß ihm Carl August gegenüber, von dessen Wohlwollen seine Existenz abhing, die Rolle des Moralisten nicht recht zustand, hatte er vor der Eheschließung versucht, im Ansbachschen Staatsdienst ein Unterkommen zu finden. Doch die Verhandlungen zerschlugen sich; er blieb weiter auf Weimar angewiesen. – Bisher hatte er, stets Gast in Häusern des Herzogs oder der Freunde, wechselnd in Weimar und Jena gelebt, wobei er die stille Universitätsstadt der Residenz mit ihrem geselligen Treiben vorzog. Jetzt siedelte er auf Herders Rat, mit dem er, besonders auch in der Opposition gegen Carl August, eng verbunden war, nach Ilmenau über, immerhin die Distanz einer kleinen Tagesreise zwischen sich und den Weimarer Freundeskreis legend.

Konstant aber blieb, in diesem durch so mancherlei Launen und Grillen getrübten und verzettelten Dasein, Knebels Liebe zu dem weiten Bereich geistiger Arbeit und geistigen Genusses. Er treibt Griechisch, er treibt Englisch. Goethe bezieht ihn in seine naturwissenschaftlichen Forschungen ein, unter denen Mineralogie und Botanik Knebel besonders anziehen. Herder wiederum inspiriert ihn zu geschichtsphilosophischen und anthropologischen Studien, und Madame de Staël erbittet von ihm, im Winter 1803/04, eine Darstellung der deutschen Literatur des 18. Jahrhunderts, in der Knebel, da er den großen Mann samt seiner Dichtung ebenso wie Klopstocks Bardenpoesie und später die Romantiker ablehnt, noch nicht einmal Schillers Name erwähnt. Schiller seinerseits hatte bereits bei seiner ersten Begegnung mit Knebel im Juli 1787 an Körner geschrieben, er verstehe nicht recht, wieso in Weimar so erstaunlich viel aus diesem Knebel gemacht werde. Er für seine Person sei überzeugt, daß sie nicht füreinander taugten. – Neben diesen größeren Arbeiten entstehen durch die Jahre, alle sorgfältig geglättet und gebosselt, Sinngedichte, Oden, Elegien, Epigramme, meist als Freundesgabe gedacht und nur in kleiner Auswahl veröffentlicht («Sammlung kleiner Gedichte», 1815; «Lebensblüten», 1826). – Eine Aufgabe aber, der sich Knebel, von Goethe, Herder, Böttiger, ja selbst von Schiller gedrängt, mit Eifer hingab, ist die Eindeutschung fremdsprachiger Poesie. Darunter nur wenige Proben zeitgenössischer Dichtung: einiges von Byron und Alfieris «Saul», 1811 in Weimar aufgeführt und 1829 in Buchform herausgegeben. – Doch Knebels wahres Interesse gilt der antiken Literatur. 1788–1790 legt er Properzische Elegien vor, deren Themen Goethe zu den «Erotica Romana» anregen, während wiederum Knebel durch das Beispiel der 1795 erschienenen «Römischen Elegien» den Mut findet, seine Prosa in Distichen umzugießen. Achtzehn dieser Elegien erscheinen 1795 in Schillers «Horen», die doppelte Anzahl zwei Jahre später als selbständiger Band. – Auf Lukrezens Lehrgedicht «De rerum natura» war Knebel bereits 1784 durch Herder hingewiesen worden. Er entschloß sich, die vollständige Übertragung zu wagen. Langsam, unter Goethes stetem Zuspruch, kam die Arbeit voran. 1821 ging das Manuskript in Druck. Zehn Jahre später erschien eine zweite und verbesserte Auflage.

1803 war Knebel, dem in dem entlegenen Ilmenau die geselligen und geistigen Anregungen fehlten, nach Jena zurückgekehrt. Er mietete sich zunächst am Neutor ein, bezog aber vier Jahre später ein ihm gemäßes Haus im Paradies, einem hübschen Winkel am Saale-Ufer gelegen. Den Blick aus Knebels Arbeitsstube, über den Garten hinweg, zum klargezogenen Dreieck des Hausbergs hinüber, hielt Goethe 1810 in einer Handzeichnung fest. Die «ruhige und heitere Wohnung» war Knebel so wert, daß (auf Betreiben des Landrats von Lyncker) sich 1821, als eine Kündigung drohte, die Freunde vereinten, das Haus kauften und seinem Bewohner schenkten. – Knebel blieb ein Hypochonder, eine bizarre Figur, ein wunderlicher Kauz, dennoch schien den Zeitgenossen sein Dasein mit den steigenden Jahren mehr und mehr Züge einer Idylle anzunehmen. Die Eheleute, die tumultuarische Zeiten hinter sich gebracht hatten, lernten miteinander leben; 1813 wird Bernhard geboren, nun zu dem Adoptivsohn das eigene Kind; Henriette, Knebels einzige Schwester, in Weimar Erzieherin der Prinzessin Caroline, hatte zu ihm zurückgefunden; die Freunde, unter ihnen besonders willkommen Goethe, kehrten gern in dem Haus am Paradies ein, das die behaglichste Gastlichkeit entfaltete. Dazu pflegte Knebel weiter seine ausgedehnte Korrespondenz, unter deren Adressaten kaum einer der wichtigen Namen des Weimarer Kreises fehlt. – Ein Zeichen, wie lebhaft in diesem Kreis seine Zugehörigkeit gefühlt wurde, ist August von Goethes Trinkspruch, der, den Vater im Weimarer Stadthaus bei der Feier von dessen fünfzigjährigem Dienstjubiläum vertretend, in Goethes Auftrag das Glas hob und des Majors von Knebel in Jena gedachte, dem der Dichter «seine erste freundliche Aufnahme und den Eintritt in dieses Land verdankte» . . . und Goethe selbst schrieb wenige Wochen später zum hohen Geburtstag «dem teuern Lebensgenossen, dem alten Weimarer Urfreund: Dir ins Leben, mir zum Ort / Leuchtete dasselbe Zeichen. / Und so ging, so geh es fort / Unsrer Freundschaft sondergleichen.»

Literatur: K. L. von Knebel's literarischer Nachlaß und Briefwechsel. Hrsg. von K. A. Varnhagen von Ense und Th. Mundt. 3 Bände. Leipzig 1835/36. – Hellmuth Freiherr von Maltzahn: Karl Ludwig von Knebel, Goethes Freund. Jena 1929. – Hans Tümmler: Knebel und Carl August. In: Goethe, Viermonatsschrift der Goethe-Gesellschaft, 9, 1944, S. 109–139.

Knebel *Carl* Wilhelm von

(Templin/Uckermark 18. Januar 1796–6. November 1861 Jena).

Illegitimer Sohn Carl Augusts aus einer Liaison mit Louise → Rudorf. 1798, bei deren Verheiratung mit Carl Ludwig von → Knebel von diesem adoptiert und, unter lebhafter Teilnahme Goethes, wie ein eigner Sohn liebevoll-aufmerksam erzogen. – 1811 Immatrikulation an der Universität Jena; 1814/15 freiwillige Teilnahme an dem Befreiungskampf der Deutschen; anschließend acht Jahre preußischer Offizier, danach Forstmann und Polizeidirektor in der kleinen Herrschaft des Prinzen Reuß-Ebersdorf. – Um 1830 Aufgabe dieses Amtes, dafür Bewirtschaftung der Güter seiner Frau, einer geschiedenen Gräfin Solms, der er sich (die schwierig, elf Jahre älter und bereits zweimal geschieden war) 1825 ehelich verbunden hatte. 1834 Trennung der Gatten, 1837 Scheidung der unglücklichen Ehe; auch Verkauf des Gutes Naschhau-

sen (nur kurz in Knebels Besitz); schließlich nach mancherlei verwegenen Plänen resignierter Rückzug nach Jena, in ein sich immer dürftiger darbietendes Dasein, dem auch eine zweite Ehe (1837 mit Emilie Josephine Trautmann, einer ältlichen Pfarrerstochter aus dem nahen Königshofen) nicht mehr aufzuhelfen vermochte. – Goethe hatte dem jungen Mann noch 1832 «eine Art und Weise, die überall gefällt und Eingang findet», attestiert, und der Pflegevater schrieb, er könne sich keinen besser gearteten Sohn wünschen. Nun aber klagt die Mutter, daß sich Carl Wilhelm unglücklich fühle und krank an Leib und Seele sei. Eine Indiskretion hatte ihm die Augen über seine Herkunft geöffnet. Die Mutter mußte die Nachricht bestätigen, die «wie ein Wurm an seiner Seele fraß», ihn mehr und mehr verbitterte, so daß ihm im Rückblick seine Kindertage als Bedrückung erschienen und er behauptete, sich stets fremd im Elternhaus gefühlt zu haben. Grollend nannte er sich im November 1828 bei Carl Augusts Tod «den nie berücksichtigten Sohn des unvergeßlichen höchstseligen Großherzogs» . . .
Literatur: Wolfgang Huschke: Unebenbürtige Sprossen Carl Augusts von Weimar. In: Familie und Volk. Jg. 6. Neustadt/Aisch 1957.

Knebel *Henriette* Magdalene von
(Regensburg 29. Juni 1755–14. Juni 1813 Ludwigslust/Schwerin).
Carl Ludwig von Knebels einzige Schwester, ihm in herzlichster Zuneigung verbunden, von den Zeitgenossen als groß und schlank geschildert, «mit blitzenden blauen Augen», das Gesicht allerdings durch Blatternarben entstellt: eine aufrechte Frau, ein Charakter, nicht ohne gelegentliche Schärfe in Urteil und Reaktion, die auch vor dem Bruder nicht haltmachte, als dieser sich 1798 mit Louise Rudorf ehelich verband. – Aus der trüben Existenz im Elternhaus erlöste sie 1791 die Aufforderung, in Weimar die Erziehung der fünfjährigen Caroline, der einzigen Tochter des herzoglichen Paars, zu übernehmen. Empfohlen hatte sie für dieses Amt ihre ausgeprägte Musikalität (sie komponierte und war eine vorzügliche Pianistin), weiter die vom Bruder seit langem geförderten literarischen Kenntnisse und Interessen und vor allem das Vertrautsein mit dem ihr vom heimischen Ansbach her wohl bekannten höfischen Reglement. Mit großem Ernst, mit Ausdauer und Disziplin (unterstützt durch den Bruder) wandte sich Henriette ihrer Aufgabe zu. «Das Prinzeßchen», ein begabtes, leicht zu lenkendes Geschöpf, wurde zum Inhalt ihres Daseins, zum Faden, an dem sich, wie sie im November 1802 dem Bruder schrieb, ihr Leben fortspinne und erhalte. Geschickt koordinierte sie Unterricht und gesellige Pflichten, wachte eifersüchtig über Carolines Ansprüche und Rechte (gerade auch den herzoglichen Eltern gegenüber) und verwandelte mit dem Heranwachsen der Prinzessin deren kleine Hofhaltung (angesiedelt im Fürstenhaus) in einen Ort heiter-schlichter Geselligkeit, die jeden Eintretenden mit zarter Aufmerksamkeit umfing. – Da Caroline sich nicht von ihrer Erzieherin, die längst zur nahen Freundin geworden war, trennen wollte, folgte Henriette 1810 ihrer Herrin, die, nun Frau des Erbprinzen von Mecklenburg-Schwerin, nach Ludwigslust umsiedelte. Dankbarkeit und Liebe hatten hier, in unmit-

telbarer Nähe des Schlosses, der alten Hofdame eine Wohnstatt bereitet, wo sie (gemeinsam mit Karoline von Bose) bis zu ihrem Tod lebte. Sie starb, wie die Erbprinzessin tief bekümmert Knebel mitteilte, «nach wochenlanger schwerer Krankheit 1813, in der Nacht vom 13. auf den 14. Juni».

Literatur: Aus Karl Ludwig von Knebels Briefwechsel mit seiner Schwester Henriette (1774–1813). Ein Beitrag zur deutschen Hof- und Literaturgeschichte. Hrsg. von Heinrich Düntzer. Jena 1858. – Olga Gräfin Taxis-Bordogna: Henriette von Knebel. In: Frauen von Weimar. S. 99–126. München 1948.

Knebel *Louise* Ulrica Dorothea Emilia von, geborene Rudorf (Landsberg/Warthe vermutlich 11. Juni 1777–4. Januar 1852 Jena).

Sie war vierzehn, als sie 1791 in Begleitung der Mutter, einer geborenen von Britzcke und Witwe des Rittmeisters Rudorf vom Preußisch-Bellingschen Husarenregiment, in Weimar auftauchte. Ein liebenswertes, jugendlich-munteres Geschöpf, begabt mit einem klaren, in der Schule des berühmten Franz Benda ausgebildeten Sopran. Dazu, wie Caroline → Jagemann (in mancherlei Hinsicht Louises Konkurrentin und selbst Nachfolgerin in der herzoglichen Gunst) in ihren Memoiren schreibt, schlank und schmiegsam wie eine Birke im Winde. Auf langem, beweglichem Halse wiege sie, bemerkt Caroline maliziös weiter, nicht ohne einiges gezierte Drehen und Winden, den rotbeturbanten Kopf, dem man jedoch Schönheit und Ausdruck nicht absprechen könne . . .

Nach kurzer Probe bestimmte Kapellmeister Wolf die junge Sängerin zur Ersten Liebhaberin der Oper, der unter anderem auch Mozarts jugendliche Frauenrollen zufielen. Dennoch verließ Louise nach drei kurzen Jahren die Bühne, für die sie nach Carolines Meinung auch nicht taugte. Ihre Stimme sei zwar schön gewesen, doch habe sie «keine Idee musikalischen Talents, kein Taktgefühl und nur ein schlechtes Gehör» besessen. Lediglich auf Drängen der Herzoginmutter sei sie engagiert worden, doch sie habe regelmäßig umgeworfen und den andern Sängern das Konzept verdorben. – Louise wechselte, ob nun auf Grund dieser Bühnenuntauglichkeit oder weil Anna Amalia sie näher an sich zu binden wünschte, als Vocalistin und Gesellschafterin in deren persönliche Dienste über. Die Zuneigung der Fürstin zu dem «schönen Rudelchen», der «lieben Rudel» hatte Bestand und bewährte sich auch in prekärer Situation. Bekümmert und beschämt mußte Louise im Sommer 1795 der Herzoginmutter gestehen, daß sie ein Kind des Herzogs erwarte. «Sei Du ganz ruhig über mir», schrieb ihr die Fürstin, «ich versichere Dich auf meine Ehre, daß Du im geringsten Nichts bei mir verloren hast. Ich liebe Dich und schätze Dich so, wie ich es immer getan habe.» – Im Umkreis des Hofes gehörte Carl Ludwig von Knebel zu den Wenigen, die von dieser herzoglichen Liaison (die er scharf mißbilligte) und deren Folgen wußten. Sicherlich hatte es ihm, der unter Weimars Damen als eifriger, doch behutsam-distanzierter Bewunderer anmutiger Weiblichkeit galt, auch Louises jugendlicher Charme angetan, doch vor allem reizte es ihn, Carl August einen Rüffel zu erteilen. Obwohl ihn nahezu vier Jahrzehnte von der Siebzehnjährigen trennten, bot er Louise, als sie aus dem uckermärkischen Templin zurückkehrte, wo sie am 18. Januar 1796 im Hause von Verwandten einen Sohn geboren hatte, die Ehe an, verbunden mit der Adoption des kleinen Carl Wilhelm. – Der Freundeskreis war bestürzt. Niemand hatte von ihm, dem schwierigen, alternden Junggesellen, der kaum mit sich selbst zurechtkam, einen solchen Akt der Ritterlichkeit erwartet. Henriette von Knebel brach empört für Jahre die Beziehung zu dem geliebten Bruder ab; der Herzog, der Louise eine Rente von 200 Talern ausgesetzt hatte, reagierte mit einem ärgerlichen Achselzucken, und Freunde wie Goethe wünschten ihm, allerdings ohne rechte Überzeugung, bei diesem Unterfangen, sich das Joch der Ehe auf den alten, steifen Nacken legen zu lassen (31. Januar 1798 an Schiller), «das möglichste Glück»! – Knebel selbst aber hatte schon im November 1797 Caroline Herder gestanden, er wisse wohl, daß dieser Entschluß in seinen Jahren ein gefährlicher Schritt sei, doch er habe «Zutrauen zu dem guten, festen Sinn und dem zarten Ehrgefühl der guten Rudorf».

Alle bekamen recht. Schon am Abend der Eheschließung (am 9. Februar 1798 in Ilmenau, wohin Knebel übergesiedelt war) floh die Braut entsetzt vor dem Jähzorn des Gatten, der sich an der Bagatelle eines überheizten Zimmers entzündet hatte, wie sie auch in der Folge wieder und wieder in Weimar, besonders bei ihrer alten Herrin, Schutz suchte, was wiederum Knebel aufs äußerste verdroß. Anlaß war meist Louises Hilflosigkeit in allen Fragen der Haushaltsführung und ihr (der Musikerin!) offenbares Unvermögen, sich auch nur die Anfänge der nun gerade für Weimars Damenwelt obligatorischen literarischen Kultur anzueignen, obwohl sie, wie Wieland des öfteren kopfschüttelnd feststellte, ihr Leben mit den geistreichsten Männern der Zeit zugebracht hatte. Unbefangen gab sie ihre Mängel zu, erwies sich aber dabei oft gescheiter, zumindest freundlicher (wie Rudolphine von Both bei einem Besuch im August 1820 konstatierte) als manche ihrer Weimarer Kompatriotinnen. – Wie für Knebel war auch für Louise Geselligkeit Lebenselexier. Ihr Haus, besonders nach der Übersiedlung von Ilmenau nach Jena, war gesuchter Treffpunkt der Freunde. Ohne sich durch das Chaos in ihren Zimmern, die bei ihrer Tierliebe einer Arche Noah glichen (während in Knebels Räumen peinlichste Ordnung herrschte), inkommodieren zu lassen, entfaltete Louise an dem wohlbestellten Tisch alle Tugenden der gewandten Wirtin. Sie sang, immer noch den bunten Foulard um den Kopf geschlungen und immer noch mit angenehmer Stimme, Goethesche Lieder. Zwar war sie, wie die junge Louise Seidler notierte, mit den Jahren etwas bizarr geworden, etwas fahrig, eine Spur flüchtig, doch immer von überströmender Herzlichkeit. An Originalität glich sie Knebel, mit dem sie auch, besonders nach der Geburt Bernhards, ihres zweiten Sohnes, einen freundlichen Modus vivendi gefunden hatte.

Konstantin → Sachsen-Weimar-Eisenach, Friedrich Ferdinand Constantin Prinz von, → Seiten 349/50.

Kotzebue August von (seit 1785)
(Weimar 3. Mai 1761–23. März 1819 [ermordet] Mannheim).

Kotzebue, heute nahezu vergessen, wies um 1805 einen Rezensenten, der ihn und sein Werk nicht gelten lassen wollte, ärgerlich darauf hin, daß die meisten seiner Dramen in alle wichtigen europäischen Sprachen übersetzt und ebenso häufig, ebenso regelmäßig wie im Programm deutscher Bühnen auf Spielplänen in Madrid oder Boston, in Paris, Moskau oder Petersburg zu finden seien. Sein Publikum, von moderner Literatursoziologie gern als die neu aufsteigende bürgerliche Schicht definiert, ähnelte in Wahrheit einer Musterkarte der gesellschaftlichen Verfassung zwischen Revolution und Restauration. Vor allem durfte er sich als Favorit so großer und mächtiger Höfe wie Berlin, Wien und Petersburg fühlen. Dort verwöhnte man ihn mit persönlichsten Freundschaftsbeweisen, überhäufte ihn mit Besoldungen, Titeln, Orden, Pfründen, so daß Caroline Herder ihm neiderfüllt eine Jahreseinnahme von 12 600 Talern nachrechnete, und selbst Wieland kommentierte bissig die 8000 Taler, die er zusammenzählte, als Beweis, daß dichterische Qualität selten an der Höhe der Honorare abzulesen sei. – Unter den etwa 300 Nummern in Kotzebues Werkkatalog reihen sich Bücher, persönlichen Erinnerungen gewidmet, locker an Romane und Erzählungen, wechseln oft mit Parodien, Satiren, Pasquillen, und ihnen folgen, dicht an dicht, Possen, Lustspiele, Dramen, Tragödien, wie etwa «Menschenhaß und Reue» oder «Die beiden Klingsberg» oder «Die deutschen Kleinstädter» (von denen der Begriff «Krähwinkel» blieb). – Ein Potpourri, das im flotten Klipp und Klapp der Dialoge nichts ausspart, das alle Sehnsüchte, Hoffnungen und Träume weckt, sogar, wenn auch nur obenhin, die politischen, die geistigen Spannungen der Zeit einbezieht. Ein Spiel, das amüsiert und unterhält, das den Zuschauer zum Lachen, zum Weinen bringt, doch (im Gegensatz zur zeitgenössischen großen Dichtung) strikt der Forderung widersteht, das Publikum ernstlich aufklären, von der Bühne herab erziehen und höheren Zwecken entgegen bilden zu wollen, sondern ihm stets die leichte, die Glück verheißende Lösung jedes Konflikts vorgaukelt. – Goethe, seit 1791 für das Wohl des Weimarer Hoftheaters verantwortlich, beobachtete und diagnostizierte nüchtern die Wirkung Kotzebuescher Stücke und zögerte nicht, dessen frappantes Talent, «Zuschauer zu unterhalten und zugleich der Kasse zu nutzen», für seine Zwecke einzuspannen. Während der 4136 Spieltage seiner Intendanz wurde an 638 Abenden Kotzebue gegeben. Das waren (das Stück zu 1 Carolin) 87 Schauspiele dieses Autors, während von Iffland (ebenfalls ein Erfolgsautor) 31 Stücke, von Schiller dagegen 18, von Shakespeare 8, von Lessing 4 und von Goethe 19 (doch fast nur die Sing- und Lustspiele) aufgeführt wurden. – Es komme darauf an, die Gattungen gehörig zu unterscheiden, erklärte Goethe am 30. März 1824 Eckermann. Nur weil man das unterlasse, seien Stücke von Iffland oder Kotzebue oft ungerecht getadelt worden. Aber man könne lange warten, fuhr der erfahrene Theaterleiter fort, «ehe ein paar so populare Talente wiederkämen» . . .

August Kotzebue gehörte nach Weimar. Hier war er geboren, hier war er aufgewachsen. Hier hatte er, von dem großen Mann freundlich begrüßt, im Gebüsch des Goetheschen Gartens Sprenkel gestellt, hatte neben → Musäus, dem Dichter-Oheim, erste Theaterfreuden genossen; hier hatte er das Gymnasium, hatte die nahe Universität besucht. Doch als er, ein junger Advokat, aus Jena heimkehrte und erwartete, mit dem Titel und Amt eines «Kriegs-Sekretärs» seinen Platz in der Weimarer Bürokratie einnehmen zu können, gab man ihm zu verstehen, daß für ihn in Weimar kein Platz sei. – Für Kotzebue war und blieb, wie er noch 1817 in seinen Erinnerungen «Meine verschiedenen Bestimmungen im bürgerlichen Leben» grollend schrieb (mit Erinnerungsfehlern und melodramatisch aufgeputzt), Goethe der Bösewicht, der ihm 1781 den Zutritt verwehrt und «ihn, das Landeskind, in die Welt hinausgeworfen» habe. Eher dürfte aber Kotzebue (laut den allerdings nur mageren Nachrichten) selbst die Schuld treffen. Er hatte wieder einmal seiner Lust an Sottise und witzig-spitzer Formulierung (von ihm als «impertinenter Freimuth» interpretiert) nachgegeben und eine Posse «Die Weiber nach Mode» geschrieben, deren «verschleyerte Stadtanekdötchen» sogar die Herzoginmutter nicht verschonten. Das war für Goethe (wie auch für den Herzog) Warnung genug, den jungen Mann, der sich schon an Universität und Gymnasium den Ruf eines «hinterhältigen Zwietrachtstifters» erworben hatte, nicht in den heimischen Beamtenkreis aufzunehmen.

In Petersburg aber, wohin Graf → Görtz, «Alt-Weimaraner» und zur Zeit preußischer Gesandter an der mächtigen Katharina Hof, den jungen Juristen empfohlen hatte, gewann Kotzebues Dasein sofort Breite, Tempo, Farbe. Er begann als Sekretär, stieg rasch auf, war 1785 (nun geadelt) bereits Präsident des Gouvernement-Magistrats der Provinz Estland, löste sich aber schon 1790 aus seinen amtlichen Verpflichtungen, da der Ruf, der begehrteste Bühnenautor der Epoche zu sein, ihm erlaubte, frei seiner schriftstellerischen Arbeit zu leben. – Seinem neuen gesellschaftlichen Status gemäß verband er sich 1784 mit Friederike von Essen, der vier Jahre nach ihrem Tod, 1794, Baronesse Krusenstiern, ebenfalls aus baltischem Adel, und nach deren Tod 1804 Wilhelmina von Krusenstiern folgen. Siebzehn Kinder wurden ihm in den drei Ehen, die gut waren, geboren; ein schöner Landsitz, nahe bei Reval, war Rahmen dieser für deutsche oder gar weimarische Verhältnisse ungewöhnlich begünstigten Autorenexistenz. – Ein Rahmen, eine feste Bleibe, was Kotzebue aber nicht hinderte nahezu pausenlos mit unterschiedlichsten Stationen in Rußland, Frankreich, in Italien, in Deutschland unterwegs zu sein. Überall auf elegante und weltmännische Weise befähigt zu raschem geselligem Kontakt, ebenso schnell aber auch fertig mit ätzender Kritik und immer willens, dem Leser eiligst von Reise und Reiseerlebnis Nachricht zu geben und das eigene Verdienst ins gebührende Licht zu rücken. – So etwa 1798 das Jahr «Dramaturgie» am Burgtheater in Wien und dort, zwei Jahre vor Weimar!, die Vorbereitung einer Uraufführung der «Iphigenie»-Endfassung. – Oder im «Merkwürdigsten Jahr meines Lebens» Kotzebues sibirisches Abenteuer: grotesk Haft und Verbannung, überraschend die Befreiung, opulent die Belohnung der ausgestandenen Ängste mit dem livländischen Krongut Worokül samt 400 Seelen; nicht ohne Sinn die Bestallung zum Direktor der deutschen Hoftheatertruppe in Petersburg. Das eine Aufgabe mit unübersehbaren Gefahren und Schwierigkeiten, der sich Kotzebue vorsichtig und schnell wieder zu entziehen sucht. 1799, im Jahr vor Sibirien, war Kotzebue schon einmal in Weimar aufgetaucht; 1802, nach Zar Pauls, seines Gönners, Ermordung, kam er wieder. Ein Mann des großen Erfolgs und der großen Konnexionen. Er durfte auf den freundlichsten Empfang hoffen. Noch lebte die Mutter, «die verwitwete Frau Legationsrätin», weltklug, angenehmen Wesens und in Weimars gesellige Zirkel freund-nachbarlich integriert. Auch Amalie Dorothea, die Schwester des Vaters, diente noch immer als wohlgelittene Kammerfrau der Herzoginmutter, in deren Gefolge einst die Kotzebue-Geschwister von Braunschweig nach Weimar gekommen waren. – Anna Amalia empfing nun auch den Sohn und Neffen. Kotzebue las im Wittumspalais «Gustav Wasa». Schiller und Goethe waren unter den Gästen. Ihren Beifall, die Anerkennung, ihnen in seinen Bestrebungen zumindest verwandt, wenn nicht gleich zu sein, suchte Kotzebue zu erzwingen. Die beiden reagierten höflich, abwehrend, distanziert. Lautstark dagegen reagierten die beiden Schlegels, Führer einer neuen Generation, Künder eines neuen Geschmacks. Gnadenlos unterwarfen sie Kotzebues banale Machwerke ästhetischen Maßstäben, die sie in der bewundernden Beschäftigung mit Goethes «Wilhelm Meister» gewonnen hatten. – Kotzebue schlug mit dem «Hyperboräischen Esel» (1799) und wenig später mit den «Expectorationen» (1803) zurück, während seine Gegner in dem Pamphlet «Ehrenpforte und Triumphbogen» den «Theaterpräsidenten v. K.» (1801) verhöhnten. Höhepunkte der heftigen literarischen Fehde, in die auch Goethe intensiv verwickelt war, bildeten zwei Schlegel-Inszenierungen im Januar und Mai 1802. A. W. Schlegels «Ion» nahm das Publikum noch hin, Friedrich Schlegels «Alarcos» aber löste, von Kotzebue kräftig geschürt, einen Theaterskandal aus, den Goethe nur mit Mühe niederzuschlagen vermochte. – Kotzebue triumphierte. Ihm, dem Goethe nicht sein Haus öffnete, den er nicht in die Runde des → Mittwochskränzchens aufnahm, war gelungen, geschickt die latente Goethe-Verdrossenheit dieser Jahre nutzend, das Goethe-Publikum gegen Goethe zu mobilisieren. Ein Schiller-Fest, ein Deklamationsabend zu Ehren des Dichters, an dem, durch Kotzebue gewonnen und festlichsten Trubel erwartend, «halb Weimar» teilnahm, sollte das aller Welt signalisieren. Da aber weder der Rat der Stadt den Festsaal noch die Bibliothek die Dannecker-Schillerbüste freigaben, ging, wie sich Caroline Schlegel ausdrückt, «das ganze Fest in Trümmer». Auf Goethe aber richtete sich, obwohl ihn keine Schuld traf, «als dem einzigen feindlichen Prinzip», wie er in den «Annalen» 1802 sarkastisch anmerkt, «der heftigste Grimm». Mit dem Ausdruck höflichsten Bedauerns zogen sich Freunde und Freundinnen zurück; das Mittwochskränzchen löste sich auf; man soupierte nun bei Kotzebue, «der es sich angelegen sein ließ, in Weimar ein sehr brillantes Haus zu machen...» – Goethe schwieg. «Wie eine Mauer», sagte Caroline Schlegel (18. März) und berichtet weiter, der «alte Herr» sei so klug gewesen, «sich von Schellingen alles erzählen zu lassen, was dieser von ihm hatte hören wollen», und Wieland, der Mitte April gerne etwas von den «theatralischen Abenteuern» erfahren hätte, kann den Freund nur, «da Kotzebue zufällig erwähnt wurde», dazu bringen, «im Vorbeigehen unbefangen und *gut* von ihm; und ebenso unbefangen von den Schlegels zu sprechen». – Goethe schwieg auch, als Kotzebue, nun wieder in Berlin, im Januar 1803 den «Freimüthigen» gründete und diese Zeitschrift zum Treffpunkt der Goethe-Gegner wie → Böttiger oder Garlieb Merkel machte. Die «Invektiven», scharfbittere Anmerkungen zur fortdauernden «Schmähsucht» Kotzebues, nahm Goethe unter Verschluß. Sie erschienen erst 1842 in einem der Nachlaßbände. Auch die Darstellung jener ärgerlichen Abenteuer in den «Annalen» 1802, etwa zwanzig Jahre später und in einem lässig-spöttischen Ton geschrieben, legt nur durch ihre Ausführlichkeit den Verdacht nahe, daß Kotzebues Feindseligkeiten Goethe heftiger zugesetzt hatten, als er, um Souveränität bemüht, zuzugeben gewillt war. – Für sich selbst versuchte er schließlich das Fazit dieser mit soviel Fragwürdigkeit beladenen Existenz in einer kleinen Skizze, «Kotzebue» betitelt und wohl um 1825 entstanden, zu ziehen. Nachdenklich weist er darauf hin, daß dieser Mann, «bei seinem ausgezeichneten Talent in seinem Wesen eine gewisse Nullität hatte», und fügt, fast entschuldigend, hinzu, daß niemand eine solche überwinde. «Sie quälte und nötigte ihn», fährt Goethe fort, «das Treffliche herunter zu setzen, damit er selber trefflich erscheinen möchte!» – Die Theaterarbeit, mit Kotzebue als wichtigem Autor, ging trotz allen Querelen weiter, aber als Kotzebue sich 1817 in Weimar niederließ, verscheuchte seine Anwesenheit, wie Humboldt schrieb, Goethe fast ganz nach Jena. – 1806 hatten Preußens Zusammenbruch und Napoleons Siege es Kotzebue ratsam erscheinen lassen, auf seinen estländischen Gütern und, als die Napoleonischen Armeen näherrückten, in Petersburg und im russischen Dienst Schutz zu suchen und zu finden. Mit den Zeitschriften «Die Biene» und wenig später mit der «Grille» nahm er journalistisch den Kampf gegen Napoleon auf; folgte dem russischen Hauptquartier, edierte dessen deutschsprachige Bulletins, gab bis 1813 das «Russisch-Deutsche Volksblatt» heraus, übernahm 1814 die Leitung des Russischen Generalkonsulats in Königsberg, wurde jedoch ein Jahr später zum «literarischen Korrespondenten in Deutschland» ernannt, das heißt, er hatte zwei bis dreimal im Jahr den Zaren persönlich über alles zu informieren, was in Kunst und Literatur, was in Politik und an den Universitäten in den deutschen Territorien geschah. – Kotzebue wählte zur Erfüllung dieses Auftrags, den er als «diplomatische Mission» verstanden wissen wollte, Weimar zum Standort. Sofort wurde deutlich, daß er, der in seinen Anfängen von den Idealen der späten Aufklärung geprägt war, als Verfechter entschiedenster Reaktion zurückgekehrt war. – Aggressiv, wie in den alten Tagen der literarischen Händel, griff er jetzt im «Literarischen Wochenblatt», von ihm 1818 in Weimar gegründet, in die hoch brisanten politischen Auseinandersetzungen der Zeit ein. Er machte sich zum Sprachrohr der Heiligen Allianz, feierte den absolutistischen Machtanspruch großer und kleiner Fürstlichkeiten, verspottete den Traum von Freiheit und Gleichheit, befürwortete die Zensur der Presse, entschied sich gegen jede akademische Selbstbestimmung. Er gab, ohne Instinkt für deren Berechtigung, die jugendlichen Forderungen und Ideale (darunter auch die Jahnsche Turnerei) der Lächerlichkeit preis, denunzierte die Burschenschaften als Brutstätte aller gegenwärtigen und künftigen Übel und spürte anscheinend nicht, wie er selbst, der noch dazu als Spion des Zaren galt, Haß und Verachtung auf sich zog, wie er in den Augen der akademischen Jugend zu der Person wurde, in der sich die Reaktion, die Unfreiheit, «der Erbfeind» verkörperte. – Es bedurfte nur noch der patriotischen Aufregung des Wartburgfestes, vom «Literarischen Wochenblatt» übel verhöhnt, um in einem politischen Fanatiker und Wirrkopf wie Karl Ludwig Sand, Theologiestudent in Jena und tief bewegter Festteilnehmer, die Überzeugung zu festigen, daß es seine Aufgabe sei, mit Kotzebue «jedwedes Unreine, Unedle, Schlechte» auszumerzen. – Am 23. März 1819 stach er den Staatsrat in dessen Wohnung zu Mannheim nieder, wohin Kotzebue, der sich in Weimar nicht mehr sicher fühlte, übergesiedelt war. – Eine Wahnsinnstat, die, wie Hans Tümmler sagt, kein anderes deutsches Staatswesen so hart und unmittelbar traf wie Weimar. Dieser Mord bot der Reaktion endlich die Handhabe, diesen Staat, der, dank den liberalen Überzeugungen seines Fürsten, eine Verfassung, eine freie Presse, eine unabhängige Universität besaß, unter «Kuratel» zu stellen und zu zwingen, den Restriktionen, die die Kabinette von Wien, Petersburg und Berlin dem «Altburschen Carl August» und seinem Land auferlegten, Folge zu leisten.

Literatur: Peter von Kotzebue: Auch ein deutsches Dichterleben. Stuttgart 1988. – Frithjof Stock: Kotzebue im literarischen Leben der Goethezeit. 1971.

Kotzebue Levin Karl Christian

(Braunschweig 1727–1761 Weimar).

Vater des Bühnenautors und 1756 als Sekretär der jungen Herzogin Anna Amalia, in deren Dienst er in wenigen Jahren zum Legationsrat aufstieg, mit seiner Schwester Amalie Dorothea von Braunschweig nach Weimar gekommen. – Er gehörte, wie auch seine Frau Christina (1736–1828), Tochter des Handelsherrn und Stadtkämmerers Krüger in Wolfenbüttel, zu einer Familie der gehobenen bürgerlichen Schicht. – Die Kotzebues, zunächst Bauern, stammten aus dem altmärkischen Kossebau (daher wohl der befremdliche Name), gehörten aber bald im nahen Stendal zu den Kaufmanns- und Ratsfamilien und sind seit dem frühen 17. Jahrhundert in Magdeburg, Wittenberg, Braunschweig als Juristen, Ärzte und Theologen nachweisbar. – Auch der Vater des Legationsrates war Jurist in Braunschweig gewesen, und unter den Söhnen des berühmten Dramatikers, durch den die Familie «Namen», Landbesitz und Eingang in die russische Ämterwelt gewann, sind, neben einem Diplomaten und einem erfolgreichen Hofmaler, sieben Offiziere im Generalsrang zu nennen. Otto von Kotzebue aber, den der Vater für eine Schlafmütze hielt, schrieb 1816 mit der Entdeckung des «Kotzebue-Sunds» an Alaskas Westküste seinen Namen in die Weltkarte ein. Als verantwortlicher Kapitän hatte er dreimal unter A. J. von Krusenstjern, seinem Oheim, die Welt umsegelt und an der Erforschung der nördlichen Breiten des Stillen Ozeans mitgearbeitet.

Kotzebue, Vorfahren und Nachkommen → Kotzebue, Levin Karl Christian.

Kraus Georg Melchior

(Frankfurt am Main 26. Juli 1733 [1737?]–5. November 1806 Weimar).

Wie Goethe (den er vielleicht von Jugend auf gekannt hatte) kam er aus Frankfurt, und wie Goethe ging er fast zum gleichen Zeitpunkt nach Weimar. Kraft der Größe von Werk und Person löste dort der Dichter eine entschiedene Steigerung des Daseins aus; den Maler aber, den Goethe «den tätigsten und zugleich bequemsten (das meint: gefälligsten) aller Sterblichen» nannte, befähigte ein flinkes und praktikables Talent, das neue, frohbewegte Treiben, in das er selbst mühelos hineingewachsen war, mit Zeichenstift und Pinsel festzuhalten. Durch Vedute und Porträt, in Aquarell und Radierung, illustrierte er das Phänomen, das wir uns gewöhnt haben, Klassisches Weimar zu nennen. Dem geistigen Ereignis gesellte er das liebenswerteste Bilddokument.

Als Goethe, Anfang der siebziger Jahre, Nachhilfe für eigene künstlerische Versuche erhoffend, zu dem Maler ins Atelier trat (mit dem sich dieser, kaum hundert Schritt vom Hirschgraben entfernt, im väterlichen Gasthof, der Weißen Schlange, etabliert hatte), lagen hinter Kraus Jahre sorgfältiger Ausbildung, und erste Erfolge zeichneten sich ab. – Bei Johann Heinrich Tischbein dem Älteren, Akademiedirektor in Kassel, einem tüchtigen, wenn auch etwas trockenen Maler, hatte er begonnen. Er ging dann, wie sein Lehrer von der Gültigkeit französischer Rokokoform überzeugt, 1761 für ein Jahrfünft nach Paris, wo im genauen Studium der Maltechnik eines Boucher und besonders eines Greuze seine Manier Geschmeidigkeit und Anmut gewann. Zeugen dieses Zuwachses sind Skizzen, gleichsam Momentaufnahmen aus Atelier und Alltag, scharf gesehen und locker in Kreide hingeschrieben, während den sorgsam in Öl ausgeführten Tafeln, meist Genreszenen im artig-bürgerlichen Geschmack, oft die rechte Verve fehlt. – Von Frankfurt aus, wo sich Kraus 1766 niederließ, war er viel unterwegs. 1770 in der Schweiz, wenig später im nördlichen Deutschland; dazwischen, malend und unterrichtend, immer wieder Gast auf Herrensitzen an Rhein und Main, darunter auch im Schloß der Freiherren vom Stein zu Nassau, wo Jeanette Louise, die begabte Tochter des Hauses, sich unter seiner Führung weiterbildete. – Überall galt er, wie Goethe in «Dichtung und Wahrheit» schreibt, als «angenehmster Gesellschafter», wobei ihm neben andern Talenten die Beherrschung des Französischen, immer noch das Idiom der Großen Welt, sehr zustatten kam. «Gleichmütige Heiterkeit», erklärte Goethe, «begleitete ihn durchaus; dienstfertig ohne Demut; gehalten ohne Stolz, fand er sich überall zu Hause . . .»

In Weimar führte ihn Jeanette Louise vom Stein, seit 1773 als Frau des Grafen

«Das Neueste von Plunders-weilern», Aquarell von G. M. Kraus, 1781.

Werthern Herrin auf Neunheiligen im Thüringischen, bei Hofe ein. Er gefiel. Seine Arbeiten gefielen. Unter diesen sah man wohl auch das gerade entstandene Selbstbildnis (heute Schloßmuseum Weimar), das Schenk zu Schweinsberg des Künstlers glücklichste Arbeit nennt: eine ebenso sympathische wie intelligente Interpretation des eigenen Ichs. – Aufträge kamen von allen Seiten auf ihn zu. Er zeichnet Madame Koch als Alceste im fliegenden Gewand, malt Wieland im Kreis der Familie und Kapellmeister Wolf am Klavier; er porträtiert, flüssig und elegant, die Herzoginmutter und konversiert mit dem Erbprinzen über künftige Pläne. – Wieder in Frankfurt weiß er Goethe, dem er freundlichste Grüße aus Weimar zu überbringen hat, durch den vielgestaltigen Inhalt seines Portefeuille für die kleine thüringische Residenz zu erwärmen, und umgekehrt berichtet er nach Weimar über Laune, Genie und Temperament des «viel beredeten Goethe». Im Hin und Her des Gesprächs wird er, wie Ernst Beutler sagt, zu einer der Figuren, die im Zusammenspiel bewirken, daß schließlich der Frankfurter Goethe zu Weimars Goethe wird. – Im Jahr darauf, am 1. Oktober 1775, siedelt Kraus, von dem jungen Herzog als Zeichenmeister berufen, endgültig nach Weimar über, und einen Monat später, am 7. November, folgt Goethe ihm als Gast Carl Augusts. – Geplant war die Einrichtung einer Zeichenschule unter Krausens Leitung. Für den Maler, der gern unterrichtete, eine lockende Aufgabe, an deren zügiger Erfüllung ihn allerdings nur zu oft Bitten, drängelnde Wünsche und Befehle des Zirkels, dessen Glied er war, hinderten. Mit des Herzogs Runde hatte er das Land bergauf, talab zu durchstreifen; Goethe erbat sich 1784 als Ausbeute gemeinsamer Ritte durch den Harz: «Zeichnungen von allen Felsarten, nicht mahlerisch, sondern wie sie dem Mineralogen interessant sind», und Anna Amalia sah in ihm eine der wichtigsten Stützen ihres vergnügt dilettierenden Theaterunternehmens. Er agierte auf den Brettern, er malte Kulissen und Prospekte, er entwarf Kostüme und fertigte «Accessoires» zum Spiel, wie 1781 das Aquarell zu Goethes Bänkelsängerposse «Das Neueste von Plundersweilern». Kolorierte Radierungen, je neun Blättchen («Im Geschmack bunter Zeichnungen» 1776) zu «Postzug» und «Milchmädchen», tändelnd, hübsch, gewichtlos wie die beiden Rokokostückchen selbst, machten Kraus zum Propagandisten der Bühnenarbeit Anna Amalias. Ihr Historiograph aber wurde er mit leicht hingetuschten Szenenbildern gelungener Aufführungen (1779 Goethes «Iphigenie», 1782 dessen «Fischerin», 1780 von Einsiedels «Zigeuner») und Pinselzeichnungen wie um 1778 die «Vorlesung bei Herzog Carl August» und 1792 sein wohl populärstes Blatt von Anna Amalias berühmter «Tafelrunde».

«Es wird gut, weils angefangen, als wärs gar nichts», vermerkt Goethe in seinem Tagebuch, als am 3. September 1779, zu des Herzogs Geburtstag, nach einem guten Frühstück, zum ersten Mal Arbeiten der Weimarer Zeichenschule zu besichtigen waren. – 1774 hatte Friedrich Justin → Bertuch, zu diesem Zeitpunkt noch nicht Weimars regsamster Unternehmer, doch bereits ein scharfblickender, einfallsreicher junger Mann, der Herzoginmutter die Gründung eines solchen Instituts vorgeschlagen. Er versprach sich nicht nur mögliche Förderung aller künstlerischen Begabungen, sondern auch die notwendige Neuorientierung von Urteil und Geschmack. Das althergebrachte Ranken- und Bandelwerk wollte nicht mehr gefallen; Rokokoschnörkel, Barockvolute waren abgetan. Gestützt auf Rousseaus und Winckelmanns revolutionäre Thesen, drängte die Zeit auf allen Gebieten nach neuer Formgebung. Auch der Gegenstand des täglichen Gebrauchs war dem Wandel unterworfen. Der Handwerker, bis dahin gewohnt, lang tradierte Formen zu nutzen, sah sich gehalten, dem Werkstück eine Gestalt zu finden, die auf dem Level banaler Alltäglichkeit dem philosophischen Postulat von der «edlen Einfalt und stillen Größe» entsprach. Das fordere, führte Bertuch aus, Vorlagen, Muster, Beispiele und unter Anleitung tüchtiger Lehrer, neben einer theoretischen Einführung, den praktischen Unterricht im Zeichnen und den verwandten Disziplinen. – 1776 war es soweit. Carl August eröffnete, überzeugt einen Schritt in der rechten Richtung zu tun, die «Fürstliche freye Zeichenschule». Zu ihrem Leiter wurde Georg Melchior Kraus bestellt. – Der Besuch war frei. Alle Kosten trug die herzogliche Kasse. Zunächst domizilierte das Institut, leicht beengt, in Zimmern des Fürstenhauses, bezog jedoch 1781 drei geräumige Säle im Ostflügel des Roten Schlosses, wo auch Kraus, 1780 zum Rat ernannt, eine Dienstwohnung zugewiesen wurde. – Am Unterricht, der um sechs in der Frühe begann und mehrere Kurse mit etwa 200 Schülern und Schülerinnen umfaßte, durfte jeder teilnehmen, der interessiert, begabt und zumindest das zwölfte Lebensjahr erreicht hatte. Die Lektionen erteilten, von einigen Unterlehrern abgesehen, neben Kraus der Kabinettsmaler → Heinsius, Hofbildhauer → Klauer und 1789–1794 Johann Heinrich Lips aus Zürich. Professor Kästner vom Weimarer Gymnasium sprach über Mythologie und Altertum, Registrator Lossius und Baukontrolleur → Steiner führten in Geometrie und Mathematik ein, und im Winter 1781/82 referierte Goethe über den «Knochenbau des menschlichen Körpers». – Auf dem «Directeur» aber beruhe alles, hatte Bertuch 1774 der Herzoginmutter geschrieben und dabei, obwohl er den Namen nicht nennt, mit Sicherheit an Kraus gedacht, der dann auch die Erwartungen, die man in ihn setzte, nicht enttäuschte. Er entwarf die Vorlagen zum Unterricht meist selbst; Bändchen wie «Kraus' ABC des Zeichners» und «Übungen für Zeichenschüler» bewährten sich als Leitfäden. Er kontrollierte außer der Weimarer Anstalt Zeichenschulen, die noch in den achtziger Jahren in Jena und Eisenach gegründet worden waren. Vor allem aber verschaffte er, in dem ärmlichen Weimar eine Wohltat, durch seine enge Bindung an den Bertuchschen Verlag, wo gute Stecher und Koloristen gerade auch zur Herausgabe seiner Stichfolgen gebraucht wurden, begabten Schülern und hilfsbedürftigen Lehrern Arbeit und Brot. – Das galt auch für die in allerzierlichster Präzision gestochenen Tafeln im «Journal des Luxus und der Moden», das Kraus gemeinsam mit Bertuch seit Januar 1786 in monatlicher Folge herausgab. Mit diesen Kupfern, unter ihnen viele ebenso elegant-sparsam wie munter koloriert, hatte Rat Kraus ein vielfiguriges Kompendium geschaffen, wo nachzublättern war, wie Roben, Hütchen und Shawls, doch auch wie die Equipage, samt Zaumzeug und Dienerlivree, wie Porzellan, Schmuck, Kristall, ja selbst wie die Gartenanlage und Zimmereinrichtung dem neuesten Goût anzugleichen, wie sie der kühlen Gradlinigkeit des klassizistischen Stilgebots zu unterwerfen waren. – Fröhlichster Bildungseifer, getragen vom ungetrübten Bildungsoptimismus, hatte alle Welt erfaßt. Neben dem Handwerker jedweder Couleur stellten sich auch die Damen und Herren aus dem Umkreis des Hofs ein; auch Pagen, Offiziere, Beamte kamen. In Schülerlisten, die seit 1781 geführt wurden, tauchten die Namen von Charlotte von Stein, Corona Schröter oder Caroline Jagemann auf. Auch die beiden Herren der Obersten Schulaufsicht, die Geheimräte Schnauß und Goethe, figurieren als eifrige Hospitanten, und Oberhofmarschall Graf Putbus unterrichtet seinen Herrn mit einem Reimbrief über das Engagement der hohen Frau Mutter: «Die Fürstin sitzt im tiefen Wald, / Aufmerksam wie ein Mäuschen, / Und malt den holden Aufenthalt / Mit Hilfe ihres Kräuschen!»

Dem Porträt Anna Amalias, das Kraus, noch Gast der Herzoginmutter, im Spätsommer 1774 fertiggestellt hatte, folgte im Jahr darauf, kurz nach beider Ankunft in Weimar, das Bildnis Goethes mit dem Schattenriß, für Schenk zu Schweinsberg ein «unschätzbares Dokument» der Erscheinung Goethes in den ersten Weimarer Jahren. Alle Maßverhältnisse sind klar ablesbar, und die Profillinie ist mit ungewöhnlicher Zartheit und Treue umrissen. Auch Ernst Beutler nennt es das beste Bild des jungen Dichters (das in drei eigenhändigen Versionen auf uns kam). 1780 folgt Corona → Schröter, ein Aquarell, die Sängerin strahlend schön und voll regen Lebens, dagegen um die gleiche Zeit, spröd-kühl-stolz, in Öl auf Leinwand, Herzogin Louise. – Das sind, mit gleitenden Linien und schmeichelnden Lichtern gemalt, Beispiele des deutschen Zopfstils, nicht mehr Rokoko, noch nicht Klassizismus, dessen Statuarik Kraus, trotz mancher Bemühung, fremd bleibt. Das Porträt schwindet nahezu vollständig aus seinem Repertoire, und die Figur, der in der vorweimarischen

Zeit ausschließlich sein Interesse gegolten hatte, schrumpft zur liebenswerten Staffage der Landschaft und bevölkert, gleich fröhlich arbeitend oder lustwandelnd, Wiese und Weg der Weimarer Parkblätter. – Das habe, sagt Bertuch, eine Exkursion in das Erzgebirge bewirkt, 1775 mit einem Malergefährten unternommen, eine Kunstwanderung, der dann Jahr um Jahr, als gute, die Arbeit fördernde Gewohnheit, Fahrten kreuz und quer durchs Land folgten. Darunter 1778 spektakulär mit seiner Fürstin die Segelfahrt rheinabwärts bis nach Düsseldorf; dann 1793 mit Charles → Gore, einem interessierten und begabten Dilettanten, der Aufbruch zum belagerten Mainz und zwei Jahre später die Reise in die Schweiz, nach Oberitalien. – Tastend, suchend, lernend näherte sich Kraus der neuen, selbst gestellten Aufgabe. Ihn interessierte nicht mehr wie Malergenerationen vor ihm die Konstruktion einer idealen Landschaft. Er wollte, sorgsam mit Pinsel, Stift oder auch mit der Radiernadel festgehalten (als Einzelblatt oder in Serien ediert), den Blick auf ein Stück Wirklichkeit. Er wollte die Vedute, im Gegensatz zum künstlerischen Traum. In seinem Portefeuille sammelten sich, wie Bertuch schreibt, «Lokal-Portraites» der Gegenden, die er durchstreifte. Bereits 1778 legte er (in drei Folgen mit je sechs Blatt) «Landschaften aus dem Herzogtum Weimar» vor; es folgten Veduten von Main und Rhein. Aus Mainz brachte er zwei Ansichten der belagerten Stadt mit; der Blick aber auf den Lago Maggiore, den Comer See inspirierte ihn zu Aquarellen, zu Landschaften, die auch noch als Radierung (in «Ansichten aus verschiedenen Ländern Europas»), wenn auch um eine Spur ernüchtert, vom zartesten Blau überhaucht, im weichen Glanz des Morgenlichts schimmern. – Im ersten Eifer neigte Kraus, wie Schenk zu Schweinsberg zeigt, zur Überfüllung des Bildraums. Doch mehr und mehr gelingt ihm die Vereinfachung, das sachte Abwägen der Flächen und Massen, das Akzentuieren durch Licht und Farbe. Alles, was er nach der Natur zeichnete, wußte er, wie Goethe sagt, mit großem Geschick sogleich zum Tableau einzuleiten und einzurichten. Schönstes und für uns wichtigstes Beispiel sind die «Aussichten und Parthien des herzoglichen Parks bey Weimar» (6 Hefte mit 16 Blättern, in 2 Formaten, 1788–1805), sorgsam radierte und delikat kolorierte Blätter, mit denen der Maler, aus immer neuem, immer anderem Blickwinkel die Topographie des Ilmgrunds umreißt. – Vor seinen Augen, initiiert durch Goethe und von dem Herzog mit Leidenschaft und Konsequenz fortgeführt, hatte sich die «raupigte Einöde» (wie der Dichter das Gelände in den ersten Weimarer Jahren nannte) in eine liebliche Aue, in den Park verwandelt. Der Herzog ließ roden und pflanzen, er hieß Geröll beiseite schaffen und Wege in sanften Windungen anlegen. Versumpfte Fischteiche wurden zugeschüttet, Quellen gefaßt, Grotten, schattige Winkel im Kontrast zu weiten Ausblicken geschaffen, Gedenksteine errichtet, Brücken geschlagen, Ruhesitze aufgestellt. – Mit aufmerksamem Blick folgte der Maler der fürstlichen Aktivität, und er bannte, auf seine bescheidene, den Effekt meidende Weise die entstehenden «Aussichten und Parthien» ins Bild, rundete den zufälligen Ausschnitt und gab ihm mit dem Horizont, der sich nie trübte, mit lichten Farben und reinem Umriß einen Frieden, eine Heiterkeit mit, die seitdem unser

Bild von dem Weimar der klassischen Tage freudig tingiert. – «Er war immer glücklich», sagte Charlotte von Stein, als sie hörte, daß Kraus in Freund Bertuchs Haus gestorben sei, wohin sich der alte Mann, beraubt und zusammengeschlagen, an dem Abend des unglückseligen 14. Oktober vor der Wut der eindringenden französischen Soldateska geflüchtet hatte. «Doch es sollte kein Glücklicher auf Erden mehr sein», klagte sie weiter. «Man soll sich keinen Winkel der Ruhe und Sicherheit mehr denken können.» – Eine Aktennotiz Goethes aber hält fest, daß selbst in seinen letzten Tagen die Sorge für die Zeichenschule bei Kraus lebhaft gewesen sei und daß man in seinem Auftrag, sobald die Ruhe einigermaßen hergestellt war, die Stunden sogleich wieder habe fortgehen lassen . . .

Literatur: Eberhard Frh. Schenk zu Schweinsberg: Georg Melchior Kraus. In: Schriften der Goethe-Gesellschaft, 43. Weimar 1930. – Ders.: Verzeichnis der Radierungen von Georg Melchior Kraus. Jahrbuch der Sammlung Kippenberg, 7 (1927/28), S. 277–302; 10 (1935), S. 316–318. – Ernst Beutler: Georg Melchior Kraus. In: Essays um Goethe. 7. Aufl., Zürich/München 1980, S. 419–443.

Krause Gottlieb Friedrich

(Lehnstedt 4. Juli 1805–9. November 1860 Ilmenau).

«Der Diener Krause trat heute früh seinen Dienst an», signalisierte Goethes Tagebuch am 1. Dezember 1824, und Krause blieb in des Dichters Dienst bis zur letzten Stunde. – Wie Ludwig Geist war Krause Schüler des Weimarer Lehrerseminars, besaß aber weder dessen Begabung noch Sensibilität, wie ihm auch die Warmherzigkeit eines Paul → Götze oder Carl → Stadelmanns Originalität abging. Er war, wie seine gelegentlichen Aufzeichnungen spüren lassen, gleichgültiger, er war indiskreter, ihm war der Kammerdienerblick eigen, vor dem jede Größe schrumpft. – Immerhin kam er seinen Pflichten so nach, daß ihn Goethe in seinem Testament «meinen braven Diener» nennt und ihm außer 105 Talern sächsisch das Krautland an der Lotte vermachte. – Krause, der sich im Mai 1832 verheiratet hatte, blieb zunächst in Ottilie von Goethes Dienst, wobei er das Schwinden von Aufsicht und Disziplin nutzte und sich, wie Walter Schleif sagt, ein kleines «Erinnerungsmuseum» zusammenstahl. – Als Ottilie Weimar 1837 verließ, pachtete Krause eine Gastwirtschaft in Ehringsdorf; wurde aber bald, da er als Wirt nicht reüssierte, mit gleichem kümmerlichem Resultat, Kolporteur der Weimarer Buchhandlung Voigt. 1849 trennte er sich von der Frau, die ihn, trotz ihren sechs Kindern, betrog; heiratete aber rasch wieder und fand endlich ein wenn auch klägliches Unterkommen als Amtsdiener in Ilmenau.

Literatur: → Goethes Diener.

Kräuter Friedrich Theodor David

(1790–1856).

Wird bereits 1805, noch Gymnasiast, als Schreiber an der Weimarer Biblio-
 thek geführt, rückte langsam, von Goethe und Voigt gefördert, die des jungen

Mannes «Fleiß, Genauigkeit und Zuverlässigkeit» zu schätzen wußten, 1814 zum Akzessisten, wenig später zum Sekretär der Bibliothek auf. Zugleich stand er Goethe, stand auch dessen Behörde, der «Oberaufsicht», zur Verfügung und betreute Goethes Privatbibliothek; ab 1824 auch die des Erbgroßherzogs Karl Friedrich. – Bei der Vorbereitung der Ausgabe letzter Hand, die, neben der Edition des Schiller- und Zelterbriefwechsels, in den zwanziger Jahren Goethes Kanzlei vordringlich beschäftigte, fiel Kräuter, gründlich eingeweiht in die Interna der Aktenberge und Manuskriptstapel, die «Durchforstung» dieses weiten geistigen Bereichs, die sorgsame Sichtung der gesamten Bestände zu. Er legte Verzeichnisse an, ordnete und vervollständigte das Archiv. – Eine Arbeit, die nach Goethes Tod weiterging, da Paragraph 3 des Goetheschen Testaments vom 22. Januar 1831 dessen Kunst- und Naturaliensammlungen, weiter die Briefsammlungen, Tagebücher, Collectaneen und die Bibliothek «unter die besondere Custodie des Großherzogl. Bibliotheks-Sekretärs Kräuter dahier» stellte, dem Goethe die meisten Schlüssel zu den Behältnissen, worin diese Gegenstände sich befanden, bereits übergeben hatte. «Dieser Custos», verfügte der Testator weiter, «soll für Ordnung und Bewahrung derselben, auf dem Grund der vorhandenen Kataloge und Inventarien, Sorge tragen, ganz nach Analogie seiner Verpflichtung bei Großherzogl. Bibliothek, und in Ausübung dieser Pflicht von den Herren Vormündern meiner Enkel *unabhängig* sein und nur unter Oberaufsicht meines Herrn Testamentsvollstreckers stehen». – 1837 wird Kräuter zum Bibliothekar ernannt, 1841 mit dem Titel eines Rats, 1855 mit dem Ehrendoktor ausgezeichnet, ein Jahr später pensioniert. – Im Februar 1824 hatte Goethe seinen Hausmaler → Schmeller beauftragt, Kräuter für die Privatgalerie ihm werter Personen zu zeichnen. Das Porträt dieses «jungen frischen Mannes» (wie Goethe ihn nannte), eine Kreide-Kohle-Zeichnung auf braunem Papier, zeigt ein schmales Gesicht mit hoher Stirn, darunter die Augen klug und ungewöhnlich aufmerksam.

Krohne Gottfried Heinrich

(Dresden getauft am 26. März 1703 – begraben am 30. Mai 1756 Weimar).

Vom Vater weiß man, daß er «ein reisiger Stallknecht» im Umkreis des Dresdner Hofes war; zu den Paten des jungen Krohne zählte «Herrn George Bährs, Künstlers, Eheliebste», was vermuten läßt, daß Krohne in der Nähe des großen Barockbaumeisters aufwuchs. Mehr wissen wir nicht. – Immerhin muß der junge Baumeister, als ihn Herzog Wilhelm Ernst 1726 zur komplizierten Modernisierung des Schloßturms nach Weimar rief, bereits über Namen und Ruf verfügt haben, da der Fürst sich bemüßigt fühlte, ihm, bei Gelingen des Umbaus, die Stelle des weimarischen Oberlandbaumeisters zuzusagen. Der Umbau gelang, doch Wilhelm Ernst starb, bevor er sein Versprechen einzulösen vermochte. – Ernst August, der Nachfolger, gab den wichtigen Posten seinem Hausarchitekten Johann Adolf → Richter. Krohne aber schickte der Herzog, obwohl er es liebte, Mitarbeiter und Protegés seines Oheims rachsüchtig zu schikanieren oder kurzweg zu entlassen, 1729 studienhalber nach Wien, wo sich Krohne ebenso offen für Lucas von Hildebrandts festlich-bewegte Kunst wie für den Ernst, die Strenge Fischer von Erlachs zeigte. Beider Künstler reiches Instrumentarium wußte er aufzunehmen und der eigenen Arbeit zu adaptieren. – Zurück in Weimar, sah er sich sofort in alle Planungen Ernst Augusts verstrickt. Planungen eines Autokraten, der, den Glanz von Dresden, Wien, Versailles vor Augen, nicht gewillt war, die eigenen kärglichen Mittel zu bedenken, sondern herrisch, blind im Gefühl absolutistischer Machtfülle, forderte er, was die Leistungskraft der Landeskassen entschieden überstieg. – Gekettet an Richter, mit diesem schwerfälligen Mann rivalisierend, durch ihn gehemmt und umgekehrt selbst den Bedächtig-Altmodischen hemmend und in den Schatten drückend, hatte Krohne an einem knappen Dutzend windig und in grotesker Eile hochgetriebener Bauten mitzuarbeiten. Grundrisse, Modelle, Skizzen, die sich erhalten haben, dokumentieren seine Lust an Rokokobeweglichkeit, an Rokokozier. Die Residenzen aber, meist Lust- oder Jagdschlösser, darunter Troistedt, Stützerbach, Hirschsprung, vergingen, halbfertig Wind und Wetter preisgegeben, oft ebenso rasch, wie sie errichtet worden waren. Nur wenig blieb. Belvedere, Ettersburg und das Rokokoschlößchen von Dornburg. – Obwohl ihn Ernst August (auch wenn er ihn dann und wann einen Schreihansen, einen Herrn Gewalter, einen eisernen und harten Starrkopf nannte) favorisierte, seine Einkünfte bis zu 400 Talern im Jahr erhöhte, ihn 1741 zum Landesbaumeister ernannte, suchte Krohne dennoch der Willkür dieses halben Narren zu entkommen. Der Versuch, mit dem Klosterumbau zu Langheim in Oberfranken Fuß zu fassen, mißlang. Aber ihm gelangen, in jedem Fall von seinem Landesherrn offiziell beurlaubt, mit dem Wiederaufbau der Rudolstädter Residenz, mit Schloß und Park in Molsdorf, mit der Orangerie von Gotha, Lösungen, die künstlerisch und technisch überzeugten. Er war in Thüringen zum führenden Architekten aufgestiegen. Jetzt betrugen seine Einkünfte 800 Taler; er hatte Anspruch auf den Unterhalt eines Reitpferds und eines Reitknechts, bei den weit auseinanderliegenden Baustellen ein nicht unerheblicher Kostenfaktor. – Doch im Januar 1748 unterbrach Ernst Augusts Tod jede Bautätigkeit. Nur wenige Projekte wurden notdürftig zu Ende geführt, Halbfertiges, Halbverfallenes niedergerissen, Pläne kassiert und Krohnes Einkünfte, da seine Arbeit reduziert war, rigoros gekürzt. Er sah sich mit seiner großen Familie (sechs Töchter, ein Sohn) in «arger Bedrängnis». Erst die Brandkatastrophe vom Spätherbst 1752, in der Ilmenau unterging, brachte ihm wieder eine Aufgabe, die Kraft und Können forderte. Geschickt und umsichtig leitete er den Wiederaufbau der Stadt, der ihm anvertraut war, in die Wege. Doch unvermutet, wie seine Witwe schreibt, nahm ihn der Tod hinweg. Am 30. Mai 1756 ist, nach einem Vermerk in alten Listen des Stadtarchivs Weimar, «Gottfried Heinrich Cron, Hochfürstl. Sächs. Ober-Landbaumeister allhier, abends beerdigt worden mit der Parentation, bezahlten eine gantze Schule dritte Classe mit 19 rthl. 17 g. 9 p». – Niemand kennt diese Stelle, die zu den Gräbern um St. Jakob gehört haben muß.

Literatur: Hans-Herbert Möller: Gottfried Heinrich Krohne und die Baukunst des 18. Jahrhunderts in Thüringen. Berlin 1959.

L

Lämmermann Johann Karl Wilhelm

Kammerdiener zu Weimar, der 1817 das Gebäude neben der Herterschen Leinenweberei aus dem Besitz des Hofbrauers Müller erwarb und beim Aus- und Umbau des Hinterhauses Goethes energischen Einspruch erregte, der sich Fenster zu seinem Garten verbat und diesen Wunsch auch, unterstützt von Oberbaurat → Coudray, durchsetzte. – Im Februar 1832 ging das Haus in seinen Besitz über.

Literatur: Erich Stürzenacker: Das Goethehaus in Weimar. In: Baurundschau 49, 1959.

Laßberg Christiane Henriette von

(gestorben 16. Januar 1778 Weimar).

Eine «hübsche, junge Person», wie Herzogin Louise schrieb, eine der Töchter des Obersten von Laßberg, Besitzer von Kleinkromsdorf (nach Karl von Lynkker ein gutmütig-simpler Herr), die, wie man sich erzählte, während man auf sie bei den Proben zu Goethes «Triumph der Empfindsamkeit» wartete, aus enttäuschter Liebe zu einem Baron von Wrangel den Tod in der Ilm suchte. – Goethes Diener fanden die Tote am nächsten Tag (angeblich mit dem «Werther» in der Tasche) und brachten sie zu Frau von Stein, deren Haus nahe bei der Floßbrücke lag, von der die Unglückliche in den Fluß gesprungen war. – Goethe, betroffen und bewegt durch den Tod des jungen Mädchens, «erfand ein seltsam Pläzgen», wie er Frau von Stein schrieb, «wo das Andenken der armen Christel verborgen stehen wird . . . Ich hab mit → Gentzsch ein gut Stück Felsen ausgehöhlt, man übersieht von da, in höchster Abgeschiedenheit, ihre letzten Pfade und den Ort ihres Todes». Und im Tagebuch notiert er am 18. Januar «In stiller Trauer einige Tage beschäfftigt um die Scene des Todts, nachher wieder gezwungen zu theatralischem Leichtsinn», das heißt zu den Vorbereitungen der Aufführung seiner antiempfindsamen Farce, des «Triumphs der Empfindsamkeit», zu Herzogin Louises Geburtstag vierzehn Tage später. – Der Plan zu Christels Denkmal geriet in Vergessenheit, doch Goethes Fels- und Grottenwerk, später «das Nadelöhr» genannt, wurde zu einer der Keimzellen des → Parks an der Ilm.

Leseabende bei Anna Amalia → Geselligkeit in Weimar.

Lichtenberg Friedrich Wilhelm von

(gestorben 1790 Weimar).

Preußischer Husarenleutnant, 1774 als Rittmeister nach Weimar berufen, um hier, wie Karl von → Lyncker berichtet, die drei Dutzend undisziplinierten Landhusaren nach preußischem Muster zu einem «geregelten Corps» umzubilden. Er zeigte dabei oft eine Härte, die ihm nahezu die gesellschaftliche Ächtung eintrug, was aber Sophie von → Ilten nicht hinderte, ihm im Juni 1780 die Hand zur Ehe zu reichen. Da er ein «vortrefflicher und sehr kühner Reiter war», zog ihn auch Carl August in seine Nähe. Fast täglich wohnte der Herzog in der neuerbauten Reitbahn dem Husaren-Exercitio bei und verschmähte nicht, sich «bei einer Pfeife Tabak mit seinem Rittmeister am Kamin über das Soldatenwesen zu unterhalten». – Goethe wiederum nutzte gern, bei der Inszenierung seiner Eisfeste, Lichtenbergs Geschicklichkeit im Schlittschuhlauf, die dieser bei Aufenthalten in Holland erworben hatte und nun als eine Art Sportlehrer an die Weimarer Gesellschaft weitergab.

Liebhabertheater

Der Schloßbrand vom Mai 1774 hatte mit dem Theatersaal auch die knapp drei Jahre zuvor gegründete Institution eines Hoftheaters vernichtet. Eiligst empfahl Anna Amalia, durch die Katastrophe nahezu aller Mittel beraubt, die Seylersche Truppe den Gothaischen Vettern, die auch die Gesellschaft, sofort und zu beiderseitigem Gewinn, freundlich aufnahmen. In Weimar aber spendete die Fürstin, überzeugt, daß ein «wohlgeordnetes Theater nicht wenig dazu beitrage, den Geschmack und die Sitten unvermerkt zu verbessern», jedem Talent, das geneigt war, den Widrigkeiten zum Trotz, vom Theater nicht zu lassen, ermutigenden Beifall. Mit Witz und guter Laune schickte man sich in die Situation. Zunächst geteilt in ein bürgerliches und ein adeliges Lager, wagten sich Hofdamen und Kavaliere, wagten sich ehrwürdige Beamte, Gelehrte, Dichter, ja die Herrschaften selbst auf die Bretter. – Noch war die Erinnerung an das Spiel der Seylerschen Truppe frisch, und ohne allzuviel Umstände übernahm man deren Programm. Trotz Lessings «Minna» und einigen Stücken von Ayrenhoff und Jakob Engel bot es nur wenige abendfüllende Schauspiele, bot auch trotz den Franzosen (Voltaire, Destouches, Regnard) oder den Italienern (Paisiello, Cimarosa, Gozzi und Goldoni) nur wenige Opern, bot dafür aber in bunter Reihe gängige Lust- und Singspiele, Ballette und Operetten, Possen, Schwänke und Masqueraden. – Graf → Putbus, der Herzoginmutter Hofmarschall, noch ganz Dixhuitième und auf das französische Vorbild fixiert, agierte in Anna Amalias zierlichem Palais mit Aristokraten für Aristokraten nur in elegantem Französisch, während → Bertuchs bürgerlicher Zirkel, mit Akteuren wie → Musäus, → Kraus, Ludecus, Buchholz oder Schmid, sich ans Deutsche hielt. Erst unter Goethes Regie mischten sich die Kreise. Der «halbe Hof, die halbe Stadt» fanden nun im muntersten Spektakel, die Standesgrenzen überspringend, zueinander.

Corona Schröter und Goethe in der «Iphigenie», Ölgemälde von G. M. Kraus, 1779.

Oben: Hinter den Kulissen vor der Aufführung der «Zobeis», Aquarell von G. M. Kraus, 1784.
Unten: Aufführung von «Adolar und Hilaria» mit Corona Schröter und Goethe, Ölgemälde von G. M. Kraus, 1780.

Am 7. November 1775, morgens um fünf Uhr, war, nach → Hufelands Erinnerungen, «der junge, feurige Herr Doktor Goethe», «ein Zauberer, ein schöner Hexenmeister, ein echter Geisterkönig» (wie ihn Wieland enthusiastisch nannte), in Weimar vor Geheimrat → Kalbs Tür, schmal und behend, aus der Kutsche geschlüpft. – Er fühle sich wie unter den Seinigen und der Herzog sei ihm täglich werter, bekannte er schon sechs Wochen später Lavater, und am 14. Februar 1776 schrieb er an Johanna Fahlmer, daß er auch mit der Herzoginmutter sehr gute Zeiten habe und sie wohl allerley Schwänk und Schabernack miteinander trieben! – Mitte des Monats hatte er bereits zur Belebung der Redoute ein Maskenspiel, «Die Versuchung des Hl. Antonius», angezettelt; in der Woche danach spielte er in Cumberlands oft aufgeführtem «Westindier» die Titelrolle, und am 4. Juni ging ein erstes Mal «Erwin und Elmire», dieser Klingklang, lieblich wie das Menuett einer Spieluhr, mit Anna Amalias eingängigen Melodien, über die Bühne. Es sollte oft wiederholt werden, wie auch die übrigen kleinen «Nichtigkeiten», die Lust- und die Singspiele, die Goethe in seinem Reisesack mitbrachte («Erwin und Elmire», «Die Mitschuldigen», «Die Laune des Verliebten», «Das Jahrmarktsfest zu Plundersweilern») oder die er mit flinker Feder, wie die «Geschwister» oder «Lila», wie den «Triumph der Empfindsamkeit» oder «Die Vögel», wie «Jery und Bätely» oder «Das Neueste von Plundersweilern» am neuen Ort seinen willigen Schauspielern ins Rollenbuch schrieb oder besser gleich diktierte. – Obwohl Spiellust und Spielfreude Goethe und Anna Amalia eng verbanden und sicher nichts geschah, was die Fürstin nicht billigte, bat der Herzog am 1. Oktober 1776 den Freund, offiziell die Leitung des sorglosen Dilettanten-Treibens zu übernehmen. Nicht viel mehr als ein Gesellschaftsspiel war geplant, dennoch war vielerlei zu bedenken: Das Programm, die Verteilung der Rollen, die Einübung von Text, Gesang, Tanz, Pantomime. Zu bedenken waren Dekoration, Kostüme und Requisiten. Die Verbindung zur Hofkapelle, zu den Werkstätten, zu Schneidern, Malern, Schreinern waren in Gang zu halten. Unentbehrlich war → Mieding, der «Theatermeister», der, geschickt und erfindungsreich, mit Pappen, Draht und Läppchen, mit «Zindel, Blech, gefärbt Papier und Glas», den Kulissenzauber schuf, in dem sich bunt, gleich einem Pfauenrad, der dichterische Einfall entfaltete. – Die Finanzierung übernahm der Herzog; → Bertuch, sein Schatullier, verwaltete die Kasse. Man sparte, aber selbst Mieding, dem Bescheidenen, mußten für die Laube mit «der Maschine zum Mondschein» 6 Taler, für die «Stellage mit 4 Kurbeln zu einem Wasserfall» 3 Taler gezahlt werden, und eine «Puppe in Lebensgröße» kostete 2 Taler und 12 Groschen, wozu noch 2 Taler für die Haartour und 7 Groschen für das Werg zum Ausstopfen kamen. – Für die Aufführung des «Triumphs der Empfindsamkeit» waren insgesamt 398 Taler in Rechnung zu stellen. – Goethe habe stürmisch, habe leidenschaftlich und doch etwas steif gespielt. Knebel sei recht pathetisch gewesen, Bertuch dagegen ein guter Komiker, was auch von Bode und Musäus galt. Einsiedel war geschickt und in vielerlei Rollen brauchbar; ausgezeichnet Louise von Göchhausen als bösartige Alte, der Herzog gut als Militär, sein Bruder ein schmachtender Liebhaber, und die

Damen Schardt und Werthern exzellente Sprecherinnen. – Die «Terrine Punsch» nach der Probe, das große Bankett nach der Premiere, «der mächtige Ball bis in den hellen, lichten Morgen, dem Komödiantenpack bereitet», war Lohn aller Anstrengung, war aber auch ebenso Teil des geselligen Treibens wie das Spiel selbst. Wie auch für Goethe zum entzückten Studium und Erproben der Rousseauschen Lieder (eben, 1781, in Paris erschienen und mühsam besorgt) die Einladung an Charlotte von Stein gehörte, die er Anfang September bittet: «Komm und bringe mit, wen du willst. Etwa auch deine Mutter. Ich lasse beyde Häsgen und das Feldhuhn braten, daß wir alle satt haben.»

Der Stab, die Erfinder der vergnüglichen Spectacula, die Macher der Späße und Scherze, das «Festkomitee» war klein. Mitte aller Unternehmungen, Antrieb und Schutz in einem, die Herzoginmutter. Neben ihr Autor, Schauspieler, Regisseur Goethe; mit ihm eifrigste «Direktionssekretärin», durchdringend gescheit und nie um einen Einfall verlegen, das bucklige Fräulein von → Göchhausen. Und weiter die Barone → Seckendorff und → Einsiedel. Beide musikalisch über den Durchschnitt begabt, beide fähig, hübsche Verse zu schmieden, Vorlagen geschickt zu bearbeiten, eine Aufführung einzurichten. – Dennoch hatte Goethe, um dieses Theater, das ihm unterstand, nicht ganz dem dilettantischen Ungefähr zu überlassen, alles getan, um Corona → Schröter zu gewinnen. Sie kam im November 1776, nun unter diesen Laien, die so lässig-heiter die Liebhaberbühne bevölkerten, eine Sängerin, eine Schauspielerin von Rang. «Sie tritt herbei», sagt das Gedicht. «Seht sie gefällig stehn! / Nur absichtslos, doch wie mit Absicht schön. / Und hocherstaunt seht ihr in ihr vereint / Ein Ideal, das Künstlern nur erscheint.» Bar jeder Prätention schlüpfte sie in jede Rolle; übernahm, was die Kräfte der andern überstieg, war dem Ensemble Vorbild, Muster, Maßstab. Goethe war, beeindruckt von dem Adel dieses Geschöpfs, beeindruckt von ihrer Fähigkeit, zart und genau, einen poetischen Einfall zu verkörpern, fühlte sich aufgefordert, dieser Begabung eine Rolle zu schreiben. – Schon in Leipzig hatte man die Kunst ihres rezitativischen Vortrags gerühmt. Ihre Stimme, ihr bewegliches, ausdrucksvolles Gesicht habe dem Rezitativ, schreibt Johann Friedrich Reichardt, der erfahrene Musiker und Theaterfachmann, eine Kraft, einen Zauber verliehen, den er nie gekannt, den er vorher nie empfunden habe. Nie habe er ihr ohne die tiefste Herzensbewegung gelauscht. – Goethe, der die junge Schauspielerin wie Reichardt in Leipzig erlebt hatte, schreibt nun für Corona, wohl angeregt durch Rousseaus «Pygmalion», die «Proserpina». Auch das ein Monodrama, eine «scène lyrique», zu Herzogin Louises Geburtstag am 30. Januar 1778 aufgeführt. In 271 Versen, begleitet von Seckendorffscher Musik, die leidenschaftliche Klage einer Seele, ausweglos einsam, ohne Hoffnung, ohne Trost. Ein Lamentoso im hohen Stil: unverständlicherweise, Goethe selbst nannte es später «freventlich», in die Farce vom «Triumph der Empfindsamkeit» eingeschoben.

Anderthalb Jahre später, an einem Osterdienstag, am 6. April 1779, geht, entschieden den Rahmen der Spiele und Scherze sprengend und nun ein festes Datum der Theatergeschichte, Goethes «Iphigenie» über die Bühne. Sicher nicht für Corona geschrieben, nicht durch sie inspiriert, doch, wie die Zeitgenossen empfanden, in der leisen Grazie, in dem zarten Ernst ihres Spiel, war sie mit der dichterischen Figur identisch. – Wie immer während des Winters hatte man in Hofjäger Hauptmanns Redoutenhaus gespielt; der Sommer gehörte, bevor Anna Amalie 1778 auf Ettersburg eine kleine Bühne einbauen ließ, dem Spiel unter den Bäumen und zwischen dem Buschwerk. Im ungewissen Flackern der Lichter und Schatten, im träumerischen Ungefähr gewann hier im September 1780 Einsiedels Zigeunerdrama von «Adolar und Hilaria» ein kurzes Dasein, und noch zaubrischer entrollte sich zwei Jahre später mit den wandernden Lichtern über die moosigen Ufer der stillen Ilm Dortgens (die so hübsch das Lied vom Erlkönig sang!) listenreich-harmloses Spiel. – Hatten die Zuschauer und die selbsternannten Komödianten schon «Iphigenie» als einen Höhepunkt empfunden, der zugleich ein Ende bedeutete, so schienen ihnen jetzt der lieblichen «Fischerin» Wasserspiele fern und unwirklich, angesiedelt im Traum von einem schöneren Dasein . . .

«Verliebt ist hier fast niemand mehr», murrte Carl August; die Herzoginmutter klagte, daß sie es müde sei, gegen die Trägheit ringsum immer wieder anzugehen, und Goethe war überhäuft mit schwierigen Geschäften. Er legte die Leitung, ihm vor sechs Jahren übertragen, 1782 nieder. Was er vom Theater dachte, wünschte, forderte, ging in seinen Theaterroman, in «Wilhelm Meisters theatralische Sendung», ein. Daß aber der gleiche Kreis, der so leichthin unter seiner Regie agiert hatte, gewillt war, ihm weiter geduldig zuzuhören, daß die Besten bereit waren, an seinen dichterischen Arbeiten teilzunehmen, den «Urfaust», die ersten Szenen des «Tasso» zu genießen und an diesen höchsten Maßstäben den eigenen Geschmack zu messen und zu bilden, läßt es berechtigt erscheinen, wenn Emil Staiger sagt, daß in diesen frühen Jahren die kleine Residenz ein Bewußtsein ihrer Eigenart entwickelte, daß damals der Prozeß einsetzte, in dem Weimar zum «Begriff» wurde, daß man damals anfing munter-stolz zu registrieren, daß dieser Stadt ein besonder Los fiel, wie Goethe im März 1782 in den Strophen auf «Miedings Tod» schreibt.

Literatur: Wilhelm Bode: Der weimarische Musenhof. 1756–1781. Berlin 1917.

«Literarisches Wochenblatt» → Kotzebue, August von.

Löber Johann Friedrich

(Neustadt/Orla 14. August 1708 [?]–3. März 1772 Weimar).

Gleich dem Vater, Christfried Löber (gestorben 1743), Hofmaler ernestinischer Häuser. «Berühmt», nennt Johann Friedrich die Inschrift eines hübschen Rokokosteins auf dem Friedhof von → St. Jakob und erklärt weiter, daß Löber, da seine Kunst trefflich mit der Natur zu wetteifern verstünde, durch vierzig Jahre den Herzögen von Weimar und Eisenach sehr teuer gewesen sei. – 1732 hatte ihn → Ernst August herangezogen, ihn sieben Jahre später zum Cabinettmaler ernannt und ihn beauftragt, jährlich zwei «Tierstücke» zu liefern. Auch die Blumenmalerei gehörte zu seinem Fach, doch Porträts (die er auch ungern in Angriff nahm) gerieten ihm zwar puppenhaft zierlich, aber auch puppenhaft starr und nichtssagend. – 1748 hatte er den jungen verwaisten Erbprinzen Ernst August Constantin, der Löbers Zeichenunterricht schätzte, nach Gotha zu begleiten, wo dessen Erziehung vollendet wurde. 1756 kehrte er dann mit dem Prinzen nach Weimar zurück, übernahm hier, wie zuvor, die Aufsicht der «Bilderkammer», das heißt der herzoglichen Gemäldegalerie, die nicht sehr glücklich unter dem Dach im Mittelflügel der → Wilhelmsburg untergebracht war. – Mit dieser Sammlung ging im großen Brand von 1774 auch ein Großteil der Löberschen Arbeiten zugrunde.

«London und Paris» → Bertuch, Friedrich Justin.

Louise Auguste → Sachsen-Weimar-Eisenach, Louise Auguste Großherzogin von, → Seiten 350–356.

Luck *Augusta* (Gustgen) Eleonore von,

geborene von Kalb (Weimar 15. September 1761–3. März 1821 Mannheim).

Die jüngste Tochter des weimarischen Kammerpräsidenten Carl Alexander von Kalb, nicht so hübsch, wohl auch nicht so kapriziös wie die ältere Schwester Sophia von Seckendorff; doch Goethe, der sie gelegentlich «Gustgen» nennt, zählte auch sie in den Briefen an Frau von Stein zu den «Misels», das heißt den munteren, jungen Mädchen auf Kalbsrieth. Spät erst (vielleicht Folge der schleichenden Kalbschen Verarmung), im April 1796, heiratet sie Georg Lebrecht von Luck, einen Witwer, zuvor mit Augustas Freundin Sophie von Ilten verbunden, die ihrerseits Witwe des Husaren-Rittmeisters von Lichtenberg war. Aus dieser Ehe brachte sie Luise mit, ihre kleine Tochter, die Lucks, nach dem frühen Tod der Mutter, freundlich in ihren Bund aufnahmen. Wie die Familienüberlieferung festhält, knüpfte sich «ein schönes Band, ein liebevolles Verhältnis».

Luck Johann (Hans) Georg *Lebrecht* von

(Friedrichsroda 27. September 1751–6. November 1814 Mannheim).

Der Vater, aus schlesischem Adel (seit 1731 Kammerjunker am Hof zu Sachsen-Eisenach), starb neunzehn Tage vor, die Mutter acht Tage nach der Geburt des Sohnes. Das Paar hinterließ acht unmündige Waisen. – 1763 übernahm der weimarische Hof die Pagenerziehung des Halbwüchsigen. Langsam stieg er auf: 1769 Fähnrich, 1778 Leutnant, dann Hauptmann, schließlich 1801 Major. Parallel dazu die Hofchargen: 1782 Hofjunker, im Jahr darauf Kammerjunker, 1791 Kammerherr und, da er, wie Karl von → Lyncker schreibt, «als ein würdiger Mann und guter Wirt bekannt war», 1794 die Ernennung zum Hofmarschall. Weiter ist den Fourierbüchern zu entnehmen, daß Luck 1778–1783 zum «Ensemble» der → Liebhaberbühne zählte und ab 1797, neben Goethe und Kirms, Mitglied der Theaterkommission war. – 1796 hatte er sich in einer späten Ehe mit Augusta von Kalb verbunden; 1803 kam er, da er seit Jahren kränkelte, um seinen Abschied ein und siedelte nach

Mannheim über, wo sich bereits Augustas Geschwister niedergelassen hatten. – Fünf Jahre später, im November 1808, drängelte Goethe geradezu Frau und Sohn (beide zu dem Zeitpunkt in Heidelberg), Herrn und Frau von Luck zu besuchen, und als es geschehen war, schrieb er, daß es ihm besonders lieb gewesen sei, daß sie «die ältesten Freunde auf weimarischem Grund und Boden» begrüßt hätten. Und er selbst meldet im Oktober 1814, daß er von Heidelberg (wo er Gast der Brüder Boisserée war) nach Mannheim fahre, «vor allem um Lucks zu sehen» . . . Zeichen, wie eng bei aller persönlichen Unauffälligkeit Lebrecht und Augusta zum innersten Weimarer Kreis gehörten.

Ludecus Johanne Caroline Amalie,
geborene Kotzebue (Wolfenbüttel 16. November 1757 – um 1827 Weimar).

Ihr Vater, ein Major Kotzebue, gehörte zum Gefolge Anna Amalias. Sie wurde zur Kammerfrau der Herzogin ernannt, heiratete jedoch 1793 Johann August Ludecus, Witwer und Geheimsekretär der Herzoginmutter (nicht, wie oft zu lesen ist, dessen Neffen Ludwig Ludecus, den Schatullier Carl Augusts). – August Ludecus, von dem Minister Voigt im März 1798 an Goethe schrieb, er sei «immer ein Glückskind» gewesen, war herzlich mit Bode und Knebel befreundet. (Zudem war er der Verfasser von «Aus Goethes Leben, Wahrheit und keine Dichtung».) – Amalie Ludecus (bereits 1801 verwitwet), Hauswirtin und steter Gast der Abendrunden von Johanna Schopenhauer, die ihrem Sohn Arthur im November 1806 erzählte, die gute Ludecus habe unter dem Namen Amalia Berg schon manchen recht hübschen Roman geschrieben, hatte ihre Lust am Schreiben erst kurz zuvor entdeckt. 1801 war, noch anonym, «Luise oder die unseligen Folgen des Leichtsinns» erschienen, von der Autorin im Untertitel «Eine Geschichte, einfach und wahr» genannt. Wie alle Romane und Erzählungen, die folgten, ein simples Machwerk, am Vorbild Kotzebues und Lafontaines orientiert, gut gemeint, doch ohne künstlerisches Bewußtsein gearbeitet: breit dahin plätschernd, weder Aufbau und Handlung durchdacht noch die Figuren als Individualität erfaßt. – Massenware, gefällige Unterhaltung, wenn auch die Autorin naiv hoffte, durch Erfindungen ihrer Phantasie Moral und Sitten der Leserinnen zu heben.

Ludwig I. Karl August König von Bayern
(Straßburg 25. August 1786 – 29. Februar 1868 Nizza).

1825 zum König gekrönt, 1848 gezwungen, zugunsten seines Sohnes Maximilian II. abzudanken. – 1825 hatte der König Goethe, den er verehrte, einen Abguß der Medusa Rondanini übersandt; 1827 nahm er an Goethes Geburtstagsfeier in Weimar teil; 1828 erhielt Hofmaler Karl Joseph Stieler von seinem Monarchen den Auftrag, Goethe in Weimar zu malen. – Der Maler traf am 25. Mai bei Goethe ein; am 3. Juli vermerkt dessen Tagebuch die letzte Sitzung.

Lyncker Carl Friedrich Ernst Freiherr von
(Ansbach 1726/27 [?]–1801 Weimar).

Die Lynckers, eine bürgerliche Juristen- und Beamtenfamilie in Marburg, um 1700 in den Reichsfreiherrnstand erhoben; der Sohn dann in Ansbachsche Dienste übergewechselt, in die auch dessen Sohn, Carl Friedrich Ernst, eintrat, der aber bald vorzog, den bizarren Gewohnheiten des höchst bizarren Markgrafen ausweichend, sich im Weimarischen mit der Bewirtschaftung der ererbten Familiengüter Flurstedt und Kötschau zu begnügen. – Da er jedoch, wie sein Sohn sagt, «ein Mann von Kenntnissen und munterer Laune» war und sich noch dazu mit Sophie von Raschau vom nahen Bergsulza verbunden hatte, sammelte sich rasch um das junge Paar ein Kreis vergnügter Nachbarn, die auch nicht zögerten, 1763 Lyncker als Direktor der Landschaft zu wählen. Anna Amalia aber, die wohlgelaunte Kavaliere gern an ihrem Hof sah, ernannte ihn 1772 zum Vizepräsidenten des Oberkonsistoriums, was zwei Jahre später der junge Herzog in die Präsidentschaft dieser geistlichen Behörde umwandelte und so Lyncker zu → Herders Vorgesetzten machte. – Eine von Jahrzehnt zu Jahrzehnt immer unerfreulichere Konstellation. Der Generalsuperintendent Herder, obwohl oft von richtigen Einsichten geleitet, doch unfähig, sein Konsistorium für wichtige Reformen zu gewinnen, neigte dazu, in dem Präsidenten den böswilligen Widerstand der Amtsbrüder personifiziert zu sehen, und Lyncker, wohl mit den Jahren starr und konservativ geworden, hielt auch noch zäh an dem Amt fest, als ihn der Verlust der Sehkraft zu jeder ersprießlichen Zusammenarbeit unfähig machte. Zu Herders stetem Verdruß versäumte er dennoch keine Session bis zu seinem Tod im Frühjahr 1801. – Für ihn war dieser einst so übermütige Kavalier und trotz seinen geistlichen Konnexionen fröhliche Akteur des → Liebhabertheaters nichts als ein Griesgram, ein Hindernis auf seinem Weg.

Lyncker Karl Freiherr von
(Flurstedt 18. Januar 1767–31. Januar 1843 Weimar).

Für unsern Blick eine Randfigur der klassischen Zeit. Wie viele seiner Standesgenossen Jurist, Offizier, Beamter. Ein Mann von großer Redlichkeit, ein Mann des Bon sens, fern jeder standesbedingten Borniertheit. Dennoch heute nur interessant, da er sich um 1840, im hohen Alter, entschloß, als einer der letzten, «die noch dabei gewesen waren», auf «Befehl» seines Herrn, des Großherzogs Carl Friedrich, «für den Fürsten persönlich und ohne alle Schönfärberei» Erinnerungen an die frühen, fröhlichen Tage unter Anna Amalia und Carl August aufzuschreiben. – Vier Jahre, zwischen 1780 und 1784, hatte er als Page am Hof zu Weimar gedient. Ein harter, ein anstrengender Dienst, der ihn aber in den innersten Zirkel, in die nächste Nähe der «handelnden Figuren» brachte. Er sah, er erlebte viel und bewahrte vieles in einem treuen Gedächtnis. Es waren die Jahre, in denen die alten Ordnungen erste Risse zeigten; in denen neue Gedanken auftauchten, eindrangen und langsam, doch unwiderruflich die Welt veränderten. – Lyncker registrierte noch die strenge Hierarchie des Hofes, der aber, amüsiert durch die neue, unhöfische Art des

Benehmens, den jungen, oft ungebärdigen «Genies» den Zutritt gestattet. Er registrierte die versteckte Fronde der alten Adelskreise, besonders gegen den «Favoriten Goethe», und zugleich registrierte er den Geist, den Übermut, die sprudelnde Laune der neuen, vorwärtsdrängenden Männer. Freundlich-sachlich beschreibt er die Personen hohen und niedern Standes, verfällt weder empfindsamer Schwärmerei noch dem devoten «Hofton». Als einer, der sich auskennt, schildert er eingehend das Ambiente von Schloß, Salon oder Landsitz; schildert frisch, mit Episode, Schwank oder Anekdote, die Unternehmungen des vergnügten Kreises: die Runden um Anna Amalias Tisch, ihr Rustizieren in Tiefurt, Belvedere und Ettersburg; die gemeinsame Lektüre, das Musizieren, die komisch-ernsten, an Zwischenfällen reichen Aktivitäten des → Liebhabertheaters. – Er berichtet weiter, wie elegant die junge, stolzscheue Herzogin zu Pferde saß, wie mühsam es war, Carl August die schweren Schüsseln zu servieren, wie heftig Wieland, Herder und Goethe an der fürstlichen Tafel stritten, wie neu und frisch sich das Leben auf der Eisbahn ausnahm. – Kleine Bilder, kleine Szenen, ohne Ambition vorgetragen, doch in der richtigen Verteilung der Akzente, der Farben, der Nuancen, im klugen Erfassen der Atmosphäre ein kostbares Zeugnis lang vergangener Tage . . .

Literatur: Karl Freiherr von Lyncker: Am Weimarischen Hof unter Amalien und Karl August. Erinnerungen. Hrsg. von Marie Scheller. Berlin 1912.

M

Malcolmi, Amalie → Wolff, Pius Alexander.

Malcolmi Karl Friedrich
(1745–1819 Jena).

Schauspieler, doch auch tüchtiger Bassist, der, wie Carl → Eberwein berichtet, zu denen gehörte, die «ohne Kenntnis der Noten befähigt waren, die bedeutendsten Singpartien sicher und gut auszuführen, wenn man sie ihnen auf dem Flügel eingetrommelt hatte». Sein Rollenfach waren die freundlich-komischen Alten und guten Väter, die er zu Goethes, doch auch zu des Hofs und des Parterres Vergnügen «mit der köstlichsten Laune» spielte. – Er verfügte, als er 1788 bei → Bellomo eintrat, bereits über einige Bühnenpraxis und wurde 1791 gern (nun wohl Witwer), mit seinen Töchtern, vom neuen Hoftheater übernommen: die beiden älteren, die aber 1793 Weimar verließen, als Soubretten, Amalie, die Achtjährige, in Kinderrollen. – 1793 hatte sich Malcolmi ein zweites Mal verheiratet. Helena Elisabeth Schmahlfeld, 1761 in Petersburg geboren, auch sie Schauspielerin, zweimal geschieden, eine in ihrer Jugend ungewöhnlich schöne, auch eine begabte Frau, trat gleichfalls in das Ensemble ein, dem sie bis zu ihrem Tod (am 6. September 1798 in Rudolstadt) angehörte. Ebenso die beiden Töchter, die sie in die Ehe mitgebracht hatte und die erst nach Jahren wieder aus Weimar verschwanden. – 1817 zog sich Malcolmi, durch eine herzogliche Rente von 400 Talern gesichert, in den Ruhestand nach Jena zurück. Bei diesem Abschied nannte Goethe, der des Schauspielers Talent und Charakter hoch schätzte, den Scheidenden einen für ihn und Weimar «Unvergeßlichen» . . .

Maria Pawlowna → Sachsen-Weimar-Eisenach, Maria Pawlowna Erbgroßherzogin von, → Seiten 356–361.

Mecklenburg-Schwerin *Caroline* Louise Erbgroßherzogin von,
geborene Prinzessin von Sachsen-Weimar-Eisenach (Weimar 18. Juli 1786–20. Januar 1816 Ludwigslust/Schwerin).

Caroline war, neben den beiden Söhnen, Herzog Carl Augusts einzige Tochter. Nicht glänzend, nicht witzig, nicht schön, doch das blasse, unregelmäßige

Gesicht wurde von großen, leuchtenden Augen beherrscht, und die schmale Gestalt war feingliedrig und «behend wie ein Eichhörnchen». Leichtfüßig durchstreifte sie, am liebsten den Zeichenblock unter dem Arm, in Thüringen und später im Mecklenburgischen, Wälder und Gärten ihrer jeweiligen Wohnsitze. – Von Henriette von Knebel mit aller Sorgfalt erzogen, hatte sich, unter der kühl-distanzierten Teilnahme der Mutter, die Prinzessin zu einem Geschöpf entwickelt: unauffällig, bescheiden, doch klug, nachdenklich und spontan, ohne Caprice, der Konvention gehorchend, dennoch frei, offen, selbständig in Entschluß und Urteil. – Ihr konnte widerfahren (was sie mit Humor und Nachsicht quittierte), im höfischen Getriebe übersehen zu werden, aber ihr gehörte die Liebe der Brüder und Maria Pawlownas, ihrer brillanten Schwägerin, und unter den Damen des Hofs legten gerade die empfindsam an Geist und Kunst Interessierten (wie Charlotte von Stein, die Schwestern Gore, Tinette von Reitzenstein oder Lotte von Schiller) Wert darauf, als ihre Freundinnen zu gelten. Für Weimars erlauchte Geister aber war es ein Vergnügen, «ihre Prinzeß» fördernd zu verwöhnen. Carolines Gegengabe war, ihnen eine eifrige Schülerin, ein aufhorchend-verständiges Publikum zu sein. Wieland nannte sie zärtlich seine Serena, und im September 1807 berichtete Frau von Stein ihrem Sohn Fritz, daß Goethe nirgends angenehmer als in Carolines Salon die geistreichsten Dinge entwickle, wo er sich ungeniert fühle und in der Prinzessin einen feinen Sinn finde . . .

Erstaunlich ist die Bandbreite ihrer Interessen. Neben der Ausbildung eines hübschen zeichnerischen Talents nahm sie die Figurationen großer Dichtung ebenso in sich auf wie die philosophischen und naturwissenschaftlichen Bestrebungen ihrer gelehrten Umgebung: Schillers Dramen, das Goethesche Werk, Wielands Poesien, doch auch (um 1802), als Vorbereitung zur Konfirmation, Herders geistreich-freie Deutung christlicher Glaubensinhalte und seine von Caroline aufmerksam registrierten kritischen, oft nahezu revolutionären Randbemerkungen zu Geschichte und Politik. – Alles beschäftigte sie, die überzeugt war, daß es besser sei «die Nase in Bücher und nicht in die Welt zu stecken». Alles wurde und blieb Inhalt ihrer mit Ernst und Ausdauer betriebenen Studien, in die sie auch Botanik, in Jena sogar gelegentlich einen Anatomiekurs einbezog. Angeregt folgte sie Galls Demonstrationen zu seiner Schädelkunde und mühte sich, Goethes Farbenlehre und des Mediziner Hufelands Gedanken zur Makrobiotik zu erfassen.

Im Januar 1810 hatte sich Caroline, wenn auch nur zögernd, entschlossen, dem Erbprinzen Friedrich Ludwig von Mecklenburg-Schwerin ihr Jawort zu geben und ihm, der seit 1803 verwitwet und Vater zweier halbwüchsiger Kinder war, in sein Land zu folgen. – Es war höfischer Brauch und gehörte auch zu Carolines Gewohnheiten, allsommerlich ihre behagliche Bleibe im Fürstenhaus gegen Wochen im ländlichen Tiefurt, in Belvedere oder Wilhelmsthal zu tauschen. Nur wenige kurze Reisen unterbrachen das Einerlei, darunter auch die Flucht mit Anna Amalia, die, in Begleitung der Enkelin (die sich dabei als «erleuchtende und erheiternde Feuersäule» bewährte), im bösen Oktober 1806 der französischen Soldateska auszuweichen suchte. – Im Innersten

Aus dem «Reise-Zerstreuungs- und Trost-Büchlein» von Goethe, 1806/07.

beklommen aber brach Caroline nun, nachdem im Juli 1810 die Hochzeit, trotz bitterster Not ringsum, mit dem Glanz gefeiert worden war, den man der Herzogstochter schuldig zu sein glaubte, zu der weiten Fahrt nach Norden auf. Alles war ihr fremd. Das Land, auf dem der Krieg noch härter lastete als auf Thüringen, Menschen, die nicht ihre geistigen Interessen teilten, die Kinder einer anderen Mutter, der Gatte, von dem sie nur wußte, daß er ihre kompromißlose Ablehnung Napoleons teilte und, wie sie, die Augen vor dem Elend der Zeit nicht verschloß. Doch beinahe sofort, nachdem sie sich in Ludwigslust, der herzoglichen Residenz, etabliert hatte, spürte sie, daß die Wege sich vor ihr ebneten. Ihr Takt, ihre herzgewinnende Liebenswürdigkeit ließen alle Schwierigkeiten schwinden. Der regierende Herzog zeigte sich enchantiert, die Kinder schlossen sich innig der neuen Mutter an, das Land wußte ihr Dank, daß sie sich klaglos den Sparmaßnahmen, Folge des nahezu vollständigen finanziellen Ruins, fügte, und der Erbprinz, entzückt von ihrer inneren Grazie, schrieb nach Weimar, er sei überglücklich, «in der geliebten und angebeteten Caroline einen solchen Schatz gefunden zu haben». – Wahrscheinlich hatte Caroline, die immer zart gewesen war, bereits eine Tuberkulose aus Thüringen mitgebracht. Die Symptome (Katarrhe, Fieber, Erschöpfungszustände, Abmagerung), die sich jetzt steigerten, deuten darauf. Sie litt unter dem Klima der Tiefebene. Nur Doberan mit der nahen Küste und den weiten, herrlichen Buchenwäldern, wo sie öfters den Sommer verbrachte, tat ihr wohl. Doch drei Geburten (1812 ein Sohn, 1814 die Tochter Helene und im Jahr darauf ein zweiter Sohn) waren für die Erbprinzeß zu viel. Selbst ein paar Wochen im Juni 1814 in Weimar, dem immer ihre Sehnsucht galt, halfen ihr nicht. Krank kehrte sie zurück, anderthalb Jahre später erlag sie dem schweren Leiden.

Goethe hatte stets ihre Liebe, ihre Verehrung gehört. In ganz jungen Jahren schloß sie (eine winzige Marginalie zum Thema Klassisches Weimar!), wohl mancherlei Feindschaft um den großen Mann spürend, mit den Freundinnen, halbe Kinder wie sie, «ein Geheimbündnis zu Schutz und Trutz des besten Meisters». Ein Gelöbnis, das zumindest Caroline nie vergaß. – Goethe seinerseits schrieb, in Gedanken an ihre Verlobung, von ihm «als glücklichstes Familienereignis» bezeichnet, die Stanzen der «Romantischen Poesie», eines Maskenzugs, der am 30. Januar 1810 aufgeführt wurde. Und er schrieb im Winter 1816 die «Trauerloge», Strophen, «der unvergeßlichen Prinzessin Caroline gewidmet». – Jahre zuvor aber hatte er, spontan, ohne Anlaß eines verpflichtenden Datums, im Katastrophenjahr 1806, ihrer und seiner Bedrükkung gedenkend und sie auf seine Weise tätig überwindend, Caroline mit Knittelversen, die herzliche Nähe bekunden, ein Stammbuch zugesandt. Die Verse hatten sich erhalten, doch das Buch, von dem sie sprechen, war verschollen und tauchte erst 1927 wieder auf. Es war ein «Reise-Zerstreuungs- und Trost-Büchlein vom September 1806 bis dahin 1807, Ihro der Prinzeß Caroline von Weimar Durchl. unterthänigst gewiedmet von Goethe»: 88 Blätter, spürbar in Abwehr der niederschmetternden Realität ringsum, für die Prinzeß gezeichnet, Landschaften meist, real, aber auch Erfindungen der Phantasie, Motive aus Thüringen und Böhmen, aus der Schweiz und dem auch hier wieder sehnsüchtig beschworenen Italien.

Literatur: Lily von Gizycki (geb. v. Kretschmann): Eine weimarische Fürstentochter. In: Deutsche Fürstinnen. Berlin 1893, S. 1–117. – Reise-Zerstreuungs- und Trost-Büchlein. 36 Handzeichnungen. Ausgewählt und herausgegeben von Hans Wahl. Leipzig 1935.

Metz, Johann Friedrich → Goethes Ärzte.

Meyer Johann Heinrich

J. H. Meyer, frühes Selbstbildnis, Zeichnung.

(Zürich 16. März 1760–11. Oktober 1832 Weimar).

Maler, Kunstkenner, Kunstgelehrter, Goethes «Kunscht-Meyer», sein Berichterstatter, Begutachter, hoch geschätzt, in allen künstlerischen Fragen das Orakel, darüber hinaus aber, mit allem Nachdruck, durch die Jahrzehnte, der Mann, der Freund, von dem der Dichter in Augenblicken drohender Gefahr mehr als einmal, tief erregt, sagte, daß er Heinrich Meyers Tod nicht zu überleben wünsche. – Er hatte ihn im November 1786, gerade in Rom angekommen, am Tag nach Allerseelen, im Quirinal, im Gedränge der Menschen und Bilder «entdeckt». Auf Goethes Frage, wer diesen heiligen Georg gemalt habe, ein Bild, das ihn besonders anzog, wußte niemand zu antworten. Da trat aus der Künstlerschar «ein kleiner, bescheidener, bisher lautloser Mann hervor» und belehrte den Dichter, «es sei von Pordenone, dem Venezianer, eines seiner besten Bilder, an dem man sein ganzes Verdienst erkenne». (Heute Paris Bordone zugeschrieben.) – Goethe war entzückt. Das war die Auskunft, die er wünschte: rasch, präzis, sachlich; das war der Führer, den er suchte: ein Mann, der sich auskannte, der zuverlässig und informiert war.

Meyer war in Zürich geboren, doch in Stäfa, in der «Alten Krone», dem behaglichen, großväterlichen Gasthof, aufgewachsen, von dessen Balkon Goethe bei einem Besuch im Herbst 1797 wohlgefällig auf die Häuser zwischen den Baumstücken hinab blickte und vergnügt die Weinberge den Hügel hinauf betrachtete, und die Fläche des Sees, und das jenseitige Ufer, mit heiteren Ortschaften, eine unendliche Welt . . . Hier hatte Meyer beim älteren Kölla die Anfangsgründe der Zeichen- und Malkunst erlernt. Nach des Meisters Tod war er 1778 nach Zürich aufgebrochen und in die Werkstatt des noblen Johann Caspar Füssli eingetreten. Eine Werkstatt, ein Haus, das einer Akademie glich und den Zeitgenossen als «Zufluchtsort der Künste, der Freiheit» galt. Dazu ein Ort der Verehrung Winckelmanns, mit dem Caspar Füßli seit Mitte der fünfziger Jahre bis zu des großen Gelehrten Tod die herzlichste Freundschaft verbunden hatte. – In diesem Kreis hörte der junge Adept vom Gesetz der «Edlen Einfalt und Stillen Größe»; er hörte Raphael Mengs' Namen, dem, wie man sagte, gelungen sei, in Winckelmanns Nachfolge die Malerei vom barocken Schwulst zu befreien und zur Reinheit eines Raffael zurückzuführen; er hörte von der Beispielhaftigkeit der Alten und der Größe der Renaissancemeister. Drei Jahre in diesem Klima genügten, den jungen Malschüler auf Rom vorzubereiten, das der Theorie die Anschauung gesellte. Seit 1784 die Museen, Galerien, Sammlungen durchstreifend, «still, einsam, fleißig» Skulpturen zeichnend, Gemälde kopierend, nachdenklich mit Winckelmannschem Blick, mit Winckelmannschem Maßstab die überbordende Fülle sichtend, wurde er, was seine Lehrmeister erwartet hatten, zu einem Klassizisten, der in Zukunft unnachgiebig jede Kunstübung dem Formenkanon klassizistischer Provenienz unterwarf.

Herder, im Juli 1789 von einer Romreise zurück, wo er Meyer gesehen hatte, berichtete Goethe, daß der Maler gern noch ein paar Jahre in Rom bliebe, dann aber ein «ruhiges Plätzchen» zu finden hoffe, wo er unter Freunden sein Talent üben und ein leidliches Leben führen könne. – Diese Nachricht bestimmte Goethe, wie er Meyer noch im August mitteilte, ihm als Beihilfe für die nächsten zwei Jahre ein herzogliches Stipendium von 200 Scudi zu verschaffen. «Sind aber die zwey Jahre herum», schrieb Goethe weiter, «so kommen Sie zu uns. Für das Reisegeld sorge ich, und besorge, daß Sie eine Situation hier finden, die Ihrer Gemüths Art angemessen ist. Wenn ich Ihnen keine große Pension versprechen kann, so sollen Sie doch haben, was Sie brauchen. Mir gibt es eine neue Aussicht aufs Leben, da ich mir nun denken kann, dereinst Ihres Umgangs zu genießen. – Da wir zusammengehören, so müssen wir auch unsren Lebensgang zusammen leiten, auf jede Weise.»

Durch schwere Erkrankung verzögert, trifft Meyer erst drei Jahre später, im November 1791, von Goethe warm «als Hausgenosse, Künstler, Kunstfreund, Mitarbeiter» begrüßt, in Weimar ein. Am Frauenplan bezieht er die Mansarde, fügt sich, Christiane akzeptierend und ihr ritterlich begegnend, in den «stillen häuslichen Kreis»; dieser nun (wie Goethe feststellt) reicher und froher abgeschlossen, da der Gast an allem Belehrenden, an allem Wirksamen kräftigen Anteil nimmt. – Zunächst leitet, fördert, überwacht er, während

Goethe 1792 Herzog Carl August zur «Campagne in Frankreich» begleitet, die Umformung des alten Barockbaus in ein klassizistisches Gehäuse. In pedantisch-professoraler Manier dekoriert er die Sopraporten im Juno- und im Urbinozimmer; er schließt die Decke des Treppenhauses mit einer Iris, dabei (eine Huldigung an Goethes Farbenlehre!) für den Regenbogen nur fünf statt der üblichen sieben Farben nutzend, und er ist zumindest mitverantwortlich für die vielberedete Treppe, von den einen hoch bewundert, von anderen (darunter Friedrich Hebbel) als «ungeschickte, nicht recht passende Zutat» abgetan. – Wohl als Dank an die Adresse der auch ihn sorglich betreuenden «kleinen Hausfreundin» entsteht 1793, Raffaels «Madonna della Sedia» nachempfunden, jedoch ohne deren harmonischen Linienfluß, sondern die Figuren gepreßt und zusammengeduckt, das Rundbild mit Christiane, den kleinen August auf dem Schoß, und etwa zur gleichen Zeit ein Kniebild Goethes: mürrisch, steif, ohne Verve, ohne zupackende Begabung gemalt. – Goethe aber, für den es, wie er am 27. September 1797 schreibt, «eine herrliche Empfindung ist, mit einer so bedeutenden Natur wie Heinrich Meyer, nach einerley Schätzen zu streben und sie nach einerley Sinn zu bewahren und zu verarbeiten», war, unbeirrt und unenttäuscht, nur besorgt, für den Freund die Gelegenheit zu erspähen, wo sein Talent sich entfalten und ins Breite wirken könne. – Mit sanfter Energie, mit leisem, doch stetem Druck schiebt er seinen Schützling in jede Lücke, jede Position, die in dem armen Weimar selten genug frei wird. 1795 wird Meyer Lehrer, 1806 Direktor der Fürstlichen freyen Zeichenschule. Ebenso arbeitet er emsig, von Goethe zugezogen, an der Innenausstattung von Schloß und Römischem Haus mit. Kaum originell, weder in Einfall noch Ausführung, füllt er, antikische Themen abhandelnd, mit Friesen, Fresken, Lünetten dekorativ Säle, Zimmer, Durchgänge. Von Kunstreisen nach Dresden, Kassel, Berlin und noch einmal für anderthalb Jahre in Italien bringt er, neben mancherlei Material zum besseren Verständnis klassizistischer Kunstübung, aus Rom eine Kopie der «Aldobrandinischen Hochzeit», aus Dresden die Kopie von Annibale Carraccis «Genius des Ruhms» mit. Für → Klauers Werkstatt entwirft er Theatermasken; er entwirft eine Nemesis für den Giebel des Römischen Hauses, entwirft für Bildhauer Döll den Schmuck des → Euphrosyne-Denkmals, für Louise → Seidler das Altarblatt von St. Rochus. Nebenher zeichnet er Vignetten, Titelblätter, auch Kostüme für die Bühne.

Mit noch größerer Intensität aber zieht Goethe den Freund, fast bis zur völligen Identifikation, in den Bereich der eigenen kunstschriftstellerischen Bemühungen. Heinrich Meyer, dem er in der «Italienischen Reise» (25. Dezember 1787) enthusiastisch bezeugt, daß er, der Dichter, alles, was der Maler-Freund sagt, aufschreiben möchte, «so bestimmt, richtig, die einzige wahre Linie beschreibend sind seine Worte», ist für ihn der Mann, Grundlagen und Prinzipien des ihnen gemeinsamen Kunstevangeliums zu formulieren, den Kanon klassizistischer Formensprache eindringlich zu beschreiben und deren Gültigkeit für alle Kunstübung rigoros durchzusetzen. In dieser Forderung, in der Wahl *dieses* Mannes, in der Überschätzung des Meyerschen

Urteils, der Meyerschen Einsicht und Leistung wird die Grenze der Goetheschen Kunstkennerschaft sichtbar. Meyer ist *nicht* die häufig beklagte Ursache der Goetheschen Fehlurteile, nicht Ursache seiner oft zutage tretenden Zeit- und Kunstferne. Die Beschränkung liegt in Goethe selbst. Er, der auf seinem eigensten Gebiet, dem der Dichtung, mit jedem Schritt Neuland betrat, ist (ohne es wahrhaben zu wollen) im Bereich der bildenden Künste Epigone. Sein Blick, sein Urteil bleiben, früh schon von Winckelmannschen Thesen gefärbt, von wenigen Ausnahmen abgesehen, merkwürdig unduldsam und starr. – Dokumente dieser Einseitigkeit sind viele der Abhandlungen, verfaßt von den «Weimarischen Kunstfreunden» (als Kürzel auch W. K. F.), meist Gemeinschaftsarbeiten, von Meyer geschrieben, von Goethe redigiert: in den «Horen», den «Propyläen», in der «Jenaischen Allgemeinen Literatur-Zeitung», nach 1816 auch in «Ueber Kunst und Alterthum» veröffentlicht. – Als Demonstration aber, als ein Akt bewußter Kulturpolitik waren 1799 bis 1805 die jährlichen «Preisaufgaben» und die mit ihnen verbundenen Weimarer Kunstausstellungen gedacht, von denen die «Weimarischen Kunstfreunde», das heißt Goethe und Heinrich Meyer (Schiller, Humboldt, Fernow blieben abseits), eine durchgreifende Erneuerung, eine Steigerung aller Kunst aus dem Geiste klassizistischer Besinnung erwarteten. Das Resultat war niederschmetternd. In Walther Scheidigs gründlicher Untersuchung (1958 erschienen) wird die Kläglichkeit des Unternehmens, von dem sich nur wenige mittelmäßige Talente angezogen fühlten, deutlich. Kein produktiver Anstoß ging von diesem angestrengten Versuch der Kunstförderung aus, die in Ziel und Geschmack bereits veraltet war, als sie ihr Publikum suchte. Die Zukunft gehörte Malern wie Runge, Caspar David Friedrich, auch Joseph Anton Koch oder Johann Christian Reinhart. Diese beiden «Deutschrömer» fast noch Klassizisten, aber in Meyers Augen bereits von verabscheuungswürdigen romantischen Neigungen infiziert, wie die W. K. F. auch Gottfried Schadow, den Schöpfer anmutigster Skulpturen aus klassizistischer Kunstgesinnung, des verderblichsten Naturalismus ziehen. – Die Aktion hatte sich als Debakel erwiesen, jedoch keineswegs die Zusammengehörigkeit der Freunde, auch nicht deren Zusammenarbeit gestört. Meyer steuerte 1805 zu Goethes «Winckelmann und sein Jahrhundert» den Entwurf einer Kunstgeschichte des 18. Jahrhunderts bei; er arbeitete an der «Farbenlehre», an der «Italienischen Reise» mit. In die «Wanderjahre» ging seine farbige und kenntnisreiche Beschreibung Schweizer Hausindustrie, noch auf Spinnrad und Webstuhl basierend, ein; die abendliche Heimfahrt des Marktschiffs über den Zürichsee nahm der Dichter kaum verändert in den Roman auf. – Fügt man nun noch hinzu, daß Meyer den ausführlichen Anmerkungsteil zur achtbändigen Ausgabe der Winckelmannschen Schriften erarbeitete, daß er 1824 eine «Geschichte der bildenden Künste bei den Griechen» herausgab, der eine «Geschichte der Kunst», 1974 von Helmut Holtzhauer und Reiner Schlichting aus dem Nachlaß ediert, folgte, an denen, wie die Handschriften zeigen, Goethe redigierend mitgewirkt hat, so ist zwar Goethes Meinung, Meyer habe die Kenntnis der Kunst auf ihren Gipfel gebracht und seine Kunst-

J. H. Meyer, Selbstbildnis, Kreide, um 1810.

geschichte sei ein ewiges Werk, eine fast bestürzende Fehlinterpretation, aber diese Arbeiten, eher bieder als genial überfliegend, sind dennoch Zeugen einer gegenseitigen Ergänzung, einer Gemeinsamkeit im Geiste, die nur, wie Erich Trunz sagt, auf dem Grund tiefer persönlicher Zuneigung möglich war. – Im Januar 1803 heiratete Heinrich Meyer Amalie, die Tochter des Kanzlers Kope von Koppenfels. Kurz zuvor hatte er das Haus am Frauenplan verlassen, «jedoch die Notwendigkeit, sich ununterbrochen mitzuteilen», schreibt Goethe in den «Annalen» 1802, «überwand bald die geringe Entfernung; ein wechselseitiges Einwirken blieb lebendig, so daß weder Hindernis noch Pause jemals erfunden ward». – Erst Goethes Tod zog den Trennungsstrich. Ein halbes Jahr später folgte dem Dichter der Freund nach. An der Ostmauer des Neuen Friedhofs, unweit der → Fürstengruft, fand Heinrich Meyer sein Grab. – Bücher und Handschriften bestimmte sein Testament der Großherzoglichen Bibliothek, die «Kunstsachen» den Museen. «Als Universalerbin» der 33 000 Taler aber, sein und seiner 1822 gestorbenen Frau Vermögen, hatte er, wie die «Weimarische Zeitung» meldete, «die Armut der Stadt eingesetzt». Gestützt auf die Zinsen des Stammkapitals versorgte die «Meyer-Amalien-Stiftung» Hausarme von jedem Geschlecht, Alter und Stand in ihrer Krankheit mit ärztlichem und chirurgischem Beistand, wartete sie, pflegte sie bis zur Wiedergenesung oder ihrem Tod, unentgeltlich, aufs beste, und zwar in ihren eigenen Wohnungen.

Literatur: Goethes Briefwechsel mit Heinrich Meyer. Hrsg. von Max Hecker. 4 Bände. Weimar 1917–1932. Schriften der Goethe-Gesellschaft 32. 34. 35, I. 35, II.

Mieding Johann Martin

(Erfurt 1725–27. Januar 1782 Weimar).

Er kam aus einer Schreinerfamilie, war selbst Drechsler, Tischler, Hofebenist. Seine Werkstatt, in der Goethe, gern stöbernd, aus- und einging, lag am Herderplatz, in nächster Nachbarschaft des Deutschritterhauses. – Mieding hatte im Frühjahr 1776 das Mobiliar für des Dichters Gartenhaus geschreinert; durch das Jahr 1779 arbeitete er, in Goethes Auftrag, mit großer Geduld an der Schreibkommode für die Freundin auf Schloß Kochberg: kostbar durch Intarsien und zierlich-intrikate Schlösser. Die vertracktesten Aufgaben aber hatte Mieding, nun längst zum Theatermeister, zum «Bühnenbildner» des herzoglichen → Liebhabertheaters avanciert, von Aufführung zu Aufführung zu lösen. In dem Nachruf, den ihm Goethe im März 1782 schrieb und den Kommerell «in dem sonst fürchterlichen Genre ein zauberhaftes Kunstwerk» nennt, erinnert der Dichter, wie dieses Mannes kluge Hand, trotz Krankheit und oft «schmerzbeladener Brust», sinnreich schnell den Lattenbau fügte zu dem, «was alles zarte, schöne Seelen rührt...» Und er läßt Corona → Schröter, die so oft zwischen Miedings luftigen Erfindungen spielte, dem Unermüdlichen danken, für das, was er getan, und ihn bitten, diesen Dank hinzunehmen. – «Auf Miedings Tod» erschien Ende März 1782 im → «Tiefurter Journal»: Elf Exemplare, handgeschrieben und schwarz gerandet. – «Ich bin», schrieb Goethe an Freund Knebel im April, «mir noch keiner so schönen Sensation bewußt, als dieses Gedicht in unserem Kreis gemacht hat . . .» 1789 nahm er dann die Totenklage in die «Schriften» auf. Die letzten Zeilen der Ode:

Fest steh' dein Sarg in wohlgegönnter Ruh';
Mit lockrer Erde deckt ihn leise zu,
Und sanfter als des Lebens liege dann
Auf dir des Grabes Bürde, guter Mann!

grub man in den Denkstein ein, der heute Miedings Grab auf dem → Jakobsfriedhof bezeichnet.

Literatur: Arthur Hoffmann: Werktätiges Leben im Geiste Goethes. Eine Darstellung auf der Grundlage der Briefe und Tagebücher und unveröffentlichten Archiv-Materials. Mit einem Geleitwort von Hans Wahl. Weimar 1950.

Mittwoch-Club → Geselligkeit in Weimar.
Mittwochsgesellschaft → Geselligkeit in Weimar.
Mittwochskränzchen oder Cour d'amour → Geselligkeit in Weimar.
Montag-Club → Geselligkeit in Weimar.

Morhard Otto

(Schleswig [?]–22. Februar 1814 Prag).

Es sei ein sehr guter Tenor, teilte Goethe am 27. Juli 1807 Zelter mit. Entdeckt hatte ihn Maria Pawlowna in Schleswig, ihrem Exil während der schlimmen Kriegstage vom Oktober 1806, und sie war es auch, die den Sänger, ihn weiter patronisierend, nach Weimar zog. Hier aber sah sich Morhard, durch Caroline → Jagemanns Machenschaften, die geschickt der Erbprinzeß vorübergehende Abwesenheit nutzte, zur Zentralfigur der Theaterkrise von 1808 avanciert. – Er hatte, durch ärztliches Attest ausgewiesen, gebeten, da er heiser sei, sich von der Aufführung der Paërschen Oper «Sargino oder der Zögling der Liebe» am 5. November beurlauben zu dürfen. Caroline Jagemann aber wußte dem Herzog dieses Fernbleiben als einen Akt böswilliger Insubordination darzustellen, so daß Carl August, entgegen seiner gewohnten Liberalität, äußerst schroff reagierte. Über die Köpfe seiner Theaterdirektion hinweg verfügte er des Tenors sofortige Entlassung, mit der verschärfenden Auflage, in spätestens vierzehn Tagen das Land verlassen zu haben. – Goethe, der übersah, daß nicht Morhard, sondern ihn Carolines Intrigen und seines Fürsten Zorn meinte, sorgte zunächst, daß des Tenors Strafe auf wenige Tage Hausarrest herabgesetzt wurde und er unbehelligt am Jahresende, von Goethe angelegentlich empfohlen, zur Kasseler Oper überwechseln durfte. Er selbst stellte am 10. November und noch einmal am 18. Dezember sein Amt zur Disposition. Darauf aber wollte Carl August, dem die kritischen Reaktionen der breiteren deutschen Öffentlichkeit nicht gleichgültig waren, keineswegs eingehen. Goethe solle Intendant bleiben, doch er, der sich in dieser Situation als «geborener Herr» fühlte, forderte für sich höchst unwirsch das Recht der endgültigen Entscheidung. Das wiederum empfand Goethe als Brüskierung, die ihn tief verletzte. Anscheinend streifte ihn noch nicht einmal der Verdacht, daß seine Napoleon-Verehrung, kaum überbietbar seit den drei Gesprächen (knapp vier Wochen zuvor) mit dem Imperator, seinen angestammten Fürsten gekränkt haben dürfte ... Erst Herzogin Louises souveräne Haltung machte dem wochenlangen, aufgeregten Hin und Her ein halbwegs alle Seiten befriedigendes Ende. – Das hinderte aber Caroline Jagemann nicht, die Carl Augusts Stimmungen kannte und zu manipulieren wußte, weiterhin vergnügt-boshaft, kritisch und des öfteren auch nicht ohne triftigen Grund Goethe die Theaterarbeit zu verleiden. Überzogene Forderungen, besonders des Bassisten → Stromeyer; organisatorische Änderungen der «Goethe-Behörde», die verdeckt Mißtrauensvoten waren; das Abschieben treuer Mitarbeiter wie Anton → Genasts in den Ruhestand; Eingriffe in den Spielplan bis zu dem ominösen Auftritt eines Pudels am 12. April 1817, dem Goethes Amtsenthebung, von Carl August einmal freundschaftlich, in zweiter Ausfertigung offiziell formuliert, auf dem Fuße folgte, die der Dichter in diesem Augenblick, trotz aller Kabale lebhaft beschäftigt, alles zum Besseren zu wenden, *so* nicht erwartet hatte. – Otto Morhard aber hatte Carl Maria von Weber, beauftragt in Prag eine deutsche Oper einzurichten, zu sich gerufen. Er galt als Webers bester Sänger.

Literatur: Wilhelm Bode: Die Tonkunst in Goethes Leben. 2 Bände. Berlin 1912. – → Theaterdirektion Goethes.

Müller Friedrich Theodor Adam Heinrich von, genannt Kanzler Müller (Kunreuth/Forchheim 13. April 1779 – 21. Oktober 1849 Weimar).

Jurist, vielseitig begabt, ungewöhnlich agil, ausgebildet in Erlangen und Göttingen, Sohn und Enkel Egloffsteinscher «Kastner» (das heißt der Verwalter des Fideikommißbesitzes dieser Familie in Franken), aufgewachsen auf Kunreuth, der «Testamentsburg» des Geschlechts. Ihm übergibt am Ende seiner Studienjahre (aufmerksam gemacht durch Hofmarschall Gottlob von → Egloffstein) Herzog Carl August die Fortführung eines verfitzten, langwierigen Vormundschaftsprozesses, den Müller in Kürze erfolgreich beendet. Das bringt ihm den Ruf nach Weimar. 1801 wird er zum Assessor, 1803 zum Regierungsrat bei der «Regierung», dem oberen Justizkollegium, ernannt. – 1806 aber, wenige Tage nach der Katastrophe von Jena, der am 14. Oktober verlorenen Schlacht, avancierte dieser jüngste Weimarer Regierungsrat, durch Verkettung einiger Zufälle, wie Hans Tümmler darlegt, für die nächsten fünfzehn Monate zur «Hauptfigur» der weimarischen Diplomatie. Er wurde, ohne Zutun Carl Augusts, zu dessen wichtigstem Unterhändler bei Napoleon. – Müllers Auftrag, ihm am 17. Oktober in Weimar vom Geheimen Consilium und Herzogin Louise erteilt, war zunächst nur als eine Mission für wenige Tage gedacht. Er hatte die Ordre, Napoleon in seinem Hauptquartier, zu diesem Zeitpunkt noch im nahen Naumburg, aufzusuchen und ihm mitzuteilen, daß von Herzog Carl August (der sich mit seinem Bataillon von der Hauptmasse der geschlagenen Armee, unbekannt wohin, abgesetzt hatte) immer noch jede

Nachricht fehle, und den Kaiser, der drohte, Land und Dynastie auszulöschen, so Carl August nicht in Bälde auftauche, untertänigst um Geduld zu bitten. – Müller aber sah sich, da er Napoleon nicht mehr in Naumburg fand, genötigt, der in Eilmärschen vorwärtsdrängenden Armee zu folgen, erreichte jedoch, trotz großem Eifer, erst am 4. November in Potsdam eine erste Audienz, der dank seiner Hartnäckigkeit weitere folgten. – Unterdessen war Ende Oktober auch Carl August in Berlin aufgetaucht und hatte, der ungewöhnlichen Situation Rechnung tragend, eiligst Müller, um ihn den Gesandten der übrigen ernestinischen Häuser gleichzustellen, am 2. Dezember 1806 zum Geheimen Regierungsrat und am 30. Januar 1807 in den Adelsstand erhoben. – Müller war nun immerhin in der Lage, dem französischen Kaiser mitteilen zu können, daß sein Herzog sich gemeldet habe und aus dem preußischen Heeresverband, dem er als General angehört hatte, ausgeschieden sei. Nach Weimar aber durfte er melden, daß Napoleon von seinen Drohungen spürbar Abstand nehme. Im übrigen blieb ihm nur, dem kaiserlichen Hauptquartier weiter nach Posen zu folgen, wo er im Namen seines Fürsten am 15. Dezember 1806 den Friedensvertrag unterzeichnete und gemeinsam mit den Bevollmächtigten der thüringischen Zwergstaaten den Beitritt Sachsen-Weimars zum Rheinbund vollzog. – Da aber die so erreichte «Souveränität» weder die hohen Kontributionen noch den Zwang zur Truppenstellung aufhob, sondern lediglich in vertraglich festgelegte Verpflichtungen umwandelte, unternahm man, allerdings ohne jeden Erfolg, im Winter 1807 in Warschau und noch einmal im April/Juni 1807 in Berlin den Versuch, durch Verhandlungen, die Müller führte, die Lasten etwas zu mindern, dem aber ein Mann wie Daru ein hartes, unabänderliches Nein entgegensetzte. – Ebenso erfolglos endete Müllers letzte diplomatische Mission von Juli bis Dezember 1807 in Paris. Ihm war aufgetragen, bei der von allen Seiten erwarteten Neuaufteilung Europas durch Napoleon die Interessen Weimars zu vertreten. Unermüdlich war Müller unterwegs, knüpfte Fäden, kannte alle Welt, dennoch hinderte ihn, wie seine lebhaft und frisch geschriebenen Relationen (wie auch seine «Erinnerungen aus den Kriegszeiten 1806 bis 1813) zeigen, ein eingeborener Optimismus, ein zur Euphorie neigendes Temperament, verbunden mit schwärmerischer Napoleon-Verehrung und unbedingter Rheinbundtreue, die Realität zu sehen und nüchtern zu erkennen, daß «hier *niemand*», wie der kluge Friedrich von Wolzogen konstatierte, «etwas ausmachen kann und wird». – Müller dagegen erweckte Hoffnungen, denen die Enttäuschung auf dem Fuße folgte. Dem Herzog, den Ministern, immer schon irritiert durch Müllers Betriebsamkeit, seinen Mangel an Takt, seine gefürchteten Eigenmächtigkeiten, wurde dieser Unterhändler mehr und mehr zum Ärgernis. Als er, der schließlich doch den Gegenwind aus Weimar spürte, Weihnachten 1807 um Urlaub bat, wurde dieser sofort in einer Form bewilligt, die eindeutig zeigte, daß Müllers diplomatische Karriere beendet war. Das änderte sich auch nicht, als Carl August im Jahr darauf, während des Fürstentags zu Erfurt, sich Müller, dessen eminente Personalkenntnis nutzend, noch einmal als diplomatischen Dolmetsch attachierte.

In der Überzeugung aber, den richtigen Mann an der richtigen Stelle zu gebrauchen, beauftragte er Müller in den folgenden Jahren mehr und mehr mit Aufgaben, deren Lösung der inneren Reform des Staates diente. Es galt unter anderem, die Stände in den drei Landesteilen zusammenzufassen; weiter galt es, in enger Anlehnung an Steins preußische Reformen, eine neue Städteordnung zu entwerfen; die Trennung von Justiz und Verwaltung durchzusetzen, und es galt, um das bürgerliche Selbstverständnis zu aktivieren, die Wählbarkeit des Stadtrates zu etablieren. – Mit gleicher Energie nahm Müller, noch in den Jahren der Rheinbund-Zugehörigkeit, auch einen Lieblingsgedanken Carl Augusts auf: die Einrichtung eines für Thüringen und die angrenzenden Gebiete zuständigen Obergerichts. Er leistete Vorarbeiten, die im Dezember 1816 zur Errichtung des Oberappellationsgerichtes zu Jena führten: einer Institution, die sich in den Presseprozessen von 1818/19 bewährte. – Müller selbst wurde 1815 als Kanzler an die Spitze der Weimarer Justizverwaltung berufen, 1835 in den Landtag gewählt, den er in den folgenden Jahren wiederholt präsidierte. 1826 ernannte ihn der Herzog zum Geheimrat, dem 1843 der Wirkliche Geheimerat mit dem Prädikat Exzellenz folgte. Aus dem Staatsdienst schied er, ein schwerkranker Mann, im August 1848, ziemlich genau ein Jahr vor seinem Tod, aus.
Wie Carl August zog auch Goethe, im Theaterbereich ärgerlich bedrängt durch die allgegenwärtige Napoleonische Zensur, um 1808 Müller, der zu dem französischen Gesandten Baron Saint Aignan engste Verbindung hielt, zur Mitverantwortung heran, wie er sich auch Jahrzehnte später, im November 1830, durch diesen tüchtigen Juristen bei der Errichtung seines komplizierten Testaments beraten ließ. Ebenso bestimmte er ihn, seiner Tatkraft vertrauend, zum Testamentsvollstrecker und Mitherausgeber seines literarischen Nachlasses. – Müller, den Minister Voigt mit leisem Spott «unser perpetuum mobile» nannte und dem Geheimrat von Wolzogen maliziös ein ungewöhnliches Maß an «physischer und moralischer Beweglichkeit» attestierte, war unterdessen fest in Goethes innerstem Kreis integriert. Behend und hilfreich, viel wissend, viel übersehend, doch auch vom geselligen Ehrgeiz getrieben, übernahm er, von Goethe ermuntert, belobt, ermutigt, in Poesie oder Prosa, die meisten der fälligen Fest- und Gedenkreden; er begrüßte, er betreute Berühmtheiten, die von fern und nah herandrängten; er feierte, in den Salons ebenso heimisch wie in den gelehrten Zirkeln, die Damen, wobei er, wie Soret mißmutig feststellt, das Geheimnis besaß, «sein Herz mit zwanzig Schönheiten so zu teilen, daß jede dieses Herz ganz zu besitzen glaubte». «Velociferisch», nannte es am 26. Dezember 1825 Goethe, doch «einstimmig mit dem Genius der Zeit», wie der Kanzler (in einer «Viel- und Schnelltätigkeit», die den Dichter verdroß und die er doch loben mußte), nach allen Seiten Briefe wechselnd, zwischen Weimar und der Welt vermittele.
Jedes festliche Ereignis, dessen Arrangeur er meist ist, findet in ihm seinen Redner und begeisterten Apologeten; fast jede Feier dankt ihm Anordnung und Schmuck. Ein Höhepunkt ist die Jubelfeier am 3. September 1825 zur fünfzigsten Wiederkehr von Carl Augusts Regierungsbeginn; doch noch wich-

tiger ist ihm, wenige Wochen später, der 7. November, als es gilt, der Ankunft Goethes in Weimar vor fünfzig Jahren zu gedenken. Dieses Fest, mit dem Gewimmel der Gäste, mit der Vielfalt der Gaben, mit den Reden und Gesängen, mit dem Diner im Stadthaus und dem Souper am Frauenplan, mit Konzert und Iphigenie-Gala-Vorstellung: eine Apotheose des Dichters, fast ausschließlich des Kanzlers Idee und bis ins Detail von ihm geplant und durchgesetzt, ist nicht nur Goethes «Feierlichster Tag», sondern wird für den Kanzler selbst, wie er am 18. November 1825 rückblickend hingerissen Graf Reinhard schreibt, «zum reichsten Tag meines ganzen Lebens».
Seine «Unterhaltungen mit Goethe» aber, im Dezember 1808 einsetzend und durch die Jahre bis zu des Dichters Tod führend, von ihm, «der vortrefflich merkt und viel erfährt», aufgezeichnet, sind nicht auf den festlichen Augenblick, nicht auf die glückliche Stunde fixiert. Müller sieht und hält fest, wie das Befinden des Dichters, wie Stimmung und Laune schwanken. Wie das Gespräch eben noch «überreich an Witz, Humor, Gemütlichkeit und Phantasie» umschlagen kann ins Bitter-Humoristische, in «die sophistische Widerspruchsart»; er, der nicht wie Eckermann erhöhen und feiern will, hält auch fest, wie Goethe «den Gesprächsfaden fallenläßt und manche lange Pause mit nichts als Hm! Hm! füllt, auch wohl den Kopf wie aus Schläfrigkeit senkt, doch er beschreibt auch wieder den Goethe, der «sehr munter, ja aufgeregt wie ein Gewitter bei heitrem Himmel sich seiner Kraftfülle durch geistige Blitze und Donnerschläge zu entledigen sucht». Er beschreibt diese Proteus-Natur, die sich in alle Formen zu verwandeln, mit allen zu spielen, die entgegengesetztesten Ansichten aufzufassen und gelten zu lassen vermag... – Müller hat wohl im Laufe der Jahre immer einmal wieder eine Veröffentlichung seiner Notizen erwogen, doch sie auch wieder aus den verschiedensten Gründen aufgeschoben. Erst 1870 gab C. A. H. Burkhardt die «Unterhaltungen» heraus: eine wichtige, eine unentbehrliche Quelle, wie Eckermanns «Gespräche» oder Riemers «Mitteilungen» oder Sorets «Erinnerungen», des Dichters letzte Jahrzehnte beschreibend und erhellend.
Literatur: Kanzler Friedrich von Müller: Unterhaltungen mit Goethe. Mit Anmerkungen versehen und herausgegeben von Renate Grumach (Kleine Ausgabe, 2. Aufl.). Weimar 1959.

Musäus Johann Carl August

(Jena 29. März 1735–28. Oktober 1787 Weimar).

Die Regentin wußte, als sie Carl August Musäus zum Hofmeister an der Pagerie in Weimar machte, daß er, der Sohn eines Jenaer Landrichters, im Haus eines Oheims, des Generalsuperintendenten Dr. Weißenborn, zu Eisenach aufgewachsen war. Sie wußte, daß er acht Semester Theologie in Jena studiert hatte und hörenswert zu predigen vermochte, daß ihn aber dennoch die Farnrodaer Bauern nicht zum Pastor wollten, da er sich auf Tanzböden hatte sehen lassen... Bestimmt war der Fürstin, die so angestrengt auf jede noch so schüchterne Regung des Geistes in ihrem Land hinhorchte, auch nicht entgangen, daß dieser Pfarramtskandidat im Wartestand enge Verbindung zu

Nicolai, dem rigorosen Vertreter Berliner Aufklärung, hielt, daß er an dessen «Allgemeiner Deutscher Bibliothek» mitarbeitete, daß er sogar über die Rezensionsarbeit hinaus, irritiert «von der leidigen Sentimentalsucht in der modischen Büchermanufaktur», 1760–1762 einen ersten Roman, «Grandison der Zweite oder Geschichte des Herrn von N.», veröffentlicht hatte: eine witzige Parodie der Tugendschwärmerei und wehleidigen Seelenzerfaserung à la Richardson. – Interessanter, wichtiger war noch für Anna Amalia, nach desaströsen Kriegsjahren bemüht, die Freude an Musik und Theaterspiel neu zu beleben, die Entdeckung, daß Musäus neben der Fähigkeit zu Satire und Kritik auch leichthin-gefällig ein Vorspiel, ein Opernlibretto, einen Ballettentwurf zu schreiben und zudem noch geschickt (besonders in komischen Rollen) auf den Brettern ihres → Liebhabertheaters zu agieren vermochte. Noch ehe 1772 der große Wieland kam, war ihr gelungen, mit Musäus eine erste Stütze für ihren geplant-ungeplanten Musenhof zu gewinnen. – 1769 übernahm ihr Protegé, nun zum Professor ernannt, am Weimarer Gymnasium den Unterricht in alten Sprachen und Geschichte, und das, wie Goethe noch im Juni 1824 Kanzler von Müller gegenüber monierte, «schlecht genug». Ein Tadel, den aber → Kotzebues Erinnerungen zumindest modifizieren. Dieser, Schüler und Neffe des Gescholtenen, berichtet, daß Musäus zwar unwillig und lustlos mit seinen Pennälern das Schmieden lateinischer Verse übte, dafür aber (obwohl Deutsch *kein* Schulfach war!) der Klasse beibrachte, wie ein guter deutscher Brief zu schreiben sei, und sich in einer «poetischen Stunde», freiwillig am Sonnabend von ihm gehalten, die dichterischen Ergüsse seiner Schüler anhörte und ernsthaft diskutierte. – Ein schmales Haus in der schmalen Seifengasse war (seit 1770 war er verheiratet) durch Jahre sein und seiner Familie Domizil. Den knappen Raum hatte er noch mit Kostgängern zu teilen, wie ihn auch kümmerlichste Einkünfte zwangen, privaten Nachhilfeunterricht zu geben und auf Wunsch Hochzeits-Carmina oder ein Poem zu Taufe, Leichenschmaus und Silvesterpunsch, das Stück zu je 1 Laubthaler, anzufertigen. – Erst die «Physiognomischen Reisen», 1778 erschienen, in Romanform eine amüsante Verhöhnung der üppig grassierenden Lavater-Schwärmerei, und im Jahr darauf «Der deutsche Grandison» (die Richardson-Parodie von 1760 neu bearbeitet) milderten die Fron. Mit den «Volksmärchen der Deutschen» aber, die 1782–1786 folgten, setzte sich Musäus im Bewußtsein des Publikums endgültig als Schriftsteller durch. – Diese Sammlung von vierzehn Erzählungen, in fünf Gruppen geordnet, zeigt, worauf Volker Klotz aufmerksam macht, eine höchst eigenwillige Verarbeitung, zeigt die Kultivierung gerade der heimischen Erzählstoffe oder, wie Musäus sagt: «Das Einzäunen eines eignen Stückgen Ackers.» Wieder lag ihm, dem entschlossenen Aufklärer, daran, «die Herzgefühle eine Zeitlang ruhen zu lassen, das weinerliche Adagio der Empfindsamkeit zu endigen und das enüyierte Publikum mit dem schönen Schattenspiel an der Wand» zu unterhalten: mit Sagen (darunter die vom Rübezahl), mit Fabeln, Legenden, Anekdoten, Schwänken, ihm oft, das Stück für einen Dreier, von alten Weibern, vagierenden Soldaten oder spielenden Kindern zugetragen. – In einer

Manier, die Wieland «ganz eigentümlich und unnachahmlich», die er «naiv-witzig und nur der gutmütig-schalkhaften Laune des Verfassers zugehörend» nennt, gelingt es Musäus, die bunt schillernde Stoffmasse einzuschmelzen und ein «Märchenklima» zu schaffen, das (fern jedem Grimmschen Märchenton) kritisch, scherzend, skeptisch die Mitte zwischen Idylle und Satire hält. – Die «Volksmärchen», auch zum Verkaufserfolg geworden, befreiten ihn aus drückender finanzieller Enge. Endlich, 1783, durfte er, der leidenschaftliche Gärtner, wagen, eine Pachtung an der Ilm aufzugeben und ein eigenes Stück Land nahe der Altenburg (am Kegelplatz) zu kaufen und einen Garten anzulegen, den selbst der Herzog oft bewunderte. Das hübsche Haus, das er sich unter Bäumen und Blumen baute, möblierte ihm seine alte Herzogin-Freundin Anna Amalia. – Ein Herz-Polyp aber, in jenen Zeiten unerkannt und inoperabel, setzte plötzlich, nur drei Jahre später, seinem Leben ein Ende. Martin Gottlieb → Klauer errichtete ihm, im Auftrag eines uns unbekannten Verehrers, an der Südwand der Jakobskirche ein Epitaph: mit Urnennische und Porträtrelief ein schlichter, schöner Gedenkstein für den schlichten Mann.

Literatur: → Liebhabertheater.

Mützel Johann

(Neustadt/Aisch getauft 7. Oktober 1647 – begraben 1. September 1717 Eisenach).

Ein «Fremder», aus dem Fränkischen in Thüringen auftauchend, schob er sich unter die → Richters, eine Familie, deren Mitglieder seit Beginn des 17. Jahrhunderts als Baumeister oder Maler der Herzöge von Weimar und ihrer ernestinischen Vettern in Jena, Gotha, Eisenach usw. fungiert hatten. Mützel wird um 1672 als Lakai (oft der «Einstieg» in die Berufswelt am fremden Ort) von Herzog Bernhard zu Sachsen-Jena registriert; ist vier Jahre später bereits Bauschreiber an den Höfen Jena und Weimar, seit 1700 etwa, nach dem Rückfall der «Landesportion Jena» an Eisenach, Gesamtbaumeister und 1712 endlich, zwei Jahre vor seiner Pensionierung, Oberbaumeister der vereinigten Herzogtümer.

Wilhelm Ernst, von 1683 bis zu seinem Tod 1728 neben und mit seinem Neffen → Ernst August regierender Herr, war vorrangig Mützels Auftraggeber. Ihm, einem Fürsten, der konsequent «Sparsamkeit, Frugalität und Menage» praktizierte und, im Gegensatz zu vielen seiner Standesgenossen, nicht in Versuchung geriet, Versailles zu kopieren und mit Dresden oder Wien zu konkurrieren, sondern die seltene Tugend besaß, seine Forderungen den kargen Bedingungen des kleinen Landes anzupassen, mußte ein Baumeister willkommen sein, der ein tüchtiger Handwerker war, dessen Bauerfindungen aber dennoch, auf eine spröde Weise, nicht des Stils entbehrten, der der Übereinstimmung von Mittel und Zweck entspringt. – Beispiele dieser Baugesinnung sind 1686 die Garnisonskirche zu Jena, 1692 die Kreuzkirche in Eisenach und 1712 der Umbau der Weimarer → Jakobskirche. – Weiter schreibt ihm Hans

 Heubach, genauer Kenner der Mützelschen Arbeitsweise, 1702 den Bau des

→ Gelben Schlosses zu, weiter die Umwandlung des herzoglichen Jagdhauses auf dem → Ettersberg in den dreiflügeligen Schloßbau: immer noch schlicht, doch sorgsam die Bedürfnisse eines fürstlichen Haushalts bedenkend. Dann aber 1710, nun allerdings mit dem Eisenacher Herzog Wilhelm als Auftraggeber, die allzu große Einfachheit hinter sich lassend, in → Wilhelmsthal, dem Sommersitz bei Eisenach, mit einer großzügig, axial verschränkten Anordnung von Pavillon, Garten, Terrasse und See die Entfaltung «moderner Baugedanken», wie sie etwa ein Johann Dientzenhofer, den Mützel im September 1700 auf einer Reise nach Fulda getroffen hatte, im dortigen Dombau realisierte. – Vor allem aber ist Heubach überzeugt, daß es Mützel war, der erfahrene Baumeister, der dem Strumpfverleger und Kammerrat Georg Caspar Helmershausen 1709 das Haus baute. Ein Haus, das mit guten Proportionen, mit nobel-sparsamem Schmuck, mit der geschickten Anpassung der Hausfront an die leichte Biegung des Platzes seine Umgebung entschieden dominiert. Es wurde Mützels berühmtestes Haus, da dort achtzig Jahre später Goethe einzog und durch ihn das Bürgerhaus zum Goethehaus, zur heimlichen Residenz des geistigen Deutschlands, aufstieg.

Literatur: Hans Heubach: Johann Mützel, Fürstl. Sächsischer Baumeister zu Weimar, Jena und Eisenach. In: Zeitschrift des Vereins für Thüringer Geschichte und Altertumskunde, Band 34, Neue Folge Band 26, 1926.

N

Naturforschende Gesellschaft in Jena → Geselligkeit in Weimar.

«Nemesis». Zeitschrift für Politik und Geschichte → Bertuch, Friedrich Justin.

«Neue Bibliothek der wichtigsten Reisebeschreibungen» → Bertuch, Friedrich Justin.

«Neue Notizen aus dem Gebiete der Natur- und Heilkunde» → Froriep, Ludwig Friedrich von.

Neumann Johann Christian

(Königsberg 1754–15. Februar 1791 Weimar).

Einen der «ausgezeichnetsten Schauspieler» der älteren, das heißt der → Bellomo-Zeit nennt ihn Caroline → Jagemann; der Herzog spricht von Neumann als einem «guten Menschen», dem er gern, «wenn er leben bleibt», die Direktion des geplanten Hoftheaters übergäbe. Goethe aber muß in den «Annalen» 1791 festhalten, daß dieser «sehr schätzbare Schauspieler» noch kurz vor Bellomos Abschied von Weimar gestorben sei. – Er hinterließ eine Witwe, auch sie Schauspielerin, allerdings nur in chargierten Gouvernantenrollen verwendbar, und «er hinterließ uns», wie Goethe schreibt, Christiane, «eine vierzehnjährige Tochter, das liebenswürdigste, natürlichste Talent, das mich um Ausbildung anflehte». – Neumanns Rollenfach war der schwere Held. Er hatte sich auch mit zwei Ritterstücken als Bühnendichter versucht und sei, wie Genast schreibt, ehe er zu Bellomo stieß, Prinzipal einer Schauspielertruppe gewesen.

Literatur: → Theaterdirektion Goethes.

Nonne Gottfried von

(Hildburghausen/Werra [?]–5. Dezember 1765 Weimar).

Bereits in den vierziger Jahren unter Herzog → Ernst August in weimarischen Diensten; seit 1756 Mitglied des Geheimen Conseil. Beim Tod von Ernst August Constantin nicht unbeteiligt an Graf → Bünaus Sturz. Ein tüchtiger Jurist, gescheit, fleißig, geschickt; trotz gelegentlicher Neigung zur Intrige ein loyaler Diener → Anna Amalias. – Im April 1763 übernimmt er die

Leitung des Conseils, noch im gleichen Jahr erwirkt die Herzogin für ihn in Wien den Adel.

«Notizen aus dem Gebiete der Natur- und Heilkunde» → Froriep, Ludwig Friedrich von.

O

«Oberaufsicht»

Das «Kürzel» für eine kleine Behörde, kein Ministerium, wenn auch der Chef den Titel eines Staatsministers trug, jedoch ein eigenes Ressort, Goethe nach der italienischen Reise in Jahrzehnten zugewachsen und ganz auf seine Interessen zugeschnitten. Es waren Institute: in Weimar Theater, Freies Zeicheninstitut, Bibliothek und Münzkabinett; in Jena die Botanische Anstalt, das Museum mit den medizinisch-naturwissenschaftlichen Sammlungen, die Sternwarte, Tierarzneischule und Universitätsbibliothek – Institute, die dem Herzog *unmittelbar* unterstanden. Sie wurden 1809, mit Minister Voigts kollegialem Beistand, verwaltungstechnisch koordiniert und 1815 in der «Oberaufsicht über die unmittelbaren Anstalten für Wissenschaft und Kunst in Weimar und Jena» zusammengefaßt – ein Amt, in Goethes Briefen und Tagebuch meist nur als «Oberaufsicht» oder auch «Oberaufsichtliches» zitiert. Auf Goethes nachhaltige Vorstellungen hin, der bis dahin, «als Fakultät und Ordinarius um Gotteswillen», seinen Pflichten nachgekommen war, wurde dieses Amt jetzt mit Schreiber und Sekretär ausgestattet und der Sohn zum Mitarbeiter ernannt (den nach dessen plötzlichem Tod im Oktober 1830 Dr. → Vogel ersetzte). – Mit Elan und bewundernswerter Ausdauer nutzte Goethe jede Chance, den schmalen Freiraum, der sich Kunst und Wissenschaft bot, zu erweitern und junge Talente, soweit seine Mittel reichten, zu fördern. – Noch am 20. März 1832, zwei Tage vor seinem Tod, unterschrieb er eine Zahlungsanweisung für Angelica → Facius, Kunststipendiatin des Herzogs von Weimar: die letzte Amtshandlung Goethes in seiner Eigenschaft als Chef der «Oberaufsicht».

«Oppositions-Blatt oder Weimarische Zeitung» → Bertuch, Friedrich Justin.

P

«Pandora» → Bertuch, Friedrich Justin.
Pappenheim, Diane von → Gersdorff, Diane von.
Pappenheim, Jenny von → Gustedt, Jenny von.

Park an der Ilm

Natur! war die Parole, das verführerische Zauberwort der Zeit. Goethe war nicht der erste, der diese Vokabel in der Nachfolge Rousseaus leidenschaftlich bewegt aussprach. Schon seit längerem diskutierte man auch an weimarischen Teetischen, angeregt durch des Professor → Hirschfelds Theorie der Gartenkunst, über die «neuen ästhetischen Anlagen», die im Gegensatz zu den Gärten im «welschen Geschmack» ganz Natur und dem liebenden Herzen genehm seien. – Bereits 1767 hatte einer der Hofgärtner versucht, Anna Amalia für eine Umformung des Parks von Wilhelmsthal im «natürlichen Stil» zu gewinnen, und 1774 wurde ihr ein Plan vorgelegt, der mit «Wasserwerck, selbstwachsender Hütte, mit Eremitage, Felsenwerck, Bassins und Nieches» dem → Welschen Garten Strenge und Künstlichkeit nehmen sollte. – In einer kleinen Skizze aber, dem «Louisenfest», von Goethe erst Jahrzehnte später veröffentlicht, erinnert er nachdrücklich daran, daß von diesem Fest, einem vergnüglichen Diner im Grünen, am 9. Juli 1778 zum Namenstag der Fürstin arrangiert, «sich sämmtliche gärtnerischen Anlagen auf dem linken Ufer der Ilm datieren und herschreiben, und man befugt sei, auch die Epoche der übrigen Parkanlagen von diesem glücklich bestandenen Fest an zu rechnen.» – Das stellte er fest, obwohl er selbst bereits 1776 in der Nähe von Schloß Belvedere, höchst empfindsam und ganz im Geschmack der Zeit, eine «Einsiedeley mit allerley Pläzgen drinn für arme Krancke und bekümmerte Herzen» angelegt und zwei Jahre später nahe bei seinem Garten (so an Merck am 11. Januar 1778) «einige seltsam romantische Fleckchen ge- und erfunden» hatte. Aber der Tod Christel von → Laßbergs, die enttäuschte Liebe im Januar 1778 in die Ilm trieb, ließ ihn, aufgeschreckt durch die Verzweiflungstat des jungen Mädchens, nun bewußt die Stätte eines wirklichen Unglücks auszeichnen und dem echten Kummer ein Mal setzen. Unterstützt von Hofgärtner → Gentzsch und ein paar Bauern, wühlte er sich, einen alten Steinbruch nutzend, still «in den Felsenhang», und es entstand, wie Wieland sagte, «eine wunderbar künst-

liche, anmutig wilde, einsiedlerische und doch abgeschiedene Art von Fels- und Grottenwerk». Niemand aber dachte in diesem Augenblick daran, etwa auf diese Weise fortzufahren und die «raupigte Einöde» des Ilmtals, die Äcker und Wiesen mit den halb verrotteten Zäunen, Hecken und Wegen konsequent in einen Park umzumodeln. – Schließlich war es Goethe, der ein halbes Jahr später den Anstoß gab. Er hatte geplant, der Fürstin Namenstag zwischen den Büschen und Bäumen des → Sterns zu feiern, doch ein Unwetter, der das tiefer gelegene Gelände unter Wasser setzte, zwang den «Maître de Plaisir» (wie Herder spöttisch Goethe nannte), zum jenseitigen trocknen Steilufer, unweit seines «Fels- und Grottenwerks, dem Nadelöhr», auszuweichen. Mit billigsten Mitteln (Strohhütte, Schießmauer, einem leeren Pulverturm, verwandelt in Einsiedelei, Klosterruine, Klosterglocke) schuf er ein gefälliges und für Maskenspiel und fürstliches Tafeln praktikables Szenarium.
Das gefiel. Die Hofgesellschaft akzeptierte willig den neuen Treffpunkt, und Carl August, stets bereit, sich unter Bäumen und zwischen Buschwerk einzurichten, war entschlossen, die Einsiedelei, das «Louisenkloster», das «Borkenhäuschen» (im Grunde «nichts als ein Zimmerchen mäßiger Größe», doch jugendlicher Schwärmerei und Naturseligkeit gerade recht) als ein Refugium zu nutzen. – Der Garten des Prinzen von Anhalt-Dessau aber, zweimal (im Dezember 1776 und im Mai 1778) von Carl August und Goethe besucht und genießerisch nach allen Seiten durchstreift: dieses Wörlitz, eine geistreiche Adaption englischer Parkideen, groß geplant und großzügig durchgeführt, mußte den jungen Herzog locken, in Weimar Ähnliches zu wagen. – Die landschaftlichen Voraussetzungen divergierten beträchtlich. In Wörlitz die weiträumige, flache Elbniederung, durch Seen und Inseln, Wälder, Flußläufe und Wiesengründe gegliedert, in Weimar dagegen ein schmales Tal zwischen mäßigen Anhöhen, dem lediglich eine Anmut abzugewinnen war, die sich als Lob der Bescheidenheit artikulierte. Eine Aufgabe, nur zu lösen, wenn der Landesherr selbst sie zu seinem Steckenpferd machte. Zu schwierig war das Hindernis der immer leeren Kassen, zu kompliziert die unabwendbare Auflösung der bestehenden Eigentumsverhältnisse. – Mehr und mehr überließ Goethe dem Fürsten die Führung. Er hatte die Idee, er hatte den Anstoß gegeben, doch der Mephisto in ihm sah (darin mit Carl August eins) die Lächerlichkeit der «leeren Hülsen und Bäuche», dieser Urnen und Gräber ohne Toten, der Eremitagen ohne Eremit, der vielerlei Staffagen ohne Sinn und Zweck. Bereits 1777, als er eben noch beschäftigt war, sein «Tal mit den Händen der Liebe zu polstern», entstand der «Triumph der Empfindsamkeit», eine Farce, «eine dramatische Grille, so grob als möglich allen verschwärmten Seelen zugedacht». Ihn irritierte der lästige Überschwang, die törichte Verwechslung von Sein und Schein, der Mischmasch der Stile. – Ebenso forderte der Regierungsalltag bei Berg- und Wegebau, bei der Flußregulierung oder der Wiesenwässerung in ungezählten Einzelfragen Nüchternheit und Sachverstand. Der Umgang mit Förstern, Bauern, Technikern, die nichts von «Sturm und Drang» wußten, denen die Nöte empfindsamer Herzen gleichgültig waren, die aber von dem «Vorgesetzten» Goethe den raschen Entschluß, die richtige Ent-

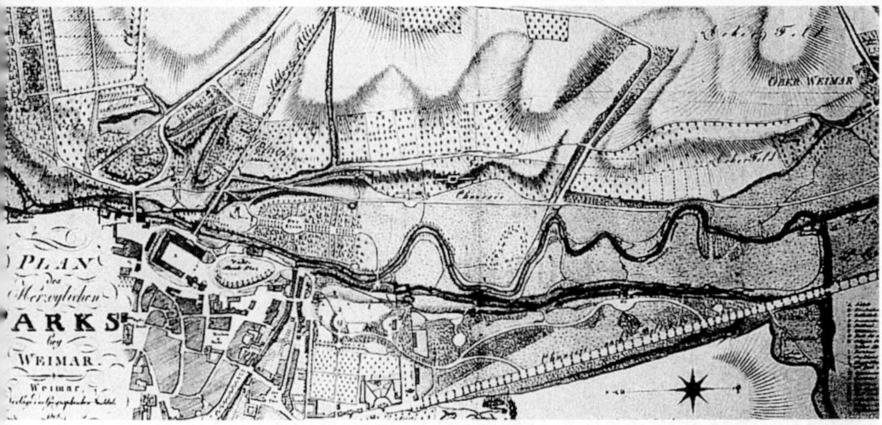

Oben: Läuterquelle im Park, kolorierter Kupferstich von G. M. Kraus, 1805.

Links: Plan des Parks, Kupferstich von F. J. Güssefeld (Ausschnitt), 1808.

Oben: An der Klause im Park, kolorierter Kupferstich, von G. M. Kraus, 1788.

Rechts: Aussicht nach der Kegelbrücke im Park, kolorierte Radierung von G. M. Kraus, 1799.

Links: Der obere Seiteneingang im Park, kolorierter Kupferstich von G. M. Kraus, 1794.

Oben: Motiv aus dem Park, Zeichnung in Tusche und Rötel von Goethe, 1781.

Rechts: Louisenkloster und Floßbrücke im Park, Zeichnung von Goethe, 1780.

scheidung erwarteten, zwangen ihn, seine gesammelte Aufmerksamkeit der praktischen Aufgabe zuzuwenden. Unter dem Druck der Geschäfte erwachte in ihm der Wissenschaftler, der exakte Beobachter. Mit erstaunlicher Konsequenz, mit nie nachlassendem Eifer gab er sich dem Studium der Natur hin, dabei auch dankbar die Möglichkeiten nutzend, die ihm der Herzog bot, der durch sein Park-Interesse selbst ein ausgezeichneter Botaniker geworden war. – Zäh verfolgte Carl August sein Ziel. Langsam gingen Äcker, Wiesen, Baumgrundstücke in fürstlichen Besitz über. Langsam verschmolzen die Teile, nahmen den vernachlässigten, halb aufgegebenen Welschen Garten, nahmen den Stern, allerdings unter Schonung der großartigen Pappelallee, in sich auf; langsam, in jahrzehntelanger Entwicklung, wandelte sich der Ilmgrund zum Park, den Carl August, der Mutter gegenüber, als sein bestes Teil bezeichnete. – Der Herzog rodete, pflanzte; unverdrossen «drehte er viele Erdklumpen um». Unterstützt von → Bertuch, einem ungewöhnlich tüchtigen Organisator, dem sich ebenso tüchtige Gärtner wie Johannes → Reichert oder die → Sckells oder Friedrich Gottlieb → Dietrich gesellten, beseitigte er Geröll, legte dekorative Felsbänder am Steilhang frei; er ließ Gräben und Fischteiche zuschütten und Quellen fassen. Er schuf schattige Winkel und weite Ausblicke. Er baute Brücken, richtete eine Fähre, richtete Badeplätze ein. Er führte Pfade in sanften Windungen an sparsam verteilten Grotten und Gedenksteinen wie dem → Euphrosyne-Denkmal, dem → Schlangenstein vorbei; er führte sie zu den wenigen Bauten, dem Gartenpavillon (heute das Liszt-Haus), dem Salon, zum Römischen Haus, zu Goethes Casa Poetica: Häuser, die nicht Staffage waren, sondern ihre festumrissene Funktion besaßen. – Das Tal blieb, wie Fürst und Dichter wollten, mit Wasserlauf, Busch und Baum «Natur», aber eine durch Neigung, Arbeit und hohen Kunstverstand stilisierte, gesteigerte Natur.
Literatur: Wolfgang Huschke: Die Geschichte des Parks von Weimar. (Thüringer Archivstudien, 2.) Weimar 1951.

«Der Patriot» → Bertuch, Friedrich Justin.

Pentazonium Vimariense

Ein «Schmuckblatt», ein Ruhmestempel, ein Ruhmesturm, in Blöcken steil übereinandergestapelt, eine vage Erinnerung an die Triumphalarchitektur römischer Kaiser. – Gewidmet «dem dritten September 1825, dem fünfzigjährigen Regierungs- und Vermählungsfest unseres höchsten allverehrtesten Fürstenpaares». – In fünf kräftig abgestuften Zonen, dargestellt mit Bilderfries und in vielerlei Symbolik, gleichsam eine Rekapitulation, eine Feier der fürstlichen Biographie: die kräftig-tätige Jugendzeit, das Mannesalter in Tat und Dulden, der Raum der Familie, das Wirken für Kunst, Wissenschaft, Staat und schließlich im krönenden Tempietto die Allegorie des Ruhms, des Vaterlands. – Auf fester Rustica-Basis erhebt sich ein dorisches Säulengebäude; dem ein wuchtiges Massiv aufsitzt, seinerseits Träger einer jonischen Säulenordnung, darauf wiederum ein glatter Block, darüber vier korinthische

Säulen zum Tempel und Abschluß des leichthin monströsen Bauwerks gereiht. → Coudray, ein Anhänger klassischer Simplizität, entwarf und zeichnete diesen Architektur-Panegyrikos, im offenbaren Widerspruch zur täglich von ihm praktizierten nüchtern-schlichten Entwurfsarbeit. Wollte er Weimar zeigen, daß er, feingestrichelt und in sicherster Kontur, mit Genien, Wappen, Statuen, mit Siegeswagen, Göttinnen, Helden, mit wechselnden Gesimsen, mit Kandelabern und Säulen, auch das *Schmuck-Vokabular* des klassizistischen Kanons souverän beherrschte? Oder wußte er, daß das Studium dieser gezeichneten Musterkarte architektonischer Formen dem verehrten Fürstenpaar ein Vergnügen war, daß Carl August und Louise diese Fleißarbeit ihres Oberbaudirektors als Huldigung verstanden und hinnahmen? – Jedenfalls, das Blatt gefiel. Hofkupferstecher → Schwerdgeburth stach es für eine breitere Öffentlichkeit; Goethe, unterstützt von Kunstprofessor Hofrat Meyer, schrieb die freundlichste Empfehlung, die in «Kunst und Altertum» nachzulesen war. – An die Umsetzung dieses luftigen Architektentraums in Stein hat wohl niemand gedacht. Das verbot die offen zutage liegende Diskrepanz zwischen vorgeschlagener Denkmalsgröße und real existierender Weimarer Enge.

Pogwisch Ulrike Henriette Adele Eleonore von
(Dessau 29. Oktober 1798–2. August 1875 Schleswig).
Ottilie von Goethes jüngere Schwester, mit ihr 1809 nach Weimar gekommen, wie diese nicht allzu sorgfältig erzogen, hübsch, geistig kaum interessiert, dennoch im Schlepptau der alle Welt faszinierenden Schwester überall dabei, darum in Briefen, Tagebüchern, Erinnerungen oft erwähnt: eine der vielen Statistinnen der Goetheszene. Lebhaft und gewitzt, mit flinker Zunge und der Lust am Schwatzen begabt, hörte ihr selbst Goethe des öftern amüsiert zu, wenn sie, mit dem Herrn Geheimrat allein zu Tisch, ihn ohne Beschwer (da sie seiner Verschwiegenheit sicher war) gutmütig, doch durchaus nicht ohne Médisance, in die «Geheimnisse des Hofs, der Stadt, der Zimmer und Kammern, der Säle und Gallerien» einweihte, wobei er erfuhr (was er gut gelaunt im Juni 1825 Ottilie mitteilte), wie der kleine Kreis anziehe, abstieße, schwebe, schwanke, kuppele, entführe, intriguiere und klatsche, daß es eine Lust sei. – Ulrike hatte ein Jahrzehnt in Goethes Haus gelebt, doch 1828 zwang sie August von Goethe, den ihre Anwesenheit störte, zum Umzug in die Wohnung der Mutter, wo sie bis zu deren Tod im Juni 1850 blieb. Sie war schwierig geworden. Sie litt, da mit den steigenden Jahren die Vergnügungen rarer, das Dasein grauer und langweiliger wurde, immer heftiger an Migränen und Depressionen. Auch die Übersiedlung nach Wien, wo Ottilie ihre Bleibe hatte, war keine rechte Lösung. Darum entschloß sich Ulrike, den für sie seit 1807 reservierten Platz im adligen Fräuleinstift St. Johannis zu Schleswig in Anspruch zu nehmen. – 1859 wird sie als Konventualin aufgenommen; 1864 zur Priorin gewählt. Zuvor war ihr trotz ihren schmalen Mitteln gelungen, sich ein eigenes, wenn auch kleines Haus auf Klostergrund zu bauen, wo sie, die immer nur Anhang gewesen war, nun behaglich installiert, Ottilie und deren

Söhne zu Gast laden konnte. Das hinderte sie allerdings nicht, die Schwester, die, arm und alt geworden, in die Mansarde des Goethehauses zurückgefunden hatte, auch dort zu sehen. – «In dem kleinen Durchgangszimmer», schreibt Adelheid von Schorn, die um 1870 Ottilie und Ulrike besuchte, «machte die uralte Dienerin den Tee; in dem größten, dem Salon, der aber auch recht klein und sehr einfach ausgestattet war, saßen die alten Damen. Ottilie war nicht schön, auch niemals schön gewesen, Ulrike dagegen hatte ein reizendes, feingeschnittenes Gesicht. Ihre Unterhaltung konnte sich mit der ihrer geistvollen, lebendigen Schwester nicht vergleichen und wurde durch eine hohe, nasale Stimme und sächsische Aussprache nicht angenehmer, aber wenn sie ruhig zuhörend dasaß, war sie anzusehen wie ein schönes Bild, höchst ehrwürdig in der weißen Tüllhaube über den schneeweißen, glatt aufgesteckten Locken.»

Preußen, Maria Louise Augusta Katharina Prinzessin von, geborene Prinzessin von Sachsen-Weimar-Eisenach, Gattin von Friedrich *Wilhelm* Ludwig von Preußen, seit 1871 deutsche Kaiserin (1811–1890) → Griesbachsches Haus; Maria Pawlowna.

Prinzeß Caroline → Mecklenburg-Schwerin, Caroline Louise Erbgroßherzogin von.

Prinzessinnengarten → Richter, Johann Moritz (I).

Proserpina → Liebhabertheater.

Putbus Moritz Ulrich Graf von

(wohl aus Putbus/Rügen –1776).

Ein liebenswürdiger, kultivierter Mann, seit 1775 der Herzoginmutter Oberhofmeister. Begabterweise zugleich Initiator des fürstlichen → Liebhabertheaters. Dabei (nach K. von → Lyncker) «sein bester Darsteller, da er eine angenehme, hohe Stimme und viel Musik besaß». – Das Gehabe der jungen «Genies», die in Goethes Nachfolge in den Weimarer Kreis einzudringen suchten, konnte ihm, einem überzeugten Vertreter des Ancien régime, nur «kindisch und impertinent» erscheinen. Goethe nahm er aus; er hielt ihn immerhin für einen «ehrenhaften Mann, der ehrenhafte Gesinnung» zeige. Nur werde er von zu vielerlei Sorten Ehrgeiz umgetrieben. Er wolle zugleich ein schöner Mann, ein liebenswürdiger, ein Mann von Talenten sein. Und man verwöhne ihn und bestärke ihn in seinen Prätentionen. Dieser maßlose Ehrgeiz aber werde ihn hindern, je völlig glücklich zu sein. – Putbus starb im September 1776, anscheinend auf einer Reise, noch ehe er sein erstes Jahr in Anna Amalias Dienst vollendet hatte.

R

Redouten- und Maskenzüge → Geselligkeit in Weimar.
Regeln für Schauspieler → Theaterdirektion Goethes; Wolff, Pius Alexander.

Regenten aus dem Hause Sachsen-Weimar-Eisenach

Chronologische Übersicht: Daten, Fakten, Funktionen.

Sie sind Wettiner, gehören zu dem Geschlecht, das um 900, aus dem Fränkischen kommend und mit der Sorbischen Mark belehnt, von Generation zu Generation, trotz einigen Rückschlägen, unbeirrt im mittelalterlich verwirrenden Gerangel um Land und Macht aufstieg, immer festeren Fuß in der östlichen Mitte des Alten Reichs faßte und 1485, ehe es zu der für das Haus Wettin und für das mittlere Deutschland nicht gerade glücklichen «Leipziger Teilung» kam, ein Territorium kontrollierte, mit aufstrebenden Städten, fruchtbaren Landstrichen und dem Reichtum und Fortschritt fördernden Silberbergbau im Erzgebirge. Ein Territorium, nahezu abgerundet, fast in sich geschlossen, von der Werra bis zur böhmischen Grenze, von Coburg bis vor die Tore Brandenburgs. – Diesen Besitz teilten, um jeden künftigen Hader auszuschließen (der sich aber sofort vervielfachte und erblich wurde), die Brüder Albrecht und Ernst. Albrecht, nun Stammvater der Albertiner, entschied sich für das Gebiet der alten Markgrafschaft Meißen mit Dresden, Freiberg, Leipzig und einem Streifen des nördlichen Thüringen; Ernst blieb als dem Älteren die Kurwürde, dieses Politikum höchsten Rangs, und mit diesem Amt das Kurland Sachsen-Wittenberg, ein Stück des Vogtlandes und Gebiete im Thüringischen mit Eisenach, Gotha, Coburg, Jena, auch mit Weimar, zu diesem Zeitpunkt lediglich ein Außenposten der kurfürstlichen Herrschaft. Residenz ist Wittenberg.

Ernst, Kurfürst von Sachsen (Meißen 4. März 1441–26. August 1486 Colditz). Stammvater der Ernestiner, in frühester Jugend mit Albrecht in das Abenteuer des → Sächsischen Prinzenraubs verstrickt, hatte 1464 mit und für den Bruder, der, aktiv mit großer Politik beschäftigt, viel außer Landes war, die Herrschaft übernommen. Ihm gelang in vorsichtig-klugem Taktieren, das kurfürstliche Territorium um Sagan und um Gebiete in der Niederlausitz, im Vogtland zu erweitern: ein Zugewinn an Macht und politischem Gewicht, der die Fehlentscheidung der «Leipziger Teilung», die *er* vor allem mit Nachdruck betrieb, beinahe aufhob, dennoch aber seine Erben nicht vor heilloser Zersplitterung, Ohnmacht und Armut bewahrte.

Friedrich III. der Weise, Kurfürst von Sachsen (Torgau 17. Januar 1463–5. Mai 1525 Wittenberg). Er übernahm 1486, nach dem Tod des Vaters, gemeinsam mit Johann, dem Bruder, Kurwürde und Kurland; besaß bereits um 1500 Sitz und Stimme in höchsten Ämtern des Reichsregiments, unterstützte die Reformbemühungen Bertholds von Henneberg, des Erzkanzlers und Erzbischofs zu Mainz; war nach Kaiser Maximilians I. Tod Reichsvikar, entschied mit seinem Votum 1519 die Wahl Karls V., formulierte aber auch die Wahlkapitulation, die dessen Macht beschränkte. – Ein nachdenklich-ernsthafter Mann «an der Wende der Zeiten»: nach Temperament, Herkunft und hohem Rang konservativ, durch Einsicht und Überzeugung jedoch mehr und mehr Stütze und Helfer der neuen Männer, der neuen Kräfte. – Noch in höfisch-ritterlicher Tradition erzogen, doch auch humanistisch gebildet; noch 1493 ein Wallfahrer nach dem Heiligen Land und ein Sammler frommer Reliquien, 5000 an der Zahl. 1502 aber, in bewußter Konkurrenz zu Leipzig, der altehrwürdigen Hohen Schule der albertinischen Vettern, Gründung der Universität Wittenberg. Zwei Jahre später, durchaus sachverständig und mit Instinkt für künstlerische Qualität, die Installierung des tüchtigen Lucas Cranach an seinem Hof und mit der Bezahlung der beträchtlichen Promotionsgebühren und dem Kauf des silbernen Doktorrings die Berufung des Augustinermönchs Martinus Luther, der 1512 endgültig den theologischen Lehrstuhl der kurfürstlichen Alma mater übernimmt. – Rings im Lande wird die Aufmerksamkeit wach, alt und jung drängt herbei, des jungen Dozenten aufregende Auslegung des Römerbriefs zu hören. Kaum ein Jahrfünft später ist Wittenberg, bis dahin unbekannt und fast nur ein Kolonialdorf «am äußersten Rand der Civilität», in aller Leute Mund. Die Immatrikulationen steigen von 400 bei Gründung der Universität auf 2500 in dem Jahrzehnt von 1516 bis 1526. – Friedrich, wie fast alle Wettiner, ein leibesschwerer und gar nicht adelig-schöner Mann, bedachtsam, wortkarg und mit aller Entschiedenheit kein «Degenknopf», hielt sich mit äußerster Vorsicht an der Peripherie der stürmischen Bewegung, die *sein* Doktor vom Katheder *seiner* Universität aus entfesselt hatte. Ebenso entschieden lehnte er aber auch die Auslieferung *seines* Untertanen an die römische Kurie ab, sicherte ihm 1521 freies Geleit zum Reichstag nach Worms, verweigerte die Durchführung des über Luther verhängten Bannes und ließ ihn, durch einen Handstreich, am 4. Mai 1521 im dichten Wald unterhalb des Rennsteigs nahe der Burg Altenstein kaptivieren und als Junker Jörg zum sichern Unterschlupf der → Wartburg geleiten. Im Gegensatz zu vielen Häretikern und Kritikern der Kirche hatte Luther mit Friedrich dem Weisen den Schutz weltlicher Macht gefunden, der, obwohl

Luther als Junker Jörg, Öl auf Rotbuchentafel von Lucas Cranach, 1522.

immer noch distanziert, auf seine patriarchalisch-milde Art wagte, sich wenn auch nicht de jure, so doch de facto über die etablierte mittelalterliche Weltordnung hinwegzusetzen. – Erst auf dem Sterbebett nahm er das Abendmahl in beiderlei Gestalt, ein Zeichen der Zustimmung zur Lehre des Mannes, der ohne den Schutz dieses Kurfürsten in den Händeln dieser Welt untergegangen und verdorben wäre. – Des Kurfürsten und seiner Nachfolger Kanzler und juristischer Berater war Gregorius → Brück, genannt Pontanus. Er schrieb die Vorrede zum deutschen Text der Augsburgischen Konfession und arbeitete an der Stiftung des Schmalkaldischen Bundes mit. – Über seinen Sohn, der Barbara Cranach heiratete, läuft die genealogische Verbindung zu Goethe.

Johann der Beständige, Kurfürst von Sachsen (Meißen 30. Juni 1468–16. August 1532 Schweinitz). Da Friedrich kinderlos gestorben war, Nachfolger des älteren Bruders; wie dieser sorgfältig erzogen, doch weniger differenziert, robuster, «einfältiger» als Friedrich. – Um 1520 zurückgekehrt, nach Jahren am Hof der Habsburger zu Wien, auch Jahren des Kriegsdienstes unter Kaiser Maximilian, im heimischen Wittenberg sofort entschiedener Parteigänger Luthers, den Reformator freundschaftlich an seinen Hof ziehend, mit ihm Briefe wechselnd, den «Kleinen Katechismus» eigenhändig abschreibend: nun auf seine eingeschränkte Weise, jeden höheren Aufschwung ängstlich meidend, mit der Unterzeichnung der Augsburger Confession von 1530 und dem Beitritt zum Schmalkaldischen Bund im Jahr darauf, treulicher Verfechter und Führer der evangelischen Sache. – Auch für ihn, wie für den Reformator, galt, zumindest im Prinzip, die Eigenverantwortung und Freiheit der christlichen Gemeinde als unantastbar. In der Praxis jedoch griff der Kurfürst bereits mit der ersten Kirchenvisitation von 1527/28, zwar als «Notbischof» deklariert, kräftig in das Gemeindeleben ein und bahnte einer Entwicklung den Weg, die unaufhaltsam auf das leidige Kirchenregiment des Landesherrn zusteuerte. Er wurde zum Prototyp des «Landesvaters», unter dessen Obhut die einst so kühne Forderung nach der «Freiheit eines Christenmenschen» meist im engstirnig-biederen, kleinlichen Zuschnitt protestantischer Kirchenfrömmigkeit verkam. – Wenige Wochen vor seinem Tod hatte ihn der ältere Bruder (als sich unter Führung des noch katholischen Dresdner Vetters Georg ein Fürstenkonsortium gegen den Aufstand der Bauern zusammentat) sorgenvoll gebeten zu bedenken, «daß man vielleicht den armen Leuten zu solchem Aufruhr Ursache gegeben», was aber Johann nicht hinderte, mit seinen Standesgenossen auszuziehen und so mitschuldig an dem furchtbaren Gemetzel vom 15. Mai 1525 bei Frankenhausen zu werden. Noch heute heißt die Senke vom Schlachtberg zur Stadt «die Blutrinne». Hier mußten 5000 Bauern, von Thomas Müntzers anfeuernder Predigt vorwärtsgedrängt, unter der anstürmenden fürstlichen Soldateska beinahe ohne jede Gegenwehr niedergeschlagen, ihr Leben lassen. 600 gerieten in Gefangenschaft, darunter Thomas Müntzer, der aus seinem Versteck, einer Bodenkammer, hervorgezogen und zwei Tage später mit 27 seiner Anhänger nach grausamer Folter enthauptet wurde. – Die fürstlichen Truppen hatten lediglich sechs Mann verloren.

Johann Friedrich I. der Großmütige, Kurfürst von Sachsen (Torgau 30. Juni 1503–3. März 1554 Weimar). Johanns des Beständigen ältester Sohn, im Wittenberg der Reformation aufgewachsen, von Spalatin erzogen, von Luther, der ihm einige seiner Bücher widmete, durch herzliche Zuneigung ausgezeichnet. Wie der Vater um Kirche und Universität bemüht; wie der Vater auch in steter und berechtigter Sorge vor Übergriffen der kaiserlichen Macht. Sie war für ihn in Karl V. personifiziert, dessen politischer Wille unabänderlich auf die Ausrottung jeder Ketzerei und die Wiederherstellung der Einheit von Kirche und Glauben in einem Reich habsburgischer Katholizität zielte. – Johann Friedrich, gar nicht wendig, eher starrköpfig und schwerfällig, war dem äußerst schwierigen, äußerst komplexen Hin und Her zwischen den leidenschaftlich rivalisierenden Parteien nicht gewachsen. Besonders da die skrupellose Schaukelpolitik seines Vetters Moritz von Sachsen, dessen «Verrat» der Reformation noch zusätzlich alle Fäden verwirrte, den Feind stärkte und den Untergang der protestantischen Sache nahezu gewiß machte. Der Verlust der Schlacht von Mühlberg am 24. April 1547 beendigte dann nicht nur den Schmalkaldischen Krieg, sondern stempelte den Kurfürsten, trotz einigen militärischen Erfolgen seinerseits, zum Verlierer. Nun nichts als «Rebell wider Kaiser und Reich», mußte er sich noch glücklich preisen, daß er der angedrohten Enthauptung entging und Karl sich mit seiner Inhaftierung in Augsburg, später in Innsbruck begnügte. – Die Kurwürde, das Kurland mit Wittenberg fiel Moritz, «dem Judas von Meißen», diesem kühlen, raffiniert jede Chance nutzenden «Realpolitiker», zu. – Johann Friedrich blieb nur der Rest: nicht recht zusammenhängende Landfetzen im mittleren Thüringen. Ein Besitz, den seine Erben, im Gegensatz zu den Albertinern, die bereits 1499 jede weitere Teilung ihres Territoriums durch Erlaß der Primogenitur verhinderten, unbelehrt und unbelehrbar, je nach Heiratsvertrag und Testament, wieder und wieder teilten oder auch einmal, wenn eine Linie ausstarb, zusammenlegten: ein Puzzle, konfus, ohnmächtig, armselig – die Kleinstaatenwelt der «Sächsischen Herzogtümer», als handelndes Subjekt ausgeschieden aus Geschichte und Politik, nur noch Objekt, Spielball, hilflos jeder Einwirkung von außen preisgegeben. – 1550 wurde Johann Friedrich gnädigst gestattet, Lucas Cranach, den Hofmaler seiner Familie, zu sich zu bitten. Der Uralte, seit langem des Fürsten Freund, machte sich auf den Weg, «nachdem er seine Güter und was er besaß seinen Erben übergeben und ein Testament gemacht hatte». Er gesellte sich zu Friedrich und «unterhielt ihn, damit demselben in der langwierigen Verhaftung die Zeit nicht zu lang würde, mit mancherley Contrafacturen und Bilderwerk». Unter anderem porträtierte er, wie die fürstliche Rechnungskammer vermerkt, Tizian, der ebenfalls in Augsburg weilte, während Tizian wiederum Friedrich, den kaiserlichen Häftling, in großer Form konterfeite. – 1552 kehrten Maler und Fürst gemeinsam nach Weimar zurück, nun statt des verlorenen Wittenberg Residenz der herzoglichen Familie. Cranach zog zu der Tochter, in das schöne Haus des Schwiegersohns: ein stattlicher Renaissancebau am Markt. Das Portal dieses → *Cranach-Hauses* bezeichnet die geflügelte Schlange, das Künstlersignet des Meisters. Hier starb er am 16. Oktober 1553. Pictor celerrimus nennt ihn das Grabmal, das ihm Johann Friedrichs Söhne auf dem → Jakobsfriedhof errichteten. – Ein halbes Jahr später folgte ihm sein Fürst in den Tod.

Johann Friedrich II. der Mittlere (Torgau 1529–1595 Steyr/Österreich), **Johann Wilhelm** (Torgau 1530–1573 Weimar) und **Johann Friedrich der Jüngere, Herzöge von Sachsen.** – Johann Friedrichs des Großmütigen drei Söhne übernahmen 1547, bei der Inhaftierung des Vaters, sein Erbe, den Rest der Ernestinischen Länder. – Noch auf dem Weg in die Gefangenschaft, in Jena, eskortiert von Karls spanischer Truppe, hatte sie Johann Friedrich beschworen, hier in → Jena, als Ersatz für Wittenbergs Hohe Schule, eine Universität zu gründen. (Diesen Wunsch, in Situationen, da staatliche Macht und politisches Ansehen hinschwanden, auf der Zugehörigkeit zur Welt des Geistes zu bestehen, sollten in Zukunft die besseren unter seinen Nachfolgern teilen, bis hin zu Fürsten wie Wilhelm Ernst oder Carl August oder Carl Alexander.) – Dem Vater gehorsam, mühten sich die Söhne sofort, gegen den kaiserlichen Widerstand, die väterliche Bitte zu erfüllen. Zunächst begnügten sie sich 1548 mit der Installierung eines Gymnasiums academicum, dem aber nach langen, schwierigen Verhandlungen 1557 Kaiser Ferdinand nicht mehr den Status einer Universität verweigern konnte. – Ebenso versuchten sie auch Weimar, da die herzogliche Familie nach Wohnung und nach Raum zur Entfaltung höfischen Lebens verlangte, mit Bauten wie dem → Roten, dem Grünen Schloß den Anhauch einer Residenz zu geben. Einige wenige Bürger folgten dem fürstlichen Beispiel. Am Markt baute Gromann das Cranach-Haus, die hübsche Hofapotheke entstand, das Geleit-, das Deutschritterhaus, das behagliche Haus der → Kirms-Krackow verliehen den kümmerlichen Gassen und Plätzen einigen Glanz. – Doch der Anstoß erlahmte bald. Johann Friedrich II., dem die Brüder 1554 das Regiment übergeben hatten, verlor in den Grumbachschen Händeln, in die er sich, falsch beraten durch Christian → Brück, töricht und bar jedes politischen Instinkts, hatte ziehen lassen, Freiheit und Land. Tatenlos sah Johann Wilhelm der Exekution des Bruders zu. Er übernahm die Regierung, die ihm jedoch 1572 bei einer erneuten Teilung wieder entglitt. Nur Weimar blieb ihm. Coburg, Gotha, Eisenach fallen an Mitglieder der nächsten Generation. Auch sie nur schwache Figuren, von denen kein frischer Impuls ausgeht. Immer mehr verengen sich Leben und Horizont für den Fürsten, doch noch mehr und sehr viel bedrückender für den Bauern auf dem Land, für den Bürger in der Stadt.

Wilhelm IV. der Große, Herzog von Sachsen-Weimar (Altenburg 11. April 1598–17. Mai 1662). – «Groß» war er mit Sicherheit nicht. Viel eher könnte man diesen fünften unter den elf Söhnen des Herzogs Johann und der Dorothea Maria, einer geborenen Prinzessin Anhalt-Zerbst, dieser «Mutter der Ernestiner», einen «freundlichen» Mann, einen «wohlgesinnten» Fürsten nennen. Weder ein glänzender Feldherr wie Bruder Bernhard noch so originell wie Bruder Ernst der Fromme von Gotha, aber in trostloser Zeit redlich um die Wohlfahrt seines Landes bemüht. – Seinem Stand gemäß in allen ritterlichen Künsten geübt, doch auch ernstlich Theologie, Sprachen und Mathematik studierend, 1617–1619 durch Studienreisen in Holland, in Frankreich fortgebildet. Zurück, wie die Brüder, Soldat in dem sich ausweitenden Krieg; schwedischer Generalleutnant und Gustav Adolfs Statthalter in Thüringen. 1629 «in brüderlicher Landesgemeinschaft» Übernahme der Regierungsgeschäfte; 1645 auf Wunsch der Brüder endgültige Trennung der Herzogtümer Gotha und Weimar. – Musik liebte dieser Fürst «mit wahrer Begier», komponierte, pflegte die Hofkapelle, sammelte Noten, sammelte Instrumente und erlernte noch im Alter das Klavierspiel. Ebenso frisch und zupackend ist sein Interesse an Malerei und Architektur. Unterstützt von den → Richters, den Malern und Baumeistern seines Hofs, macht er sich 1651 sorgsam planend, besonders auch seine schmalen Einkünfte bedenkend, an die Umwandlung der Schloßruine in die → Wilhelmsburg. Er baut auch das Schloß zu Jena, baut und restauriert Kirchen rings im Land. – Hübsch und zu diesem Mann passend, der seine Frau, seine Kinder zärtlich liebt, ist seine Freude an kleinen Drechseleien, die unter seinen Händen aus Buchs, Bernstein und Elfenbein hervorgehen; hübsch auch seine Freude am Sammeln exotischer Tiere und seltener Pflanzen. – Als «der Schmackhafte» ist er Mitglied der Fruchtbringenden Gesellschaft, im Januar 1651 wird er zu deren Oberhaupt ernannt. Er ruft auch Georg Neumark als Sekretär und Archivar der Gesellschaft nach Weimar, aber Wilhelms Bibliothek zeigt, daß sein Interesse eher der Theologie und Geschichte als der schönen Literatur galt. Er war ein frommer Mann, ernst an Dr. Luthers Lehre festhaltend; lernte aber in seiner Ehe mit Eleonore Dorothee von Anhalt, die dem reformierten Bekenntnis anhing, Toleranz, die noch über der Rechtgläubigkeit stehe.

Johann Ernst II., Herzog von Sachsen-Weimar (Weimar 11. September 1627–15. Mai 1683 Weimar). Zum Kummer des Vaters, der für den Sohn, neben den ritterlichen Übungen und der religiösen Unterweisung, auch solide Kenntnis in Latein und Vertrautheit mit den Freien Künsten gewünscht hätte, interessierten den Prinzen nur Jägerei und Hunde. Das sollte die Grand-tour durch Frankreich, Italien, Holland, ihm 1646–1648 verschrieben, gründlich ändern. «Er hoffe», schrieb Herzog Wilhelm dem Reisemarschall des jungen Mannes, «daß die Blattern [die Johann Ernst eben überstanden hatte] das Herz unseres Sohnes so purgiret haben, daß ihm aller Widerwill, Hartneckigkeit, Jäger, Hunde und was ihme zuvor im Wege gelegen und gehindert, nun gewichen sind, damit er dermaleinst als ein neuer Mensch und angenehmer erfreulicher Sohn von uns angenommen und empfangen werde.» – Doch es blieb bei des Prinzen Neigung zu Jägerei und Hunden, die sich aber seltsam mit Melancholie und großer körperlicher Mattigkeit verband. – 1662 übernahm er die Geschäfte, die er jedoch nur zu rasch seinen Räten überließ; 1672 kam es, da das Aussterben der Altenburger Linie die Besitzverhältnisse erneut verschoben hatte, wieder zur Teilung des Gebiets. Johann Ernst fiel Weimar zu, wo er bereits residierte. – Gedenkmünzen, die ihm zu Ehren geschlagen wurden, nennen ihn den «Frommen», den «Friedfertigen», den «Gelassenen». Chronisten der Zeit meinen, das treffe, ein wenig Schönfärberei abgezogen, gut den fürstlichen Charakter. In allen Auseinandersetzungen habe er sich stets gelassen und verständig gezeigt. So auch in seinem Testament, in dem er den Wunsch äußerte, man möge die weimarischen Lande ungeteilt lassen, außer das Territorium werde durch Anfall weiterer Distrikte in dem Maß vergrößert, daß eine Teilung «fürstliche Portionen» ergäbe. – Beide Söhne, bei des Vaters Tod noch unmündig, erklärte des Herzogs Testament als majorenn, so daß sie sofort seine Nachfolge antreten konnten.

Wilhelm Ernst, Herzog von Sachsen-Weimar (Weimar 19. Oktober 1662–26. August 1728 Weimar).

Johann Ernst III., Herzog von Sachsen-Weimar (Weimar 22. Juni 1664–10. Juni 1707 Weimar). Die Melancholie, die Unlust, der Mangel an Aktivität, die des Vaters Regentendasein beschatteten, erbte der Sohn als schwere Belastung. Er war träg, streitsüchtig; er pochte auf sein Recht zur Mitsprache, Mitregierung, entzog sich aber rüd-verdrossen jeder Mitarbeit. Trunksucht, in die er immer tiefer hineinglitt, machte ihn zum Popanz: eine schlecht balancierte, halb verrückte Figur.

Für Wilhelm Ernst, der die Verantwortung für Fürstenhaus und Land trug, eine bittere Zugabe. Er selbst ähnelte in Begabung, Neigung und Geschmack dem Großvater, verfügte aber nicht über dessen Nachsicht und Geduld. Sein schwankender Gesundheitszustand, der ihm, wie die Chronik meldet, «eine mühsame und beschwerliche Diät auferlegte», mochte wohl zusätzlich die Entwicklung solch freundlicher Tugenden hemmen. Er war schwierig; er konnte schroff sein; er war ein Autokrat. (Der Arrest, den er zornschnaubend seinem Kapellmeister, dem jungen Johann Sebastian Bach, zudiktierte, als dieser, sich beim Avancement übergangen fühlend, den Posten aufsagte, ist ein Beispiel!) Dennoch war er ein kluger, einsichtiger Mann, und er war ehrlich guten Willens. Treibjagden, dieses hochadelige, rücksichtslos geübte Plaisir, verbot er vor Einbringung der Ernte; den Freitisch, den Wilhelm IV. Schülern des Weimarer Gymnasiums gestiftet hatte, führte er wieder ein; er war wie der Großvater von tiefer Frömmigkeit erfüllt, bestand aber wie dieser auf Toleranz und Milde. Zäh und unverdrossen unterstützte er mit Steuerrevision und Darlehen die langsame wirtschaftliche Erholung, die sich um 1700 in Land und Stadt abzuzeichnen begann; jede Initiative durfte auf seinen Beistand rechnen. – Ein Zeitgenosse spricht von des Herzogs «unvergleichlicher und wohl bei 50 Fürsten nicht anzutreffender Sparsamkeit, Frugalität und Menage», dennoch war die Pflege seiner Liebhabereien, gemessen an den bescheidenen Einkünften des Landes, kostspielig, aber was er schuf, kam wiederum dem Land zugute. Die Einrichtung der Oper in der Wilhelmsburg; Johann → Mützels Bau des → Gelben, des → Ettersburger Schlosses, der → Jakobskirche; weiter die Bauten von Christian → Richter: das Gymnasium am Herderplatz, das Zucht- und Waisenhaus in der Geleitstraße, die ersten Häuser jenseits des Frauentors und schließlich die komplizierte Modernisierung der Haube des Schloßturms durch den begabten Gottfried → Krohne. – Kunstkammer, Staatsarchiv, Münzsammlung und Bibliothek verdanken Ernst Wilhelms Großzügigkeit und Sachverstand ihre Existenz. Er sammelte nicht nur, sondern wußte Bibliothekare wie Samuel Schurzfleisch und Johann Matthias Gesner zu gewinnen, die die gehäuften Schätze zu verwalten, zu ordnen, zu katalogisieren verstanden. – Das waren auf vielen Gebieten Ansätze, die Pflege und Fortsetzung verdient hätten. Aber als Ernst Wilhelm im August 1728 starb, war ihm durch jahrzehntelange Erfahrung klar, daß sein Nachfolger, an den er, wie an dessen Vater, unerbittlich gefesselt war, nicht der Mann der vernünftigen Weiterarbeit war.

Ernst August, Herzog von Sachsen-Weimar-Eisenach (Weimar 19. April 1688–19. Januar 1748 Eisenach). – Seit 1707, dem Tod des Vaters, Ernst Wilhelms Mitregent, ab 1728 allein Herr in dem kleinen Land. Ein ungewöhnlich scheußlicher Patron! Ein Miniaturdespot im Stile absolutistischer Selbstherrlichkeit: verschwenderisch, brutal-skurril, sexuell zügellos. Ein Psychopath! – Vater und Onkel hatten versucht, dem Prinzen mit tüchtigen Hofmeistern und vernünftigen Instruktionen eine gute Erziehung angedeihen zu lassen. Als Universität wählten sie Halle, Jena folgte. Ernst August hörte Theologie und Philosophie; Bildungsreisen nach Frankreich, in die Niederlande schlossen sich an. – Des Prinzen Eintritt in die Regierung ist dann der Beginn zahlloser Schwierigkeiten und Schikanen. Er kann nicht wirtschaften, die Schulden wachsen; er umgibt sich mit Kreaturen, verfolgt mit unauslöschlichem Haß jeden, der sich ihm in den Weg stellt. Jähzornig, skrupellos erpreßt er, was ihm nicht von allein zufällt. – 1719 wird Sekretär Denstedt verhaftet, der sich weigert, in einem Prozeß falsch auszusagen; 1736–1741 läßt er einen Rittmeister, dessen hübsches Gut der Herzog begehrt, in einen Raum ohne Licht und Luft gefangensetzen; 1734–1738 wirft er Kammerrat Zink ins Gefängnis, um ein Lösegeld zu erpressen; ebenso inhaftiert er Amtmann Reiher in Roßla und erpreßt 2000 Taler (dafür kauft er Orangenbäume!). Der Kammermusikus Reichardt muß hundert schwere Rutenstreiche hinnehmen, weil er um seine Entlassung eingekommen war. Mit Todesurteilen ist der Herzog rasch bei der Hand. – Ein Rattenschwanz von Prozessen war die Folge dieser makabren Geschichten: einer der Gründe für Ernst Augusts nicht enden wollende finanzielle Misere.
Verheerender war noch des Herzogs Bauwut. Allein im Amt Ilmenau verschwendete er 68 000 Taler, im übrigen Herzogtum 287 653 Taler an Schloßbauten und Umbauten, die ohne Rücksicht auf Finanzlage, Zeit und Arbeitskraft emporgetrieben wurden und so rasch, wie sie entstanden waren, wieder verfielen. Nur → Belvedere und das Rokokoschloß von → Dornburg blieben als anmutige Beispiele dieser Passion. – Der Bauwut gesellte sich die Jagdleidenschaft. Das ganze Land überzog sich mit kostspieligen Wildgehegen, Anlagen zu Fang und Abschuß. Bei seinem Tod hinterließ Ernst August allein

in Weimar einen Marstall mit 373 Pferden und 1100 Hunden. Zu ihrer Versteigerung kamen die Käufer aus Wien, Berlin und Stuttgart. – Ebenso ruinös waren des Herzogs alchemistische Interessen. Immer wieder entlockten ihm Goldmacher große Summen, endeten aber auch, wenn sie nicht geschickt entwischten, im Gefängnis. – Am schlimmsten aber, auch für die Bevölkerung, war Ernst Augusts geradezu verbrecherische Soldatenspielerei. Verführt vom Beispiel der großen Nachbarn, versuchte er, in Weimar eine «stehende Truppe» von 4000 Mann bei knapp 100 000 Einwohnern zu unterhalten; einzelne Regimenter «verlieh» er nach Dresden oder noch lieber nach Wien, wo er hoffte, neben den Subsidien ein Kommando in der Kaiserlichen Armee zu erhaschen. Keine Quelle hält fest, wieviel Menschen bei dieser «Spielerei» zugrunde gingen. – Dann und wann aber überfielen diesen «Landesvater», wenn auch ohne jede praktische Folge, schwere Gewissensbisse. 1742 schrieb er in seinen «Theosophischen Herzensandachten», daß er zu nachgiebig gegen Versuchungen sei, seine Stellung überschätze, das Seufzen der Armen nicht genug berücksichtigte, seine Gegner zu sehr hasse, den Ergötzlichkeiten des Essens und Trinkens allzu sehr fröne ... Grotesk aber auch die Anwandlung, im Juli 1741 den Armen von Weimar, Berka, Ilmenau, Magdala, Dornburg, Apolda, Buttstädt, Rastenberg und Bürgel je 100 Taler durch die herzogliche Kammer anweisen zu lassen, oder der Befehl, dem Pfarrer von Ramsla kostenlos Holz ins Haus zu liefern gegen die Verpflichtung, seinen Schnurrbart abzulegen und jährlich eine Knackwurst mit einem Gedicht in Weimar abzugeben ...

Das Land, allerdings am Rande des Ruins, atmete auf, als es von diesem Unhold erlöst war.

Ernst August Constantin, Herzog von Sachsen-Weimar-Eisenach (Weimar 2. Juni 1737–28. Mai 1758). Die Vorbedingungen waren trostlos. – Der kleine Prinz, ein zartes Kind, das jeder Schonung bedurft hätte, residierte allein auf Belvedere, ausgeliefert einem Hofstaat von Lehrern und Schranzen, die Baron Wilhelm von → Schardt gutmütig-dienstbeflissen, albern und pompös dirigierte. – Die Mutter, eine Bayreuther Prinzessin, der die Ärzte «eine Art von Hypochondrie» bescheinigten, hatte sich mit ihrem Hof nach Ilmenau verkrochen; der Vater aber tauchte, seit ihm 1741 durch Aussterben der regierenden Familie das Herzogtum Sachsen-Eisenach zugefallen war, kaum mehr in Weimar auf. Ihn fesselte das weite Jagdrevier der Gebirgswälder um Eisenach. – 1743 hatte er ein letztes Mal nach dem Sohn gesehen, war dennoch allgegenwärtig durch Anordnung, Tadel, Befehl. In Briefen, unmißverständlich und geharnischt im Ton, befahl er dem Hofmarschall, der Prinz (knapp acht Jahre!) habe sich an französischen Diskurs zu gewöhnen und französische Zeitungen zu lesen. Zur Tafel sollten wechselnd Offiziere von Adel und je einer der drei Hofgeistlichen zugezogen werden, damit die Gespräche bei Tisch nicht der Moral entbehrten; zugleich wünschte er einen Religionsunterricht, der nicht Haß gegen andere Religionen und Nationen erzeuge, denn in allen Religionen und Nationen gäbe es rechtschaffene und boshafte Leute. Das

Spielen, Trommeln und Pfeifen aber, von dem er, der Vater, leider habe hören müssen, «werde er dem Juncker Princeps austreiben. Der Herr Hofmarschall solle ihm, so er sich nicht durch Lernen täglich und stündlich habiler mache und mit rechtem Eyffer, sowohl in Wissenschaften als anderen Qualitäten sein avancement suche, die Nachricht geben, daß er ihm einen A . . . Paucker schicken werde, welcher ihm das Trommelfell einweichen, den Flattergeist aus dem Kopf bringen und gewißlich keinen Spaß mit ihm vornehmen solle.» «Ich will keinen Tambour und Quer-Pfeiffer aus ihm ziehen», schreibt der Herzog weiter, «auch keinen Pfaffen, Schulmeister und Schlaff-Mütze, sondern einen Printzen. Es hat also ein jedes, so mit dessen Erziehung zu thun habe, darauf zu sehen und davor zu repondieren, ihm aber nicht zu Müßiggang und Bagatellen Anlaß geben.»

Kurz vor seinem Tod hatte Ernst August dem Oberstallmeister von Reineck in die Feder diktiert, daß er Herzog Friedrich von Gotha bitte, Vormund seines Sohnes zu werden, ein Wunsch, dessen Erfüllung, sollte dem Prinzen etwas zustoßen, einer Anwartschaft auf dessen Erbe gleichkam. – Er verehre, erklärte dann Ernst August Constantin diesem Vormund, der gekommen war, nach seinem Mündel zu sehen, den Durchlauchtigsten Herrn Vetter als seinen Papa, denn seinen Papa habe er nicht gekannt und, fügte er hinzu, er wisse nicht, «was er vor ein Mann gewesen». – In Gotha aber, wohin man Ernst August Constantin gegen den ausdrücklichen Wunsch des Vaters brachte, der den weimarischen Erbprinzen in Weimar wissen wollte, sah sich das Kind (das er mit seinen zehn Jahren immer noch war) ohne Übergang einem Kreis gesellt oder auch ausgesetzt, wo sich alle Welt überaus «lustig und geistreich» gerierte. Die Herzogin, eine Freundin Voltaires und Friedrichs des Großen, ungemein witzig und klug; Frau von Buchwald, ihre Oberhofmeisterin, eine Dame von hochadeliger Tenue und Finesse, die Prinzessin (die man gern als Frau des kleinen Weimaraners gesehen hätte!) quirl-lebendig und schnippisch. Ernst August Constantin aber, wohl liebenswert und liebenswürdig, doch eingeschüchtert, nicht allzu begabt und für diese Umgebung nur unzulänglich gebildet. Sein Hof, an dessen Spitze Graf → Bünau, ernsthaft und sehr gelehrt, bot weder Halt, Trost oder auch nur simples Behagen. – Das fand er erst, als er, nach mancherlei Intrige und Federkrieg, majorenn erklärt und Herr seines Landes, sich 1754 mit Anna Amalia, der Braunschweigerin, verbunden hatte. Eine Prinzessin, noch jünger als er und eine winzige Person, doch ein Bündel an Lebenslust und Lebensenergie. – Ihm blieb nicht viel Zeit. Eine Hofkapelle gründete er, eine Schauspielertruppe rief er herbei. Beides schwand mit seinem Tod. Die Zeiten waren zu hart, der Krieg anderer Leute lastete zu schwer auf dem ausgesogenen, heimgesuchten Land. – Nur dieser Fahrweg von der Stadt zu seinem Landsitz, den er anlegen, an dessen Rand er Kastanien und Linden pflanzen ließ, diese Belvederer Allee blieb, eine Reminiszenz an diesen kränkelnden, scheuen Regenten, diesen schmalschultrigen, schmalgesichtigen Prinzen.

Anna Amalia, Herzogin von Sachsen-Weimar-Eisenach geborene Prinzessin von Braunschweig-Wolfenbüttel (Wolfenbüttel 24. Oktober 1739–10. April 1807 Weimar). Nahezu an nichts war anzuknüpfen. Die großen Erinnerungen, etwa an Luther, an Cranach, waren verblaßt; die Erinnerung an Johann Sebastian Bach war nicht nur in Weimar geschwunden. Doch langsam, langsam fügte sich unter ihrem leisen Zugriff Stein an Stein, ein Muster schien sich bilden zu wollen, bildete sich, die Umrisse dessen, was wir heute *Weimar* nennen, wurden sichtbar. → Seiten 335–338.

Carl August, Herzog/Großherzog von Sachsen-Weimar-Eisenach (Weimar 3. September 1757–14. Juni 1828 Torgau). Er setzte fort, was die Mutter klug und geduldig begonnen hatte. Als er starb, war das *Klassische Weimar* Realität. → Seiten 339–348.

Carl Friedrich (2. Februar 1783–8. Juli 1853), sein Sohn **Carl Alexander** (24. Juli 1818–5. Januar 1901), beide Großherzöge von Sachsen-Weimar-Eisenach, waren mit ihren Frauen, den Großherzoginnen **Maria Pawlowna** (→ Seiten 356–361), einer geborenen Großfürstin von Rußland, und **Sophie,** geborene Prinzessin von Oranien, die Erben großer Tradition. Sie mühten sich, zu bewahren, zu pflegen und, was sie ererbt, folgenden Generationen weiterzugeben.
Literatur: Georg Mentz: Weimarische Staats- und Regentengeschichte vom Westfälischen Frieden bis zum Regierungsantritt Carl Augusts. Jena 1936.

Rehbein, Wilhelm → Goethes Ärzte.

Reichardt Johann Friedrich

(Königsberg/Preußen 25. November 1752–27. Juni 1814 Giebichenstein / Halle).

Musiker, Komponist, Schriftsteller von ungewöhnlicher Produktivität und Vielseitigkeit. – Der Vater ein leichtlebiger Musikus, die Mutter fromm auf entschlossen herrnhutische Weise, Reichardt selbst mit der Geige, am Klavier fast ein Wunderkind, dazu munter, weltoffen, lebenstüchtig. – Mit fünfzehn hört er, eingeschrieben als Student der Rechte, vor allem Kant; mit achtzehn nutzt er eine gute Gelegenheit, vom heimischen Königsberg loszukommen. Er ist in Danzig, ist in Leipzig (wo er Corona → Schröter leidenschaftlich adoriert), zieht weiter, ist in Braunschweig, Dresden, Hamburg, überall musizierend, komponierend, Verbindungen knüpfend, aber auch alles auffassend, lernend, was ihn künstlerisch vorwärts bringt. Mit vierundzwanzig wird er, vom Glück begünstigt, Kapellmeister der Königlichen Oper zu Berlin. Die Stellung läßt ihm, da der alte König, müde geworden, kaum mehr am Glanz seiner Oper interessiert ist, Zeit, sich weiter umzusehen. – In England hört er Händel, in Paris Gluck in adäquaten Aufführungen; zurück in Berlin richtet er (nach Pariser Vorbild) das «Concert spirituel» ein, wo während der Fastenzeit Werke großer geistlicher Musik zu hören sind.

In dem «Musikalischen Kunstmagazin», von ihm zwischen 1781 und 1791 ediert, veröffentlicht er in verschwenderischer Fülle eigene Kompositionen, verbunden mit Betrachtungen zur Musikästhetik: Arbeiten, Interessen, die ihn mehr und mehr in Goethes Nähe ziehen. Im Frühjahr 1789 ist er in Weimar. Die Vertonung der «Claudine von Villa Bella» bringt er mit. Er bleibt elf Tage, vieles wird besprochen, Neues geplant. Goethe genießt, nach den Enttäuschungen mit dem armen, schwerfälligen → Kayser, das Zusammensein mit diesem beweglichen, leicht zudringlichen und nicht allzu diskreten Mann, der aber Geist, Geschmack und Talent besitzt. – Reichardts Eifer, Goethesche Dichtung musikalisch zu begleiten, wächst. Bereits 1790 kündigt er «Musik zu Goethes Werken» in sechs Teilen an. Der erste Band sollte «Lieder im Volkston und höhere Gesänge» enthalten, die Bände zwei, drei und vier waren den Singspielen vorbehalten, im fünften wollte der Komponist Musik zu «Iphigenie», «Tasso», «Götz», «Clavigo» und «Egmont» bringen und im letzten Band «außer einigem Andern namentlich die Musik zum großen Faust». – Das war mehr als viel. Immerhin erschienen seit 1793 drei Bände: die Singspielvertonungen, nach Friedländers und Hillers Urteil «etwas dürftig»; die dreißig Goethe-Gedichte der Liedersammlung aber besaßen in der Frische der musikalischen Erfindung, im reichen Wechsel der Melodien die künstlerische Kraft, Goethes Namen, Goethes Lyrik wieder «seinen Deutschen», denen er durch langes Schweigen fast fremd geworden war, nahezubringen. – Mit gleichem freudigem Eifer vertonte Reichardt auch die Gedichte im ersten Band der «Lehrjahre», die eben erschienen waren, auf seine eingängige, den Liedfreund überzeugende Weise. Goethe aber, von dem der Komponist wohl ein freundlich-dankbares Echo erwartet hatte, reagierte kühl. Ihn, der «ein für allemal am Bestehenden festhielt», irritierte zu diesem Zeitpunkt, wie er in den «Annalen» 1795 sagte, «die Wut, der Ingrimm», mit denen sich Reichardt «in die Revolution geworfen hatte», und das «Arbeits-Verhältnis», bis dahin für Dichter und Musiker gleich angenehm und fruchtbar, wurde Goethe «widerwärtig». Reichardt, der auch weiterhin die Gedichte der Lehrjahre-Fortsetzungen mit seinen Melodien versah, war nun, wie Goethe erklärte, «von der musikalischen Seite unser Freund, von der politischen unser Widersacher» geworden. Ein Pressegeplänkel zwischen Reichardts Zeitschrift «Deutschland» und Schillers «Horen», von Mal zu Mal härter bis zur schonungslosen «Vernichtung» Reichardts in den «Xenien» von 1796/97, führte zu dem «Bruch», von dem Goethe in den «Annalen» sagt, daß er sich im stillen vorbereitet habe, zuletzt jedoch unaufhaltsam an den Tag gekommen wäre . . .
Auch in Berlin, wo man zunächst Reichardts revolutionäre Sympathien gelassen hingenommen hatte, steigerte sich mit der näherrückenden Kriegsgefahr Nervosität und Verärgerung und führte, nachdem ein großzügig gewährter Urlaub (drei Jahre mit vollem Gehalt) den Kapellmeister nicht vorsichtiger in der Wahl seiner Freunde und der Wahl seiner Worte gemacht hatte, 1794 zur Entlassung. Allerdings milderte bereits 1796 ein königliches Dekret, das Reichardt die Ernennung zum Salinendirektor in Halle brachte, die Härte der Entscheidung. Dieses Amt, eine Pfründe mit guten Einkünften und ohne

Arbeitsbelastung, erlaubte Reichardt, den Sommer auf Giebichenstein, einem Besitz, den er Jahre zuvor erworben hatte, zu verbringen und während der Wintersaison in Berlin am musikalischen Leben der Stadt aktiv teilzunehmen. Königin Luise war seine Schülerin.
Goethe aber schrieb er am 21. Januar 1801, aufgeschreckt durch dessen schwere Erkrankung: «Ich fühle nur das Glück, Sie wieder außer Gefahr zu wissen», worauf Goethe ihm schon nach wenigen Tagen versicherte, daß ein altes gegründetes Verhältnis wie das unsrige nur, wie Blutsfreundschaften, durch unnatürliche Ereignisse gestört werden könne. Um so erfreulicher sei es, fuhr er fort, «wenn Natur und Überzeugung es wieder herstellt.»

Reichel, Georg Christian → Goethes Ärzte.

Reichert Johannes

(gestorben 1797).

Besitzer einer eigenen und Leiter aller fürstlichen Baumschulen; 1777 zum Hofgärtner von → Belvedere und zum Aufseher der gesamten Parkgärtnerei ernannt: ein ausgezeichneter Fachmann, schwierig zu behandeln (Geheimrat → Schnauß nannte ihn «den alten Bramarbas»), aber mit soliden botanischen Kenntnissen und ungewöhnlich geschickt in der Pflege und Aufzucht der nordamerikanischen Hölzer, die, nach den Intentionen Carl Augusts, den Stil des → Parks an der Ilm zu bestimmen hatten.
Literatur: → Park an der Ilm.

Reil, Johann Christian → Goethes Ärzte.

Reinhold Carl

(eigentlich Zacharias Lehmann).

Bis 1806 Regisseur am Schleswiger Hoftheater, darauf kurze Probezeit in Weimar, 1807 aber entlassen, da er nicht genügte. – 1808 Veröffentlichung des Pamphlets «Saat von Göthe gesäet dem Tage der Garben zu reifen. Ein Handbuch für Ästhetiker und junge Schauspieler», anonym, nach dem erfolgreichen Leipziger Gastspiel der Weimarer Hoftheater-Gesellschaft von 1807 in Leipzig erschienen. Der Titel ist eine Parodie der Messias-Zeile (11. Gesang, Vers 845), 1803 auf Klopstocks Grabstein eingemeißelt und darum noch aller Welt im Gedächtnis. – Eine scharfsichtige Kritik der Manierismen des «Weimarer Stils», teils berechtigt, teils aber, da von Rache diktiert, nur hämisch. – Jede Rolle werde «verheldet», monierte Reinhold, alle Bewegung verlangsamt und derart stilisiert, als gehe man bereits im ersten Akt hinter der Bahre dessen, der im fünften sterbe. Umarmungen seien verpönt, da unantikisch, und jeder Treue- oder Liebesschwur sei ins Publikum zu sprechen. – Goethe habe sich zudem nur aus persönlicher Geltungssucht der Bühne, die er völlige verderbe, zugewandt; selbst des Dichters eigene dramatische Versuche verfielen dem gleichen Verdikt.
 Literatur: → Theaterdirektion Goethes.

Reitzenstein Christiane Henriette von,
genannt Tinette (1784–1837 München [?]).
Tochter des Kammerherrn Georg Christoph von Reitzenstein auf Konradsreuth (wohl im Fränkischen gelegen). Sie lebte aber nach der Scheidung der Eltern mit der Mutter, einer geborenen von Plotho (gestorben 1810), bis zum April 1813 in Weimar. Von hier wandte sie sich wahrscheinlich direkt nach München. – Als eine der engsten Freundinnen der → Prinzeß Caroline zählte sie auch zu Goethes geselligem Umkreis; 1802 war sie kurze Wochen mit Fritz von → Stein verlobt. – In Weimar galt sie (was Wilhelm Grimm 1810 und Varnhagen noch 1843 notieren) als Modell der Luciane in den Goetheschen «Wahlverwandtschaften». Eine nicht recht statthafte Deutung der «Kunstfigur», was aber darauf schließen läßt, daß Tinette im Rufe stand, nicht nur reich, sondern auch elegant-exzentrisch zu sein. – Im Januar 1816 erbat der Erbgroßherzog von Mecklenburg Tinettes Besuch in Ludwigslust zur Aufheiterung der todkranken Caroline. Nach deren Tod überreichte er (2. Februar 1816) der Freundin als Dank und Erinnerung das «Reise-Zerstreuungs- und Trost-Büchlein», das Goethe ein Jahrzehnt zuvor für die junge Prinzeß, Blatt um Blatt, mit Zeichnungen gefüllt hatte. – Sorgfältig vermerkte Tinette Anlaß, Ort und Tag der Schenkung auf dem Blatt vor dem Titel. Nach ihrem Tod verschwand das kleine Stammbuch und tauchte erst 1927 wieder in Weimar auf.

Ressource, nach 1816 Erholung → Geselligkeit in Weimar.

Richter Christian (I)
(Altenburg [?]–30. Mai 1667 Weimar).
Stammvater der mehr als ein Dutzend Richter, die seit Beginn des 17. Jahrhunderts in nahezu ununterbrochener Kette in den verschiedenen ernestinischen Residenzen die Ämter des Hofmalers oder des Landbaumeisters besetzt hielten und besonders durch ihre Arbeit als Architekten gerade auch in Weimar Wesentliches zur Prägung der Stadt beitrugen. – Christian Richter selbst, ein ungewöhnlich fleißiger und geschickter Mann, ist in Weimar seit 1612 mit Zeichnungen, Stichen und zahlreichen Bildnissen aus dem Kreis der fürstlichen Familie nachweisbar. Auch an der malerischen Ausstattung der → Wilhelmsburg (durch den Schloßbrand von 1774 vernichtet) war er maßgeblich beteiligt. – Seine Malweise bestimmten zunächst die manieristischen Traditionen der Nach-Dürerzeit, doch orientierte er sich bald an dem «moderneren» Vorbild der Niederländer. Unter deren frisch-genialem Einfluß gelangen ihm, besonders auf dem Gebiet der Porträtkunst, immer wieder Arbeiten, die Geschmack und eine flinke Auffassung des Gegenstands zeigen und die hohe Wertschätzung seiner Auftraggeber verständlich machen.
Literatur: Hans Heubach: Die Künstlerfamilie Richter (1612–1768). In: Korrespondenzblatt des Gesamtvereins der deutschen Geschichts- und Altertumsvereine, Nr. 69, Sp. 112–122. Berlin 1921.

Richter Christian (II)

(Weimar 1655–21. September 1722 Weimar).

Wohl kaum von dem Vater, der früh starb, doch wahrscheinlich von Johann Martin, dem älteren Bruder und Nachfolger des Vaters, in das Bauhandwerk eingeführt: ein Praktikum, das, ergänzt durch Universitätsbesuch und Studienreisen, jenseits von Thüringen abgeschlossen wurde. – 1690 finden wir Richter dann bereits in Weißenfels als Baumeister eingesetzt; nach 1700 arbeitet er wechselnd in Römhild, Hildburghausen, Meiningen, Coburg und Saalfeld: beschäftigt mit Kirchen- und Schloßbauten, aber auch (besonders in Römhild) mit der barocker Lebenslust so genehmen, jedoch äußerst vergänglichen Garten- und Festarchitektur, diese wohl den Beispielen verwandt, wie sie Richter, gesammelt in einem Bildband («Herzog Heinrichens fürstliche Baulust»), 1698 herausgegeben hat. – In Weimar, nun Gesamt-Oberbaumeister der Herzogtümer Saalfeld und Weimar, löste er 1713 Johann → Mützel ab. Im Gegensatz zu seinen bisherigen Arbeiten, die sich durchaus von dem lebhafteren, «geschmückteren» süddeutschen Frühbarock inspiriert zeigen, wendet er sich nun wieder der nüchtern-strengen Bauweise des Vaters zu, die allerdings den Wünschen seines neuen Auftraggebers, Herzog Wilhelm Ernsts, entsprach. – Er vollendet 1713 die → Jakobskirche, baut in der Geleitstraße das Zucht- und Waisenhaus, 1715–1717 am westlichen Ilmufer das Reithaus, 1716 gegenüber der Stadtkirche das Wilhelm-Ernst-Gymnasium, überbrückt 1720 die Ilm bei Oberweimar und bereitet zugleich jenseits des Frauentors die Bebauung der Marienstraße vor: Bauten für einen bestimmten Zweck gedacht und auf diesen Zweck ausgerichtet, nahezu schmucklos, doch so großzügig entworfen und wohl gegliedert, daß die Baumeister des klassizistischen Weimars fast nahtlos ihre Arbeiten anfügen konnten.

Literatur: → Richter, Christian (I).

Richter Johann Adolf

(Weimar 1682–30. Juni 1768 Weimar).

Der letzte Fürstlich-Sächsische Oberlandbaumeister aus der Familie der Richter. Allerdings nicht so glücklich (wohl auch nicht so begabt) wie der Großvater Johann Moritz (I) oder der Oheim Christian (II), die die Wertschätzung ihrer Fürsten besaßen; auch sichtlich nicht so «praktikabel» wie der Vater Johann Moritz (II), der befähigt war, die großen Bauvorhaben des Vaters zu Ende zu führen und zusätzlich in Bayreuth und Erlangen Tüchtiges zu leisten. – Die Lehrjahre absolviert Johann Adolf in der Werkstatt des Vaters; 1703 ist er in Jena immatrikuliert, wird hier Schüler des Architektur-Theoretikers Leonhardt Christoph Sturm; ist 1715 in Dresden mit dem Bau der Wache am Neumarkt, einer soliden Arbeit im rationalisierenden französischen Geschmack, nachzuweisen und wird in den gleichen Jahren von Ernst August nach Weimar berufen. Dieser, ein Fürst, ruhelos-sprunghaft bis zum Exzeß, ersehnt Abwechslung, Phantasie, Bewegung und befiehlt Glanz und Pracht im Stile des Wiener oder auch Dresdner Barocks. Richter, wahrscheinlich schon von Natur schwerfällig und noch dazu im trockenen, nun bereits veralteten

Schematismus der Sturm-Schule befangen, kann diesem Fürsten nicht genügen. Soweit wir sehen, beginnt er die Arbeit um 1720 mit dem Umbau von München, einem alten, herzoglichen Jagdschloß im Berkaer Forst, wo etwa zehn Jahre später auch Schloß Hirschruf entsteht (beide Gebäude zerfallen in kürzester Frist und werden abgebrochen); zur selben Zeit ist Richter auf der Eichenleite beschäftigt, die Anlage des späteren → Belvedere vorzubereiten, wie er auch an Planungen für Dornburg, → Ettersburg oder Ilmenau mitwirkt, wobei sich allerdings bald in den Entwürfen über seine Handschrift, korrigierend, umzeichnend, eine zweite Hand schiebt, und immer häufiger werden Richters steife Skizzen durch reich instrumentierte Entwürfe des jungen Gottfried Heinrich → Krohne ersetzt. – Offiziell steigt Richter noch 1728 zum Oberlandbaumeister auf; noch gestattet man ihm, den Umbau der → Stadtkirche St. Peter und Paul selbständig durchzuführen, aber um 1733 ist klar, daß er hinter Krohne, dem Beweglicheren, Begabteren, zurückzutreten hat. Ihm fallen innerhalb der Bauleitung nur noch untergeordnete Funktionen zu, und 1744 sieht er sich, als er in Marksuhl auch im Technisch-Organisatorischen versagt, «wegen seiner Unwißenheit und negligence» des Dienstes enthoben. – «Alldieweilen ich mit Schmerzen ersehe», schreibt er an Ernst August, «daß EHDL, nach meinen 29jährigen Diensten einig Ungnaden auf mich geworfen haben und mich der Hf. Dienste entsetzet, welches mir einen Schlag an mein Herz getan, daß ich vor Jammer nicht weiß, wo naus», bittet er, ihm doch zu gestatten, die Kenntnisse, die er «sowohl in architectura civili et militari als auch in der Artillerie mechani und Feuerwerkerey» besitze, an der Jenaer Universität an Jüngere weiterzugeben. – Doch drei Jahre später, im Dezember 1747, muß er in tiefster Resignation feststellen, daß er nicht mehr, selbst auf dem Lande nicht, gebraucht wurde. – Er stirbt zwei Jahrzehnte später in bitterster Not.
Literatur: Richter, Christian (I).

Richter Johann Moritz (I)
(Weimar 1620–begraben am 24. Mai 1667 Weimar).
Des Hofmaler Christian Richters (I) ältester Sohn, von dessen Entwicklung und Ausbildung wir, da er anscheinend seine Jugendjahre fern von Weimar verbracht hatte, nichts wissen. Erst Ausgang des Dreißigjährigen Krieges sehen wir ihn als Landbaumeister installiert. In Gotha, Zeitz, Jena, Ruhla und Weißenfels entstehen in einem massigen, schmucklosen Frühbarock unter seiner Regie Schlösser und Kirchen. Aufgaben, die er, obwohl gesundheitlich zart, in knapp zwei Jahrzehnten bewältigte, unterstützt von seinem Sohn Johann Moritz Richter (II), Baumeister wie er und 1667 sein Nachfolger im Amt. – In Weimar hatte Richter, neben der Sternbrücke über die Ilm, 1651 die Fortführung des durch Finanz- und Kriegsnot ins Stocken geratenen Wiederaufbaus der → Wilhelmsburg übernommen. Vorsichtig formte er die Konzeption seines Vorgängers Giovanni Bonalino, der einen Vierflügelbau geplant hatte, in eine nach Süden offene Anlage mit drei Flügeln um, in die er auch die Schloßkirche einbezog. Zeichnungen des Vaters und Skizzen seines Bruders

Wilhelm halten die Phasen des Abbruchs und Neuaufbaus fest. Er selbst hatte bereits 1646 eine «Ansicht des Weimarer Schlosses von Osten» als Vedute ediert.

In den sechziger Jahren war Richter in der Lage, sich in Jena ein stattliches Haus zum eigenen Gebrauch zu bauen, das Walther Scheidig und Hans Heubach als das → Griesbachsche Haus identifizierten, wo Goethe, mehr als hundert Jahre später, gern aus- und eingegangen war, stets auch den schönen Garten genießend. Wohl auf seine Anregung hin kaufte Maria Pawlowna 1818 das Anwesen als Sommersitz ihrer kleinen Töchter Marie und Augusta, der späteren deutschen Kaiserin. – Wie Goethe durch Jahrzehnte Professor Griesbachs Gast gewesen war, so trat er nun, von seiner Behausung im Botanischen Garten kommend, in den «Prinzessinnengarten» ein, gewillt (er, der sich so gut auf Kinder verstand) «den lieben fürstlichen Kleinen» einen Spaß zu bereiten, ihnen hübsche Geschichten zu erzählen oder wohlgelaunt (in den Jahren des West-östlichen Divans) arabische Schriftzeichen auf das Papier zu malen oder mit ihnen den Kometen, auch die Sonnenfinsternis, die gerade zupaß kamen, zu betrachten – und das sommerlang, durch Jahre: eine der zierlich-heitersten Arabesken seiner großen Existenz.

Literatur: Richter, Christian (I).

Ridel Johann Kornelius Rudolf
(Hamburg 25. Mai 1759–16. Januar 1821 Weimar).

Im April 1786 tauchte der junge Lizentiat der Rechte, durch Kestners in Hannover an Goethe empfohlen, ein erstes Mal in Weimar auf. Er war Sohn eines Hamburger Senators, hatte in Göttingen Jura und Philosophie studiert und in Wetzlar am Reichskammergericht praktiziert. – In Weimar gefiel, wie Goethe Kestner mitteilte, Dr. Ridel sehr, was zur Folge hatte, daß der Herzog dem jungen Hamburger vorschlagen ließ, die Erziehung des Erbprinzen Carl Friedrich zu leiten. Dieser aber, ein scheues, zartes Kind, hat, wie Adelheid von Schorn in ihrem «Nachklassischen Weimar» mitteilt, unter dieser Erziehung, die Basedows rigorosem Regime folgte, bitter gelitten. – Ridel übernahm im Januar 1787 das Amt, das er bis 1799 innehatte. Mit seiner Pensionierung (1000 Taler jährlich) war der Wechsel in die Kammerverwaltung, wo er bereits Sitz und Stimme besaß, verbunden. 1808 wurde er zum Geheimen Kammerrat, 1817 zum Kammerdirektor ernannt. – Amalie Buff, jüngere Schwester der «berühmten Lotte im Werther» und sie selbst die «kleine naseweise Blondine» im Roman, wagte Ridel, obwohl er sie seit seinen Wetzlarer Tagen kannte, erst 1791 zu heiraten. Ihm war bewußt, daß Herzogin Louise einen Prinzenerzieher ohne familiären Anhang bevorzugte. – Dieser Amalie, dieser Hofrätin Ridel, galt auch (und nicht der Exzellenz Goethe) im September 1816 Lotte Kestners Besuch, der durch Thomas Manns Roman «Lotte in Weimar», wie ihre Person einst durch Goethes «Werther», in der Leute Mund kam. – Obwohl Ridel nie zu Goethes innerem Kreis zählte, durfte er doch stets mit dem geheimrätlichen Wohlwollen rechnen. Goethe hatte seine Anstellung durchgesetzt; zu ihm als erstem war er, zurück aus Italien, «magrer geworden und sehr von der Sonne gebrannt», morgens um acht Uhr schon ins Dienstzimmer getreten und hatte den Überraschten herzlich embrassiert; und noch, als man 1821 Ridel beerdigte, war Goethe, wie Kanzler Müller bedrückt notiert, unzufrieden, daß Müller sich nicht an Ridels Grab zum Improvisieren entschlossen habe, vorgetreten sei «und frei und ergreifend» gesprochen hätte...

Riedesel Friederike von
Etwa seit 1780 dritte Hofdame der Herzogin Louise.

Riemer Caroline Wilhelmine Johanna,
geborene Ulrich (Rudolstadt 14. März 1790–1855 Weimar).
Da sich Caroline, die als Enkelin des vielgerühmten Dr. → Buchholz von jung auf im Haus am Frauenplan heimisch war, «gut in die Frau Geheimde Rätin zu schicken wußte», fielen ihr, besonders nachdem sie seit 1809 im Hause wohnte, mehr und mehr die Pflichten einer Gesellschafterin zu. Als eine der «Lustigen von Weimar» fuhr sie, von Goethe ermutigt, mit Christiane, die allen Vergnügungen ringsum nachjagte, vom Theater zur Landpartie, vom Ball zu Schwatz und Spiel, begleitete sie nach Frankfurt, Jena oder Leipzig, teilte mit ihr die Badekuren in Lauchstädt, Karlsbad und Berka. Zu Hause in Weimar aber ließ Goethe, vorlesend und erklärend, «seine Frauenzimmerchen» am Werden eigener Dichtung teilnehmen, führte sie auch in das Werk anderer ein und verschmähte nicht beim Punsch eine Partie «Whist mit Strohmann». – In den langen Wochen seiner Abwesenheit aber fiel Caroline die Aufgabe zu, nach Christianes Diktat (diese Fiktion wurde schonend-liebevoll aufrecht erhalten) ihm über alles, was sie planten und unternahmen, «unermüdlich – weitläuftigter – recht viel – einigermaßen ausführlich» zu berichten. – Und als im Kriegswinter 1814 «seyne ganze Canzley», wie er schrieb, «das Schwert ergriff», schlüpfte Uli oder Uline (wie alle Welt Caroline kosend nannte), Goethes Schöne Juvenile, sein Artiger Mandarin, sein Kleiner Eginhard, eifrig und im Innersten beglückt, zusätzlich in die Rolle des Canzlisten. Nach Diktat erledigte Caroline die Goethesche Korrespondenz, schrieb nach Diktat an «Dichtung und Wahrheit», schrieb Stanzen zu «Des Epimenides Erwachen»; fertigte Abschriften dienstlicher Papiere, führte teils selbständig das Tagebuch, arbeitete mit am Schema zur «Italienischen Reise». Klug und feinnervig, wie sie war, erfaßte sie auch, daß Goethe sich «in dem ungeheuer Bedrohlichen der Gegenwart eigensinnig auf das Entfernteste warf». China beschäftigte ihn, Hafis' dichterische Welt kam herauf, der «West-östliche Divan» kündigte sich in den froh entspannten Frühlingswochen von Bad Berka an. Caroline, in Anstrengung und Genuß für kurze Zeit Glied seiner Arbeitswelt, weiß sich Goethe nahe. Ein Ring, ein kleiner Rubin, von Perlen gesäumt und ihr in den Pfingsttagen 1814 dediziert, ist Zeichen des Danks, Zeichen der Zuneigung. Caroline aber erkennt, hellsichtig und besonnen, daß die Gabe auch Zeichen des Abschieds ist. Ihr ist bewußt, daß Goethes Neigung (wie Jahre später Kanzler von Müller mit Blick auf Ulrike von Levetzow formuliert) dem gesteigerten Bedürfnis seiner Seele nach Mitteilung, nach

Mitgefühl entsprang und nur bedingt ihrer Person allein galt. – Ende Juli brach Goethe an den Main, an den Rhein auf. An Caroline aber war es, ihre Zukunft neu zu bedenken. Christiane, launisch, eifersüchtig, «bremsenartig» (vielleicht aber auch gefährlicher erkrankt, als sie und ihre Umgebung ahnten), war nur noch schwer zu ertragen. Doch, obwohl Waise und durch widrige Schicksale ohne Schuld verarmt und depossediert, hatte es Carolines lieblicher Person nie an Bewerbern um ihre Hand gefehlt. Auch jetzt konnte sie wählen. Sie entschied sich für Friedrich Wilhelm → Riemer, wohl wissend, daß sie, mit ihm vereint, Goethes Welt nicht zu verlassen brauchte. – Und Riemer, der Caroline seit langem zärtlich zugetan war, schrieb im November 1814 Freunden in Jena: «Mein abgerissenes zerstückeltes früheres Leben erhielt zuerst in Weimar einen Mittelpunkt, einen Kern, um den es sich sammelte und bildete, und die Vereinigung mit einem fast unter gleichen Bedingungen entwickelten und gebildeten Wesen, das ich beynahe wie mich selbst kenne, schließt und rundet es ab zu einem Ganzen, das nun erst Bedeutung, Werth und Wirksamkeit erhält.» – Am 27. Oktober kehrte Goethe nach Weimar zurück; am 8. November 1814 richtete Christiane den ehemaligen Hausgenossen die Hochzeit aus.

Literatur: Arthur Pollmer: Caroline Ulrich und Goethe. In: Jahrbuch der Sammlung Kippenberg, 6 (1926), S. 14–64.

Riemer Friedrich Wilhelm

(Glatz 19. April 1774–19. April 1845 Weimar).

Durch dreißig Jahre, kaum beeinträchtigt durch anderweitige Pflichten, Goethes Adjutant und Mitarbeiter. – Ein schwerer, untersetzter Mann: nach Schmellers Porträt das Gesicht schwammig, der Hals kurz, die Stirn niedrig, die Augen «glupschend»: keineswegs attraktiv, doch ein ausgezeichneter Philologe, ein «gewandter Kenner der alten Sprachen». – Er kam aus Schlesien. Sohn eines Königlich-Preußischen Proviant- und Service-Kontrolleurs, 1763 aus der Mark dorthin versetzt. Zunächst Privatunterricht in Glatz; von der Quarta an Besuch des Breslauer Magdalenäums; nach 1794 Studium der Theologie und Philologie in Halle. Hier Schüler von Friedrich August Wolf, dem bedeutenden Altphilologen. 1798, durch Wolf ermutigt, Privatdozent, doch bereits nach drei Semestern die ernüchternde Einsicht, daß die schmalen Mittel ihm die akademische Laufbahn nicht erlaubten. Riemer blieb nur der Beruf des Privatlehrers und die freie Schriftstellerei. Neben Übersetzungen und kleineren Aufsätzen erarbeitete er als erstes, das große «Kritische Griechische Wörterbuch» von Schneider nutzend, ein handliches Lexikon für Anfänger. Ein qualvolles Unternehmen, das Riemer mit vier aufeinander folgenden, immer wieder verbesserten Auflagen bis 1825 beschäftigen sollte. – Reizvoller war dagegen, wieder durch Wolf vermittelt, 1801 das Angebot einer Hofmeisterstelle im Hause Wilhelm von Humboldts. Schon der Aufenthalt im ländlichen Tegel und mehr noch das Jahr mit der Humboldtschen Familie in Rom bedeutete für Riemer, der nur die Enge und Gedrücktheit deutscher Verhältnisse kannte, beglückende Erweiterung und Steigerung des

Daseins. Doch sah er sich bald, da er, ohne gebotene Distanz, die Dame des Hauses allzu heftig adorierte, im Frühherbst 1803 zum Abschied und zur Rückkehr nach Deutschland gezwungen. Zudem drängte die Fertigstellung des Lexikons, die in Jena, dem Verlagsort, eher als in Rom zu leisten war.

Von Jena aus war Riemer bereits Anfang September Goethes Tischgast, wenige Tage später Hausgenosse am Frauenplan. – Seine erste Aufgabe war, Goethes Sohn, bis dahin im Hause unterrichtet, für den Besuch des Weimarer Gymnasiums vorzubereiten. 1805 konnte August von Goethe in die Prima eintreten; 1808 nahm er in Heidelberg das Studium der Jurisprudenz auf. – Wichtiger aber war für Goethe und interessanter für Riemer, daß der Dichter in ihm einen Mann gefunden hatte, der, mitarbeitend, mitdenkend, den spontanen poetischen Einfall registrierte, das vielgestaltige dichterische Planen verfolgte und selbst die naturwissenschaftlichen Studien Goethes voll Verständnis und Einsicht begleitete. Willig übernahm Riemer aber auch Schreiber- und Handlangerdienste. Er sammelte geduldig zu den verschiedensten Fragen Materialien, exzerpierte die Schriften der Alten, erstellte Sach- und Namensregister. Genau hinhorchend, kritisch sondernd, in grammatikalischen, metrischen, selbst in stilistischen Fragen beratend und bessernd, ging er mit Goethe Seite um Seite der Manuskripte durch. Vom Dichter ermächtigt, besorgte er die Druckvorlage, überwachte den Druck, wurde, wie Goethe sagte, zum Monenten, Korrektor und Revisor seiner Arbeiten. Ein Revisor, der allerdings, nach Meinung späterer Philologen-Generationen, «durch Ungenauigkeit, Willkür und Kritiklosigkeit in Anordnung und Textbehandlung», die erteilte Vollmacht leichtfertig mißbraucht habe. Goethe aber fühlte sich dankbar entlastet. – Mit Riemer als einzigem Mitarbeiter erschien in zwei Ausgaben bei Cotta 1806–1810 in 13 Bänden, 1815–1819 in 20 Bänden das Goethesche Werk. Ebenso war er, neben Eckermann und Göttling, ab 1827 an der «Vollständigen Ausgabe letzter Hand» in 40 Bänden und, nach Goethes Tod, bis 1842 am Erscheinen der 20 Nachlaßbände beteiligt, wie auch am Zustandekommen der Quartausgabe von 1836 mit der wichtigen «Chronologie der Entstehung Goethischer Schriften». Weiter edierte er, noch von Goethe beauftragt, 1833 den Briefwechsel mit Zelter und 1846 einen Band «Briefe von und an Goethe. Desgleichen Aphorismen und Brocardica». Zuvor waren 1841 seine «Mittheilungen über Goethe. Aus mündlichen und schriftlichen, gedruckten und ungedruckten Quellen» in zwei Bänden erschienen. – Ein Buch der entschiedensten Parteinahme: Liebe, Verehrung für den Dichter; Ablehnung und Zorn jedem Goethefeind. Dennoch, da aus intimer Kenntnis geschrieben, ein Buch mit überraschenden und subtilen Einsichten in Goethes Art zu sein, zu fühlen, zu denken, zu produzieren. – (Zu erwähnen sind noch zwei Sammlungen eigener Gedichte in je zwei Bänden, Verse von formaler Glätte, doch ohne den Zauber eigenen Tonfalls: 1816 «Blumen und Blätter» von Silvio Romano und 1819 «Gedichte» von Friedrich Wilhelm Riemer.)

Ebenso lebhaft wie an der Arbeitswelt des Dichters nahm Riemer am geselligen Umtrieb im Haus am Frauenplan teil; genoß in Weimar, in Jena, in den böhmischen Bädern die Großzügigkeit des Goetheschen Lebenszuschnitts: die Heiterkeit, die Vielfalt, die Opulenz. Er begleitete Christianes turbulente Tanz- und Theaterfahrten; war bei Knebels oder im Hause Frommann oder in Madame Schopenhauers Salon willkommen; beim Entwurf von Maskenzug und Festspiel, beim Poem zur Feier gewichtiger Personen und spektakulärer Ereignisse verließ man sich auf seine Fertigkeit im Umgang mit Reim und Bild. Am 14. Oktober 1806 war er es, den Goethe zum Trauzeugen wählte. – Das war viel. Zuviel wohl für einen Mann von Riemers Labilität. Nur zu leicht übersah er bei den Annehmlichkeiten, die er im Umkreis des Dichters genoß, die reale Dürftigkeit seiner Existenz; bezog Huldigungen, die in Wahrheit dem großen Mann galten, auf seine Person und neigte, nur leicht verhüllt, fast zur Identifikation mit seinem Idol. – Spöttisch vermerkt Humboldt in einem Brief an seine Frau vom Januar 1809, daß Riemer sich ganz als Goethes Famulus fühle. Er rede immer in «Wir» und treibe einen unendlichen gesellschaftlichen, Goethe nachgemachten, meist sehr tändelnden, läppischen und arg magistermäßigen Spaß. Er sei auch, berichtete Humboldt weiter, so behaglich und gemächlich, daß er um acht Uhr immer noch im Bett liege, und zu den kleinsten Dingen, um die man ihn bäte, habe er nie einen Augenblick Zeit . . . Auch Goethe rügte wenig später, mit einem Billett vom 19. Mai, anscheinend nach einer unangenehmen Szene, scharf Riemers «böse Laune», die wieder und wieder seine, des Dichters, Geduld «auf starke Proben gestellt habe». – Eine Laune, die aus Riemers Verletzlichkeit, aus seinem Hang zur Übelnehmerei resultierte. Nur zu leicht fühlte er sich übergangen, fühlte sich nicht hinreichend belohnt, belobt, ästimiert. Sein gesteigertes Selbstgefühl, seine Hingabe verlangte als Kompensation eine Zuwendung, die der Dichter in diesem Ausmaß nicht zu leisten vermochte. Goethe wies ihn in seine Schranken und machte ihm nachdrücklich «zur Pflicht, an Selbstbeherrschung, ja an Selbständigkeit zu denken». Weiter forderte er, der von der stabilisierenden Wirkung jeder Arbeit überzeugt war, Riemer auf, seine berufliche Situation zu überdenken und sich ernstlich nach einem Amt umzusehen. Er müsse erkennen, schreibt Goethe weiter, daß «von uns in jeder Lebenslage eine bestimmte Tätigkeit gefordert wird und daß wir nur insofern etwas gelten, als wir den Bedürfnissen anderer auf eine regelmäßige und zuverlässige Weise entgegenkommen». – Freudig begrüßte Goethe dann im April 1812 Riemers «Ernennung zum Professor beym hiesigen Gymnasium» (von diesem allerdings, trotz den 600 Talern im Jahr, beinahe sofort als unerträgliche Fron empfunden und 1820 wieder aufgegeben). Ebenso befürwortete Goethe 1814 dessen Berufung an die Herzogliche Bibliothek (mit 100 Talern Zulage), deren Leitung Riemer 1827 zufiel, und er riet im Februar 1815, als ihm ein Ruf der Universität Rostock winkte, «an allen Strängen zu ziehen und zu sehen, wo und wie er etwas erhalte», was immerhin zu einer Aufstockung seiner Einkünfte um 200 Taler geführt hätte . . . Die Arbeit für Goethe ging unterdessen, von diesem aus eigener Kasse honoriert, in Riemers dienstfreien Stunden ungestört weiter. – 1812 war Riemer vom Frauenplan in eine eigene Wohnung am Marktplatz umgezogen; 1814 hatte er sich mit Caroline Ulrich, Goethes Artigem Man-

darin, verbunden. – Nur noch einmal drohte, im Juli 1816, Folge des bösen Zwists zwischen August von Goethe und Riemer, der Bruch mit dem Haus am Frauenplan. Doch im Februar 1819 teilte Riemer den Freunden in Jena erleichtert mit, daß «er schon mehrere Abende bei Goethe gewesen und das alte gute Verhältnis wieder angeknüpft sey . . .» «Die Quarantäne», wie Riemer und Caroline die Verbannung aus Goethes Kreis bekümmert nannten, war überstanden. Wieder gehören sie beide dorthin, wo sie so lange schon heimisch waren. Riemer bekannte nach mancherlei Murren und Maulen, daß Goethe doch der einzige sei, um den es sich die Mühe verlohne, in Weimar auszuharren, und Goethe nennt im Juni 1823 Riemer den «geprüften, gelehrten Freund» und sein Verhältnis zu ihm «bleibend, wechselseitig, förderlich und nützlich». – Caroline aber verband zierlichste Galanterie mit ihrem Dichter. Ihr Teetisch kam von ihm. Von ihm kamen kleine Verse, Näschereien von der Hoftafel; einen Rosenstock, auch hübsche Stickmuster sandte er ihr. Sie flocht ihm dagegen zum festlichen Anlaß einen Kranz aus Orangenblüten und Lorbeer, stichelte ihm Leuchtschirm und Kissen in allerfeinster Manier. – Ihr kleiner Sohn, im Januar 1817 geboren, Spielgefährte der Goetheschen Enkel, suchte mit diesen am Gründonnerstag 1825 nach den Ostereiern, die der Dichter, wie so oft in den Jahrzehnten zuvor, für die Kinder, die um ihn aufwuchsen, zwischen den Hecken und Sträuchern seines Gartens versteckt hatte. – Riemer vermerkt stolz, daß Bruno die meisten Eier gefunden habe!
Literatur: Friedrich Wilhelm Riemer: Mitteilungen über Goethe. Auf Grund der Ausgabe von 1841 und des handschriftlichen Nachlasses herausgegeben von Arthur Pollmer. Leipzig 1921. – Aus dem Goethehaus. Briefe Friedrich Wilhelm Riemers an die Familie Frommann in Jena (1803–1824). Hrsg. von Ferdinand Heitmüller. Stuttgart 1892.

Römisches Haus

«Den Bau des Gartenhauses übergebe ich dir gantz», schrieb im Dezember 1792 Carl August an Goethe. – Eben den Widerwärtigkeiten des Feldzugs in der französischen Champagne entronnen und durch das Desaster von Valmy tief irritiert, ging des Herzogs dringlichster Wunsch dahin, in Weimar zurück, «einen Ruhe Platz *fertig* zu finden». Das Borkenhäuschen, bis dahin seine Einsiedelei, ein Requisit vom Louisenfest im Juli 1778, genügte dem Fürsten nicht mehr. Eingespannt in ein Netz divergierender Pflichten, wünschte er sich ein Privatissimum, wohl unter Bäumen, wohl mit dem Blick über Wiese und Hang, aber geräumiger, bequemer und bewohnbar durch das Jahr. – Er bat den Freund, sich dieser Sache, die beide schon seit Jahren beschäftigte, nun ernstlich anzunehmen und so zu verfahren, als ob er für sich selbst baue, denn ihre Bedürfnisse, schrieb er weiter, seien einander immer ähnlich gewesen . . .

So von seinem Fürsten autorisiert und durch den Anschauungsunterricht, den ihm Italien erteilt hatte, in seinem klassizistischen Credo befestigt, war Goethe entschlossen, ein Exempel zu statuieren und das herzogliche Gartenhaus

Römisches Haus, kolorierte Radierung von G. M. Kraus, 1798.

«ganz im soliden Geschmack der Alten aufzuführen». Als Standort wurde der Steilhang am linken Ilmufer oberhalb der → Kalten Küche gewählt. Dort, wo, 1782 in Stein gemeißelt, eine Inschrift Goethes die Nymphen der Felsen und Bäume feiert, sollte sich Carl Augusts Landhaus erheben, ein Point de vue, Zentrum des frisch nach Süden ausgreifenden Parks. – 1792 legte Johann August → Arens, mit Weimar durch die Wiederherstellung der Residenz verbunden, in zwölf Blättern einen Entwurf vor, mit dem er, Anregungen nutzend, die er (gleich Goethe) zum Bau einer Maison de Campagne in Italien gesammelt hatte, die fürstliche Villa zum Tempel stilisierte. Ein Tempelchen zwar nur, im bescheidenen Weimarer Maßstab, mit schmalem Dreiecksgiebel und schmalem Säulenvorbau: ein licht verputztes Haus, das er in bewußtem Kontrast einem schweren, dunkel rustizierten Sockel aufsetzte. Dieser aus Quadern gefügt, in den Hang, den er abstützte, hineingestemmt, öffnete sich zum Tal mit breitem, niedrigem Bogengang. Stämmig-kurze Säulen, ein archaisierender Brunnentrog, das Mauerwerk mit altertümelnden Architekturfragmenten suggerieren, daß hier Relikte längst dahingesunkener Zeiten als Fundament lichterer Gegenwart dienen. – Ähnliches hatte Goethe in Italien oft gesehen; dort Folge jahrhundertelangen Bauens am gleichen Ort, in Weimar aber romantisierende Zutat.

Die Erdarbeiten hatten im Juli 1791 eingesetzt, der Grundstein wurde im März 1792 gelegt, das Richtfest 1794 gefeiert, doch erst im Juli 1797 konnte der Herzog das Haus in Besitz nehmen. – 1796 hatte → Bertuch, dem die Kassenverwaltung oblag, Baukosten in Höhe von 22 141 Talern, 119 Groschen und 27 Pfennigen errechnet; 5000 Taler sollten, bevor alle Arbeiten abgeschlossen waren, noch hinzukommen. – Den Innenausbau übernahm, da Arens nicht zur Rückkehr nach Weimar zu bewegen war, der Dresdner Hofbaukondukteur Christian Friedrich Schuricht. Er unterwarf, auch er überzeugter Klassizist und ein Mann von Geschmack und Erfahrung, nach kurzer Besichtigung das Interieur der Parkvilla dem gleichen antikisierenden Stilkonzept, das den Außenbau prägte. Klar gegliederte Wandflächen, delikat gezeichnete Rahmen und Profile, Friese mit farbigen Arabesken und mancherlei reliefierten Mustern. Büsten und Bilder, elegante Lampen, elegante Möbel schufen in Vestibül und Salon eine Atmosphäre heller, kühler, festlicher Wohnlichkeit. Schuricht hatte aus Dresden talentierte Stukkateure, aus Gotha Wilhelm Doell, den begabten Bildhauer, herangezogen; aus → Klauers Werkstatt kamen viele der Basreliefs und die Kapitelle der vier jonischen Säulen des Eingangs, und Heinrich → Meyer trug mit Kopien alter Meister und vielerlei Ranken- und Füllwerk zur Ausstattung des Hauses bei. – Verdrießlich aber schien Goethe, daß unter Schurichts Leitung, der dank seiner Dresdner Herkunft zur Opulenz neigte, der Dekor zu üppig geriet, und noch ärgerlicher war ihm, wenn durch Carl Augusts persönliche Eingriffe (darunter der «Anbau der Luft- und Hühnertreppe») das Römische Haus unrömisch zu werden drohte. Dennoch gab er gerne zu, wie er 1795 bei einer Sitzung in der → Freitagsgesellschaft ausführte, daß man das Gartenhaus Durchlaucht des Herzogs das erste Gebäude nennen könne, das im Ganzen in dem reinern Sinn der Architektur aufgeführt werde.

Am 3. September 1825 vermerkt Goethes Tagebuch lakonisch: «Früh 6 Uhr zu Serenissimo in' s Römische Haus» (das Carl August gern als Sommerwohnung nutzte). Es galt des Herzogs 68. Geburtstag und die 50. Wiederkehr seines Regierungsantritts zu feiern, und Goethe legte Wert darauf, «unter den ersten und nächsten Personen» der *Erste* zu sein. – Mit beiden Händen habe der Großherzog, berichtet Kanzler von Müller (vielleicht die Szene in seiner Manier leicht überhöhend) Goethes Hände ergriffen, der vor Rührung nicht zu Wort kommen konnte und endlich nur sagte: «Bis zum letzten Hauch beisammen.» Der Herzog aber habe bald wieder Fassung gezeigt, und der Kanzler hörte ihn sagen: «O achtzehn Jahre und Ilmenau!»

Dann drei Jahre später, am 15. Juni 1828, noch einmal eine Tagebuchnotiz Goethes: «. . . die Tiroler sangen bey Tische. Die Nachricht vom Tod des Großherzogs störte das Fest.» – Carl August war am Tag zuvor, auf der Rückreise von Berlin, während eines Aufenthalts in Schloß Graditz bei Torgau, gegen neun Uhr abends, plötzlich tot niedergesunken. – Goethes Tagebuch weiter am 21. Juni: «Abends der Trauerzug bis ins Römische Haus. Mein Sohn hatte die erste Nachtwache.» – In seiner Parkvilla, die ihm seit langem zum Refugium geworden war, wie er es vor Jahrzehnten gewünscht hatte, wurde der Großherzog bis zur Überführung in die Hofkirche und zur Beisetzung in der Fürstengruft aufgebahrt. – Goethe zog sich, «um jenen düsteren Funktionen zu entgehen», nach Dornburg zurück. Hier gedachte er, sich die Lebensleistung Carl Augusts vergegenwärtigend, auf seine Weise des Toten.

Literatur: Alfred Jericke / Dieter Dolgner: Der Klassizismus in der Baugeschichte Weimars. Weimar 1975.

Rotes Schloß

Ein schlichter Renaissancebau, 1574–1576 für Dorothea Susanne errichtet, Herzoginwitwe und Schwiegertochter des letzten Kurfürsten unter den Ernestinern, der, 1552 aus kaiserlicher Haft entlassen, Weimar zur Residenz wählte, was eine regere Bautätigkeit hervorrief und Bauten wie das Rote Schloß erzwang, in das mehrere Bürgerhäuser, darunter das Domizil Paul Luthers, des Sohnes des Reformators und Arzt in Weimar, aufgingen. – Auch nach der Herzogin Tod nutzten die fürstliche Familie und hohe Beamte der Hofhaltung und Regierung das Schloß als Wohnung. Allmählich ging man jedoch dazu über, auch hier, wie überall in ähnlichen Gebäudekomplexen, Ämter und Institute zu installieren. So waren zu Carl Augusts Zeiten im Westflügel des Schlosses der Geheime Conseil (dem Goethe seit 1776 angehörte), das Hofmarschallamt, die Justizverwaltung und die Landesdirektion untergebracht, während zwischen 1781 und 1807 im Ostflügel die Zeichenakademie domizilierte. Hier dozierte Goethe, stets mit gleichem Eifer bereit, zu lernen und zu lehren, im Winter 1781/82 zweimal wöchentlich über den Knochenbau des Menschen und gab dabei weiter, was er eben in Jena, «als ein treufleißiger Auditor», wie Professor Loder schrieb, in dessen anatomischen Collegii an Kenntnissen erworben hatte. – Da dieser Ostflügel eine großzügige Umgestaltung des Fürstenplatzes blockierte, befahl Carl August 1808 den Abriß. Nur

Ansicht von Bibliothek und Rotem Schloß, Aquarell von unbekanntem Künstler (Ausschnitt), um 1770.

ein kleiner Hof mit Schuppen für die Holzvorräte zur Beheizung des Schlosses blieb. Erst 1820 schloß → Coudray die häßliche Lücke mit einer Mauer im klassizistischen Geschmack, die nun nobel mit den Fassaden von Residenz, Fürstenhaus und Bibliothek korrespondierte.

Rudorf, Louise Ulrica Dorothea Emilie von → Knebel, Louise.

S

Sachsen-Weimar-Eisenach, Anna Amalia

Herzogin von, geborene Prinzessin von Braunschweig-Wolfenbüttel (Wolfenbüttel 24. Oktober 1739–10. April 1807 Weimar).

Anna Amalia war eine Welfin. Sie kam aus Braunschweig, einem von geistreich-eleganter Betriebsamkeit funkelnden Hof, ihr allerdings verleidet durch die Erinnerung an bedrückte Kindertage. – Im März 1756 hatte man sie, «so wie man gewöhnlich Fürstinnen vermählet», Ernst August Constantin von Weimar angetraut: sie knapp über sechzehn, er um zwei Jahre älter. Die Auspizien standen schlecht. Die Braut zwar schien quick und frisch, der Herzog aber war scheu, blaß, und seine Gesundheit sichtlich gefährdet. Über die innere Zusammengehörigkeit der beiden wissen wir fast nichts, doch scheinen künstlerische Neigungen das Paar freundlich verbunden zu haben. – Das Land aber, das Anna Amalia vierzehn Tage nach der Hochzeit durchfuhr, bot sich ihren Blicken armselig dar, und die Residenz, in die sie einzog: im offenen Wagen eine zierlichste Rokoko-Prinzeß, umhüllt von golddurchwirkter blauer Seide, den Purpurmantel lässig über den Schultern und eine Rose keck im gepuderten, hochgetürmten Haar, diese Residenz schien verödet und der Hof verwahrlost. Schlimmste Mißwirtschaft war die Ursache, Folge des Regiments eines bis zur Verrücktheit skurrilen Potentaten: → Ernst August, Vater und Vorgänger des eben inthronisierten Prinzen. – Noch waren kaum Spuren von Graf → Bünaus ordnender Hand auszumachen, der zögernd, da ihm Weimar ein Augiasstall dünkte, im Dezember 1755, bei Regierungsantritt des jungen Fürsten, das Amt des Ersten Ministers übernommen hatte. – Wie man nicht anders erwartet hatte, brachte Anna Amalia im September 1757 Carl August, den Erbprinzen, zur Welt. Für sie, wie sie schrieb, die erste und reinste Freude ihres Daseins und zugleich mit dessen und seines Bruders Erziehung (unter Aufsicht des Grafen → Görtz) die ernst gefühlte Aufgabe der nächsten Jahrzehnte. Im Mai 1758 aber starb der Herzog; Amalias zweiter Sohn Constantin wurde im September, nach des Vaters Tod, geboren.

In dieser Situation, für eine junge Frau prekär genug, besaß sie – die späterhin nicht müde wurde, kluge und bedeutende Männer in ihre Nähe zu ziehen – die Kühnheit, Graf Bünau bewußt zu brüskieren und auszuschalten. Er hatte nicht erkannt, wieviel Temperament und Energie, wieviel Geltungsbedürfnis und Eigensinn in dem winzigen Persönchen mit der scharfen Nase und den großen, stahlblauen Augen ihres berühmten Oheims, des Königs von Preußen, steckte. Ihr aber war der Reichsgraf entschieden zu omnipotent. In aller Stille hatte sie den Herzog, ihren Gemahl, dahin vermocht, das von Bünau sorglich vorbereitete Testament zu ihren Gunsten zu ändern, und in einem Verfahren, das die Kanzleien von Braunschweig, Wien, Kopenhagen und Dresden in Atem hielt, erreichte sie, die noch nicht mündig war, daß «Ihro Kaiserliche Majestät der verwitibten Frau Herzogin die venia aetatis erteilte und diese am 9. July 1759 allermildest dahin extendierte, daß dieselbe füro-hin in dero Landen ohne Ausnahme und Einschränkung Vormundschaft und Administration ausübe...» – Graf Bünau hatte verstanden und zog sich zurück. Die Fürstin aber rechtfertigte durch ihre Art, zu sein und das Regiment zu führen, den Anspruch, den sie erhoben und durchgesetzt hatte.

Vor ihr lagen anderthalb Jahrzehnte; eine Spanne Zeit, in der sie unerschrokken, klug und fest, alles andere als bequem für Mitarbeiter und Untertanen, doch redlich um deren Wohlfahrt bemüht, die Regierungsgeschäfte besorgte. Eine harte Aufgabe, noch erschwert durch den Krieg zwischen Österreich und Preußen, der, alle Unbilden verschärfend, zugleich ein Krieg Englands mit Frankreich um die koloniale Vormachtstellung im nördlichen Amerika war. – Ein Krieg, der Weimar nichts anging, den niemand in Weimar wollte, dessen Verheerungen aber das Territorium, in der Mitte des Alten Reichs gelegen, schutzlos preisgegeben war. Wechselnd überzogen Franzosen und Russen, überzogen Truppen des Reichs und die Truppen Preußens das Land: sengten, raubten, plünderten, biwakierten und requirierten, ohne daß die Regentin anderes vermocht hätte, als zwischen den feindlichen Lagern zu lavieren. – Durch Tradition und Neigung war sie «fritzisch» gesonnen, als Reichsstand aber zu Maria Theresias Unterstützung gezwungen. Sie konnte nur versuchen, jede Partei vorsichtig hinzuhalten und alle um Schutz und Gnade anzuflehen. – Als der Krieg sich dem Ende zuneigte, war das Land aufs letzte ausgesogen, Handel und Gewerbe stockten, die Straßen waren unsicher, die Finanzen zerrüttet. An grundlegende Reformen, wie sie Graf Bünau geplant und wie sie selbst sie gern durchgeführt hätte, war nicht zu denken. Es bedeutete schon viel, der schlimmsten Armut, der bittersten Not zu steuern.

Doch in aller Misere blieb Anna Amalia der Überzeugung treu, daß die Pflege der Künste und Wissenschaften zur Aura eines fürstlichen Daseins gehöre. Im Rahmen ihres überaus kärglichen Etats förderte sie in Jena die Belange der Universität; in Weimar gab sie der Fürstlichen Bibliothek im Grünen Schloß eine neue Bleibe und pflegte mit dem Engagement tüchtiger Kräfte das Schau- und Singspiel (wenn auch immer wieder schmerzlich durch ein Unglück wie den Tod des jungen Herzogs oder die Kriegsjahre oder den Schloßbrand von 1774 unterbrochen). Im Theatersaal des Schlosses räumte sie, was ungewöhnlich war, siebzig von hundert Sitzen den Bürgern der Stadt ein. – Da das Budget äußerste Sparsamkeit erzwang, mußte sie sich den großen Virtuosen, den Künstler von Rang und Namen (meist einen Franzosen oder Italiener), der angemessen zu honorieren war, versagen. Aber mit nie nachlassender Auf-

Anna Amalia, Ölgemälde von G. M. Kraus, um 1775.

merksamkeit beobachtete sie, schon von Hause aus auf die erst mühsam um Geltung ringende deutsche Literatur hingewiesen, Begabungen und Talente, die sich im eigenen Lande zag zu Worte meldeten. Sie zog Schriftsteller, wie → Musäus, → Bertuch oder → Jagemann, Maler wie → Kraus, → Heinsius und Oeser, sie zog selbst einen Steinmetzen wie → Klauer in ihre Umgebung. Zu ihnen gesellte sie, als Männer «von schönem Geist und fühlbarem Herzen», die Barone → Einsiedel, → Seckendorff und → Knebel. Die einen versorgte sie mit einem Amt in Schule und Behörde, die andern mit einer Hofcharge. Auf diese Weise löste sie halbwegs die Besoldungsfrage. Als ihr dann 1772 gelang, Wieland nach Weimar zu locken und mit liebevollem Takt und viel Nachsicht zu halten, und als sie 1776 gegen den erbitterten Widerstand der Hofkreise Goethes Berufung durchsetzte, weitete sich sachte die gesellig-geistreiche Runde und gewann an Gewicht und Bedeutung. – Dennoch schien ihr, wie sie Frau Rat Goethe klagte, in Weimar passiere nichts, rein gar nichts: keine festliche Auffahrt, kein Markt, keine Messe, von einer Krönung ganz zu schweigen. Alle Ressourcen müsse man in sich selbst entdecken. Es gehört zu

Anna Amalias Ruhm, daß sie über solche Ressourcen verfügte. Sie malte und zeichnete; sie musizierte leidenschaftlich, sie komponierte, darunter die Melodien zu Goethes «Erwin und Elmire». Sprachstudien, die sie vor allem mit Wieland trieb, befähigten sie zu schreiben, zu übersetzen. Sie liebte als das Weltkind, das sie auch war, Juwelen und modischen Putz. Ein munteres Ballett, Redouten, Maskenaufzüge entzückten sie; eine Partie am Pharaotisch wußte sie zu schätzen, doch lieber tanzte sie, und das «mit großem Anstand». Über Verstimmungen und eifersüchtige Launen, die sie und ihre Umgebung zu lähmen drohten, halfen ihr schließlich (wenn auch oft nur mühsam) Scherz und Neckerei hinweg. Sie war hellwach und freute sich an jeder Begabung und Originalität. – Zwei Reisen, die eine 1778 über Frankfurt an den Rhein, die zweite zehn Jahre später, auf Goethes Spuren und des Dichters Konnexionen nutzend, nach Italien, unterbrachen den Weimarer Alltag, den sie wohl doch oft, wie Andeutungen in Briefen und Erinnerungen ahnen lassen, nur seufzend ertrug. – Die Regierungsgeschäfte, die sie gefordert und die ihre Tage erfüllt hatten, lagen seit 1775 in der Hand des Sohnes. Ihr blieb nur Resignation, der zweite Platz, der Platz im Schatten, der sich aber sehr rasch unter ihrem munter-energischen Zugriff in ein Szenarium wandelte, auf dem sich, halb ernst, halb verspielt, ein genialisches Treiben entfaltete, dem die Herzogin amüsiert teilnehmend zusah: Theaterspiel, Musik auf den Sommersitzen von → Ettersburg und → Tiefurt, Zeichnen, Lesezirkel, gelehrte Erörterungen den Winter über im Weimarer → Wittumspalais. Anmutig aufmunternd wußte sie ihren Gästen die Scheu zu nehmen. Die Barrieren, die bis dahin in Deutschland so peinlich die Stände trennten, schwanden in ihrem Umkreis. An ihrer Tafel trafen Geist und Welt zusammen. Es wurde möglich, was in Paris, Rom oder London seit langem feste Institution war: der literarische Salon. In Weimar war es Anna Amalias Musenhof, der sich konstituierte. – Um sie sei ein zwangloser Zentralkreis gewesen, sagte Jahrzehnte später ihr Sohn zu Kanzler von Müller, den erst ihr Tod zerstörte, und Goethe schrieb 1807 zu «der Durchlauchtigsten Fürstin feierlichem Andenken», daß sie sich ruhig, gefällig, teilnehmend und mitteilend stets im Umgang geistreicher Personen gefiel, und von Weimar sei kein bedeutender Name ausgegangen, der nicht früher oder später in ihrem Kreis gewirkt habe.

Mal-, Schreib-, Wasch- und Toilettentisch Anna Amalias im Schlafzimmer.

Literatur: Karl Freiherr von Lyncker: Am Weimarischen Hof unter Amalien und Karl August. Erinnerungen. Hrsg. von seiner Großnichte Marie Schneller. Berlin 1912. – Wilhelm Bode: Amalie Herzogin von Weimar. 3 Bände, 3. Aufl., Berlin 1909.

Sachsen-Weimar-Eisenach, Carl Alexander Prinz von, Sohn von Carl Friedrich von Sachsen-Weimar-Eisenach, seit 1853 Großherzog (1818–1901) → Goethes Enkel; Maria Pawlowna.

Sachsen-Weimar-Eisenach, Carl August

Herzog, ab 1815 Großherzog von (Weimar 3. September 1757–14. Juni 1828 Schloß Graditz bei Torgau).

Er war unbestritten in Weimar durch ein halbes Jahrhundert die zentrale Figur. Auch die zentrale Figur des literarischen Weimars. Der Herzog habe eine Art Geiz auf große Männer gehabt, erklärte Goethe dem jungen Felix Mendelssohn im Juni 1830, und er habe für diese Männer, ob nun für ihn oder für Wieland, für Herder oder Schiller, in Weimars beengten Grenzen mehr getan, als anderswo Könige zu tun pflegten. Darum könne man ihn aber auch nicht aus der Weltgeschichte hinausstoßen, in der er nun einmal stehe. Wie in einem Brennpunkt sei damals in Weimar alles zusammengekommen. Er wünsche nur, erklärte Goethe seinem jungen Zuhörer weiter, er könne bald einen vierten Band seines Lebens schreiben. Der solle dann nur die Geschichte des Jahres 1775 werden, die kein Mensch so kenne und kein Mensch schreiben könne als er. Wie sich hier, in Weimar, ein neues Leben bildete und wie man arbeitete und hervorbrachte, sich dann einmal verliebte zu rechter Zeit und seine Tage verdarb; wie Schiller erst einmal in Weimar war und, von niemand gekannt, es wieder verließ, wie Jean Paul später kam, aber den Kreis schon geschlossen fand ... Ja, da sei es wie im Frühling gewesen, wo alles drängt und keimt und so mancher Baum noch kahl steht, während andre schon Blätter haben. Alles das im Jahr 1775!

Unter der Leitung von Graf → Görtz im Juni 1775 zurück von einem halben Jahr in Paris, zurück von dieser Grand Tour, dem obligaten Abschluß hochadeliger Erziehung, hatte Carl August am 3. September, nun volljährig, in seinem angestammten Herzogtum die Herrschaft angetreten. Vier Wochen darauf heiratete er, wie es schon seit Jahresfrist geplant war, in Karlsruhe → Louise von Hessen, und wiederum vier Wochen später meldete sich Goethe, Gast des jungen Herzogspaars, in der thüringischen Residenz.

Diese Residenz, eine kleine Stadt mit zwei schlichten Kirchen und dem im Vorjahr niedergebrannten Schloß, «ein Mittelding zwischen Dorf und Hofstadt» (wie Herder mürrisch erklärte), war angesiedelt in einer flachen Mulde, im Norden von den niedrigen Hängen des Ettersberges begrenzt, sonst rings Ackerland und Wiesengrund, spärlich von kleinen Waldstücken durchsetzt. Auch die Ilm, nur ein schmaler Fluß, Gebüsch und Baumreihen bezeichnen ihr langsames Davonschlängeln. Eine Vedute, nicht unfreundlich, in versteckten Winkeln sogar anmutig und voll Poesie, doch bar aller Reize, die den Namen des Pittoresken oder Romantisch-Malerischen verdienten.

Kümmerlich wie die Residenz bot sich die gesamte Erbschaft dar, die Carl August aus → Anna Amalias Händen übernahm: diese 36 Quadratmeilen mit ihren 100 000 Seelen, zusammengeflickt aus den alten Ämtern Weimar, Eisenach, Jena, Ilmenau, ein armseliges Ländchen, obwohl die Regentin sich redlich gemüht hatte, Schuldenberge abzubauen und schlimmste Schäden, vom Siebenjährigen Krieg geschlagen, zu tilgen. Ein Gebiet armselig und wenig Hoffnung zum Besseren! – Das Grundübel: die Heerstraße, die uralte Ost–West-Route, wichtigste Verbindung zwischen Leipzig, Erfurt und

Frankfurt, ging etwa 30 km nördlich an Weimar vorbei; das übrige Wegenetz präsentierte sich in diesem Zwergstaat «ohne Handel und Passage» in miserablem Zustand. Zudem verhinderte das veraltete System der Dreifelderwirtschaft jeden gedeihlichen Fortschritt in Ackerbau und Viehzucht. Die Bauern, zwar nie im Laufe der Jahrhunderte leibeigen gewesen, doch von Abgaben und Frondiensten schwer bedrängt, blieben arm und gedrückt. Industrie war kaum in Ansätzen vorhanden: in Apolda die Strumpfwirkereien, eine bescheidene Glas- und Porzellanproduktion auf dem Wald, in Ilmenau das Bergwerk, das aber der große Wassereinbruch von 1739 stillgelegt hatte, und in den kleinen Städten neben dem üblichen Handwerk nur da und dort ein Bräuhaus, eine Gerberei. Der wirtschaftlichen Enge und Immobilität des Landes entsprach die Undurchlässigkeit und Starre der sozialen Struktur. Immer noch galten die althergebrachten Standesgrenzen. An der Spitze der Pyramide, über alles Volk erhaben, in absoluter Souveränität der Fürst; einen Schritt unter ihm rangierte der Adel, vom eleganten Hofmann bis zum derben Krautjunker: ein Stand, über Gebühr durch vielerlei Privilegien bevorzugt und Alleininhaber der höheren Titel und Ämter. Die Basis bildete die bäuerliche Bevölkerung und in den Städten die kleinen Handwerker und Arbeiter, dazu die diffuse Masse der niederen Bedienten. – Dazwischen schob sich, anders als im zeitgenössischen England oder Frankreich, eine nur schmale bürgerliche Schicht, die mühsam mit ein paar Juristen und Geistlichen, mit Gelehrten und Ärzten, mit den Besitzern der wenigen größeren Wirtschaftsunternehmen und seit neuestem auch mit erfolgreichen Dichtern und Schriftstellern ihre Lebensrechte zu erweitern suchte.

Das war das Land, das waren die «Untertanen», deren Wünsche, Hoffnungen, deren oft divergierende Interessen und Forderungen ungefähr den Umkreis der fürstlichen Arbeit, der fürstlichen Pflichten umschrieben. Das Instrument, dieser schwierigen Aufgabe Herr zu werden, dem Ganzen zu dienen und den Einzelnen zu fördern, war für ihn, den Fürsten, das Geheime Conseil. Hier liefen die Fäden zusammen, hier fielen die Entscheidungen. Handlicherweise ein Gremium von nur drei Geheimen Räten, die den Herzog im persönlichen Gespräch berieten und ihm von Sitzung zu Sitzung den Überblick erleichterten. Dieses Consilium war jedoch lediglich die Spitze eines Apparates, weit verzweigt, und noch dazu verdoppelt durch gleiche Behörden in Weimar und zusätzlich in Eisenach, aufgefächert in eine Unzahl von Ämtern, Kommissionen, Kammern, Kollegien und Direktionen, viel zu aufwendig, viel zu kompliziert für das winzige und arme Land, jedoch Folge der durch Jahrhunderte mitgeschleppten Ansprüche, Rechte, Gesetze und Privilegien, ein Gestrüpp, unauflösbar, unentwirrbar, das jede frische Entscheidung behinderte, erschwerte und oft im Aktenstaub erstickte.

Des jungen Fürsten Aufstand gegen allen Formenzwang, der Weimar ängstigte und skandalisierte, war unter anderem die «Erholung» von der überanstrengten, pedantisch abgezirkelten «Erziehung zum vollkommenen Fürsten», die ihm Graf Görtz von frühen Kindertagen an verordnet hatte. Eine Erholung mit Peitschenknall und wildem Ritt querfeldein, eine Erholung auch durch albernen Spaß und derben Scherz, sanktioniert noch durch die Botschaft von Sturm-und-Drang, die im Herbst 1775 der Dichter des «Werther» und des «Götz» mitbrachte. – Carl August, noch Erbprinz, hatte Goethe eingeladen, und Goethe nahm die Einladung an. Beide, der Fürst und der Dichter, folgten keinem Plan, verfolgten kein Ziel. Die Einladung entsprang eher einem übermütigen Einfall, war Caprice, Laune, war Resultat des spontanen Wohlgefallens, das die jungen Männer bei kurzen Begegnungen in Frankfurt, in Karlsruhe aneinander gefunden hatten. Erst in Weimar, als das Gefallen Züge herzlichen Vertrauens annahm und sich in Freundschaft wandelte, wünschte sich der Prinz, selbst ungestüm, lebhaft, burschikos, selbst ein ausgezeichneter Kopf und mit achtzehn schon sicher in Urteil und Entscheidung, diesen kräftigen, diesen so reichbegabten Menschen zum Freund und Mitarbeiter. «Was weiß ich, was mir hier gefällt, / In dieser engen kleinen Welt / Mit leisem Zauberband mich hält! / Mein Carl und ich vergessen hier, / Wie seltsam uns ein tiefes Schicksal leitet, / Und, ach, ich fühls, im stillen werden wir / Zu neuen Szenen vorbereitet...» hatte Goethe am 3. August 1778 geschrieben. Der Fürst aber setzte seinen Wunsch, der, wie die Zukunft lehrte, eine der folgenreichsten Entscheidungen seines Regentendaseins war, gegen den erbitterten Widerstand von Hof und Bürokratie durch: Entschlossen, klug auch den Beistand der Mutter nutzend, dennoch aber vorsichtig, schon jetzt ein «Praktiker» der politischen Arbeit! Ihm genügte, den Freund mit Amt, Titel und Besitz seinem Ländchen integriert zu haben. Zur Aufhebung bestehender Institutionen und der Vertreibung verdienter «Diener» sah er keinen Anlaß. – Goethe trat, nun Legationsrat, in das Geheime Consilium ein, Erster Minister und Leiter der Geschäfte aber *blieb* Geheimrat von → Fritsch. Der junge Herzog liebte die scharfen Exaltationen der Jagd und des Parforceritts, nahm aber ebenso gern an den zarteren Vergnügungen von Anna Amalias «Musenhof» teil; simple Lebensformen, darunter auch simple, handfeste erotische Abenteuer waren ihm bequem, doch bei Hof galten weiterhin Etikette und feierliches Zeremoniell. – Im Umkreis von Anna Amalia, der Mutter, und von Carl August, dem Sohn, verwischten sich die Grenzen von Jung und Alt; Goethe trat neben Wieland; Rokoko und Sturm-und-Drang gingen in Spiel und höfischer Unterhaltung leichthin ineinander über.

In der Praxis aber, im politischen Alltag, im Getriebe von Arbeit und Leben galt es viel zu ändern, viel zu bessern, Reformen waren nahezu unabdingbar. Seit ihrem ersten Gespräch im «Rothen Haus» zu Frankfurt, als sie über Mösers «Patriotische Phantasien», über dieses kluge Buch eines klugen Staatsmanns, diskutierten, wußte Carl August, daß der Dichter, trotz Götz-, trotz Wertherruhm, für Probleme, die zu seinem Pflichtenkreis zählten, zu interessieren war. Er sah, daß Goethe die wirtschaftspolitischen Fragestellungen etwa des Merkantilismus oder die moderneren physiokratischen Überlegungen und Vorschläge zur Reform von Handel und Wandel kannte. Überzeugt, einen fähigen Gehilfen gefunden zu haben, zog er den Dichter, nun in Weimar, erst sein Gast, dann sein Diener, immer enger an sich, an seine Arbeit heran, so daß besonders im ersten Jahrzehnt ihrer Gemeinsamkeit kaum zu scheiden ist, wo der Anteil des einen beginnt, der des anderen aufhört. «*Regieren!!*» vermerkt am 8. Oktober 1777 das Goethesche Tagebuch, und eine Zeile zuvor heißt es: «Herzog wird mir immer näher und näher u Regen und rauher wind rückt die Schaafe zusammen. – –» Eine Notiz, die auf Widrigkeiten deutet und weiß, daß sie nur gemeinsam zu bestehen sind: Abbau des Militärs, Vereinfachung der Prozeßordnung; im Ilmenauer Kreis gelingt Goethe eine durchgreifende Steuerreform; auch die Arbeit am Bergwerk, Initiative des Herzogs, beginnt. Das Schulwesen sollte unter Herders Führung verbessert, der Straßenbau vorangetrieben, die Land-, die Forstwirtschaft modernisiert, das Triftrecht, die bäuerliche Fronarbeit abgeschafft werden, und das schwierigste Problem: die Ordnung der Staatsfinanzen, mußte gelöst, der Ausgleich von Soll und Haben mußte gefunden werden. – Fortschritte, kleine Fortschritte sind zu verzeichnen, doch vieles, nahezu das meiste bleibt Ansatz, Hoffnung, Forderung. Zu eng waren die Grenzen, zu gering die Mittel. – Gewinn aber, und das auf Lebenszeit und das für beide, für den Fürsten ebenso wie für den Dichter, blieb, daß die praktische Arbeit, daß dieser zähe Kampf mit der Wirklichkeit, der auch oft die Überwindung des Widerstands war, den die Natur setzte, beide zur Beobachtung, zur Erforschung der Natur trieb. Während sie nach den Erzgängen im Ilmenauer Berg suchten oder die Verbesserung der Böden bedachten oder den Anbau der Felder und Wiesen erwogen, wurden sie zu Botanikern, zu Geologen, zu Mineralogen, und das führte weiter in alle Zweige der Naturforschung, der Naturwissenschaft und führte, vor allem den Herzog, wißbegierig wie er sich bis ins höchste Alter zeigte, zur Beobachtung der technischen Nutzanwendung, zum aufmerksamen Studium schon fast moderner Industrieanlagen, die er in England gründlich studierte. – Ilmenau aber, *sein* Bergwerk, endete in einer Katastrophe: ein Wassereinbruch, den die Pumpen damaliger Größe nicht zu bewältigen vermochten, vernichtete langer Jahre schweres Mühen. Der Park an der Ilm aber, vom Dichter angeregt, jedoch vom Herzog in zäher Arbeit der «raupigten Einöde», die das Tal einst war, abgewonnen, blieb ein sichtbar gewordenes Zeugnis der Zeiten, in denen sie oft, wie Goethe im Oktober 1828 Eckermann erzählte, in Gesprächen über Gegenstände der Kunst und Natur und was sonst allerlei Gutes vorkam, bis tief in die Nacht hinein beisammensaßen und es nicht selten war, daß sie nebeneinander auf dem Sofa einschliefen. – «Er war damals sehr jung», sagte Goethe im gleichen Gespräch und gibt zu, daß es «mit ihnen freilich etwas toll herging». Er erinnert Eckermann auch an «Ilmenau», das Gedicht, das er dem Herzog zum 3. September 1783, wie einen Rechenschaftsbericht ihrer ersten acht Jahre, schrieb und zum 26. Geburtstag überreichte. Nahezu unverhüllt schildern die Verse Carl Augusts Anfänge, schildern die Gefährdungen seines Charakters, sprechen von der quälenden Zerrissenheit, von «der schmerzlich überspannten Regung», von «dem Irrtum, der ihm, bei tiefer Neigung für das Wahre, eine Leidenschaft ist». «Düster wild an heitern Tagen», «unbändig, ohne froh zu sein», nennt ihn der Dichter, und der fürstliche Adressat weiß und nimmt es hin, daß nur vordergründig «vom Fels, der zu schroff, vom Steg, der zu

Carl August, Ölgemälde von J. E. Heinsius, 1773/74.

schmal» die Rede ist. Er weiß, daß Goethe hinter diesen Bildern die ziellose Lebens- und Kraftvergeudung tadelt, darunter die schlimme Jagdwut, die in Stunden zerstört, was langsam ein Jahr über wuchs. Er weiß, daß der Mann, dem er die Ordnung der Staatsfinanzen aufbürdete, die leichtfertig geleerten Kassen meint; er weiß, daß der Freund mit Trauer und Sorge an Louise, an den Frieden der fürstlichen Ehe denkt. – Doch der Blick auf das Gedeihen ringsum, Resultat der gemeinsamen Arbeit von Fürst und Verwaltungsmann in diesem abgelegenen Weltwinkel Ilmenau, läßt den Dichter ermutigt registrieren, daß dem Fürsten (wie ihm selbst!) die Worte *Pflicht, Einschränkung, Entbehrung* von Jahr zu Jahr mehr Regulativ aller Willkür werden, Maximen, die auch seinem Glückwunsch Dauer und Festigkeit verleihen: «So wandle du – der Lohn ist nicht gering – / Nicht schwankend hin, wie jener Sämann ging, / Daß bald ein Korn, des Zufalls leichtes Spiel, / Hier auf den Weg, dort zwischen Dornen fiel. / Nein! streue klug wie reich, mit männlich steter Hand, / Den Segen aus auf ein geackert Land; / Dann laß es ruhn: die Ernte wird erscheinen / Und dich beglücken wie die Deinen.»

Doch dieses Land Sachsen-Weimar-Eisenach war und blieb dennoch ein engumzirkter Herrschaftsbereich, zu schmal für Carl Augusts Temperament, für seine Freude, seine Lust am ausgreifenden politischen Handeln. Wenn er seinem Tatendrang Genüge tun wollte, mußte er sich nach Aufgaben umsehen, die jenseits der Grenzen seines Landes lagen. Mit freudigem Elan ergriff er so die Gelegenheit, als eine Art «reisiger Kurier» an der langsamen Herausbildung eines deutschen Fürstenbundes mitzuwirken, der ihm eine letzte Chance schien, das Alte Reich, für ihn als «Reichsstand» noch Wirklichkeit, zu beleben und zu kräftigen. Er wünschte nüchtern die Reform der zentralen Institutionen: des Reichstages und des Reichsgerichts, wünschte die Überwindung der religiösen Spaltung aus dem Geist moderner Aufklärung und propagierte den wirtschaftlichen Zusammenschluß, den dieses «Dritte Deutschland», ein Bund der kleineren deutschen Staaten quer zu den Machtblöcken Österreich und Preußen, vielleicht ermöglicht hätte. Doch es war zu spät. Das Reich, das dann 1803 und 1806 unter den Schlägen Napoleons zusammensank, war nicht mehr zu retten. Josephs II. Tod, dessen aggressive Pläne die Bildung des Bundes der Kleinen herausgefordert hatten, und die Konvention von Reichenbach, die 1790 den Status quo festschrieb, ließen den Fürstenbund vergehen, ehe er recht Dasein gewonnen hatte. – 1788 war Carl August noch zusätzlich zur Arbeit für den Fürstenbund, zum Kummer seiner Weimarer Untertanen, die sich halb verlassen fühlten, in die Preußische Armee eingetreten. Die Garnison war Aschersleben. Von dort aus nahm er auch 1792 an dem halbherzig in Gang gesetzten und miserabel geführten Feldzug gegen das revolutionäre Frankreich, an der «Campagne in Frankreich», teil. Mit großartiger Objektivität, mit scharfem Blick für das Elend, das der Krieg Freund und Feind zufügt, von Goethe beschrieben, der seinen Fürsten nach Frankreich und im Jahr darauf zur Belagerung von Mainz begleitete. – 1794 aber kehrte Carl August ermüdet, tief resigniert (und in der, von Herzogin Louise tolerierten «Nebenehe» mit Caroline → Jagemann verbunden) nach Weimar zurück. Überzeugt, daß der «Reichskrieg», weiterhin inkonsequent und schlecht vorangetrieben, eine verlorene Sache sei, schloß er sich 1796 der Neutralitätspolitik Preußens an und gewann für sein Land Jahre des Friedens, die, mit Schillers und Goethes Leistung in Theater und Poesie, zum viel beredeten «Jahrzehnt des Klassischen Weimar» wurden. – Zwar allen revolutionären Parolen abgeneigt, denen eine Reihe seiner Schönen Geister, → Herder etwa, auch Knebel oder August von Einsiedel, kritiklos erlagen (und ihm manche Gelegenheit zur Übung von Nachsicht und Toleranz gaben), aber jedem weiterführenden Gedanken offen, nutzte er energisch, unterstützt von tüchtigen Fachleuten wie Christian Gottlob von → Voigt, die Jahre zu Reformen in Verwaltung und Justiz, an die er bei der Neuordnung von 1815 anknüpfen konnte. Ebenso galt der Universität Jena, in diesem Jahrzehnt Hochburg des Kantianismus und weithin berühmt, sein lebhaftes Interesse. Trotz seinen geringen Mitteln förderte er zusätzlich und mit Nachdruck die zag einsetzende naturwissenschaftliche Forschung, die, verbunden mit der geistigen Freiheit, die unter seinem Regiment gesichert blieb, Jena zu einer der modernsten und fort-

Carl August, Pastellgemälde von Schröder, 1784.

schrittlichsten Hochschulen Deutschlands machte. – «Klein ist unter den Fürsten Germaniens freilich der meine; / Kurz und schmal ist sein Land, mäßig nur, was er vermag. / Aber so wende nach innen, so wende nach außen die Kräfte / Jeder: da wärs ein Fest, Deutscher mit Deutschen zu sein», schreibt Goethe einleitend in diesem «Lobgedicht» für seinen Fürsten, von dem er zum Schluß sagt: «Niemals frug ein Kaiser nach mir, es hat sich kein König / Um mich bekümmert, und Er war mir August und Mäzen.»

Carl August, Miniatur in Sepia, nach 1822.

Mit einem feierlichen Staatsakt, die Deputierten im Halbkreis vor Carl Augusts Thron, wurde am Palmsonntag, dem 7. April 1816, um 11 Uhr, in den Kurfürstlichen Zimmern der Weimarer Residenz die Versammlung eröffnet, die zur Beratung der Verfassung einberufen war, die der Großherzog dem Land, seinem Versprechen in Zeiten der Unterdrückung und Not getreu, unverzüglich zu geben gewillt war. – Er, der seit den Tagen der ersten Reise in die Schweiz (ihm 1779 von Goethe als Therapie gegen Unrast und Depression verordnet) viel unterwegs war, der viel sah, der den englischen Parlamentarismus ebenso durch Anschauung kannte wie Metternichs restauratives, jeden Fortschritt abschnürendes System, hatte Erfahrungen gesammelt, die ihn den Vorstellungen seiner jüngeren Räte zugänglich machten. Besonders → Gersdorff entwickelte ihm, an englisch-amerikanischen Vorbildern orientiert, Möglichkeiten einer Verfassung parlamentarischen Zuschnitts. Und der Herzog, der die Überzeugung gewonnen hatte, daß es unmöglich sei, das Rad der Geschichte rückwärts zu drehen, hielt es wie Gersdorff für ein Gebot der Klugheit (und mit Herzogin Louise auch für ein Gebot des Anstands seinen Untertanen gegenüber) «einem nun einmal nicht mehr zu ändernden Verhältnis die schöneren Formen der Freiheit anzubilden». – Die Arbeit der beratenden Versammlung, die diese Verfassung zu entwerfen hatte, eine Arbeit, auf die im gleichen Tempo Carl August und sein Ministerium reagierten, ging zügig voran. Bereits am 5. Mai 1816 lag das «Grundgesetz über die Landständische Verfassung des Großherzogtums Sachsen-Weimar-Eisenach» (etwa 15 engbedruckte Buchseiten) in Druck vor. Ein «Grundgesetz», das mit einigen Einschränkungen als eine erste «konstitutionelle Monarchie» in einem deutschen Staat bezeichnet werden kann. Es war ein Schritt, der Carl August, ohnehin ob seiner Natürlichkeit überaus volkstümlich, gerechterweise den Ruf einbrachte, der einzige deutsche Fürst zu sein, «der sein Wort gehalten habe»!
Zu diesem Zeitpunkt lag vieles hinter ihm. Die Niederlage vom Oktober 1806, deren schlimmste Folgen nur Herzogin → Louises Mut abwandte; dann die Jahre der mühsam ertragenen Rheinbund-Zugehörigkeit, weiter Jahre der Auspowerung des Landes unter Napoleons Befehl; endlich 1813 aufatmend die aktive Teilnahme am Befreiungskrieg der Deutschen. Als Führer eines Armeekorps gewann er Belgien den Verbündeten. – Der Wiener Kongreß erhob ihn 1815 zum Großherzog und brachte ihm, seine «Ländergens» abrundend, doch ohne, wie er sehnlichst gewünscht hätte, die Blöcke untereinander zu verbinden, eine Verdoppelung des Besitzes: jetzt etwa 66 Quadratmeilen mit 190 000 Einwohnern. «Ich habe», schreibt er sarkastisch-vergnügt an

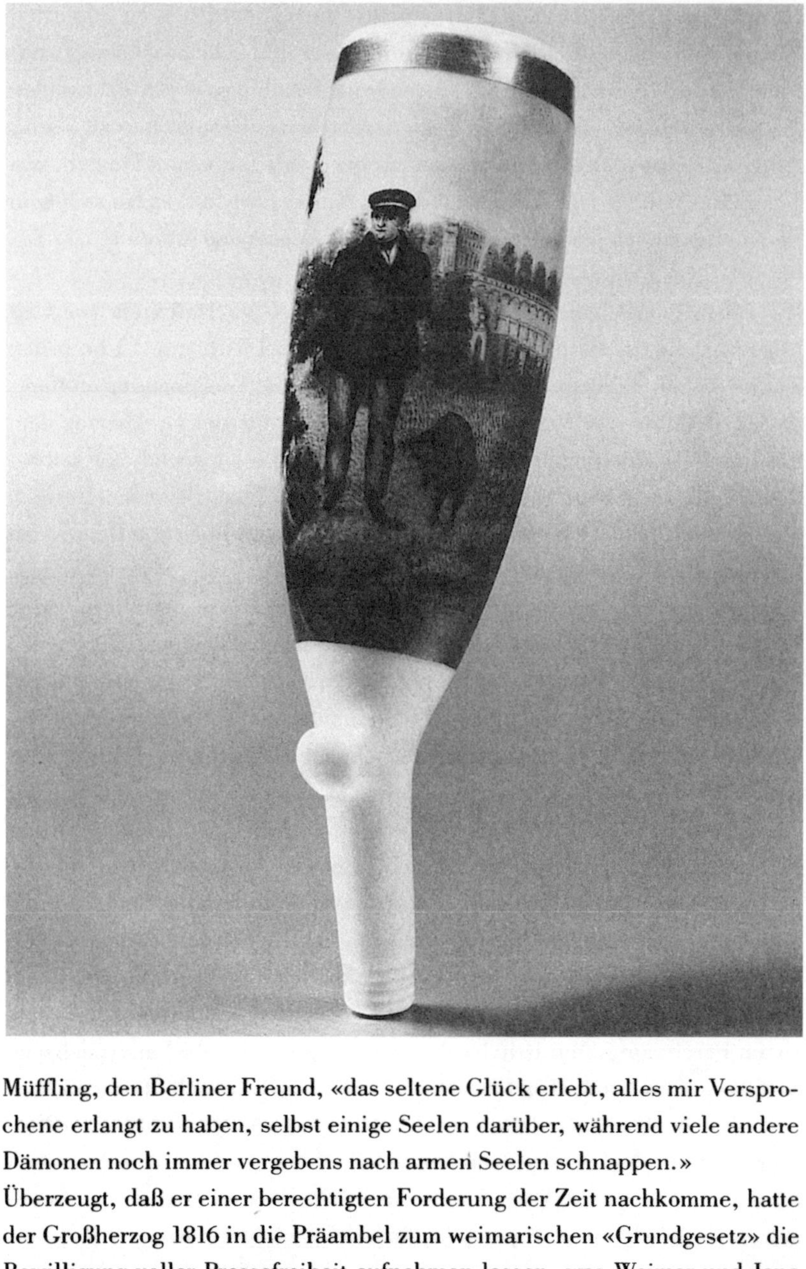

Carl August, Miniatur auf Pfeifenkopf von C. A. Schwerdgeburth.

Müffling, den Berliner Freund, «das seltene Glück erlebt, alles mir Versprochene erlangt zu haben, selbst einige Seelen darüber, während viele andere Dämonen noch immer vergebens nach armen Seelen schnappen.»
Überzeugt, daß er einer berechtigten Forderung der Zeit nachkomme, hatte der Großherzog 1816 in die Präambel zum weimarischen «Grundgesetz» die Bewilligung voller Pressefreiheit aufnehmen lassen, was Weimar und Jena zum Tummelplatz einer Publizistik machte, die liberal einsetzte, doch sich rasch und das im steigenden Maße radikalisierte. Sofort wird an den Nachbarhöfen, wird in Wien, Petersburg und Berlin, wo bereits die Weimarer Verfassung (obwohl gemäß Artikel 13 der Wiener Bundesakte durchaus legal) als Ärgernis empfunden wurde, Kritik am herzoglichen Liberalismus laut. Selbst Goethe und Voigt, beide unbedingt an Serenissimi Seite, doch ihren Jahren und Neigungen entsprechend konservativ gestimmt, bezeichneten Erscheinungen wie Okens «Isis» oder Ludens «Nemesis», auch den «Neuen Rheinischen Merkur», den Joseph Görres an die Saale verlegt hatte, oder Bertuchs «Oppositions-Blatt» oder des jungen Ludwig Wielands «Volksfreund» unwil-

lig als «Preßfrechheit». Carl August aber ist trotz allen Angriffen, die sich zunehmend auch gegen des Herzogs freundliche Förderung und Duldung der 1815 in Jena gegründeten Burschenschaft richten, entschlossen, an der in der Verfassung verankerten liberalen Grundlinie seiner Politik festzuhalten. Das Wartburgfest, harmlos genug von der studentischen Jugend 1817 dem Gedächtnis der Reformation und dem vierten Jahrestag der Völkerschlacht bei Leipzig gewidmet und in guter Ordnung gefeiert, löst dann, geschickt von Metternich dirigiert, ein wahres Kesseltreiben gegen den Großherzog aus. Doch selbst gefährlich-böswillige Drohungen, auch aus Richtung Petersburg und Berlin, vermögen ihn, der sich mehr und mehr isoliert sieht, nicht einzuschüchtern. In intensiver Zusammenarbeit mit einem Stab ausgezeichneter Juristen gibt er in sachlichster Form Anwürfe, die etwa in der Behauptung gipfeln, Weimar, bis dahin Hort der Klassik, sei zur «kleinen Brutanstalt des Jakobinismus» herabgesunken, an die Adresse der Heiligen Allianz zurück und macht darauf aufmerksam, daß es Sache des Frankfurter Bundestags sei, endlich, wie in Artikel 18 d der Wiener Kongreßakte versprochen, «gleichförmige Verfügungen, allerdings *über* und nicht *gegen* die Preßfreiheit zu erarbeiten und zu veröffentlichen». Eine Forderung, die er bei jedem neuen Angriff fest und ruhig wiederholt. – Da liefert, wie Metternich nicht ohne Zynismus an Gentz schrieb, «der vortreffliche Sand auf Kosten des armen Kotzebue den Anlaß», um endgültig mit «den demagogischen Umtrieben von Jena und Weimar aufzuräumen!» – Am 23. März 1819 sticht Ludwig Sand, ein armer Psychopath, kurz zuvor noch Student in Jena und Burschenschafter, → Kotzebue (für den halb irren Sand «der Erbfeind», den es zu vernichten gelte) in dessen Mannheimer Wohnung nieder. – Gerüchte kursieren. Weimar solle von Preußen oder Sachsen besetzt und administriert, die Universität Jena auseinandergesprengt, akademische Freiheiten aufgehoben werden. Carl August bleibt sachlich, weist aber noch einmal in ausführlichen Gutachten auf des Bundestags Pflicht hin, neben der Preßfreiheit auch die Freiheit von Lehre und Forschung, unabdingbar für die Existenz einer Universität, verbindlich zu formulieren und im Gesetzeskatalog, wie 1815 zugesichert, zu verankern. Mit einem geschickten Schachzug, der in einem überstürzten und nicht korrekten Verfahren die Karlsbader Beschlüsse vom August 1819 bereits im September

Carl August, von der Jagd zurückkehrend.

zum Bundesgesetz erhebt, wischt Metternich Carl Augusts Protest unter den Tisch. Laut Gesetz, dem auch der Großherzog von Sachsen-Weimar-Eisenach untersteht, wird die Burschenschaft verboten, die Pressefreiheit aufgehoben und die Universitäten, als Herde der Unruhe, strengster Staatskontrolle unterstellt. Die bösen Jahre der Demagogenverfolgungen hatten begonnen!

Die Erinnerung an 1813 aber ließ, wie Hans Tümmler schreibt, Carl August nicht los. Bekümmert dachte er «an die damals im deutschen Volk angefachten Hoffnungen, an die in greifbare Nähe gerückten (und dann vergeudeten) nationalen und zugleich liberalen Zukunftsaussichten». Damals, während der Befreiungskriege, habe ein guter Stern über Deutschland geleuchtet, schrieb er 1827 einem Freund. «Leider aber habe sich dieser Stern hinterher erlaubt, Schnuppen fallen zu lassen», wie er respektlos des «Fürsten Clemens» reaktionäre Politik bezeichnete. Und noch in seinen letzten Lebenstagen, im Juni 1828, klagte er (wie Alexander von Humboldt nach dem Tod des Fürsten aus Berlin am 5. September 1828 an Kanzler von Müller schrieb) «über den einreißenden Pietismus», klagte «über den Zusammenhang dieser religiösen Schwärmerei mit den politischen Tendenzen, die nichts als Absolutismus und das Niederschlagen aller freieren Geistesregungen anstrebten». «Dazu sind es unwahre Burschen», habe Carl August ausgerufen, «die sich dadurch den Fürsten angenehm zu machen glauben, um Stellen und Bänder zu erhalten! – Mit der poetischen Vorliebe zum Mittelalter haben sie sich eingeschlichen!»

Am 29. Mai 1828, früh 5¼ Uhr, war der Großherzog aufgebrochen. Einen Abstecher nach Berlin denke er zu machen, hatte er Freund Goethe mitgeteilt. Dorten wolle er alles Neuentstandene und Hinzugekommene beleuchten «und so zu sagen, von der Außenwelt bey dieser Gelegenheit Abschied nehmen». – Was dann geschah. Am 14. Juni, auf der Rückfahrt, bei einem Halt in Schloß Graditz, sank der Fürst nach einem Empfang, den der Schwerleidende noch seinen Offizieren gegeben hatte, am Fenster, wo er Luft zu schöpfen suchte, tot in sich zusammen.

Ein Jahrzehnt zuvor, im Dezember 1817, hatte Goethe seinem Herzog geschrieben, daß dieser sicher, ohne Beteuerung, glaube, wieviel er in diesen Zeiten (nach dem Wartburgfest) für und mit dem Freund gelitten habe. «Mein bester Trost jedoch, gnädigster Herr», fuhr Goethe fort, «nährt sich aus Ihro gutem Humor, der, auf Gleichmuth und Charakterkraft gegründet, Sie mit einem heiteren Element umgibt, und in den schlimmsten Tagen sich am glorreichsten erweist . . .» – Jetzt, im Oktober 1828, bei der Lektüre von Humboldts Brief, fügte er nur hinzu: «Der Großherzog war freilich ein geborener großer Mensch, womit alles gesagt und alles getan ist.»

Literatur: Willy Andreas: Carl August von Weimar. Ein Leben mit Goethe. 1757–1783. Stuttgart 1953. – Hans Tümmler: Carl August von Weimar, Goethes Freund. Eine vorwiegend politische Biographie. Stuttgart 1978.

Sachsen-Weimar-Eisenach, Carl Friedrich Prinz von (1783–1853), seit 1828 Großherzog, → Maria Pawlowna.

Sachsen-Weimar-Eisenach, Friedrich F. *Constantin*

Prinz von (Weimar 8. September 1758–6. September 1793 Wiebelskirchen/Saar).

Der Herzogin → Anna Amalias zweiter Sohn, drei Monate nach dem Tod des jungen und seit langem siechen Vaters geboren: schwächlich, ein Sorgenkind, zu kurz gekommen an Vitalität und Spannkraft. In frühester Jugend nicht ohne Charme, schmeichelnd und anschmiegsam, daher der Mutter besonders nahe, dann aber mehr und mehr scheu sich abkapselnd, wohl beschwert durch den steten Vergleich mit dem nur um ein Jahr älteren Bruder, dem Erbprinzen und Thronfolger, der zwar weniger hübsch, weniger prinzenfein als der schlanke, fast überzüchtet wirkende Constantin war, dafür aber origineller und ihm kräftig überlegen an Temperament und Begabung.

Durch Etikette und erzieherisches Reglement waren die Brüder von jung auf im Unterricht, bei Hof, auf Ausfahrten und Reisen, bei Sport und Spiel zusammengespannt. Selbst als man endlich im Oktober 1744 mit Carl Ludwig von → Knebel dem jüngeren Prinzen einen eigenen Erzieher gesellte, der Constantin in → Tiefurt eine kleine Hofhaltung einrichten und die erwünschte militärische Fortbildung leiten sollte, begleitete Constantin noch 1774/75 den Bruder auf dessen Bildungsfahrt nach Paris. Er teilte auch, nachdem Carl August im September 1775 die Regierung übernommen hatte, das muntersturmische Treiben des jungen Herzogs, wenn auch nur auf matte, etwas fahrige, sein Desinteresse deutlich bekundende Weise. Geistigen Anstrengungen ging er aus dem Weg, auch körperlich betätigte er sich ungern. Nur die Musik, für ihn Freude und Heilmittel bei jeder Unpäßlichkeit, fesselte ihn. Nahezu alle Instrumente handhabte er leichthin, wie Knebel berichtet, sein Flötenspiel war ausgezeichnet. Für ihn hatte Knebel Tiefurt in einen Ort heiterster Geselligkeit verwandelt; er aber vermied, obwohl Hausherr und Gastgeber, möglichst jeden allzunahen Kontakt mit seinen Gästen. Nur zu der jungen Caroline von → Ilten zog den Achtzehnjährigen eine romantische Neigung, die aber von der herzoglichen Mutter, unterstützt vom Kreise der Vertrauten, energisch unterbunden wurde. Das gäbe nur Bettelprinzen, erklärte Anna Amalia nüchtern, ungerührt von «Karlinchens Tränen» und des Sohnes Schmollen.

Wie üblich schloß, 1781–1783 unternommen, die prinzliche Ausbildung mit einer Kavalierstour, deren wichtigste Stationen Zürich, Paris, London waren. Noch vor dem Aufbruch brüskierte Constantin Verwandte und Freunde. Bei der Wahl des Reisebegleiters überging er taktlos seinen Gubernator und verband sich an Knebels Stelle mit Hofrat → Albrecht, dem von ihm bis dahin wenig beachteten Mathematiklehrer. Ernstlich schockiert aber war dann Weimar, als zwei Jahre später, bei der Rückkehr des Prinzen, beinahe gleichzeitig zwei Damen (eine Madame Darsaincourt aus Paris und eine Engländerin) auftauchten, die beide ihrer nahen Entbindung entgegensahen. Carl August erklärte ärgerlich, er habe jedes «moralische Zutrauen» zu dem Bruder verloren; Knebel schrieb dem einstigen Zögling, es bekümmere ihn tief, daß dieser «auf eine so eklatante Weise die Liste der Sottisen deutscher Prinzen noch vergrößert habe», und Goethe, dem es oblag, die Affäre zu einem diskreten Ende zu bringen, sprach von einem «garstigen Handel», bei dem man sich nicht «kindischer, kleinlicher, alberner» aufführen könne, als es der Prinz getan.

In einem kleinen Staatswesen wie Weimar war die Versorgung nachgeborener Prinzen immer schwierig. Als standesgemäßer Ausweg galt eigentlich nur die militärische Laufbahn, für die man aber meist auf ein «geneigtes Ausland» angewiesen war. Constantin hätte ein Engagement in der preußischen Armee vorgezogen, Carl August aber, der dem Bruder weder als Mensch noch als Soldat recht traute, bestand auf Constantins Eintritt in den kursächsischen Dienst. Er begann 1784 als Obristleutnant, rückte in wenigen Jahren zum Generalmajor auf und nahm in dieser Eigenschaft, fast stets in Carl Augusts nächster Umgebung, 1792 an der Campagne in Frankreich, ein Jahr später an der Belagerung von Mainz teil. Die soldatischen Unternehmungen der Koalitionsarmee in der Pfalz trennten die Brüder, so daß Carl August, zur Hilfe gerufen, erst bei Constantin eintraf, als dieser am 6. September 1793 bereits einem typhösen Fieber erlegen war, was den Herzog, besonders in Gedanken an die Mutter, hart traf. Ihr schrieb er, spürbar erleichtert, daß er Freundliches sagen durfte: «Mein selger Bruder hat sich wirklich die allgemeine Hochachtung aller derer erworben, die ihn bei der Armee kannten. Die Sachsen bedauerten sehr, daß sie ihn verloren; er war kaltblütig und ging mit jedem sehr anständig um.» – Constantins Leiche wurde nach Thüringen überführt und in der Marktkirche zu Eisenach beigesetzt. Anna Amalia errichtete unter den Bäumen von Tiefurt «Ihrem zweiten und letzten, zu früh geschiedenen Sohn, trauernd» einen Stein des Gedenkens.

Literatur: → Knebel und Sachsen-Weimar-Eisenach, Carl August.

Sachsen-Weimar-Eisenach, Louise Auguste

Großherzogin von, geborene Prinzessin von Hessen-Darmstadt (Berlin 30. Januar 1757–14. Februar 1830 Weimar).

«Ich seh sie noch, die junge Darmstädter Prinzeß», sagte Goethe am 10. Februar 1830 im Gespräch über die gefährliche Erkrankung der Großherzoginmutter, die ihn tief bekümmerte, zu Kanzler Müller: «Ich seh sie noch, die junge Darmstädter Prinzeß, schlank und leicht, in Frankfurt auf der Zeil in den Wagen nach Rußland steigen. Und das war im Mai 1773! Seit dieser ersten Bekanntschaft blieb ich ihr treu ergeben, nie hat der geringste Mißklang zwischen uns statt gefunden.»

Aufgewachsen war Louise einfach genug. Der Vater, Landgraf von Hessen-Darmstadt, ein bis zur Narretei skurriler Mann, residierte meist fern von der Familie in Pirmasens, das er, Soldaten drillend und mit zwei Fingern auf dem Spinett Märsche komponierend (52 365 an der Zahl!), zur Militärkolonie umorganisiert hatte. Die Mutter, eine ungewöhnlich resolute und zugleich empfindsam-geistreiche Frau, hatte die Aufzucht der acht Kinder und die Mühsal der Regierungsarbeit auf sich zu nehmen. Zu regieren war ein Ländchen, durch den Zufall der Erbfolge aus kaum verbundenen Gebietsfetzen

Louise Auguste, Ölgemälde
von J. F. A. Tischbein, 1795.

zusammengestückt: arm und politisch ohne Gewicht. Die Residenz bot sich bescheiden dar und der Hof (wie 1772 der spätere preußische Staatskanzler Fürst Hardenberg anmerkte) «sehr mustricht». Hardenberg notiert auch, daß man an der landgräflichen Tafel keineswegs gut speise und die Prinzessinnen «in Zitz», lies Kattun, daherkämen. – Doch dieser Ausfall jeglicher fürstlichen Opulenz bewirkte, daß die Fürstenkinder sich ihre Konzerte selbst gaben und die Landgräfin, trotz intensiver Vertrautheit mit französischer Literatur und Kultur, ihre Aufmerksamkeit der von der großen Welt kaum beachteten deutschen Dichtung zuwandte. Klopstock stiftete sie einen schwärmerischen Kult, und in Darmstadt tauchten, herbeigelockt durch Johann Heinrich Merck, einen klug-kritischen Sachwalter literarischer Belange und dienstlich eng dem landgräflichen Haus attachiert, unter anderen auch Herder, Gleim und Wieland auf. Im Frühjahr 1772 kam ein erstes Mal Goethe, und mit ihm meldete sich, Empfindsamkeit und sanfte Schwärmerei ins Genialische steigernd, eine neue Generation zu Wort. Carolines Hof schien sich wie Anna Amalias Weimar in einen Sitz der Musen verwandeln zu wollen, doch der

Landgräfin Tod im März 1774 bereitete dem fröhlichen Wirbel ein jähes Ende. – Ein Vierteljahr zuvor war sie, begleitet von den Töchtern Amalie und Louise, die sie Katharina der Großen «zur Auswahl» vorgestellt hatte, aus Rußland heimgekehrt. Zurück ließ sie dort Wilhelmine, nun Frau des Thronfolgers Paul. Amalie, das war bereits beschlossen, sollte in Kürze dem badischen Erbprinzen angetraut werden. Nicht ohne tatkräftige Unterstützung Friedrichs von Preußen (der sie verehrte und gerne Ehen stiftete) hatte Caroline, die die Zeitgenossen nur die «große Landgräfin» nannten, ihre wohl schwierigste Aufgabe gelöst. Fünf mittellosen, kleinen Prinzessinnen aus kleinem Haus hatte sie den rechten Mann, die richtige Menage gefunden. Nur Louise, gerade erst siebzehn, blieb allein zurück. Für das junge Geschöpf ein böser Schock, obgleich sich auch ihr «Stellenwert» durch die ingeniöse mütterliche Heiratspolitik, die sie mit den großen Höfen von Petersburg und Berlin verband, erhöht hatte. – Der Landgraf, entschlossen, sich weiterhin die Familie vom Hals zu halten, löste sofort nach Carolines Tod, mit der er, wie er auf Woche und Tag genau berechnete, in 32 Ehejahren nur 14 gemeinsam verbracht hatte, die Darmstädter Hofhaltung auf. Louise siedelte mit der Schwester, jetzt Erbprinzessin von Baden, nach Karlsruhe über. Und Merck stellte traurig fest, daß sein Darmstadt, «ein kleiner, sonst nicht unangenehmer Ort, nun da die Prinzessinnen verschwunden seien, einer Wüstenei gleiche . . .»

Doch schon im Dezember 1774 schrieb Carl August von Weimar (aus eigenem und mütterlichem Willen auf «Brautschau») seinem ehemaligen Erzieher Wieland: «Ich habe meine Louise gefunden, wie ich sie mir wünschen konnte. Sie ist nicht schön, aber wenn man sie liebt und sie fühlen läßt, daß man sie liebt, ist sie unendlich liebenswürdig. Sie besitzt große, kornblumenblaue, ein wenig vorstehende Augen; ihr Blick ist nachdenklich. Nase und Mund sind klein, jeder Zug ihres Gesichtes ist wohlgebildet. Ihr Herz scheint nobel, frei und stark; sie gibt sich sehr einfach, wenn man sich mit ihr unterhält . . .» – Die Neigung der beiden jungen Menschen besaß die volle Billigung ihrer Umgebung. Alle Stolpersteine schienen aus dem Weg geräumt. Selbst die Mitgift war angemessen: 20 000 Gulden, «die Fräuleinsteuer» der Landstände; der Trousseau vom Vater 28 000 Gulden; über ihr mütterliches Vermögen und die russische Reiseentschädigung (50 000 Rubel) wünschte Louise selbst zu verfügen. Weimar seinerseits sicherte ihr eine Morgengabe von 5000 Talern und 6000 Taler «Hand- und Spielgeld». Verwitwet, durfte sie mit 12 000 Talern rechnen. Ihre Küche hatte Anspruch auf 6 Hirsche, 12 Rehe, 4 Wildschweine, 100 Hasen usw. – Außerdem waren Anna Amalia und ihren Räten Louises dynastische Beziehungen wichtig. Und die geistige Welt, Männer wie Klopstock, Herder, Goethe, die die Hinneigung der beiden Fürstenkinder zur deutschen Dichtung kannten, erhofften Interesse und Förderung. Selbst Louise gab zu verstehen, daß ihr der Weimarer Prinz, den sie flüchtig kannte, genehm sei. – Sie war es auch, die nach der Verlobung im Januar 1774 auf rasche Heirat drängte. Noch im gleichen Jahr, am 3. Oktober, vier Wochen, nachdem Carl August mündig geworden und die Regierung des Landes übernommen hatte, fand in Karlsruhe die Hochzeit statt. Carl sei vergnügt, die Prinzessin jedoch merkwürdig aufgeregt, berichtete Graf → Görtz nach Weimar. Man habe sie nur anzusehen brauchen, schon seien ihr die Tränen gekommen. Und Louise schrieb am Morgen nach der Hochzeit ihrem Petersburger Schwager, sie wisse, er hätte Mitleid mit ihr gehabt, wenn er sie hätte sehen können. Sie habe sich in einem furchtbaren Zustand befunden, und sie danke Gott, daß alles vorbei sei. – Dieser Aufschrei, höchst ungewöhnlich für die scheue, verschlossene Louise, erhellt blitzartig, daß es ihr unmöglich war, sich gelöst dem Mann hinzugeben, den sie doch selbst gewählt hatte. Aufgewachsen am Hof ihrer Mutter, groß geworden in einem Gefühlsklima, das zu schwärmerischen Herzensbündnissen verführte, in dem real-irreale Liebesschwüre wucherten, war Louises Wesen mit einer Empfindsamkeit getränkt, die sie, da ihr als Ausgleich Sinnlichkeit fehlte, vor jeder Berührung mit der sexuellen Sphäre zurückschrecken ließ. Schockiert, verkrampfte sie sich und wurde schwierig für sich und andere.

Weimar, der Ort, wohin sie nun gehörte, bot weder Hilfe noch Entspannung. Deprimierend schon der Anblick der ausgebrannten Schloßruine von 1774, unbehaglich das Wohnen in dem für andere Zwecke erbauten Fürstenhaus, erkältend die unaufhebbare Fremdheit zwischen ihr und der Herzoginmutter und quälend die Einsicht, daß nach wie vor Anna Amalia Herrin der Zirkel blieb, die Weimars Ruhm ausmachten. Beide Fürstinnen wahrten die Form. Aber während unter Anna Amalias leichtem Zepter selbst die unruhige Kumpanei des Sohnes sich in die heiteren Spiele des Musenhofs einbeziehen ließ, trieb Louises Beharren auf Zeremoniell und Etikette Carl August noch weiter von ihr weg. – Auch sie liebte die rasche Bewegung, den Aufbruch ins Freie. Sicher und leicht saß sie zu Pferde, glitt über die Eisbahn mit der gleichen Anmut wie durch die Figuren des höfischen Menuetts, und ihre «starken, schnellen Morgenpromenaden» gerieten zum Marsch, so daß die Hofdamen vom Dienst am Ende erschöpft an der Mittagstafel niedersanken. Doch des Herzogs Hetzen und Jagen, mit dem er durch das aufgeschreckte Land fegte, der Peitschenknall, das Fluchen, die derben Späße mußten Louises Sinn für adelige Tenue verletzen, das «Gekitter mit den Miesels», die Lustbarkeiten auf dem Dorfanger, die Liebschaften, Affären und Passionen ihr ernstlich Kummer bereiten. – Vergeblich versuchten die Freunde, allen voran Goethe, Frau von Stein oder Herder, den sie sich zum Seelsorger erkoren hatte, zu helfen, zu vermitteln. «Die arme Herzogin dauert mich von Grund aus», schrieb Goethe im April 1782 an Frau von Stein, «doch diesem Übel seh ich keine Hülfe . . . Der Zugeschlossene schließt alles zu, und der offene öffnet», und Wieland sagte schon im März 1776 seufzend: «Warum kann Carl August den Engel nicht aus meinen Augen sehen, warum kann Louise den edlen, guten, biederherzigen Carl August nicht mit meinen Augen sehen? Warum? Warum?» – Bei ihren Morgenpromenaden habe jedoch die Frau Herzogin stundenlang über die Maßen lustig sein können, erzählt Karl von Lyncker in den Erinnerungen an seine Weimarer Pagenjahre. Ja sie habe, berichtet er weiter, in dieser Fröhlichkeit ihre Hofdamen oft so heftig ergriffen, daß diese laut aufgeschrien hätten. – Eine Reminiszenz, die ebenso aufhorchen läßt, wie der leidenschaftliche Tonfall der Briefe, die Louise durch Jahre an Charlotte von Stein schrieb. Hier deutet sich an, welch ungestümer Intensität diese spröde und verhaltene Frau fähig war, hier wird deutlich, wie sehr sie der Sympathie, der Liebe, wie sehr sie selbst der Nähe bedurfte. – Charlotte von Stein allerdings suchte ihrerseits, der Fürstin andrängende Leidenschaft, suchte ihr Liebeswerben sachte zu umgehen und sich mit sanfter Energie einen Freiraum zu wahren. – Es falle schwer, erklärte die in höfischen Diensten Großgewordene, Fürsten begreiflich zu machen, daß man auch um seiner selbst willen auf Erden sei, und gerade Louise besaß nach der Baronin Meinung «unauslöschlich pedantische Prinzips» über das Verhältnis der Umwelt zu ihrer Person. Charlotte hatte erlebt, wie die Fürstin sich erst an Goethes gastlicher Tafel niederließ, als ein «von» seinen Namen zierte, und sie wußte, wie es Louise nie ganz verwand, daß Lotte von Lengefeld, «dieses hübsche, junge, adelige Persönchen», Professor Schillers Eheweib wurde. – Man dürfe die Fürstin nicht allzu liberal schildern, sagte auch Goethe nachdenklich an ihrem Todestag zu Kanzler Müller. Sie habe immer standhaft an ihren *Rechten* gehalten. Für sie gelte die Formel: Echte Altfürstlichkeit, durch die weimarischen Zustände ins Idyllische gezogen, oder, anders ausgedrückt, der schon damals nicht mehr zeitgemäße Anspruch dieser klugen Frau durch den Respekt, den sie ehrlich vor jeder geistigen Leistung hegte, korrigiert.

Die Geburten ihrer Kinder aber, sieben und alle schwer, von denen ihr nur zwei Söhne und eine Tochter blieben (1783 Carl Friedrich; 1786 Caroline; 1792 Carl Bernhard), zerstörten ihre Gesundheit und Widerstandskraft. Wahrscheinlich bedeutete es für sie, als endlich zwei von ihr geborene Söhne die Erbfolge sicherten, eine Erleichterung, daß in den neunziger Jahren sich der Herzog zur festen Liaison mit Caroline → Jagemann entschloß. – Die eheliche Gemeinschaft hörte auf. Freundschaft trat an die Stelle. Sie basierte auf einer tief empfundenen Wertschätzung, die sich trotz männlicher Rücksichtslosigkeit, auch trotz weiblicher Verkrampfungen und Empfindlichkeiten durch zerquälte Jahrzehnte erhalten hatte. Nie ließ der Herzog Zweifel aufkommen, daß Louise, selbst wenn sie oft im Schatten blieb, die Erste Dame des Landes sei, der Ehrerbietung und sorgfältig bedachte Huldigung gebührte. Gleichberechtigt hatte sie auch an seiner Seite allen Pflichten der Repräsentation genügt, beratend und urteilend an seiner Regierungsarbeit teilgenommen. – Das erweiterte und vertiefte sich. Immer mehr wuchs sie, die sich, den kleinen Kopf mit dem schönen, reichen, blonden Gelock stolz in den Nacken zurückgebogen, sehr aufrecht hielt, in die Rolle der Regierenden Herzogin. Zunächst noch in der halben Verborgenheit, die ihr recht war, dann aber für alle sichtbar in dem schweren Zusammenbruch von 1806.

Sie war vorbereitet. Politisch hoch interessiert, ohne Illusionen, doch mit angespannter Aufmerksamkeit, sah sie, daß 1795 mit dem Basler Frieden, daß 1803 mit dem Ausverkauf «des alten Reichs der Deutschen» die Gefahr näher und näher rückte. Sie sah, wie sie im August 1806 dem Bruder schrieb, die Franzosen schon vor Weimars Toren, aber, erklärte sie einen Monat später der Schwester, daß wenn der Feind in Weimar eindringen sollte, sie entschlossen sei: «... auch wenn alle andern Mitglieder der Familie fliehen, hier zu bleiben, mag da kommen, was da will. Mir wäre der Gedanke fortzugehen widerwärtig. Übrigens halte ich es für Unrecht», fährt sie fort, «wenn ich die verlassen wollte, die hier bleiben müssen, anstatt ihre Mühen und Beschwerden zu teilen.» – Sie blieb. Der Herzog war, seiner Pflicht gehorchend, mit seinem Truppenkontingent bereits Mitte September zur Armee gestoßen, die Napoleon Halt bieten sollte. Die übrige Familie hatte sich nordwärts in Sicherheit gebracht. Allein durchlitt nun sie mit der Stadt die Schrecken der Niederlage. Vor den wüsten Haufen der hereindrängenden Soldateska bot sie den Bedrängten im Schloß Unterschlupf; sie half, schirmte, tröstete; sie teilte mit ihnen den letzten Bissen Brot, die letzte Kartoffel. Und das ohne jeden Aplomb, wie sie schon immer am liebsten im verborgenen geholfen hatte. – Als Napoleon, umgeben von einer glänzenden Suite hoher Militärs, rasch die breite Schloßtreppe heraufkam, empfing sie den Sieger mit höflichem Gruß auf der obersten Stufe. Gelassen übersah sie seine Ruppigkeit; gelassen und sachlich, ihre und ihres Landes ausweglose Lage bedenkend, bestand sie am nächsten Tag die Audienzen, die der Kaiser ihr gewährte. Immerhin erreichte sie die Einstellung der Plünderungen, gewann Zeit für die Aktionen der nächsten Tage, Wochen, Monate, in denen es ihr, unterstützt durch die Minister Voigt und Wolzogen, gelang, den Fortbestand der Dynastie und des Landes zu sichern. – «Die Herzogin ist wohl und hat sich auf eine Weise betragen, welche zu höchster Bewunderung auffodert», schrieb Goethe den Jenaer Freunden. Frau von Stein, die Louise so gut kannte, sagte nur, es wäre gegen der Herzogin Charakter gewesen, nicht so gehandelt zu haben, wie sie es tat. Ebenso urteilte der Herzog: «Elle s'est montrée dans ce moment comme elle est!», und Napoleon, dem diese Landesherrin in ihrer Unerschrockenheit imponierte, erklärte noch nach Jahren, «das sei eine Frau, der zweihundert französische Kanonen keine Furcht hätten einflößen können».

Die Kinder von Louise Auguste und Carl August: Carl Bernhard (1792), Caroline (1786) und Carl Friedrich (1783), nach einem Gemälde von J. F. A. Tischbein.

«Lieber Prinz», hatte Louise im Juni 1790 an Christian von Hessen-Darmstadt geschrieben, «ich hoffe, daß Goethes eben erschienene ‹Schriften› unterdessen in Ihrer Hand sind. Ich empfehle Ihnen, teuerster Bruder, ganz besonders den Dr. Faust zu lesen. Wenn Sie dann nicht ganz begeistert sind, nicht ganz außer sich, nicht ganz aus den Angeln, nicht ganz aus dem Häuschen usw. usw., wenn Sie dann nicht eingestehen, daß das ein Meisterwerk ist, einzig in seiner Art, werde ich vor Erstaunen starr sein, ins Nichts zurücksinken und in Ohnmacht fallen!!!» – Ähnlich hatte sie Christian kurz zuvor erklärt, daß der «Tasso» ein ganz außergewöhnliches Werk sei: für sie das Beste, was Goethe geschrieben habe. Und obwohl sie in ihrem ersten Weimarer Jahrzehnt dem vergnügten Theatertreiben um die Herzoginmutter fernblieb, dagegen im ernsthaften Studium mit Herder die Klassiker im Original und Shakespeare englisch las, berichtete sie doch im Juni 1780 der Schwester, daß sie ein neues Singspiel von Goethe gesehen habe und sagen müsse, «daß alles, was von ihm kommt, weder ermüdet noch bedrückt», ja ihr will scheinen, daß seine Stücke gar nicht ermüden können ...

Goethe war Louise seit den Tagen im Karlsruher Sommer von 1775, als er Blumen, der jungen Prinzeß entfallen, aufhob und «in der Brieftasche, wo das Herz ist, verwahrte», in still-zurückhaltender Aufmerksamkeit ergeben. Sie, die, wie die Markgräfin schrieb, in jenem Sommer ebenfalls «est enchantée de ce que Goethe est ici», gab diese Aufmerksamkeit mit gleicher «Diskretion» zurück, was sie aber nicht hinderte, in Situationen, die den Dichter kränken mußten, wie der Theaterkrise von 1808, mit aller Entschiedenheit ihm zur Seite zu treten. – Er wiederum widmete ihr, die sich mit einigen ihrer Damen seit Jahren zur → Mittwochsgesellschaft in seinem Haus einfand und ihm willig auch bei der Erörterung schwieriger Fragen folgte, 1808 den ersten Band «Zur Farbenlehre». In der Widmung erinnert er an jene Stunden der gesammelten Aufmerksamkeit des kleinen und erlauchten Kreises. Er gedenkt weiter der Stunden, die ihm unvergeßlich seien, so wie ihm ununterbrochen alles das mannigfaltige Gute vorschwebe, das er seit längerer Zeit und in den bedeutendsten Augenblicken seines Lebens mit und vor vielen andern Ihrer Durchlaucht verdanke . . .

«Welch eine Frau, welch eine Frau!» hörte auch Ottilie von Goethe den Uralten murmeln, nachdem ihn Louise verlassen hatte. Sie, die sich nach des Herzogs Tod am 15. Juni 1828 nach Wilhelmsthal zurückgezogen hatte (wie Goethe nach Dornburg), war gekommen, um mit ihm an diesem Septembertag ein erstes Mal wieder von Carl August zu sprechen, von dem Mann, zu dem sie beide seit 53 Jahren gehörten. – Die Großherzogin ihrerseits aber erklärte nach dem Gespräch einer ihrer Hofdamen: «Goethe und ich verstehen uns nun vollkommen, nur daß er noch den Mut hat zu leben und ich nicht.» – Als sie dann zwei Jahre später, am 14. Februar 1830, starb, reagierte er, wie → Soret empfand, auf eine für *diesen* alten Mann höchst charakteristische Weise. Soret, der gekommen war, Goethe im Auftrag Maria Pawlownas zu kondolieren, fand ihn allein mit Eckermann bei einer Flasche Wein. «Der Schlag ist gefallen», rief er lebhaft Soret zu. «Die grausame Ungewißheit ist vorüber. Nun müssen wir sehen, wie wir uns weiter durchs Leben helfen.» – «Dort sind Ihre Freunde und Tröster», antwortete Soret und deutete auf Goethes ausgebreitete Papiere. – «Oh! gewiß!», erwiderte Goethe, «solange es Tag ist, werden wir den Kopf oben behalten. Il n'y a pas moyen de céder aussi longtemps que l'on crée. Mais la nuit, la grande nuit viendra où tout travail devra cesser.»

Literatur: Eleonore von Bojanowski: Louise Großherzogin von Sachsen-Weimar und ihre Beziehungen zu den Zeitgenossen. Nach größtenteils unveröffentlichten Briefen und Niederschriften. Stuttgart 1903.

Sachsen-Weimar-Eisenach, Maria Pawlowna

Großherzogin von, geborene Großfürstin von Rußland (Petersburg 16. Februar 1786–23. Juni 1859 Weimar).

Die *Enkelin* Katharinas der Großen, die *Tochter* des unglückseligen, 1801 von einer Adelsclique erdrosselten Zaren Paul und der aus dem Hause Württemberg stammenden Maria Feodorowna, die *Schwester* der Zaren Alexander und Nikolaus. Für Weimar ein strahlender Stern!

Maria Pawlowna, kolorierter Kupferstich nach dem Ölgemälde von J. F. A. Tischbein von C. A. Schwerdgeburth, 1805.

Im September 1801 hatte → Wolzogen in Petersburg den Ehekontrakt unterzeichnet, der, wie Louise von Preußen bissig bemerkte, dem Sohn des Weimarer Herzogs eine Million nebst einer Frau mit Juwelen und hohem Rang sicherte. Im Sommer 1804 heirateten die jungen Leute, und im Herbst, am 9. November, fuhren Carl Friedrich und Maria Pawlowna, von acht allerschönsten Isabellen gezogen, in Weimar ein. Der Herzog war ihnen bis Küstrin, die Herzogin bis Naumburg entgegengeeilt, und die Herzoginmutter erwartete, wie sie ironisch ihrem Freund Knebel mitteilte, Erbprinz samt Kaiserlicher Hoheit «in Geduld und Demut an der letzten Stufe der Treppe». – Die «Vorhut», achtzig mit zottigen kleinen Kosakengäulen bespannte Planwagen, hochbeladen mit Maria Pawlownas kostbarer Aussteuer, bewiesen noch dem letzten Weimaraner, daß diese neue Erbprinzeß über Qualitäten einer Fee aus Tausendundeiner Nacht verfügte. Ein wahrer Schatz sei sie, diese neue Enkelin, stellte dann auch vergnügt die alte Anna Amalia fest; Wieland fand sie über allen Ausdruck liebenswürdig; Schiller, der ihr mit der «Huldigung der Künste» das Festspiel schrieb, nannte die junge Prinzessin «eine unschätzbare Aquisition» und notierte, daß sie, abgesehen von ihrem bezaubernden Wuchs, über schöne Talente im Zeichnen und Musizieren verfüge, daß sie Lektüre habe und bei aller jugendlichen Munterkeit einen auf ernste Dinge gerichteten Geist zeige. Selbst Herzogin Louise, obwohl kritisch gestimmt, gab zu, daß die Schwiegertochter mit ihrem feinen und geistvollen Gesichtchen eine charmante Person sei, voll Verstand und Grazie, und sie fügte hinzu, sie kenne niemanden, der sich in diesem Alter so leicht, so sicher bewege und jedem das Richtige zu sagen wisse. Im übrigen verdrehe sie allen, voran dem Herzog, gründlich den Kopf . . .

Sie waren denkbar verschieden, doch sie scheinen sich angezogen und sogar gut ergänzt zu haben. Maria Pawlowna, in Weimar meist die Großfürstin oder Hoheit genannt, zeigte sich klug, fest, energisch, brillant; Carl Friedrich aber, nach dem hämischen Kommentar der Gothaer Vettern, nichts als «der geistreichen Marie platter Mann», war wohl redlich, war auch gütig, doch ohne Verve und, was die verlegen höfisch-höflichen, zeitgenössischen Floskeln vermuten lassen, nicht sonderlich gescheit. An Maria Pawlowna war es, die Weichen zu stellen, zu entscheiden, was in der Familie, in der großen Politik zu geschehen habe. – 1805 wurde dem Paar ein erster Sohn geboren, der aber bereits im folgenden Frühjahr starb; 1808 folgte Marie, 1811 Prinzeß Auguste. Zwei auffallend schöne Kinder, die auch Goethe, zu den beiden in den «Prinzessinnen-Garten» am → Griesbachschen Haus tretend, gern mit kleinen Späßen verwöhnte. 1818 erschien schließlich Carl Alexander, der Erbprinz, der im Gegensatz zu seinem Vater, doch ganz Statthalter der Mutter, an Weimars große Traditionen anknüpfen, diese pflegen und beleben sollte. – Auch alle Fragen der Kindererziehung lagen in Maria Pawlownas Hand. Doch war sie trotz hohen Ansprüchen und entschiedener Prinzipientreue eine, wie Frédéric → Soret die Hoheit schildert, zärtlich-fröhliche Mutter, der die Kinder in gleicher Zärtlichkeit zeitlebens anhingen. – Die Töchter heirateten preußische Prinzen; Auguste, bis 1871 Prinzeß Wilhelm, wird deutsche Kaiserin.

Neben Herzogin → Louises Unerschrockenheit war es zweifellos Maria Pawlownas Name, es war ihr Status, Zarentochter, Zarenschwester zu sein, der Napoleon hinderte, im Oktober 1806, am Tag nach der Schlacht von Jena, das Herzogtum Weimar sofort und im Zorn auszutilgen. Dennoch erwies sich in diesem Augenblick höchster Gefahr, erwies sich auch in jeder Krisensituation der nächsten Jahre, daß Maria Pawlowna, so gerne und so reizvoll sie die Rolle der Weimarer Erbprinzeß spielte, zumindest vorläufig kaum gewillt war, sich auf Gedeih und Verderb mit dem Land, mit der Dynastie Weimar zu identifizieren. Für Carl August, für Herzogin Louise war es eine schmerzliche Erfahrung, hinnehmen zu müssen, daß die Schwiegertochter 1806/07 nach Schleswig, zwei Jahre später nach Petersburg auswich und sich nur schwer zur Rückkehr bewegen ließ, obwohl man in Weimar ihrer Gegenwart dringend bedurfte. – Selbst noch in Wien, in den Kongreßjahren 1814/15, zeigte sich Maria Pawlowna kaum geneigt, mit ihren großen Verbindungen die Weimarer Forderungen zu unterstützen. Im blinden Vertrauen auf Neigung und Interesse des schwärmerisch verehrten und geliebten Zarenbruders, «aus dessen Hand allein sie Huld und Gnade anzunehmen gewillt war», verfolgte sie eine Sonderpolitik irrealer Wunschträume, die Carl August ärgerlich «Launen und Tollheiten der Petite chère» nannte, und nicht ohne eine Spur Schadenfreude registrierte er das Scheitern der schwiegertöchterlichen Pläne und das sang- und klanglose Versagen der brüderlichen Hilfe des launischen Alexanders...

Ein Jahrzehnt später aber, am 23. August 1827, rühmte Goethe in einem Gespräch mit Kanzler Müller «der Großfürstin entschieden praktische Richtung, ihre große Aufmerksamkeit auf alles und ihre vorurteilsfreie Auffassung der menschlichen Zustände». – Sie, der, obwohl durchdrungen vom Bewußtsein der eigenen Erhobenheit, soviel daran lag, ihrer Umwelt zu gefallen und populär zu sein, hatte sich, seit den Tagen, als sie wie ein funkelnder Stern über dem Weimarer Horizont aufging, immer wieder temperamentvoll engagiert und, gestützt auf ihre üppigen Revenuen, des öftern dazu beigetragen, daß schwierige Finanzhürden leichter genommen werden konnten. – Die immer noch nahezu undurchforschten, heute im Thüringischen Landeshauptarchiv zu Weimar lagernden «35 Regalmeter», mit den Belegen über Einnahmen und Ausgaben der Großfürstlichen Privatschatulle, lassen das Ausmaß von Maria Pawlownas «Mildtätigkeit» ahnen, die in ihrer Ausdehnung fast Züge moderner Sozialfürsorge annahm. Aus dieser Schatulle finanzierte sie auch Frauenvereine, in den schwersten Kriegsjahren, unter dem Druck der Verelendung breiter Schichten, gebildet und von ihr 1814 in dem «Patriotischen Institut der Frauenvereine» zusammengefaßt. Eine Organisation mit Filialen in den Städten, den Dörfern ringsum und auf ein Statut verpflichtet, das sie 1817 formuliert und unterzeichnet hatte. – Herzogin Louise aber, die vielerorts, doch stets unberedet, ungerühmt half, die 1788, «wie eine Hand aus den Wolken», Herder 2000 Gulden (für Louises schmales Budget eine ungeheure Summe!) zukommen ließ, von denen der Generalsuperintendent nie erfuhr, woher sie ihm kamen; Louise, dieser Geberin von zartester Diskretion, mußte, obwohl sie willig ihren Jahresbeitrag leistete, die Armenpflege der Frauenvereine, dieser emsig-aufdringlichen «coureuses de bienfaisance», zutiefst unangenehm sein. Deren «Art Wohlthun mit Pauken und Trompeten» ekele sie an, schrieb sie dem Bruder. – Dennoch erwies sich Maria Pawlownas Wohltätigkeit, trotz oder vielleicht gerade durch das Einbeziehen der Öffentlichkeit, trotz den von Louise monierten «Pauken und Trompeten», als ungewöhnlich effizient. Den Kranken, den Alten, den Kindern wurde geholfen; Industrieschulen für Mädchen neben einer Erwerbs- oder Knabenarbeitsschule, neben der Freien Gewerke-, der Ackerbau-, der Gartenarbeits- und Obstbaumschule eingerichtet; ein Lesemuseum eröffnet, ein Damenstift für unversorgte Beamtentöchter mit einem Kapital von 30 000 Talern ausgestattet, der «Verein für Blumistik und Gartenbau» unterstützt; eine «Kochanstalt», die Mahlzeiten kostenlos an Bedürftige ausgab, eine «Kinderbewahranstalt» unterhalten. Mit der Eröffnung dieser Anstalten und Schulen ging Hand in Hand die Pflege und der Ausbau gelehrter Institutionen:

von der Universität bis zu den Bibliotheken und wissenschaftlichen Instituten in Jena und Weimar. Ebenso wichtig war der Großherzogin, die am liebsten, wie sie sagte, das ganze Land in einen Garten verwandelt hätte, die Erweiterung und sorgliche Erhaltung der bestehenden Parkanlagen in Weimar, auf dem Ettersberg, in Wilhelmsthal. Alle blieben dem Publikum geöffnet, und es bereitete der Herzogin ein stilles Vergnügen, wenn es ihr dann und wann widerfuhr, im eigenen Park keine leere Bank für sich zu finden.

Knappe Notizen, Zustimmung, Ablehnung, Höhe des Betrags, von der Fürstin an den Rand der Bittschriften, der Vorlagen und Gesuche gekritzelt, lassen erkennen, wie intensiv sie an aller Arbeit teilnahm, wieviel Zeit und Kraft sie Tag um Tag im Dienst an der Öffentlichkeit einsetzte. Schon ehe sie 1828, durch Carl Augusts Tod es expressis verbis wurde, war sie, die kränkelnde und alternde Großherzogin Louise entlastend, in viele Funktionen der Landesmutter hineingewachsen. – Eine ihrer Hofdamen berichtet, daß die Fürstin um 5 Uhr aufstand; nach Frühstück und kurzem Spaziergang bei ihren Kindern eintrat; gegen 10 Uhr, begleitet von Kammerfrau und Hofdame, sich zur gründlichen Inspektion aller Einrichtungen, die ihrer Fürsorge das Dasein verdankten, aufmachte, Probleme, Schwierigkeiten überdachte und durch Befehl und Anweisung zu beheben suchte. Audienzen, Empfänge, die geselligen Verpflichtungen folgten. Es folgten die Stunden des Hofzeremoniells, das sie, obwohl strikt konservativ, in seiner sterilen Einförmigkeit haßte, aber in geheimer Furcht dennoch dankbar als Schutzwall gegen die revolutionäre Unruhe der Zeit empfand und darum als eine ihr auferlegte Pflicht mit Nachdruck pflegte. Anderseits hinderte sie dieses konservative Gestimmtsein nicht, sich lebhaft mit allen Erscheinungen des geistigen Daseins zu beschäftigen und sich in gelehrten Fachvorträgen moderne Entwicklungen, besonders innerhalb der Naturwissenschaften, demonstrieren zu lassen. Noch weniger fühlte sie sich, die bereits Jahrzehnte zuvor durch → Hummels Berufung dem musikalischen Leben in Weimar kräftige Anstöße versetzt hatte, gehindert, in den Revolutionsjahren der Jahrhundertmitte, einen Liszt zu unterstützen und ihm zu ermöglichen, 1850, an Goethes Geburtstag, die Uraufführung von Wagners «Lohengrin» durchzusetzen. Immerhin die Oper eines Revolutionärs, der aus Dresden über Weimar nach Zürich entweichen mußte. – Noch galt, auch jenseits aller Politik, Wagners Musik «als verrückt und abscheulich». Ein leeres Haus drohte. Jedoch die Großherzogin kaufte und verschenkte bündelweise Eintrittskarten; für jeden der Beschenkten der sanfte Befehl, das Theater durch Anwesenheit zu füllen.

Wie für Louise war es aber auch für Maria Pawlowna eine dankbar geübte Pflicht, einmal in der Woche, Goethe, dem Uralten, der nicht mehr zu Hofe ging, eine freundliche Vormittagsstunde lang einen Besuch abzustatten. Goethe empfand diese Besuche, wie er zu Eckermann sagte, als hohe Gnade, die ihm das Leben verschönten. Und er erklärte weiter, daß er die Großherzogin seit dem Jahre ihrer Ankunft kenne und in Menge Gelegenheit gehabt habe, ihren Geist und Charakter zu bewundern. Sie sei eine der besten und bedeutendsten Frauen dieser Zeit und würde es sein, auch wenn sie keine Fürstin wäre. «Doch für dieses Land», fuhr er fort, «ist sie von jeher ein guter Engel gewesen und wird es mehr und mehr, je länger sie mit ihm verbunden ist.» Darin glich sie ihren Vorgängerinnen, diesen Fürstinnen, die, wie Ernst Beutler sagt, durch ihren Ernst, ihre Durchhaltekraft, durch ihr ausdauerndes Interesse an Dichtung und Kunst viel zu Weimars Aufstieg zum geistigen Mittelpunkt Deutschlands beitrugen. Anna Amalia steht am Anfang. Mit ihrer Lust an Begabung, Witz und Originalität zog sie trotz kärglichsten Mitteln jedes Talent, das auftauchte, in ihren Bann. Sie ermutigte das geistreich-gesellige Treiben, das unter ihrer sachten Regie stetig an Gewicht und Bedeutung zunahm, allmählich zum weithin berufenen Musenhof gedieh und mit den Namen Wieland, Goethe, Herder, Schiller Unsterblichkeit gewann. – Das war viel. Mehr aber ist noch, daß ihr mit Louise, mit Maria Pawlowna, schließlich mit Sophie Fürstinnnen folgten, Herzoginnen zu Weimar wie sie, die aufnahmen, fortsetzten, was sie begründet hatte. Verschieden nach Herkunft, Temperament und Charakter, gleich aber und einander wert an hoher Intelligenz, an Tatkraft und innerster Noblesse. Gleich vor allem auch in der Bereitschaft, sich der Welt des Geistes zu öffnen. – Auch Sophie, die aus den Niederlanden nach Weimar kam, als die große Zeit vorüber war, bewies, durch Walther von Goethes Testament 1885 zur Erbin des Goetheschen Nachlasses eingesetzt, daß sie dieses Vertrauens würdig war. Klug, großzügig, entschlossen, sicherte sie sofort das komplizierte Erbe und öffnete zugleich Goethes Haus, Goethes Gärten und mit den 143 Bänden der Sophien-Ausgabe das Werk des Dichters der Welt.

Literatur: Adelheid von Schorn: Das nachklassische Weimar unter der Regierungszeit Karl Friedrichs und Maria Paulownas. Weimar 1911.

Sachsen-Weimar-Eisenach, Sophie

Großherzogin von, geborene Prinzessin von Oranien (1824–1897). Seit 1842 verheiratet mit ihrem Vetter Carl Alexander, Erbprinz von Sachsen-Weimar-Eisenach, Nichte Maria Pawlownas; 1834 ein erstes Mal Gast am Hof zu Weimar. Wie Carl Alexander eng befreundet mit den Goethe-Enkeln Walther Wolfgang und Maximilian Wolfgang. Am 15. April 1885 mit Walther Wolfgang von Goethes Testament «zur Erbin des Goetheschen Familienarchivs ernannt, wie solches bei meinem Tode sich vorfindet ... Möge Ihro Königliche Hoheit die Frau Großherzogin dieses mein Vermächtniß, ich sage besser dieses Goethe'sche Vermächtniß in dem Sinne empfangen, in dem es Höchstderselben durch mich entgegengebracht wird: als einen Beweis tiefempfundenen und tiefbegründeten Vertrauens», → Goethes Enkel; → Maria Pawlowna.

«Sächsischer Prinzenraub»

Kunz von Kaufungen, Ritter in kurfürstlichen Diensten, versuchte, im Stile des bereits überholten «Faustrechts», eine Entschädigung, auf die er Anspruch zu haben glaubte, durch die Entführung der kleinen Prinzen Albrecht und Ernst (Stammväter der Albertiner und Ernestiner) aus Schloß Altenburg in der Nacht vom 7. auf den 8. Juli 1455 durchzusetzen. Das Unternehmen mißlang. – Kaufungen büßte diese verspätete «Mutprobe» eines letzten Ritters gegen die neue Staatsform der Landesherrschaft mit dem Leben. Am 14. Juli wurde er auf dem Marktplatz zu Freiberg enthauptet. – Der «Sächsische Prinzenraub», in der Folge beliebtes Thema sächsischer Heimatdichtung, zählte auch zum Repertoire des Goetheschen Schauspielplans.

Schall Karl (Christian) Heinrich
(Passau um 1764–1806 Weimar).

Schauspieler, Theaterschriftsteller, Gymnasiallehrer: stellte sich in Weimar am 24. Februar 1795 als Riccaut in «Minna von Barnhelm» vor; wurde engagiert; debütierte dann am 7. März mit Baron Rittau in «Das Verbrechen aus Ehrsucht». – Übernahm 1796, neben → Genast und → Becker, im wöchentlichen Turnus (darum «Wöchner» genannt) einen Teil der Regiearbeit; verließ aber im Oktober 1799, wohl durch Krankheit gezwungen, bereits wieder diesen Zirkel. Jedenfalls schrieb Goethe am 30. Dezember 1799 an → Kirms, daß der arme Schall in sehr traurigen Umständen sei und man wohl einige Zeit Geduld mit ihm werde haben müssen . . . Und im August 1800 scheint Anton Genast den Schauspieler «einen starken Kandidaten der Lungensucht» genannt zu haben. – Im März 1803 verließ Schall die Bühne, verbrachte jedoch, vielleicht im Lehrberuf, die Jahre bis zu seinem Tod in Weimar.
Literatur: → Theaterdirektion Goethes.

Schardt Ernst *Karl* Konstantin von
(2. Mai 1744–5. April 1833 Weimar).

Charlotte von → Steins ältester Bruder: klein, elegant, gewandt, ein ausgezeichneter Reiter, Fechter, Schütze, doch nicht so klug, so interessant wie sie; eher ein wenig langweilig, ein wenig lächerlich mit seinem naiven Snobismus und der Neigung zu raschem Gekränktsein. – Nach drei Jahren Jurastudium in Jena, ermöglicht durch → Anna Amalias finanzielle Unterstützung, war ihm 1765 ein Weimarer Amt sicher, eine Hoffnung, die sich dann 1768 mit der Berufung an das Regierungskollegium realisierte. Da Schardt zwar fleißig, doch nicht allzu begabt und recht langsam war, kam er nur mühsam vorwärts, wurde des öftern bei Beförderungen übergangen (wobei Goethe trösten mußte!), erreichte aber schließlich doch 1802 den Status eines Geheimen Rats mit 1000 Reichstalern jährlich. Eine Besoldung, die ihm blieb, als er 1814, mit dem Titel «Exzellenz» geehrt, in den Ruhestand trat. – 1777 hatte er Sophie von Bernstorff zur Frau gewonnen. Eine Verbindung, die der Weimarer Kreis froh begrüßte, die aber für Schardt bei Sophies unruhig-sehnsüchtigem Naturell nicht ohne Probleme war. Besonders ihre Konversion zum Katholizismus war für ihn, der sich mit den steigenden Jahren immer fester in der ererbten lutherischen Rechtgläubigkeit einrichtete, schwer zu ertragen. Mit ihm, der kinderlos geblieben war, starb die Familie aus.

Schardt Johann *Wilhelm* Christian von

(Eisenach [?] um 1711–5. November 1790 Weimar).

Charlotte von → Steins Vater: ein anspruchsvoller Herr mit kostspieligen Allüren, der in sich selbst das Muster eines Hofmanns sah, den aber eine gescheite Beobachterin wie Sophie Becker «als eine verjahrte Hofschranze und als Schreckbild jedes klugen Kopfs» beschreibt. Goethe, so notierte sie sich am 2. März 1785, sei gleich davongelaufen, als «der alte Schardt» (wie man ihn nannte) den Salon der Gräfin → Bernstorff betrat.

Die Schardts waren kleiner Adel, vermutlich Nachfahren des kursächsischen Rittmeisters Johannes von Scharde, der um 1680 als Herr auf Neuendorf bei Oschatz saß. In der Folge tauchten durch Generationen immer wieder Schardts am Hof zu Eisenach auf, bis 1741 eines der kleinen selbständigen ernestinischen Herzogtümer. Von dort übernahm auch → Ernst August von Weimar, als ihm beim Tod seines Vetters Eisenach zufiel, dessen Oberschenk August von Schardt und erklärte sich, gegen seine sonstigen, eher schäbigen Gewohnheiten, bereit, die Altersrente, auf die Schardt Anspruch erhob, zu zahlen, wenn sich dessen Sohn entschlösse, in seinen Dienst überzuwechseln. Auf diese Weise genötigt, willigte der damals noch «junge Schardt» ein, obwohl er wußte, daß Ernst August ein unbequemer und sogar gefährlicher Herr sein konnte. – Zunächst rückte er erfreulich rasch vom Reisemarschall zu des Herzogs Haus- und Hofmarschall auf, war aber dadurch gezwungen, mit der Familie nach Weimar umzusiedeln. Ihm wurde das ehemals Schwarzenfelsische Haus in der Scherfgasse als Bleibe zugewiesen: ein weitläufiges altes Gemäuer im allerdings sehr schönen Garten, dessen Renovierung bei Schardts Vorstellungen von einem standesgemäßen Ambiente beträchtliche Summen verschlang. Dazu schob der Herzog mit einem lässigen «er werde es schon gleich machen» (was er aber konsequent von Fall zu Fall vergaß) seinem Marschall immer neue Pflichten zu: die Mitverantwortung für den Marstall, die Aufsicht über das fürstliche Bauwesen, den Empfang und die Bewirtung illustrer Gäste, vor allem aber die Pflicht, «vor die Pension das [heißt für die Hofhaltung] des Erbprinzen → Ernst August Constantin alle nur mögliche

Wilhelm von Schardt mit Gattin Konkordia und Sohn Ludwig.

Sorge zu tragen». – Ohne rechtes Augenmaß, durchdrungen von der Bedeutung fürstlicher Repräsentation, setzte Schardt bei der Ausübung dieser höfischen «Komplimentier- und Devotionspflichten» unbesonnen und, wie sich zeigen sollte, unbedankt in Kürze das ansehnliche Vermögen seiner Frau zu. – Trotz diesen finanziellen Opfern, die die Familie hatte verarmen lassen und deren Ausmaß ihr wohl bekannt war, schickte → Anna Amalia bei der Übernahme der Regentschaft den noch nicht Fünfzigjährigen 1758 in den Ruhestand. Schardt sei kein Wirt, erklärte sie ihrem Vater, er habe einen großen Teil des zugesetzten Vermögens auf unnötige Kleinigkeiten verwandt und einen Aufwand getrieben, dessen er gar wohl hätte entraten können. Durch diese Unbedachtsamkeit habe er sich und seine Familie in schlechte Umstände versetzt. – Immerhin blieb ihm ein Jahresgehalt von 1800 Talern als Ruhegeld; 1766 bewilligte ihm die Regentin für die Auslieferung der Briefschaften, die er noch von Ernst August besaß, eine einmalige Gratifikation von 1000 Talern, 1773 verlieh sie ihm den Titel eines Wirklichen Geheimen Rats mit dem Prädikat «Exzellenz», und Herzogin → Louise, altfürstliche Gesinnungen ernstlicher pflegend als ihre Schwiegermutter, zog den Hochbeglückten wieder zur Tafel, und bei großen Hoffesten, wo man Personal als Staffage brauchte, durfte er, geziert mit dem (wenig geachteten) Riesenstern des Bayreuther Roten Adler Ordens, geschwellt von Würde, paradieren. Doch kein Amt, keine ernsthafte Aufgabe wurde ihm je wieder anvertraut. Er blieb, wie Siegmund von → Seckendorff im Herbst 1775 an seinen Bruder schrieb, «ein Hofmarschall, den man mit Recht außer Tätigkeit gesetzt hat».
Literatur: → Stein, Charlotte von.

Schardt *Konkordia* Elisabeth von,
geborene von Irving (Allendorf/Werra 1722 [?]–2. Juli 1802 Weimar).
Charlotte von → Steins Mutter, etwa seit 1740 mit Wilhelm von → Schardt verheiratet, wird häufig kommentarlos als Schottin oder sogar als eine «geborene Irving of Drum» bezeichnet, obwohl ihr Vater, Obrist von Irving, als Salzgraf im hessischen Allendorf amtierte, die Brüder friderizianische Offiziere waren und sie selbst von ihrem Vetter Breitenbauch, einem Gutsherrn auf Bucha in der Goldenen Aue, als Delia besungen wird, «die zuerst Kattens (das heißt Hessens) Nymphen sahen». – Tatsächlich stand am Anfang der Familie (wie 1756 ein Wilhelm von Irving den schottischen Irvings, zu denen aber bis dahin keinerlei Beziehung bestand, mitteilte) ein Gilbert Irving, der, 1485 von Aberdeen nach Ostpreußen gekommen, hier in den Deutschen Orden eingetreten und in Deutschland geblieben war. Seit nahezu dreihundert Jahren lebten und arbeiteten dessen Nachkommen, wie Wilhelm von Irving schrieb, als Juristen, Offiziere und Theologen in Königsberg und Berlin, in Danzig, Frankfurt und Hessen wie auch der Salzgraf von Allendorf.
Konkordias Leben war nicht leicht. Elf Kinder hatte sie in siebzehn Ehejahren geboren und sechs von ihnen früh wieder begraben. Der Mann an ihrer Seite zeigte sich zwar auf gesellschaftlichem Parkett liebenswürdig, im Familienkreis aber war er ein Nörgler, ein Pedant und schwer zu ertragen. Und das im

steigenden Maße. Nachdem durch seine Torheit und berufliche Untüchtigkeit Konkordias Vermögen durch Bezahlung seiner Schulden dahingeschwunden war, verschärfte sich die daraus resultierende Diskrepanz zwischen feudalem Anspruch und mangelnden Ressourcen. Konkordia, stolz, streng, fest, klagte nicht. Doch die «Feierliche Übergebung an Gott, in dem 40. Jahr meines Alters, den 12. Oktober 1763» geschrieben, ein Dokument frommen Protests, läßt ahnen, wie diese Frau, durch ihre Stellung gezwungen, «in der Welt» zu leben, am falschen Schein dieser Welt litt. Mit bebendem Herzen und gebeugtem Knie übergibt sie, wie sie schreibt, Leib und Seele, sie übergibt die Verstandes- und Willenskräfte, alle Neigungen, Absichten, Wünsche ihrem Gott und gewinnt, durch diesen radikalen Rückzug in die Bastion strengsten lutherischen Glaubens, Freiheit und Stärke. – Gelassen trennt sie sich, als Wilhelm von Schardt 1790 stirbt und immer noch weiter Schulden zu tilgen sind, von Möbeln und Silberzeug, von Kupferstichen und Gemälden, die Schardt, obwohl ihm die Mittel fehlten, weiter ohne rechte Sachkenntnis zusammengetragen hatte; sie trennt sich von Haus und Garten in der Scherfgasse (zunächst für die Schardts eine Dienstwohnung, dann, als die Kammerkasse 1756 den Besitz zum Kauf ausbot, vom Rest ihres Vermögens erworben), und sie siedelt, nüchtern ihre finanziellen Mittel bedenkend (eine kleine Rente, vom Herzog bewilligt und von Herzogin Louise um 200 Taler im Jahr aufgestockt), in die Schloßgasse, in eine enge und dunkle Wohnung um. In dem kleinen Haushalt übernimmt sie die Flick- und Näharbeit. Mit stoischer Gelassenheit habe sie, wie sie dem Enkel Fritz nach Jena schreibt, «auf Geist und Herz erfreuende Unterhaltung verzichtet, um dafür mechanisch die Hände zu bewegen». Doch das mache sie nicht unglücklich, im Gegenteil es sei, fährt sie mit geradezu bürgerlichem Behagen fort, für sie eine Freude, am Abend das Geld noch in der Kasse zu sehen, das sie ohne ihre Arbeit hätte ausgeben müssen. Die Pflicht sei der Mutter zur Neigung geworden, sagte Charlotte von Stein, und eine ihrer Enkelinnen fügt hinzu, daß die Großmutter («eine energische, glaubensstarke Matrone mit großen friedvollen schwarzen Augen») alles, was sie tat, ganz tat und manchmal noch ein wenig darüber hinaus ...

Literatur: → Stein, Charlotte von.

Schardt *Ludwig* Ernst Wilhelm von,
genannt Louis (Weimar 11. Januar 1748–3. September 1826 Ilmenau).

In der Wiege bereits durch → Ernst August (der wenige Tage darauf starb) zum Fahnenjunker ernannt, darauf zum «militare» und Hofdienst erzogen. Ein ausgezeichneter Tänzer, begabt, in den Hofballetten die komischen Rollen zu übernehmen, doch für ihn galt, was Schiller 1788 an Körner schrieb, daß in der Familie Schardt die Weiber gescheit, aber die Männer dumm bis zum Sprichwort seien. Darum auch von Carl August, der Witz, Verstand und Talent schätzte, aber nicht Schardts verstaubte «Devotionskunst und -wissenschaft», nach Eisenach zum Drill der wenigen dort stationierten Soldaten abkommandiert. Ein Dienst nur unterbrochen von Schardts aktiver Teilnahme an den Koalitionskriegen 1792–1795, wobei er zum Hauptmann avancierte. – Der Versuch, ihn 1804 als Kammerherrn an Maria Pawlownas Hof zu beschäftigen, scheiterte, da, wie Charlotte von Stein sofort skeptisch bemerkte, die Erbprinzeß durch dieses Engagement bestimmt nichts für ihre Unterhaltung gewönne, denn «dazu sei sein Verstand zu wenig kultiviert». – Mit dem Titel eines «Schloßhauptmanns von Eisenach» noch freundlich geehrt, schob man ihn 1808 in den Ruhestand ab. Er siedelte nach Ilmenau über. Sophie von Rheinbaben, ihm nach langer Brautschaft 1801 angetraut, war bereits 1804 gestorben.

Schardt Sophie Friederike Eleonore von, geborene von Bernstorff (Hannover 1755–30. Juli 1819 Weimar).

Geboren in Hannover, Tochter eines bedeutenden Juristen, aufgewachsen jedoch, da die Eltern früh starben, in Kopenhagen und Hamburg, in dem groß geführten Haus des Oheims, des Grafen → Bernstorff; seit Mai 1788 aber als Karl von → Schardts Frau in dem schlichteren, ärmlichen Weimar zu Hause. Hier hoch willkommen als ein allerzierlichstes Figürchen im Umkreis von Anna Amalias Musenhof! – Mit großen dunklen Augen und lustiger, winziger Stupsnase höchst anziehend, doch noch anziehender durch die Lebhaftigkeit ihres Geistes. Leichthin wußte sie in mehreren Sprachen zu parlieren, übersetzte in fließenden Versen aus dem Englischen, aus dem Italienischen, gehörte mit Gedicht und Prosa zu den begabteren Autorinnen des → «Tiefurter Journals», bewährte sich jedoch ebenso auf den Brettern der Goetheschen Liebhaberbühne. «Ein feines, schlaues, einschmeichelndes Geschöpfchen», nennt sie Schiller, nennt sie sogar «eine Espèce von Dichterin», spricht von ihrem sinnlich-spirituellen Temperament, ihrer Koketterie, ihrer Begehrlichkeit, attestiert ihr aber auch eine ungewöhnliche Delikatesse und Feinheit des Umgangs. – Der Munterkeit ihres Verstandes entsprach die Beweglichkeit ihres Herzens. Ohne Passion konnte sie nicht leben. Gekettet an einen Mann, wohl rechtschaffen, doch von enervierender Langeweile, und ohne Kinder (vier waren ihr bei der Geburt gestorben), wechselte sie unruhig Neigungen und Freundschaften. – Innig und auch ausdauernd ihre Zärtlichkeit für Charlotte von → Stein, der festen, nüchtern-klaren Schwägerin, oder ihre Bewunderung für Herzogin Louise oder die Nähe zu Emilie von Werthern oder zu Goethes «Gustgen», ihr seit holsteinischen Mädchentagen vertraut. Doch auch jeder interessantere Gast in Weimar, seien es nun die Emigranten aus Frankreich oder junge Engländer, die um 1800 die kleine Residenz bevölkerten, weckte ihr Interesse. Ein Mann aber wie Herder, hoch inspiriert als Prediger, Denker, Dichter, mußte dieses Interesse entschieden fesseln. Auch er war sofort enthusiasmiert. Ihre Lebensheiterkeit balancierte die Schwere seines Wesens; ihre Liebenswürdigkeit, ihre Schmeichelkunst erhellten seine Hypochondrien, wofür selbst die Ehefrau nur Worte des Dankes wußte. Auf Sophies Wunsch las Herder mit ihr Anakreon in der Ursprache. Lektionen, die für ihn, der so gerne lehrte und seine Griechen so sehr liebte, die Bezauberung anhaltend vertieften. Noch 1788 nannte er Sophie «liebe, kleine Psycha-

rion» oder «Donna Suavissima, spirito gentil, alma cara». Langsam nur verebbte die leidenschaftliche Schwärmerei, von ihm mühsam in den Grenzen «einer idealischen Seelenliebe» gehalten, allmählich erst nahm sie Züge gelassener Freundschaft an. – Auch Zacharias Werner, diesen unsteten, dunkel-zerrissenen Gast, der um 1807 in Weimar auftauchte und (nach Carl Augusts sarkastischer Bemerkung) wie ein verliebter Kater auf allen Dächern den Kätzchen nachstrich, machte sie zum Vertrauten ihrer Herzensgeheimnisse. Dennoch blieb sie, nach Ansicht der Zeitgenossen, selbst in der Verbindung mit diesem zweideutigen Mann «Weimars ehrbarste Dame». Er, der sehr bald zum Katholizismus überwechselte, war es wohl auch, der zuerst ihren Blick von den interessanteren Männern auf die «interessantere» Kirche lenkte. Die Konversion Fritz Stolbergs, eines Manns ihrer Sphäre und wie Gustgen, seine Schwester, ihr von Kindheit an vertraut, machte ihr zusätzlich Mut, den Schritt zu wagen. Ihr war bewußt, daß dieser Schritt ihre nächste Umgebung tief verletzen mußte, und da sie, trotz ihrem koketten, launischen Hin und Her, ein warmherziger, freundlicher Mensch geblieben war, der niemandem weh tun wollte, blieb für Weimar, bis zu ihrem Tod, Sophie von Schardts Treulosigkeit ihrer angestammten lutherischen Kirche gegenüber verborgen. Charlotte von Stein aber, der Sophie den Übertritt hatte beichten müssen, schrieb ihr, nicht den Schmerz verhehlend, den sie ihren nächsten Menschen zugefügt hatte, daß sie persönlich (in einer Freiheit des Geistes, wie sie «Weimar» angemessen war) ihr gönne, dort zu sein, wo sie am glücklichsten wäre und sei es der türkische Glaube. «Unsere äußerlichen Religionsgebräuche», schrieb sie weiter, «sind ja nur Zeichen des Göttlichen in uns und Gott», fuhr sie fort, «in jedem reinen Herzen willkommen, unter was für einer Form sein Geschöpf es ihm auch darbringt.»
Literatur: → Herder; Stein, Charlotte von.

Schiller Friedrich von

(Marbach/Neckar 10. November 1759–9. Mai 1805 Weimar).

Der Rahmen war einfach genug: die Geburtsstube eine Kammer im Haus des Säcklers Schöllkopf zu Marbach; immer wechselnde Dienstwohnungen des Hauptmanns Schiller das Familiendomizil; Klassenzimmer, Flure, Schlafsäle der Karlsakademie die spartanisch-harte Bleibe des Heranwachsenden. Wenig, sehr wenig von dem Behagen, dem Wohlstand, der Unabhängigkeit der Goetheschen Jugend, doch hier wie dort der gleiche sittliche Ernst, der Glaube an den Primat des Geistes, der gleiche hochzielende Anspruch, der Welt des Geistes und der Bildung anzugehören.
Schiller war ein zartes Kind: schmal und zu schnell gewachsen. Die Schwester erzählt, daß die Kinderkrankheiten oft von gefährlichen Krämpfen begleitet waren und das «Fritzle» früh schon über Brustschmerzen klagte. Die Mutter, mit der er zärtlich zusammenhing, die ihn auch gegen die fordernde Strenge des Vaters abschirmte und Spiel und Spaß mit den Nachbarbuben ermöglichte, diese Mutter hat ihm die breite Stirn, die helle Haut, sie hat ihm das

rötliche Haar, die blauen, lichtempfindlichen Augen, die leicht entzündlichen Lider vererbt. – Schonung wäre bei dieser Konstitution am Platz gewesen. Doch weder der Vater noch die Schule waren geneigt, Rücksicht zu nehmen. In jedem Herbst, vier Jahre nacheinander, hatte der kleine Bursche zum «Landexamen» anzutreten, diesem rigorosen Ausleseverfahren, das dem erfolgreichen «Expektanten» die kostenlose Ausbildung zum Theologen sicherte. Eine finanzielle Erleichterung, auf die ein Militärbeamter wie Kaspar Schiller angewiesen war. Dreimal bestand der Sohn mit Auszeichnung, das vierte Mal versagte er, glich aber den Lapsus rasch wieder aus.

Anders als etwa für Klopstock oder die Dichter des Göttinger Hains, deren In-tyrannos-Rufe eher der literarischen Mode als eigener Lebenserfahrung entsprangen, blickte Schiller, während er die «Räuber» schrieb und «Kabale und Liebe» konzipierte, auf Jahre zurück, in denen er sich, da ein Carl Eugen Rektor seiner Schule war, unmittelbar mit schlimmster Tyrannenwillkür und Despotenlaune konfrontiert sah.

Mit der Ausbildung von «Garten- und Stukkatorknaben» hatte der Herzog 1770, im plötzlich erwachten pädagogischen Eifer, auf der Solitude begonnen, ging dann rasch über die Einrichtung eines Militärwaisenhauses zur Organisation der «Militärischen Pflanzschule» über, die er 1773 zur Militärakademie, einem Gymnasium in Form einer Kadettenanstalt, erhob. – In diese Anstalt trat am 16. Januar 1773 der junge Schiller ein. Zum Schrecken der Familie hatte der Herzog, durch die Resultate des Landexamens, die ihm vorlagen, über die Fortschritte der «begabten Subjekte» unter seinen Landeskindern orientiert, den Dreizehnjährigen für die Karlsschule reklamiert. In «devotester Submission» suchte der Vater mit dem Hinweis, daß der Sohn sich zum geistlichen Stande vorbereite, die herzogliche «Gnade» abzuwehren. Vergeblich. Carl Eugen wiederholte den Wunsch, was einem strikten Befehl gleichkam, und verordnete dem künftigen Eleven das Studium der Jurisprudenz. – Für Schiller blieb, wie er zu Gottfried Körner sagte, zeit seines Lebens der erzwungene Eintritt in das herzogliche Institut eine Vergewaltigung und Carl Eugen, «der alte Herodes», der Mörder seiner arglosen Kindheit.

An sich lag der Unterricht in den Händen ausgezeichneter Fachkräfte. Der Lehrplan schloß an den der Lateinschule an. Hinzu kamen moderne Sprachen, Mathematik und Naturkunde, weiter die «Kavaliersfächer» Fechten, Reiten, Tanzen und das Jurastudium. Schlimm aber war der erbarmungslos militärische Drill, durchweg Unteroffizieren, teils üblen Subjekten, anvertraut, ein Drill, der, ohne die Atempause der Ferien, das Schülerdasein von früh bis spät mit hartem Kommando reglementierte. Noch schlimmer war die befohlene und bezahlte Spitzelei, schlimm auch die heuchlerische Lobhudelei im Hofstil, die Carl Eugen von den Eleven erzwang. Am schlimmsten jedoch war für ein sensitives Kind, wie es Schiller gewesen sein muß, die rücksichtslos durchgeführte Trennung vom Elternhaus. Kein Besuch zu Hause war gestattet, selbst nicht beim Tod zweier Schwestern. Die Schwester Christophine durfte den Bruder nie, die Eltern den Sohn nur selten und kurz und auch dann nur im Beisein einer Aufsichtsperson sprechen. Zwar bannten empfindsam-schwärmerische Freundschaften, typisch für Institutionen wie die Karls-

schule, die Gefahr seelischer Verödung, und die verbotene, doch gerade darum mit aller Intensität betriebene Privatlektüre (vor allem Klopstock, Lessing, Wieland, Rousseau, Werke des Sturm und Drang, Goethe) erweiterte den eng umzirkten Horizont der klösterlich Eingeschlossenen. Eigene dichterische Versuche schärften den Sinn für Wort und Form. Aber diese gegen den Schulkomment erschlichenen Erleichterungen hoben Zwang und Drangsal nicht auf. Des jungen Eleven Reaktion war Flucht in Kränklichkeit und Leistungsverfall. Im dritten Karlsschuljahr figurierte Schiller als der Letzte der Klasse. Doch auf dem Tiefpunkt der Entwicklung, etwa Ende 1775, zeichnete sich eine Wendung zum Besseren ab. Die linkische Scheu, die Passivität wichen allmählich einer gewitzten Geschmeidigkeit, einer klugen, energischen Zielstrebigkeit. Das verscheuchte, verschlossene Kind wandelte sich zu dem jungen Mann, der Spaß, Spott, Angriff liebt, dem Mann, der die «Räuber» plant, «ein Buch, das aber», wie er den Freunden ungestüm und hochgemut zuruft, «durch den Schinder absolut verbrannt werden muß».
Vielerlei bewirkte diesen Umschlag. Schillers Gesundheit festigte sich. Die Akademie zog nach Stuttgart um. Carl Eugen, dem der Juristen zuviel wurden, wies den Eleven Schiller kurzweg den Medizinern zu. Vor allem aber wurde 1776 Jakob Friedrich Abel sein Lehrer. Dieser kleine, behende, grundgescheite Mann aus dem Tübinger Stift, nur acht Jahre älter als sein Schüler und wie dieser durch herzoglichen Machtspruch an die herzogliche Akademie gezwungen, gab dem Aufschwung, der Schiller ergriffen hatte, Richtung.
Selbst von der Weltsicht schottischer Moralphilosophie geprägt, wies er in seinen Vorlesungen auf Adam Ferguson und besonders auf dessen deutschen Übersetzer und Interpreten Christian Garve hin, den Schiller in der Folge «nahezu auswendig wußte». Das philosophische Interesse des jungen Adepten, das zum zentralen, tragenden Interesse seines Daseins werden sollte, war geweckt. Er löste sich aus dem frommen, aus dem klopstockisch-idealischen Überschwang, der seine Jugendtage bestimmt hatte. Blick und Denken richteten sich jetzt auf das Funktionieren der menschlichen Seele. Künftighin versuchte er, als Philosoph, als Dramatiker, als Erzähler, «die Seele gleichsam bei ihren geheimsten Operationen zu ertappen». Bestärkt durch Plutarch und Shakespeare, gilt den «großartigen Verirrungen des Herzens, den Ausschweifungen der Vernunft» seine gesammelte Aufmerksamkeit. Die Schurken, die Helden will er durchschauen, mit der «Totalität des Menschseins» will er ernst machen. Er ist entschlossen, des Menschen Bedingtheit im Guten und im Bösen zuzugeben, doch zugleich, in Frontstellung gegen Materialisten und Skeptiker, seine Freiheit, die Selbstbestimmung im Kampf von Pflicht und Neigung zu behaupten.
Vielleicht war es gerade diese mit Abel erarbeitete «Formel einer heroischen Sittlichkeit», die nun den Eleven Schiller befähigte (obwohl ihn zunächst des Herzogs Zumutung, noch einmal den Studiengegenstand zu wechseln, entsetzt hatte), entschlossen die neue Aufgabe anzupacken, sich in den medizinischen Fachbereich einzuarbeiten, von Jahr zu Jahr die Noten zu verbessern und schließlich 1779 als Primus omnium abzuschließen.

Dieses Examen hätte dem Karlsschüler die Tore der Akademie öffnen müssen. Aber der Prüfungs-Commission schien das Abschlußreferat «Philosophie der Physiologie» trotz glänzenden Qualitäten im einzelnen nicht zum Druck reif. Der Absolvent war allzu kühn und kritisch mit Kapazitäten der Zeit umgesprungen. Der Herzog, dem die Arbeit an sich gefallen hatte, der sich aber dem Urteil der Leute vom Fach anschloß, meinte, daß dem Eleven ja ein weiteres Jahr auf der Akademie nicht schade, «wo inmittelst ein Feuer noch ein wenig gedämpft werde, so daß er alsdann, wenn er fleißig fortführe, gewiß noch ein recht großes Subjectum werden könne».

Schiller war empört. Zwar schrieb er, wie befohlen, eine zweite Dissertation, den «Versuch über den Zusammenhang der thierischen Natur des Menschen mit seiner geistigen», eine Arbeit, die auch angenommen und in Druck gegeben wurde. Zugleich aber schrieb er, erbittert und gereizt, die «Räuber», diesen grellen Protest gegen Rechtlosigkeit und Willkür, dieses Feuerwerk radikaler Bilder und Ideen. Das große Subjectum begann seinen Aufstieg.

Am 14. Dezember 1780 entließ die Karlsschule ihren begabtesten Eleven.

Der Ruhm traf Schiller wie ein Blitz! Die «Räuber», vom Autor als «dialogisierter Roman» gedacht und (da sich kein Verleger fand) 1781 im Selbstverlag erschienen, erlebten im Jahr darauf, am 13. Januar im Mannheimer Nationaltheater, die Uraufführung. Der Beifall war frenetisch, der Erfolg ohne Beispiel. Die deutsche Bühne hatte ihren genialsten Dramatiker gefunden.

Noch aber band ihn militärische Dienstpflicht an Stuttgart. Carl Eugen hatte ihn nach Beendigung der Akademiezeit, sicher mehr aus Verlegenheit (da er über nichts Besseres verfügte) als aus Ranküne, zum Regimentsmedicus der Augéschen Grenadiere ernannt: ein kümmerlicher Posten, kümmerlich besoldet, in der kümmerlich-grotesken Feldscher-Uniform (was den jungen Arzt erboste), bei einem Haufen ausgedienter Krüppel und Invaliden, die Schiller bald kaum mehr interessierten.

Zur Uraufführung der «Räuber» machte sich der angehende Dramatiker heimlich, ohne Urlaub, der ihm wohl verweigert worden wäre, auf den Weg. Eine zweite Fahrt nach Mannheim im Mai desselben Jahres, wieder ohne Genehmigung, kostete Schiller vierzehn Tage Arrest. Und als kurz darauf in Chur die Wochenschrift «Der Sammler» einen geharnischten Protest gegen die «Räuber» veröffentlichte, wo im zweiten Akt Spiegelberg Graubünden das «Athen der heutigen Gauner» nennt, beorderte Carl Eugen den Dichter zu sich nach Hohenheim und befahl ihm kurzweg, «bei Strafe der Kassation, keine Komödie mehr zu schreiben». Das war ernst gemeint. Trotzdem wagte Schiller, noch einmal «untertänigst und treugehorsamst um die gnädige Erlaubnis zu bitten, auch fernerhin literarische Arbeiten bekannt machen zu dörfen», doch die einzige Antwort war die Anweisung des Herzogs an General Augé, «besagten Regimentsmedikus unverzüglich in Arrest zu nehmen, wenn er sich unterstehe, weitere Gesuche einzureichen». – Daß unterdes eine «zwote, verbesserte» Auflage der «Räuber» (mit dem «In tyrannos» im Titel) in Frankfurt und die Laura-Oden mit «der Anthologie auf das Jahr 1782» in Stuttgart erschienen waren, entging der herzoglichen Aufmerksamkeit.

Friedrich von Schiller, Ölgemälde von L. Simanowitz, 1793.

Schiller aber, das Schicksal des Dichters und Publizisten Schubart vor Augen, den Carl Eugens Rache, ohne Prozeß und Rechtsanspruch, seit fünf Jahren im Kerker des Hohenasperg festhielt, entschloß sich zur Flucht. Am späten Abend des 22. September 1782 rollte sein Wagen nur wenige Kilometer nordwärts an der Solitude vorbei, die zu Ehren illustrer russischer Gäste im Glanz tagheller Illumination erstrahlte, der Grenze zu. Andreas Streicher, ein Musiker, jung und arm wie der Dichter und diesem in liebender Verehrung ergeben, begleitete ihn.

Bitternis, Not und Enttäuschungen durch Jahre erwarteten den Flüchtenden.

Der Reichsfreiherr von Dalberg, Intendant des Mannheimer Nationaltheaters, hatte nicht nur die Aufführung der «Räuber» veranlaßt, er hatte Schiller auch, bei dessen zweitem Besuch im Mai, in einem langen Gespräch die schönsten Versprechungen gemacht. Der junge Dramatiker durfte hoffen, daß der «Fiesko», den er fertig im Reisegepäck mitbrachte, willkommen sei; für sich selbst aber durfte er mit einer festen Anstellung als Dramaturg rechnen.

Doch der Reichsfreiherr, durchaus an jungen Talenten, doch weit mehr noch an ungetrübten Beziehungen zu den benachbarten Höfen interessiert, war für einen Deserteur des Herzogs von Württemberg nicht zu sprechen. Der «Fiesko», so ließ er Schiller mitteilen, schiene ihm noch nicht bühnenreif. Unter äußerstem Druck, armselig in dürftigen Herbergen wie dem «Viehhof» zu Oggersheim logierend, nur gestützt und ermutigt durch Streicher, der das Elend und die kärglichen Ersparnisse der Mutter mit ihm teilte, erarbeitete Schiller die gewünschte neue Fassung. Am 8. November reichte er, sorgsam ins reine geschrieben, das Trauerspiel der Theaterleitung ein. Auch in dieser Form überzeuge ihn das Stück nicht, erklärte die Exzellenz lakonisch. Die Honorierung der Arbeit, um die Schiller dringlich bat, «da schnelle Hilfe alles ist, was ich itzt denken und wünschen kann», unterblieb. – Andreas Streicher nahm es klaglos hin, daß durch Dalbergs Schnödheit auch das, was er zu des Freundes Unterhalt beigesteuert hatte, verloren war.

Charlotte von Schiller, Ölgemälde von L. Simanowitz, 1793.

Die Freundschaft, nicht die Liebe hat in Schillers Dasein immer aufs neue «Epoche» gemacht. Auch wenn er selbst, plötzlich entflammt und hoch passioniert, in den Bauerbacher Frühlingstagen überzeugt war, Charlotte von Wolzogen, der jungen Tochter seiner Wohltäterin, unabdingbar ergeben zu sein, oder kurz darauf glaubte, in Mannheim Anna Margaretha Schwan ebensowenig wie hier und später in Weimar die Baronin Kalb oder im Dresdner Winter von 1787 die hübsche und kokette Henriette von Arnim entbehren zu können: die Exaltation legte sich bald, die Passionen schwanden dahin. – Selbst die zärtliche Zuneigung zu Charlotte von Lengefeld, die Ehe mit ihr, die dem Umgetriebenen den Frieden des eigenen Hauses, auch den gesellschaftlichen Rahmen, vor allem aber das Glück der gut gegründeten Familie, in der Kinder tüchtig heranwuchsen, gab, selbst diese Liebe hinterließ kaum Spuren in seinem Werk.

Anders die Freunde. Sie teilten die großgearteten Abenteuer seines Geistes. Im Kontakt, im Vorwärtsschreiten mit ihnen entwickeln sich seine Gedanken, seine weit ausgreifenden Ideen. Sie erwiesen sich auch als das mächtige Gegengewicht aller Bedrängnis, sie waren Nothelfer in auswegloser Situation. Wieder und wieder bewirken sie «Revolutionen seines Schicksals», die in der Selbstverständlichkeit, mit der das Opfer gebracht und Hilfe gewährt wird, Wundern gleichen. Wundern, an denen allerdings auch die Anziehungskraft, die Größe und Macht des Schillerschen Wesens abzulesen sind! So hatte Andreas Streicher die Flucht vor Carl Eugen finanziert; so übernahm Christian Friedrich Schwan den abgelehnten «Fiesko» und veröffentlichte 1783 das Drama in Buchform; so zahlte Schillers Mannheimer Zimmerwirt, der Maurermeister Anton Hölzel, 1784 eine bös-peinliche Schuld aus Stuttgarter Tagen. Die Großmut der Frau von Wolzogen, die dem Heimatlosen im Winter 1782/83 ihr Gutshaus im Meiningschen Bauerbach als Domizil überließ, die Freundschaft Gottfried Körners, dessen Gast Schiller während der Jahre 1785–1787 in Leipzig und Dresden war, retteten den Dichter aus Obdachlosigkeit und bitterster Not. Und zum Schluß in den schweren Krankheitstagen von 1791 die große Geste aus Dänemark: ein Stipendium des Erbprinzen von

Augustenburg, je 1000 Taler durch drei Jahre, in Verehrung und Liebe gegeben.

Doch diese Freundestaten, in Dankbarkeit hingenommen und genossen, waren keine Lösung des Schillerschen Problems. Dieses Problem, noch verschärft durch alte und immer neu sich häufende Schulden, ein Problem, das er bezwingen mußte, wenn er nicht verderben wollte, war die Organisation seiner Schriftstellerexistenz ohne die Sicherung durch Amt, Sinekure oder Mäzen. Ein schwieriges Unterfangen in einer Zeit, die den Urheberrechtsschutz nicht kannte, in der Erfolg kaum «zu Buche schlug», einer Zeit, in der nur die Raubdrucker verdienten und Ruhm wohl den Namen machte, doch nicht vor Hunger und Untergang bewahrte.

Aufmerksam gemacht durch die Nachricht, daß Schiller in dem weltabgeschiedenen Bauerbach an einem «Bürgerlichen Trauerspiel» arbeite, bot Dalberg, nun wieder ganz Liebenswürdigkeit und Teilnahme, im Sommer 1783 dem jungen Mann die Stelle eines Theaterdichters in seinem Haus an. Schiller griff freudig zu. Endlich ein Amt, verbunden mit der Möglichkeit, ja sogar der Verpflichtung, eigene Arbeiten auf die Bühne zu bringen. Der Kontrakt forderte drei Stücke im Jahr. – Schiller aber, und das war hart, erkrankte, kaum daß er den Dienst angetreten hatte. Monatelang quälte ihn in heftigen Anfällen die «Gallichte Seuche», eine Malaria, die, in den versumpften Festungsgräben Mannheims ausgebrütet, allein in der Stadt 2000 Todesopfer forderte. Getreu seiner Auffassung vom Menschen «als dem Wesen, das will», zwang er sich, mühsam aufrecht gehalten durch gefährliche Roßkuren, zur Erfüllung der übernommenen Pflichten. «Don Carlos» blieb allerdings in den Anfängen stecken, doch der «Fiesko» wird im Januar 1784 und im April wird «Kabale und Liebe» aufgeführt. Den «Fiesko» nimmt das Publikum mit mattem Applaus hin, «Kabale und Liebe» dagegen erringt einen durchschlagenden Erfolg. «Mein Klima ist das Theater, in dem ich lebe und webe, und meine Leidenschaft ist glücklicherweise mein Amt», schrieb Schiller frohgelaunt einem Studienfreund. – Das Amt aber wird ihm genommen, der Vertrag nicht erneuert. Schauspieler, denen der junge Dramaturg unbequem war, hatten seinen Sturz betrieben. Dalberg, indolent und dem leisesten Druck nachgebend, läßt zum zweiten Mal den Mann seiner Wahl fallen.

Wieder stand Schiller vor dem Nichts. In der Zuflucht von Körners guter Gastfreundschaft kann er den «Don Carlos» vollenden. Auch einige Gedichte wie das Lied «An die Freude», wie «Die Künstler» und «Die Götter Griechenlands» entstehen noch, doch Schiller weiß, daß er zur Sicherung seiner Existenz, zumindest vorübergehend, der Dichtung entsagen und «in heroischer Resignation» sich der Brotschriftstellerei zuwenden muß. Bei der Weite und Energie seines Geistes ein Weg, der ihn, trotz der nüchternen Zielsetzung, ins Weite, in neue Bezirke der literarischen Arbeit, der philosophischen Besinnung führt.

Er wird zum Redakteur, Herausgeber und Publizisten. Nach dem mißglückten Versuch, in eigener Regie die «Rheinische Thalia» zu starten, übernimmt er 1785 bei Göschen die Herausgabe der «Thalia» (ab 1793 «Neue Thalia»);

Szene aus «Wallensteins Lager», weimarisches Bühnenbild.

bei Cotta folgen 1794–1797 «Die Horen» und 1796–1800 der «Musenalmanach». Zugleich arbeitet er nach der Übersiedlung von Dresden nach Weimar im Juli 1787 an Wielands «Teutschem Merkur» und in Jena an der «Allgemeinen Literatur-Zeitung» mit. «Ich muß von der Schriftstellerei leben», schreibt er an Körner, der den Freund in dessen eigenstem Bereich esoterischer Dichtung festhalten möchte, «also muß ich auf das sehen, was einträgt». Die Journale und Almanache zahlen gut. Schiller gehört zu ihren begehrten Autoren. Erzählungen wie der «Verbrecher aus verlorener Ehre» oder das in vielen Folgen erscheinende Romanfragment «Der Geisterseher» zeigen ihn als funkelnden, Lesespannung erzeugenden Schreiber. Die Rezensionen, mit denen er furchtlos in die literarische Diskussion eingreift, setzen neue Maßstäbe. Kritische Essays von den «Philosophischen Briefen» der Dresdner Zeit bis zu den großen Abhandlungen, in der intensiven Auseinandersetzung mit antiker Literatur und Kunst, mit Kant, mit Goethe entstanden, formulieren das philosophisch-ästhetische Programm des Klassizismus. Darunter «Über Anmut und Würde» und «Über naive und sentimentalische Dichtung».

Es war eine harte Fron. Besonders da noch, von seinem leidenschaftlichen historischen Interesse inspiriert, die Edition vielbändiger Reihen nach französischem Vorbild wie die Sammlung der «Merkwürdigsten Rebellionen», der «Historischen Memoires», der «Merkwürdigen Rechtsfälle» hinzukam und Schiller sich außerdem als Historiograph versuchte. 1788 veröffentlichte er den «Abfall der vereinigten Niederlande» (was ihm 1789 die unbesoldete Geschichtsprofessur in Jena einbrachte) und 1791–1793 die «Geschichte des 30jährigen Krieges»: Darstellungen, wie sie bis dahin die deutsche Geschichtsschreibung nicht kannte, luzid, kenntnisreich und mit hinreißendem rhetorischem Schwung geschrieben. Der buchhändlerische Erfolg übertraf noch den Bühnenerfolg der «Räuber».

Langsam konnte er die Schuldenlast abtragen. Eine Hilfe waren die 200 Taler jährlich, von Carl August zögernd und beschämt ob der Dürftigkeit der Zuwendung gewährt, ein Betrag, der sich 1799 verdoppelte und 1804 auf 800 Taler

stieg. Immerhin durfte Schiller 1790 wagen, Charlotte von Lengefeld zu heiraten; er hielt sich Diener und Reitpferd, kaufte 1797 das Gartenhaus in Jena und 1802 das Haus an der Esplanade in Weimar, wohin er 1799, um Goethe und dem Theater näher zu sein, von Jena umgezogen war.
Vierzehn Stunden sei er täglich, lesend oder schreibend, in Arbeit, schrieb Schiller im Juli 1790 an Körner, und noch im September beglückwünschte er sich zu einer Gesundheit, die «bei so überhäufter Arbeit nicht gelitten» habe. Wenig später aber, im Januar 1791, wird er von einem heftigen Fieber (heute als kruppöse Lungenentzündung diagnostiziert) gepackt. Eine Rippenfellvereiterung, eine chronische Bauchfellentzündung mit schweren Störungen der Darmfunktion folgen. Nur Pausen scheinbarer Erholung sind ihm von da an gegönnt. Wechselnd überfallen und schütteln ihn, in immer schmerzhafteren Stößen, fiebrige Erkältungen, Krämpfe und Koliken. Am 9. Mai 1805 führt eine akute Pneumonie zum Ende. – Die Sektion ergab, daß der linke Lungenflügel zerstört, die Herzkammer verwachsen, die Leber verhärtet war. Nur Zähigkeit und angestrengter Wille hatten ihn so lange aushalten lassen.

Nichts vermochte Schiller auf die Dauer von der Aufgabe seines Lebens, der Dichtung, abzuziehen. Nicht die Pflichten des Dozenten, Redakteurs und Journalisten, auch nicht Körperschwäche und Krankheitsqual. Immer wieder versichert er seiner Umgebung, daß er bloß Poet sei und bleibe und auch als Poet sterben werde. Er wehre sich «mit seiner ganzen Abstraktionsgabe, mit der ganzen Fruchtbarkeit seiner Einbildungskraft» gegen den körperlichen Druck, das elendeste aller Hindernisse. Von den Balladen abgesehen, abgesehen auch von der Lyrik philosophischen Inhalts, großgedachten und großgefühlten Gedichten wie «Der Spaziergang» oder «Nänie» oder «Das Ideal und das Leben», entsteht innerhalb eines Jahrzehnts in einer mächtigen Bewegung, in einer Kurve, die gleichsam positiv die dunkle Kurve der Leiden wiederholt, es entsteht, mit äußerster Disziplin dem körperlichen Verfall abgerungen, der Zug der großen Dramen: 1796–1799 der «Wallenstein», 1800 «Maria Stuart», 1801 «Die Jungfrau von Orleans», 1802 «Die Braut von Messina», 1804 «Wilhelm Tell». Die Arbeit am «Demetrius» unterbricht der Tod.
Das Publikum, die Leute, die Deutschen, die er «inkommodieren, ihnen ihre Behaglichkeit verderben, sie in Unruhe und Erstaunen setzen will», stimmen ihm zu. Enthusiastisch nehmen sie auf, was er ihnen bietet. Wo er auch auftaucht, in den Theatern von Weimar, Berlin oder Lauchstädt, erhebt sich das Parkett und feiert mit lautem Zuruf den Dichter. In Leipzig aber rührt und ergreift nach einer Aufführung der «Jungfrau» der Anblick der hohen Gestalt, hager und leicht gebeugt, es ergreift die Leichenblässe, die spürbare Hinfälligkeit des großen Mannes die Masse, die eng gedrängt auf dem Platz vor dem Theater wartet, ihn zu sehen. Schweigend öffnet sich ihm eine Gasse, die Männer entblößen das Haupt, Väter heben Kinder in die Höhe und deuten: «Dieser ist's.»
Der Bund mit Goethe jedoch, von Schiller durch Jahre mit drängender, oft zornig-verletzter Ungeduld ersehnt, dann endlich durch das Gespräch über die

«Urpflanze» an jenem Julitag 1794 und noch entschiedener gegründet durch Schillers Brief vom 23. August (in dem er «mit freundschaftlicher Hand» die Summe der Goetheschen Existenz zog), dieser Bund gab Schillers letztem Jahrzehnt Glanz und hohe Serenität. Mehr als ein Erddiameter, sagte Goethe, habe ihn vom Autor der «Räuber» und des «Don Carlos» getrennt, nun aber bekennt er, daß der Freund ihm eine zweite Jugend geschenkt und ihn wieder zum Dichter gemacht habe. Ein Austausch, eine Wechselrede großen Stils, ein Gespräch kongenialer Geister hatte eingesetzt. Sie förderten einander durch tätige Hilfe, durch zarte Schonung, durch aufmerksames Hinhören auf Gedanken, Ideen, auf Werkpläne des andern. Liebe und Bewunderung wuchsen; wuchsen bei Goethe weiter, auch nach dem Tod des Freundes. «Ich kann, ich kann den Menschen nicht vergessen», rief er, als Anna Amalie Wolff bei ihm den «Epilog zur Glocke» einübte, und als Ottilie, Goethes Schwiegertochter, erklärte, Schiller langweile sie, wandte der Uralte sich ab und sagte nur: «Ihr seid alle viel zu armselig und irdisch für ihn.»

Schlangenstein → Klauer, Gottlieb Martin.

Schloß zu Weimar

Castrum oder Hus tu Wymar (um 900–1424)
Eine Wasserburg, im Ring von Wall, Graben und Palisaden um einen weiten Hof erbaut; wohl um 900 im sumpfigen Gelände links der Ilm, auf einer mäßigen Bodenwelle angelegt, die die Anlage bei Hochwasser abschirmte. Diese Burg war Sitz der Grafen von Weimar (nach 1060 durch Heirat und Erbfolge zusätzlich von Orlamünde), eines Geschlechtes, das aber, durch Jahrhunderte beteiligt am erbitterten Gerangel der großen Familien um die Macht im mitteldeutschen Raum, 1346 in der «Thüringer Grafenfehde» die Reichsunmittelbarkeit einbüßte und zu Vasallen der mächtig ausgreifenden Wettiner Markgrafen absank. Wenige Jahrzehnte später, 1373, fügten die neuen Herren, bei Erlöschen des Hauses Weimar-Orlamünde, auch die Weimarer Burg der Kette ihrer eigenen Wohnsitze ein, nutzten sie allerdings zunächst nur als Nebenresidenz. – Diese historischen Abläufe sind für uns in wenigen, dürftigen Nachrichten faßbar. Eine erste Erwähnung gilt dem Fürstentag, einem Conventus magnus, am 3. Juni 975 von Kaiser Otto II. «in wimares» einberufen; registriert sind auch 984 und 1002 Belagerungen und 1174 und noch einmal 1214 schwere Angriffe, die fast zur Vernichtung der Burg führten. Festgehalten ist ebenfalls, daß die Weimarer Grafen um 1250 die Behausungen ihrer Mannen, die Hütten ihrer Bauern, Handwerker und Taglöhner in das Befestigungssystem einbezogen und die Siedlung zur Stadt ernannt hatten. Kräftige Förderung erfuhr diese allerdings erst während der Wettiner Herrschaft: 1407 Befreiung der Bürger vom Frondienst; 1410 Verleihung des «Stadtrechts von Weißensee», das Weimar, nun ranggleich, den älteren wettinischen Städten gesellte. Die Besteuerung und die Verwaltung wurden geregelt, das Marktwesen verbessert, dem Rat die niedrige Gerichtsbarkeit übertragen und das Pali-

sadenwerk allmählich durch einen doppelten Mauerring mit vier befestigten Toren und zehn wehrbaren Türmen ersetzt. – Weder das Brandunglück von 1299 noch das große Feuer von 1424, das die Stadt zur Hälfte, Burg und Pfarrkirche aber völlig einäscherten, unterbrachen ernstlich die Anstrengungen, die besonders in den Jahrzehnten der bedachtsamen Regierung Wilhelms III. (1440–1482) ihren steten Fortgang nahmen.

Der Hornstein (1424–1618)

Auch der Wiederaufbau des Hornsteins (so jetzt der Name der Burg) ging langsam voran. Unter Nutzung des alten Fundaments erhob sich wieder im Oval der sorgsam mit Wall, Graben, Mauer und Zugbrücke instandgesetzten Befestigungsanlage der Schloß- oder Hausmannsturm. Die Wohn- und Wirtschaftsgebäude, die Werkstätten und Stallungen, in Etappen erbaut, die nur vage zu fixieren sind, besetzten den Ring. – So meldet 1439 ein Wappenstein die Fertigstellung des Torbaus (von Hofdamen, die späterhin hier ihre Wohnung fanden, spöttisch «Bastille» genannt); 1569 wird zwischen den beiden blockartigen Pavillons des Ostflügels ein «Aufritt» konstruiert, der dem Fürsten erlaubt, ohne ab- oder auszusteigen, reitend und fahrend, die eigenen Gemächer zu erreichen. – Hundert Jahre aber zuvor, 1461, hatte Herzog Wilhelm, frommen Sinnes, St. Martin (bereits 1233 als Burgkapelle erwähnt) zur Kollegiats-Stiftskirche erhoben. Ihr Ort war, verbunden mit der Gruft der fürstlichen Familie, flankiert von einem mächtigen, achteckigen Turm, das Südende des Osttrakts. 1520 wurde die Kirche zu einem schmalen, hohen, noch ganz spätgotisch empfundenen Raum erweitert, während nur zwanzig Jahre später Nickel → Gromann, begehrter Architekt mitteldeutscher Höfe und in Weimar Erbauer des schönen → Cranach-Hauses am Markt, den alten Torbau mit Renaissancegiebel und Renaissanceportal «modernisierte».
Der unglückselige Ausgang der Schlacht bei Mühlberg, der, im Kampf um die Evangelische Sache, 1547 Johann Friedrich I. die politisch hochwichtige sächsische Kurwürde und das Kurland Sachsen kostete und ihm nur ein, noch dazu geschrumpftes Herzogtum im Thüringischen ließ, machte nun aber Weimar (und das bis 1918) wieder zum ständigen Sitz des Landesherrn. Bis dahin hatte Wittenberg, Mittelpunkt des Kurfürstentums und seit Luthers Auftreten Zentrum der weithin ausstrahlenden reformatorischen Bewegung, die alte Residenz überschattet und in den Hintergrund gedrängt.

Die Wilhelmsburg (1618–1774)

Man weiß nicht viel, immerhin steht fest, daß es der Leichtsinn eines Goldmachers war, dem das Feuer auskam, das am 2. August 1618 den Hornstein in Asche legte. Turm, Portalbau und mancherlei Wirtschaftsgebäude um den weiten Hof blieben zwar verschont, aber der Osttrakt an der Ilm brannte nieder. Mit ihm ging die Kirche, ging der Kirchturm, gingen die Wohnungen der acht Prinzen verloren, die sich «in brüderlicher Landesgemeinschaft», unter Johann Ernsts I. Vorsitz, in das Regiment teilten. – Giovanni Bonalino aus Italien, doch schon seit längerem in Deutschland beschäftigt, übernahm den

Das Schloß zu Weimar vor dem Brande von 1774.

Wiederaufbau. Von Formgedanken des römischen Barocks ausgehend, entwarf er einen großzügig dimensionierten, von Nord nach Süd orientierten Bau, dessen vier Flügel sich jedoch nicht mehr dem überkommenen Oval bequemen, sondern schwer und in strenger Symmetrie das Rechteck eines geräumigen Hofes (120:180) umschließen sollten. Bonalino begann sofort mit dem Bau der Kapelle im Südosttrakt, kam aber nur mühsam voran. Der Große Krieg (Ende Mai 1618 beinahe zum gleichen Zeitpunkt wie der Weimarer Schloßbrand ausgebrochen) lähmte, immer weitere, immer unheilvollere Kreise ziehend, jede frische Aktivität. 1630 konnte noch die Schloßkirche, um ihres ragenden Altaraufbaus «Himmelsburg» genannt, geweiht werden, dann aber stockte der Bau. Auf die Wiedererrichtung des Kirchturms hatte man, Bonalinos Plänen folgend, verzichtet. – Zwei Jahrzehnte gingen dahin, ehe Herzog Wilhelm IV. wagte, im Januar 1651 die Arbeit wieder aufnehmen zu lassen. Er betraute, da Bonalino bereits vor 1633 gestorben war, mit der Bauführung Johann Moritz Richter (I), den begabten Sohn seines tüchtigen Hofmalers Christian Richter (I). Er selbst wurde, lebhaft an allen baulichen Fragen interessiert, wie die fürstlichen Memorialbücher zeigen, durch die Jahre nicht müde, in allen Schwierigkeiten dem Baumeister klug-verständig beizustehen. Mit Recht trägt das Schloß, das jetzt entstand, seinen Namen. Dessen Baugeschichte ist für die Zeit ungewöhnlich gut dokumentiert: Von des Herzogs Notizen abgesehen, hatte sein Hofmaler schon 1618, unmittelbar nach dem Brand, den desaströsen Zustand der Ostfassade, samt dem zusammengestürzten Turm von St. Michael, festgehalten; 1636 nahm er Bonalinos Neubau, soweit er stand, sorgfältig auf; sein Sohn zeichnete zehn Jahre später das «Kircheneck», mit spürbarem Interesse am architektonischen Detail, und gab das Blatt in Kupfer gestochen als Vedute heraus. Mit gleicher Sorgfalt beachtete der Architekt im Fortgang der Arbeit in der Einteilung der Geschosse, mit Schnitt und Rahmung der Fenster, mit der Belebung des Mauerwerks durch Pilaster und Rustikasockel den Entwurf seines Vorgängers. Er eliminierte

Das Schloß zu Weimar nach dem Brande von 1774.

aber, den Hof nach Süden öffnend, den von Bonalino vorgesehenen vierten Flügel und kam so zur Konzeption eines Dreiflügelbaus, der zum Vorbild vieler mitteldeutscher Schloßanlagen wurde. Da aber trotz der fürstlichen Teilnahme die Mittel knapp waren und blieben, wuchs, zwischen Abbruch und Aufbau, die Wilhelmsburg nur in mählichen Phasen, die deutlich an den etwa vierzig Blättern abzulesen sind, mit denen Wilhelm Richter, der Maler, die Anstrengungen seines Bruders begleitete. – Als im Mai 1662 Herzog Wilhelm starb, standen Ost- und Nordtrakt, der Westflügel aber war nur vier Achsen weit gediehen. Das änderte sich in der Folge nicht; die Wilhelmsburg blieb Stückwerk. Des Herzogs Sohn war desinteressiert, und selbst der Enkel Wilhelm Ernst, dem Großvater nach Anlage und Intention verwandt, verzichtete, von den Landständen zur Sparsamkeit ermahnt, auf die Vollendung des Baus. Er ließ nur, aus Neigung zu Oper und Kammermusik, unter dem großen, von einer Kuppel gekrönten Schönen Saal (auch «Sprach-» oder «Schallsaal» genannt) durch den Venezianer Girolamo Sartorio 1696 eine mit der notwendigen Maschinerie wohl ausgestattete Oper einrichten (wo 1708–1716 Johann Sebastian Bach als des Fürsten Hoforganist und Konzertmeister wirkte) und beauftragte 1726 Gottfried Heinrich → Krohne, den gotisch zugespitzten Helm des Schloßturms durch eine barocke Haube zu ersetzen und das alte Gemäuer so zu stabilisieren, daß dem Turm die Zentnerlast der fünf Glocken aus Ilmenauer Erz zuzumuten war, die der Fürst bereits 1712 von Nikolaus Jonas Sorber aus Erfurt im Welschen Garten, neben seinem Schloß, hatte gießen lassen. Begierig, endlich auch das «feyerlich und angenehm tönende Geläuth» zu vernehmen, lockte er Krohne mit der Zusicherung der Oberbaumeisterstelle herbei und versprach ihm zunächst 500 Taler, «wann Dero großer Glockenturm das erste Mal geläutet werden könne . . .». Der Baumeister löste die knifflige Aufgabe; Herzog Wilhelm Ernst aber starb im August 1728, zwei Monate vor dem ersten Geläut. – Die nach ihm kamen, taten wenig oder nichts für das alte Schloß; der Bonalino-Richter-Bau war ein Torso.

Das Schloß zu Weimar von Nordosten, kolorierter Kupferstich von G. M. Kraus, 1805.

Die Carlsburg (1774–1918)

Wieder ist die Ursache nicht eindeutig geklärt. Das offizielle Bulletin spricht von einem Blitz, der unbemerkt während eines Gewitters in der Nacht zuvor gezündet habe; wahrscheinlich aber ist doch ein schadhafter Rauchfang schuld, daß plötzlich am 6. Mai 1774, um die Mittagszeit, im Küchentrakt ein Feuer ausbrach, das in einem wilden Furioso, von Stockwerk zu Stockwerk springend, in wenigen Stunden den weitläufigen Gebäudekomplex leerfegte. Die schweren Mauern hielten stand, doch die lodernden Dächer stürzten in die Tiefe, durchschlugen, alles mit sich reißend, die Decken und Fußböden der Säle und Wohnungen, der Kanzleien, Küchen und Vorratskammern, der Raritäten- und Kunstkabinette; sie vernichteten im Sturz sorgsam zusammengetragene Sammlungen und verwandelten Oper und Kirche in Ruinen. Nur der Schloßturm und das Gewinkel um den alten Torbau blieben auch dieses Mal verschont. – Fluchtartig, im Déshabillé, da sie, leicht erkrankt, das Bett gehütet hatte, mußte Anna Amalia das Schloß verlassen. Geheimrat von Fritsch, der Regentin Erster Minister, bot der Herzoginmutter Zuflucht. Monate später kaufte sie dessen Haus und formte es zu ihrem «Wittumspalais» um. Carl August, der Erbprinz, bezog das «Fürstenhaus», Eigentum der Landschaft und eben erst von den Ständen für die Bedürfnisse dieser Körperschaft erbaut. – Obwohl das bis zum Dachfirst noch nahezu intakte Mauerwerk eine rasche Instandsetzung der Residenz nahegelegt hätte, hinderten die leeren Kassen jedes ernstliche Planen in dieser Richtung. Es müßten erst noch «dringendere Dinge hergestellt und in Ordnung gebracht werden», schrieb Anna Amalia ihrem Vater und schickte eiligst den ihr freundlich überlassenen Hofbaumeister Fleischer, mit einem Gnadengeschenk von 50 Talern, nach Braunschweig zurück. Man hielt sich lieber an den Rat des Dresdner Architekten Eigenwillig, der dahin ging, die losen Trümmermassen beiseite zu schaffen, Wölbungen abzustützen, den Gebäudekomplex vor Regen und

Das Schloß zu Weimar von Südosten, kolorierter Kupferstich von G. M. Kraus, 1805.

Wind durch provisorische Überdachungen zu sichern und den Zugang zur fürstlichen Gruft einstweilen zu vermauern.
Goethes Tagebuch vermerkt bereits im September 1778 «Grillen zum neuen Schloßbau», spricht wenig später von «viel Liebe zur Baukunst», hält im Oktober 1786 in Venedig fest, daß es mit der Baukunst täglich besser gehe und man schwimmen lerne, wenn man ins Wasser komme. – Der Herzog aber entschloß sich erst Ende der achtziger Jahre, als die Erneuerung der Abstützungen und Notdächer wieder beträchtliche Summen zu verschlingen drohte, die Gelder sinnvollerweise zum Wiederaufbau der Ruine zu verwenden. Auf seinen Wunsch bildete sich im März 1789 die Schloßbaukommission, ihm verantwortlich für Beginn und Fortdauer der Arbeit. Mitglieder waren Goethe, von Wedel, Voigt und Kammerpräsident Schmidt, denen sich 1797 (während Goethes dritter Reise in die Schweiz) von Wolzogen und 1802 als Kontrolleur der Rechnungsführung Ingenieuroffizier Vent gesellten. – Größte Schwierigkeiten bereitete durch die Jahre die Finanzierung des kostspieligen Projekts. Ein Problem, das in Voigts und Schmidts Ressort fiel, während Goethe vordringlich den ganzen Komplex künstlerischer Fragen, die der große Bau aufwarf, zu bedenken hatte. Eine Aufgabe, der er sich mit nie nachlassendem Eifer unterzog. Oft war er täglich auf dem Bau zu finden, an allem interessiert: an den Materialien, den Techniken, der stilistischen Ausformung. Er wurde nicht müde, aufzumuntern, auszugleichen, anzutreiben. Zwar verfügte das fürstliche Bauwesen unter Leitung des Baukondukteurs → Steiner über Maurer, Gipser, Dachdecker und Zimmerleute. Doch es fehlte an qualifizierten Handwerkern, an Spezialisten wie Quadratoren, Stukkateuren, Ebenisten, an wendigen Malern und Bildhauern, die einer fürstlichen Wohnung den fürstlichen Glanz zu geben wußten. Vor allem aber fehlte der Architekt, denn Johann Friedrich Rudolph Steiner, seit 1774 in weimarischen Diensten, war tüchtig und erfahren in der Überwachung und Organisation der praktischen Arbeit am Bau, doch ihm fehlte jeder Impetus künstlerischer Einbildungs-

kraft. «Nur die mechanische Ausführung» war ihm, wie Goethe schrieb, abzuverlangen. – Von den Künstlern, an die man sich versuchsweise wandte, schlug W. Tabeuf, verdienter Pensionär des französischen Königs, einen splendid von einer Säulenhalle umkränzten Dreiflügelbau vor; sein Landsmann Clérisseau entwarf die für Weimarer Verhältnisse allzu aufwendige Dekoration des Festsaals; man beriet sich mit Wilhelm Chryselius, Stiftsbaumeister in Merseburg, auch mit Carl Wilhelm Dauthe, Baudirektor des Leipziger Rats: der eine ausgewiesen durch Bad Lauchstädts Rokoko-Charme, der andere durch ingeniöse Bauten wie das berühmte Gewandhaus. Goethe aber optierte für den Hamburger Johann August → Arens, dessen Eifer er beim Studium antiker Baukunst in Rom beobachtet und den er warm dem Freiherrn von Hardenberg als Stipendiaten empfohlen hatte. Doch trotz diesen freundlichen Reminiszenzen ging Arens nur zögernd auf Goethes Ruf ein. Man spürt, daß ihm, obwohl ihn der Herzog mit dem Titel eines Baurats auszeichnete und die Honorare gut waren, wenig daran lag, den Hamburger Arbeitsbereich gegen den kleinen thüringischen Hof einzutauschen. – Dreimal, doch stets nur für Tage, tauchte er zwischen 1790 und 1791 an der Ilm auf. Dennoch gelang es ihm, das halb zerstörte Mauerwerk, das er zu nutzen hatte, zusammenzufassen und großzügig zur Einheit zu binden. Seinem klassizistischen Credo gemäß, betonte er die Horizontalen der Fassade, verzichtete auf die Kuppel des Festsaals, verzichtete auf den Einbau von Kirche und Oper und schloß die Lücke zwischen den beiden Pavillons der Ostfassade mit einem lebhaft und gut gegliederten Portal. Der Aufritt wich einer Durchfahrt, wich dem lichten Treppenhaus. Den überlängten «Sprachsaal» verkürzte Arens und schlug für den Wohntrakt der fürstlichen Familie eine Aufteilung des vorhandenen Raums in kleinere Appartements und behagliche Suiten vor. – Seine Anweisungen, darunter auch 1792 ein erster Entwurf zum → Römischen Haus, scheinen so klar und das Material an Grundrissen und Profilen, das er hinterließ, so reichhaltig gewesen zu sein, daß die Baukommission, gestützt auf die heimischen Handwerker, auch ohne Anwesenheit des Architekten, wenn auch (entsprechend dem jeweiligen Kassenstand!) oft nur schleppend, um 1796 den Rohbau fertigstellen konnte. – Zugleich hatte man, um die kaum ausgelasteten Arbeitskräfte zu beschäftigen, die lang geplante Trockenlegung der Festungsgräben und des Küchteichs begonnen und vorangetrieben, hatte Reste der Wehrmauern abgetragen, Brücken und Übergänge abgebrochen und aus dem Weg geräumt. Die Wilhelmsburg, halb Mittelalter, halb Barock, verschwand; ein Schloß, nun im Geschmack des modischen Klassizismus, weit zum entstehenden Park geöffnet, wuchs langsam aus den Ruinen.

Goethe, seit mit Arens nicht mehr zu rechnen war, eifrig auf der Suche nach einem Architekten, dem der Innenausbau des Schlosses anzuvertrauen war, entdeckte im September 1797 in Stuttgart Nicolaus Friedrich → Thouret und war wohl sofort entschlossen, den in Paris und Rom vorgebildeten Maler und Baumeister für Weimar zu gewinnen. Auch Thouret lockten Ehre und Aufgabe dieses Angebots. Beide Seiten, weder der Künstler noch die Weimarer Kommission, konnten zu diesem Zeitpunkt übersehen, daß Herzog Friedrich von

Württemberg (eben erst im Dezember 1797 zur Herrschaft gekommen) kaum gewillt war, auch selbst nur vorübergehend, seinen Hofbaumeister mit anderen zu teilen. Es bedurfte immer wieder drängender Bitten des «Durchlauchtigsten Fürsten, des freundlich geliebten Herrn Vetters in Sachsen», um Thouret Urlaubstage in Weimar zu erwirken. – Ein erstes Mal kam der Architekt, freudig begrüßt, im Sommer 1798. In den fünf Monaten, die er blieb, bereitete er, während er zugleich zu aller Zufriedenheit das → Hoftheater umbaute, die Räume des Louisentrakts so weit vor, daß er hoffen durfte, von Stuttgart aus den Innenausbau der Herzoginnenwohnung kräftig fördern zu können. – Doch er hatte weder die Schwierigkeiten des Transports noch das Arbeitsvolumen, das Herzog Friedrich ihm aufbürdete, bedacht. Trotz allen Versprechungen gingen stockend nur, in Pausen, Entwürfe, Zeichnungen, Modelle in Richtung Weimar ab: dort dennoch immer dankbar, oft sogar, wie etwa Antonio Isopis Stuckarbeiten, mit entzücktem Beifall entgegengenommen. Leider aber schlug die Freude immer häufiger in Verärgerung um, da sich herausstellte, daß die Montierung der Werkstücke kaum ohne den entwerfenden Künstler zu bewältigen war. – Selbst Heinrich → Meyer, als ein Kunstsachverständiger von Goethe zu Thourets Stellvertreter ernannt, wußte meist keinen Rat. – Im Dezember 1799 tauchte Thouret, jedoch nur für zwei kurze Monate, wieder in Weimar auf. Energisch, wie er war, sammelte er sofort alle Fäden in seiner Hand. Er organisierte die Arbeit, koordinierte die Arbeitskräfte. Ein Rechenschaftsbericht, von ihm verfaßt, hält fest, daß in elf Räumen (Louisentrakt, Treppenhaus, Großer Saal, Appartement des Herzogs) zugleich Stukkateure, Maler, Ebenisten am Werk waren. «Ich habe schrecklich zu arbeiten», schreibt er einem Stuttgarter Freund und gesteht stolz, daß er «die höchste Zufriedenheit Sr. Herzogl. Durchlaucht allhier» genieße. Auch Goethe, auch die Kommission ist zuversichtlich. Befriedigt beobachten sie, daß Thouret sich genau notierte, wo es fehle und was nächstens von Stuttgart zu liefern sei. – Doch, von den schweren kriegerischen Unruhen abgesehen, empfingen Thouret zu Hause strikte Befehle seines Herrn, die auszuführen waren. Erst Anfang Juni, nachdem Herzog Friedrich beim Einfall der Napoleonischen Armee nach Franken geflüchtet war, gelang es Thouret, wieder eine Sendung für Weimar fertigzumachen. Zugleich versprach er, jetzt Herr seiner Zeit, im Sommer in Weimar die Arbeit erneut aufzunehmen. Dann aber verstummte er. – In Weimar, wo man ihn dringend brauchte, war man ratlos. Man wußte sein Schweigen nicht zu deuten. Goethe schrieb, mahnte, bat. Wolzogen schaltete sich ein. Stuttgarter Freunde, besonders Dannecker und Rapp, erinnerten den jungen Künstler an seine Pflichten, seine Zusagen. In Güte, im Zorn versuchten sie, den Säumigen zum Aufbruch zu bewegen. Er gab sein Wort, ihren Ermahnungen zu folgen, doch er blieb, ohne auch nur ein Zeichen zu geben, wo er war. – Da verlor Carl August die Geduld. Enttäuscht und verärgert nahm der Fürst die Verbindung zu Heinrich → Gentz in Berlin auf. Thouret aber ließ er Anfang November mitteilen, daß er auf seine Dienste verzichte.

Treppenhaus im Schloß, Zeichnung von A. Pretzsch, 1974.

 Thouret war bestürzt, war verzweifelt. Er wandte sich an Goethe, an Wolzo-

gen. Freimütig gab er seine Nachlässigkeit zu, beteuerte aber zugleich (was beide Adressaten erstaunte) das heftigste Verlangen, die Arbeit in Weimar fortzusetzen. Stillschweigend hatte man im Kreis der Baukommission bis dahin angenommen, daß die Trakasserien, die Eifersüchteleien der heimischen Handwerker, die wohl zu beschwichtigen, doch nicht abzustellen waren, daß Neid und Mißgunst des Hofbaumeisters Steiner dem Stuttgarter Architekten die Rückkehr nach Thüringen verleidet hätten. Thourets Reaktion machte für Goethe, wie er Wolzogen schrieb, «dessen monatelanges Stillschweigen nun noch unerklärlicher». Er übersah nicht, worauf Thourets Biograph Paul Färber hinweist, wie erbarmungslos im fernen Württemberg die Kriegslast auch einen Thouret niederschlug. Er wußte auch nichts von der Liebesbindung des jungen Mannes an Christiane Schuler, der sich die Familie vehement widersetzte, was Thouret in Verwirrung und Depression stürzte. Die gewohnte Frische und Elastizität waren ihm abhanden gekommen; Aufgaben, die er sonst leichthin löste, wie etwa den Entwurf der Weimarer Schloßtreppe, lähmten ihn, ohne daß er sich seinen Auftraggebern hätte erklären können. – Nun, da zu seinem Schrecken alles verloren war, versuchte er aufgeregt nachzuholen, was er versäumt hatte, doch jetzt versagte sich ihm Weimar.
Ein Prememoria, am 7. Dezember 1800 von Heinrich → Gentz niedergeschrieben, der mit Vergnügen Carl Augusts Einladung gefolgt war, macht deutlich, daß der Berliner Architekt schon bei diesem Kurzbesuch Umfang und Grenzen des herzoglichen Auftrags erkannte. Vor allem sah er, daß Eile not tat, da der jungen, in großem Glanz aufgewachsenen Maria Pawlowna, jetzt noch russische Großfürstin, doch bald durch ihre Eheschließung mit Carl Augusts Sohn weimarische Erbprinzeß, der Einzug in eine Bauruine kaum zuzumuten war. – Bei diesem Zeitdruck forderte Gentz, durchaus mit Takt, doch unmißverständlich, für sich die uneingeschränkte Bauleitung; er forderte auch einen kompetenten Mitarbeiter und schlug als solchen «Amanuensis», den jungen Architekten Friedrich Martin Rabe, vor. Ebenso regelte er schon jetzt die Honorarfragen, und das in einer Höhe, die (wie bei Arens, auch wie bei Thouret) dem Geheimen Rat Voigt sarkastische Stoßseufzer erpreßte, wobei Goethe nur nüchtern darauf hinwies, daß das wohl fatal, jedoch nichts dagegen zu machen sei, wenn man, solle was Schönes entstehen, keinen eigenen Mann habe, «sondern einen solchen mit ansehnlichen Kosten von auswärts borgen mußte». – «Am Schloßbau geht es jetzt scharf», schrieb im Juni 1801 Voigt an Goethe, der in Pyrmont die Kur brauchte. Die Landstände hatten erneut einen Zuschuß bewilligt, und der preußische König, der seinen Oberhofbauinspektor freundlich für Weimar beurlaubt hatte, gewährte im Jahr darauf eine Anleihe von 60000 Talern. – Gentz war im Mai 1801 nach Weimar gekommen, und er blieb, von kurzen Unterbrechungen abgesehen, zwei Jahre. Sein Spielraum war eng und weit zugleich. Ihm war aufgegeben, ohne Bruch (und möglichst ohne Mehrkosten!) an die Arbeiten seiner Vorgänger anzuknüpfen, sie fortzuführen und rasch zu einem glücklichen Ende zu bringen. Grundriß und Folge der Räume lagen fest, doch in Treppenhaus, Falkengalerie und Großem Saal, Raumbildungen, die dann zu schönen Beweisen

Der Hof des Schlosses, um 1985.

seines Talents wurden, korrigierte er Arens, dessen Wucht und Schwere mit wenig Änderungen ins Leichte, Heiter-Lichte wandelnd. Sparsam verwandte schmückende Zutat waren für ihn Friedrich → Tiecks Plastiken und Basreliefs, dazu Conrad Wolffs festliche Girlanden und Friese. – Behutsam schloß sich Gentz auch der Arbeitsweise Thourets an. Er bewunderte die «Kalligraphie» der Zierate, schuf auch mit den Churfürstlichen Zimmern im Nordtrakt, mit dem Pappel- und dem Zedernzimmer ebenso kostbare Interieurs, empfahl aber dringend, schon im Hinblick auf die Zimmerfluchten, die noch auszustatten waren, «in einem breiteren und größerem Style fortzufahren», nicht soviel Fleiß auf das einzelne Ornament zu verwenden, sondern «den Effekt zu beachten», den das Ensemble hervorrief. – Vom Herzog angetrieben und von Goethe, dessen Interesse am Bau nicht nachließ, ermutigt, gelang es schließlich Gentz, den Termin zu halten. Am 1. August 1803 konnte die fürstliche Familie, nach fast dreißig Jahren Exil, wieder die Residenz beziehen; im November folgte das junge Paar.

690 000 Taler hatte das kleine Land unter Mühen, doch ohne wesentliche Steuererhöhungen für die Wiederinstandsetzung der Residenz aufgebracht. Der Westtrakt allerdings war wieder Torso geblieben. Die Napoleonischen Kriege und in deren Gefolge die bitterste Verarmung erlaubten erst um 1830, jetzt auf Befehl Maria Pawlownas und unter Regie ihres Baumeisters → Coudray, auch diesen Bauteil zu vollenden. – Im Innern entstand unter Schinkels Beratung die «Goethegalerie»; es entstanden, bereichert durch mancherlei Bildwerk, darunter Friedrich Prellers Fresken, die «Dichterzimmer», und in der Südwestecke des Baues wurde, in unmittelbarer Nachbarschaft des alten Turms, die Schloßkapelle neu installiert. – Endlich, nach dreihundert Jahren, war Moritz Richters Konzeption eines Dreiflügelbaus realisiert: weit, wie es Goethe, wie es Carl August planten, zu Park und Stadt geöffnet. Eine reizvolle Lösung, die aber bereits ein halbes Jahrhundert später wieder aufgegeben wurde. Noch 1914 ließ der letzte Großherzog durch Max Littmann die Schloßanlage mit einem vierten, nun im neobarocken Geschmack errichteten Südflügel schließen.

Seit 1923 werden die Räume des Schlosses als Museum, seit 1950 die Kapelle, nun «Bach-Saal» genannt, zu kleineren Konzerten genutzt.

Literatur: Adolph Doebber: Das Schloß in Weimar. Seine Geschichte vom Brande 1774 bis zur Wiederherstellung 1804. In: Zeitschrift für thüringische Geschichte, Neue Folge, Supplementheft 3. Jena 1911. – Walter Scheidig: Das Schloß in Weimar. In: Weimarer Beiträge zur Kunst, Heft 1. Weimar 1955.

Schmeller Johann Joseph

(Großobringen 12. Juli 1794–30. September 1841 Weimar).

Der Vater ist Dienstknecht beim Fürstlichen Forstbedienten zu Ettersburg. Der Sohn fällt auf. Er liest gut, er schreibt gut, er malt flottweg die Bauern so ab, daß sie sich auf dem Papier wiedererkennen. Ein Wechsel von der Dorfschule zum Gymnasium im nahen Weimar wird erwogen. Doch in der Liste der Freiwilligen Jäger, die, mitgerissen von der Woge nationaler Begeisterung, im November 1814 Herzog Carl Augusts Aufruf zur Befreiung des Vaterlandes folgen, figuriert Joseph Schmeller noch immer als «Bedienter». Zu Schmellers unverhofftem Glück trägt Ferdinand → Jagemann, Hofmaler und Professor am Freien Zeicheninstitut, beim Aufbruch ins Feld, im Januar 1815, der Weimarer Schar die Standarte voran. Er nimmt auch, wieder in Weimar, den jungen Mann, nach Ausweis seines Selbstporträts ein schmucker Bursche, groß und schlank und mit lockigem Haarbusch, in sein Atelier auf. – Schmeller, praktisch, fleißig, tüchtig, nutzt die Chance. Er malt bei Jagemann; er nimmt Unterricht im Zeicheninstitut; er kopiert, er restauriert; 1818 avanciert er im Institut zum Hilfslehrer. Zwei Jahre später sendet ihn der Herzog, dem er sich durch ein paar geschickt durchgeführte Aufträge empfohlen hat, ausgerüstet mit einem Jahresstipendium von 500 holländischen Gulden, zu Mattheus Ignatius van Brée, dem versierten Porträtisten und Historienmaler an der Akademie der Schönen Künste zu Antwerpen. Nach Carl Augusts Meinung ist das «der einzige Ort auf diesem Erdenrund, wo doch noch etwas gründlich Unterricht in Malerei und dergleichen gegeben wird . . .» – Schmeller zeigte sich eifrig und gewissenhaft. Er lernte, was ihm, in seinen Grenzen, zu lernen möglich war. Bei seiner Rückkehr im Dezember 1823 steckten in seinem Malersack neben vielerlei Kopien niederländischer Meister eine Reihe Naturstudien und säuberliche Zeichnungen nach Antiken, die er sah. – In Weimar, wo die Ansprüche an bildende Kunst nicht allzu hoch geschraubt sind und die Kassen kaum größere Aufträge erlauben, war man zufrieden. Schmeller beteiligt sich wieder, nun mit 200 Talern Honorar im Jahr, am Unterricht im Zeicheninstitut; er kopiert, er restauriert weiterhin; er versorgt die kleinen Kirchen im Umkreis mit Luther- oder auch Melanchthonporträts, er malt mancherlei Gruppen- und Erinnerungsbilder, durchaus mit Geschick und Akkuratesse, doch ohne den künstlerischen Impetus, der diesen Arbeiten mehr als ein lokales Interesse gewönne. – Erst als Goethe Anfang 1824 den Plan zu einer Porträtsammlung faßte und Schmeller heranzog, für ihn die Personen seines näheren Umgangs, doch auch Freunde und Besucher von fernher, in kurzer Sitzung ad hoc zu porträtieren, gewinnt Schmellers Arbeit, durch Gegenstand und Auftraggeber, Denkwürdigkeit. Sein Talent, das schon die Bauern von Großobringen verblüffte, blitzschnell sein Gegenüber zu erfassen und mit ein paar Strichen überzeugend zu charakterisieren, kam Goethes Bedürfnis, dem, wie Erich Trunz formuliert, «am Festhalten des Individuellen» lag, entschieden entgegen. – Ungefähr 150 Blätter von den hundertachtzig, die Schmeller wohl für Goethe gezeichnet hat, haben sich erhalten. Es sind Brustbilder in natürlicher Größe, meist auf getöntem Papier in Kohle oder schwarzer und weißer Kreide, oft weiß gehöht. Für ein Blatt berechnete Schmeller etwa einen Taler, ein Ölporträt dagegen kostete 34 Taler. – Sachlich, mit kühlem Blick umfaßt Schmeller seinen Gegenstand, registriert mit festem Strich, ohne Nachsicht, ohne Schmeichelei die einzelnen Züge, umreißt kräftig die Kontur der Schädel, scheut nicht die Massigkeit Riemers oder Heinrich Meyers Derbheit, verzeichnet die Sensitivität Grillparzers oder Coudrays, vermerkt das weichliche Bekümmertsein eines Vulpius, doch auch die frohe und feste Männlichkeit von Gustav Carus oder Daniel Rauch. – Niemand bestreitet die Porträtähnlichkeit. Knebel, Humboldt sind von der eigenen Häßlichkeit irritiert, und Henry Crabb Robinson, ein Advokat aus England, seufzt: frightfully ugly and very like. Goethe sagt in den «Wahlverwandtschaften» (II, 2), daß man niemals mit einem Porträt der Personen, die man kennt, zufrieden sei. Er bedauert die Bildnismaler, doch er schätzt Schmeller,

den er einen geschickten, einen glücklichen und einen vorzüglichen Porträtisten nennt, und von der Sammlung, die er mit seiner Hilfe zusammenbrachte, bekennt er, daß sie ihm zu seiner eigenen Vergnügung diene und er sie zum dauernden Andenken für die Nachkommen bestimmt habe. – Goethe selbst hat Schmeller sechs- bis siebenmal porträtiert, darunter auch in Öl den steifen «Herrn Geheimrat», mit Feder und Schreibtafel, vor Flußlandschaft und Balustrade, das heute im Frankfurter Goethehaus hängt. Ein Bild, das, wie auch die übrigen Schmeller-Zeichnungen, kaum die innere Mobilität, die geistige Energie, die Sensibilität Goethes erfaßt. Dessen Größe scheint ihn, wie viele andere auch, zu lähmen. Die Blätter sind verschollen oder halb vergessen. Das Ölbild aber, «Goethe, seinem Schreiber John diktierend», das Schmeller 1831 malte, dieser Blick in das Arbeitszimmer am Frauenplan, von dem Immermann sagte, hierher solle man junge Leute führen, damit sie den Eindruck eines soliden, redlich verwandten Daseins gewännen, reiht Schmeller unter die bekanntesten Goethe-Porträtisten ein. Er malte diesen Raum, als ob es um die Bestandsaufnahme des simplen Interieurs ginge. Doch vermittelt vielleicht gerade diese Nüchternheit, dieser Mangel an malerischer Bravour, den Eindruck «des Fleißes, der Wahrhaftigkeit, der Konsequenz», auf die man, wie Immermann wünschte, die jungen Leute verpflichten solle.
Literatur: Willy Handrick: Johann Joseph Schmeller. Ein Maler im Dienste Goethes. Berlin 1966.

Schmidt Johann Christoph

(Langensalza 28. Dezember 1727–4. Oktober 1807 Weimar).
Nach kurzen Monaten als Sekretär der Regierung zu Eisenach, seit Januar 1756 Sekretär des Geheimen Conseil, der obersten Behörde in Weimar; zwanzig Jahre später Ministerkollege Goethes und mit dem hübschen Gartenhaus am Stern sein Parknachbar. – Ein unabhängiger und für Weimarer Verhältnisse ein reicher Mann. 1807 stuft ihn nach der Niederlage von Jena und Auerstedt die Liste zur Aufbringung der hohen Kontributionsgelder mit einer Abgabe von 1000 Talern weit vor Goethe und sogar vor Bertuch ein; 1777 bis 1780 vermochte er kurz nacheinander drei Rittergüter aufzukaufen, was, angesichts der bescheidenen Einkünfte eines Weimarer Legationsrates, auf seine Herkunft aus wohlhabender Familie deutet. – Diese Familie, im 17. Jahrhundert in den kleinen Städten des Unstruttals, in Langensalza, Mühlhausen, in Bad Tennstedt, doch auch in Gotha, noch Handwerker, Krämer und Schankwirte; hundert Jahre später aber, ein Musterbeispiel bürgerlichen Aufstiegs, nach allen Seiten, durch alle Verästelungen der Vetternschaft: Juristen, Großkaufleute, Industrielle, Gutsbesitzer. Ein Aufstieg, bewirkt durch kaufmännische Begabung, zu der sich, wie Wolfgang Huschke nachweist, durch Generationen Nüchternheit, Fleiß, Umsicht und Zähigkeit gesellen. Auch die Ehefrauen, alle aus kräftig aufstrebenden Kaufmannsfamilien, auch die Töchter verfügten über diese «Tugenden». Maria Sophia, Schmidts schöne und kluge Schwester, in die Literaturgeschichte als des jungen Klopstock angebetete «Fanny» eingegangen, heiratete ungerührt einen

Kaufmann Streiber zu Eisenach, obwohl selbst Bodmer in Zürich, mit ehrfurchtsvollem Schauer, «Mademoiselle», von der herrlichen Rolle sprach, die ihr das Schicksal an der Seite des «Messias»-Dichters zugedacht habe. – Ebenso entschied sich eine Generation später Schmidts Tochter, deren kühle Schönheit (und beträchtliche Mitgift) Schiller anzog, nüchtern für Edward Swaine, einen eleganten Handelsherrn aus England. – Und Schmidt, «Der du mir gleich bist», wie Klopstock den Vetter, den Freund, in der ersten Zeile seiner Ode «An Herrn Schmidten» anredet, Schmidt, dieser Leipziger Jurastudent, der am liebsten, wetteifernd mit dem Vetter, ein «Weltgericht» à la Milton schriebe, wozu ihm jedoch Pathos und hohe Feierlichkeit fehlten, dieser Schmidt, der Pope und Congreve liebt, der mit Rabener und Ewald von Kleist herzlich befreundet ist, dem Vergil und Horaz bewunderte Vorbilder sind, wird nicht, wie Klopstocks Ode weissagt, «zum heiligen Dichter», doch er besaß ein Talent zu kleinen Liedern, zu munteren Parodien, witzigen Glossen, die in den «Bremer Beiträgen» erschienen und ihn, wie Erich Schmidt sagt, als «gewandten Stilisten und Versifex aus Gleims und der Franzosen Schule» zeigen. Dreißig Jahre später jedoch, im August 1787, bezeichnete ihn Schiller, der den Legationsrat in der Runde der Herzoginmutter traf, als einen altfränkischen Patron in Urteil und Geschmack, und für Herder ist er ein «Harpax», «ist die niedrigste, geitzigste Seele von Weimar». Goethe dagegen, der Schmidt aus einem Jahrzehnt gemeinsamen Dienstes im Geheimen Conseil genau kannte, schätzte ihn als tüchtigen Arbeiter und bei aller Nüchternheit «als würklich einen Menschen, dem es Ernst ums Gute ist». Bei seinem Aufbruch nach Italien im Herbst 1786 bittet er, diesen Mann, der «ein Haushälter von Haus ist», dem schwierigen Finanzressort (ihm selbst seit 1782 unterstellt) als «Vicarius» vorzusetzen, und als er zwei Jahre später, im März 1788, noch von Rom aus, seinen Fürsten bittet, ihn vom «Mechanischen der Geschäfte» zu befreien, empfiehlt er, dem Vicarius (mit dessen sparsam-vorsichtiger Wirtschaft Carl August höchst zufrieden war) die Kammer voll zu übergeben, denn «die Authorität, Responsabilität und der anhaltende unmittelbare Einfluß eines würcklichen Präsidenten ist auf alle Weise nötig, um die Sachen in Ordnung zu bringen und darin zu erhalten». – Bereits vier Wochen später, am 11. April, geht Schmidt mit einem herzoglichen Reskript die Ernennung zum Geheimen Rat und Kammerpräsidenten zu; 1802 folgt die Beförderung zum Oberkammerpräsidenten; 1804, gemeinsam mit Goethe, die Auszeichnung mit dem Prädikat «Exzellenz».

Literatur: Wolfgang Huschke: Ministerkollegen Goethes. Genealogisches über Jakob Friedrich Frh. von Fritsch, Christian Friedrich Schnauß, Johann Christoph Schmidt und Christian Gottlob von Voigt. In: Genealogie und Heraldik 1 (1948/49), S. 100–105; 134–138; 153–155; 179–185.

Schnauß Christian Friedrich

(Eisenach 16. Oktober 1722 – 4. Dezember 1797 Weimar).

Einer der Ministerkollegen Goethes. – Die Familie kam aus dem Südthüringischen, vielleicht aus Heldburg. 1601 ist ein Eucharius Schnauß in Eisenach

Lakai, dann Kammerdiener des Herzogs; der Sohn, der am Ende des Dreißigjährigen Kriegs (wohl Spiegelung des Chaos und der Schrecken auf Erden) das «Wilde Heer» über die Wartburg fegen sieht, ist Stadtbaumeister. Die Söhne, die Enkel besuchen die Universitäten in Jena und Erfurt, studieren unter großen Entbehrungen Theologie oder Jura, dringen dennoch, nur mühsam und von «Zurückstufungen» bedroht, in die ersehnten Amtsstellungen ein. Auch Christian Friedrich Schnauß muß, trotz Jurastudium in Jena, hinnehmen, daß ihn 1743 Herzog → Ernst August, ohne Rücksicht auf des Kandidaten Wünsche oder Ansprüche, zum subalternen Kanzlisten seiner Hofkanzlei in Eisenach macht. – Wolfgang Huschke, durch gründliches Durchforsten der Archive genauer Kenner der Aufstiegschancen im absolutistischen Zwergstaat, macht klar, daß «äußerster Fleiß, größte Gewissenhaftigkeit und unerschütterliche Geduld» dennoch, im beklemmenden Zickzack, durch die Amtsstuben vorwärtsbringt. Endlich, nach zwanzig Jahren, 1763, ist Schnauß Regierungsrat; 1770, noch in Eisenach, Hofrat. Zwei Jahre später aber hat er, nun ein Geheimer Assistenzrat zu Weimar, seinen Platz im Geheimen Conseil gefunden. Er hat die Spitze erreicht, ist Mitglied der obersten Behörde und wird, obwohl er 1775 beim Eintritt des jungen Dr. Goethe, dieses Favoriten des Herzogs, Schlimmstes befürchtet, nur vier Jahre später – wie Goethe – zum Geheimen Rat ernannt. Zu seinem kindlichen Entzücken (das Kavaliere wie die Barone Lyncker oder Schardt weidlich amüsiert) hat jetzt die Schloßwache bei seinem Auftauchen zu salutieren! Als Auszeichnung empfindet er schließlich, daß man ihn, der, wie Lyncker schreibt, nicht nur als ein «anerkannt braver», sondern auch als ein «liebenswürdiger und kunstliebender Mann» gilt, 1786 zusätzlich mit der Aufsicht über Bibliothek, Münzkabinett und die Zeicheninstitute in Weimar und Eisenach betraut. Für ihn eine Ehre, doch manchmal auch eine Last, über die er sich hin und wieder erlaubt, ein wenig zu murren . . .

Der obere Seiteneingang des Parkes gegen die Schnecke, kolorierter Kupferstich von G. M. Kraus, 1794.

Schnecke im welschen Garten

1650 auf Befehl Herzog Wilhelms inmitten des weimarischen Lustgartens errichtet. Ein kurioses Baumgebäude, «dergleichen nirgend sonst in Europa befindlich», eine Version der künstlich geschichteten Aussichtshügel in

Renaissancegärten, die den Blick von oben auf gezirkelte Blumen-Compartiments nicht missen wollten. Dieses Stück luftige Gartenarchitektur war ein Holzgerüst, von verschnittener Linde dicht umgrünt, solide Zimmermannsarbeit und dennoch der kostspieligsten Erneuerung stets bedürftig. Schnekkengleiche Gänge wanden sich, vorbei an ausgesparten Durchblicken, aufwärts, zwei kleinen Pavillons zu, die der Hofgesellschaft vorbehalten und deren Betreten der «minderen Klasse und denen Kindern» strikt verboten war. – Erst 1789 gestattete Carl August «Personen aus allen Ständen und Klassen» die Teilnahme an sommerlichen Gartenfesten, den populären Vauxhalls, die mit Konditorbude und Stadtpfeiferkonzert sich rings um die Schnecke entfalteten. – 1808 aber sah sich der Herzog (nicht ungern!) gezwungen, den Abbruch des wieder morschen Baumhauses anzuordnen. Der Erbprinz sei, wie Henriette von Knebel im Januar dem Bruder schrieb, samt seinem Gast, einem Prinzen aus Barchfeld, durch Gerüst und Gezweig in die Tiefe gestürzt. Der Barchfelder Prinz hatte den Daumen gebrochen.
Literatur: → Park an der Ilm.

Schopenhauer Arthur

(Danzig 22. Februar 1788–21. September 1860 Frankfurt am Main).
Johanna Schopenhauer fiel es, 1806, bei ihrem Aufbruch nach Weimar, nicht schwer, den Sohn, der sich selbst als «unfügsam und für andere beschwerlich» bezeichnete, in Hamburg zurückzulassen. Als sie schließlich im Jahr darauf nicht verhindern konnte, daß er die Kaufmannslehre aufgab und sich den Vorbereitungen zum Studium zuwandte, war ihr nichts wichtiger, als ihn von Weimar, von ihrem Haus, von ihrer Teerunde fernzuhalten. – Aufatmend installierte sie ihn in Gotha, und nichts konnte sie mehr verdrießen, als daß man dem Sohn, der in übermütigen Reimen einen der Professoren verhöhnt hatte, bereits ein halbes Jahr später nahelegte, das Gymnasium zu wechseln. Dieses Mal bestand Schopenhauer, gegen alle mütterlichen Einwände, auf Weimar. Johanna mußte nachgeben. Sie machte aber, in ihrer eleganten Manier, kieselhart und kieselglatt, dem Sohn klar, daß es zwar zu ihrem Glück notwendig sei, ihn glücklich zu wissen, aber daß sie keinen Wert darauf lege, seines Glückes Zeuge zu sein. Sie habe ihn, fuhr sie fort, bei Franz Ludwig Passow, seinem Lehrer, einquartiert. Dort sei er zu Hause, an ihrem Tisch möge er sich dagegen als Gast betrachten, der freundlich empfangen werde, sich aber in keine häusliche Einrichtung einzumischen habe . . .
Das schien zunächst, besonders da Schopenhauer gern Karl Ludwig → Fernow, einen geistreich-noblen Mann und Freund der Mutter, akzeptierte, eine allen Seiten genehme Lösung. Als aber Schopenhauer, 1811 und 1813 von Studienjahren aus Göttingen und Berlin zurück, an Fernows Stelle Müller von → Gerstenbergk fand, mit der Mutter wie auch immer liiert, sah er sich, der ein höchst verletzlicher, höchst anspruchsvoller und sehr zorniger junger Mann war, durch diesen begünstigten Eindringling in die peinliche Rolle des unerwünschten Eindringlings gedrängt. Die mißlichen Erb-Auseinandersetzungen aber und der Verdacht, daß die Mutter, um den noch jugendlichen

Gerstenbergk zu halten, nicht nur den Sohn eisig zurückwies, sondern auch die Tochter (wie diese verzweifelt ihrem Tagebuch anvertraute) in ein peinliches Dreiecksverhältnis zu pressen versuchte, ließen den Haß in schiere Verachtung umschlagen. Noch Jahrzehnte später, als er hörte, der große Strafrechtler Feuerbach habe Johanna, die er 1815 in Karlsbad sah, mit einer Tagebuchnotiz als «reiche Witwe» charakterisiert, die «von der Gelehrsamkeit Profession macht, ohne Gemüt und Seele, selbstgefällig, nach Beifall haschend», bemerkte er lediglich: «Die Charakteristik ist nur gar zu treffend. Habe, Gott verzeih' mir's, lachen müssen.» – Schon im Mai 1814 hatte er sich endgültig von der Mutter getrennt.

Dennoch war ihm aus dem Umkreis der mütterlichen Salons erste Ermunterung, erste Anerkennung zugekommen. – Im April 1811, während der Semesterferien, hatte Wieland den Studenten zu sich gebeten und versucht, ihm (wohl auf Johannas Bitte hin) den Wechsel von der Medizin, die er studierte, zur Philosophie, «diesem unsoliden Fach», auszureden. «Das Leben», erklärte darauf Schopenhauer, «ist eine mißliche Sache: ich habe mir vorgesetzt, es damit hinzubringen, über dasselbe nachzudenken.» Wieland hörte dem jungen Mann aufmerksam zu und war am Ende des langen Gesprächs überzeugt, daß Schopenhauer das Rechte gewählt habe und bei der Philosophie bleiben solle. Der Mutter gestand er, daß es ihm höchst interessant und lieb gewesen sei, diese Bekanntschaft gemacht zu haben, denn aus diesem jungen Mann, ihrem Sohn, werde noch einmal Großes werden!

«Das ist wohl etwas für Apotheker», spottete aber Johanna Schopenhauer zwei Jahre später, als der Sohn ihr Anfang November 1813 seine Dissertation «Über die vierfache Wurzel des Satzes vom zureichenden Grunde» brachte. – Er hatte die Arbeit (um dem ihm verhaßten Kriegstrubel und vor allem Gerstenbergk auszuweichen) im nahen Rudolstadt, zwei Treppen hoch im Gasthof zum Ritter, geschrieben, und er hatte, da Napoleon den Weg zurück nach Berlin blokkierte, wo Schopenhauer studierte und auch zu promovieren gedachte, das Resultat seines philosophischen Nachdenkens notgedrungen der Philosophischen Fakultät in Jena überreicht, die ihm dann am 18. Oktober 1813 (am dritten Tag der Völkerschlacht bei Leipzig) das Diplom über die am 2. Oktober in absentia erfolgte Promotion zustellte. – Goethe, der sich sofort mit der ihm übersandten Dissertation beschäftigte, war so beeindruckt, daß er sich an einem der mütterlichen Teeabende (wie Schopenhauer noch 1854 Dr. Asher, einem Besucher, erzählte) «plötzlich beim Eintritt des jungen Doktors der Philosophie (den er bis dahin kaum beachtet hatte) erhob und, schweigend durch einen Haufen Umstehender sich Bahn brechend, auf Arthur zuging und, ihm die Hand drückend, sich in Lobeserhebungen über jene Abhandlung äußerte . . .» Ende November schrieb die Exzellenz Freund Knebel, der junge Schopenhauer habe sich ihm als ein merkwürdiger und interessanter junger Mann dargestellt. Er sei, fuhr er fort, «mit einem gewissen scharfsinnigen Eigensinn beschäftigt, ein Paroli und Sixleva in das Kartenspiel unserer neuen Philosophie zu bringen». Man müsse abwarten, ob ihn die Herren vom Metier in ihrer Gilde passieren ließen. Er selbst finde ihn geistreich, das übrige lasse er dahingestellt. Er lud aber den jungen Philosophen, dessen Ansichten ihn verwandt berührten, des öfteren zu einem Gespräch ein, in dem er «ungestört und in der dazu gehörigen ernsten Stimmung, nicht nur, wie mit andern, sich zu unterhalten, sondern zu philosophieren wünschte». Thema waren meist Probleme der Farbenlehre, die sie, gemeinsam experimentierend, abhandelten. Goethe ermutigte auch Schopenhauer, dem er großzügig das eigene Instrumentarium zur Verfügung stellte, zur selbständigen Weiterarbeit, ganz gleich ob er ihm opponieren oder zustimmen werde. – Bereits im Jahr darauf legte der Philosoph eine Studie «Über das Sehn und die Farben» vor, in der er von Goethes Farbenlehre ausging, ihm weithin folgte, doch auch in einigen wichtigen Punkten von Goethes Ansichten abwich, was den Dichter, trotz zugesagter Toleranz, dahin bestimmte, das Geleitwort, um das Schopenhauer gebeten hatte, nicht zu schreiben. – «Dr. Schopenhauer», erläutert Goethe in den «Annalen» 1816 ihre Beziehung, «trat als wohlwollender Freund an meine Seite. Wir verhandelten manches übereinstimmend miteinander, doch ließ sich zuletzt eine gewisse Scheidung nicht vermeiden, wie wenn zwei Freunde, die lieber miteinander gegangen, sich die Hand geben, der eine jedoch nach Norden, der andere nach Süden will, da sie denn sehr schnell einander aus dem Gesicht verlieren.» – Zwar gab sich Goethe, wie Adele Schopenhauer im Februar 1819 dem Bruder berichtet, mit ungewöhnlichem Eifer der Lektüre von Schopenhauers Hauptwerk «Die Welt als Wille und Vorstellung» hin, das eben erschienen war; er empfing auch den Autor noch einmal freundlich in Jena, wo ihn dieser im August 1819 auf der Rückreise von Italien besuchte. Er zeigte und besprach mit dem jungen Gelehrten «entoptische Erscheinungen». – Dann aber schwindet Schopenhauers Name, um den es bis in die fünfziger Jahre still blieb, da er, wie Goethe wußte, «ein meist verkannter, aber auch schwer zu kennender junger Mann» war, aus Goethes Umgebung. – Dagegen schrieb Schopenhauer, rückblickend, nun schon sehr berühmt, in seinem Lebenslauf, daß ihn «jener in Wahrheit hohe Schmuck unseres Jahrhunderts und der deutschen Nation, daß ihn der große Goethe, dessen Namen alle Zeiten im Munde führen werden, seiner Freundschaft und seines vertrauten Umgangs würdigte», und bewundernd gesteht er: «Wäre nicht mit Kant zu gleicher Zeit Goethe der Welt gesandt, gleichsam um ihm das Gleichgewicht im Zeitgeist zu halten, so hätte jener auf manchem strebenden Gemüt wie ein Alb gelegen und es unter großer Qual niedergedrückt, jetzt aber wirken beide aus entgegengesetzten Richtungen unendlich wohltätig und werden den deutschen Geist vielleicht zu einer Höhe heben, die selbst das Altertum übersteigt.»

Literatur: Karl Pisa: Schopenhauer. Der Philosoph des Pessimismus. München 1978.

Schopenhauer Johanna Henriette,
geborene Trosiener (Danzig 9. Juli 1766–17. April 1838 Jena).

Als Johanna im Oktober 1806 ihre Tür in Weimar den neuen Freunden öffnete und mit ihren Teeabenden gewandt einen literarischen Salon, den man sehr bewunderte, gründete, lag bereits ein volles, an Komplikationen reiches Leben hinter ihr. Sie war verheiratet gewesen und war Witwe geworden; sie hatte zwei Kinder, Arthur und Adele, geboren. Sie kannte die Welt; sie wußte, was sie wollte, und war gewohnt, sich zu nehmen, was ihr gut dünkte.

Aus Danzig, wo sie in der gepflegten Atmosphäre einer Familie aufgewachsen war, die zwar nicht zum Patriziat, doch in der Kaufmannswelt zur Oberschicht gehörte, brachte sie, sorgfältig erzogen und in mancherlei Hinsicht gut vorgebildet, Neigung und Interesse für die vielschichtigen Bereiche von Kunst, Musik und Literatur mit. Ein Interesse, das sich noch durch den Ehebund mit Heinrich Floris Schopenhauer verfeinerte und steigerte. Ein Bund, in den sie sofort, ohne jede «Alfanzerei», wie sie schrieb, eingewilligt hatte. Mit Schopenhauer, der doppelt so alt wie sie, dazu häßlich und halbtaub war, doch ein großer Geschäftsmann und sehr kultiviert, lernte sie auf langen, ungewöhnlich ausgedehnten Reisen halb Europa kennen. Zugleich richtete er, verliebt und stets bereit, das zierliche Persönchen, das Johanna damals gewesen sein muß, zu verwöhnen, für seine kleine Familie in Oliva, nahe der Stadt, ein bequem-hübsches Landhaus ein. Ebenso großzügig erwarb er Jahre später auf Johannas Drängen in Hamburg, wohin er 1793, als überzeugter Reichsstädter und Republikaner, vor der preußischen Annexion Danzigs ausgewichen war, das elegante und weitläufige Anwesen Am Neuen Wandrahm Nr. 92. – Hier entfaltete Johanna, von gesellschaftlichem Ehrgeiz getrieben, ohne die Erschöpfungszustände, die Floris Schopenhauer immer öfter, immer heftiger heimsuchten, ernstlich zur Kenntnis zu nehmen, ein aufwendiges, geselliges Treiben. In dem schönen Saal mit der festlichen Galerie gab sie, wie der Sohn sich grimmig erinnerte, «große Gesellschaften, während der Vater siech und elend an seinen Krankenstuhl gebannt war, und amüsierte sich, während er bittere Qualen litt und in Einsamkeit verging». – Arthur Schopenhauer war auch überzeugt, daß seine Mutter die Schuld traf, als am 20. April 1805, ob nun absichtlich oder durch Zufall, sein Vater aus der hochgelegenen Speicherluke in das am Haus vorbeiführende Fleet stürzte. Arthurs «gewohnte Traurigkeit wuchs», wie er selbst gesteht, «durch diese grausame Todesart so sehr, daß sie von wirklicher Melancholie kaum mehr entfernt war». – Johanna aber, wahrscheinlich nichts als erleichtert, von diesem Mann mit seinen schweren Depressionen und Jähzornsanfällen befreit zu sein, verkaufte das Haus, löste die Menage auf, überließ den Sohn, der ihr lästig war, seiner nur mühsam, in Gedanken an den Vater, ertragenen Kaufmannslehre . . . Sie selbst dagegen wandte sich, elastisch und frisch, gerüstet mit dem Hofratstitel (den der polnische König dem Danziger Großkaufmann verliehen und den dieser nie benutzt hatte), bereit, in ein neues Leben einzutreten, nach Weimar.

Sie hatte schon immer musiziert, gemalt, gezeichnet und war seit frühesten Jugendtagen darauf bedacht, jede dieser Begabungen zu pflegen und zu entwickeln. Dagegen kam ihr der Gedanke, das Schreibtalent, das ihre Briefe so anmutig färbte, literarisch zu nutzen, erst als Verleger Cotta sie bat, die Erinnerung an Karl Ludwig Fernow, der ihr nahegestanden hatte, mit einer Beschreibung seines Lebens wachzuhalten. Cotta verband mit dieser Bitte das

Versprechen, einen Schuldschein über 2000 Taler, in Gedanken an Fernows Waisen, die der Gelehrte mittellos zurückgelassen hatte, zu annullieren. Spontan, ohne an Honorierung zu denken, willigte Johanna ein. Das Buch, 1810 erschienen, wurde ein Erfolg. Es bezeichnet den Anfang von Johanna Schopenhauers schriftstellerischer Karriere. Reisebücher, Reiseskizzen, Erinnerungen, Romane, Erzählungen, Kunstbetrachtungen folgten. Sie, die bis dahin nur zu ihrem Vergnügen schrieb, lernte nun, Lebensstoff in Lesestoff umzusetzen. Fleißig die Sätze polierend und nach der «passenden» Vokabel fahndend, reihte sie sich in das Gewimmel der schreibenden Damen ein, deren Zahl das Schindelsche Schriftstellerinnen-Lexikon um 1820 auf mehr als fünfhundert allein in Deutschland taxiert. Johannas Fleiß steht außer Frage. 24 Bände umfassen ihre «Sämmtlichen Schriften», die Brockhaus 1830/31 herausgab; 1839 folgten «Jugendleben und Wanderbilder», zwei Nachlaßbände, die die Tochter edierte. – Immer noch lesenswert sind der Hofrätin Reiseerinnerungen, darunter, 1813, «Die Reisen nach England, Schottland und Frankreich». Reizvoll sind auch Johannas Memoiren. Für sie ein Wagnis, doch trotz ihrem hohen Alter, wie sie schreibt, «mit frischem Sinn und voll innerer Lebenskraft» unternommen. Man bedauert, während man ihr, unterhalten und freundlich unterrichtet, durch die Jugendtage im alten Danzig folgt, daß der Tod sie an der Beschreibung ihrer Weimarer Zeit hinderte. Unzureichend dagegen blieb, da ihr Methode und Kenntnisse fehlten, der Versuch, 1822 die Epoche «Johann van Eycks und seiner Nachfolger» darzustellen. – Mit ihren Novellen und Romanen aber, die, getränkt von der tränenfeuchten Empfindsamkeit der Zeit, aus nichts als edlem Sentiment bestanden, traf sie die Lesesehnsüchte des Publikums. «Gabriele», 1819 erschienen, mit dem sie den Typus «Entsagungsroman» kreierte, brachte den Ruhm. Selbst Goethe widmete «gemütlich wohlmeinend» im Juni 1822 diesem Roman eine einfühlsame Betrachtung. Jetzt konnte sie den Verlegern ihre Bedingungen diktieren und Rezensenten-Meinungen gelassen übersehen. – Diesem Erstling folgten «Die Tante» (1823), «Sidonia» (1827) und zehn Jahre später «Richard Wood».

Johanna und Adele Schopenhauer, Ölgemälde von C. Bardua.

Johanna galt als reich. Sie genoß diesen Ruf und ihr lag daran, ihn aufrechtzuerhalten. Doch der Sohn, den sie, wie sie sehnlichst gewünscht hätte, nicht ganz von Weimar fernzuhalten vermochte, beobachtete irritiert ihr großzügiges Finanzgebaren, und ihm verdichtete sich mehr und mehr der Verdacht, daß Johanna die Verwaltung des väterlichen Erbes, die sie innehatte, leichtfertig handhabte. 1809, bei seiner Volljährigkeit, drang er auf Offenlegung der finanziellen Verhältnisse und bestand 1814, nachdem er peinliche Unregelmäßigkeiten entdeckt hatte, auf Auszahlung seines Anteils. Am 17. Mai 1814 quittierte er den Empfang von 19 183 Talern und 6 Groschen. Das war ein Drittel der väterlichen Hinterlassenschaft. Mehr (eher weniger bei ihrer Verschwendungssucht!) besaß auch Johanna nicht. Sparsam genutzt (wie der Sohn verfuhr) eine annehmbare Basis, doch nicht, wie die Fama (und Johanna) wollten, ein «Vermögen». 1819 reduzierte der Bankrott des Danziger Bankhauses Muhl die Schopenhauerschen Gelder weiter. Johanna scheint

kaum etwas geblieben zu sein, doch auch Adele rettete nur einen schmalen Vermögensrest.
Zunächst versuchte Johanna, bestrebt, das Dekorum zu wahren, durch ihre schriftstellerische Arbeit den Verlust wettzumachen. Schließlich aber mußte sie erkennen, daß ihr das gerade in Weimar, ohne an Gesicht zu verlieren, kaum gelingen konnte, und sie willigte ein, 1829 mit Adele an den Rhein überzusiedeln. Dort, in Unkel und Bonn, war es leichter, sich, noch dazu kräftig unterstützt von Sibylle Mertens-Schaafhausen, ihren Verhältnissen angemessen, bescheiden einzurichten. Als aber Großherzog Carl Friedrich 1837, auf Johannas Bitte hin, ihr 200 Taler als Jahrespension gewährte, kehrte sie sofort nach Thüringen, dieses Mal nach Jena, zurück. – Hier starb sie, die von sich, nun ohne alle Ostentation, in dieser letzten schweren Lebenszeit, als von «einer heiteren, anspruchslosen, alten Frau» sprach, von «einem sanften Nervenschlag» getroffen, ein halbes Jahr später. Adele, für die es nicht leicht war, die Schulden der Mutter zu tilgen, ließ auf deren Grabstein als Symbol einen fliegenden Schmetterling einmeißeln.
Literatur: Damals in Weimar. Erinnerungen und Briefe von und an Johanna Schopenhauer. Hrsg. H. H. Houben. Leipzig 1924. – Johanna Schopenhauer. Im Wechsel der Zeiten, im Gedränge der Welt. Jugenderinnerungen, Tagebücher, Briefe. Hrsg. Rolf Weber. München 1986.

Johanna Schopenhauers Teeabende → Geselligkeit in Weimar.

Schopenhauer Luise Adelaide Lavinia (Adele)

(Danzig 14. Juni 1797–25. August 1849 Bonn).
Johanna Schopenhauers Tochter; bei der Übersiedlung 1806 von Hamburg nach Weimar noch ein Kind; hier im Salon-Gewirbele der omnipotenten Mutter aufgewachsen und im Kreis der Künstler und Gelehrten gebildet und geformt. Ein intelligentes, überaus sensibles Geschöpf, begabt, die vielfältigen Anregungen aufzunehmen und produktiv widerzuspiegeln. Zu ihrem Unglück häßlich, was vertrauliche Mitteilungen bezeugen, die oft auch, gerade bei erster und kurzer Bekanntschaft, das exaltiert-gezierte Gehabe des jungen Mädchens monieren. Eine Klage, die bei näherem Umgang schwindet und dem Vergnügen an Adeles klugem Blick, an ihren klugen Bemerkungen weicht, die verraten, wie aufmerksam sie zuhört, wie geduldig sie sich auch mit schwierigen Gegenständen (darunter Goethes Farbenlehre oder des Bruders geniale Arbeiten) beschäftigt. Nichts als Bewunderung aber findet ihre Kunst des Scherenschnitts. Leichthin improvisierend vermag sie, verblüffend geschickt mit flinken Händen und flinker Phantasie, während des Zuhörens ein Tiecksches Märchen oder ein Gedicht Goethes zu illustrieren. – Wie die Mutter war sie zudem eine intelligente Briefschreiberin, was sie in der Folge befähigte, 1839 nicht nur deren Nachlaß sachgerecht zu edieren, sondern auch, auf Sibylle Mertens Drängen hin, sich selbständiger literarischer Tätigkeit zuzuwenden. Die «Haus-, Wald- und Feldmärchen» erscheinen, 1845 folgt der Roman «Anna», drei Jahre später «Eine dänische Geschichte».

– Arbeiten, kaum wahrgenommen, bald vergessen, nur die Tatsache, daß Adele in Goethes Umkreis geraten war, sichert ihrem Namen eine kleine Unsterblichkeit. Während die Mutter ihren Gästen den Tee servierte, interessierte sich der große Mann für Adeles Puppen und widmete späterhin den «Zarten, schattenden Gebilden» ihrer «Papierschneidereien» freundlichste Verse. Auch in den folgenden Jahren verlor er Adele nicht aus den Augen: leidenschaftlich übersteigerte Freundschaft verband sie mit Ottilie, seiner Schwiegertochter, die Adele fast zu seiner Hausgenossin machte. – Und als sie sich Mitte der zwanziger Jahre von Weimar löste, verarmt und von der «Scheinwohlhabenheit [auf der die Mutter bestand] wie von einer Lüge bedrückt», schrieb sie der Exzellenz Briefe, die ihn freuten und interessierten und um deren Fortsetzung er bat. – Nach der Mutter Tod tauchte sie nur noch gelegentlich in Weimar auf. Zu ihrem Glück hatte sie Sibylle Mertens-Schaaffhausen, die über große Mittel verfügte und Adele liebte, in ihre Obhut genommen. Mit ihr lebte sie wechselnd in Italien und am Rhein. Sibylle pflegte die Freundin auch in ihrer letzten schweren Krankheit, einem Unterleibskrebs. Adele starb am 25. August und wurde drei Tage später in Bonn, an Goethes hundertstem Geburtstag, zu Grabe getragen.

Schröter *Corona* Elisabeth Wilhelmine
(Guben 14. Januar 1751–23. August 1802 Ilmenau).

Schauspielerin und Sängerin in Leipzig, ab 1776 in Weimar. In ihrem, wie Wieland schrieb, à la grecque geschnittenen, ebenso simplen wie raffiniert-insidiosen Anzug eine schöne und elegante Frau. Groß und schlank, das Gesicht mit den weitgeöffneten, strahlenden braunen Augen voller Ausdruck und Leben, das rahmende Haar locker und reich, jede Geste im Geschmack des heraufziehenden Klassizismus stilisiert: «edel» und von verhaltener Anmut. – Sie war auch eine kluge, eine kultivierte Frau. Sie kannte die Kunst, die Literatur der Zeit; sie verfügte über mehrere Sprachen (Polnisch, Italienisch, Französisch, Englisch); sie meisterte das Klavier und spielte «ganz allerliebst» die Laute, die Flöte. Sie ritt, tanzte und lief Schlittschuh. «Es gönnten ihr die Musen jede Kunst», sagt Goethe in seinem Preislied auf → Mieding, «und die Natur erschuf in ihr die Kunst!»
Die Ausbildung der Stimme, die zu großen Hoffnungen berechtigte, hatte der Vater (selbst Berufsmusiker wie auch Coronas drei Geschwister) schonungslos vorangetrieben. Zur weiteren Förderung brachte er die Tochter, nach Kinderjahren in Guben und Warschau, zu dem mit ihm wohl verwandten oder zumindest befreundeten Johann Adam Hiller, Meister des deutschen Singspiels und in Leipzig Leiter des «Großen Konzerts der Herren Kaufleute» (1781 in «Gewandhauskonzert» umbenannt). Auf dem Podium dieser ältesten deutschen Konzertvereinigung errang die Vierzehnjährige in tragenden Rollen ihre ersten großen Erfolge. Hier sah und erlebte sie auch der Studiosus Goethe, wie alle Welt entzückt von dem Können, dem Charme des jungen Geschöpfs. – An jene Jahre, in denen er der Sängerin auch jenseits des Konzertsaals, im geselligen Zirkel befreundeter Familien, häufig begegnet war,

erinnerte er sich, als ihm 1776 in Weimar die Direktion des herzoglichen → Liebhabertheaters zufiel. Für die auf diesen Brettern vereinte Runde munter-engagierter Dilettanten mußte eine Corona Schröter, der ein Theaterfachmann wie Wilhelm Friedrich Gotter neben ihrem Talent «alle Theaterkenntnis, alle Gewandtheit und die Geistesgegenwart der routinierten Schauspielerin» zuschrieb, Stütze, Maßstab und belebendes Vorbild sein. – Ende März 1776, er war zu diesem Zweck nach Leipzig gefahren, lud Goethe im Auftrag seines Herzogs Corona ein, am Weimarer Hof die Stelle einer Vocalistin zu übernehmen. Als Gage wurden ihr 400 Taler jährlich, und zwar auf Lebenszeit, zugesichert. Corona nahm an. Und das wahrscheinlich gerne, denn ihre Stimme zeigte, Folge der heillosen väterlichen Exerzitien, bereits Ermüdungserscheinungen. Nur mühsam bewältigte sie die hohen Lagen, und mühsam nur vermochte sie sich neben dem Orchester zu behaupten. In Weimar aber bot sich ihr in kleineren Räumen, gegenüber einem sparsamer besetzten Orchester und vor einem kleineren Hörerkreis die Chance, trotz «bedeckter Stimme» weiterzuarbeiten. Darüber hinaus durfte sie damit rechnen, auch ihre schauspielerische Begabung, die sie in Leipzig, aus Scheu vor der oft rüden Bühnenwirklichkeit jener Tage, kaum erprobt hatte, an diesem Hof der Dichter und Gelehrten ernstlich zu nutzen.

Am 16. November 1776 war sie in Weimar angekommen, acht Tage später gab sie bei Hof ihr erstes Konzert. In der Folge gehörte dann ihr Erscheinen bei Redouten und Maskenzügen, wo man mit ihrer dekorativen Gegenwart rechnete, ebenso zu ihren Pflichten, wie sie bei Anna Amalias Hausmusiken, in Oratorien und großen Konzerten, in Possen und Parodien (oft mit Goethe als Partner) die Rollen zu übernehmen hatte, denen das Laienensemble nicht gewachsen war. Die Liste war lang und bunt. Goethe und immer wieder Goethe, doch auch Egido Duni oder Gozzi, auch Händel und Hasse oder Sekkendorff und Einsiedel. Darunter so unterschiedliche Rollen wie die Proserpina, im Januar 1778 aufgeführt, ein Monodrama in 271 Versen, für Corona von Goethe geschrieben, das der Schauspielerin, unterstützt von Seckendorffs Musik, die Möglichkeit gab, den Zauber, die ganze Kraft ihres rezitatorischen Temperaments zu entfalten. Das Gegenteil dann: zwanglos, vergnügt, kokett, Dortgen in Goethes «Fischerin», im Juli 1782 unter den Bäumen des Tiefurter Parks, am Ufer der Ilm, in Szene gegangen. Die Lieder, die Corona hier sang, darunter den «Erlkönig», waren ihre Komposition. Schließlich der Höhepunkte ihrer Theaterkarriere, zugleich ein Datum der deutschen Theatergeschichte: die Uraufführung der «Iphigenie» in der Prosafassung am 6. April 1779, mit Corona in der Titelrolle und Goethe als Orest. – 36 Taler für 29 Ellen weiße Leinwand, 11 Ellen weißen Taft und 50½ Ellen weißen Milchflor verbuchte die herzogliche Schatulle zu dem «ächt griechischen Gewand», das diese Iphigenie statt des üblichen Reifrocks trug.

Corona war ein stolzes Geschöpf. Schon in Leipzig hatte sie männliche Bewunderung indigniert abgelehnt, und in Weimar ließ sie sich allerwege, wohl um jede Mißdeutung auszuschließen, von Minna Probst, ihrer «dicken Cypassis» (für sie Freundin und Faktotum in einem), chaperonieren. – «Gehalten und widerstrebend», schildert sie ein junger Zürcher, und Herzog Carl August, ebenfalls ihrem Zauber verfallen, bezeichnete sie ärgerlich als «marmorschön und marmorkalt». Auch knappen Tagebuchnotizen Goethes und Marginalien seiner Briefe an Charlotte von Stein ist abzulesen, daß er wie sein Herr durch Coronas Gegenwart, die ihm gelöst, fröhlich, ohne feierliche Allüre entgegenkam, elektrisiert und fasziniert war. Beide verband die Theaterarbeit. Geselliges schloß sich an. Sie trafen sich zu Tisch: bei ihm, bei ihr. Sie schlenderten gemeinsam durch den Park; sie ritten aus, sie teilten die Vergnügungen der Eisbahn. Goethe las aus entstehender Dichtung, sie musizierte oder sang ihm Lieder von Gluck, Pergolesi oder Rousseau. Ein Idyll, scheinbar schattenlos und von jugendlich bewegter Lebensfülle, Lebensfreude. Doch ein Zettel, undatiert, im Ton mahnend, zärtlich flehend (der einzige Brief Goethes an Corona, der sich erhalten hat), deutet auf Unruhe und quälende Spannung. Wirrungen, die den innersten Kreis um Goethe empfindlich störten, für uns aber ungreifbar bleiben. Kein Wort, keine Zeile verrät, was Corona, die Ursache aller Konfusion, dachte, fühlte, erhoffte, ersehnte. Deutlicher wird schon Frau von Steins eifersüchtige Irritation, die nicht ertrug, daß die junge Schauspielerin Goethes Interesse für sie, seine Seelenfreundin, zu mindern drohte. Auch hören wir ein paar Worte über Carl Augusts drängelnde Verliebtheit, der Corona begehrte, und wir erfahren, daß Goethe, selbst schmerzlich betroffen, vor allem Corona und Herzogin Louise geschont wissen wollte. In zwei scharfen Rencontres, im September 1777 und noch einmal im Januar 1779, trat er seinem Herrn entgegen und zwang den jungen Herzog zu Besonnenheit und Verzicht, woraus aber, um des guten Beispiels willen, auch *sein* Verzicht auf Corona, und was sie ihm nun auch immer in den vergangenen Jahren bedeutet haben mochte, resultierte. – «Das Vergangene können wir nicht zurückrufen», schrieb er der Freundin auf jenem undatierten Zettel, «über die Zukunft sind wir eher Meister, wenn wir klug und gut sind. Ich habe keinen Argwohn mehr gegen dich, stoß mich nicht zurück und verdirb mir nicht die Stunden, die ich mit dir zubringen kann, denn sonst muß ich dich freylich meiden.» Auch sie hatte also zu verzichten. Sie trat zurück: schweigend, leise, nobler als Charlotte von Stein, der etwa ein Jahrzehnt später derselbe Verzicht auferlegt ward.

Um 1782, nach fast einem Jahrzehnt fröhlichster Spiellaune, erlahmte der Eifer, die Lust, sich auf den Brettern zu produzieren. Auf den Herzog, auf Goethe warteten neue Pflichten. Selbst Anna Amalia wurde es müde, «wie ein Fuhrmann wieder und wieder den Karren aus dem Kote zu ziehen», die übrigen Mitglieder des Laienensembles verloren sich wieder an ihre Alltagsgeschäfte. Corona aber, der bestallten Protagonistin, schwand mit dieser Auflösung, wie Ernst Beutler schreibt, der Boden unter den Füßen. Dennoch scheint sie nicht in Versuchung gekommen zu sein, sich an die Rolle der Schauspielerin zu klammern. Es wäre doch wohl für sie leicht gewesen, als Star in die → Bellomosche Truppe überzuwechseln, die im Januar 1784, vom Herzog ermächtigt, als Professionals den Weimarer Theaterbetrieb übernahmen, doch selbst Berufungen berühmter Bühnen wie Gotha oder Mannheim wehrte sie ab. «Wie schade», schrieb Gotter, «daß ein solch seltenes Geschöpf ihre Bestimmungen verfehlt hat – verfehlen will! Ist es Prüderie», fragt er weiter, «ist es das sogenannte ewige Brod (die feste Gage) am Hofe?» Oder waren es «die Stiche auf der Brust», die die Künstlerin schon in den Jahren, als sie sich fröhlich von dem Herzog und dem Dichter umwerben ließ, ängstigten? Wir wissen es nicht. Friederike Oeser meinte, sie habe selbst in den frühen Leipziger Tagen nur zu ihrem Vergnügen vor einem kleinen Kreis geladener Freunde gespielt. Alles andere empfand sie wohl als Degradation.

Gelassen blieb sie Anna Amalias Vocalistin; sie sang auch wieder 1782 und 1783 in Hillers Gewandhauskonzerten; sie gab Schauspielunterricht; sie edierte 1785 und 1794 eigene Kompositionen: in zwei schmalen Heften Lieder mit einfach-gefälligen Melodien. Als dankbar eifrige Schülerin Ösers und von Melchior Kraus trieb sie ihre Mal- und Zeichenstudien weiter, und das, wie die wenigen erhaltenen Beispiele zeigen, mit Erfolg. Unbeirrt von der Tatsache, daß sie nicht mehr Mittelpunkt war, pflegte sie heiter eine urbane Geselligkeit. Bei Herders oder bei Schillers war sie ebenso zu Gast wie in Goethes Residenz am Frauenplan. Sie traf Wieland; sie spielte mit Schiller, der mit ihr, wie er schrieb, «auf charmantestem Fuß war», Whist in der → Mittwochsgesellschaft, wo sich Kammerrat → Ridel und Hofmedicus → Hufeland der Partie zugesellten. Sie zählte zu Charlotte von → Kalbs engstem Freundeskreis; hier traf sie den jungen Jean Paul. – Ihre Liebe aber gehörte, etwa seit Mitte der achtziger Jahre, Hildebrand von → Einsiedel, ihr durch die Theaterarbeit seit langem vertraut. Wie Heinrich Stümcke, der den Briefwechsel des Paares kennt, sagt: eine Liebe der bangen Sehnsucht, des sentimentalen Schmachtens und endlich der stillen Resignation. Weder der Baron noch Corona konnte sich zum Wagnis der Ehe entschließen. Sie kränkelte mehr und mehr, Einsiedels finanzielle Situation war prekär, und beide fürchteten in einer Art altjüngferlicher Ängstlichkeit das Gerede der Leute, das heißt die Medisance der Hofgesellschaft.

Um 1801 zog sich Corona, wohl um in der Waldluft Linderung für ihr Brustübel zu finden, nach Ilmenau zurück. Dann und wann wagte sie noch einen Besuch in Weimar oder Jena, doch an der ersten öffentlichen Aufführung der «Iphigenie» am 15. Mai 1802 im Weimarer Hoftheater konnte sie nicht mehr teilnehmen. Betrübt gedenkt bei dieser Gelegenheit der Rezensent des «schön gemäßigten Spiels und der ernsten Grazie Coronas», mit der sie, zwanzig Jahre zuvor, der dichterischen Figur Gestalt und Leben verliehen hatte.

Wenige Monate später starb sie. – Knebel beklagt bitter, daß keiner der Weimarer Freunde an ihrem Grab stand, und er übernahm mit innerster Anteilnahme den Auftrag der jungen Prinzessin Caroline, die der Toten «einen hübschen Leichenstein mit einer anständigen Inschrift» zu stiften wünschte. Sie legte eine Zeichnung bei: Schmetterling, Harfe, ein Lorbeerzweig und ein Tränenkrüglein sollten das Mal zieren.

Jahre danach, im August 1810, unterhielt sich, bei einem Badeaufenthalt in Teplitz, Alexander von der Marwitz mit Goethe über das Weimarer Theater. «Ich erinnerte ihn an Corona, und er sprach über sie, ihr Talent, ihre ausdrucksvolle Schönheit lang, aber ganz still, mit tiefer zurückgedrängter Rührung . . .»

Literatur: Heinrich Stümcke: Corona Schröter. 2. Aufl., Bielefeld 1926. – Ernst Beutler: Corona Schröter. In: Essays um Goethe. 7., vermehrte Aufl., hrsg. von Christian Beutler. Zürich / München 1980.

Franz Schubert und Goethe

Joseph von Spaun schickt 1816 Goethe eine Sammlung Schubertscher Lieder, die der junge Komponist herausgeben wollte. Er bat, das Heft «Euer Exzellenz in Untertänigkeit» widmen zu dürfen. (Die Sendung blieb in Weimar unbeachtet liegen.)

Max von Löwenthal, Jurist und Schriftsteller in Wien, unterhält sich mit Goethe am 20. Oktober 1822 über das dortige Musikleben und gewinnt den Eindruck, daß der Dichter die Schubertschen Vertonungen seiner Gedichte *nicht* kennt.

Schubert an Goethe, 16. Juni 1825 – Euer Exzellenz! Wenn es mir gelingen sollte, durch die Widmung dieser Komposition Ihrer Gedichte meine unbegrenzte Verehrung gegen E. Exzellenz an den Tag legen zu können und vielleicht einige Beachtung für meine Unbedeutendheit zu gewinnen, so würde ich den günstigen Erfolg dieses Wunsches als das schönste Ereignis meines Lebens preisen . . . (Auch diese Sendung blieb unbeantwortet.)

Eduard Genast berichtet, daß die Schröder-Devrient am 23. April 1830 Goethe bei einem Besuch in Weimar die Schubertsche Vertonung des «Erlkönigs» sang. Genast berichtet weiter, «obgleich Goethe kein Freund von durchkomponierten Strophenliedern war, ergriff ihn der hochdramatische Vortrag der unvergleichlichen Wilhelmine so gewaltig, daß er ihr Haupt in beide Hände nahm und sie mit den Worten: ‹Haben Sie tausend Dank für diese großartige künstlerische Leistung!› auf die Stirne küßte.»

Goethe zu J. G. von Quandt, Frühjahr 1830 – «Ihre Madame Devrient war auch vor kurzem hier und hat mir eine Romanze vorgetragen. – Nun, man muß sagen, daß der Komponist das Pferdegetrappel vortrefflich ausgedrückt hat . . .»

Nein, Goethe hat Schubert wahrhaft *nicht* verstanden. Das ist ein Faktum. Allerdings ein Faktum, das bei der bestürzenden Neuheit der Schubertschen Musik nicht allzu sehr erstaunen sollte, besonders wenn man bedenkt, daß Goethes Musikgeschmack und sein Musikverständnis sich ein halbes Jahrhundert zuvor gebildet und verfestigt hatten. Kompositionen wie der «Erlkönig» schienen ihm, wie er Marianne Willemer am 12. Juli 1821 schrieb, ein qui pro quo. Man vernehme nur noch des Komponisten «Kunstcharakter und Stimmung», doch nicht mehr des Dichters Wort. – Er aber erwartete von einer Vertonung seiner Gedichte, daß die Vertonung sich dienend dem Vers anschmiege, daß sie den Text, der doch *seine* Melodie besitze, begleite, stütze, doch nicht überdecke. Eine Forderung, die Hermann Abert, dem bekannten Musikhistoriker, legitim erscheint. Man solle endlich aufhören, sagt Abert, aus Goethes Verhalten Schubert gegenüber einen «Fall» zu konstruieren. Selbst in Wien sei Anfang der zwanziger Jahre des jungen Schubert Namen nur einem kleinen Kreis vertraut gewesen; in Weimar aber (oder in dem berühmten Musikverlag Breitkopf & Härtel zu Leipzig) kannte ihn niemand. Selbst Hofkapellmeister → Hummel, Fachmann und aus Wien, entdeckte ihn erst 1827. – Daß Sendungen unbeachtet in der Goethe-Kanzlei liegen blieben, sei bedauerlich, gibt Abert zu, doch Goethe habe sich des Andrangs der Allzuvielen nur durch Nichtbeachtung erwehren können.

Schuchardt Johann Christian
(1799–1870).

Am 16. Februar 1825 dankte Herzog Carl August Goethe bestens, daß er Schuchardt, einen fertigen Juristen und Accessisten bei der Landesregierung als «zweyschürigen Amanuensis» für die Einrichtungen in der Bibliothek und der eben unter großen Mühen installierten Bildersammlung im Jägerhaus angestellt habe. Das werde «vieles Heyl» bringen und, fügte der Fürst hinzu, ihm manche Sorge ersparen. – Bereits Mitte Mai konnte Goethe einen von Registrator Schuchardt erarbeiteten «Catalog der auf großherzoglicher Bibliothek bisher verwahrten Handzeichnungen» vorlegen. Ein Inventarverzeichnis der «bei Großherzogl. Museo im großen Jägerhause befindlichen Mobilien» folgte. Es folgen, noch zu Lebzeiten des Dichters, die ersten Inventare der Goetheschen Sammlungen, Vorarbeiten zu dem umfassenden Katalog zu «Goethes Kunstsammlungen», den Schuchardt 1848/49 in drei Bänden edierte. – Rückblickend stellte Goethe 1830 mit Nachdruck fest, daß Schuchardt seit Eröffnung des Museums sich aller wichtigen Arbeiten angenommen, aber auch die Erledigung kleinerer Aufgaben wie die Sorge um Sonnenrouleaus, Bilderrahmen oder um die Hängung neu hinzukommender Gemälde nicht gescheut habe. – Ebenso scheute er sich nicht, als Goethes Privatsekretär zu fungieren, kleine oder größere Aufträge zu erledigen, nach Diktat zu schreiben oder Manuskripte zu kopieren. Noch Jahrzehnte später beschrieb er bewundernd «die Kraft, Sicherheit und Klarheit des Geistes», er beschrieb die hohe Konzentration, die den Dichter befähigte, sicher und fließend, als ob er «den Text abläse», zu diktieren. – 1862 übernahm Schuchardt die Leitung der Zeichenschule und der Großherzoglichen Sammlungen. – Jahrzehnte zuvor hatte → Schmeller den jungen Registrator, wohl auf Goethes Wunsch, porträtiert: ein Zeichen der Zuneigung und Schätzung des Dichters.

Schurzfleisch, Samuel → Fürstliche Bibliothek.

Schütze Johann Stephan
(Olvenstedt 1. November 1771–20. März 1839 Weimar).

Im Gegensatz zu vielen, die sich aus dürftigsten Verhältnissen empormühten, kam Schütze aus behaglichen Familienumständen. Die Eltern wohlhabende Bauern, dazu in Magdeburg ein Oheim mit florierendem Handelshaus, der des Neffen Theologiestudium in Erlangen und Halle finanzierte und ihm, dem sich (wohl weil er verwachsen war: nach Immermann klein bis zum Exzeß und jeder

Zoll Beweglichkeit, die Haare schwarz und starr, Füße und Hände so lang wie der Mensch zusammengenommen) nach Hauslehrer- und Hofmeisterjahren keine Pfarrstelle öffnen wollte, durch Zusicherung einer Jahresrente von 600 Talern ermöglichte, sich 1804 als Journalist, Schriftsteller und Redakteur in Weimar zu etablieren. – In buntem Wechsel veröffentlichte er, oft in dem von ihm (1814–1836) redigierten, viel gelesenen Taschenbuch «Freundschaft und Liebe», stets auf Unterhaltsamkeit bedacht, mancherlei an Gedicht und Erzählung. Daneben ein Lustspiel, «Der Dichter und sein Vaterland», das Goethe amüsiert las; daneben auch eine Oper, «Die entwaffnete Rache», zu Großherzogin Maria Pawlownas Geburtstag; dann, lebhaft und anschaulich erzählt, die Geschichte seiner Jugendjahre und weiter gelehrte Studien wie 1802 die «Theorie des Reims» oder 1817 eine «Theorie des Komischen». – Einen sehr gescheiten, wenn auch mittelmäßigen Dichter nennt ihn Johanna Schopenhauer, bei ihr 1806 von → Fernow eingeführt und durch Jahrzehnte getreuester Gast und schließlich rückblickend der kluge, einfühlsame Chronist ihrer geselligen Anstrengungen. «Die Abendgesellschaften der Hofräthin Schopenhauer, 1806–1830» waren zunächst als Vortrag für Maria Pawlownas Abendzirkel konzipiert, wo Schütze sich ebenfalls gerne niederließ, wurden dann aber, als reizvolle Spiegelung der Weimarer Zustände, 1840 in das «Weimar Album zur Säcularfeier der Buchdruckerkunst» aufgenommen. – Für den Autor, der sich stets nüchtern der Grenzen des eigenen schmalen Talents bewußt blieb, war Goethe unabdingbar der Mittelpunkt, um den sein Interesse kreist. Die geistige Größe zu beschreiben, ohne die Schwächen, die Launen, ohne die gelegentlich zutage tretende Skurrilität der Exzellenz zu verschweigen, ist Ziel seiner Anstrengung, und ihm gelingt, von innerster Freiheit und Selbständigkeit diktiert, eine Interpretation des großen Mannes, die anzieht und überzeugt. – Nach Stephan Schützes Tod schrieb Holtei an Tieck, der Hofrat sei stets freundlich, entgegenkommend und umgänglich gewesen, obwohl ihm der Schelm im Nacken saß. Durch alle seine Reden, durch sein Gebaren und Tun habe sich ein ironisch-humoristischer Spott gezogen, der den Umgang mit ihm erheiternd belebte . . . Und Goethe erklärte Eckermann im Mai 1826, nachdem er gerade an Schützes «Heiteren Stunden» seine Freude gehabt hatte, daß Schütze, hätte er in England gelebt, Epoche gemacht haben würde. «Denn ihm fehlte», führte Goethe weiter aus, «bei seiner Begabung der Beobachtung und Darstellung weiter nichts als der Anblick eines bedeutenden Lebens . . .» Beide aber, sowohl Goethe als auch Holtei, beschreiben, um Schützes Unabhängigkeit, seine Lust am Ungewöhnlichen zu demonstrieren, die vergnügliche Gewohnheit, selbst mitten im Winter sich einen Wagen zu mieten, etwa bis Erfurt zu fahren, dort einzukehren, auf seinem Zimmer gut zu dinieren und nach Weimar zurück zu kutschieren. – Fand er einen Begleiter, so nahm er ihn mit. Wo nicht, dann fuhr er allein, speiste allein, trank allein, kehrte allein zurück. – Dabei war er, wie Holtei mit Nachdruck versichert, aufs angenehmste verheiratet und sein Zuhause ausnehmend sauber, still und behaglich.

Schwerdgeburth Carl August

(Dresden 5. August 1785–25. Oktober 1878 Weimar).

Zeichner, Stahl- und Kupferstecher, erste Schulung bei dem Vater, einem Landschaftsmaler; Fortbildung am Dessauer Chalcographischen Institut und der Akademie zu Dresden. Hier Versuche in der Porträt-Miniaturmalerei. 1805 Übersiedlung nach Weimar, wo er als Stecher den engsten Arbeitskontakt zu → Bertuch und dessen Landes-Industrie-Comptoir gewann. Die kleinen Kupferstiche, die in Journalen, Almanachen und Taschenbüchern erschienen, seien, wie Goethe (der für Schwerdgeburth den Titel eines «Hofkupferstechers» erwirken wollte) dem Herzog darlegte, «durch ganz Deutschland sehr beliebt und, wegen ihrer vorzüglichen Acouratesse und Feinheit des Stichs, gern gesehen». Schwerdgeburth, der zudem noch an der Freyen Zeichenschule unterrichtete, sei von vieler bestellter Arbeit überhäuft, welche er, sowohl auf artistischem als technischem und mechanischem Weg, zu fördern wisse. Beinahe sofort, mit einem Reskript vom 29. November 1822, zeichnete der Herzog den Stecher mit dem erbetenen Titel, zu dem später noch der «Professor» kam, aus. – In Goethes Auftrag hatte der «kunstreiche Schwerdgeburth, mit gewissenhafter Genauigkeit» 1809 (so Goethe in den «Annalen») Übersichtstafeln zu des Dichters Medaillensammlung gestochen; er hatte (neben gelegentlicher Illustration optischer, geologischer oder auch kunsthistorischer Probleme, wie das Blatt zu Cäsars Triumphzug von Mantegna, die den Dichter beschäftigten) 1821 «Radierte Blätter, nach Handzeichnungen (Skizzen) von Goethe» herausgegeben, die Goethe erfreut in «Kunst und Altertum» anzeigte und in der Folge gern als Freundesgabe benutzte. – 1831 hielt Schwerdgeburth nach dem Gedächtnis des großen Mannes Züge mit dem Silberstift fest, eine Studie, die Goethe bewog, obwohl es dem Uralten beschwerlich war, dem Künstler zu sitzen und ihm, da die Zeichnung sehr lobenswürdig sei (Tagebuch, 24. Januar 1832), «bey der Ausführung allen Vorschub zu thun». Auch die Übertragung der Zeichnung in den Stich interessierte Goethe lebhaft, und er fand, wie Schwerdgeburth am 24. Februar 1832 an Hofrat Keil schrieb, den Preis: «pränumerando 20 Groschen, Subskription 1 Reichstaler 6 Groschen viel zu gering . . . da dieses Bild sich empfehlen werde – und er es dann schon auch mit der Welt bekannt machen wollte.» – Doch der Tod kam diesem Angebot zuvor; Goethe starb, ehe Schwerdgeburth den Kupferstich, das letzte Goethe-Bild nach dem Leben, veröffentlichen konnte. – Das Blatt «Carl August bei Goethe» aber entstand ebenso wie die weitverbreiteten Stiche «Carl August von der Jagd zurückkehrend» und «Großherzog Carl August mit seinen beiden Hunden im Park zu Weimar» nach dem Tod von Fürst und Dichter.

Goethe im Alter von 82 Jahren, unvollendete Radierung von C. A. Schwerdgeburth, 1832.

Die Sckells

Eine Gärtnerfamilie, durch mehr als hundertfünfzig Jahre in Fürstlich-Weimarischen Diensten. Bereits 1764 schlägt ein Sckell Anna Amalia die Umwandlung des Wilhelmsthaler Schloßparks in einen «Garten natürlichen Stils» vor; im September 1777 kehren, wie Goethes Tagebuch anmerkt, der

Herzog und der Dichter in Marksuhl «bey dem Forstmann Sckel» («dessen Name in Segen bleibt») ein; weitere Sckells arbeiten in den Gärten von Belvedere und Weimar, steigen zum Hofgärtner, zum Garteninspektor auf. Carl August Christian Sckell wird 1823 Gartenkondukteur und Schloßvogt in Dornburg; sorgt hier im Juli und August 1828, unterstützt von seiner Frau, für Goethes Behagen, der sich nach seines Herzogs Tod hierher zurückgezogen hatte. (1864 gibt Sckell ein schmales Bändchen: «Goethe in Dornburg. Gesehenes, Gehörtes und Erlebtes» in Jena heraus: Erinnerung der ihn ehrenden und dem Dichter wohltuenden Tage.) – In den folgenden Jahrzehnten, fast bis zur Mitte dieses Jahrhunderts, arbeiten immer wieder Mitglieder der «Dynastie Sckell» in wichtigen gärtnerischen Positionen in den Weimarer Gärten, suchen, der Tradition ihrer Familie gemäß, Willkür abzuwenden und die Schönheit des «landschaftlichen Kunstwerks», das Carl August und Goethe mit dem Park an der Ilm geschaffen hatten, zu pflegen und zu erhalten.

Johann Christian Sckell, Kreidezeichnung von J. J. Schmeller.

Seckendorff-Aberdar Franz Karl Leopold *(Leo)* Freiherr von (Ansbach 2. Dezember 1775–6. Mai 1809 Ebelsberg/Traun).

Ein Neffe Siegmunds von → Seckendorff; nach juristischen Studien in Göttingen und Jena vier Jahre (1798–1802) Regierungsassessor in Weimar; hier sofort Zugang zu den literarischen Zirkeln: freundlichste Beziehungen, die auch nicht abrissen, als er, nun zum Kammerherrn und Regierungsrat avanciert, nach Stuttgart übersiedelte, wo ihm allerdings bereits 1805 das Mißgeschick widerfuhr, der «Teilhabe an revolutionären Umtrieben» bezichtigt und vorübergehend auf dem Hohenasperg inhaftiert zu werden. Nach der Freilassung zog er sich nach Franken zurück, brach aber 1808 nach Wien auf und meldete sich 1809, leidenschaftlich patriotisch gesinnt, bei Ausbruch des Kriegs gegen Napoleon, zur kämpfenden Truppe. Verwundet, rettete man ihn in ein Gebäude, das aber in Brand geriet. Seckendorff kam in den Flammen um.

Lebhaft literarisch interessiert, hatte er 1800, noch in Weimar, eine Anthologie «Blüthen griechischer Dichter» ediert; 1801 und 1805 folgten Neujahrs-Taschenbücher von und für Weimar; zwei Musenalmanache erschienen 1807 und 1808, und in Wien faßte er gemeinsam mit Joseph Ludwig Stoll den Plan zur Gründung einer Zeitschrift, des «Prometheus», für die er Goethe um einen Beitrag bat. Dieser überließ den jungen Männern erste Szenen der «Pandora», die er, wie er in den Tag- und Jahresheften 1807 mitteilt, ihnen, den «vieljährigen Freunden zuliebe», konzipiert und, durch ihre Bitte inspiriert, im Herbst 1807 «zu bearbeiten» begonnen habe . . .

Seckendorff-Aberdar Karl Friedrich *Siegmund* Freiherr von (Erlangen 26. November 1744–26. April 1785 Ansbach).

Die Seckendorffs, Glied der fränkischen Reichsritterschaft, eine in Haupt- und Nebenlinien aufgespaltene Familie, sind in Mittelfranken seit dem 12. Jahrhundert nachweisbar. Wieder und wieder stiegen einzelne Repräsentanten des Geschlechts, das mit vielerlei Besitz vor allem zwischen Ansbach

und Bayreuth ausgestattet war, zu hohen politischen und militärischen Ämtern auf, allerdings seltener in kaiserlich-österreichischen, dagegen, wie auch Karl Siegmunds Vater, Großvater und zwei seiner Brüder, häufig im Dienst der fränkischen Zollern, die in Politik und religiösem Bekenntnis meist eng mit dem preußischen Stammhaus verbunden blieben.
Gestützt auf wenige Briefe und die knappen biographischen Daten eines Nekrologs, der nach des Freiherrn Tod im «Journal von und für Deutschland auf das Jahr 1785» erschien, ist es möglich, wenn auch nur gleichsam im Stichwort, Seckendorffs vorweimarische Jahre zu rekapitulieren. Eine Erziehung à la mode am Bayreuther Hof; Rechtsstudien in Erlangen; Erweiterung und Befestigung der Welt- und Sprachkenntnisse (in diesem Umfang wahrscheinlich nur möglich durch den sardinischen Militärdienst) mit Reisen in Frankreich, Italien, vielleicht sogar in Portugal und Spanien. Dazu früh schon, dem häufig geübten Familienbrauch folgend, erste literarische Versuche und die sorgfältige Ausbildung des musikalischen Talents an Klavier, Geige und Cello, vertieft noch durch die Beschäftigung mit Harmonielehre und Kontrapunkt. – Überraschend dann der Abbruch der Studien und 1761 der Eintritt in das österreichische Infanterieregiment Graf Colloredo-Waldsee. Vielleicht war dieser Schritt durch Alexander angeregt, den älteren, Siegmund besonders nahestehenden Bruder, der bereits den kaiserlichen Dienst genommen hatte; vielleicht aber empfand Karl Siegmund auch in dem großen Konflikt der Zeit wie der Großvater, der, leitender Minister in Ansbach, eine strikt «anti-fritzesche» Politik vertrat. Als jedoch Beförderungen ausblieben – die nach des jungen Leutnants Meinung durch die Teilnahme an mehreren Schlachten des Siebenjährigen Krieges verdient gewesen wären –, quittierte er den Dienst und wechselte noch im Juli 1765 zur Armee des Königs von Sardinien über. Das heißt er verpflichtete sich Karl Emanuel III. von Savoyen, dessen schlagkräftige Truppe, Instrument einer rigorosen Eroberungspolitik im nördlichen Italien, ehrgeizige junge Männer, die auf hohe Besoldung und rasches Avancement hofften, aus allen Teilen Europas anzog. – Seckendorff allerdings fühlte sich bald vom immer gleichen Garnisonstrott in Nestern wie Fenestrelle, Pignerol oder Alessandria angeödet, und selbst die Stationierung in dem glänzenden Turin vermochte ihn nicht über Leerlauf und mangelnden Gewinn hinwegzutäuschen. Eine schwere Lungenentzündung, Folge wohl einer Felddienstübung im überschwemmten Gelände am Po, verstärkte seinen Unmut, und er beschloß trotz der Ernennung zum Obristlieutnant, was aber die Versetzung in das ferne Cagliari auf Sardinien nach sich gezogen hätte, den Abschied zu nehmen und sich nach Franken zurückzuziehen. – Von hier sollte ihm der Sprung nach Weimar glücken. Jahre zuvor, 1771, hatte er bereits durch Graf → Görtz sondieren lassen, ob dieser Hof, der im Rufe stand, ein Musensitz zu sein, nicht vielleicht für ihn, den vielfältig Interessierten und Begabten, Verwendung habe. Görtz hatte von der Charge eines Kammerherrn, dotiert mit etwa 600 Talern im Jahr, gesprochen und den Freiherrn außerdem auf Braunschweig hingewiesen, wo man gerade einen Prinzenerzieher suche. Beide Angebote entsprachen nicht Seckendorffs Erwartungen, und

er entschied sich, vorläufig in Turin auszuharren. – Jetzt aber, im Sommer 1775, fand er im heimischen Bayreuth Gelegenheit, sich Carl August, dem Erbprinzen von Weimar, vorzustellen, der gemeinsam mit der Herzoginmutter den verwandten Hof besuchte. Carl August war impressioniert. Diesen erfahrenen Offizier, diesen geschulten Musiker, diesen eifrigen Literaten, der, wie er hörte, eben eine Übersetzung des Goetheschen «Werther» ins Französische beendete (die dann im Winter 1776 in Erlangen auf den Markt kam), diesen Weltmann, weitgereist, witzig, geistreich und mit ausgesuchten Manieren, mußte er für den Hof gewinnen, an dessen Spitze er in wenigen Wochen treten sollte. Er schlug Seckendorff vor, ihm als Kammerherr und Geheimsekretär mit dem Titel eines Geheimen Legationsrates nach Weimar zu folgen, und als Seckendorff zögerte, meinte der junge Fürst, es bestehe durchaus die Möglichkeit, daß man ihn zusätzlich bei der bevorstehenden Umbildung des Hofes zum Oberhofmeister der Herzoginmutter oder der künftigen Herzogin ernenne...

Doch zu seinem Entsetzen sah Seckendorff, als er Ende Dezember in Weimar ankam, alle Gewichte verschoben. Der Herzog, jung, impulsiv, unerfahren, hatte versprochen, was er nicht halten konnte und, wie sich zeigte, auch nicht zu halten gedachte. Entscheidendes war geschehen. Sechs Wochen vor Seckendorff, am 7. November 1775, war Goethe, auch er dringlich vom Herzog gebeten, in Weimar eingetroffen. Sein Erscheinen löste Entwicklungen aus, die sich als irreversibel erwiesen. Zwar wurde Seckendorff als Kammerherr bestätigt; Carl August legte auch, auf des verärgerten und enttäuschten Freiherrn Drängeln hin, dem Kammerherrnsalär von 600 Talern aus seiner Privatschatulle 500 Taler zu, doch den «Legationsrat», meinte der Fürst, immerhin leicht verlegen, möge Seckendorff vergessen. Amt und Titel waren, trotz dem Widerstand der eingesessenen Bürokratie, dem neuen und herzlich erwählten Freund vorbehalten, von dem Wieland beinahe sofort prophezeit hatte, er komme nicht mehr von Weimar fort, denn ohne Goethe könne Carl August nicht schwimmen, noch waten. Es war ein Affront. Der Fürst hatte den bürgerlichen Literaten, den Protagonisten des eben in Schwung gekommenen höchst degoutanten Sturm und Drang, ihm, dem geborenen und zum höfischen Dasein herangebildeten Aristokraten, vorgezogen. Er hatte einen Ratgeber gewählt, dem jeder Sinn für Schicklichkeit und Konvenienz abging und in Seckendorffs Augen nichts war als «ein gewissenloser Günstling, ohne jeden sittlichen Ernst»: Ursache seines persönlichen Mißgeschicks, schuld aber auch an der um sich greifenden Verwilderung aller Sitten. – Seckendorffs Groll, von den Historiographen der Epoche, leichthin die prekäre Situation des Zürnenden ignorierend, meist nur als bedauernswerte Engstirnigkeit, als naiver Standesegoismus, als Ausdruck der höfischen Adelsfronde beschrieben, dieser Groll wuchs und verhärtete sich noch, als der Herzog im September 1776, beim plötzlichen Tod des Grafen Putbus, bis dahin Grand-Maître der Herzoginmutter, uneingedenk seiner Versprechungen, die Charge strich. Eine Sparmaßnahme, die er noch im gleichen Jahr, beim Abschied des Grafen Görtz, der dem Haushalt der regierenden Herzogin vorgestanden hatte, ein zweites Mal verfügte. Sicher zu Recht angesichts der leeren Kassen, aber zu Unrecht Seckendorff gegenüber. Dieser blieb, wie er zornig feststellte, nichts als ein überzähliger Hofbeamter, dessen ganzes Verdienst darin bestehe, nicht zu stolpern, wenn er seiner Gebieterin den Arm reiche, ein Ruhm, den er bekanntlich mit jedem Chaisenträger teile. – Dazu war Weimar nicht der Ort, dem Freiherrn über Bitternis und Enttäuschung hinwegzuhelfen. Das Schlimmste seien die Wohnungen, schrieb er dem Bruder, es seien Höhlen, die er nicht einmal seinen Feinden wünsche; außerdem habe er neben zwei Wagenpferden ein Reitpferd anschaffen müssen, denn man könne unmöglich zu Fuß durch die schmutzigen und übelriechenden Straßen gehen. Alles sei entsetzlich teuer, fährt er fort, in Turin habe er mit der Hälfte des Geldes besser gelebt als in diesem Nest, das nichts liefere. Alles müsse man von auswärts beziehen, und das sei ungeheuer kostspielig. Er wolle keine Schulden machen, doch um sich an diesem Ort auch nur einigermaßen behaglich zu fühlen, brauche er das Doppelte seiner Einnahmen . . .

Aber in diesem, wie Herder seufzte, «wüsten Weimar, diesem Mittelding zwischen Dorf und Hofstadt», residierte doch auch Anna Amalia, eine Fürstin, die entschlossen war, trotz Bescheidenheit der Mittel und des Rahmens, nicht auf die fröhlichste, die geistreichste Unterhaltung zu verzichten. Sie wußte Begabungen zu locken und zu halten. Auch Seckendorff kam sie mit dem freundlichsten Wohlwollen entgegen. Sie ließ ihn, der, wie von Lyncker erzählt, oft schweigend und in sich gekehrt und nervös die Fingerknöchel bis zum Bluten bekauend in einer Ecke des Audienzsaals lehnte, spüren, daß sie seine Talente kannte, daß sie ihn schätzte. Sie zog ihn heran, und beinahe sofort sah sich der Mißgelaunte, Malcontente (allerdings im engsten Zusammenschluß mit den «Hofteufeln», der verabscheuten Gegenpartei) in dem Wirbel ihrer Unternehmungen fortgerissen. Er rückte rasch, seit Bayreuther Jugendtagen hoch erfahren in den Usancen derartiger Hofunterhaltungen, zu der Herzogin, doch auch zu Goethes unentbehrlichem Mitarbeiter auf. Bei allem, was über die kleine Bühne des Liebhabertheaters ging, bewährte er sich als Sänger und Schauspieler, als Musiker, Dichter und Komponist. Geschult an zeitgenössischer französischer und italienischer Musik, inspiriert durch Gluck, den er hoch verehrte, bereicherte er unter anderen auch verschiedene Goethesche Arbeiten («Lila», «Proserpina», «Triumph der Empfindsamkeit», «Die Laune des Verliebten», «Jery und Bätely») mit seinen musikalischen Einfällen. Jahr um Jahr arrangierte er, wie Valentin Knab nachweist, Ballette, Masken- und Redoutenaufzüge; geschickt und flink inszenierte er Schattenspiele und Pantomimen, versah sie mit Text und Melodie, wie «Minervas Geburt, Leben und Taten», eine Drolerie auf Wunsch Anna Amalias 1781 zu Goethes Geburtstag aufgeführt, oder drei Jahre zuvor das Dramolett «Luisenfest», als Ehrung der regierenden Herzogin erfunden, oder 1780 die Eröffnung des neuerbauten Redouten- und Komödienhauses mit «Kallisto», der Bearbeitung einer englischen Tragödie in deutschen Alexandrinern. – Seine Lieder aber, von Herder und Goethe angeregt und gefördert, schlichte volkstümliche Weisen (darunter Goethes «Der Fischer», «Der

König in Thule», «Das Veilchen», «Es war ein Knabe frech genung»), sind Seckendorffs eigene Leistung. «Lieblichste Melodien» nennt sie Karl von Lyncker und erinnert sich, daß sie in schönen Sommernächten aus vielen offenen Fenstern durch Weimars Straßen tönten. In drei Teilen hatte der Komponist sie als «Volks- und andere Lieder» 1779–1782 herausgegeben. Zuvor waren sie neben seinen Gedichten, seinen Abhandlungen und Übersetzungen in Wielands «Teutschem Merkur» erschienen, wo er ebenso gern mitarbeitete wie am «Tiefurter Journal» (dem er Kapitel seines kleinen Romans «Das Rad des Schicksals oder die Geschichte des Tschoangsi» überließ) oder an Bertuchs Magazin für spanische und portugiesische Literatur, dem seine Übersetzungen aus beiden Sprachen interessante Beigaben waren. – Er versehe nun seit Jahren schon das Amt eines Directeur des plaisirs, schrieb Seckendorff Anfang 1779 dem Bruder, und er könne nur versichern, daß das oft mehr Arbeit und Mühe mache als die Leitung eines Ministeriums. Nur eine offizielle Bestallung, mit der Sicherung seiner Bezüge, wolle sich daraus nicht entwikkeln. – Man nahm dankbar und freudig hin, was er scheinbar leichthin für Weimars Geselligkeit tat. Die Herzoginnen waren ihm zugetan, bei Hofe hatte er, wie sich von Lyncker ausdrückt, Epoche gemacht; Carl August hielt zwar auf Distanz, doch Wieland, Herder, Knebel waren ihm von Herzen gewogen. Er hatte sich zudem im Oktober 1779 mit Sophie von → Kalb, Schwester und Tochter hoher weimarischer Beamten, ehelich verbunden, und Goethe widmete ihm 1783 in «Ilmenau», der großen Retrospektive auf Carl Augusts erstes Regierungsjahrzehnt, schönste Zeilen: mit wenigen Strichen die adelige Gestalt, das träumerisch-poetische Gestimmtsein Seckendorffs andeutend. – Fazit aber blieb, daß seine Existenz beengt, ungesichert und ohne rechte Zukunft war. In Braunschweig, in Darmstadt und Hannover, selbst im Kreis der Fürsten Thurn und Taxis, auch im angestammten Ansbach-Bayreuth suchte er, oft der Verzweiflung nahe, nach Möglichkeiten, «sich auf eigene Füße zu stellen, um mit einigem Anstand den verhaßten Dienst quittieren zu können». Endlich nach Jahren des Taktierens und Kombinierens gelang es Seckendorffs Brüdern, die Verbindung nach Berlin, zu Friedrich dem Großen, herzustellen. Der König empfing den Baron, und es geschah, worauf Seckendorff kaum zu hoffen gewagt hatte: mit einem Gehalt von 2000 Talern (zu denen ihm noch jährlich 1500 Taler aus dem väterlichen Erbe zuflossen) wurde er nach mehreren eindringlichen Gesprächen zum Preußischen Gesandten beim Fränkischen Kreis im Februar 1785 ernannt. – Auf dem Rückweg von Potsdam wartete Seckendorff, nun in offizieller Mission, den Herzögen von Weimar und Gotha auf. Er sei vergnügt, berichtete Herder, und gehe guten Muts dem neuen Posten entgegen; zu dem er auch, wie Herder meint, den Beruf von Natur habe. Es freue ihn, daß die «Schutzgeister ihm die Speise nach seinem Gaum bereitet zu haben schienen ...» Doch noch auf der Heimreise, nur unterbrochen durch kurzen Aufenthalt in Würzburg, überfiel Friedrichs Gesandten eine Lungenentzündung, die rasch zum Tode führte. – Er war in den vergangenen Jahren, trotz mancherlei Kuren, oft und schwer krank gewesen. Jetzt fand sich bei der Obduktion die Lunge «klein und völlig angewachsen und verdorben», Zeichen einer Tuberkulose, die sich Seckendorff vielleicht bereits ein Jahrzehnt zuvor in sardinischen Diensten zugezogen hatte. – «Es ist dieser Fall reich an nachdenklichem Stoff», schrieb Goethe vier Tage später an Knebel, von dem er annahm, daß ihn Seckendorffs Tod ebenso unerwartet getroffen habe wie sie alle . . .

Literatur: Valentin Knab: Karl Siegmund von Seckendorff (1744–1785). Ein Beitrag zur Geschichte des deutschen volkstümlichen Liedes und der Musik am Weimarer Hof im 18. Jahrhundert. Jahresbericht des Historischen Vereins für Mittelfranken, 60 (1914), S. 17–184.

Seckendorff-Aberdar *Sophia* Friederike *(Fiekgen)* Freifrau von, geborene von Kalb (Jena 2. November 1755–10. Mai 1820 Mannheim). Goethe nannte sie ein «zierlich Weibchen», Hildebrand von → Einsiedel sprach von «der artigen, kleinen Seckendorff», und für → Knebel war sie «die holde Psyche», ein «süß-wohltönendes Geschöpf». Ihr Haar war dunkel, lokker und voll; die Augen braun, groß und flink; die Gesichtszüge «chiffoniert», das heißt unregelmäßig, doch pikant-hübsch, und kleine Melodien pfiff sie (auch zu Goethes Entzücken) munter wie ein Gassenjunge. – Der Vater Carl Alexander von → Kalb, bis 1776 Kammerpräsident, ließ die Tochter in Weimar zurück, während er nach seiner Verabschiedung nach Kalbsrieth, dem Familienbesitz, umzog. – Durch Herkunft und Erziehung gehörte sie zum Hof, alle geselligen Kreise standen ihr offen. Sie kokettierte mit Goethe, ihr, da er bei Kalbs abgestiegen war, seit dem Tag seiner Ankunft bekannt; sie scharmutzierte mit dem Bergrat von → Einsiedel. Siegmund von → Seckendorff aber, der, wenn ihm der Sinn danach stand, «über alle Maßen lustig und dabei äußerst witzig sein konnte», schmachtete sie an, bis er sich im Oktober 1779 zur Heirat entschloß, wobei er seinem Bruder gestand, daß nur Weimars Langeweile und Monotonie dieses «attachement» zu mehr als einer «inclination» habe werden lassen. Dennoch sprach ein Nekrolog nach Seckendorffs frühem Tod im April 1785 von «einer höchst vergnügten Ehe». – Friederike, Witwe geworden, blieb, was sie immer gewesen war: kapriziös, leichtfertig, «galant». Das nahm man hin. Skandalisiert war Weimar erst, als sie sich Friedrich Hugo von Dalberg aufdrängte. Zu ihm, dem Domherrn von Trier und Worms, ebenso kultiviert wie in diesem Fall hilflos (er war verwachsen und noch dazu, wie Louise von Göchhausen lakonisch feststellte, «verliebt und darum ein armer Wurm»), stieg sie in die Reisekutsche und verdarb so Herder, der hatte annehmen dürfen, Dalbergs einziger Begleiter zu sein, gründlich die heiß ersehnte Fahrt durch Italien. Zornig schrieb der Pfarrherr nach Hause, sie sei eine unselige Gefährtin, die nichts wisse und nichts verstehe und ihn in die verdrießliche Rolle des überflüssigen Dritten dränge und auch die Gelder aufbrauche, die Dalberg zur Verfügung stellte. Caroline Herder antwortete, daß in Weimar alles über die Seckendorff höchst aufgebracht sei, besonders auch, da sie «die weibliche Ehre so ganz beleidige». – Es scheint, daß Friederike um diese Zeit, wie auch später noch, sich meist in Mannheim aufhielt, angewiesen auf die dürftige Witwenrente, 400 Gulden im Jahr, die ihr die Seckendorffsche Familie ausgesetzt hatte. Dennoch war sie, wie Karl von Lyncker noch 1804 nach einem Besuch in Mannheim schreibt, immer noch schön «und ihr Wesen höchst einnehmend».

Seckendorff-Ebneth *Franz* Paul Christoph Freiherr von

(Amberg 24. Mai 1750–18. August 1823 Unterzenn/Mittelfranken).

Verwandt mit Siegmund von Seckendorff: sehr viel reicher und ebenso elegant wie der Vetter, doch während diesem, wie Karl von → Lyncker erzählt, die Kleider um den «vermagerten Körper» (wohl Folge der Tuberkulose!) schlotterten, war Franz von Seckendorff «sehr hübsch und sehr männlich gebildet». – 1773 hatte ihn, wohl direkt von der Akademie (wo er aber, wie man meinte, nicht viel gelernt habe), Carl August nach Weimar geholt. Er machte ihn zu seinem Kammerjunker, zwei Jahre später zum Kammerherrn. Zugleich arbeitete Seckendorff im Regierungskollegium und erwies sich, trotz dem Ruf, ein sehr vergnügter junger Herr mit Neigung zu Hazardspiel und geräuschvollen Gelagen zu sein, als fleißig und brauchbar. – Wie andere seiner Kaste gehörte er zu Goethes Gegnern, was ihn, da er keinen Hehl daraus machte, dem Herzog entfremdete. – 1785 quittierte er, unterdessen zum Geheimen Rat aufgerückt, den weimarischen Dienst und ging nach Wien, wo er (mit einem Jahressalär von 4000 Gulden) zum Reichshofrat ernannt wurde. 1800 übernahm er die Leitung des Reichskammergerichts in Wetzlar, ein Amt, das 1806, mit der Auflösung des Heiligen Römischen Reiches, erlosch. Seckendorff war der letzte Präsident dieser jahrhundertealten Einrichtung.

Seidel Philipp Friedrich

(Frankfurt am Main 7. April 1755–19. November 1820 Jena).

Philipp Seidel, von 1775 bis 1788 Goethes getreuester Diener, den Weimar die vidimierte Kopie seines Herrn nannte, war zweiter Sohn eines Spenglers. Der Vater starb früh, daher eine bedrängte, karge Jugend, doch trotz geringer Vorbildung fähig, in einigen guten Familien als Lehrer zu fungieren. Cornelia Goethe gehörte zu seinen Schülerinnen. Auch dem Herrn Rat leistete Philipp Schreiberdienste. Daneben kopierte er die Manuskripte des Haussohns, der den hellwachen, flinken Burschen immer enger an sich zog und ihn schließlich als Kammerdiener mit nach Weimar nahm, wo er in die Rolle des Sekretärs, des Haushofmeisters und Agenten hineinwuchs. Die beiden jungen Männer waren viel miteinander unterwegs, sie teilten die Schlafkammer, durchschwatzten die Nächte. Goethe diktierte Briefe und dichterische Arbeiten, Philipp öffnete und erledigte die Post, überwachte die Kasse und führte den komplizierten Haushalt des jungen Legationsrates. In dem ersten Weimarer Jahrzehnt müssen wir diesen Diener als den Menschen sehen, der Goethes ganzes Vertrauen besaß, der am genauesten wußte, wie seinem Herrn zumute war, was ihn freute, was ihn quälte. – Ein einzigartiges Verhältnis, frei von jeder Prätention, getragen von Großmut, Offenheit und Treue. Für Goethe bei seinen vielerlei Geschäften eine wahre Entlastung; für Philipp Seidel die Befreiung aus Armut und Enge und die freudig genossene Teilnahme an einem großen Leben. – Selbst Geschäfte, die Verschwiegenheit und Delikatesse verlangen, überläßt ihm Goethe unbesorgt. Diskret verwaltet Seidel den Wohltätigkeitsfonds seines Herrn; er sorgt für Lenz, den «lahmen Kranich», der halb zerrüttet in Weimar auftauchte; er eskortiert ein unglückliches Prinzenliebchen zurück nach Paris, wo sie der törichte → Constantin aufgelesen hatte. – In jeder Situation beweist er Sinn für Proportionen. Was er angreift, gelingt ihm. Aus dem «Blitzpagen», wie Frau Rat den jungen Burschen nannte, wurde im Dienst ihres Sohns ein Mann: tüchtig, erfahren, gescheit. – Er blieb nicht lange allein. Bereits im Dezember 1776 wurde ihm Christoph → Sutor, ein zweiter Diener, gesellt; es kam die Dorothea Wagenknecht, die die Küche, es kamen Paul → Götze und seine Mutter, die Hausarbeit und Botengänge übernahmen. Wasch-, Näh- und Bügelfrauen halfen stundenweise aus. Mit Gartenhaus und Stadtwohnung ein weitläufiger Haushalt, den Seidel umzutreiben, für dessen Mitglieder er zu sorgen hatte. – Die Belege zeigen, daß er sich selbst dabei nicht vergaß. Erstaunt liest man, daß Leckereien, die er schleckt, Tabak, den er raucht, Geschenke, die er macht, zu Goethes Lasten gehen. Ohne Scheu schreibt er an, wenn es ihm Spaß macht, «ein Trampeltier zu sehen»; an fünf Abenden hintereinander vertanzt er 35 Groschen; er leiht ein Klavier, legt einen Garten zu seinem Vergnügen an, sammelt Kupferstiche, besorgt sich Shakespeares Werke und eine Reihe lateinischer Klassiker. Goethe bezahlt alles, «samt den Pappen zu meinen Kupfern». Goethe zahlt auch, wenn im Kassabuch nur das Wörtchen «verthan», ohne jede nähere Erklärung, auftaucht.

Noch vor 1786, dem Aufbruch nach Italien, hatte Goethe durchgesetzt, daß Philipp Seidel als Cammer-Calculator in das Rechnungsdepartement übernommen wurde. Ein Aufstieg, den dieser fähige Mann verdiente, eine Stellung, für die er seit Jahren vorbereitet war. Um seine praktischen Fähigkeiten zu nutzen und zu fördern, hatte Goethe ihn zunehmend mit der Erledigung kniffliger und zeitraubender Amtsgeschäfte betraut. Seidel erstellte Gutachten; er richtete für bedürftige Soldatenkinder eine Spinn- und Strickschule ein; die bestehende Garnisonsschule reorganisierte er nach Frankfurter Muster. – Während Goethes italienischer Reise nahm er, trotz seinem neuen Beamten-Status, dessen Interessen weiter wahr. Aufmerksam verfolgte er das Zustandekommen einer ersten Sammelausgabe Goethescher Arbeiten, der «Schriften», die 1786–1790 bei Göschen in acht Bänden erschienen. Wie die ausgedehnte Korrespondenz zeigt, hatte er den Auftrag, die Wünsche des Dichters dem Verleger gegenüber zu vertreten: eine Aufgabe, der er ebenso entschieden wie höflich nachkam. – Da er als einziger (vom Herzog abgesehen) von der Flucht seines Herrn gewußt hatte und auch längere Wochen hindurch als einziger dessen Adresse kannte, wurde er für den Weimarer Freundeskreis der Mann des Vertrauens. Daß Goethe selbst ihn so sah, beweist der Ton seiner Briefe. Philipp Seidel durfte hoffen, daß er unentbehrlich, daß er zum Freund dieses außerordentlichen Menschen aufgerückt war.

Doch im Sommer 1788, als Goethe aus dem Süden heimkehrte und Philipp Nähe und Freundschaft erwarten durfte, erschien, nur drei Wochen später,

→ Christiane auf dem Plan. «Frisch und kräftig blühend, kindlich und erquickend heiter» füllte sie rasch mit ihrer derben Gegenwart Haus und Leben seines Herrn. – Schweigend, tief verletzt, zog sich Seidel, den Goethe noch kurz zuvor als «einen seiner Schutzgeister» bezeichnet hatte, zurück. Zwar zeigte sich der Geheimrat weiter freundlich interessiert, förderte Seidel dienstlich und beauftragte ihn wie bisher mit der Lösung vielerlei persönlicher Finanz- und Haushaltsprobleme. Aber die Distanz wuchs, Fremdheit breitete sich aus. Goethe, jetzt von Christiane betreut und von Schiller fasziniert, hatte vergessen, daß er einmal vom engen Zusammenrücken, vom bedingungslosen Vertrauen gesprochen hatte . . . An sich konnte Seidel mit seinem Vorwärtskommen, seiner Karriere zufrieden sein. Er war ein erfolgreicher, ein ringsum geachteter, er war ein wohlhabender Mann. Ein Bürger, seit Januar 1789 wohl verheiratet, ein Mann, dessen Haus stattlich, dessen Kinder eine Freude waren. – Doch von Jahr zu Jahr mehrten sich Symptome eines schleichenden, zunächst nicht recht greifbaren Übels. Er selbst klagte über körperliches Mißbehagen; Männer wie der Minister Voigt registrieren eine steigende Gereiztheit; der Duktus seiner freien, locker fließenden Schriftzüge verhärtete und verkrampfte sich, und im Februar 1799 teilte er Goethe in seltsam überspanntem Tonfall mit, daß nach langem Brüten, daß nach einem wilden, dunklen Zustand eine leichtere, freiere Existenz ihn erwarte. Noch fühle er den kalten Boden an den Wurzeln, aber er fühle auch die Sonne und fühle seine Knospen treiben. «Die fest und eng zusammen getriebenen Kräfte suchen ein leichteres Element und einen freieren Raum.» Emphatisch fügte er ein «Leben Sie wohl» hinzu. – Goethe schwieg. Er verreiste, verstummte, wie so oft, wenn ihm eine Beziehung lästig wurde. Auch Seidel ließ sich nie darüber aus, was er sich von diesem aufgeregt-exaltierten Bekenntnis versprochen hatte. – Er starb, ärztlich wohlversorgt, im November 1820 im Irreninstitut des Hofrats Stark zu Jena, wohin ihn seine Familie, ein halbes Jahr zuvor, bekümmert und ratlos, gebracht hatte, am Schlagfluß. Von diesem Ende her wird deutlich, daß die Verkrampfungen, die heftigen seelischen Reaktionen unglückselige Vorboten einer Schizophrenie waren, denn ein Mann, im Gleichgewicht mit sich und der Welt, hätte den Verlust einer Freundschaft, selbst die eines Goethe, verwunden. – Der Bruch war endgültig. Philipps Name schwindet aus Tagebuch und Korrespondenz. Auch als Goethe im April 1820, bei einem Aufenthalt in Jena, Nachrichten über Seidels Befinden einzieht und darüber freundlich-kurz nach Weimar berichtet, verschwendet er kein Wort, keinen Gedanken an die Gemeinsamkeit der alten Tage. – Seidel aber hatte Jahre zuvor mit dem Blick auf den einstigen Herrn nur bitter gesagt: «Ich lernte das Nein.»
Literatur: → Goethes Diener.

Seidler Caroline Louise

(Jena 15. Mai 1786–7. Oktober 1866 Weimar).

Unter den Augen Goethes aufgewachsen, von ihm immer wieder gefordert und gefördert, eine Malerin, sich in Öl, Wasserfarben und Pastell übend, keine spektakuläre Begabung, doch ein liebenswürdiges Talent. Eine fleißige

Arbeiterin, die keine Mühe scheute, in die Techniken ihres Metiers einzudringen. Sie scheiterte jedoch meist und war dann in Gefahr, jede Originalität einzubüßen, wenn sie sich mit einem der Zeit so genehmen «bedeutenden Thema», allegorischen oder mythischen Gehalts, konfrontiert sah. 1831 mißlang ihr Versuch, Goethes Anregung «Die bildende Kunst, von der Poesie begeistert» zu malen; das Bild blieb trotz aller Plage, nach Goethes Meinung, «ein Mick-Mack». Dagegen verstand Louise, in angenehmer Perfektion eine berühmte Vorlage zur wahren Freude des Betrachters zu wiederholen, so wenn sie 1821, als Dankesgabe für ihren Herzog, in den Uffizien Raffaels «Madonna mit dem Stieglitz» kopierte oder 1818 in München, in Gedanken an Goethe, die eben eingetroffenen Abgüsse des Tempelfrieses von Phigalia nachzeichnete. Goethe, entzückt von dieser Gabe, säumte nicht einen Augenblick, wie er am 3. Februar 1818 schrieb, ihr mit den schnellsten Worten zu sagen, daß sie ihn durch die Übersendung dieses Basreliefs in die größte Bewegung und Betrachtung versetzt habe! – Die ganze Liebenswürdigkeit ihres Talents, auch die Liebenswürdigkeit ihres Geschmacks und ihrer Person aber entfaltete Louise, wenn sie sich anschickte, die Menschen ihrer Umgebung zu porträtieren. Auch hier fehlte ihr allerdings die Schärfe des charakterisierenden Zugriffs, ihr fehlte die geistige Energie, geistige Größe zu erfassen und darzustellen. Darum geriet ihr das Goethe-Porträt von 1811 ins Weichlich-Verblasene. Kinder dagegen oder junge Frauen und junge Mädchen, wie etwa Minchen Herzlieb, gewannen unter ihrem Pinselstrich ein liebliches Dasein.

Louises Vater war Universitäts-Oberstallmeister zu Jena, mit der Dienstwohnung im Querflügel des alten Schlosses; in der Etage schräg gegenüber verbrachte Goethe oft lange Wochen. – Hier, im Schloßhof, spielte das Kind Louise mit dem Kind August Goethe in der schmucken Bergmannstracht, die ihm der Vater in Ilmenau hatte anpassen lassen. Gemeinsam mit dem Dichtervater fütterten sie die flatternden Tauben, naschten gemeinsam das Stückchen Torte, das ihnen Goethe, an einen Bindfaden gebunden, aus dem Fenster seines Arbeitszimmers in den Schloßhof hinabpendelte. Trotz dieser Süßigkeitsspende war aber dann Louischen zutiefst empört, daß der Dichter wagte, mit einem Steinwurf ihren kläffenden Dackel zum Schweigen zu bringen. – Die Großmutter, Witwe des Weimarer Konsistorialrats → Seidler, der zwanzig Jahre zuvor, mit seiner Kinderschar, Herder hatte weichen müssen, überwachte sorgsam Louises Erziehung. Der Musikunterricht war gut, ebenso die Einübung ins Zeichnen, die schon in Jena begann, sich dann aber, nach dem Tod der Großmutter, in Gotha unter des tüchtigen Bildhauer Dölls Aufsicht durch drei Jahre fortsetzte. Eine künstlerische Ausbildung, schließlich in Dresden mit den Lehrern Vogel und Kügelgen und den miteifernden Studiengenossen Caspar David Friedrich und Kersting erweitert und gefestigt. – Daß sie mit Bravour 1816 im Auftrag Goethes Heinrich Meyers Carton, einen «Heiligen St. Rochus», zum Schmuck der Rochuskapelle bei Bingen in Öl auf Leinwand umsetzte, brachte ihr, durch Carl August bewilligt, drei Stipendien von je 400 Talern, die ihr erlaubten, 1817 in München und 1818 bis 1823 in Rom, Neapel und Florenz an ihrer Fortbildung zu arbeiten. – Überall, wo sie auch hinkam, öffneten ihre Artigkeit, ihre heitere Aufmerksamkeit die Türen; überall fand sie Zugang, wurde sie aufgenommen, gern geduldet und gern gesehen. In Jena war es das Frommannsche Haus, war es die Mädchenfreundschaft mit Silvia Ziegesar, Pauline Gotter und Minchen Herzlieb; in Weimar stand ihr das Haus am Frauenplan offen, in München ging sie bei Fritz Jacobi, bei Schelling ein und aus, in Rom tauchte sie, Malerin unter Malern, in das gesellige Treiben der deutschen Künstlerkolonie ein, war aber ebenso mit den Humboldts, mit Dorothea Schlegel oder Henriette Herz lebhaft verbunden. Beladen mit Entwürfen, Skizzen und den kostbaren Kopien wahrhaft großer Kunst, kehrte sie nach Weimar zurück. Goethe sorgte, daß ihr von der herzoglichen Kammer eine kostenfreie Wohnung mit Atelier im Jägerhaus zugewiesen wurde; er sorgte, daß sie für ein Salär von 100 Talern jährlich in der Freyen Zeichenschule die Custodie der Gemäldesammlung übernahm und der Zeichenunterricht der Prinzessinnen Augusta und Marie in ihre Hand gelegt wurde. – Das war eine bescheidene Basis, genügte aber Louise, die gewohnt war, mit Wenigem zurechtzukommen, sich behaglich (immerhin mit Dienerin!) einzurichten. Noch einmal ging sie 1832 für ein Jahr nach Italien; 1826 war sie, von Alexander von Humboldt geführt, in Paris gewesen, dann aber blieb sie, viel porträtierend, doch auch manche Altartafel in der wieder fromm gewordenen Zeit malend, in Weimar. 1835 wurde sie zur Hofmalerin ernannt, 1843 erhielt sie die weimarische goldene Zivil-Verdienstmedaille für Kunst und Wissenschaft. – Adelheid von Schorn, die Louise Seidler noch, fast erblindet, in ihrem hohen Alter gekannt hat, spricht von der Liebe, der Verehrung, die die Künstlerin umgab. Kaiserin Augusta, ihre einstige Schülerin, versäumte nie, auch wenn sie nur kurz in Weimar war, Louise zu besuchen; der Herzog, der oft persönlich nach ihr sah, ließ sie aus der Hofküche mit Wein und kleinen Leckereien versorgen; Walther von Goethe, der Scheue, der Schwierige, doch häufig der Malerin Gast, war an ihrem Sterbetag bei ihr. Er, der verhinderte Musiker, spielte ein letztes Mal für sie. – Drei Jahre zuvor hatte sie, da das Augenlicht zum Malen nicht mehr reichte, rückwärts die Jahre überschauend, ihre Erinnerungen diktiert. Erinnerungen, die in ihrer Farbigkeit, in dem Absehen von der eigenen Person und der klug-liebevollen Hinwendung zu dem Leben, das sich um sie entfaltete, spüren lassen, wie sympathisch, wie erquicklich diese ein wenig biedermeierlich-altjüngferliche Malerin gewesen sein muß.

Literatur: Erinnerungen und Leben der Malerin Louise Seidler. Aus handschriftlichem Nachlaß hrsg. von Hermann Uhde. Berlin 1874. 2. Aufl. 1875. Neuausgabe, Berlin 1922. Neuausgabe, mit einem Nachwort von Joachim Müller. Weimar 1962. 2. Aufl. 1964.

Seidler Johann *Wilhelm*

(Braunschweig – 1777 Weimar).

Theologe lutherischer Konfession, Gymnasiallehrer am Carolinum zu Braunschweig und Redakteur der Gelehrten Beiträge der «Braunschweigischen Nachrichten». – Ihm, einem wackeren, wohlmeinenden, gebildeten Mann,

Anna Amalia als «un meuble très utile» vom Vater, dem Herzog Karl von Braunschweig, empfohlen, vertraute die Herzogin die Erziehung ihrer Söhne (Carl August fünf, Constantin vier Jahre alt) an. Sehr bald aber zeigte sich, daß Seidler zwar dem Unterricht, doch, da er gutmütig und etwas linkisch war, nicht dem Temperament und Eigensinn des Erbprinzen gewachsen war. Graf → Görtz wurde ihm vorgesetzt, weitere Lehrkräfte im Laufe der Jahre beigegeben. Ihm blieb aber, neben dem Latein, die Verantwortung für die religiöse Entwicklung der Prinzen. Er hatte dem Morgen- und Abendgebet beizuwohnen, die Bibelkenntnis zu festigen, ihnen, ohne streitbare Haltung, die Glaubenssätze des Protestantismus, gemildert durch Aufklärung und Pietismus, zu vermitteln und die Konfirmationen der Herzogssöhne vorzubereiten und zu leiten. – Bei Seidlers Eintritt in Weimar hatte ihn die Herzogin zum Oberkonsistorialrat ernennen lassen; nach Beendigung seines pädagogischen Auftrags übernahm er die Stadtpfarrei, wohnte auch mit seiner großen Familie (fünf Söhne, fünf Töchter) im Pfarrhaus hinter St. Peter und Paul, aus dem er aber weichen mußte, als Herder 1776 die Generalsuperintendur (ein Amt, auf das Seidler gehofft hatte) übernahm. – Goethe dirigierte die Instandsetzung der Wohnung, was er angeblich als «ein Ausmisten der vielköpfigen Pfarrfamilie» bezeichnet habe. Er aber hatte (weniger roh) am 5. Juli 1776 an Herder geschrieben: «Lieber Bruder heut war ich in der Superintendur, wo Hr. Consistorial Rath Seidler mit einem Schwarm von zehn Kindern nach und nach ausmistet . . .»

Singspiel und Bühnenmusik

1775 hatte Goethe, noch in Frankfurt, sein erstes (und erfolgreichstes) Singspiel, «Erwin und Elmire», geschrieben, eine zierliche Variation seiner Lili-Liebe, seiner Lili-Schmerzen. «Claudine von Villa Bella» folgte noch im gleichen Jahr; «Lila» jedoch, der behutsame Versuch, der jungen Herzogin Mut einzuflößen, entstand 1777 in Weimar. Nichts weiter als eine vergnügliche Erinnerung an die Schweizer Reise von 1779 sollte dann «Jery und Bätely» sein, «eine kleine Operette, worin die Acteurs Schweizerkleider anhaben und von Käs und Milch sprechen». Wie «Die Fischerin» von 1782 war dieser Spaß erfunden für die musikverliebten und musikbegabten Dilettanten des kleinen Hofs, wo geklimpert, gegeigt, geblasen und gepfiffen wurde, daß, nach Wieland, die Engel im Himmel ihren Spaß daran hatten. – Diese Spiele waren leichthin geschrieben, Improvisationen fast, dennoch in ihrer bunten Thematik, in der Schmiegsamkeit des Dialogs, im dichterischen Glanz der Lieder dem damaligen deutschen Singspiel weit überlegen, wie Margarete Treisch darlegt. Sie, die genaue Kennerin des Rokoko-Singspiels, bedauert, daß die Goetheschen Texte kaum über Weimar hinauswirkten.

Mit «Scherz, List und Rache» wollte Goethe anderes; er wollte mehr. Bis dahin war sein Vorbild die Opéra comique, das heißt das Musikstück mit Sprecheinlage. Nun aber strebte er, angeregt durch die Opera buffa der Italiener, nach einer wechselseitigen Durchdringung von Wort und Musik. Freund → Kayser schien ihm der rechte Mann, diese Aufgabe zu lösen. In die Zusam-

Szene aus der Tiefurter Aufführung der «Fischerin», Aquarell von G. M. Kraus, 1782.

menarbeit mit ihm investierte der Dichter ein Übermaß an Vertrauen, Hoffnung, Mühe, Geduld. Als Kayser, aus Schwerfälligkeit, aus Mangel an Brio und Talent, versagte, muß Goethes Enttäuschung tief gewesen sein. Er verlor nicht das Interesse an Oper und Singspiel, doch alles, was er geplant hatte und in Zukunft noch plante, blieb Ansatz, blieb Fragment. Selbst → Reichardt, dieser begabte Musiker und hocherfahrene Komponist, vermochte das nicht zu ändern, obwohl seine Vertonung der Goetheschen Singspiele und besonders die Vertonungen der Goetheschen Gedichte, die zu Liedern, zu Volksliedern wurden, dem Dichter in den neunziger Jahren die Popularität zurückgewannen, die er durch langes Schweigen fast verloren hatte.

Nicht nur das Singspiel, auch das Schauspiel verlangte im 18. Jahrhundert musikalischen Schmuck. Eine Symphonie (Ouvertüre) leitete das Drama ein; eine Zwischenaktmusik wurde erwartet; Goethe forderte musikalische Begleitung dort, wo das Pantomimische, das Rhythmische eine stärkere Betonung erforderte, und musikalische Einlagen, die die Stimmung, den Zauber der einzelnen Szene erhöhten, waren ihm willkommen. «Der Groß-Cophta» oder «Des Epimenides Erwachen» verlangten, seiner Ansicht nach, Unterstützung durch die Musik. Für «Egmont» schrieb Beethoven die Ouvertüre. Auch der «Götz», auch «Hermann und Dorothea», auch «Iphigenie» und «Tasso» wurden mit Ouvertüren eröffnet; Bühnenmusiken, bedeutend und solche von langweiliger Mittelmäßigkeit, unterbrachen, bereicherten die Aufführung. Besonders reizte «Faust» viele Komponisten, den Versuch zu wagen, mit den Mitteln der Musik das dichterische Wort zu akzentuieren. Unter ihnen: Hector Berlioz («Huit scènes», 1829; «La Damnation de Faust», 1846), Robert Schumann («Szenen», 1844/1853), Franz Liszt («Eine Faustsymphonie», 1861),

Anton Rubinstein («Musikalisches Charakterbild», 1864) oder Gustav Mahler («Achte Symphonie», 1911). – Zumindest angeregt von Goethescher Dichtung, wenn sich auch die Libretti meist weit von der Vorlage entfernen, wären viele Opern, ein bunter Schwarm, zu nennen. Opern zu «Faust» oder zu «Werther», wie Gounods «Margarete» oder Jules Massenets «Werther», weiter Opern, angenähert den Themen des «Götz» oder des «Tasso», doch auch Opern, inspiriert von lyrischer und epischer Dichtung wie dem «Zauberlehrling», wie «Hermann und Dorothea» oder wie «Der Gott und die Bajadere», eine Oper, die Auber 1830 schrieb. – In den ersten Weimarer Jahren hatte Goethe bereits, angeregt durch Rousseaus «Pygmalion», die Verbindung von Wort, Musik, Theater mit dem Monodrama «Proserpina» gewagt, das er, begleitet von Seckendorffscher Musik, 1778 für Corona Schröter schrieb. Jahrzehnte später, nun mit der Musik von Karl Eberwein, wiederholte er diesen Versuch. Im Zusammenwirken von Dichter, Komponist und Rezitator entstand, wie Wolfgang Kayser zeigt (von Goethes Ausführungen im «Morgenblatt» vom 8. Juni 1815 bestätigt) im kleinen Rahmen ein «Gesamtkunstwerk». – Die Ausstattung, «ein geradezu übermäßiger Augenschmaus», bot sich prächtig dar, Madame Wolff, als Proserpina, sprach und agierte mit Geschmack, und die Musik, sagte Goethe, habe wie eine günstige Luft gelind, doch genugsam die Segel gefüllt und sanft die mimisch-tänzerischen Elemente mit den poetisch-rhetorischen verschmolzen. Das Experiment war geglückt. Goethe erwog, den jungen Eberwein eine Musik zu «Faust» schreiben zu lassen. Ein Plan, der aber sehr rasch scheiterte. – Nur Mozart hätte den «Faust» komponieren können, erklärte Goethe rückblickend Eckermann im Februar 1829. Das Abstoßende, Furchtbare, Widerwärtige, das eine Faust-Musik enthalten müsse, müßte im Charakter des «Don Juan» sein; nur der geniale Schöpfer dieser Oper hätte auch das Gedicht vom Faust richtig verstanden und vertont.

Soret Frédéric Jacob

(Petersburg 13. Mai 1795–18. Dezember 1865 Genf).

Die Familie waren Hugenotten. 1685 durch das Edikt von Nantes aus Blois nach Genf vertrieben; Sorets Vater, ein Porträt- und Emailmaler, knapp hundert Jahre später von der großen Katharina nach Petersburg beordert. Hier verband sich Nicolas Soret mit Louise Johanna Duval, Tochter eines Goldschmieds, den ebenfalls die Zarin aus Genf an ihren Hof geholt hatte. – 1800 kehrten die Sorets in die Schweiz zurück, blieben jedoch mit den Duvals in so liebenswerter Erinnerung, daß zwanzig Jahre später, in Weimar, Erbprinzeß Maria Pawlowna, als sie für ihren Sohn Carl Alexander den rechten Erzieher suchte, in Genf sondieren ließ, ob der junge Soret geneigt sei, diese Aufgabe zu übernehmen. – Frédéric Soret zögerte, da dieses Angebot die Gelehrtenlaufbahn, die er plante, unterbrach, ging aber schließlich doch, auf Rat der Familie, 1822 nach Weimar, wo er bis 1836, der Volljährigkeit des Prinzen, blieb. – Soret hatte, zwar noch in Petersburg geboren, doch in Genf aufgewachsen, hier, elterlichem Wunsch gemäß, Theologie studiert, folgte aber nach Abschluß dieses Studiums seinen naturwissenschaftlichen Neigungen, wobei ihn, besonders 1819 in Paris, Geologie, Mineralogie und Kristallographie beschäftigten.

Die Jahre in Weimar, wo er sofort als wohlerzogener, geistreich-witziger, kluger Mann in allen Zirkeln willkommen war, sind Inhalt der «Notice sur Goethe» von 1832, seiner «Conversations avec Goethe» (zum Teil von Eckermann in die «Gespräche» übernommen), seiner Briefe und Tagebücher, die H. H. Houben, zum ersten Mal vereint, unter dem Titel «Zehn Jahre mit Goethe» 1929 herausgab. – Aus der kritischen Distanz des geborenen Republikaners beobachtet Soret den Alltag der kleinen Residenz, notiert erstaunt das politische Desinteresse der Einwohner, notiert den wirtschaftlichen, den sozialen Rückstand, notiert aber zugleich den Charme des geselligen Treibens, genießt die muntere geistige Aufgeschlossenheit ringsum, beschreibt aber auch seufzend das lähmende und zeitraubende Zeremoniell der höfischen Existenz, das für ihn die übernommene Pflicht, die mit allem Ernst durchgehaltene Erziehung des kleinen Prinzen erschwert und seine Tage mit Langeweile und Leerlauf bedroht. Ausgleich und Lohn bringt ihm dagegen der Umgang mit Goethe. Tage ohne Goethe gelten ihm mehr und mehr als verlorene Tage, wie umgekehrt auch Goethe das Zusammensein mit einem Mann, der intelligent und glänzend vorgebildet seine naturwissenschaftlichen Interessen teilt, als Wohltat empfindet. Sie erörtern naturwissenschaftliche Probleme (wobei die Goethesche «Farbenlehre», die Soret mit Skepsis betrachtet, vorsichtig ausgespart bleibt), besprechen Neuerscheinungen, diskutieren neue Einsichten, Hypothesen, Prognosen. Soret ordnet Goethes ausgedehnte mineralogische Sammlungen; bestimmt wissenschaftlich exakt die Diamanten einer Sammlung, die der Herzog zu übernehmen gedenkt; er übersetzt 1828–1831 die «Metamorphose der Pflanzen» ins Französische. Bei all diesen Beschäftigungen, zu denen auch Goethes kritisch-freundschaftliche Teilnahme an Sorets poetischen Versuchen zählt, ist Soret wieder und wieder von der Weite, der Vielfalt und Tiefe des Goetheschen Geistes fasziniert, und ihm gelingt (eine seltene Begabung!), diese Faszination und deren Inhalte präzis, fast trocken zu beschreiben und weiterzugeben. – Im März 1824 beauftragt Goethe Schmeller, den Prinzenerzieher für seine Porträtsammlung zu zeichnen, der in seiner schlicht-kräftigen Manier das Feste der breiten Stirn, der energisch geschlossenen Lippen ebenso auffaßt wie die zarte, gesammelte Aufmerksamkeit, die sich in den großen, weit geöffneten Augen ausdrückt. – Soret verläßt, durch das Doctordiplom der philosophischen Fakultät Jena ausgezeichnet, Weimar 1836. Er darf der Dankbarkeit seines fürstlichen Schülers gewiß sein, und die in Weimar erworbene Pension schirmt ihn in Zukunft gegen kleinliche Sorgen ab. Ungestört kann er, den bürgerlichen Traditionen Genfs getreu, mancherlei wissenschaftlich-künstlerische Bestrebungen fördern; er kann sich am politischen Leben der Stadt beteiligen, und ihm bleibt Kraft und Zeit, Anregungen, die er durch die Beschäftigung mit den Goetheschen Münzsammlungen empfing, weiterzuentwickeln. Er spezialisiert sich; ist nach wenigen Jahren bereits Autorität für das Gebiet der orientalischen Münzkunde. – Freude und Genugtuung bedeutet ihm, daß er noch, obwohl durch eine Lungenentzündung auf den Tod krank, die ausgedruckten Bogen seines Handbuchs der arabischen Numismatik anblättern kann...

Literatur: Frédéric Soret: Zehn Jahre mit Goethe. Erinnerungen an Weimars klassische Zeit 1822–1832. Aus Sorets handschriftlichem Nachlaß, seinen Tagebüchern und seinem Briefwechsel zum erstenmal zusammengestellt, übersetzt und erläutert von Heinrich Hubert Houben. Leipzig 1929.

Stadelmann Carl Wilhelm

(Jena 21. Januar 1782–19. Dezember 1844 Jena).

In dem Jahrzehnt zwischen 1814 und 1824 taucht kaum ein anderer Dienername in Goethes Tagebüchern und Briefen, doch auch in den zeitgenössischen Erinnerungen so häufig auf wie der Stadelmanns. Immer scheint er, ob in Weimar, ob in Jena oder auf Reisen, dicht um Goethe zu sein, scheint, seinen Herrn umsorgend, pflegend, ihn auch kopierend, ganz zu Goethe zu gehören. – Er saß munter, die Welt musternd und im Stil seines Herrn beschreibend, auf dem Kutschbock, als es 1814/15 zum Rhein, zum Main, als es 1818 in die böhmischen Bäder ging. Auf Carlen gestützt, habe er, schreibt Goethe im Juli 1814 an Christiane, durch das nächtliche Frankfurt schlendernd, im Vorübergehen die alte Uhr im Flur des (aufgegebenen) Elternhauses schlagen hören; im Vorüberfahren «organisierte» Carl auch eine frischeste Spargelportion für seinen Herrn, wie er auch (besonders in Jena) unablässig «nach etwas Gutem und Passendem für Seine Exzellenz zu einem kleinen Frühstückchen sucht, um Fröhlichkeit zu bereiten», und in den schweren Krankheitstagen von 1823 «wartet er seinen Herrn ab, wie nicht leicht ein Cammerdiener sonst». – Ebenso lebhaft, flink, rasch auffassend, nimmt er (dessen Schreiberdienste allerdings «nur über Nothwendiges hinaushelfen») an Goethes Interessen teil. Er sammelt die Kräuter und Blumen rechts und links des Wegs; er «durchpocht» mit und für Goethe die Berge in Thüringen und Böhmen; er schleppt, kennerisch zusammengesucht, zentnerweise das Gestein herbei: Ergänzung der Goetheschen Sammlung und zugleich, in «Suiten» geordnet, erwünschte Freundesgabe. Ebenso fertigt Carl, auch das zu Geschenkzwekken, für seinen Geheimrat Gipsabgüsse Goethescher Gedenkmünzen an, beschildert die Mineralien, er klebt zierliche Kästchen für des Herzogs Edelsteinsammlung; er achtet auf das Wetter, auf Licht- und Farberscheinungen; er experimentiert und führt enthusiastisch, was nicht einer gewissen Putzigkeit entbehrt, stolz eigene Experimente vor – und er betreibt, mit aller gebotenen Diskretion, einen kleinen Privathandel mit den «Locken Sr. Excellenz»!

Am 8. Juni 1824 vermerkt das Tagebuch «Mit Stadelmann ausgeräumt zur Vorbereitung auf Herrn Rauchs Ankunft», der an dem Modell des geplanten Frankfurter Goethedenkmals arbeitete. Man darf annehmen, daß Stadelmann, wie vier Jahre zuvor in Jena, woran sich der Bildhauer gern erinnerte, wieder dienend und helfend zur Hand ging. Doch am 1. Juli findet sich plötzlich im Tagebuch die Notiz: «Stadelmanns Abgang. Nöthige Einrichtungen deßhalb», und August von Goethe schreibt sieben Tage später an seine Frau: «Stadelmann ist nun abgezogen und im Haus eine ordentliche Ruhe trotz Gästen und Mittagessen eingetreten.» – Es läge in seiner Art, erklärt Goethe (in den Tag- und Jahresheften von 1795), unbequeme Menschen, wenn sie es ihm nicht zu arg machten, fortzudulden, dann aber ein Verhältnis, das ihn störte, *meist mit Ungestüm* abzubrechen. Das war nun Stadelmann widerfahren. Abrupt und endgültig hatte sich Goethe von Carl, «dem treuen guten Menschen», dem «sorgfältigen Diener», dem «regsamen, leidenschaftlichen Bergfreund» getrennt. Der Grund: Stadelmanns Trunksucht. – Er ging nach Jena zurück; arbeitete gelegentlich in seinem alten, erlernten Beruf als Buchdrucker, half in einem optischen Institut aus, verlor aber, als ihm 1834 auch noch die Frau starb, jeden Halt und endete im «Jenaischen Armen- und Arbeitshaus». – Doch 1844 geriet er noch einmal in Goethes Umkreis. In Frankfurt sollte endlich das lang geplante, nun von Schwanthaler errichtete Goethedenkmal enthüllt werden. Man hätte gerne Goethes Enkel bei dem Festakt gesehen, die aber absagten. Ebenso Riemer, den die Gicht plagte. Da verfiel man auf Carl Stadelmann, als «der letzten großen, lebendigen Ruine des Dichter-Heros»; steckte ihn «in einen sauberen, schwarzen Anzug», kaufte ihm einen neuen Hut ... Er aber muß an dem 22. Oktober, als er, freundlich geehrt, im engsten Kreis der Festteilnehmer die Hülle des Denkmals fallen sah, so sympathisch gewirkt haben, daß man beschloß, ihm eine kleine Rente auszusetzen. – Amalie Schoppe, die Hamburger Romanautorin, die schon dem jungen Hebbel den Weg geebnet hatte und die zufällig ein paar Jahre in Jena lebte, berichtet, wie glücklich Stadelmann aus Frankfurt zurückkehrte, wie er, den sie immer noch als «gewinnend» bezeichnet, ihr «strahlend Zeichen der Frankfurter Tage» vorgewiesen habe. – Dann aber überkam ihn, zurück im Armenhaus, das Elend. Er trank. Wieder nüchtern, stieg er zum Dachboden und erhängte sich an einem Balken. – Am Tag danach traf die erste Rentenzahlung aus Frankfurt ein.

Verblüffend und erheiternd ist, daß gerade dieser so armselig zugrunde gegangene Mann zum Patron einer Gesellschaft wurde, die, wie Ernst Beutler schreibt, «eigentlich nicht existiert»: zum Patron der Stadelmann-Gesellschaft. Im Namen dieses treuen, skurrilen, fixen, munteren Burschen konstituierte sich (getragen vom gleichen Personenkreis) so etwas wie eine vergnügliche Parodie der feierlich-ernsten Goethe-Gesellschaft. Beim Punsch wurde die Jahresversammlung inszeniert, wurden analog zu den gewichtigen «Schriften der Goethe-Gesellschaft» im Laufe der Jahre die 21 «Schriften der Stadelmann-Gesellschaft» ediert. Stück um Stück, kaustisch-köstlich, rarissima, launig, verspielt, ernst. – Carl Stadelmanns Andenken sind drei Titel gewidmet.

Literatur: → Goethes Diener. – Ernst Beutler: Stadelmann und die Stadelmann-Gesellschaft. In: Essays um Goethe. 7. Aufl., Zürich/München 1980. S. 572 ff. – Jahrbücher der Sammlung Kippenberg. Band 2, S. 273 ff., Band 5, S. 59. – Schriften der Stadelmann-Gesellschaft. Band 12. Die Briefe Carl Wilhelm Stadelmanns an Goethe. Hrsg. Max Hecker.

Stadtkirche zu St. Peter und Paul

Ein Gotteshaus, im Gegensatz zu der um fast hundert Jahre älteren → Jakobskirche «intra muros» gelegen: um 1250 von Oberweimars Zisterzienserinnen in dem Siedlungskomplex gegründet, der der weimarischen Wasserburg eng benachbart und in den gleichen Jahren von den Herren der Burg, den Grafen zu Orlamünde, zur Stadt erhoben und befestigt worden war. – 1284 ging das Patronat von dem Nonnenkloster auf den Deutschritterorden über, dem, reich begütert in Umgebung und Stadt, neben den kirchlichen Aufgaben bis zur Reformation auch Pflege und Entwicklung des geistigen und kulturellen Lebens zufielen. – Die Baugeschichte der Kirche, soviel wir wissen in den Stadtbränden von 1299 und 1424 zweimal zerstört, bleibt weithin im dunkeln. Erst eine Tafel, eingemauert in der Außenwand des Chors, bekundet, daß, nachdem der Turm bereits 1493 instand gesetzt worden war, der Orden wohl auf den alten Fundamenten zwischen 1498 und 1500 eine Hallenkirche errichtete: dreischiffig, spätgotisch, mit langgestrecktem Chor und außerordentlich steil und glatt ansteigendem Dach, das, mehr noch als der scharf zugespitzte Turm, das Häusergewimmel der Stadt entschieden überragt. Strebepfeiler fangen den Druck dieses Dachs und der schweren, steinernen Netzgewölbe auf, die aber dennoch im Laufe der Zeit gefährliche Risse zeigten. 1726 sah sich Oberlandesbaumeister Johann Adolf → Richter gezwungen, sie abzutragen und durch leichtere Holzkonstruktionen zu ersetzen. Zugleich zog er, die Bedürfnisse des protestantischen Predigtgottesdienstes bedenkend, Emporen ein und bildete, alle Formen barockisierend, Fenster, Türen, Kanzel und Gestühl entschlossen um. – Trotzdem blieb St. Peter und Paul ein schlichtes Gotteshaus, nicht zu vergleichen mit den epochalen Erfindungen barocker Baukunst ringsum. Nur der Nachhall großer Namen, Namen der Männer, die hier wirkten, verleihen dieser Kirche Atmosphäre und Glanz. Das wurde auch Goethe bewußt, als er im Juli 1776 (in der nahen Superintendur mit der Einrichtung der Herderschen Wohnung befaßt) ein erstes Mal die Kirche betrat. Ihm müsse, schrieb er dem Freund, der im Begriff stand, nach Weimar umzusiedeln und hier das Amt des Ersten Geistlichen zu übernehmen, wohl werden, wenn er erst da oben auf der Kanzel stehe und hinabblicke auf «all der braven Sachsen Gräber umher», das heißt auf die fürstliche Grablege im Chor mit ihren mächtigen Epitaphen, ihren Bronzetafeln und Sandsteinplatten, oder wenn er bedächte, daß Luther auf dieser Kanzel oft gepredigt habe, «immer ganz Luther, ein ganzer Kerl, ganz Mönch, ganz Ritter und ganz Lehrer», oder wenn er hinübersähe zu des «Altar Blatts Flügel», noch von Lucas Cranach begonnen und 1555, zwei Jahre nach des Meisters Tod, vom Sohn vollendet. «Ein großartiges Malwerk», und wie Carl Justi sagt, «nach Dürer der Abschluß einer denkwürdigen Epoche deutscher Kunst». Dabei zugleich mit den ungewohnterweise auf der Mitteltafel, unter dem Kreuz Christi, hochaufgerichteten, ernsten, kräftigen Gestalten des Malers und des Reformators ein großgedachtes Zeichen liebend-dankbarer Verehrung. – Weiter darf man annehmen, daß Johann Sebastian Bach, obwohl Organist der Hofkapelle, während seiner Weimarer Jahre (1708–1717) auch die größere und reicher registrierte Orgel der Stadtkirche benutzte, besonders da Johannes Walther, bestallter Organist von St. Peter und Paul, Bachs Vetter und Freund war. – Und Herder, der große, unruhige Geist, den Goethe einst, gegen den heftigen Widerstand der eingesessenen Geistlichkeit, nach Weimar zog und der hier bis zu seinem Tod im Jahre 1803 die Generalsuperintendantur verwaltete, hatte im Bewußtsein der Zeitgenossen mit seinem Wirken eine Höhe, eine Weite erreicht, daß nahezu unvermerkt sein Name auf die Kirche, auf den Ort seiner Wirksamkeit, überging, schließlich auch auf den Kirchplatz, den zuvor, nachdem er 1530 aufgehört hatte, Totenacker zu sein, die Leute wechselnd mit seinen wechselnden Funktionen Korn-, Holz- oder Töpfenmarkt nannten.

Stahl- und Armbrustschützen-Gesellschaft → Geselligkeit in Weimar.
Stark, Johann Christian → Goethes Ärzte.

Stein *Charlotte* Ernestine Albertine Freifrau von,

geborene von Schardt (Eisenach [?] 25. Dezember 1742–6. Januar 1827 Weimar).

Frau von Stein mit der Büste ihres Sohnes Fritz.

Als schön und überaus groß werden ihre Augen beschrieben, dazu dunkel wie das reichgelockte Haar, wie der bräunliche Teint. Bewundert wird ihre Zierlichkeit, die Leichtigkeit jeder Bewegung, der schwebende Gang. Bewundert werden auch ihre Manieren: Hofmanieren, doch klug und mit Geschmack zum Schlichten hin kultiviert. Unter der Formel «elegant mit Simplicität» glaubt Johann Georg Zimmermann, ihr Arzt während einer Badekur 1774 in Pyrmont, der «Baronin gantzes Wesen» zu erfassen.
Sie war eine Schardt. Die Familie gehörte zum kleineren mitteldeutschen Adel, seit Generationen in weimarisch-eisenachischen Diensten, durch Gewohnheit und Pflicht höfischer Tradition verbunden. Das aber ohne sichernden Landbesitz und darum auf Gedeih und Verderb dem Wohlwollen, doch auch dem Eigennutz der jeweiligen Herrschaft ausgeliefert. Charlottes Vater, Johann Wilhelm Christian von → Schardt, war Hofmarschall des bis zur Verrücktheit despotischen Ernst August gewesen und hatte, unbesonnen und unbedankt, das ansehnliche Vermögen seiner Frau, einer geborenen Irving, zugesetzt. Diese Torheit und die daraus resultierende, die Familie quälende Diskrepanz zwischen adeligem Lebenszuschnitt und mangelnden Ressourcen schärfte den Blick der jungen Charlotte für ihre Lage, verstärkte ihre Nüchternheit, ließ sie Menschen und Welt skeptisch betrachten und oft mit sarkastischer Schärfe beurteilen. Dieses Mißverhältnis lehrte sie auch, jede günstige Gelegenheit resolut zu nutzen und eine leichtfertig verpaßte ärgerlich zu beklagen. – Unverwöhnt, wie sie von Hause war, wuchs in ihr gegen alle Widerstände eine Festigkeit, eine Solidität des Charakters, die sie befähigte, trotz dem in ihrer Dünnhäutigkeit angelegten Bedürfnis nach Stille und Eingezogensein, gelassen-verständig den Mittelpunkt eines weiten und oft in sich divergierenden Kreises zu bilden und durch die Jahrzehnte ihres langen Lebens, aufrecht und selbständig, jenseits der Cliquen und Querelen,

unangefochten und unbestritten, die Stellung einer ersten Dame am Weimarer Hof zu behaupten: für Henriette von Beaulieu ein Beweis «ihrer Weltklugheit, ja Schlauheit bei bestem Herzen». – In ihrem freundlichen Saal mit dem schlichten Mobiliar sammelten sich die Verwandten, die Freunde. An ihren Teetisch, blaugekachelt und an schönen Tagen unter den blühenden Orangenbäumen vor ihrem Hauseingang an der Ackerwand aufgestellt, ließen sich die Hoheiten, die jungen und die alten, nieder; illustre Gäste wurden ihr zugeführt; die spröd-schwierige Louise, zu Zeiten Charlotte leidenschaftlich zugetan, kam vom Schloß zu der Freundin herüber, der Herzog trat, von seinen Hunden begleitet, herzu; Goethe, Wieland, die Herders oder Freund Knebel beschlossen die Runde ... – Aber vielleicht wiegt noch schwerer, daß sie auch in «bösen Tagen» Contenance bewahrte. Die Plünderungen von 1806 und 1813 und, noch drückender, die unter der Last Napoleonischer Kriegsführung bittere Verarmung, die Charlotte mit dem ganzen Land teilte, nahm sie, zwar zornfunkelnd über die Willkür des Eroberers, den sie haßte, doch ohne Larmoyanz hin. Frau von Stein stehe die Armut gut, schrieb Henriette von Knebel an den Bruder; sie zähle zu den wenigen, denen gegeben sei, «auch im Unglück grazios zu bleiben».

Charlottes Erziehung war, den Gepflogenheiten der Zeit entsprechend, streng, wenn nicht hart gewesen. Unter der Aufsicht des mißgelaunten Vaters beim Kandidaten Schulz, einem düster-pedantischen Mann, Rechnen, Lesen, Schreiben und gründlichst Lutherischer Katechismus; Bibellektüre und evangelisches Gesangbuch mit der Mutter; Klavierspiel, Französisch bei den zuständigen Maîtres und in ungezählten Tanzstunden ein Exercise, das Charlotte erlaubte, in den Hofballetten die anspruchsvollen Soli und Pas de deux zu übernehmen. – 1758 wurde Anna Amalia die Regentschaft für den Sohn übertragen. «Den alten Schardt», einen Mann noch unter Fünfzig, schob sie, obwohl er zum Ausgleich seiner großen finanziellen Einbußen auf ein Avancement hätte hoffen dürfen, in den Ruhestand ab, berief aber, wohl um das Schardtsche Familienbudget zu entlasten, für den Vater die sechzehnjährige Tochter in ihren Dienst. Charlotte wurde Hofdame. Für ein Fräulein von Stand die einzige, besonders bei Mittellosigkeit heiß begehrte, berufliche Chance zur Selbständigkeit. In Wahrheit aber wechselte Charlotte nur die Abhängigkeiten.

Abhängigkeiten, denen sie sich erst durch ihre Verbindung mit Josias von → Stein (17. Mai 1764), zum Weimarer Hof gehörend wie sie, zugleich aber Grundherr auf → Großkochberg, zu entziehen vermochte. Diese Verbindung brachte Charlotte die Freiheit, fürstlichen Capricen auszuweichen. Der eigene Besitz schirmte sie ab, sicherte ihre Existenz. Stein, zunächst Anna Amalias, später Carl Augusts Stallmeister, war dienstlich viel unterwegs. Charlotte blieb allein zurück, für sie die ersehnte und gern genutzte Möglichkeit, sich ungestört den Büchern, der Musik, dem Zeichnen, auch ein wenig der Schriftstellerei («Rino», eine Matinee; «Das neue Freiheitssystem», Lustspiel; «Dido», Trauerspiel; «Die zwei Emilien», durch Schillers Vermittlung bei Cotta erschienen: Honorar 12 Karolin) hingeben zu können.

Charlotte von Stein, Stahlstich von G. Wolf nach einem Selbstbildnis.

Dagegen dürften die rasch aufeinander folgenden Schwangerschaften und Geburten, sieben in den ersten zehn Ehejahren, die Steinsche Ehe ernstlich belastet haben. Sie habe zu den Frauen gehört, schrieb sie Jahrzehnte später der Schwiegertochter, die, um ein Kind zu gebären, «hätten bitter leiden müssen». – Das hatte wohl ihre zarte Vitalität im Kern verletzt. Schon früh fühlte sie sich ausgelaugt und erschöpft. Ein Zustand, den auch Badereisen nach Pyrmont, nach Wiesbaden, auch in die thüringischen, in die böhmischen Bäder nicht wahrhaft linderten. Ohne triftigen Grund überschatteten sie oft Mattigkeit und Trauer. Glieder- und Zahnschmerzen, schwere Migränen, Ohrensausen und zunehmende Taubheit quälten sie durch die Jahre. Die kühle Festigkeit ihres Wesens verschob sich dann leicht ins Kalte; ihre angeborene Rechtlichkeit schlug in hartnäckige Rechthaberei um; das Bedürfnis nach Distanz nahm Züge der Abneigung gegen alles Kreatürliche an; der Degout vor dem sexuellen Bereich, die frigide Abwehr körperlicher Liebe wuchs, bestärkt noch, wie Karl Otto Conrady meint, durch die Tugendlehren der Zeit und die pietistische Auffassung von der Möglichkeit einer idealen, allem Sinnlichen entrückten Bruder-Schwester-Gemeinschaft. – Dennoch beschreibt → Knebel, der sie gut kannte, Charlottes Disposition als grad, frei und natürlich. Sie sei ohne Prätention und Ziererei, nicht zu schwer und nicht zu leicht, ohne Enthusiasmus und doch mit geistiger Wärme. Wobei ihr Sohn Karl einschränkend hinzufügte, daß ihr rasch etwas zuviel, wenn nicht zuwider werde.

Die drei Söhne, die ihr geblieben waren (vier Töchter starben kurz nach der Geburt), beobachtete sie gern in ihrem Jugendübermut. Sie waren ihr recht, und sie freute sich an ihnen. Dennoch sorgte sie dafür, daß sie schnell und noch sehr jung aus dem Haus kamen. Karl wurde dem Braunschweiger Carolinum, später dem Schweriner Hofdienst übergeben, Ernst in die Weimarer Pagerie gesteckt und selbst Fritz, für sie «die einzige Poesie ihres Lebens», überließ sie Goethe. – Voller Abwehr und Skepsis sah sie Schwierigkeiten auf sich zukommen. Sachlich, aber auch ohne Wärme notierte sie, als dem zwanzigjährigen Ernst Krücken angemessen wurden: «dem sind die Übel hübsch beizeiten auf den Hals gerückt», und einer Freundin schrieb sie resigniert, daß der Tod wohl das Erträglichste für ihn sei, doch sie fürchte, er werde noch lang zu leiden haben. Die Entscheidung, ob ein operativer Eingriff tunlich sei, überließ sie Goethe und dem Vater. Sie selbst fuhr nach Karlsbad, um die Kur zu nehmen. Als dann der arme Bursche ein Jahr später starb, erfuhr das Karl, der dem Bruder zärtlich zugetan war, Monate später. Die Mutter hatte vergessen, es ihm mitzuteilen . . .

Der Glanz, der für uns über Charlottes Namen liegt, gehört dem Dichter. Mit den fast zweitausend «Zettelgen» und Briefen, die Goethe ihr schrieb, die sie umschmeicheln, verwöhnen, die Hoffnung, Wunsch, Beseligung, Verzicht in immer neuen, betörenden Wendungen ins Wort bannen: mit den Lida-Strophen in rhythmisch-melodischer Fülle, mit der «Iphigenie», dem «Tasso», die erlebnisnah und gedankenreich den Duft der Atmosphäre, die sie umgab, auffingen, hat Goethe aus der Weimarer Hofdame, ihr Wesen steigernd und überhöhend, die Figur geschaffen, die ein Beispiel zartester Sittlichkeit, sanftester Humanität ist.

Goethe habe immer zuviel in die Weiber gelegt, seine Ideen in ihnen geliebt, sagte im Mai 1828 der altgewordene Herzog, der den Freund und die Frauen seiner Liebe und Anbetung so gut gekannt hatte, zu Kanzler Müller. Und Goethe erkärte im gleichen Jahr dem aufhorchenden Eckermann, Frauen seien silberne Schalen, in die der Dichter goldene Äpfel lege. Die Kunstfigur sollte nie mit der realen Person verwechselt werden. «Meine Idee von den Frauen», fuhr Goethe in jenem Gespräch vom 22. Oktober fort, «ist nicht von den Erscheinungen der Wirklichkeit abstrahiert, sondern sie ist mir angeboren oder in mir entstanden, Gott weiß wie. Meine dargestellten Frauencharaktere sind daher auch alle gut weggekommen, sie sind alle besser, als sie in der Wirklichkeit anzutreffen sind.» – Noch ehe Goethe im November 1775 ein erstes Mal in das Steinsche Besuchszimmer trat, hatten die Baronin und der Dichter schon voneinander gehört. Mit geradezu kupplerischem Gusto spann besonders Zimmermann zwischen ihnen, die er beide kannte, die Fäden. Er zeigte Goethe auch Charlottes Silhouette, die dieser dann für Lavaters «Physiognomische Fragmente» beurteilte und beschrieb, und mit Charlotte korrespondierte er über die «Leiden des jungen Werthers», die sie neben

«Clavigo» und dem «Götz» bereits gelesen hatte. Sie kannte also den aufrührerischen Tonfall dieser jungen heraufdrängenden Schriftstellergeneration. Auch Zimmermann hatte gewarnt: Genies seien nicht mit gewohntem Maß zu messen. Dennoch entsetzte und überraschte sie der Tumult, den Goethe, Seite an Seite mit dem Herzog als dessen Gast in Weimar, entfesselte. Zugleich aber war sie fasziniert. Hinter dem lauten Treiben ahnte sie den seelischen Reichtum, die geniale Erhobenheit, die diesen jungen Mann von allen, die sie umgaben, unterschied. – Besorgt und entzückt in einem, nahm sie wahr, daß er sie brauchte, daß er auf sie angewiesen war. Unausgeglichen, ständig bedroht vom Wirrwarr der Gefühle, suchte er Schutz bei ihr, der Kühlen, Verständigen, Seelenruhigen. Mit gesammelter Aufmerksamkeit wandte sie sich ihm zu. Sie teilte seine Gedanken, Studien, Sorgen, Interessen. Sie wurde zu seinem Publikum. Als erste hörte sie, was ihn bewegte; las, was er schrieb. Mit nüchternem Blick verfolgte sie, hocherfahren in allen Abschattungen des Weimarer Alltags, seinen Weg in das ihm so fremde höfische Treiben, sein Eindringen in das Gestrüpp der Regierungsgeschäfte. Sie registrierte, wie er, der bis dahin frei wie ein Vogel gelebt hatte, sich ohne äußeren Zwang in ungezählte Pflichten einspannen ließ, nahm dann auch, von eigener intellektueller Neugier getrieben, an seiner Wendung zur Naturforschung teil. Goethe grübele jetzt gar denkreich in diesen Dingen, schrieb sie an Knebel, und alles, was durch seine Vorstellung gegangen, werde ihr äußerst interessant, selbst «die gehässigen Knochen und das öde Steinreich». – Goethe aber wurde nicht müde, ihr beinahe von Tag zu Tag zu beteuern, daß sie seine Helferin, seine Sänftigerin, seine Beschirmerin sei. «Die Stein hält mich wie ein Korkwams über Wasser, daß ich mich auch mit Willen nicht ersäufen könnte», erklärte er Knebel, und ihr sagte er das gleiche mit immer anderen Worten, in immer neuen Bildern durch zwölf lange Jahre. – Charlottes stolzer Ernst, ihr moralischer Takt, doch auch ihre Weltklugheit, die sie Rang und Besitz nach deren wahren Gewicht schätzen ließ, hinderten sie, den Status einer «Baronin Stein» den Belastungen eines Skandals auszusetzen. Doch gerade in dieser Standfestigkeit, die scheinbar die Liebessituation beschwerte, sieht ein moderner Psychoanalytiker wie Kurt R. Eissler Charlottens Anziehungskraft für Goethe. Daß sie gebunden, daß sie realiter unerreichbar war und blieb, ließ sie den Liebesbund in Grenzen halten, die auch den innersten Bedürfnissen ihres Dichters entsprachen. Für beide war es ein Bund, geboren aus einer höchst komplizierten Seelenlage, die Nähe und Ferne, Bindung und Freiheit, Leidenschaft und Beruhigung in *einem* will. Ein solcher Platonismus war einer Epoche, war auch dem Weimar jener Tage natürlich, dem, wie Paul Kluckhohn sagt, das «Denkbild der Seelenliebe» noch gegenwärtig war. Man halte, schrieb Schiller im August 1787 an Körner, in Weimar, wo es an Amouren und munterster Medisance sonst nicht fehle, Goethes Umgang mit Frau von Stein für «ganz untadelhaft und rein». – Erst späteren Zeiten erscheint diese mit aller Intensität ein Jahrzehnt durchgehaltene geistig-sinnliche Beziehung seltsam und befremdlich. Seit die Goetheschen Briefe an Charlotte (ihre eigenen hatte sie nach dem Bruch zurückgefordert und vernichtet) 1848 zutage

Schreibkommode, die Goethe 1779 der Frau von Stein schenkte.

getreten sind, wird man nicht müde, eifrig und zudringlich – und ohne Ergebnis – nach dem Punkt zu forschen, an dem die eingeschränkte Vertraulichkeit in eine uneingeschränkte umgeschlagen sei. Dabei gilt, was Goethe an Charlotte schrieb, daß sein Reich, auch das Reich seiner Liebe, nicht von dieser Welt sei.

Charlotte von Stein, Steindruck, vermutlich nach Louise Seidler.

Doch in Rom, im Februar 1788, gestand Goethe seinem Herzog, der ihm wohl von ähnlichen Erfahrungen berichtet hatte, daß auch er «von einigen anmutigen Spaziergängen in dem süßen Blumengarten» erzählen könne, und er gebe Carl August, diesem Doctor longe experientissimus, recht: dergleichen mäßige Bewegung erfrische das Gemüt und bringe den Körper in ein köstliches Gleichgewicht. – Irgendwann in diesem letzten römischen Winter waren für ihn die «kimmerischen Vorstellungen und Denkweisen» versunken. Der Kult des Herzens und die zehrende Innerlichkeit hatten an Anziehungskraft verloren, oder, wie er später lässig sagte: Das beengte und beängstigte Naturkind schnappte wieder nach Luft. – Für Charlotte war schon Goethes heimlicher Aufbruch nach Italien, zwei Jahre zuvor, ein böser Schock gewesen, und jetzt, im Sommer 1788, als er ihr, wieder zurück in Weimar, entgegentrat, wußte sie mit dem Instinkt der von bangen Ahnungen beschwerten Frau, daß dieser Mann aus ihrer Welt, daß er aus dem Zauberring ihrer Liebe ausgebrochen war. – Die Gewichte hatten sich verschoben: das Ideal der Entsagung und Reinheit, das sie verbunden und an das sie mit allen Kräften ihrer Seele geglaubt hatte, war abgetan. Daß er ihr, der geborenen und erzogenen und überzeugten Aristokratin, zumutete, eine Christiane, und sei es auch nur als «Verhältnis», neben sich zu dulden, legte sich ihr wie eine Krankheit auf, und der lang gewesene Freund schien ihr nun «wie ein schöner Stern, der ihr vom Himmel gefallen . . .» – Ihr Treuebegriff, ihr Charakter verboten ihr jede Nachsicht. Sich zur Erleichterung schrieb sie 1796 «Dido», ein Schauspiel. Mit der Figur des Ogon, Poet und Schöngeist am karthagischen Hof, machte sie klar, wie sie Goethe jetzt sah: dick geworden und ordinär. Für sie stand fest, der Freund hatte die «wahre Liebe», er hatte sich selbst verraten.

Der Bruch schien endgültig. «Ich habe keine glückliche Natur, bei mir vernarbt keine Wunde», erklärte zornig-grollend Charlotte, und Goethe, der die bösen Sticheleien, die hinter ihm und Christiane herzischelten, wohl kannte, wich der Baronin geflissentlich aus. Doch die gemeinsamen Freunde und vor allem die gemeinsamen Pflichten der fürstlichen Familie gegenüber erzwangen schließlich doch höfliche gegenseitige Duldung. Etwa seit Ende der neunziger Jahre sah man sich wieder, wenn auch stets in vorsichtig zusammengestellten Runden. So gehörte Charlotte auch wieder zu den Damen, denen Goethe regelmäßig kleine gelehrte Vorträge hielt oder aus entstehenden Werken las. – Allmählich aber, besonders unter dem Eindruck von Goethes schwerer Erkrankung von 1801, erwärmte sich die Beziehung. Bestellungen gingen wieder in den so nahe benachbarten Häusern hin und her. Der kleine August von Goethe war oft der freundlich geschickte und herzlich aufgenommene Bote. Fast wie in alten Zeiten sandte Goethe Zeitschriften, Zeichnungen, Neuerscheinungen, dazwischen auch Blumen, auch eine Pastete, ein Rübchengericht. Dafür trank er, nun bereits wieder eingewöhnter Gast an der Ackerwand, Charlottes Warmbier und steckte gerne eine Flasche guten Breslauer Likörs, durch Fritz von Stein besorgt, in die Tasche. – Doch die Briefchen, die gelegentlich gewechselt wurden, blieben bei dem «Geheimerath», blieben bei der «verehrten Freundin». Selbst Christianes Tod im Juni 1816 hob die Distanz nicht auf, die allerdings Feindseligkeit und Kälte verloren hatte. Charlotte dachte wieder, im Innersten froh, an den Freund, der ihrem Leben Glanz, Farbe und großen Inhalt verliehen hatte. – Goethe aber, schon immer überzeugt, daß alles Schöne und Bedeutende, das dem Menschen widerfährt, unverlierbar eins mit ihm wird, fügte den Zeilen von 1784:

«Einer Einzigen angehören,
Einen Einzigen verehren,
Wie vereint es Herz und Sinn!
Lida, Glück der nächsten Nähe,
William, Stern der schönsten Höhe,
Euch verdank ich, was ich bin . . .»

die Bestätigung von 1820 hinzu:

«Tag und Jahre sind verschwunden,
Und doch ruht auf jenen Stunden
Meines Wertes Vollgewinn.»

Zeilen, die dann sein Dank für Charlottes letzten Geburtstagswunsch noch vertiefte. «Neigung aber und Liebe», schrieb er am 29. August 1826, «unmittelbar nachbarlich angeschlossen Lebender, durch so viele Zeiten erhalten zu sehen, ist das Allerhöchste, was dem Menschen gewährt seyn kann. – Und so für und für!»

Literatur: Wilhelm Bode: Charlotte von Stein. Berlin 1910. – Goethes Briefe an Charlotte von Stein. Neue, vollständige Ausgabe auf Grund der Handschriften im Goethe- und Schiller-Archiv zu Weimar. Hrsg. von Julius Petersen. 2 Bände. Leipzig 1923. – Briefe der Frau von Stein an Knebel. Stunden mit Goethe. Band 6–9. Hrsg. von Wilhelm Bode. Berlin 1910–1913. S. 152–259, 57–97, 9–30, 280–308.

Stein Friedrich Christian *Ludwig* Freiherr von (gestorben 1739 Regensburg).

Vater des Barons Josias von → Stein und seit 1733 Besitzer von → Großkochberg. – Die Familie, alter Adel, wohl aus dem Fränkischen stammend, ist seit etwa 1300 in verschiedenen Linien und an verschiedenen Orten in Thüringen nachweisbar. – Ludwig selbst war Sohn des Herrn auf Wirsitz und Hasla; er nahm zunächst Dienste in Gotha und wurde 1734 zum Reichshofrat und zum Kaiserlichen Gesandten beim Reichstag in Regensburg bestellt. – Zuvor, 1731, hatte Karl VI. ihm und seinem Bruder die erbliche Freiherrnwürde verliehen.

Stein Gottlob Ernst *Josias* Friedrich Freiherr von (Regensburg 15. März 1735–27. Dezember 1793 Weimar).

Nach des Vaters, Ludwig von → Steins, frühem Tod ließ die Mutter, eine geborene von Rothenhan, den Sohn sorgfältig im Casimirianum, dem ausgezeichneten lutherischen Gymnasium zu Coburg, erziehen und bewirkte später seine Verbindung zum Weimarer Hof. Hier wurde Josias von Stein nach Studienjahren in Jena und einer Bildungsreise nach Frankreich und den Niederlanden (unternommen als Begleiter eines Rudolstädter Prinzen) 1755 zum Kammerassessor, wenig später zum Kammerjunker ernannt. 1760 machte ihn → Anna Amalia, die wie ihr Sohn Blick für menschliche Qualität besaß, zu ihrem Stallmeister; 1774 wechselte er in den Dienst → Carl Augusts über und rückte 1775, bei dessen Regierungsantritt, zum Oberstallmeister auf, einem Amt, für das ihn landwirtschaftliches Interesse und die Lust an technischen Bosseleien zusätzlich qualifizierten. Die Besoldung: 2000 Taler im Jahr. – Im Gegensatz zu Beurteilungen aus späterer Zeit, die spürbar den Baron unsachlicherweise an Goethe messen, empfand ihn der Weimarer Zirkel «als vollkommenen Kavalier». Er war ein Hofmann mit den artigsten Umgangsformen, ein glänzender Reiter, ein ebenso vorzüglicher Tänzer. Er sah gut aus, war musikalisch und des Französischen mächtig, dazu rechtschaffen, warmherzig und «von einer fast ängstlichen Frömmigkeit». Mit dem Blick auf Charlotte wird außerdem gern und etwas abfällig registriert, daß er ein Mann «ohne Anspruch auf geistige Eigenschaften» gewesen sei, wobei man nicht in Rechnung stellt, daß er (der doch mit Hofamt und dem Besitz von → Großkochberg im ärmlichen Weimar eine begehrenswerte Partie war) sich gerade diesem Hoffräulein verband, die (mittellos, ohne bedeutenden Familienrückhalt und mit Zweiundzwanzig nicht mehr ganz jung) im Rufe einer Bildungsbeflissenheit stand, über die sich Elegants wie Graf → Görtz und seine Familie mokierten. – Steins Dienst war anstrengend. Neben endlosen Stunden an Hoftafeln und Spieltisch, neben der Begleitung Carl Augusts auf rastlosen Ritten kreuz und quer durchs Land trug er die Verantwortung für Wagenpark und Marstall, den er mit 130 Zug- und Reitpferden übernommen hatte. Eine noch schwierigere Aufgabe war die Leitung des Allstedter Gestüts. 20 000 Taler standen im Jahr zur Verfügung, innerhalb des Weimarer Haushaltsplans eine enorme Summe, Spiegelung der herzoglichen Pferdepassion, aber für Stallmeister Stein auch die Verpflichtung zur vorbildlichen Pflege und Entwicklung des Gestüts.

1777 überfiel den Freiherrn in Pyrmont, wo er mit seiner Frau die Kur brauchte, ein rätselhaftes Leiden, das keiner Linderung zugänglich war. Lähmungen und schwere Depressionen kamen und schwanden wieder; heftigste Kopfschmerzen und selbst apoplektische Anfälle quälten den Patienten durch Jahrzehnte, der dennoch langhin getreulich seinen Dienst versah. – Erst als der Arzt nach Steins Tod den Schädel öffnete, fand sich die Ursache: ein Knochensplitter, vielleicht Folge eines Sturzes mit dem Pferd, war in die Gehirnmasse eingedrungen.

Stein Gottlob Friedrich *(Fritz)* Konstantin Freiherr von (Weimar 26. Oktober 1772–3. Juli 1844 Breslau).

Jüngster Sohn von Josias und Charlotte von Stein: ein lebhaftes, sich heiter anschmiegendes Kind, vom Vater, vom Hof, von Goethe mit ungewöhnlicher Zuneigung bedacht, von der Mutter zärtlich-stolz geliebt. – Im Mai 1783 nahm Goethe den Elfjährigen, der, seit die Brüder zur weiteren Ausbildung das Elternhaus verlassen hatten, viel sich selbst überlassen blieb, ganz in sein Leben, in sein Haus auf. Für Fritz von Stein «die glücklichste Periode seiner Jugend». Er begleitete Goethe auf Reisen, war zu Haus und unterwegs sein «Gesandter», erfuhr durch ihn mancherlei vom Bergbau, mineralogisierte, botanisierte mit ihm; er zeichnete, radierte und machte Verse wie sein Mentor; er sah die Cassabücher, die Rechnungen des Goetheschen Haushalts durch, las und referierte an Goethe gerichtete Bittschriften, schrieb nach Diktat, erledigte aber auch selbständig zum Beispiel die Briefe an Goethes Mutter und wurde so, wie Goethe im Mai 1784 an Charlotte von Stein schrieb, nachahmend und mithelfend, «ohne es zu merken, in die Welt hineingeführt und mit dieser bekannt, ohne es zu wissen». Für Goethe die fruchtbarste Methode, einen jungen Menschen zu bilden. – Aber Jahrzehnte später, im September 1809, schrieb Wilhelm von Humboldt, der Stein helfen wollte und versuchte, den seit 1806 Stellenlosen in der Sektion Kultus und Unterricht zu beschäftigen, beklommen an seine Frau, Stein sei zwar ein sehr guter Mensch, doch zur Arbeit nur bedingt tauglich. Keine Sache, die er anfasse, bekäme Hand und Fuß, und das sei seiner Ansicht nach unter anderem Resultat der Goetheschen Erziehung, die Stein geschadet habe. Goethe wäre, wie es nun mal seine Gewohnheit sei, mit ihm, gleichsam spielend, zu sehr auf das Reale und Prak-

Haus der Frau von Stein in Weimar, anonyme Tuschzeichnung.

tische gegangen und habe zu wenig auf methodisches Lernen und Arbeiten gehalten. – Damals im Spätherbst 1786 war Fritz nach Goethes Italien-Aufbruch, dessen Heimlichkeit bereits das Ende der Freundschaft mit Charlotte und als Folge auch das erlöschende Interesse an deren Sohn signalisierte, in das Elternhaus zurückgekehrt. 1791 ging er für einige Semester nach Jena, besuchte 1793 eine private Handelsschule in Hamburg und verbrachte, unter erheblichen finanziellen Opfern von Mutter und Bruder, ein Jahr in London. Noch ehe er dorthin aufbrach, hatte ihn der Herzog mit einer Jahresgage von 300 Reichstalern zum Kammerassessor ernannt, und bei seiner Rückkehr im April 1795 sicherte er ihm eine Karriere in Weimar zu, die zum Minister führen sollte. Auch das Volontariat an der preußischen Domänenkammer zu Breslau trat Fritz von Stein in Carl Augusts Auftrag und von diesem finanziert an, weshalb der Herzog verstimmt reagierte, als Stein zwei Jahre später um seinen Abschied einkam. Der Herzog entließ ihn, doch Fritz mußte erfahren, daß es nun für ihn, als er in Schlesien beruflich nicht reüssierte, keine Rückkehr in den leichtfertig verschmähten «kleineren Dienst» gab. – Eine ähnliche Fehlentscheidung war auch die von ihm gewünschte und von dem Bruder gern, doch sorgenvoll gewährte Kapitalisierung seines Anteils am väterlichen Besitz. Großkochberg wurde durch den Abzug der ausbedungenen 40 500 Reichstaler zu hoch belastet, ein Betrag, der aber wiederum nicht ausreichte, um sich auf dem schlesischen Strachwitz, das Stein 1803 erwarb, mit einiger Bequemlichkeit einrichten zu können. – «Von Jugend auf», schrieb Charlotte von Stein 1811 an den Sohn, «waren alle Hände aufgehoben, Dein Glück zu machen, doch», so schließt sie bekümmert und ratlos, «aus allem wurde nichts.» Strachwitz mußte er, hoch verschuldet, aufgeben; in den Staatsdienst berief man ihn auch 1815, nach Napoleons Niederlage, nicht wieder, und die beiden Ehen, die er nach einer rasch gelösten Verlobung schloß, empfanden die jungen Frauen als tiefes Unglück. Helene von Stosch, die ihm in vier Ehejahren drei Kinder (von denen ihm nur die Tochter blieb) geboren hatte, starb 1808 im dritten Kindbett, und Amalie von Schlabrendorf, mit der er sich 1810 verband, verließ ihn, «da sie ihn nicht lieben konnte», noch im gleichen Jahr. – Trotz dieser trüben Bilanz bezweifelte niemand Steins Lauterkeit, niemand seine noblen Gesinnungen, aber er, der in Jugendtagen alle Liebe, alles Interesse spontan auf sich gezogen hatte, mußte sich jetzt selbst eingestehen, daß er «sich zwar immer noch geschwind Freunde erwerben könne, daß diese sich aber bald wieder zurückhielten und er eigentlich niemand wisse, der ihm zuliebe auch nur ein Frühstück aufopfere». Und die Mutter, für die Fritz stets «ihr brillanter Sohn» war und blieb, sieht ihn im Traum als Gipsbüste und fragt schmerzlich-zweifelnd, ob sein Unglück, seine Einsamkeit nicht daher rühre, «weil er wie mit Gips übergossen sei»? – Er selbst resignierte. Wahrscheinlich habe er, wie er 1818 schrieb, «der Prüfungen, die ihm auferlegt worden seien, bedurft, um nicht eitel, hoffärtig, sinnlich zu werden. Darum sei er, wenn gleich nicht mit seiner Natur, doch mit seinem Schicksal passabel zufrieden . . .»

Ihm genügte, daß die Mitglieder der Schlesischen Landschaft, das heißt des

Adelsverbandes der Provinz, ihn 1810, auf Lebenszeit, zu ihrem Vertreter wählten. Ein Amt, immerhin mit 2000 Reichstalern dotiert, das ihm erlaubte, auf eine stille, seiner etwas matten Natur wohl gemäße Weise sowohl am öffentlichen Leben (u. a. mit der Gründung des Schlesischen Blinden-Instituts) teilzunehmen, als auch zu sammeln und sorgsam zu bewahren, was ihm im privaten Bereich zukam. Neben mancherlei heute als Quellenmaterial höchst interessanten Post aus dem Weimarer Familienkreis nichts so wichtig als die Briefe, Zettelgen und Verse, die Goethe in den Tagen der Freundschaft Charlotte gewidmet hatte: ein umfängliches Konvolut, das Charlotte dem Sohn anvertraute. – Fritz übergab im Oktober 1842 das Paket, durch Anmerkungen erweitert, dem Neffen Karl von Stein, der Sorge trug, daß dieses bedeutende Dokument Goetheschen Daseins zwischen 1848 und 1851 in drei Bänden ediert die Öffentlichkeit erreichte.

Literatur: Briefe an Fritz von Stein. Hrsg. und eingeleitet von Ludwig Rohmann. Leipzig 1907.

Stein Gottlob *Karl* Friedrich Wilhelm Freiherr von (Weimar 8. März 1765–4. März 1837 Großkochberg).

Josias und Charlotte von Steins Sohn; nach des Vaters Tod, 1793, Erb-, Lehen- und Gerichtsherr auf → Großkochberg: Wie der Vater seiner Umgebung, seiner Familie freundlich-offen zugewandt, zugleich aber, wie die ungewöhnlich gescheiten Briefe zeigen, die er durch Jahrzehnte dem Bruder schrieb, nüchtern, skeptisch, allem hohlen Pathos, aller Pose und Feierlichkeit abgeneigt wie die Mutter. – Nach frischesten Jugendtagen, mit den Brüdern Ernst und Fritz, weithin unter Goethes Augen in Weimar und Großkochberg zugebracht, schickt die Familie den Fünfzehnjährigen in der Hoffnung auf eine künftige Karriere nach Braunschweig. Er besucht hier, gefördert und finanziell gestützt durch die regierende Herzogin, das Carolinum, studiert ein paar Semester in Helmstedt und Göttingen, verdirbt dann aber durch Schuldenmacherei (der Jahreswechsel von 500 Reichstalern wollte nicht reichen) die braunschweigischen Zukunftsaussichten. Die Mutter, deren diplomatischem Geschick das Arrangement zu danken war, zürnt, die Herzogin ist verärgert, Goethe schreibt einen Mahn- und Lehrbrief (6. Februar 1786), der Vater aber greift kurz entschlossen den Sohn in Göttingen auf, reitet mit ihm nach Pyrmont, stellt ihn dem Herzog von Mecklenburg vor, der ihn sofort zum Hofjunker und Kammerauditor ernennt. Ein Amt, ein Rang, doch auf langhin ohne Besoldung. 250 Louisdor im Jahr, mehr kann der Vater nicht geben. Eine Situation, lähmend und bitter: Hofkavalier und arm zu sein. Eine Diskrepanz, die ihm jedoch den Blick schärfte für den Leerlauf einer höfischen Existenz, und nur zu gern nutzt er die jährlich wiederkehrenden Arbeitsmonate im Amt Doberan, um durch «Erlernung des ökonomischen Fachs» dem «odiösen Tagediebleben» in Schwerin zu entkommen. Endlich, heiß ersehnt, 1796, gewinnt er die Beurlaubung aus mecklenburgischen Diensten, er kehrt nach Thüringen zurück und ist entschlossen, das heruntergewirtschaftete Großkochberg «wieder in Flor zu bringen, die häuslichen Angelegenheiten zu verbessern; Schulden abzutragen und für das Wohlbefinden seiner Kochberger Bauern zu sorgen». – Ein Unterfangen, das trotz der Nüchternheit, ja eigentlich Bescheidenheit der Zielsetzung scheiterte. Die Belastungen waren zu groß. Zu den bereits bestehenden Verbindlichkeiten kam die Rente, die neben mancherlei Naturalien wie Butter, Obst, Holz, Geflügel oder Wild mit 600 Reichstalern jährlich an die Mutter zu leisten war, kam die großzügige und gern gewährte Unterstützung des Bruders in Breslau, der unbesoldet an der dortigen Domänenkammer arbeitete, kam 1799 mit über 40 000 Talern die von Fritz begehrte Auszahlung seines Anteils am Familiengut, was Karls Schulden auf 100 101 Taler hinaufschnellen ließ, und es kamen, nun jede Reserve aufbrauchend und jede Erholung im Keim erstikkend, nach 1806, mit der Napoleonischen Besetzung des Landes, fast ein Jahrzehnt lang, immer wechselnde, immer drückendere Einquartierungen, es kamen Kontributionen aller Art und Rekrutierungen, die dem Gutsherrn noch die letzte Arbeitskraft forttrieben und in die französischen Regimenter preßten. – Nur ungern und zögernd nimmt er die «Exzellenz» hin, mit der man auch ihn in der allgemeinen Titelflut, die nach 1815 losbricht, dekorieren will. Was solle ihm der Titel, fragt er sarkastisch, wenn seine Frau gezwungen sei, die sieben Stunden nach Weimar zu Fuß zu gehen, da ihm kein Gaul mehr im Stall stehe, dem man diese Anstrengung zumuten dürfe! – 1817 versucht er noch einmal Großkochberg durch Verpachtung zu retten, doch 1829 ist klar, daß er das Gut nicht mehr halten kann. Ein Glück ist, daß Karls Sohn, gestützt auf das Vermögen seiner Frau, den Familiensitz übernimmt.

Karl und auch Amélie (eine geborene von Seebach, ihm im Mai 1798 angetraut: eine Frau zwar ohne Mitgift, doch im Urteil aller ebenso liebevoll, so klug, so tüchtig wie schön) waren beide für sich selber immer anspruchslos gewesen. Beide mühten sich ernstlich, Großkochberg in einen rentablen Wirtschaftsbetrieb umzuwandeln. Aber sie blieben Landedelfrau, Landedelmann, mit dem tief eingewurzelten Bedürfnis nach adeligem Lebenszuschnitt. Karl wurde auch in der äußersten Bedrängnis nicht zu dem Landwirt, der nur den blanken Nutzen kennt. Sie blieben für den großen Familienkreis, für die Nachbarn, für die Freunde die «anmutigsten Wirte», was aber eigentlich über ihr Vermögen ging, und Karl baute, kaum daß der Krieg zu Ende gegangen war, 1815, am Rande seines Parks ein Theaterchen, das mit seinen Säulen von fern an Herzog Carl Augusts → Römisches Haus in Weimar erinnert. Eine winzige Liebhaberbühne für seine Dörfler! Der Freiherr, Theaterdirektor und Spielleiter in einem, malte die Kulissen dazu, und Albert Methfessel, in Rudolstadt Kammersänger der Fürstin, mit Karl von Stein befreundet: «ein guter Gesellschafter und vorzüglicher Musikus», übernahm wohlgelaunt die Rolle des Dirigenten und Theaterkomponisten. – Wie die Brüder hatte auch Karl die Feste, die Goethe den Kindern seiner Freunde gab, mitgefeiert. Er hatte, angeregt durch ihn, die deutschen Volksbücher gelesen, hatte Schwimmen, Schlittschuhlaufen, er hatte sogar das Eierkuchenbacken von dem jungen Legationsrat gelernt. Ausbildung und Hofdienst entrückten ihn dann dem Goetheschen Kreis, und auch nach der Heimkehr aus dem Norden blieb er

Goethe fern und beobachtete, nicht ohne Sarkasmus, das Leben des «Lama von Weimar» aus ironischer Distanz. Doch als ihn die Nachricht von Goethes Tod erreichte, liefen ihm, wie er dem Bruder schrieb, die Tränen über die Backen. Sein Schmerz säße tief, fuhr er fort, und ihm sei klar, daß Weimar nun wieder in sein altes Nichts zurücksinken werde, woraus es genommen sei, da Goethes Geist zu Gott aufstiege . . .

Literatur: Goethe. Aufzeichnungen des Freiherrn von Stein-Kochberg. Hrsg. von Hans Wahl. Leipzig 1924.

Steiner Johann Friedrich Rudolph

(Braunschweig 1. Juni 1742–1. März 1804 Weimar).

Zunächst Baukontrolleur im Dienst des Braunschweiger Hofs, anschließend Jahre in Sondershausen, bis ihn 1774 Anna Amalia nach Weimar berief und zum Fürstlichen Baumeister ernannte. – Steiner war, obwohl er auch gelegentlich schreibend zu Fachfragen Stellung nahm, ein Praktiker, ein Handwerker, der jedoch die Arbeit am Bau voranzutreiben, Vermessungen exakt durchzuführen und einfachere Risse und Modelle zu verfertigen vermochte. So entstand 1779 das erste Weimarer Theater nach seinem Entwurf; zu → Bertuchs behaglichem Haus lieferte er Riß und Kostenvoranschlag; in Ilmenau überwachte er, durch Goethe beauftragt, die Montage der Schmelzöfen, und im → Welschen Garten verwandelte er mit einem hübschen Saal die alte Orangerie, nun «Salon» und weiterhin das «Tempelherrenhaus» genannt, in einen sommerlichen Schauplatz höfischer Geselligkeit. – Der Wiederaufbau des → Schlosses aber, ein kompliziertes Unternehmen, das ein hohes Maß an konstruktiver Phantasie forderte, überstieg seine Fähigkeiten. Ihm war, wie Goethe im Dezember 1798 an Voigt schrieb, nur die mechanische Ausführung abzuverlangen, was Steiner jedoch weder sehen noch zugeben wollte. Durch Quertreibereien aller Art suchte er die Künstler-Architekten, die die Schloßbaukommission, voran Goethe, mühsam genug gewonnen hatte, zu verscheuchen, zu diffamieren, wobei es klüger und auch für ihn vorteilhafter gewesen wäre, Männer wie → Arens, → Thouret oder → Gentz nicht zu hindern, sondern ihnen in dem schwierigen Geschäft willig zur Hand zu gehen.

Stern

Wohl das Gelände des uralten Baumgartens am flachen rechten Ilmufer, den die Große Thüringer Sintflut von 1613 nahezu zerstörte. Als «Sterngarten» dann ein erstes Mal 1685 erwähnt, nun aber Wiese, später ein Gehölz, umschlossen von Floßgraben und Ilm, mit Schneisen, die sich im Rondell des Sterns kreuzten. An der Ilm, gegenüber dem Schloßbereich, lagen Fischteiche und das Hoffischerhaus (1798 abgebrochen), am Floßgraben der Holzstapelplatz. 1771/72 intensivierte Anna Amalia, um der Not in den schlimmen Hungerjahren zu steuern, den Wegebau, sonst aber wurde das Gelände wenig beachtet und kaum gepflegt. – Die Generation des Sturm und Drang entdeckte jedoch in ihrer leidenschaftlichen «Neigung zum Leben, Verweilen und Genießen in freier Luft», wie Goethe rückblickend im «Louisenfest» schrieb,

«den mit Bäumen und Büschen wohlausgestatteten Raum», entdeckte den Reiz «dieser uralten Gänge und Anlagen, die hoch in die Luft sich erhebenden stämmigen Bäume», entdeckte hier einen Freiraum, dem Herzog und seinem jugendlichen Kreis willkommen «zu Versammlung und Unterhaltung».
Literatur: William S. Heckscher: Goethe im Banne der Sinnbilder. Ein Beitrag zur Emblematik. Jahrbuch der Hamburger Kunstsammlungen, 7 (1962), S. 35–54.

Stiedenvorwerk

Privater Grundbesitz, 1612 mit allen Liegenschaften von Herzogin Dorothea Marie erworben. Einen Teil des wohl gehaltenen Obst- und Gemüselands verwandelte Wilhelm IV. um 1650 in einen Fürstlichen Lustgarten, → Welscher Garten genannt; ein Rest des Gutsgebäudes an der Ackerwand, auch das herrschaftlicher Besitz, war von 1777 bis zu ihrem Tod Charlotte von Steins Wohnung.

Straßburger, Friedrich August → Fürstliche Bibliothek.

Stromeyer Carl

(Rottleberoda bei Stolberg 1780–11. November 1845 Weimar).
Carl August hatte ihn, diesen «vortrefflichen Baßisten» entdeckt und sofort (27. Juli 1805) → Kirms und Goethe, seiner Theaterkommission, empfohlen. Er sei ein miserabler Acteur, schrieb der Herzog weiter, aber er könne ein großer Sänger werden: ein Urteil, das Stromeyer selbst von Auftritt zu Auftritt bestätigte und Kollegen wie → Wolff oder Brizzi oder die Unzelmann, nur drastischer formuliert, wiederholten. Alle rühmten diese Stimme, sprachen «von herrlichster Fülle, Rundung und Weichheit», sein Spiel aber und seine Person belegten sie, und anscheinend zu Recht, mit Verbalinjurien wie «Hornochse» oder «Rindvieh». Caroline → Jagemann aber, Stromeyers entschlossene Parteigängerin, wies darauf hin, daß ihm die berühmten Lehrer gefehlt und er seine musikalische Ausbildung lediglich dem Stolberger Kapellmeister verdanke. Auch sei er, ehe er den Übergang zur schwierigen Solistenkarriere wagte, nichts als Angehöriger des Braunschweiger Opernchors gewesen.
In Weimar debütierte Stromeyer am 16. März 1806, wobei er, wie zu erwarten war, «den Sarastro wie ein Gott sang, doch die Hände beharrlich im Leibgurt versteckte». Goethe, überzeugt, daß «eine gute Stimme eine große Himmelsgabe» sei, hatte ein halbes Jahr zuvor, im August 1805, Carl August einen guten Fortgang der Unterhandlungen mit dem Bassisten gewünscht, nun aber zeigte sich bald, daß Stromeyer, von Caroline Jagemann kräftig gestützt, sich der Kostbarkeit dieser Himmelsgabe durchaus bewußt war. Er forderte viel und weit mehr, als die in ihren Möglichkeiten äußerst eingeschränkte Theaterkommission, das heißt Goethe, zu gewähren vermochte: immer wieder Vorschuß, immer großzügiger bemessene Urlaube, immer erneut Zulagen. Da Goethe sah, wie er am 18. Februar 1812 dem Herzog schrieb, «daß Durch-

laucht dieses Mannes Gesuch zu begünstigen geneigt sind . . . so könnten Meo voto Serenissimus auf einmal der Sache abhülfliche Maße geben, wenn Sie den Sänger Stromeyer ganz und gar unseren Befehlen und Anordnungen entnähmen und denselben dem Hofmarschallamte völlig untergäben, da es dann von Höchstderoselben Willen ganz allein abhängen würde, dem Urlaubsgesuche gedachten Mannes nach eigenem höchsten Ermessen zu deferieren. Das höchst unangenehme Verhältnis zu einem Untergebenen, der kein Untergebener ist, würde dadurch beseitigt. Und warum sollten wir es nicht aussprechen, da es ja notorisch ist», fährt Goethe mit mühsam unterdrücktem Groll fort, «daß gedachter Cammersänger Stromeyer uns schon längst nicht mehr als seine Vorgesetzten betrachtet, und durchaus nach seiner Willkür, ja oft zu unserem Despekt zu handeln pflegt.» – «Ich stimme diesem Vorschlag gänzlich bey», war Carl Augusts Antwort. In tausenderlei Querelen, deren Spiritus rector eher Caroline als der phlegmatisch-gutmütige Stromeyer war, gewann ihrer beider Partei stetig an Einfluß und Macht. 1817, noch vor Goethes Entlassung, wird Stromeyer zum Operndirektor, im April 1824, nachdem Kirms pensioniert ist, im Rang eines Wirklichen Rats zum Oberdirektor des Theaters ernannt. Der Kontrakt gilt auf Lebenszeit; Stromeyers Gehalt steigt auf 2212 Taler im Jahr, eine Pension von 1000 Talern wird ihm zugesichert. – Caroline Jagemanns Memoiren suggerieren, daß nun, die Schwächen Goethescher Intendanz meidend, das «Theatergeschäft» (rundum als «Compagnie Jagemeyer und Strohmann» bespöttelt) floriere, doch Johanna Schopenhauer schrieb am 28. Mai 1826 an Ludwig Tieck: «. . . ich glaube kaum, daß irgend ein Publikum in der Welt so mager abgespeist wird als das Weimarische. Unser Intendant war ein trefflicher Sänger, aber ich möchte darauf wetten, daß er kaum imstande ist, ein Buch zu lesen, viel weniger es zu verstehen. Ihm zur Seite steht Frau von Heygendorf, die mit fünfzig Jahren noch immer die erste Sängerin und die jugendlichste Schauspielerin sein will. Sie läßt nichts nur halb Erträgliches neben sich aufkommen, scheut bei ihrem wirklich großen Talent jede Anstrengung, spielt also so selten wie möglich, und wir müssen froh sein, wenn sie alle Monate einmal auf der Bühne erscheint. Die übrige Zeit werden elende kleine Nachspiele, meistens französische Übersetzungen, aufgeführt und bis zum Überdruß wiederholt.»

Vier Jahre später, im Juni 1828, bei des Herzogs Tod, verließ Caroline Jagemann die Bühne. Stromeyer folgte im Dezember. – Er zog nach Dresden, kehrte aber ein Jahr später nach Weimar zurück, wo er, umgeben von seinen Söhnen, ohne seine Stimme, die immer noch den alten Glanz besaß, etwa bei einem Gastspiel, zu nutzen, «in ruhiger Beschaulichkeit» seine Tage verbrachte.

Literatur: → Jagemann, Caroline.

Sutor Christoph Erhard

(Erfurt 14. März 1754–13. Dezember 1838 Weimar).

Sohn eines Erfurter Bäckers; neunzehn Jahre (1776–1795) in Goethes Dienst, ein ruhiger, zurückhaltend-tüchtiger Mann. Wie alle Goetheschen Diener

auch als Schreiber, vorwiegend aber mit der Erledigung praktischer Arbeiten im Haus und auf Reisen beschäftigt. – Die Eheschließung 1782 und eine rasch wachsende Familie zwangen Sutor, mit Goethes Einverständnis, einen Nebenverdienst zu suchen. Er gründete, begünstigt durch die neuen Erfindungen der Lithographie und des Stahlstichs und späterhin unterstützt durch anstellige Söhne, eine durch Jahrzehnte florierende Spielkartenfabrik. Hier ließ Goethe 1791 für die «Beyträge zur Optik» auch «27 Cärtchen» mit seinen optischen Figuren herstellen. Neben der Fabrik betrieb Sutor noch eine Leihbücherei, die er aber, da er sich überlastet fühlte, 1790 verkaufte. – Allmählich war er auf der sozialen Leiter aufwärts gestiegen, war Hausbesitzer, war Ratsdeputierter – war zu dem «bejahrten Mann» geworden, den Eckermann im November 1823 beim Promenieren traf und ihn «seinem Äußeren nach für einen wohlhabenden Bürger hielt». – Sutor erinnerte sich freudig der Zeit, da er Goethes Kammerdiener und der Dichter noch «jung und sehr mager und behende und so zierlich war, daß ich ihn hätte wegtragen können». Und er erzählte von der Nacht im Februar 1783, als sein Herr nach ihm klingelte und ihn aufforderte, mit ihm den Himmel zu beobachten, denn sie befänden sich in einem bedeutenden Moment. Entweder hätten sie gerade ein Erdbeben oder es käme eins. Und Sutor mußte sich neben Goethe aufs Bett setzen, der ihm demonstrierte, aus welchen Merkmalen er das abnähme. – Eckermann fragte, ob er Goethen sogleich geglaubt hätte. Sutor bejahte; er habe ihm aufs Wort geglaubt, denn was er vorhersagte, war immer richtig . . .
Literatur: → Goethes Diener.

T

Tempelherrenhaus oder der Salon

Ursprünglich eine Orangerie im → Welschen Garten, 1668 zuerst erwähnt und 1714 als «ein ungemein plaisantes Glashaus» beschrieben, das «mitten in der größesten Kälte mit Blumen und Früchten den Winter selbst bravieret». Dann Jahrzehnte unbenutzt und verwahrlost, bis Carl August 1786 Baumeister → Steiner den Auftrag gab, das Gewächshaus in eine Kapelle gotischen Stils umzubauen, die jedoch als Ort adeliger Geselligkeit gedacht war. Ritterfiguren aus → Klauers Werkstatt (bald Tempelherren genannt), etwas befremdlich auf vier Ecken des Dachs postiert, verstärkten ebenso wie die winzige Seitenkapelle (1792 zur Aufnahme des Orchesters angebaut) den Eindruck von Mittelalter und Romantik. – 1803, nach Vollendung des Schloßumbaus, verlor das Tempelherrenhaus für Hof und Adel an Attraktion, verkam rasch zum immer dürftigeren Glashaus, so daß Carl August 1811 Abriß und Neubau eines funktionsfähigen Gewächshauses befahl. Auch das wieder, modischerweise, gotisch; besonders der Turmbau erinnert vage an das Gotische Haus des Wörlitzer Parks. – Anscheinend war aber die Geselligkeit im Grünen so angenehm gewesen, daß der Herzog, wenige Jahre später anderen Sinns geworden, sich 1821–1823 entschloß, den «Salon» wieder herzustellen und der Fürstlichen Familie als Sommerhaus zuzuweisen. (Selbst Goethe trug mit einigen Skizzen zur Rückverwandlung des Gewächshauses bei.) – Nun empfing der Herzog hier, wie in alten Tagen, seine Gäste; die Fürstinnen reichten den Besuchern den Tee; man musizierte (unter anderen Friedrich Liszt und Busoni) – und nach 1918 richteten hier Maler des Bauhauses ihre Ateliers ein. Johannes Itten berichtet von festlichen Abenden und Nächten in dem alten Gartenhaus, doch eine Bombe des Zweiten Weltkriegs zerschlug es zur Ruine.

Testament Walther und Wolfgang von Goethes → Goethes Enkel.
«Teutscher Merkur» → Bertuch, Friedrich Justin.

Theaterbauten in Weimar

1696 ein «Opernhaus», die erste Bühne in Weimar, zu ebener Erde im Ostflügel der → Wilhelmsburg innerhalb von 14 Tagen auf Befehl Herzog Wilhelm Ernsts in einem Saal mittlerer Größe, der etwa hundert Personen Raum bot, eingerichtet. Ein Jahr später, beraten von Girolamo Sartorio, einem im Theaterbau erfahrenen Venezianer, verbessert und am 19. Oktober, dem Geburtstag des Herzogs, eingeweiht. – Die Bühne mit einer «Kulisse» aus sechs «unverrückbaren Gassen» (ähnlich, nur im Kleinformat, der des berühmten Teatro Olimpico in Vicenza) beansprucht mit dem darunterliegenden Maschinenraum die Hälfte des Saales. Im Orchestergraben finden die 22 Musiker an einem schmalen Tisch Platz; sieben Bänke, ohne Lehne, mit je zehn Sitzen reihen sich hintereinander im «Parkett». Nur geladene Gäste haben Zutritt. Ein mäßig breiter Rang, in der Mitte die Loge für Serenissimus, zwei kleinere Logen, rechts und links der Bühne, für Hof und Adel, schloß den Raum im Halbkreis ab. Ein Barocktheater, dessen Kosten der Fürst trug und über das er allein verfügte.

Die Brandkatastrophe vom 6. Mai 1774 vernichtete mit dem Schloß auch das Theater.

1774–1780 Wechselnde Bühnen. Die Berufsschauspieler, obdachlos geworden, zogen nach Gotha weiter. In Weimar aber mußten theaterbegeisterte Laien, mußte das sich aus unterschiedlichen Zirkeln bildende → Liebhabertheater mit Bühnen vorlieb nehmen, je nach Bedarf und gemäß dem Rang der Schauspieler-Dilettanten aufgeschlagen im → Wittumspalais, im → Fürstenhaus, in Schloß → Ettersburg, doch auch aufgeschlagen, hier wie in Tiefurt, unter den Bäumen, zwischen den Büschen des Parks. Oft spielte man auch im Reithaus, am häufigsten in Hauptmanns Redoutenhaus an der Esplanade.

1780–1798 Herzogliches Comödien- und Redoutenhaus. Schon im November 1778 hatte Goethe Frau von Stein auf einem Zettelchen geschrieben, daß er in Gedanken an einen Theaterneubau «ohnablässig Risse krizzle und verkrizzle»; im Februar 1779 entschloß sich Hofjäger → Hauptmann, einer der wenigen wendigen Unternehmer in Weimar, anstelle seines Redoutenhauses, das er in Wohnungen umzuwandeln gedachte, ein größeres Etablissement zu errichten, das bequem neben Bällen und Redouten auch Theateraufführungen erlaubte. Ein Eckgrundstück an der Esplanade schien ihm als Bauplatz geeignet. Die Herzoginmutter aber stellte ihm, abgesehen von einer Finanzierungshilfe, das durch die Stadtentfestigung gewonnene Gelände gegenüber ihrem Palais zur Verfügung. Noch heute der Standort des Theaters! Baukondukteur → Steiner lieferte den Entwurf, Hauptmann trieb energisch die Bauarbeiten voran: am 7. Januar 1780 konnte bereits, zur Feier der Rückkehr des Herzogs und Goethes aus der Schweiz, das Theater mit einer festlichen Aufführung eröffnet werden. Im Juli 1780 übernahm die fürstliche Kammer das Haus, einen für Weimarer Verhältnisse stattlichen Bau. – Bis 1783 benutzten die Dilettanten des Liebhabertheaters weiter die Bühne, die aber 1785–1791 von → Bellomos Truppe, anschließend von der Herzoglichen Hofschauspielergesellschaft unter Goethes Leitung abgelöst wurden.

1798–1825 Herzogliches Hoftheater. Ein notwendiger und zugleich ungewöhnlich geschickter Umbau des Comödien- und Redoutenhaus durch → Thouret aus Stuttgart, dem es gelang, neben der Arbeit am Schloßbau, zu

Herzogliches Hoftheater, 1798–1825, Stich, um 1800.

der er nach Weimar berufen war, in wenigen Sommermonaten das «Vergnügungs-Etablissement» in ein veritables Theater, das nur Bühnenzwecken diente, zu verwandeln. Der breite Tanz- und Redoutensaal modelte sich zum tiefen, im Halbkreis geschlossenen, mit zwei Rängen versehenen Zuschauerraum um, die Bühne wurde modernisiert und durch den Anbau eines Dekorationsmagazins erweitert. Eröffnet wurde dieses Haus, von allen als festlicher Auftakt empfunden, mit Schillers «Prolog» und «Wallensteins Lager», Beginn des Jahrfünfts bis zu Schillers Tod, in dem sich in atemraubender Folge Uraufführung an Uraufführung reihte, die den Ruhm dieses Hauses begründeten.

Am 21./22. März 1825. «Großer Feuer-Schreck in der Nacht. Das Theater brennt furchtbar-schön ab», notiert Kanzler Müller. Goethe spricht von der Brandstätte als dem «Grab seiner Erinnerungen», während Heinrich Meyer kühl erklärt, es sei fatal genug, daß das Theater abgebrannt sei, «sollen wir uns noch obendrein unmäßig darüber betrüben?»

3. September 1825 bis 1907 Großherzogliches Hoftheater. Angeregt durch den Brand des Berliner Schauspielhauses 1817 hatte sich Goethe, obwohl er dem Theater nicht mehr vorstand, mit → Coudray oft und gern mit den Problemen des Theaterbaus beschäftigt, die ihm nach sechsundzwanzig Jahren Bühnenpraxis durchaus gegenwärtig waren. Er konnte darum, im Augenblick der Katastrophe, einen wohldurchdachten Entwurf Coudrays vorlegen, in den

Großherzogliches Hoftheater, 1825–1907, Stich von Bügehold.

seine Erfahrungen, auch seine Wünsche für ein verbessertes Theatergehäuse eingegangen waren. Der Herzog stimmte zu, die Arbeit am Wiederaufbau war aufgenommen, als es Caroline → Jagemann, immer entschlossen, Goethe listig auszumanövrieren, mit geschickt eingefädelter Intrige gelang, den wenig inspirierten Entwurf Carl Friedrich Christian Steiners des Jüngeren durchzusetzen. Coudray war tief verletzt, Goethe aber, wohl aller Jagemann-Ränke müde, bemerkte, daß es ihm so wohl recht sein könne. «Ein neues Theater ist am Ende doch immer nur ein neuer Scheiterhaufen, den irgendein Ungefähr über kurz oder lang wieder in Brand steckt.»

11. Januar 1908. Eröffnung des Neuen Großherzoglichen Hoftheaters: ein Littmann-Bau, der das schmucklos-nüchterne Haus, dessen Abbruch Henry van de Velde als «einen Akt des Vandalismus» bezeichnete, im Stil eines überholten Neoklassizismus, zwar prächtig, doch ohne Originalität, ersetzte. Hofkreise hatten verhindert, daß man etwa Henry van de Velde, der in diesen Jahren in Weimar arbeitete und lebte, den Neubau anvertraut hätte.

Theaterdirektion Goethes

Goethes Verhältnis zum Theater war zwiespältig. Jahre freudiger Faszination wechselten mit Lähmung und Überdruß. Er wollte sein Publikum unterhalten, zugleich aber hielt er für «Pöbel, wer nur schauen, staunen, lachen, weinen will». Er spielte die Erfolgsautoren der Epoche, erzwang aber auch mit imperatorischer Strenge Aufmerksamkeit für große Literatur. 26 Jahre währte sein Direktorat. Gespielt wurde an 4136 Abenden, und zwar 2797 Sprechstücke, von der Tragödie über das Schauspiel bis zur Posse, dazu 1084 Opern, Singspiele, Operetten, aber (nur) 255 Ballette.

Er habe, schrieb Herzog Carl August am 17. Januar 1791 an Kammerrat → Kirms, mit Göthen Abrede genommen, daß er jetzt schon öffentlich bekennen wolle, er habe ihm die Direktion dieser Sache [das heißt die Direktion des künftigen Hoftheaters] übertragen. Kirms möge diesen Vorsatz kund werden lassen und nun das Geschäfte ganz öffentlich und mit Göthen behandeln. – Längere Überlegungen, an denen Goethe nur von ferne teilnahm, waren diesem Beschluß vorausgegangen. Unzufrieden mit → Bellomo und dessen Truppe, war Carl August, während er in Berlin mit dem gescheiten Hofkapellmeister Reichardt die Probleme der Gründung eines Theaters ventilierte, das «nicht Geschäftsbude noch Vergnügungslocal», sondern ein Ort wahrer Schauspielkunst wäre, bereits im Januar 1790 zu der Einsicht gekommen, daß er sich von seinem Theaterprinzipal, obwohl dessen Kontrakt gerade erneuert worden war, trennen mußte. – Heinrich Becks großartig angelegter Hamlet, der während seines Gastspiels zur Jahreswende 1790/91 in Weimar Gestalt gewann, bekräftigte die Zweifel an Bellomo ebenso wie den Entschluß, Neues zu wagen. Durch Kirms ließ nun der Herzog sondieren, ob etwa Christian → Neumann oder Andreas Dietrich → Einer, beide Mitglieder der Bellomo-Gesellschaft, gewillt seien, an die Stelle ihres bisherigen Prinzipals zu treten. Selbst bei Heinrich Beck, dem bewunderten Mannheimer Gast, und bei Josef Seconda in Leipzig fragte Kirms an. Schließlich blieb nur Goethe,

der, obwohl intensiv mit eigenen Plänen beschäftigt, sich bereit erklärte, dem Wunsch des Herzogs Folge zu leisten. Im Grunde, trotz der Arbeit am «Wilhelm Meister», zu diesem Zeitpunkt an praktischer Theaterarbeit desinteressiert, dachte er allerdings nur an eine Verpflichtung, die endete, wenn andere Lösungen in Sicht waren.
Am 5. April 1791 verabschiedete sich, ordnungsgemäß aufgekündigt, Bellomo mit Kotzebues «Kind der Liebe» von der thüringischen Residenz;
am 7. Mai 1791 wurde mit Ifflands «Jägern» das neugegründete Weimarer Hoftheater eröffnet.
Für Bellomo schrieb Vulpius den Epilog, aus dem der verärgerte Prinzipal alle Dankesworte an die Adresse Carl Augusts strich; Goethes Prolog zum 7. Mai aber gibt zu bedenken:
«Der Anfang ist an allen Sachen schwer» und schließt:
«Und so empfehlen wir, mit bestem Willen, / Uns eurer Billigkeit und eurer Strenge.»
Zu einem Bericht Goethes über das erste Jahrzehnt seiner Theaterarbeit (1802 in Bertuchs «Journal» veröffentlicht) hat sich, von ihm notiert, ein Zettel mit den Stichworten erhalten: «Übernahme des Weimarischen Theaters. Völlige Unbekanntschaft mit dem bisherigen deutschen Theater. Erst Schlendrian. Das Gegenwärtige und Mögliche zuerst. Nach und nach das Wünschenswerte, bis zum beinahe Unmöglichen unternommen.» – Sehr piano wolle er ans Werk gehen, schrieb er im März 1791 an Johann Heinrich Jacobi, doch der herzogliche Wunsch forderte rasche Realisation. Vieles blieb beim Alten. Wie zu Bellomos Zeiten spielte man im Komödienhaus; und zwar wie bisher an jedem Dienstag, Donnerstag, Samstag, späterhin Montag, Mittwoch und Samstag. Die Saison währte in Weimar vom 1. November bis zum 1. März, Gastspiele im benachbarten Eisenach, Rudolstadt, Gotha oder auch im entfernteren Leipzig und Halle wurden absolviert; unabdingbar blieb auch jetzt die Bespielung der Filial- oder Abstecherbühnen in Bad Lauchstädt und Erfurt. – Die *Oberdirektion* des Hoftheaters übernahmen Goethe und Kirms, der eine für die Administration, der Dichter für das Kunstfach zuständig. Seit Mai 1791 war ihnen als Kapellmeister der tüchtige Johann Friedrich Kranz, als Dramaturg und Bühnendichter der ebenso tüchtige Christian August → Vulpius zugeordnet. Georg Melchior → Kraus, gelegentlich auch Heinrich → Meyer berieten Goethe in Kostüm- und Ausstattungsfragen. Als Regisseur fungierte, eher schlecht als recht, Franz Joseph → Fischer; ihm folgte 1793 J. Heinrich → Vohs, der 1797 durch die Institution der «Wöchner»: → Genast, → Bekker, → Schall, abgelöst wurde. Im Juli 1797 veranlaßte Goethe, der ein drittes Mal in die Schweiz aufbrechen wollte, die Umwandlung der Oberdirektion in eine *Hoftheater-Commission,* mit Kammerherrn von → Luck (ab 1802 Rat Kruse) zu seiner Vertretung. – In das neue Unternehmen hatte der Hof zunächst 2000 Taler investiert; Regina Rebecka Braun, Wirtin des «Erbprinzen», stellte ein Darlehen von weiteren 2000 Talern zu 4% zur Verfügung. Auch das für die Lukrativität des Unternehmens überaus wichtige Theaterprivileg von Bad Lauchstädt, seit 1781 in Bellomos Hand, ging, nach zähen Ver-

handlungen, samt dem Lauchstädter Theaterbau, für 1200 Taler an Weimar über. – Ebenso entschlossen setzte Goethe im April 1791, nachdem ihm Friedrich Ludwig Schröder, einer der gewiegtesten Kenner der Theaterpraxis, Einblick in den Aufbau der Hamburger Theaterkassen-Einrichtung gewährt hatte, die Höhe der Eintrittsgelder in Weimar fest: Erstes Parkett 12 Groschen; im zweiten 8 Groschen, die Galerieloge 4 Groschen, die Galerie 2 Groschen. – Den niedrigen Eintrittspreisen, die sich nur bei besonderem Anlaß (Auftritt prominenter Gäste) erhöhten, entsprachen die Gagen der Schauspieler: in der Woche 2 bis 7 Taler; für ein Ehepaar 10 Taler, wobei Verwendbarkeit sowohl in Schau- als Singspiel Voraussetzung war. Dazu wöchentlich 1 Taler Garderobegeld und knapp 20 Groschen Reisediäten. Anton Genast erklärt, daß mit diesen winzigen Beträgen in dem billigen Weimar auszukommen war. Für Kost und Logis habe er, privat untergebracht, wöchentlich anderthalb Taler gebraucht. Dagegen zeigen Briefe, wie Heinrich Vohsens «Gehorsamstes Pro Memoria vom 23. Oktober 1800», daß die Gagen kaum das Existenzminimum deckten. Das Wiener Burgtheater, doch auch die großen Bühnen von Berlin oder Mannheim zahlten das Doppelte bis Dreifache der Weimarer Bezüge, was naturgemäß große Begabungen, unter denen man die Wahl hatte, anzog. Heinz Kindermann errechnet, daß 1781 die Gesamtausgaben des Burgtheaters «weit über 100 000 Gulden betrugen», die über die Hälfte von offiziellen Stellen getragen wurden, während Herzog Carl Augusts jährlicher Zuschuß die 7000-Taler-Schranke nicht überschritt. – In diesen engen Grenzen, die zu einer Sparsamkeit zwangen, die des öfteren, wie Caroline → Jagemanns Spott zeigt, der Komik nicht entbehrte, entwickelte Goethe im mühsamsten Hin und Her ein Theater, das an Qualität und Anziehungskraft Bellomos «Schlendrian» weit hinter sich ließ. – Aus dessen Repertoire übernahm er, auch auf diesem Sektor keine radikalen Lösungen suchend, 84 Stücke, wobei er, überzeugt, daß ein Theater ein breites Publikum anziehen und unterhalten solle, weder das «Familiengemälde» noch die Ritterromanze, weder das Singspiel noch die Posse verschmähte. Aus dem reichen Angebot wählte er 354 Iffland-, 638 Kotzebue- und 117 Schröderstücke: eben das, «was an der Tagesordnung war». Aber er begann auch – und das mit Ausdauer, mit Elan und Erfolg – Mozart durchzusetzen. Er propagierte Lessing und Shakespeare, und er wagte, Schillers «Don Carlos» in der Versfassung zu geben. Er selbst schrieb und führte auf (wie er sich vorgenommen hatte) 1791 den «Groß-Cophta», 1793 den «Bürgergeneral», zweimal der Versuch, auf Lustspielebene eine Antwort auf die ihn tief erregenden revolutionären Ereignisse jenseits des Rheins zu formulieren. Schon jetzt aber zögerte er, wie später auch, eigene Arbeiten häufiger auf das Programm zu setzen. «Leichtere Ware» wie die «Geschwister», die «Mitschuldigen», «Clavigo» wurden gespielt; «Claudine von Villa Bella» mit Reichardts Musik entzückte, doch schon «Stella» erwies sich als schwierig, den «Faust» hat Goethe nie gesehen; der «Tasso» mußte ihm 1807 abgeschmeichelt werden, die Versfassung der «Iphigenie», den «Egmont» setzte Schiller durch. – Wie er Teile des Repertoires übernommen hatte, so übernahm Goethe auch brauchbare Mitglieder

Austräger, einen Theaterzettel zu einer «Faust»-Aufführung in der Hand, anonymes Aquarell.

Rechts: Drei Figurinen, die Anna Amalia vermutlich vom herzoglichen Hoftheater in Braunschweig mit nach Weimar brachte, Aquarelle.

Links: P. A. Wolf als Standhafter Prinz; F. Bethmann-Unzelmann als Adelheid (mit Franz); A. W. Iffland in «Menschenhaß und Reue», Aquarell und Zeichnungen von Henschel.

Vorhergehende Doppelseite: Kostümierung zu einer Aufführung der «Zauberflöte» in Tiefurt, Aquarell von G. M. Kraus.
Oben: Bühnenbildentwurf von Goethe zu «Die Saal-Nixe».
Unten: Bühnenbild zur «Zauberflöte», Aquarell von Goethe, 1796 (?).

der Bellomo-Truppe, darunter → Malcolmi, die → Neumanns, Vater und Tochter, → Einer, → Domaritius. Sie bildeten den Kern des Ensembles, mit dem er zu arbeiten beabsichtigte, das aber, vermehrt um neu engagierte Kräfte, wie Franz J. → Fischer, Heinrich → Becker oder Anton → Genast, eine nach Herkunft, Schulung und Talent disparate Gruppe war und zunächst auch blieb. Selbst die «General-Kündigung» vom 24. Dezember 1792, von Goethe, zurück aus der französischen Champagne, irritiert von Schlamperei und Zwistigkeiten, über das Hoftheaterpersonal verhängt, stiftete noch nicht den rechten Einklang. Immerhin verließ etwa ein Dutzend der Mitglieder das Haus, darunter Störenfriede und Nichtskönner, darunter auch Regisseur Fischer, dem nun, jung und einfallsreich, → Vohs folgte. Ihm gelang, das Ensemble auf die 17 Paragraphen eines Theatergesetzes zu verpflichten, das er, dem Vorbild des Mainzer Nationaltheaters folgend, konzipiert hatte. Die Disziplin besserte sich; Goethes Lust, tätigen Anteil am Theateralltag zu nehmen, wuchs. Er erschien bei den Proben; er dirigierte die Leseübungen, die er unerbittlich, noch vor der Bühnenprobe, festsetzte und durchhielt. Grundlage aller Bemühung war für ihn die Kenntnis des Werks, die Beherrschung der Rolle. Er forderte ein reines, von jeder Mundart freies Deutsch, das klar artikuliert, bis in den letzten Winkel, auch bis zu Serenissimi ferner Hofloge vernehmbar, gesprochen werden mußte. Darüber hinaus erzwang er, dem die zarte und geistreiche Melodie dichterischer Sprache über alles teuer war, gegen die «Rhythmophobie, gegen die Reim- und Taktscheu» der meisten Schauspieler die Einübung in den Vers; er erzwang den sichern Umgang mit «dem Jambus», dem Versmaß des deutschsprachigen klassischen Dramas, dem er auf seiner Bühne die Bahn zu brechen entschlossen war. – Ebenso rigoros unterwarf er Gestik und Mimik, unterwarf alle «Körperberedsamkeit» seiner Schauspieler, ihr Kommen und Gehen, die Gruppierungen auf der Bühne den Gesetzen, die seinem klassizistischen Credo entsprachen. Wie Winckelmann ersehnte er ein Ganzes: schön, in sich harmonisch gerundet, ein Bild, «ein Tableau», sanft bewegt, Ekstase und Ausbruch meidend, doch von Leben und Geist erfüllt. Selbst ein Iffland, den er bewunderte, der aber diese hochgetriebene Stilisierung der Bühnenwirklichkeit ablehnte, vermochte nicht, ihn zu einer Modifikation dieses Konzepts der «edlen Einfalt und stillen Größe» zu bewegen. Er hatte ihn, mit den «belehrenden, hinreißenden, unschätzbaren Beispielen seiner Auftritte» 1796 (und noch einmal 1798 und 1810) als ein verehrungswürdiges Muster großer Schauspielkunst, seinem Ensemble vorgestellt. Jedem Akteur, jeder Aktrice der Hoftheatergesellschaft machte er es zur Pflicht, im genauen Hinsehen «die Mannigfaltigkeit, die Innigkeit, die psychologische und dramatische Wahrheit seines Spiels» in sich aufzunehmen und den genialen «Kniff» zu erhaschen, der dem großen Mimen erlaubte, stets er selbst zu sein und unentwegt ein anderer zu werden, sich im Nu, Proteus gleich, jeder erdachten Figur anzuverwandeln, ihr Farbe und Dasein zu geben. Für Goethe war diese Fähigkeit Voraussetzung aller meisterlichen Schauspielkunst, jedoch keine Bedrohung des «Schönen Ganzen», unter dessen sanftem Gesetz sich Weimars klassisches Spiel entfalten sollte. – Pius Alexander → Wolff, des Dichters Vorzugsschüler, berichtet, daß sich Goethe, um eine Inszenierung bemüht, wie ein Kapellmeister fühlte, der das Ensemble einem Orchester gleich dirigierte: die Tempi, das Forte und Piano, das Crescendo und Diminuendo bestimmte und streng überwachte. – Briefe, Berichte, Memoiren spiegeln diese Exerzitien; beschreiben die schier grenzenlose Geduld des Dichters, schildern genüßlich die gelegentlichen Bizarrerien, den Lehreifer, das Wohlwollen der Exzellenz; vermerken aber auch, leicht erschauernd, den Zorn, die Tyrannis des großen Mannes; schildern die Unerbittlichkeit, mit der er an seiner Konzeption, an seinem Stil, dem «Weimarer Stil», festhielt und ihn gegen Lob und Schmähung, Bewunderung und Kritik durchsetzte.

Die Gefahr, die diesem bis ins Detail der Silbenbetonung und Fingerhaltung durchgeformten Stil drohte, konnte und wollte Goethe nicht sehen: dieses Abgleiten in die Manier, in die Schablone, das Abgleiten in Pose und falsche Feierlichkeit. Der Schauspieler wurde, wenn das Talent, wenn die innerste Beteiligung nicht ausreichte, nur zu leicht zum Rezitator, der artig das Dichterwort deklamierte. Die Zeitgenossen seufzten über die Monotonie, über das Pathos der Weimarer Schule: ein Ludwig Devrient sprach respektlos vom «Hofdilettanten-Theater», und 1808 ist Karl → Reinholds «Saat von Göthe gesäet, am Tage der Ernte zu reifen» nichts als giftigste Persiflage.

Goethe selbst, nachhaltig von naturwissenschaftlichen und literarischen Problemen captiviert und zusätzlich von vielerlei Geschäften belastet, darunter dem Bau des Schlosses und des Römischen Hauses, verdroß nur zu oft der Theaterbetrieb. Lediglich Carl Augusts nachdrückliche Bitte konnte ihn im Dezember 1795 halten, und nur Schillers wachsende Teilnahme an der Bühne, die sich im April 1796 in der Bearbeitung des «Egmont» zu Ifflands Gastspiel äußerte, dann dieses funkelnde Gastspiel selbst und dessen Wiederholung zwei Jahre später, konnten Goethes Interesse langsam wieder beleben, das sich, in den Sommermonaten 1798, in der Freude an → Thourets Umbau des alten Comödienhauses steigerte und festigte. Gern übernimmt er nun wieder die Vorbereitungen geplanter Aufführungen, treibt den Dichterfreund an, sendet Boten um Boten nach Jena, ihm stückweise die Manuskriptbogen zu entreißen; meldet, daß im Theatersaal des Klopfens, Sägens, Hämmerns kein Ende sei, aber alles sehr rasch vorwärtsgehe und recht artig werde. – Am 12. Oktober 1798 ist es soweit; Thourets Theaterbau wird mit «Wallensteins Lager» eingeweiht; zu Herzogin Louises Geburtstag, am 30. Januar 1799, folgen «Die Piccolomini» und am 20. April «Wallensteins Tod». Drei Uraufführungen in einem halben Jahr! Erwartung, Begeisterung wachsen von Premiere zu Premiere, breiten sich aus, ziehen die Enthusiasten herbei. – Rochlitz, Bühnenautor und Musikschriftsteller, aus Leipzig zur Aufführung von «Wallensteins Tod» nach Weimar gekommen, schildert den «feierlichen Ernst der ganzen Versammlung», schildert die Hundertschar Jenenser Studenten, die «unter wohlgewählten Preisgesängen und geschmückt mit grünen Reisern, wie zu einem Nationalfest, in das Theater einzogen, im Parterre Platz nahmen, dort in größter Ordnung und Stille (im

Gegensatz zur sonst kaum zu bändigenden studentischen Lust an Unfug und Radau) eine Art Privatpolizei etablierten und zu aller Zufriedenheit handhabten». Die Aufführung selbst habe durch Individualisierung, Ton und Haltung des Ganzen, berichtet Rochlitz weiter, eine Übereinstimmung, Anschaulichkeit, Würde und Kraft bewiesen, wie er sie nie und nirgends, auch in Berlin nicht, unter den glanz- und prachtvollen Darstellungen des Werkes gefunden habe. – Nach dem Theater habe ganz Weimar einem Wallensteinschen Lager geglichen. Bürger und Studenten seien lebhaft debattierend durch die Stadt gezogen, hätten Kernstellen zitiert, über die Charaktere und «die Philosophie» des gewaltigen Dramas erregt sich ausgesprochen, sogar sein Barbier habe ihn am nächsten Morgen auf den «Wallenstein», den er auch besucht hatte, angeredet und ihm ganze Partien daraus vordeklamiert . . .

Bühnenbild zu «Wallensteins Tod», kolorierter Stich von C. Müller.

«Wallenstein» war der Auftakt. Niemand hätte ahnen, hätte hoffen, hätte erzwingen können, was in den nächsten sechs Jahren folgte. Mit der Entschiedenheit genialer Naturen nutzten Goethe und Schiller den fruchtbaren Augenblick. In einem Austausch, dessen Intensität kaum überboten werden kann, trieben sie einander vorwärts. Schillers kluge Teilnahme förderte die Vollendung der «Lehrjahre», förderte die Weiterarbeit an «Faust», regte durch die Übersendung von Stéphanie-Louise de Bourbon-Contis Memoiren das Entstehen der «Natürlichen Tochter» an. Goethe wiederum überließ Schiller den Tell-Stoff und setzte Autorität und Energie ein, um auf seiner kleinen Bühne, mit seiner kleinen, doch «trainierten Schar» in glänzender Folge im Juni 1800 Schillers «Maria Stuart», im März 1803 «Die Braut von Messina», im April die «Jungfrau von Orléans» (die ausnahmsweise zuerst in Leipzig, am 17. September 1801, herausgekommen war) und im Jahr darauf, am 17. März, unter Stürmen der Begeisterung, «Wilhelm Tell» aufzuführen. – Dazwischen schob sich im Mai 1802, in der Versfassung, durch Schiller bearbeitet, die erste öffentliche Aufführung von Goethes «Iphigenie auf Tauris»; ein Jahr später, am 2. April, die Inszenierung der «Natürlichen Tochter». – Wünschen Carl Augusts folgend, erschienen außerdem auf dem Spielplan, von Goethe übersetzt, Voltaires «Tancred» und «Mahomet»; Schiller steuerte eine Übertragung von Racines «Phädra» bei, weiter Shakespeares «Macbeth» und Gozzis «Turandot», die beide zu großen Erfolgen wurden. Dagegen scheiterte Goethe geradezu mit August Wilhelm Schlegels «Jon» und Friedrich Schlegels «Alarcos». «Jon» nahm das wohlerzogene Weimarer Publikum noch hin, «Alarcos» aber erregte tosende Lachstürme, die Goethe mit einem donnernden «Man lache nicht!» niederschlug . . .

Im Dezember 1799 war Schiller nach Weimar übergesiedelt, um Goethe und dem Theater näher zu sein. Übereinstimmend waren beide Dichter an dieser Kehre ihres Weges allem «Charakteristischen und Naturalistischen feind» und suchten auf der Bühne das «Typische und Idealische» zu erzwingen. Schiller aber, von Natur Dramatiker, wollte und erfaßte dennoch den theatralischen Effekt. «Er fügte», wie Georg Hensel sagt, «klare Motivierungen ein, spitzte Formulierungen gedanklich zu, strich Lyrismen.» Nicht vergeblich riefen seine Dramen leidenschaftliche Ovationen hervor und gingen von Weimar aus beinahe sofort über die Bühnen der Welt. Goethe dagegen mußte sich mit matten Achtungserfolgen zufriedengeben. – Doch nie habe seine schöne Menschlichkeit, schrieb Caroline Jagemann, «glänzender geleuchtet als in seinem Verhältnis zu dem einzigen Rivalen. Was ihm beim ‹Wallenstein› bereits aufgedämmert war, wurde ihm bei jedem folgenden Stück klarer, daß ihm der Freund auf den Brettern überlegen, daß dessen Dramen der große Erfolg *seiner* Theaterarbeit waren . . . Was er nun tat», sagt Caroline Jagemann, die nicht seine Freundin war, «konnte nur ein großer Mensch vollbringen: er stellte sich an die zweite Stelle – eine moralische Hoheit, die mehr wiegt als sein bestes Stück.»

Am 9. Mai 1805 starb Schiller. Für das deutsche Schauspiel ein Verlust, für das Hoftheater zu Weimar Ende einer Epoche voller Glanz und Überraschung. Noch hoffte Goethe, mit der Vollendung des Fragment gebliebenen «Demetrius» seine «Unterhaltung mit dem Freund, dem Tode zu Trutz» fortzusetzen, ihm mit dieser Tragödie, «gespielt auf allen Theatern zugleich, die herrlichste Totenfeier» zu bereiten! Als das mißlang, war ihm, wie er in den «Annalen» 1805 bekennt, Schiller eigentlich erst entrissen. «Nun fing er mir erst an zu verwesen; unleidlicher Schmerz ergriff mich . . .» Weiter spricht Goethe von «traurigster Einsamkeit», von einem «hohlen Zustand», von Geschäften, von denen er sich eher leiten ließ, anstatt sie zu leiten. – Dennoch fand die Katastrophe, die am 14. Oktober 1806 mit dem Verlust der Schlacht bei Jena und Auerstedt über Weimar, über das Theater hereinbrach, ihn entschlossen, die Institution zu erhalten, die ihm unterstand. Am Vorabend der Schlacht ließ er, vor fast leerem Hause, er allein in der Loge, unerschrocken ein Kotzebue-Stück aufführen und das Programm des nächsten Spieltags ansagen. Und er ließ, als nach der Niederlage der herzogliche Zuschuß wegfiel, aus der Theaterkasse, wo in Jahren seine und Kirmsens viel bejammerte Sparsamkeit 6000 Taler angehäuft hatte, sofort dem Ensemble die Gagen für die nächsten sechs Wochen auszahlen. In der Folge sorgte er, daß die Mitglieder des Theaters von Zahlung der Kriegslasten verschont blieben, und er setzte bereits im Dezember die Wiedereröffnung des Theaters durch, dem er, wie er schrieb, «die alte Konsistenz zu geben suchte». – Allem andern voran wird weiter Schillers Werk in vielen Wiederholungen dem Gedächtnis eingeprägt; Goethes «Tasso» wird 1807, «Proserpina» 1815 und «Des Epimenides Erwachen» 1816 aufgeführt: Dramen von hoher poetischer Schönheit (und ebenso entschiedener Bühnenferne!); weiter besteht Goethe auf der Öffnung des Spielplans für Werke der Weltliteratur. Neben Corneilles «Cid» und Molières «Geizigem» treten Calderons «Standhafter Prinz», Shakespeares «Othello» und «Romeo und Julia» in den Blick, diese in mißlichen Bearbeitungen, wie auch Kleists «Zerbrochener Krug» und gleichermaßen Goethes «Götz» an Unverständnis und mühselig erarbeiteter doch falscher Inszenierung scheitern.

Unendliche Trakasserien habe es wieder des Theaters wegen gegeben, meldete 1808 Wilhelm von Humboldt seiner Frau aus Weimar. Trakasserien, die von Caroline Jagemann ausgingen und deren einziger Zweck war, unterstützt von ihrem Klüngel, besonders von dem Bassisten → Stromeyer, dem Theaterdirektor Goethe die Macht aus den Händen zu winden. Die Anlässe waren Lappalien. 1808 die Entlassung des Tenors → Morhard und 1817 der berühmt-berüchtigte Auftritt des Pudels in Casteuls läppischem Machwerk «Der Hund des Aubri de Mont-Didier oder Der Wald bei Bondy». In beiden Fällen auf der Jagemann Betreiben gegen Goethes Willen und mit viel List hinter seinem Rücken durch herzoglichen Machtspruch erzwungen. – 1817 nahm Goethe, degoutiert und wohl auch des bösartigen Treibens müde, den Abschied vom Ort langer Mühen, großer Erfolge und kleinlichster Sticheleien gelassen hin, den ihm der Herzog, freundschaftlich formuliert, nahelegte. 1808 aber hatte ihn der Eingriff in seine Kompetenzen und wohl auch die Enttäuschung seiner Freundschaftserwartung hart getroffen, und es bedurfte der klugen und taktvollen Vermittlung Louises (immer noch trotz Jagemann die Erste Dame des Landes und für Carl August der Mensch seines tiefsten Vertrauens und einer nie aussetzenden Verehrung), den Herzog und den Dichter zum Einlenken zu bewegen und einem Kompromiß zuzustimmen, der Goethe erlaubte, wenn er auch praktisch das Opernressort dem Konsortium Jagemann/Stromeyer überließ, weiterhin Intendant des Theaters zu bleiben. – 1817 aber resignierte er endgültig. Selbst als Caroline im April 1825, nun neben Stromeyer unangefochten Leiterin aller Bühnengeschäfte, erreichte, daß Goethes (mit → Coudray) sorgsam erarbeiteter Entwurf zum Wiederaufbau des wenige Wochen zuvor niedergebrannten Theaters beiseite geschoben und die Steinerschen Pläne vorgezogen wurden, sagte er heiter gelassen zu Eckermann, daß es ihm nur recht sei, denn ein neues Theater sei am Ende doch immer nur ein neuer Scheiterhaufen, den irgendein Ungefähr über kurz oder lang wieder in Brand stecke . . .

Literatur: Heinz Kindermann: Theatergeschichte der Goethezeit. Wien 1948. – Ernst Pasqué: Goethes Theaterleitung in Weimar. In Episoden und Urkunden dargestellt. Band x + xii. Leipzig 1863. – Julius Wahle: Das Weimarer Hoftheater unter Goethes Leitung. Aus neuen Quellen bearbeitet. Schriften der Goethe-Gesellschaft, 6. Weimar 1892.

Thouret Nicolaus Friedrich von
(Ludwigsburg 2. Juni 1767–17. Januar 1845 Stuttgart).

Sohn eines Hoflakaien; 1778–1788 Zögling der Hohen Carlsschule, hier durch Guibal, Harper und Hetsch in Stuttgart zum Maler ausgebildet. Fortsetzung der Ausbildung zunächst in Paris, anschließend in Rom, wo Thouret unter dem Einfluß Friedrich Weinbrenners zum Architekturstudium überging. – 1796 nach Württemberg zurückbeordert, nahezu ausschließlich (lediglich unterbrochen durch die Arbeit am → Schloß zu Weimar) in Friedrichs I. Dienst, der ebenso herrisch den Um- und Ausbau der königlichen Schlösser, strengstem klassizistischem Credo gemäß, wie Phantastik und Laune bei der Ausstattung von Oper und Hoffest forderte. 1808 zeichnete Friedrich seinen Baumeister mit dem persönlichen Adel aus, der sich dennoch 1818, nach des Königs Tod, aus seiner Hofstellung zurückzog. Neben

der Ausbildung junger Architekten, die ihn durch Jahrzehnte beschäftigte, entfaltete er, nun auf privater Ebene, eine rege Bautätigkeit, von der sich allerdings nur wenige Beispiele rein erhalten haben (Mausoleum des Grafen Zeppelin, Ludwigsburg; Kursaal in Cannstatt; Thermenbau in Wildbad).
Literatur: Paul Färber: Thouret. Stuttgart 1949.

Tieck Christian *Friedrich*

(Berlin 14. August 1776–12. Mai 1851 Berlin).
Tieck, sensibel, auch schwierig, doch kultiviert, durch den Dichterbruder mit den Romantikerzirkeln verbunden, kam aus Gottfried Schadows solider Schule. Drei Jahre Paris, zugebracht in Davids, des strengen Klassizisten, Atelier, verfeinerten sein Instrumentarium, gaben seinen Bildwerken jene kühle Idealität, die in Weimar gefallen mußte. Humboldt hatte ihn empfohlen, und er selbst führte sich 1801 mit einer ebenso geistreich aufgefaßten wie technisch ausgezeichnet gearbeiteten Porträtbüste Goethes ein. – Nachdem ihm in vier kurzen Jahren, unterstützt von Carl Gottlob → Weißer, gelungen war, in Treppenhaus und Festsaal des Schlosses und im Teesalon der Erbprinzeß, mit Relief und Statue, festliche Akzente zu setzen, führten ihn Studienreisen nach Rom und München. 1819 aber berief ihn Rauch, ihm seit gemeinsamen römischen Tagen befreundet, nach Berlin zurück. Zuvor hatte er sich gemüht, in «der Einsamkeit der Kalkberge von Carrara» den Auftrag des bayerischen Kronprinzen zu erfüllen, der für Walhalla, sein «Teutsches Nationaldenkmal», 26 Bildnisbüsten wünschte. – In Berlin arbeitete Tieck, stets im engsten Zusammenhang mit Rauch und Schinkel und unverbrüchlich einem Klassizismus Goethe-Winckelmannscher Prägung treu, am skulpturalen Schmuck der entstehenden Denkmäler und Gebäude mit, darunter vor allem an Schinkels Schauspielhaus am Gendarmenmarkt.

Tiefurt

Schlößchen und Dorf nahe bei Weimar, eine knappe Wegstunde die Ilm abwärts gelegen. Eine alte Siedlung, schon um 1250 als Pfarre erwähnt, mit einem Rittergut, das nach Aussterben der Familie 1578 in herzoglich-weimarischen Besitz überging. – Das Pächterhaus, 1765 neu auf dem Fundament der früheren, baufällig gewordenen Pächterwohnung errichtet und zehn Jahre später, 1776–1781, für Prinz Constantins kleine Hofhaltung requiriert, erwählte 1781–1807 Anna Amalia zu ihrer Sommerresidenz. – Es gefiel ihr, und es war im Geschmack der Zeit, in dieser schlichten Bleibe am Dorfrand zu rustizieren, das heißt umgeben von ihren Freunden, «ohne Hofmarschall und Casino», Wochen zu verbringen, die nur «der Beförderung der Fröhlichkeit und der guten Laune» dienten. Keine Repräsentation, dagegen Behagen und heiter-geschäftiges Fürsichsein. Man sang und musizierte, las und rezitierte, man kritisierte und disputierte, man malte, zeichnete, und die Damen stichelten an intrikaten Tapisserien. «Das Journal von Tiefurt» erschien. Ländliche Feste wurden gefeiert; das Liebhabertheater bot Schatten- und Schäferspiele, führte Possen und Operetten auf. Im Juli 1782 ging, ein Höhepunkt dieser

Schloß Tiefurt, Die Knöchelspielerin, aus der Werkstatt von M. G. Klauer, um 1790.

munteren Aktivitäten, Goethes «Fischerin» als ein «Rembrandtsches Nachtstück» mit Fackelgelodere zwischen Buschwerk und Bäumen am Ufer der Ilm in Szene. – Anna Amalia hatte fortgesetzt, was Constantins Erzieher, Karl Ludwig von Knebel, begonnen hatte: Unter Schonung des alten Baumbestands die Umwandlung der Gutsäcker, der Gutsweiden in einen Park, empfindsam und im englischen Geschmack. Ein Arkadien, von der Ilm im Halbkreis umflossen, weite Rasenflächen mit Musentempel, Chinesenhütte und Teesalon und den Steilhang im Lohhölzchen hinauf, an den gewundenen, verschlungenen Wegen, literaturfromm und musikbegeistert, «Altäre», Epitaphe liebender Andacht für Mozart und Wieland, für Herder und Corona Schröter. Dazu im versteckten Winkel «Virgils Grab», auch ein Kenotaph für Prinz Constantin, den Sohn, ein Urnendenkmal für den Bruder. – «Hier wohnt Stille des Herzens, goldene Bilder / Steigen aus der Gewässer klarem Dunkel. / Hörbar waltet am Quell der leise Fittich / Segnender Geister!» Mit diesem Matthisson-Vers bezeichnete Anna Amalia den Eingang zu ihrem Tusculum. – Wie der Park meidet das Haus Prätention und ausladende Gebärde. Das Diminutiv regiert. Delikat gepinseltes Rankenwerk überspinnt die Wände und verwandelt die Sälchen, die Kabinette und winzigen Mansarden in Lauben, die den Garten ins Haus zu holen scheinen. Gewachste Leinwand, lichtgetönt und mit wechselnden Mustern bemalt, überspannt statt Marmor oder Parkett die Böden. Ein empfindlicher Sinn für das Zusammenspiel von Farbe und Form läßt vergessen, daß Armut hier zu Sparsamkeit zwang, und schuf ein Interieur, das mit dem anmutigen Meublement, mit Porzellanen und Fayencen, mit Aquarell, Stich und Scherenschnitt nichts als Poesie atmet. – Nach Anna Amalias Tod diente Tiefurt kurze Jahre als landwirtschaftliches Institut, war

Schloß Tiefurt, Goethezimmer.

dann aber zwischen 1818 und 1853 Carl Friedrichs Sommersitz, der als der unentwegte Sammler, der er war, das Schlößchen mit einem Sammelsurium wahllos zusammengetragener Schätze überfüllte. 1907–1909 aber wurde Schloß und Garten restauriert und dieses Ensemble wieder in den Ort zurückverwandelt, wo, wie Louise von Göchhausen sagte, «Weisheit, Empfindung und die Grazien» den Ton angegeben hatten.
Literatur: Hans Wahl: Tiefurt. Leipzig 1929.

Treuter Johann Wilhelm Siegmund
Cammer-Calculator zu Weimar (wie der Vater, ein Fürstl. Renthereydiener, im Besitz des Hauses östlich des späteren Goethehauses). Er hatte aus der Helmershausenschen Erbmasse 1783 einen Gartenanteil und den Pavillon an der Ackerwand erworben, den seine Erben 1817 Goethe, der großen Wert auf diese Erweiterung seines Grundstücks legte, käuflich überließen.
Literatur: → Haus am Frauenplan.

Toreutica-Ware → Klauer, Gottlieb Martin.

U

Ulrich, Caroline → Riemer, Caroline.

V

Vauxhalls → Geselligkeit in Weimar.

Vertonungen

«Mons. Breitkopf n'aiant pas talent pour le tendre», schrieb im Mai 1767 der Student Goethe aus Leipzig an die Schwester. Dennoch überließ er dem jungen Verlegersohn, «einem passionierten und geschickten Dilettanten», zwanzig seiner kleinen, galant-empfindsamen Gedichte. Sie sind noch nicht Goethe, doch in dem geschmeidigen Fallen und Gleiten der Zeilen kündigt sich schon die Musikalität künftiger Goethescher Lyrik an. Hübsche Sächelchen sind darunter, wie das Lied von der flatternden Libelle oder «Auf Kieseln im Bache da lieg ich» oder der Gang durch den monddurchsilberten Wald im Lied von der «Schönen Nacht». – Die «Neuen Lieder» erschienen (mit der Jahreszahl 1770) zur Herbstmesse 1769. Max Friedländer nennt Breitkopfs Vertonungen nett und zierlich, doch ohne technische Finesse und Perfektion. Der Name des Dichters blieb ungenannt. Doch dieses schmale Heft war die erste im Druck vorgelegte Anthologie Goethescher Gedichte – und es blieb, wie Friedländer nachrechnete, für die nächsten 24 Jahre, bis → Reichardt kam, die einzige Liedersammlung Goethescher Texte.

Der Dichter des 18. Jahrhunderts rechnete fest mit der Vertonung seiner Verse. Ein Gedicht, das in dieser Zeit größter Sangesfreudigkeit nicht zugleich gesungen wurde, hatte, wie Hermann Abert sagt, den Beruf gefehlt. Erst die geglückte Komposition sicherte Popularität und Verbreitung. – Unter den Dichtern hat kein anderer die Musiker, sich mit ihm zu messen, mehr gelockt als Goethe. Etwa zweitausend Komponisten haben sich an seiner Lyrik versucht, Gedichte wie der «Erlkönig» fanden 70, das «Heideröslein» 154, «Wandrers Nachtlied» 200 unterschiedlichste Vertonungen. Der geniale Wurf, der einmalige große Gedanke steht neben liebenswürdigen Einfällen, kraftvolle Melodien neben Phantasielosigkeit und Dilettantismus. Mozart vertonte nur das «Veilchen», Beethoven dagegen, der sich durch Goethes Wortmusik in ungewöhnlichem Ausmaß «zum Komponieren gestimmt und aufgeregt fühlte», schuf mehr als 20 Lieder; → Schubert 80, Schumann über 30, Mendelssohn und Brahms je 14, wogegen ein Reichardt 128, Freund Zelter 92, Loewe etwa 40 und Hugo Wolf 51 Goethe-Lieder schrieb.

Vogel Christian Georg Karl
(1760–1819 Weimar).

Als «Privatschreiber» schon bei der Vervielfältigung von Anna Amalias «Tiefurter Journal» beschäftigt, 1782–1786 bei Goethe tätig; kopierte 1786 in Karlsbad die «Iphigenie», stellte in den nächsten Jahren die Abschriften für die gesammelten Goetheschen «Schriften» her, die 1787–1790 bei Göschen erschienen, und begleitete 1792 (mit schwarzem Pudel!), als der «schönschreibende, gute Genius», den Dichter in die Champagne, obwohl er bereits seit 1789 in der Staatskanzlei arbeitete, wo er 1815 zum Kanzleirat aufrückte.

Vogel, Karl → Goethes Ärzte.

Vohs Johann Heinrich Andreas
(1762–1804 Stuttgart).

Am 30. Mai 1792 debütierte Vohs, ein schöner, sich leidenschaftlich in seiner Rolle auslebender Mann, in Ifflands «Verbrechen aus Ehrsucht». Nach dieser Probe stand seine Begabung außer Frage. – Der Direktion empfahl er sich zusätzlich durch die intelligent formulierten 17 Paragraphen eines Memorials zu Problemen des Bühnenbetriebs. Satzungen des Mainzer Nationaltheaters, von dem er kam, hatte er als Muster genutzt. Nach diesem Beweis seiner Einsicht und Tüchtigkeit schob man ihm 1793 die Regiearbeit zu, von deren Last er sich allerdings drei Jahre später wieder befreite. – Seine Domäne waren die Bretter und seine Aufgabe die Verkörperung jugendlicher Helden und jugendlicher Liebhaber, wie sie Schiller schuf. Der erste Max Piccolimini in der Uraufführung des «Wallenstein» (3. Januar und 20. April 1799) und der erste Mortimer in «Maria Stuart» ein Jahr später, am 14. Juni 1800, gewesen zu sein empfand er als seinen Ruhm, seine Bestätigung. Schiller und Goethe waren tief befriedigt, das Fürstenhaus, das Publikum begeistert. – Fast zum gleichen Zeitpunkt, im Oktober desselben Jahres, aber ist Vohs gezwungen, der Hoftheaterkommission darzulegen, daß er zwar «gesund und ohne eine Krankheit zu kennen» nach Weimar gekommen sei, jetzt aber sei er mit allen die Gesundheit zerstörenden Übeln vertraut. «Mein Geist ist von Schulden und Nahrungssorgen gebeugt, doch kein leiser Vorwurf trifft mich, daß ich selbst Schöpfer meines Schicksals wäre.» Er habe frugal gelebt, erklärt er weiter, über drei Jahre nichts Warmes zu Abend gegessen, habe seine Gesundheit weder durch Schwärmen noch Schwelgen vergeudet und stehe nun dennoch da: ein siecher, entnervter und von Schulden gebeugter Mensch, ohne die tröstende Aussicht, seine Lage bessern zu können! – Man scheint das eine oder andere zu seiner Unterstützung getan zu haben, aber wie die Gagen in Weimar (und an ähnlichen kleinfürstlichen Hoftheatern) kaum zum Leben reichten, so vermochten meist auch zusätzliche Hilfsaktionen nicht das Elend zu wenden. – Vohs jedenfalls nutzte die Chance, als ihm 1802 Friedrich von Württemberg die Direktorenstelle an seinem neu eröffneten, königlich ausgestatteten Hoftheater in Stuttgart anbot. Im September 1802 verließ Vohs mit seiner Frau Weimar. – Doch die Hilfe kam zu spät. 1804 trug man Vohs zu Grabe.

Seine Witwe, seit 1793 mit ihm verbunden, eine gute Schauspielerin: als Naive in ihrer lieblichen Schönheit unübertrefflich, als Turandot hinreißend und selbst in der Tragödie, obwohl ihre Stimme, ihr Temperament nicht ganz ausreichten, noch überzeugend. So vermochte sie, eine erste Maria Stuart, die Frau, die Liebe erregt und Liebe begehrt, darzustellen, doch die gekränkte Königin, die zornig-stolz ihren Feinden entgegentritt, geriet ihr ins Weinerliche. – Von Stuttgart aus ging sie nach Frankfurt, später lebte und arbeitete sie, nun ein zweites Mal, mit Heinrich Werdy, einem tüchtigen Schauspieler, verheiratet, unter angenehmen Bedingungen in Dresden. – Im Herbst 1817 hatte sie noch einmal in Weimar gastiert. Es gewähre ihr, wie sie → Kirms schrieb, einen großen Genuß, wieder einmal dort aufzutreten, wo sie unter den großen Dichtern ihre Bildung erhalten und glückliche Zeiten durchlebt habe. Wie ein Elysium erschiene ihr jetzt die kleine Residenz, wo jedes neue Jahr das Theater mit neuen Dichterwerken beschenkte und jeder die ganze Kraft daran setzte, die Erwartung zu erfüllen. Und wie gut war das Publikum, wie anerkennend der Hof, wie gerecht die Direktion . . .
1793 war Friederike Margarete, damals noch eine blutjunge Demoiselle Porth (1777 in Halberstadt geboren) nach Weimar gekommen. Sie starb, sehr alt geworden, am 9. Juni 1860 in Frankfurt am Main.
Literatur: → Theaterdirektion Goethes.

Voigt Amalie Henriette Caroline, geborene Ludecus (Weimar 21. September 1778 [?]–4. Oktober 1840 Weimar).

Durch das Beispiel ihrer Stiefmutter (sie selbst war Tochter aus der ersten Ehe ihres Vaters August Ludecus mit Friederike, einer geborenen Kirms) ermutigt, die unter dem Pseudonym Amalia Berg Roman um Roman veröffentlichte, beschloß auch Amalie Voigt, sich schriftstellernd zu versuchen, nachdem ihre im August 1798 unter glücklichsten Auspizien mit Christian Gottlob Voigt, des Minister → Voigts einzigem Sohn, geschlossene Ehe 1809 wieder geschieden war. – Amalies Voraussetzungen waren gut. Da die Mutter jung starb, war sie im Hause der Großmutter, der Rätin Kirms, aufgewachsen und hatte, interessiert und intelligent, in sich aufgesogen, was sich ihr an Anregung und Belehrung im geselligen Umgang mit Dichtern, Schauspielern, Gelehrten, den Gästen des Kirmsschen Hauses, bot. – Sie begann mit einer kleinen Plauderei «Über Stickerei und ihre Grenzen». Es folgten, meist unter dem Pseudonym Cäcilie, veröffentlicht in Almanachen und Zeitschriften, darunter häufig in Bertuchs «Journal des Luxus und der Moden», doch auch im «Rheinischen Taschenbuch», mancherlei Rezensionen, biographische Skizzen, Übersetzungen aus dem Englischen und Französischen. Als selbständigen Band gab sie 1822 ein «Wörterbuch der Blumensprache für Verzierungsmaler und Stickerinnen» heraus; zuvor waren 1816, von ihr ins Deutsche übertragen, Beispiele älterer italienischer Novellistik erschienen, denen sie «Clementine» beifügte: *ihr* Versuch, als Erzählerin Amalia Berg nachzuahmen, was aber Cäcilie nicht gelang. – Vielleicht fehlte ihr die intellektuelle

Harmlosigkeit der Stiefmutter, die sie aber sehr schätzte, da sie ihr in den schwierigen Jahren der Scheidung treu zur Seite gestanden hatte.
Literatur: Karl Wilhelm Otto August von Schindel: Die deutschen Schriftstellerinnen des 19. Jahrhunderts. Leipzig 1923–1925.

Voigt Christian Gottlob von
(Allstedt 23. Dezember 1743–22. März 1819 Weimar).
Der Minister des Klassischen Weimar! Genauer, der Mann, der an seinem Ort, an *dieser* Stelle, wo geistiger Anspruch und beschränkende Realität oft quälend aufeinanderprallen, «als ein allseitig gebildeter Geschäftsmann», begabt mit Einsicht, Arbeitskraft und Geduld, in zahllosen Entscheidungen, teilnehmend, beratend, vermittelnd, von Tag zu Tag den Kräften Raum schaffte, in deren Zusammenspiel oder auch schmerzhaftem Zusammenprall das entstand, was wir uns gewöhnt haben, Klassisches Weimar zu nennen.
Als Carl August am 12. November 1791 den *Geheimen* Regierungsrat und *Geheimen* Archivarius Voigt zum *Geheimen* Assistenzrat mit Sitz und Stimme im *Geheimen* Consilium ernannte (für Voigt der «entscheidende Ruck nach vorn»), sah dieser tüchtige Verwaltungsjurist, dem die Arbeit so leicht von der Hand ging und der ebenso schnell wie gründlich zu urteilen wußte, auf einen langen und oft beschwerlichen Weg durch des Landes Ämter und Institutionen zurück. – Am Anfang, 1761, das Jurastudium in Jena; 1766 Hofadvokat in Weimar, nur ein Titel, noch kein Amt. Nebenbei, doch den jungen Juristen beglückend, Hilfsdienst als Bibliothekar. 1770 endlich, in der Nachfolge des Vaters, der im Jahr zuvor gestorben war, Justizamtmann im heimischen Allstedt; mit junger Ehe und Geburt der Kinder, ein Idyll. 1777 die Versetzung zur Fürstlichen Landesregierung nach Weimar unter die Fuchtel des harschen Dr. Achatius Schmidt. – Vielerlei Ärger und Komplikationen, und das 1788 keineswegs gemindert durch die Bestallung zum juristischen Berater der Kammer, also des äußerst schwierigen Finanzressorts, jedoch zuvor bereits «erheitert», mit dem befohlenen Attachement an Goethe: 1773 die Berufung in die Ilmenauer Bergwerkskommission und 1775 die Mitarbeit an der dortigen Steuerreform. Ein Attachement, richtiger der Beginn einer vielgestaltigen Zusammenarbeit, von der Voigt noch nach Jahrzehnten, im Juli 1816, sagen wird, daß es der schönste Teil seines armen Lebenslaufes bleibe, mit Goethe «für Vaterland und Wissenschaft gelebt zu haben». – Im Geheimen Conseil, wo noch immer, wie in den Tagen, als der junge Goethe dort eintrat, die gleichen, doch nun alt gewordenen Geheimräte amtieren, in diesem Gremium, von Voigt respektlos als der jede Unterstützung fordernde «Geheimleib» beschrieben, «da es → Schmidt in den Füßen, dem Herrn Geheimen Rat → Schnauß im Leibe und Seiner Exzellenz → Fritsch (da er es selber sagt) im Kopfe fehlt»; in diesem Consilium, der obersten Behörde des Landes, fällt Voigt von Jahr zu Jahr mehr alle Arbeit zu. In seiner Hand sammeln sich die Fäden; er ist der Mann, der seinem Fürsten gegenüber die Verantwortung für das Funktionieren aller Zweige der Verwaltung trägt. Der Lohn: 1794 wird Voigt zum Geheimrat ernannt; 1804 folgt die «Exzellenz», 1807 der Adel. –

Viele Aufgaben verbinden den Minister mit Goethe: die Bibliotheken, Sammlungen, Institutionen, in der → «Oberaufsicht» gebündelt; das gemeinsame Interesse am Gedeihen der immer wieder von Krisen geschüttelten Universität zu Jena, doch auch der Schloßbau und, schwerste Sorge, die Balance der Finanzen in dem armen Staatswesen. – Ein Briefwechsel, der 1784 einsetzt und 1819 mit Voigts Tod endet, in vier umfangreichen Bänden vorzüglich ediert, ist Zeuge, ist Bericht dieses unablässigen Mühens, ist aber auch Denkmal einer Kollegialität, die alle Züge guter Freundschaft trägt. Auf Voigts Seite sogar Züge einer scheu verdeckten Zärtlichkeit, die jedoch immer die gebotene Distanz wahrt. – Bestechend die Sachlichkeit, bestechend die Souveränität, der sich Ironie, der sich Witz und Schärfe gesellen, mit der das Kleine, das Große abgehandelt wird. Die Repositorien, die Sammelschränke in Bibliotheken, in Instituten, doch auch der Atheismusstreit, von Fichte ausgelöst, wenig später der gefährliche Exodus der Professoren; dann wieder das kennerische Entzücken der beiden Sammler an ihren Münzen, ihren Steinen, an Autographen, Büchern, Kupferstichen und dann wieder stets gegenwärtig die Sorge um Krieg, um Frieden in diesen unruhigen Jahrzehnten, doch auch persönliche Kümmernisse, persönliche Wünsche, wobei «im dichtesten Wirbel dienstlicher Verpflichtungen» der Minister dem Dichter schreibt: «Ich bitte, mich nicht zu schonen, wenn *Ihnen* etwas anliegt. Das gehört unter die Fälle, wo ich mir gern sage: da war das Leben etwas!» – Und der letzte Zettel, der von Voigt zu Goethe geht, ein kaum entzifferbares Gekritzel am Tag des Sterbens: «Zwey und drey Nächte hindurch selbst wollte Ihnen schon diess letzte Wort schreiben Grausamer Gedanke ein letztes Wort an Göthe Ach lieber Göthe, wir wollen doch innig zusammenleben ...» – Darauf Goethe «nach vierundzwanzig Stunden» eine formvollendete «Kondolenz», die (verlegen-ausweichend) auf die Bitte hinausläuft: «Lassen Sie mir also die schönste Hoffnung bald wieder an Ihrer Seite zu Wiederherstellung Ihrer Kraft und Tätigkeit mir und uns allen Glück wünschen zu können ...» – «Wahrer», gerechter, «richtiger» dann ein Brief, mit dem Goethe am 4. Dezember 1825 einen Gruß Amalie von Voigts erwiderte: «Wie herzerhebend war mir eine so freundliche, gewünschte, aber nicht erwartete Stimme, welche mir die schönsten Tage meines Lebens zurückruft, und mich an die Zeiten erinnert, da ich keinen Schritt als an der Hand einer einsichtigen Freundschaft getan, wodurch es mir allein möglich ward, ein höchstbewegtes Leben ohne Anstoß fortzuführen, indem eine jede Stockung durch weise Leitung und Mitwirkung des erfahrensten und bestgesinnten Mannes sogleich beseitigt werden konnte.» – Da war die dankbare Erinnerung an die Jahre in Italien, als Voigt allein die Bergwerksnöte von Ilmenau zu «gewältigen» hatte, oder die Erinnerung, daß Voigt Christianes Existenz kommentarlos freundlich akzeptierte oder daß der Vielbeschäftigte, sich des «Kindleins Augustuli» annahm, wenn er, der Vater, unterwegs war, oder die Erinnerung, wie oft der Freund zwischen ihm und Serenissimus, in Perioden schmerzender Entfremdung, vermittelt und, alle Imponderabilien klug bedenkend, die Türen offengehalten hatte für die Wiederkehr alter Lebenszusammengehörigkeit.

Literatur: Goethes Briefwechsel mit Christian Gottlob Voigt. Bearb. u. hrsg. v. Hans Tümmler. 4 Bände, 1949–1962. In: Schriften der Goethe-Gesellschaft, Band 53–56.

«Der Volksfreund» → Bertuch, Friedrich Justin.

Vulpius Christian August

(Weimar 23. Januar 1762–26. Juni 1827 Weimar).

Bühnendichter, Romanschriftsteller, Bibliothekar in Weimar. Christiane von Goethes Bruder, anscheinend wie sie in der Luthergasse 5 geboren, einem Häuschen im ältesten Gewinkel der Stadt, doch weinlaubumrankt und mit schönem Blick in den → Kirms-Krackow-Garten. – Ein gescheiter, brauchbarer, wendiger Mann und mit einer (wie Goethe sagte) geradezu unverwüstlichen Arbeitskraft begabt. Ihm gelang, der Malaise, die seine Familie niederdrückte, zu entkommen und, entschlossen an dem halb verlorenen akademischen Status der → Vulpius' festhaltend, einen neuen Anfang zu setzen. – Trotz bitterster Armut absolvierte er das Gymnasium, studierte in Jena und anschließend in Erlangen die Rechte; beschäftigte sich aber auch mit Geschichte und Literatur und arbeitete sich in Nebenfächer wie Diplomatik, Heraldik und Numismatik ein.

Man darf annehmen, daß er mit Hilfe eifrigster Schriftstellerei die Kosten des Studiums selbst trug. 1786 aber bürdete ihm der Tod des Vaters zusätzlich die Sorge für die verwaiste Familie auf, und Vulpius sah sich gezwungen, Sekretär eines Freiherrn von Soden in Nürnberg und weniger später des Grafen Egloffstein auf Egloffstein zu werden: in beiden Fällen miserabel bezahlte Stellungen und nur allzubald wieder aufgekündigt.

Goethe hatte dem Studenten Vulpius bereits vor der Italienischen Reise ein freundliches Interesse bewiesen und war gern bereit, als ihm Christiane an dem denkwürdigen Julitag im Sommer 1788 die Bittschrift des Bruders überreichte, ihn empfehlend zu unterstützen. Er schrieb an Fritz Jacobi in Düsseldorf, an Professor Hufnagel in Erlangen und an die Leipziger Verleger Göschen und Breitkopf. Bald aber wurde ihm klar, daß dieser emsige, vielwissende und nur auf winzigen Entgelt hoffende Weimaraner für «sein Vaterland» (wie man in jenen Tagen die engste Heimat zu nennen pflegte) ein Gewinn sein könne, auch wenn Schiller ihn dem Freund Körner in einem Brief vom 24. Juli 1787 spöttisch als kleine, dürre Figur beschrieb, die krumm und sehr gebückt, in weißem Frack und grüngelber Weste ihm, dem jungen berühmten Autor, spürbar devot aufgewartet habe . . .

Als erstes schob Goethe dem jungen Gehilfen, der bereits bewiesen hatte, daß er in der Lage war, ebenso brauchbare Trauer- und Lustspiele wie Opern- und Operettenlibretti zu liefern, alle Aufgaben eines Dramaturgen an dem von ihm dirigierten Hoftheater zu. Vulpius hatte das vorhandene Material zu sichten; er übersetzte und redigierte die Texte, wie es der Spielplan forderte, brachte sie, was Goethe wünschte, «in eine anständige Form», und das so geschickt, daß die fertigen Fassungen (etwa ein halbes Hundert) auch von Bühnen in Berlin, Hamburg, Mannheim und Leipzig übernommen wurden. – Entscheidend aber war für Vulpius (und äußerst hilfreich für Goethe) sein Eintritt in den Bibliotheksdienst. 1797 begann er als Registrator (mit 100 Talern jährlich), wurde drei Jahre später zum Sekretär, 1805 zum Bibliothekar und Inspektor des Münzkabinetts, 1816 zum herzoglichen Rat und Ritter des Weißen Falkenordens ernannt. Goethe selbst beteuert im Oktober 1810 seinem Ministerkollegen Voigt, daß die große und mühevolle Reorganisation der Jenaer und Weimarer Bibliotheken, die sich nun in schönster Ordnung befänden, ohne den Eifer, die Tatkraft und Vielseitigkeit von Vulpius nicht hätte geleistet werden können. Warm befürwortet er die Aufstockung des Gehalts, von 200 Talern (Vulpius 1801 bei der Hochzeit mit Helene Deahna bewilligt) auf nun 460 Taler im Jahr. Er erinnert daran, daß Vulpius, da er eigentlich mehr Zeit, als seine Pflicht von ihm forderte, auf die Bibliotheksgeschäfte verwandt habe, «seinen literarischen Erwerb sowie einen Teil von seiner Frauen Vermögen zugesetzt und zudem noch bei der Plünderung durch die Franzosen im Oktober 1806 viel gelitten habe».

Eine Vulpius-Bibliographie, von einem Urenkel erstellt, nennt 146 Werknummern. Neben den dramatischen Arbeiten, unter denen die «Saalnixe» und «Karl XII.» besonders erfolgreich waren, neben Sachbüchern wie den «Curiositäten der physisch-litterarisch-artistisch-historischen Vor- und Mitwelt» oder einem «Handwörterbuch der Mythologie der deutschen Völker» (das ihm den Dr. phil. der Universität Jena einbrachte), veröffentlichte Vulpius, jahraus, jahrein, in bunter Folge Romane, Skizzen, Gedichte, Erzählungen. Eine immense Produktion, von den wechselnden Moden, von den Interessen, den Bedürfnissen, von dem Geschmack des Tages inspiriert und in flacher Manier, billige Effekte nutzend, für den Tag geschrieben und mit dem Tag vergangen. – Einen spektakulären Erfolg errang «Rinaldo Rinaldini, der Räuberhauptmann», mit dem Untertitel: «Eine romantische Geschichte unseres Jahrhunderts». Der Held, Karl Moor und Don Juan zugleich, halb Ritter, halb Verbrecher; der Schauplatz Italien und Sizilien, die Handlung, ein Mixtum compositum aus Räuberpostille und sentimentalem Liebesgeschluchze. – Der Roman erschien 1798, wurde gekauft, gelesen, verschlungen; wieder und wieder aufgelegt, in die meisten europäischen Sprachen übersetzt, nachgeahmt, umgeschrieben, fortgeschrieben. – Vulpius war berühmt! Der materielle Erfolg dagegen war (wie beim «Werther», wie bei den «Räubern»!) gering. – 1824 traf den fleißigen Mann ein Schlaganfall. Ein zweiter, im Februar 1827, raffte ihn hinweg. Er fand sein Grab, eines der ältesten auf dem Neuen Friedhof, am Rande der Allee, die zur Fürstengruft, der Ruhestätte Goethes und Schillers, führt.

Literatur: Fritz Kühnlenz: Der Romanschriftsteller – Christian August Vulpius. In: Weimarer Portäts. S. 272–290. Rudolstadt 1965.

Vulpius Familie (ein Überblick)

Entgegen dem Weimarer Gerede, das Christiane von Goethe nichts heftiger vorwarf, als ihre angeblich mit krasser Unbildung, Trunksucht und Leichtsinn gekoppelte «niedrige Herkunft», haben die Vulpius einen höchst respektablen familiären Hintergrund. Auch abgesehen von dem ihr nur von der Seite her anverwandten, um 1600 «weitberühmten Musikus», dem tüchtigen Weimarer Kantor Melchior Vulpius, Generation um Generation Theologen, Juristen, Mediziner, die auch in Perioden bitterster Armut allen bürgerlichen Ehrgeiz daran setzten, den Söhnen den Status akademischer Bildung zu erhalten. – Dazu ist diese Familie, seit sie durch Christiane in Goethes Umkreis geriet, unauflöslich auch noch, wenn auch meist nur in Randzonen, mit der Goetheschen Existenz verbunden.

Vulpius, Johann Heinrich der Ältere: Pastor in Wickerstedt bei Apolda; dort 1611 an der Pest gestorben. Der Sohn

Vulpius, Johann Heinrich der Jüngere (1598–1663), in Wickerstedt geboren, 1625 Magister und Diakonus in Eisenberg, 1629 Pastor zu Wormstedt bei Apolda; 1647 mit dem Diakonat von Dornburg beauftragt, das er in den «damahligen schweren Kriegszeiten mit Leib- und Lebensgefahr 7 gantze Jahr treulich verrichtet». Starb in Wormstedt, dort am Ehrenplatz, zu Füßen der Kanzel, beigesetzt. Dessen zweiter Sohn

Vulpius, Johann Friedrich (1644–1715), geboren in Wormstedt. Nach der Inschrift seines barock-pompösen Grabmals ein «wohlehrwürdiger, in Gott andächtiger und wohlemeritierter Seelsorger» der Gemeinden Rothenstein und Ölknitz; dazu Erb- und Gerichtsherr zu Hammerstedt und Freysatz auf dem Gut Nieder-Roßla; bestattet in der Turmhalle der Rothensteiner Kirche. Mit dem Sohn

Vulpius, Johann Friedrich (1695–1752), noch in Rothenstein geboren, wird die Familie in Weimar seßhaft. Hier Hofadvokat und zugleich Gerichtsherr auf Hammerstedt. – Er ehelichte Sophia Dorothea Hecker, eine Pastorentochter aus Tromsdorf bei Merseburg (deren Bruder Urgroßvater von Carl Zeiß ist). Einziger Sohn des Paares:

Vulpius, Johann Friedrich (gestorben 1786), Christiane von Goethes vom Unglück verfolgter Vater. – 1746 als Student der Rechte in Jena immatrikuliert, 1750 durch plötzliche Verarmung (deren Ursache unbekannt ist) zum Abbruch des Studiums gezwungen und zur armseligsten Kopistenexistenz verdammt. – Zweimal verheiratet: 1760 mit Christiane Margarethe, Tochter des «vornehmen Bürgers und Manufakturverlegers Riehl»; nach deren Tod, um 1770, mit Dorothea Weigend. – In der ersten Ehe wurden sechs Kinder geboren, von denen nur zwei überlebten. Der älteste Sohn war

→ **Vulpius, Christian August** (1762–1827), für Goethes Arbeitsbereich wichtig als Dramaturg und Bibliothekar. Seine Schwester

Vulpius, Johanna Christiane Sophie (1765–1816), die ihre einstige Nachbarin Caroline Jagemann als ein sehr hübsches, freundliches, fleißiges Mädchen schildert, mit Goethe seit dem Sommer 1788 in einem Bündnis liiert, das er 1806 legalisierte. – Christianes Stiefschwester, einzige Überlebende von den vier Kindern aus ihres Vaters zweiter Ehe,

Vulpius, Ernestine (1779–1806), ein kränkliches Geschöpf, zusammen mit

Vulpius, Juliane Auguste (1734–1806), einer Schwester des Vaters, 1788 von Goethe in sein Hauswesen aufgenommen, das den beiden Frauen ausreichend Beschäftigung und Christiane, oft isoliert in dem ihr feindlich gesonnenen Weimar, die Wohltat menschlicher Nähe und selbstverständlicher Zusammengehörigkeit sicherte. – Für Goethe selbst wohl auch eine Beruhigung, wenn er die geliebte Frau für Wochen und Monate allein in dem großen Haus am Frauenplan zurückließ. Er honorierte Hilfe und Beistand durch freundlich-distanzierte Aufmerksamkeit, die sich in Grüßen und kleinen Geschenken äußerte. – Wohlwollen und Takt, dazu gern in Anspruch genommene und gern geleistete Hilfe, hinüber und herüber, bestimmten auch das Verhältnis der folgenden Generationen:

Vulpius, Rinaldo (1802–1875), den ältesten Sohn des Bibliothekars Vulpius, einen tüchtigen Juristen, zunächst in Weimar Aktuar, später Justizrat in Dornburg und Allstedt, zog Goethe, als er sich 1830 plötzlich der Unterstützung des Sohns beraubt sah, zur Erledigung vielerlei Fragen heran, die bei der Führung und Verwaltung seines weitläufigen Haushalts auftauchten, wie er ihn auch Kanzler von Müller bei der Erstellung seines schwierigen Testaments attachierte. – Rinaldos jüngerer Bruder

Vulpius, Felix (1814–1895), nach erfolgreich abgeschlossenem Medizinstudium in Jena und längerer praktischer Ausbildung in den großen Hospitälern von Prag und Wien als praktischer Arzt in Weimar niedergelassen. – Von frühesten Jugendtagen an mit den Goethe-Enkeln freundschaftlich verbunden, betreute er besonders Walther von Goethe, der zart und hypochondrisch der ärztlichen Obhut bedurfte. Sein Sohn aber

Vulpius, Walther (1860–1944), ebenfalls Arzt in Weimar, versuchte im April 1885, von dem äußerst besorgten Großherzog geschickt, vergeblich, dem während eines kurzen Aufenthalts in Leipzig schwer erkrankten Onkel beizustehen, mußte aber bereits am 15. April Walther von Goethes Tod nach Weimar melden. – Dieser junge Dr. Vulpius war es auch, der dem Herzog im Auftrag des Toten das Testament überbrachte, das endlich die Sammlungen, die Häuser, das Archiv Goethes «der gebildeten Welt, für die der große Mann gewirkt hatte» öffnete.

Goethe seinerseits aber hatte Helene Vulpius und ihren Söhnen Rinaldo und Felix, deren Mittel nach dem frühen Tod des Gatten und Vaters knapp bemessen waren, die kleinen Häuser der einstigen Nachbarn, die in Goetheschen Besitz übergegangen waren, mietweise zur Verfügung gestellt. Hier, in den → «Vulpiushäusern», lebten Christian Augusts Nachfahren bis 1913 Wand an Wand mit dem berühmten Haus am Frauenplan.

Literatur: Walther Vulpius: Familie Vulpius. In: Stunden mit Goethe, 1, S. 85–106. Hrsg. von Wilhelm Bode. Berlin 1905.

«Vulpiushäuser» → Goethes Nachbarn.

W

Waldner von Freundstein Luise *Adelaide* (1746–1830 Weimar [?]).

Aus dem Haus Sierenz bei Mülhausen/Elsaß; Stiftsdame zu Schacken bei Korbach/Waldeck. Herzogin Louises Hofdame, von der jungen Fürstin selbst gewählt und bei ihrer Eheschließung mit Carl August im Herbst 1775 aus der süddeutschen Heimat mit nach Weimar gebracht. Nach vielen Bemerkungen in Briefen und Erinnerungen (oft «Laide» oder «schöner Wawagen» oder auch «das Freudenpferd» genannt) eine ungewöhnlich muntere Dame. Besonders in «Weimars lustiger Zeit», ihrem ersten Jahrzehnt in Thüringen, war sie immer und überall dabei: auf dem Eise, beim Theaterspiel, auf langen, oft nur stöhnend ertragenen Gewaltmärschen mit der Herzogin. Sie zählte zu den Goetheschen «Misels», mit dem Herzog scherzend, mit dem Dichter schäkernd, bei Frau von Stein wohlgelitten, vergnügt das Jungsein zwischen Schöngeistern und Weltleuten genießend; darum aber auch von den Zirkeln höfischer Opposition um den Grafen → Görtz, die den Aufruhr des Sturm und Drang ablehnten, mit hämischem Tadel bedacht. – Um 1780 wird Adelaide von Waldner die Erziehung der kleinen Prinzessin Luise anvertraut, doch nach deren frühem Ende kehrt sie 1784 in ihr Hofamt zurück, das sie bis zu Louises Tod im Februar 1830 innehatte. – Die Ehe mit Hildebrand von Einsiedel, dem sie und der ihr zugetan war, kam nicht zustande. Beide waren zu arm, um ein ihrem Rang gemäßes Haus zu gründen und zu führen.

Wartburg

Wohl um 1070 von Ludwig dem Springer gegründet, 1080 ein erstes Mal erwähnt. Am nördlichen Abfall des von Südosten heranziehenden Waldgebirges die mächtige Bastion der Ludowinger, Landgrafen von Thüringen, weithin die Hohe Straße, uralte Verbindung von West nach Ost, von Frankfurt am Main nach Erfurt, nach Halle und weiter gen Berlin dominierend, viel umkämpft, nie eingenommen, aber mählich, mit dem Einbruch der Neuzeit ins Abseits der Geschichte geraten. Halb verfallen, fast vergessen, doch seit Mitte des vorigen Jahrhunderts, auf Anregung → Maria Pawlownas, durchgesetzt von ihrem Sohn Carl Alexander, wiederaufgebaut, wiederhergestellt. Nicht nach Direktiven eines denkmalpflegerischen Purismus, sondern

Wartburg, Zeichnung von Goethe.

bewußt Dokument einer von Sehnsucht geschwellten Begeisterung, die, angesichts der deutschen, jammervoll zerstückten, politischen Wirklichkeit, wenn auch übertreibend, wenn auch romantisierend, an eine vielleicht einst ruhmreiche Vergangenheit erinnern und die Vision eines künftigen, vielleicht möglichen «Einigen Vaterlands der Gerechtigkeit» beschwören wollte.
Ein schwieriges Unternehmen, das überkommene Konglomerat aus Schanze, Wehrgang, Mauer, Turm; dieses ineinander verkeilte, auf altem Fundament gewachsene, immer wieder abgerissene, neu erbaute Ensemble aus Ställen, Werkstätten, aus Brunnen- und Toranlagen, mit Kapelle und Kemenaten, mit Dürnitz und Ritterhaus zu neuer Einheit zu binden. Doch allein der Palas, wohl schönstes Beispiel staufischen Palastbaus auf deutschem Boden mit Hunderten von Kapitellen, die in Stil und Sorgfalt der Arbeit auf die Bauhütte von Schwarzrheindorf verweisen: allein die Rettung dieses «Landgrafenhauses» lohnt die restaurierenden Anstrengungen, die sich bis zum Jahrhundertende hinzogen. – Wenn auch nur vage, vielfach umgebildet und Fakten ändernd oder verfälschend, war die Erinnerung wach geblieben, daß sich in den alten Mauern, an des Landgrafen Hermanns Hof einst die Poeten des Hohen Mittelalters trafen. Die Geschichte vom Sängerkrieg ist wohl nur Fiktion und Sage, aber um 1203 war Wolfram von Eschenbach nachweislich hier, Walther von der Vogelweide sang hier das Lob des lantgrave, so gemuot, «daz er mit stolzen helden sin habe vertuot», und Elisabeth, die Königstochter aus Ungarn und lieblichste Schwester des heiligen Franz von Assisi, lebte hier, wurde hier erzogen, gebar hier ihre Kinder, ehe sie ihrem finstern Beichtvater nach Marburg folgte. – Hierher kam auch, geächtet und verfolgt, im Mai 1521 «Junker Jörg», sein «Pathmos» diese Schutzhaft, ihm von seinem Kurfürsten im fernen Wittenberg verordnet, dankbar rühmend und dennoch ungeduldig «aus dem Reich der Vögel» mit Bibelübersetzung und deutscher Predigtsammlung in die Zeit, in die Welt hinauswirkend und, als er wirklich aufbrach, seinem Schutzherrn versichernd, daß «Kurfürstliche Gnaden fur Gott entschuldiget, so ich gefangen und getötet würde!» – Goethe aber entdeckte, inmitten lästiger Dienstfahrten und verworrener Regierungsgeschäfte, das alte Gemäuer über Eisenach hingerissen für sich und «sein Seelenbehagen» im Herbst 1777. Er singe Psalmen dem Herrn, schrieb er Frau von Stein, der ihn aus Schmerzen und Enge wieder in Höhe und Herrlichkeit gebracht habe. – 1784 kehrte er mit dem Sohn der Freundin für sechs Wochen hierher zurück, fünf Jahre später mit dem kleinen Erbprinzen Carl Friedrich und August Herder. – Auf der Wartburg begann er die «dramatische Grille», den «Triumph der Empfindsamkeit», arbeitete an «Wilhelm Meisters Lehrjahren», und am 26. Juli 1814 inspirierte ihn bei der Ausfahrt aus Eisenach, an «einem herrlichen Duftmorgen», der Rückblick auf die Wartburg zu den Versen «Im Gegenwärtigen Vergangnes», die er in den «West-östlichen Divan» aufnahm.

Wedel Johanna *Marianne* Henriette von,
geborene von Wöllwarth-Essingen (1750–1815 Weimar).

Von Herzogin Louise aus dem südlichen Deutschland 1775 als Hofdame nach Weimar mitgebracht, ein Dienst, den sie, späterhin zur Oberhofmeisterin aufgestiegen, bis zu ihrem Tod versah. Dem Grafen und der Gräfin → Görtz stand sie verwandtschaftlich nahe, teilte auch deren Abneigung gegen «die Herrschaft der Genies» und den «sublimen Ton der Schöngeister», gehörte aber dennoch zum «Ensemble» der Liebhaberbühne und besaß «eine kindische Lust am Zeichnen», wie Goethe, der ihr «ein Collegium über die Perspektiv gelesen», im Januar 1781 an Herzog Carl August schrieb. – Im September 1782 heiratete Marianne den Oberforstmeister von Wedel. Das junge Paar bezog, nun Nachbarn der Frau von Stein, den Ostflügel des Hauses an der Ackerwand. Die Wohnung blieb ihr auch nach dem Tod des Oberforstmeisters; nur den mittleren Saal trat sie an Charlotte von Stein ab, die, als nahe Freundin der Herzogin, zu größerer Geselligkeit verpflichtet war.

Wedel Otto Joachim *Moritz* von
(1752–2. April 1794 Weimar).

Er, den alle Welt nur «den schönen Wedel» nannte, ein schlanker, stattlicher, dazu rechtschaffener Bursche, hatte unter Anna Amalias Regentschaft als Jagdjunker begonnen; 1776 ernannte ihn der junge Herzog zum Kammerherrn; wenig später stieg er, ein tüchtiger Jäger und Forstmann, der sein Geschäft, wie Goethe meinte, mit gradem Sinn und großer Billigkeit behandele, zum Oberforstmeister auf. – Von früh an gehörte er zur engsten Runde um Carl August, und obwohl keiner geistigen Anstrengung verdächtig, besaß er die Gabe, wohlgelaunt und lässig auch an den poetischen Neigungen des Kreises teilzunehmen. – 1779 begleitete er Carl August und Goethe, als Dritter im Bunde, auf der Reise durch die Schweiz. Zehn Jahre später berief ihn der Herzog in das Kammerkollegium, und er vertrat Goethe in dessen Eigenschaft als Vorsitzender der Ilmenauer Bergwerkskommission . . . Doch bereits im September 1793 schrieb Carl August aus dem Feldlager bei Pirmasens an Goethe, daß ihm der arme Wedel viele Sorge mache und, sollte er abgehen, fuhr der Fürst fort, so sei für ihn der Verlust unersetzlich, ein Verlust, der ein halbes Jahr später Wirklichkeit geworden war.

«Weimarer Stil» → Theaterdirektion Goethes; Wolff, Pius Alexander.
Weimarische Kunstfreunde → Geselligkeit in Weimar.

Weimars große Namen

Große Namen, locker oder auch fest mit Weimar verknüpft, sind der Besitz, sind Ruhm und Glanz dieser winzigen Residenz. Ihr wurde das Glück zuteil, daß sich, in den Zeitläuften autokratischen Regiments, dann und wann ein Fürst fand, der Begabungen erkannte und ihnen Raum zu Entwicklung und Wirkung verschaffte.

 Am Anfang der Reihe steht **Luther.** 1518 predigte er ein erstes Mal und dann immer wieder in den Kirchen Weimars, zu jenen Zeiten Nebenresidenz Kurfürst Friedrichs des Weisen, unter dessen vorsichtig-energischem Schutz die Reformation sich durchsetzte und die Bibelübersetzung möglich wurde, die Luther zum ersten genialen Sprachmeister der Deutschen machte.

Aufrichtige Freundschaft verband **Lucas Cranach** mit Johann Friedrich, seinem Kurfürsten. Er teilte mit ihm die bitteren Jahre in kaiserlicher Haft und kehrte mit ihm, dem geschlagenen Mann, auch nach Weimar zurück, jetzt Regierungssitz der unglücklich zerstückten Herrschaft.

Auch **Johann Sebastian Bach,** 1708–1717 Organist und Konzertmeister zu Weimar, hatte Herzog Wilhelm Ernst, ein in alle schönen Künste, besonders aber in die Musik verliebter Regent, an seinen Hof befohlen, ihn dann allerdings bei der Besetzung der Kapellmeisterstelle übergangen. Verärgert forderte Bach seine Entlassung, worauf der Herzog, zornentbrannt, dem Hofmusikus vier Wochen Arrest aufzwang, was Bach jedoch nicht hinderte, nach Köthen, zu des Herzogs Vetter, überzuwechseln. – Doch zuvor war große Musik, Orgelkompositionen, Präludien, Choralbearbeitungen, in Wilhelm Ernsts Auftrag entstanden. Zusätzlich ist anzumerken, daß unter den drei Söhnen, die Bach zu Weimar geboren wurden, **Friedemann** und **Philipp Emanuel Bach** waren.

Anna Amalias spontane Lust an Geist, Witz und Laune und ihres Sohnes ernstes anhaltendes Interesse an Kunst und Wissenschaft aber machten Epoche. 1772 zog die Fürstin, die ein Jahrzehnt zuvor bereits **Musäus** gewonnen hatte, **Wieland** an ihren Hof. 1775 kam, von Carl August gerufen und gehalten, **Goethe,** der wiederum bewirkte, daß 1776 **Herder** das höchste geistliche Amt des Landes übernahm. 1787 tauchte **Schiller** für Monate in Weimar auf; siedelte aber erst, nach Jahren in Jena, 1799, durch Goethes Freundschaft und die Theaterarbeit gelockt, endgültig in die Residenz über. Im Jahr zuvor hatte sich auch nach kurzem Besuch im Juni 1796 **Jean Paul** hier niedergelassen. Er blieb bis 1800.

Weimar, eng mit → Jena, dem Ort der Landesuniversität, verkoppelt, wo im gleichen Zeitraum eine neue Generation voll Temperament und höchstem geistigem Anspruch das Panier entfaltete, war zu Deutschlands geistiger Mitte aufgestiegen.

Das setzte Maßstäbe, bedeutete für jede Nachfolge Ansporn und Herausforderung. Doch so sehr sich Maria Pawlowna, so sehr sich ihr Sohn Carl Alexander und Herzogin Sophie mühten: eine Renaissance der «großen alten Zeit» wollte nicht mehr gelingen. Immermann, Freiligrath, ein Hebbel oder **Hans Christian Andersen** (der so gern und immer wieder Gast des Herzogs war) lehnten Angebote, sich für die Dauer in Weimar niederzulassen, höflich, doch entschieden ab. Selbst **Franz Liszt,** der, wie er 1860 rückblickend schrieb, für Weimar, mit sich und **Wagner** als Führer, eine neue Kunstperiode, ähnlich der unter Carl August, erhofft hatte, mußte erkennen, daß die Zeit der kleinen Residenz vorbei war. Wohl hatte er, von Carl Alexander zum Hofkapellmeister ernannt, für ein kurzes Jahrzehnt, 1848–1860, vermocht, außer Wagner auch **Berlioz** und **Schumann** aufführend, der neuen Musik kühn die Bahn zu brechen. Deutschland, Europa horchten auf. Jedoch das glorreiche Experiment überstieg die Kraft des kleinen Landes. Entscheidungen geistiger und künstlerischer Art fielen nun in den Metropolen, die zugleich Zentren wirtschaftlicher und politischer Macht waren.

Das galt, auch wenn der junge **Richard Strauss** mit großen Erwartungen «in die Zukunftsstadt Weimar, an den Platz, wo Liszt so lange wirkte» gekommen war und durch ein Jahrfünft (1889–1894) als ein hoch begabter Dirigent das geistige und musikalische Weimar in Atem hielt; das galt, auch wenn im Jahrzehnt vor dem Ersten Weltkrieg **Henry van de Velde,** unterstützt durch **Harry Graf Kessler,** in Weimar, ältere Vorarbeiten nutzend, die sich bis zu Goethes bescheidener Zeichenschule zurückverfolgen lassen, die «Lehrwerkstätten für das Kunsthandwerk» aufbauen konnte, die **Walter Gropius** dann 1919 in das spektakuläre «Staatliche Bauhaus Weimar» umwandelte. Eine Stätte der Arbeit und Lehre im Dienst moderner Kunst, wo sich mit **Feininger** und **Klee,** mit **Kandinsky, Gerhard Marcks** und **Schlemmer,** mit **Moholy-Nagy** und **Johannes Itten** die europäische Avantgarde sammelte. – Noch einmal Namen mit großer Zukunft in der kleinen Stadt, die aber nicht hilfreich, sondern schockiert reagierte. 1925 sah sich Gropius durch die politische Reaktion gezwungen, das Bauhaus nach Dessau zu verlegen.

Weißer Carl Gottlob

(Berlin 21. August 1779 [1780?]–2. April 1815 [Freitod] Weimar).

Weißer, an der Berliner Kunstakademie bei Siegismund Bettkober ausgebildet, kam 1802 mit Christian Friedrich → Tieck nach Weimar, wo er als dessen Gehilfe an der bildhauerischen Ausstattung des Schloßneubaus mitarbeitete. Er blieb, als Tieck Weimar 1805 wieder verließ, und versuchte, trotz Krieg und steigender Verarmung ringsum, eine eigene Werkstatt zu gründen und zu unterhalten. 1807 wurde er, in → Klauers Nachfolge, mit schmalem Salär zum Hofbildhauer ernannt. Ermutigt und unterstützt von Goethe, entstand, abgesehen von einiger Friedhofs- und Parkplastik, abgesehen auch von einer Lucas-Cranach-Büste (bestimmt für das ehrgeizige Walhalla-Projekt des bayerischen Kronprinzen), eine kleine Reihe Weimarer Bildnisse (Schiller, Herder, Charles Gore, doch auch Anna Amalia, Prinzeß Caroline, Christiane von Goethe), die den Vergleich mit Tiecks elegant-präzisen Arbeiten nicht zu scheuen brauchten. – Die Lebendmaske, die Weißer, im Beisein des Phrenologen Gall, laut Tagebuch Goethes am 16. Oktober 1807 abnahm und «deren Formen» der Dichter immer wieder mit Nachdruck «als ganz genau» bezeichnete, wurde zur Vorlage der Weißerschen, doch auch der Goethebüsten, die Tieck, Rauch, Schadow in der Folge schufen. Goethe lehnte es entschieden ab, sich noch einmal der überaus lästigen, naß-schmutzigen Prozedur zu unterziehen.

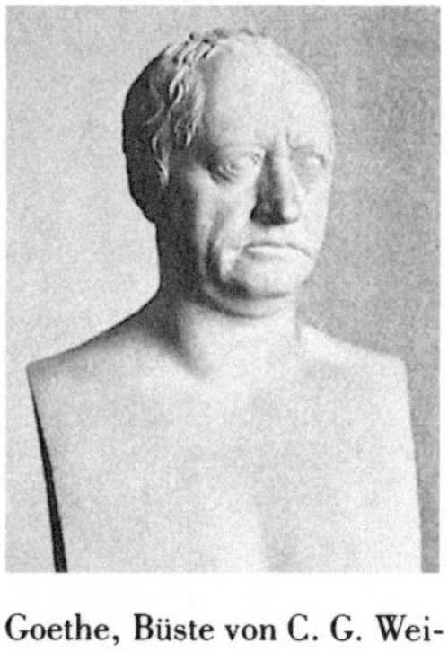

Goethe, Büste von C. G. Weißer, 1807.

In einem nachdenklichen Memorandum vom 26. Mai 1816 nannte Goethe rückblickend «den unglücklichen Weißer», der unterdessen seinem Leben ein Ende gesetzt hatte, «ein sehr schönes Talent». Doch er habe, erläuterte Goethe seinem Herzog weiter, auch einen in sich gekehrten und unerfreulich oft hervortretenden Widersprechungsgeist besessen, sei auch unsicher und willkürlich in dem gewesen, was er tat. Mit einem geringen Gehalt habe er sich, aus den ehemaligen Tieckischen Werkstätten vertrieben, ins Engste zurückgezogen und wäre nach und nach in tiefste Hypochondrie versunken: einsam, einzeln, unbegünstigt in einer von außen höchst unglücklichen Zeit, von innen höchst unglücklichen Gemüts ... – Unmittelbar nach Weißers Tod hatte Minister Voigt Goethe berichtet, daß Weißer drei Tage vor seinem Ende bei ihm aufgetaucht sei. Voigt hatte sich nach seiner Lage erkundigt, auch gefragt, ob er etwa eine Beihülfe brauche, ob er noch Arbeit habe. Er erklärte sich ganz zufrieden, wünschte nur aus München Antwort zu haben (die Goethe samt Honorar bereits Monate zuvor dringend angemahnt hatte!) wegen seiner dahin vor Jahren bestellten und abgesendeten Arbeit. «Ich erbot mich ein Schreiben an den Kronprinzen zu bestellen; was er in Erwägung ziehen wollte. Also ist das Ne moriare mori – sein Fall nicht gewesen!»

Welscher Garten

Im Januar 1648 vermerkte Herzog Wilhelm in seinem Schreibkalender, nachdem er bereits einen Floßgraben und Holzstapelplatz hatte anlegen lassen, daß er habe angefangen, «die Gärten bei der Floßbrücke zu machen». Etwa ein Viertel des Krautlands (vom Hofamt 1612 durch Kauf des → Stiedenvorwerks erworben und in den Notjahren des Dreißigjährigen Kriegs zur Belieferung der Hofküche mit Obst und Gemüse genutzt) sparte der Fürst aus und ließ, gleich dem älteren Lustgarten am Grünen Schloß, einen weiteren Renaissancegarten einrichten, für den sich, da italienische (welsche!) Gärtner mit am Werk waren, die Bezeichnung Welscher Garten einbürgerte. – Das war ein Rechteck von ungefähr sechs Hektar Land (südlich der Ackerwand, zwischen Marienstraße und Oberweimarer Weg), hinter dicht überwachsener Mauer verborgen, von der → Schnecke dominiert, aus deren luftiger Höhe die komplizierte Ornamentik des Blumenparterres genossen, die schnurgeraden Pfade, die Bogengänge, unterbrochen von Lauben und Springbrunnen, verfolgt, die Volieren, die Kübel mit zierlichsten Zitronen-, Orangen- oder Pomeranzenbäumen und mancherlei bildnerischer Schmuck geruhsam betrachtet werden konnte. – Ein Garten, höchst artifiziell, vom Architekten entworfen, die Naturform, wie das Stilgesetz es wollte, in geometrisierende Muster gezwängt: streng und zugleich verspielt, kostbar und kostspielig! Dennoch hielt sich die Anlage, von den Nachfolgern Herzog Wilhelms je nach Laune und Kassenstand gepflegt. – Doch unter Anna Amalias Regime erlahmten allmählich Interesse und Wohlgefallen. Neue Gedanken, neue Vorstellungen drangen revolutionierend von England her ein. Regeln einer neuen Ästhetik, Resultat und Spiegel einer neuen politischen Wirklichkeit, hatten sich dort auch in den Formen einer neuen Gartenkunst, die sich als Synonym der gewonnenen Freiheit verstand, manifestiert. Mehr und mehr verlor die kapriziöse Schönheit der gezirkelten und gestutzten Hecken für eine Jugend, die Sturm und Drang auf ihre Fahnen geschrieben hatte, an Reiz und Anzie-

hungskraft. – Übermütig notiert Goethe am 23. Juli 1777 in seinem Tagebuch: «Die Mauer vom welschen Garten eingeworfen.»
Literatur: → Park an der Ilm.

Wieland Christoph Martin

(Oberholzheim bei Biberach 5. September 1733–20. Januar 1813 Weimar).

Herzogin Anna Amalia, entzückt von Werken wie «Musarion», wie «Agathon», holt ihn 1772 als Prinzenerzieher nach Weimar. Er stand schon auf dem Gipfel seines Ruhms, aber von literarischen Einnahmen ließ sich nicht leben, und der bisherige Brotberuf – Wieland war 1760–1769 erst Ratsherr, bald Kanzleileiter in Biberach, 1769–1772 Professor für Philosophie an der kurmainzischen Universität Erfurt – hatte ihn mitten in die konfessionellen Streitereien deutscher Kleinstaaten geführt, hatte den Sohn eines pietistischen Pfarrers, den Beamten einer paritätisch mit Protestanten und Katholiken besetzten Stadtregierung sogar gezwungen, auf die Ehe mit der katholischen Christine Hagel zu verzichten. Religiös getönte Dichtungen, wie sie in den Jahren zwischen Studium und Biberacher Tätigkeit, in der Schweiz verbracht, entstanden waren, sind nach diesen Erfahrungen nicht mehr möglich. Die gewonnene innere Freiheit machte ihn jedoch ebenfalls in Erfurt mißliebig. Daß Heinrich Schwarz, sein Lieblingsschüler, beim akademischen Konzil wegen Gotteslästerung angeklagt wurde, mit ausdrücklichem Hinweis auf Wieland als beeinflussenden Lehrer, gab ihm den letzten Anstoß, erneut einen Wechsel der Stellung anzustreben.
Er suchte ein Amt, das ihm Muße für seine literarischen Arbeiten ließ, eine «retraite», schon vom äußerst sensiblen Jüngling immer wieder herbeigesehnt, eine Sinecure, wie sie bis dato allerdings nur Auserwählten des Adels, der Geistlichkeit vorbehalten war. Ein solches Amt erhoffte Wieland von einem der deutschen Höfe, genauer gesagt: vom Wiener Hof. Maria Theresias Sohn Joseph ist in seinen Augen der Fürst, der ihn wegen gemeinsamer aufklärerischer Ideen schätzen wird. Wieland schrieb deshalb den «Goldenen Spiegel», im Nachklang des Barock einen «Fürstenspiegel», in dem er das Bild eines idealen Staats, eines idealen Fürsten in der Form eines teils ernsthaften, teils satirischen Romans entwickelt, und schickte das Werk nach Wien. Die erwartete Reaktion erfolgte jedoch nicht. Noch regierte Maria Theresia, noch nahm das katholische Österreich Anstoß an Wielands Preislied auf die anmutig lebenskluge Hetäre Musarion, allgemein an seiner Freigeisterei, und der Vertrieb des Entwicklungsromans «Agathon» blieb in Wien (wie auch in Zürich) verboten.
Für Wieland ist das Zerrinnen seiner Wiener Träume zunächst schmerzlich. Daß er dann die Verbindung mit dem kleinen Hof von Weimar suchte, erscheint als kümmerlicher Notbehelf, erweist sich jedoch bald sowohl für ihn selbst als auch für die deutsche Literatur als Glücksfall. – Anna Amalia gewährte ihm genau die Bedingungen, die er wünschte: Prinzenerzieher sollte er für drei Jahre werden, mit einem Jahresgehalt von 1000 Talern, dann, bei

Volljährigkeit des Erbprinzen, von allen Pflichten frei sein und eine Pension von 600 Talern jährlich beziehen. Carl August bestimmte sogar, nachdem er die Regierung übernommen hatte, daß die Pension auf 1000 Taler erhöht wurde – eine beträchtliche Summe für das arme Weimar.
Wichtiger noch als die finanzielle Absicherung war die Zuverlässigkeit des angenehm gesellschaftlichen Rahmens, in dem Wieland sich ungezwungen, immer liebevolles Verständnis für das häufige Schwanken seiner Stimmungen findend, bewegen konnte. Mit seiner Erziehertätigkeit war die Herzogin zwar manchmal nicht einverstanden – der Mutter erschien Wieland nicht streng genug, sie glaubte, daß er ihrem Sohn schmeichle –, aber Carl Augusts spätere Würdigung seine Mentors zeigt doch, daß Wieland überaus anregend auf den hochbegabten Erbprinzen gewirkt hatte, mochte auch dessen systematische Ausbildung anderen Lehrern zu verdanken sein.
Wielands Unterrichtsverpflichtungen nahmen offensichtlich nicht allzu viel Zeit in Anspruch. Schon 1773 konnte er den «Teutschen Merkur» gründen, jene an ein mittleres Publikum gerichtete Zeitschrift, in der alle wichtigen Themen des Tages leicht eingängig abgehandelt wurden. Damit verwirklichte er einen alten Plan, einst in Biberach gefaßt, um sich vom Druck der Verwaltungsarbeit, auch von den städtischen Querelen zu befreien und wirtschaftliche Unabhängigkeit zu gewinnen. Jetzt, in Weimar, glückt das Vorhaben. Gleich im ersten Jahr hatte der «Teutsche Merkur» – sein Vorbild war der «Mercure de France» – 2500 Abonnenten, für die damalige Zeit eine Sensation. Sengle berichtet, daß Wielands Einkünfte als Herausgeber dreimal so hoch waren wie sein Weimarer Gehalt und ihm mit seiner immer größer werdenden Familie (er hatte 1765 in Biberach die aus Augsburg stammende Anna Dorothea von Hillenbrand geheiratet) ein sehr behagliches Leben ermöglichten. An Mitarbeitern fehlte es nicht. Der Darmstädter Kriegsrat Merck gehörte dazu, von Herder erschienen zahlreiche Aufsätze, und selbst Goethe überließ manche Arbeit diesem weitverbreiteten Journal, mokierte sich zwar ebenso wie Herder gelegentlich über den populären «Sau-Merkur», aber wußte doch genau, daß erst durch die unterhaltend und informativ geschriebenen Beiträge, durch die Intelligenz und «angeborene Liberalität» des Herausgebers jene Bildung einer breiten Volksschicht möglich wurde, die er und Schiller sich zwar wünschten, jedoch allein mit esoterischen Schriften nicht schaffen konnten. Ideen, wie sie Schillers «Briefe über die ästhetische Erziehung des Menschen» proklamierten, hatte Wieland schon in der anspruchsloseren, aber glänzenden journalistischen Sprache seines «Merkur» einer lebhaft interessierten Leserschaft nahegebracht.
Hat auch das Verhältnis zwischen Wieland und der Herzoginmutter erst nach dem Ende seiner Aufgaben als Prinzenerzieher die Form der herzlichsten, von keinem Hauch getrübten Freundschaft gefunden, so gilt doch ebenfalls schon für die Zeit vor 1775, daß Wieland ganz und gar zu Anna Amalias Kreis gehörte, mit seiner geistreichen Unterhaltung bei keiner Teegesellschaft fehlte, dort die aufmerksamsten Zuhörer beim Vorlesen aus eigenen Werken fand und vor allem kräftig die Passion der Herzogin fürs Theater unterstützte.

Wieland begegnet Napoleon im Schloß zu Weimar, Aquatinta von J. B. Hößel.

Schon im Sommer 1772 führte man sein Epos «Idris und Zenide» mit der Musik von Anton Schweitzer als Ballett auf. Am bekanntesten aber wurde, aus zwei verschiedenen Gründen, sein Drama «Alceste»: Es ist, dargestellt auf der Weimarer Liebhaberbühne, wiederum mit Musik von Schweitzer, das Libretto zur ersten deutschen Oper. Ein Zufall will jedoch, daß diese Leistung fast in Vergessenheit geriet, weil der junge Goethe, noch in Frankfurt lebend, die «Alceste» zum Anlaß für einen derben Spaß nahm, für die Farce «Götter, Helden und Wieland», in der Wieland als Verhunzer von Euripides erscheint. Das in übermütiger Laune schnell hingeschriebene Dramolett wurde gedruckt – gegen seinen Willen, wie Goethe später sagte – und kam in die Hände Wielands. Es wäre begreiflich, wenn Wieland nun einen lebenslangen Groll gegen

Goethe entwickelt hätte. Seine Reaktion ist jedoch denkbar großmütig: Er schreibt im «Teutschen Merkur» eine anerkennende Rezension, rühmt den Witz des auch sprachlich gelungenen kleinen Werks. Als Goethe sie liest, ist er tief beschämt. – Gewiß, weder Goethes Jugendstreich noch Wielands Antwort darauf dürfen in ihrer Bedeutung überschätzt werden, aber an dieser kleinen Begebenheit läßt sich doch ablesen, daß Takt in allen Situationen, überlegene Liberalität und gegenseitige Achtung die Voraussetzung jener «edlen Menschlichkeit» sind, die das Leben in Weimar bestimmt hat. Ein winziger Riß in diesem feinen Gewebe, bewirkt durch ein vorstellbares Ressentiment Wielands gegenüber Goethe, hätte die Atmosphäre für immer stören können. Als Goethe 1775 in den neuen Kreis eintrat, wurde er jedoch von dem bisher größten Dichter des Musenhofs mit offenen Armen empfangen.

Mit der Volljährigkeit Carl Augusts erfüllte sich Wielands alter Wunsch nach einer «angenehmen retraite», nach häuslicher Zurückgezogenheit, in der er sich ganz der Literatur zuwenden könne. Dem offiziellen Hofleben war er schon vorher so weit wie möglich ferngeblieben. Jetzt nahm sein Umgang mit der fürstlichen Familie einen noch privateren Charakter an. Nachdem er das Gut Oßmannstedt gekauft hatte, besuchten ihn selbst dort, etwa zwei Stunden Wagenfahrt von Weimar entfernt, immer wieder einmal Carl August, Louise, die Prinzessinnen und bewegten sich ungezwungen heiter in der ländlichen Umgebung. Seine engste Freundin blieb jedoch die Herzoginmutter. Wieland fühlte sich bei ihr im Wittumspalais und draußen in Tiefurt zu Hause. Er gab ihr Unterricht in Griechisch und Latein (schon als Achtjähriger hatte er selbst, wie Sengle berichtet, Cornelius Nepos «mit Vergnügen» gelesen, als Zehnjähriger sämtliche Werke von Horaz und Vergil), spielte auch manche Partie L'Hombre an ihrem Tisch und genoß vor allem die muntere Konversation mit der Herzogin, ihren Hofdamen, den mancherlei Gästen.

Nur im kleinen Kreis, wie eben bei Anna Amalia, nur im persönlichen Gespräch mit Gelehrten, mit Künstlern war Wieland ganz er selbst. Das zeigt sich auch deutlich in seiner intensiven Liebe zu Frau und Kindern (vierzehn an der Zahl), später zum Schwiegersohn, dem Philosophen Reinhold, und den Enkeln. Die überschaubaren menschlichen Verhältnisse sind für ihn, den Feinnervigen, Empfindlichen, ein Schutz gegen die töricht dahingaukelnde Welt, heute so töricht wie in früheren Jahrhunderten. Der Aufklärer Wieland glaubt im Gegensatz zu anderen Aufklärern nicht an den Fortschritt der Menschheit, und die Vorstellung eines vergangenen Goldenen Zeitalters hält er ebenfalls für einen Irrtum. Sein eigenes Leben und sein Studium der antiken, der französischen, der englischen, spanischen, italienischen Literatur haben ihn Skepsis gelehrt.

Deshalb unterscheidet sich auch sein Bild des klassischen Griechenland grundlegend von dem Bild, das Winckelmann geschaffen hat. Bei Wieland gibt es keine humorlose Statuarik, sondern seine Vertrautheit mit der Formenvielfalt griechischer und römischer Literatur, seine Freude an heiterer Liebeslyrik und an aristophanischen Späßen ermöglichen ihm, in anmutigen Versen ein vernünftiges, ein harmonisches Dasein zu preisen und solche Verse antik kostümierten Figuren in den Mund zu legen. Sie ermöglichen ihm weiter, seiner heftigen Kritik an der Engstirnigkeit aller Menschen – ob sie aus Biberach, aus Erfurt oder irgendeiner anderen Stadt Europas stammen – in seiner «Geschichte der Abderiten», einem nach Griechenland verlegten Schildbürgerroman, humoristische Gestalt zu geben.

Der große Erfolg seiner Werke trug dazu bei, eine allzu weihevolle Einstellung der deutschen Leserschaft gegenüber der Klassik zu relativieren, in unserer klassischen Literatur das zu sehen, was sie ist: Ausdruck einer seelischen Gestimmtheit, Ausdruck auch des Willens, den Menschen zum Bewußtsein seiner höchsten geistigen Kräfte zu bewegen, ihn auf ihre Ausbildung zu verpflichten. Wieland verfolgt dasselbe Ziel, aber da ihm die Gebrechlichkeit der menschlichen Natur stets vor Augen bleibt, verlangt er die Vollkommenheit mehr noch vom geistreich musikalischen Spiel mit den verschiedenen Möglichkeiten der Sprache und ergänzt so komplementär den Ernst der im engeren Sinn klassischen Werke durch weltlich heitere Anmut.

Goethe wußte diese besondere Begabung, der eigenen durchaus verwandt, zu schätzen, im Gegensatz zu Schiller, dem Wielands Sinn für Grazie, Wielands Sinn für Komik immer fremd blieben. Wieland seinerseits hatte den hohen Rang von Schiller erkannt, hatte ihn auch bei Anna Amalia eingeführt, aber das fehlende Verständnis Schillers für ihn brachte es doch mit sich, daß Goethe und der alte Freund Wieland erst nach Schillers Tod wieder zum familiär vertraulichen Umgang miteinander zurückfanden. Wieland mag sich in den Jahren zwischen 1795 und 1805 manchmal ein wenig zurückgesetzt gefühlt haben, wenn er auch gleichzeitig mit eigener Geselligkeit in Oßmannstedt und literarischer Arbeit, vor allem Übersetzungen, aufs äußerste in Anspruch genommen war. Beides geht auf seine Art des Bemühens um «Menschlichkeit» zurück. Nach den längst von ihm vorgelegten 22 Dramen Shakespeares sollen jetzt große Werke der griechischen und römischen Literatur eingedeutscht werden, sollen die Enge des angestammten Blicks weiten und dazu beitragen, daß die Deutschen zugleich Deutsche und Weltbürger sein können.

Um diese Leistung zu vollbringen, braucht Wieland die Stille der ländlichen Abgeschiedenheit. Reisen sind seine Sache nicht. Aber er braucht dafür auch «Welt», braucht anregende Geselligkeit. Es gehört zu dieser Konstellation, daß, auf dem Rückweg von seinem «Spaziergang nach Syrakus», Johann Gottfried Seume (dessen vorzügliche Autobiographie 1813 erscheinen wird) zu ihm nach Oßmannstedt kommt. Wieland nimmt ihn sofort zu einem Besuch bei Herzogin Anna Amalia mit, denn er spürt mit instinktiver Sicherheit Charakterstärke und Intelligenz dieses Mannes, der in seiner Jugend erst hessischen, dann preußischen Werbern in die Hände gefallen war und sich für fremde Mächte in Amerika hatte schlagen müssen. Mit der gleichen Unbeirrbarkeit erfaßte er das Genie Kleists, als der verzweifelte Dichter nach dem Mißlingen des «Robert Guiskard» bei ihm vorsprach. Wieland tröstete nicht nur, sondern versuchte wohlüberlegt, Kleist zur Fortsetzung der Arbeit zu ermutigen.

 – Daß die Größe eines ganz anders gearteten Gastes wie Jean Paul ebenfalls

von ihm richtig eingeschätzt wurde, beweist noch einmal die psychologische Begabung, die Weltoffenheit und die Nächstenliebe, die Wieland im engen Bereich von Oßmannstedt praktizierte.
Im Sommer 1799 besuchte ihn die alte Sophie La Roche. Wieland hatte sich als Siebzehnjähriger mit ihr, der zwei Jahre älteren Sophie Gutermann, verlobt, hatte das literarisch versierte, gesellschaftlich gewandte Mädchen angebetet und war, trotz ihrer Exaltiertheit, zweifellos durch sie geistig gefördert worden. (Er schreibt ihr noch 1805: «Nichts ist wohl gewisser, als daß ich, wofern uns das Schicksal nicht 1750 zusammengebracht hätte, kein Dichter geworden wäre.») Aber die kluge Gesellschaftsdame heiratete eines Tages lieber den bereits gut gesicherten Georg Michael La Roche. Wieland nahm ihr zunächst die Treulosigkeit übel, blieb jedoch mit ihr freundschaftlich verbunden, bereitete auch ihrer sentimentalen «Geschichte des Fräuleins von Sternheim» den Weg und wußte im übrigen bald, daß er mit seiner Frau viel glücklicher geworden war, als er jemals mit Sophie hätte werden können. An einem Wiedersehen nach einem halben Jahrhundert lag ihm wenig, er hätte es sogar gern vermieden. Erwähnenswert ist nicht, daß er trotzdem die gemeinsamen Tage mit konventioneller Bravour bestand, der eleganten Frau höflich Haus und Gutsbetrieb vorführte, sondern daß Sophie La Roche von ihrer Enkelin Sophie Brentano, Tochter der Maximiliane, Schwester der Bettina und des Clemens Brentano, begleitet wurde und Wielands wärmste Zuneigung erregte. Das junge Mädchen fühlte sich bei ihm geborgen. Als Sophie Brentano im folgenden Jahr schwer erkrankte, wünschte sie sich, in seiner Nähe sterben zu dürfen. Wieland nahm die Kranke bei sich auf, umgab sie in den Monaten bis zu ihrem Tod mit zartester Liebe und sorgte schließlich dafür, daß sie ihr Grab auf seinem Grund und Boden in Oßmannstedt fand. Die Ergriffenheit des alten Mannes beim Umgang mit dem dahinschwindenden jungen Mädchen, noch weit über Sophies Tod hinaus dauernd, macht einen Zug zum Leiden in Wieland sichtbar, den sonst seine Kultivierung rokokohafter Heiterkeit überdeckt.
Dieser Zug tritt noch stärker hervor, als seine Frau ein Jahr nach Sophies Tod stirbt und neben ihr begraben wird. «Ich bin wie einer, der sich im Schiffbruch zu retten sucht: ich strenge im Kampf mit den Wogen alle meine Kräfte an; aber sie ermatten nach und nach, und ich werde zuletzt doch noch untersinken.» So schreibt er kurz nach ihrem Tod, und ein andermal: «Mir ist nicht zu helfen!» – In diesem Zustand der Verzweiflung bewährt sich die Freundschaft der Herzogin: Anna Amalia holt Wieland nach Tiefurt, mietet eine Wohnung in einem nahegelegenen Bauernhaus für ihn, damit er die Freiheit habe, nach Belieben zu kommen und zu gehen; sie beschäftigt sich still mit einer Handarbeit, wenn er sich bei ihr im Wohnzimmer, in der Sofaecke sitzend und manchmal einschlafend, ausruhen will. Die selbstverständliche Nähe solcher Freunde, zu denen auch Anna Amalias Hofdame Louise von Göchhausen gehört, erleichtert es Wieland, den Weg ins gesellige Weimar zurückzufinden. Die wirtschaftlichen Schwierigkeiten der Napoleonischen Zeit hatten ihn zur Aufgabe von Oßmannstedt gezwungen. Aber da der Verkauf zu günstigen finanziellen

Bedingungen erfolgt war, trug auch er dazu bei, dem neuen Lebensabschnitt am altvertrauten Ort eine gewisse Behaglichkeit zu geben. Selbst die Veränderungen am Hof wirkten sich für Wieland nicht ungünstig aus: Die junge Erbprinzessin Maria Pawlowna war in Petersburg noch im Geist des 18. Jahrhunderts erzogen worden, sie liebte französischen Esprit und fühlte sich bei der Lektüre von Wielands Versepen, etwa dem berühmten «Oberon», zu Hause. Ihre herzliche Zuneigung tat dem altgewordenen Dichter, seit Jahren von den Romantikern heftig angegriffen, überaus wohl.

Die Ruhe der letzten Weimarer Jahre wurde noch einmal, 1807, aufs bitterste durch den Tod Anna Amalias unterbrochen. Dieser Abschied traf die Wurzeln von Wielands Existenz, mochten auch die tausenderlei liebevoll überlegten Freundlichkeiten der fürstlichen Familie den Alltag erträglich machen. Die Fortsetzung seiner Arbeiten sorgten ebenfalls für ein gewisses Maß an innerer Ausgeglichenheit, doch sein Blick war jetzt mehr auf das eigene Ende als auf das Spiel der Welt gerichtet. Wieland empfand intensiv die Härte, die mit der Todesverfallenheit des Menschen gegeben ist, aber er empfand weiter die Pflicht, den Prinzipien eines sittlichen, eines «edlen» Menschentums zu folgen. Der letzte Satz, den er noch deutlich vernehmbar an seinem Sterbetag ausspricht, zeigt diese feste Substanz von Wielands Persönlichkeit: «Die Götter haben die Erlaubnis, grob zu sein, weil sie Götter sind, aber ein vernünftiger Mensch muß vernünftig handeln.»

Goethe, immer bezaubert von Wielands Poesie, las, um dem Schmerz bei der Nachricht vom Tod des Freundes zu begegnen, noch einmal den «Pervonte», rühmte auch in seiner wenig später gehaltenen großen Rede «Zu brüderlichem Andenken Wielands» die «Schöpfungen seiner blühenden Phantasie», aber dieses Lob erhält erst sein volles Gewicht, wenn es dann heißt: «Nur in dem, was der Mensch tut, zu tun fortfährt, worauf er beharrt, darin zeigt er Charakter; und in diesem Sinne hat es keinen festern, sich selbst immer gleichern Mann gegeben als Wieland.»

Literatur: Friedrich Sengle: Wieland. Stuttgart 1949. – Thomas C. Starnes: Christoph Martin Wieland. Leben und Werk. 3 Bände. Sigmaringen 1987.

Wilhelm IV. der Große, Herzog von Sachsen-Weimar → Regenten aus dem Hause Sachsen-Weimar-Eisenach.

Wilhelm Ernst, Herzog von Sachsen-Weimar → Regenten aus dem Hause Sachsen-Weimar-Eisenach.

Wilhelmsburg → Schloß zu Weimar.

Wilhelmsthal

Einsamkeit und Stille sind (fast bis heute) die Qualitäten dieses Waldwinkels, abgelegen und selbst vom nahen Eisenach nur durch die Landgrafenschlucht und über den «Paß» der Hohen Sonne zu erreichen. Durch Jahrhunderte Jagdrevier der Herzöge von Eisenach, später der Weimarer Fürsten. – Dennoch um 1500 nur mit einer Wildscheuer, 1670 jedoch bereits mit dem Jagdhaus «Prunftau» versehen. Dieses 1699 zum Neuen Jagdhaus erweitert, ein Jahrzehnt später aber, auf Befehl des Eisenacher Herzogs Johann Wilhelm von Johann → Mützel, dem Oberbaumeister der ernestinischen Herzöge, in eine veritable Sommerresidenz, nun Wilhelmsthal genannt, umgeschaffen. Eine großzügige Barockanlage: die Pavillons nüchtern gereiht, die Terrassen prächtig-steif gezirkelt, die sacht plätschernde Elte zum dekorativen Seespiegel gestaut. – Eine Anlage, die Ernst August, von Jagdpassion und modischer Bauwut gleichermaßen besessen, kaum daß durch Aussterben der Eisenacher Linie auch Wilhelmsthal an Weimar gefallen war, in zorniger Ungeduld von Gottfried Heinrich → Krohne, seinem «Stararchitekten», in Rokoko-Leichtigkeit umschreiben ließ – die aber nach des Herzogs Tod verging, zerfiel wie die meisten seiner bei leeren Kassen aus dem Boden gestampften Lustsitze. – Erst der junge Carl August, ein leidenschaftlicher Jäger wie der Großvater, entdeckte wieder für sich die Wildparadiese jenseits des Rennstiegs. Zunächst begnügte er sich mit einer halbwegs wohnlich hergerichteten Bleibe, doch um 1790 begann er, beraten durch so erfahrene Gärtner wie Johann Conrad Sckell und den Eisenacher Groß die Barockanlagen in einen weiträumigen Garten umzumodeln, der Wald, Wiese und See einbezog: die großzügig beruhigte Kulisse für das Schloß, nun ein Landsitz von klassizistisch empfundener Simplizität, die besonders Herzogin Louises Neigungen entsprach. – Goethe dagegen, der «dienstlich» des öftern nach Wilhelmsthal kam, flüchtete, da ihn das Waldtal beengte, meist zur frei und luftig gelegenen → Wartburg. Er war auch, entgegen den hartnäckig sich haltenden Legenden, weder an der Umgestaltung von Park und Schloß beteiligt, noch kann Wilhelmsthal als Vorbild des Parks der «Wahlverwandtschaften» in Anspruch genommen werden.

Literatur: Friedrich Facius: Schloß und Park Wilhelmsthal bei Eisenach in alten Ansichten. In: Im Bannkreis des klassischen Weimar. Festgabe für Hans Tümmler zum 75. Geburtstag. 1982 hrsg. von Herbert Hönig und Dietrich Pfaehler. S. 11–40.

Wittumspalais

Der Herzoginmutter Witwensitz: am Westrand des damaligen Weimar gelegen, Abschluß der Esplanade, des eleganten Spazierwegs, den Anna Amalia, mit Baumallee und Blumenboskett, 1757 aus einem feuchten, verrotteten Winkel der Stadtbefestigung geschaffen hatte. Bauherr des Palais im schlichtesten Barock war Jakob Friedrich von Fritsch, Erster Minister des Landes, der 1767 das Haus für sich und seine Familie errichtete. Sieben Jahre später aber überließ er das Palais nicht ungern (da er sich finanziell übernommen hatte) zu einem Kaufpreis von 21 000 Talern seiner Fürstin, die, durch den verheerenden Schloßbrand im Mai 1774 plötzlich obdachlos, froh sein mußte, diese Bleibe zu finden. – Als Bauplatz hatte Fritsch das seit alters viel genutzte ehemals geistliche Revier nahe beim Erfurter Tor gewählt. Eine Färberei, die «Schönfarbe» am Lottenbach, mußte fast ganz weichen; vielerlei altes Gemäuer, darunter auch Reste eines Franziskanerklosters, wurde niedergerissen oder in den Neubau einbezogen, was für Zufahrt und Schloßhof mancherlei Enge und Winkelei mit sich brachte. Mit dem Kauf des Zwingers jedoch, in vorreformatorischer Zeit Klostergarten, gewann Fritsch Raum für einen Hausgarten, den Anna Amalia sehr bald durch die Pachtung eines Streifens Lands jenseits der Stadtmauer beträchtlich erweiterte. Mit Buschwerk und Schlängelwegen gesellte sie den abgezirkelten Rokokobeeten ihres Ministers eine reizvoll bewegte englische Anlage. Den Wehrturm, der rund und fest der Mauer, die erst 1793 fiel, aufsaß, ließ sie in einen luftigen Teepavillon verwandeln und mit modischen Chinoiserien durch «Freund Oeser» dekorieren, der auch, da er sich in Weimar gern etwas zu schaffen machte, einige Decken im Palais, darunter die Wölbung des Festsaals, in seiner wolkigen Manier ausmalte.

Dem einfachen Äußeren entspricht das einfache Interieur dieser Fürstenwohnung. Zu ebener Erde, neben Remisen und Stallungen, als Voraussetzung aller Gastlichkeit, die große Küche mit fünf offenen Herdstellen unter einem mächtigen Rauchfang; daneben Vorrats- und Silberkammern, weiter die Dienerstuben und die Süßküche, schließlich eine Menagerie und verwunderlicherweise, doch anscheinend nötig, die Arreststube. – Zur Beletage führt, in dieser Epoche der festlichen Treppenhäuser, nur ein schlichter Aufgang, und schlichte Gänge und Flure, keine glänzende Galerie, verbinden die weiteren Stockwerke des Zweiflügelbaus. Alle Räume, abgesehen von dem aber auch keineswegs überdimensionierten Festsaal, wo man dem Konzert lauschte oder dem Theaterspiel der Hofgesellschaft zusah, waren von mäßiger Größe; das Mal-, das Musikzimmer sogar klein, die Bibliothek und die Hofdamenwohnung bescheidene Mansarden, das Schlafzimmer der Fürstin, mit Alkoven und Ankleideraum, winzig. – Auch das Meublement, dem Rokoko verpflichtet wie dem Empire und Klassizismus, meidet Aufwand und Prunk. Doch die Wahl der Möbel, der dekorativen Vasen, Leuchter, Uhren, die Auswahl der

Wittumspalais mit Garten, Ausschnitt aus dem Stadtplan von Lossins.

Wittumspalais, der Festsaal.

bestickten oder gemalten Ofen- und Lampenschirme zeugt von sicherstem Geschmack, und Freude an Leichtigkeit und Helle verrät die Anordnung dieser Zierlichkeiten vor dem zartfarbigen Hintergrund der sparsam ornamentierten Wände. – In diesem Ambiente, festlich, doch ohne ängstliche Prätention, empfing die Fürstin ihre Gäste. Sie habe sich, wie Goethe sagte, sehr «im Umgang geistreicher Personen» gefallen, und es sei, wie er weiter meinte, kein bedeutender Name von Weimar ausgegangen, der nicht früher oder später in ihrem Kreis wirkte. Am Aquarell von Melchior Kraus, dem Bild von Anna Amalias geselliger Runde (1795), ist abzulesen, wie degagiert sich die Damen, die Kavaliere, doch auch die Gelehrten, die Dichter an der Fürstin Tisch (der noch heute im «Tafelrunde-Zimmer» steht) niederließen, wie fröhliche Gastlichkeit Welt *und* Geist einte, wie hier, und das war ein Novum für Deutschland, in der Herzoginwitwe kleinem Palais sich ein erster literarischer Salon bildete, und das mit so großen Namen wie Goethe, Wieland, Herder, Schiller.

«Wie ausgestorben» liege nun das Palais, klagte Fernow, der Fürstin letzter Bibliothekar, sehr bald schon nach Anna Amalias Tod im April 1807. Der «Loge Amalia» stand zwar bei feierlichen Anlässen weiterhin der Große Saal

Wittumspalais, Tafelrundenzimmer.

zur Verfügung. Hier gedachte auch im Februar 1813 Goethe mit der nachdenklichen Rede «Zum brüderlichen Andenken Wielands» des toten Dichters; hier tagte auch dann und wann der Landtag, doch Anna Amalias sorglich gehütete Sammlungen, ihre Bücher, die Zeichnungen, die Kupferstiche, auch die Theaterfigurinen, ihre Musikinstrumente, auch das eine oder andere Möbelstück wanderten in die Herzogliche Bibliothek. 1818 wurde ihr hübscher Teepavillon abgetragen und in den Park von Belvedere versetzt; 1825 errichtete man nach dem Theaterbrand im Rokokogarten das neue Kulissenhaus, und Anna Amalias englische Gartenanlage verschwand unter dem Pflaster des Theaterplatzes; der Boden um das Palais wurde aufgeschüttet, das Haus selbst zeigte Zeichen des mählichen Verfalls. – Carl Alexander aber, Anna Amalias Enkel und ein Verehrer dessen, was sie für Weimar getan hatte, fühlte sich verpflichtet, die Spuren ihres Daseins zu sichern. Das Palais gewann siebzig Jahre nach ihrem Sterben neues Leben. Die alten Möbelchen rückten an den angestammten Platz, das schmückende Beiwerk folgte nach; vor allem aber reihten sich wieder, wie die Herzoginmutter sie einst um sich gesehen hatte, als Büste, Silhouette oder goldgerahmt als stattliches Gemälde, die Bilder der Menschen, die ihr nahestanden, an den Wänden ihres Hauses. Bilder der Familie, Bilder ihrer Mitarbeiter, auch Bilder ihres Hofs, doch vor allem die Bilder der großen Männer, denen sie ihr Interesse, ihre Liebe zugewandt hatte und deren Ruhm nun auf sie und auf ihr schlichtes Haus zurückfiel.

Literatur: Hans Wahl: Das Wittumspalais der Herzogin Anna Amalia. Leipzig 1927.

Witzleben Friedrich Hartmann von (Elgersburg [?] 1722–1788 Weimar [?]).

Aus weitverzweigter, begüterter und wohlangesehener Familie des Thüringer Uradels, mit dem Sitz auf der Elgersburg, einem Schloß, eindrucksvoll auf steilem Porphyrfelsen, nahe bei Ilmenau, gelegen. – Der Baron selbst wird von allen Seiten als ein überaus freundlich-behaglicher Herr geschildert, der, nach Karl von → Lyncker, in Weimar im Roten Schloß, seiner Dienstwohnung, residierte und sechsspännig, von üppig galonierten Heiducken umschwirrt, daherfuhr. – Sein Amt war seit 1756 das eines Oberstallmeisters und Oberschenken an → Ernst August Constantins Hof, an das sich die Direktion des «Theaters und der Hofkomödianten» anschloß, ehe die Truppe 1758 verabschiedet wurde. – «Teils wegen seiner guten Eigenschaften, teils aber auch in Rücksicht auf das von dem gottseligen Herzog ihm bis in den Tod bezeugten Vertrauens willen», bestellte Anna Amalia nach des Fürsten frühem Ende Witzleben zum Chef ihres Wittumhofes. Die Titel Geheimrat, Exzellenz und der Weiße Falkenorden fielen ihm zu. – 1775 übernahm ihn Carl August als Obermarschall seiner Hofhaltung, obwohl unterdessen mancherlei Klagen über des Barons Nonchalance und Trägheit, über den Schlendrian seiner Wirtschaftsführung lautgeworden waren, die Witzleben aber durch Alter und zunehmende Kränklichkeit entschuldigt fand. – Goethe, in locker-freundlichem Umgang mit dem Marschall, schrieb im August 1776 aus Elgersburg, «von Witzlebens Felsen aus, die herrlich sind», an Frau von → Stein die Zeilen: «Ach, wie bist du mir, / Wie bin ich dir geblieben ...»

Wolff Pius Alexander (Augsburg 3. Mai 1782–28. August 1828 Weimar).

Er habe nicht zu den genialen Schauspielern gehört, sagt Anton → Genast, der Pius Alexander Wolffs Werdegang genau übersah, «aber», fährt er fort, «sein bedeutendes Talent wurde durch wissenschaftliche Bildung und unermüdlichen Fleiß unterstützt». Tugenden, die dazu führten, daß Goethe noch wenige Wochen vor seinem Tod, am 23. Februar 1832, an Zelter schrieb, er könne, soviel er auch ins Ganze gewirkt habe, nur *einen* Menschen nennen, der sich ganz nach seinem Sinne von Grund aus gebildet habe: das sei der Schauspieler Wolff! – Von Hause aus eine noble Natur (so Goethe 1820 zu Christian Lobe), ausgestattet mit edler und anmutiger Körperhaltung, war dieser Schauspieler prädestiniert, Goethes erwählter Schüler und Protagonist seines Bühnenstils, des «Weimarer Stils», zu werden. – Auf Umwegen war der junge Mann im Juli 1803 von Augsburg nach Weimar geraten. Obwohl von den Eltern, katholisch und in Augsburg Besitzer einer Buchhandlung, zum Geistlichen bestimmt, hatte er durchgesetzt, sich in Berlin zum Kaufmann ausbilden zu dürfen. Die Lehrzeit hatte er, am Ende der drei Jahre, mit einer Reise durch Frankreich beschlossen, wobei er in Straßburg, anscheinend angeregt durch die Lektüre der «Lehrjahre», bei einigen Liebhaberaufführungen seine schauspielerischen Neigungen entdeckte. – In Weimar trafen er und Karl Franz Grüner, der sich ihm angeschlossen hatte, im rechten Zeitpunkt ein. Das Weimarer Ensemble war, wie in jedem Sommer, zum Lauchstädter Gastspiel aufgebrochen; Goethe hatte darum, wie er im Mai 1816 rückblickend an Zelter schrieb, «Zeit und Humor zu dem Versuch», die jungen Männer bis zum Beginn der Spielzeit auf den Punkt zu bringen, daß sie in Rollen, die man ihnen zuwies, schlüpfen und sich darin zu behaupten vermochten. – Und Rollen waren in diesem Winter, der die Uraufführung von Schillers «Wilhelm Tell» mit seinem Figurengewimmel bringen sollte, reichlich zu besetzen. – Mit dem ihm eigenen Behagen an Unterricht und Belehrung entwickelte Goethe seinen «theatralischen Rekruten» und denen, die sich ihnen lernwillig gesellten und nahezu eine kleine Theaterschule um den Theaterprinzipal bildeten, die Schauspielkunst aus ihren einfachsten Elementen. Wie er in den «Annalen» 1803 schrieb, studierte er sich an den Fortschritten seiner Lehrlinge nach und nach empor und ward sich selbst «klärer» über ein Geschäft, dem er sich bisher instinktmäßig hingegeben hatte. Die «Grammatik», die Goethe auf diese Weise ausbildete und deren Gesetze besonders sorgfältig Wolff aufgriff und nie, wie sein Lehrmeister feststellte, davon wankte und wich, dieser Katechismus, diese «euklidischen Elemente», 1824 von Eckermann in den «Regeln für Schauspieler» zusammengefaßt, verbanden sich beinahe sofort mit der praktischen Erprobung auf den Brettern. – Bereits im Oktober 1803 debütierten beide Eleven in «Julius Caesar». Grüner verließ Weimar bereits Ostern 1804, doch Wolffs Talent, der blieb, wuchs und verfeinerte sich von Rolle zu Rolle. Er spielte den Stauffacher in «Wilhelm Tell», den Sklaven Seide in Voltaires «Mahomet», spielte Clavigo und Marquis Posa, den Leicester in «Maria Stuart» oder den Pylades in der «Iphigenie». Er, der auch für Oper und Schauspiel schrieb und übersetzte, richtete den «Hamlet» für die Bühne ein, wobei ihm die Titelrolle zufiel, wie er auch die Titelrolle in «Torquato Tasso» übernahm, dessen Uraufführung auf sein Drängen hin, endlich, fast gegen des Dichters Willen!, am 16. Februar 1807 zustande kam. Auch ist 1811 Wolffs Entzücken die Inszenierung von Calderons «Standhaftem Prinzen» zu danken. Im Dezember 1805 hatte er Amalie, die jüngste der → Malcolmi-Töchter, geheiratet, die eben von Heinrich Becker, dem Regisseur, nach kürzester Ehe geschieden und zuvor ebenso kurz Witwe eines «Herrn Miller», den niemand kannte, gewesen war. (Anton Genast orakelte von Madame Millers «absonderlichen Verhältnissen», als sie der Bühne einige Monate fernbleiben mußte.) – Im Gegensatz zu Wolff, der später zum Theater fand, hatte sie, die 1783 zu Leipzig geboren und 1788 nach Weimar gekommen war, ihr Leben fast nur auf den Brettern verbracht. Erst in Kinder- und Knabenrollen, dann im Fach der jugendlichen Liebhaberin, dann aber auch, gelehrig und bildungsfähig, wie

Amalie Wolff-Malcolmi, Kreidezeichnung von F. Jagemann, 1804–1806.

sie war, in Mütter- und Damenrollen wie der Herzogin Friedland im «Wallenstein» oder Hanna Kennedy, der schottischen Königin alte Kammerfrau. Schiller gratulierte der jungen Schauspielerin zu ihrer Wandlungsfähigkeit, und Goethe versammelte um sie, in ein paar launigen Zeilen, die er ihr im Dezember 1812 zum Geburtstag reimte, einige der poetischen Figuren, denen sie Leben und Farbe verliehen hatte: Elisabeth und Phädra, Messinas Fürstin, das Klärchen, die Jungfrau. Und eingeübt, in langen Leseproben mit Goethe erarbeitet, die Eugenie der «Natürlichen Tochter» oder Proserpinas leidenschaftliches Lamentoso, das einst der schönen, zarten, strengen Corona → Schröter gehörte, oder aber, im engen Zusammenspiel mit Pius Alexander Wolff, die Julia, die Ophelia in Shakespeares großen Tragödien – diese jugendlichsten Gestalten dichterischer Imagination, die sie zu verkörpern trachtete, obwohl sie, wie selbst Wolff zugeben mußte, für diese Rollen nicht mehr jung genug und von Figur allzu «junonisch» war.
Am 1. April 1816 verließen Amalie und Pius Alexander Wolff Weimar. Die Kündigung der beiden Künstler, die Goethe so teuer waren, hatte ihn im September 1815 als ein Fait accompli getroffen. Verhandlungen mit Berlin waren geführt und, ohne ihn ins Vertrauen zu ziehen, abgeschlossen worden. Peinliche Häkeleien um läppischen Kleinkram folgten, die Goethe, soweit es seine Stellung erlaubte, schweigend überging, wie er auch in den zurückliegenden Jahren berechtigte und unberechtigte Forderungen Wolffs, der, bei mancherlei Vorzügen, auch ein schwieriger, ein eitler, empfindsamer Mann war, sachte zurückgewiesen, gedämpft und oft zu Wolffs Verdruß nach Möglichkeit übersehen hatte. – In diesem Zusammenhang verweist Riemer auf Goethes Gewohnheit, derartige Ärgernisse und Kalamitäten wie Unbilden der Witterung hinzunehmen, sie, wie Goethe sich ausdrückte, zu «übernuppen» und es dabei bewenden zu lassen, «daß es ihm wie dem lieben Gott gehe, der auch vieles müsse geschehen lassen, was er nicht wolle». – So schien er die Kränkung, die in Wolffs Gehaben lag, kaum zu bemerken. Freundlich erkundigte er sich immer wieder in Briefen und Gesprächen, wie es Wolff in Berlin ergehe, freute sich zu hören, daß die Ehegatten in dem fremden Element reüssierten, daß sie ihren Stil, der der «Weimarer Stil» war, auch neben dem genialen Ludwig Devrient behaupteten. Gelassen teilnehmend gesteht er Ende der zwanziger Jahre dem Berliner Hofrat Förster, «die Wolffs sind mir zwar untreu geworden; allein ich habe sie doch recht lieb».
Allerdings war er nicht zur Stelle, als Wolff, von tödlicher Krankheit gezwungen, auf dem Weg von Bad Ems zurück nach Berlin im Juli 1828 in Weimar Station machte, wo er die kleine Residenz in tiefer Trauer fand, beschäftigt Carl August zu bestatten. Goethe hatte sich, den Funeralien zu Ehren seines Herzogs ausweichend, nach Dornburg zurückgezogen. Wolff will weiter, aber sein Leiden, eine Luftröhrenschwindsucht, verschlimmert sich von Woche zu Woche; am 28. August ist sein Leben zu Ende. Freunde und Kollegen tragen ihn zu Grab, das ihm unweit der Gruft zubereitet war, wo der Herzog, einst sein Gebieter und Gönner, ruht.
Literatur: → Theaterdirektion Goethes.

Wolzogen *Wilhelm* Ernst Friedrich Freiherr von (Bauerbach [?] 1762–17. Dezember 1809 Wiesbaden).

Einer der Söhne Henriettes von Wolzogen, die 1782/83, obwohl es auch für ihre Söhne (wie Schiller Zöglinge der Hohen Carlsschule) Ungnade und Gefahr hätte bedeuten können, dem von Carl Eugen bedrohten jungen Schiller in Bauerbach, ihrem Besitz im Meiningschen, Asyl bot. – Ende 1796 wandte sich nun Wilhelm von Wolzogen, ihr Ältester und unterdessen Legationsrat in württembergischen, ihn wenig befriedigenden Diensten, an Carl August von Weimar, der (beraten durch seinen Meininger Vetter und durch Schiller) Wolzogens Bitte gern nachkam und ihn im März 1797 nach Weimar berief. – Zunächst Kammerherr und Kammerrat mit einem kärglichen Salär von 400 Talern jährlich; zugleich, da er von Stuttgart Erfahrung und Kenntnisse im Bauwesen mitbrachte, Mitarbeit in der Weimarer Schloßbau-Kommission, 1801 Oberhofmeister, wenig später Mitglied des Geheimen Conseil und Geheimer Rat. – Ein, wie alle Quellen betonen, ungewöhnlich häßlicher, ein massiger, auch ein schwieriger Mann, scheinbar träge und inaktiv, von vielen abgelehnt, von einigen Hofleuten geradezu gehaßt. Carl August aber, der, als Wolzogen bei ihm anfragte, keine rechte Beschäftigung für den Legationsrat wußte, ihn aber dennoch an sich zog, schätzte ihn sehr. Mit seinem Instinkt für gute Leute spürte er hinter Wolzogens Indolenz dessen hohe, reizbare Intelligenz, von der er erwarten durfte, daß ihr Besitzer auch komplizierte Situationen durchschaute, die Figuren im politischen Ränkespiel richtig taxierte und gewandt den eigenen Wünschen nutzbar zu machen wußte. – Daß es Wolzogen gelang, die junge liebreizende Maria Pawlowna samt ihrem großen Vermögen und ihren großen Beziehungen dem weimarischen Erbprinzen zu verbinden, war ein Triumph höfischer Diplomatie und für das kleine, arme, ohnmächtige Weimar in jeder Hinsicht ein Gewinn, der nicht genug zu schätzen war. – Schon 1799 hatte Wolzogen in Petersburg mit ersten tastenden Gesprächen die Verhandlungen angebahnt. Im Frühjahr 1801 aber, angeblich um «die Weimarer Condolenzen zu Pauls I. Tod abzustatten», wieder in Rußland, gewann er der Zarinwitwe Interesse für seine Pläne und verstand auch, dieses Interesse festzuhalten. – Die Verhandlungen gingen zügig voran. Bereits im September stand, von allen Seiten unterzeichnet, das Ehe-Pactum. Die Eheschließung wurde, bei der großen Jugend der Brautleute, noch um zwei Jahre verschoben, doch am 9. November 1804 war es so weit, daß, umjubelt und von allen Seiten gepriesen, das junge Paar in Weimar einzog. – Wolzogen rückte nun unwidersprochen im Gremium des Geheimen Conseil zum Leiter «des Auswärtigen» auf. Doch schon im Jahr darauf spricht der Herzog von Wolzogens Gesundheitszustand, der so elend sei, daß ihn, wie er am 6. Juli 1805 an Goethe schreibt, D. Herder nach Wiesbaden jage, um ihn «vor einer Flucht im Winter nach der unsichtbaren Heymath zu retten». – Die Katastrophe von Jena, der Zusammenbruch Alt-Europas trifft 1806 auf einen todkranken Mann. Scheinbar war jetzt Mobilität um jeden Preis gefordert. Wolzogen aber, nüchtern-skeptisch wie sein Herzog, erkennt sehr rasch, daß, selbst wenn er über Kraft und Gesundheit verfügte, «alles Treiben und Rennen unnütz ist».

«Ruhig sich verhalten, mit Würde sich in das Schicksal fügen, nachgeben, helfen, mildern, wo man kann», scheint ihm, wie er 1807 aus Paris nach Weimar schreibt, «für den gegenwärtigen Augenblick noch immer das Zweckmäßige. Die Zukunft wird andere Maßregeln erfordern.» – Für Carl August, niedergeschlagen und rastlos zugleich, der richtige Rat. – Die Zukunft aber der anderen Maßregeln erlebt Wolzogen nicht mehr. Im Dezember 1809 nimmt ihn sein schweres Lungenleiden hinweg.
Literatur: → Sachsen-Weimar-Eisenach, Carl August.

Z

Zelter Karl Friedrich
(Berlin 11. Dezember 1758 – 15. Mai 1832 Berlin).
Wenn sich die Tüchtigkeit aus der Welt verlöre, schrieb Goethe, so könnte man sie durch Zelter wiederherstellen. «Einen köstlichen Mann», «derb und tüchtig», nennt er den Berliner Baumeister, der ebenso energisch, wie er das väterliche Baugeschäft vorantrieb, sich der Musik zuwandte und rasch vom Liebhaber zum ernsthaften Musiker, zum Komponisten, Dirigenten und Chorleiter aufstieg. 1800, nach Faschs, seines Lehrers, Tod, übernahm er die Direktion der Singakademie, gründete 1808 die Liedertafel, wurde im Jahr darauf zum Musikprofessor und 1819 zum Leiter des Instituts für Kirchenmusik ernannt. – Faschs Pflege großer altmeisterlicher Vokalmusik weiterführend, schuf Zelter mit geschulten Chören das Instrument, das seinem Schüler, dem jungen, freudig zupackenden Felix Mendelssohn-Bartholdy, ermöglichte, am 11. März 1829 mit der Wiederaufführung der «Matthäus-Passion» das Interesse auf Johann Sebastian Bach zu lenken und den großen Namen der schmählichen Vergessenheit zu entreißen. – 1802, im Februar, kam Zelter ein erstes Mal nach Weimar. Nur für vier kurze Tage, wie auch im Juli 1831, als er den Freund ein letztes Mal sah. Dazwischen trafen sie sich, wie eifrige Biographen zählten, noch zwölfmal: meist in Weimar, doch auch am Rhein oder in den böhmischen Bädern. Die Tage addiert, ergeben in den über dreißig Jahren etwa zwanzig Wochen Gemeinsamkeit, für die uneingeschränkt gilt, was Goethe von den zwei Tagen im Juli 1816 sagt, die sehr *wenig* und doch sehr *viel* gewesen seien, da sie beide sich wieder ihres «unzerstörlichen Gemeinseyns» gewiß wurden. Eine Gemeinsamkeit, die neunhundert Briefe temperamentvoll bezeugen und deren erprobte Basis (heute achselzuckend beiseite geschoben) Zelters Vertonungen Goethescher Texte waren, von denen Goethe im Mai 1820 dem Freund schreibt, daß sie für ihn mit seinem Wort identisch seien, da die Musik nicht dominiere, sondern das Gedicht, «wie ein einströmendes Gas den Luftballon», sachte in die Höhe nähme.

Literatur: Erich Trunz: Zelters Grundriß-Skizzen des Goethe-Hauses am Frauenplan. Jahrbuch der Slg. Kippenberg, N. F. 4. Frankfurt am Main 1983. – Briefwechsel Goethe–Zelter. Auswahl, Vorwort und Kommentar von Werner Pfister. Zürich 1987.

Bildnachweis

Böhme, Hans Ludwig, Dresden: 185

Goethe-Museum, Düsseldorf: 20, 29, 36, 121, 136 unten Mitte, 188 unten, 201, 209, 301 oben, 301 unten, 302/03, 302 unten, 303 unten, 304 oben, 331, 346, 351, 361, 381, 390, 445, 448 oben

Karpinski, Jürgen, Dresden: 2, 47, 49, 91 unten, 95 (3), 98, 186 1. Reihe links, 187 2. Reihe links, 385, 455, 496

Stiftung Weimarer Klassik (ehemals Nationale Forschungs- und Gedenkstätte in Weimar): 8/9, 17, 25, 56, 99, 101, 102, 111 oben, 123, 124, 127, 128, 129, 136 Mitte links, 138 oben und unten, 139 oben und unten, 142, 161, 162, 235, 247, 259, 269, 270 unten, 279, 285, 288, 304 unten, 405, 431 oben und unten, 441 oben und unten, 446/47, 446 (3), 447 (3), 448 unten, 451, 456, 477, 484, 485, 487

Alle übrigen Aufnahmen stammen aus dem Archiv der Autorin, Effi Biedrzynski, und des Artemis-Verlags.

Allgemeine Literatur

Die Literatur zum Thema «Goethes Weimar» ist nahezu unübersehbar. Um die Titelreihen zu lichten und Zusammengehöriges zu verbinden, brachten wir, soweit sinnvoll, Stichwort und Literaturnachweis bereits im Text zusammen. Hier folgen als Ergänzung Werke, die für das gesamte Lexikon gelten.

Bibliographien

Goethe-Bibliographie. Begründet von Hans Pyritz, fortgeführt von Heinz Nicolai und Gerhardt Burkhardt. Heidelberg 1965–1968. 2 Bände (830 S.; 332 S. mit Autorenregister). Verzeichnet das Schrifttum bis 1964.

Erich Trunz: Bibliographie (sorgfältig ausgewählt und übersichtlich gegliedert), in: Goethes Werke (Hamburger Ausgabe), Band 14, S. 535–595.

Heinz Nicolai (ab 1952) und Hans Hennig (ab 1970): Goethe-Bibliographie, in: Goethe. Jahrbuch der Goethe-Gesellschaft, Band 14/15 ff.

Hans Patze: Bibliographie zur thüringischen Geschichte. Köln 1965/66. 2 Bände, 1144 S.

Nachschlagewerke

Goethe-Handbuch. Hrsg. Julius Zeitler. Stuttgart 1916–1918. 3 Bände.

Goethe-Handbuch. 2. Auflage. Hrsg. Alfred Zastrau. Band 1: Aachen–Farbenlehre; Band 4: Karten der Reisen Goethes. Stuttgart 1956/1961.

Franz Neubert: Goethe und sein Kreis. Erläutert und dargestellt in 651 Abbildungen. Leipzig 1919. XXX, 220 S. – 2. Auflage 1922.

Goethe und seine Welt. Unter Mitwirkung von E. Beutler hrsg. von H. Wahl und A. Kippenberg. Leipzig 1932. 580 Abbildungen, 306 S.

Goethes Leben und Werk in Daten und Bildern. Hrsg. von Bernhard Gajek und Franz Götting, unter Mitwirkung von Jörn Göres. Frankfurt am Main 1966. Bildteil 517 Abbildungen, 523 S. (Ausgezeichnet zur raschen Orientierung.)

Hans Patze: Thüringen, in: Handbuch der historischen Stätten Deutschlands. Band IX. Stuttgart 1968. 567 S.

Periodica

Goethe-Jahrbuch. Band 1–34. 1880–1913. 3 Registerbände.

Jahrbuch der Goethe-Gesellschaft (Fortsetzung). Band 1–21. Weimar 1914–1935. 1 Registerband.

Goethe. Vierteljahrsschrift (Band 3ff. Viermonatsschrift) der Goethe-Gesellschaft. Band 10ff. unter dem Titel Goethe. Neue Folge des Jahrbuchs der Goethe-Gesellschaft. Weimar 1936ff.

Schriften der Goethe-Gesellschaft. Weimar 1885ff.

Chronik des Wiener Goethe-Vereins. Wien 1887ff.

Jahrbuch der Sammlung Kippenberg. Hrsg. von Anton Kippenberg. 10 Bände. Leipzig 1921–1935. – Neue Folge Frankfurt am Main 1963ff.

Jahrbuch des Freien Deutschen Hochstifts. Tübingen 1902ff.

Werkausgaben

Goethes Werke. Hrsg. im Auftrag der Großherzogin Sophie von Sachsen. 4 Abteilungen mit insgesamt 143 Bänden. Weimar 1887–1919. Genannt Weimarer oder Sophien-Ausgabe.

Goethe. Gedenkausgabe der Werke, Briefe und Gespräche. Hrsg. von Ernst Beutler. 24 Bände und Ergänzungsband 1 und 2 (Tagebücher und Briefe aus dem Elternhaus). Zürich 1949–1960. (Mit Nachworten, Anmerkungen und ausführlichen Registern.) Registerband zur Gesamtausgabe. Zürich 1971.

Goethes Werke. Hamburger Ausgabe in 14 Bänden. Hrsg. von Erich Trunz. Hamburg 1948–1960. Überarbeitete Neuauflage 1986–1990. – Taschenbuchausgabe 1988. (Mit ausgezeichneten Kommentaren.)

Gespräche, Zeichnungen, Bildnisse

Goethes Gespräche. Eine Sammlung zeitgenössischer Berichte aus seinem Umgang. Aufgrund der Ausgabe und des Nachlasses von Flodoard Freiherr von Biedermann, ergänzt und herausgegeben von Wolfgang Herwig. Zürich 1965–1972. 6 Bände. 4112 S.

Corpus der Goethezeichnungen. Hrsg. von G. Femmel u. a. 7 Bände in 10 Teilen. Leipzig 1958–1973.

Wolfgang Hecht: Goethe als Zeichner. Mit 202 Goethezeichnungen. Leipzig 1982. (Gute Auswahl, gescheit dokumentiert.) 248 S.

Die Bildnisse Goethes. Hrsg. von E. Schulte-Strathaus. München o. J. (1911), in Goethes Sämtlichen Werken, Propyläen-Ausgabe, 1. Supplementband.

Monographien

Emil Staiger: Goethe. 3 Bände. Zürich 1952–1959. (Die Interpretation des Werks überwiegt das biographische Interesse.)

Richard Friedenthal: Goethe. Sein Leben und seine Zeit. München 1963. (Besonders der Background lebendig und amüsant geschildert.) 772 S.

Kurt Robert Eissler: Goethe. Eine psychoanalytische Studie. 1775–1786. 2 Bände. Frankfurt am Main 1983/1985. 1798 S.

Karl Otto Conrady: Goethe. Leben und Werk. 2 Bände. Königstein/Taunus 1984/85. (Modern, sorgfältig und kenntnisreich geschrieben.) XI, 526 S.; VII, 614 S.

Robert Steiger: Goethes Leben von Tag zu Tag. Eine dokumentarische Chronik. 8 Bände. Zürich 1982 ff.

Stehpult in Goethes Arbeitszimmer mit Objekten für naturwissenschaftliche Forschungen.

Personenverzeichnis

Sachverzeichnis

Ortsverzeichnis